グラント
現代戦略分析
【第2版】

ボッコーニ大学
ロバート・M・グラント
【著】

加瀬公夫
【監訳】

Contemporary
Strategy
Analysis
Robert M.Grant

中央経済社

CONTEMPORARY STRATEGY ANALYSIS, 9/E by Robert M. Grant
Copyright © 2016, 2013, 2010 Robert M. Grant
All Rights Reserved.
Japanese translation rights arranged with
John Wiley & Sons Limited
through Japan UNI Agency, Inc., Tokyo

序（原著第9版）

本書『**現代戦略分析**』は経営幹部や経営学を学ぶ学生に，よりよい戦略的意思決定をするための概念，枠組みそして手法を提供する。著者のめざすのは，経営という目まぐるしく発展展開する分野におけるダイナミックスや，知的厳密性を反映し，また企業が直面する戦略的な課題を考えるための戦略の教科書である。

本書は緻密で，適切な説明を目的とする。戦略分野でもっとも新しい考え方を取り入れると同時に，いろいろな背景と経験をもつ学生にわかりやすいようにした。説明，解説の明瞭なこと，価値創造の基礎，基本説明に傾注したこと，そして実際の場で役に立つことをめざしたことにより，わかりやすくなったと確信している。

本書（原著第9版）は戦略の根本的な役割に焦点をあてる―つまり，競合他社よりも好業績の源泉を見つけ，そういった好業績の源泉を戦略的に活用することである。同時に，本書の内容は，事業環境，戦略研究における最近の発展を反映し，またこの教科書を使っている教授陣からの意見も取り入れ改訂された。

第9版の特徴は以下のとおりである。

- 戦略的に何をすべきかの目的での戦略分析案内書である（第1章の『戦略分析の応用』参照）。
- 企業による価値創造の観点からの利害関係者志向と企業の社会的責任の考え方のさらなる展開を含む（第2章の『利益を超えて―企業の社会的責任』参照）。
- 補完関係，事業エコシステム，そしてプラットフォーム戦略を含む産業間のつながり（Linkage）へさらに関心をあてている（第4章，第9章）。
- 戦略実行にたいする統合的なあつかい―戦略策定や戦略実行への統合的な考え方（戦略変更，技術，成熟産業，グローバル戦略，および多角化にかんする章は戦略の策定と実行とを分析している）を保ちつつ，第6章，第14章，第15章では戦略実行への体系的な考え方を提供している。
- 協働作業の戦略，とくに戦略的提携について重点的にあつかっている（第15章）。

本書自体には独創的なものはない―著者は，研究者たちのアイデア，理論，そして証拠を徹底的に渉猟した。本書を構想し，作成し，議論をしたときに所属，滞在した経営大学院，とくにジョージタウン大学，ボッコーニ大学，ロンドン・スクー

i

序（原著第9版）

ル・オブ・エコノミクス，ロンドンシティー大学のカス経営大学院，Cal Poly, UCLAのアンダーソン校，そしてMumbaiインターナショナルスクールオブビジネスでの同僚と学生たちにおおきな感謝の念を表明したい。本書を使っている学校の教授陣や学生たちからの意見や示唆もおおいに参考にさせていただいた。今後とも読者との意見のやりとりは継続したいと考えている。

　John Wiley社の監修，出版，販売，そしてマーケティングチームのかたがた，とくにSteve Hardman, Juliet Booker, Joshua Poole, Catriona King, Deb Egleton, Joyce Poh, Tim Bettsworth, そしてDom Wharramの仕事ぶりや熱心さにも感謝している―これ以上の支援は望みようがないはずである。

　　　　　　　　　　　　　　　　　　　　　　　　ロバート・M・グラント

日本語版に寄せて

　本書『**現代戦略分析**（Contemporary Strategy Analysis）』の新しい日本語版（原著第9版）を歓迎する。原著出版後26年間（初版は1991年）にわたって，本書は日本企業の経営からおおくのことを学んできた。日本企業は，本書の骨格を形成する戦略的経営実践手法の先駆者であった。オーガニゼーション・ラーニング，グローバル戦略，トータル・クオリティ管理，ファースト・サイクル新製品開発および能力ベースの戦略などがそういった手法のいくつかである。本書に含まれる主要な概念のおおくは，大前研一や野中郁次郎といった日本の経営思想家によって提唱されたものである。

　『**現代戦略分析**』が，北米や欧州でおおく読まれているように，日本でも江湖の喝采を博すことを期待するものである。北米や欧州では（とくにトップのビジネススクールでそういえることであるが）本書は戦略の教科書として確固たる地位を占めている。

　本書の成功はおもに厳密な分析と実践で役に立つこととの組み合わせの妙による。卓越した業績は，それがいかに達成されるかについての飽くことのない解明努力を通じてのみ勝ち得ることができる。もし戦略的経営とは卓越した業績の達成を意味するものであるとすれば，卓越した業績の源泉の特定と，それを活用利用する戦略の策定と実行こそが戦略の要諦である。そういった考えで本書は作成された。

　本書は，理論的であり，同時に実践的である。理論的であるというのは，事業の成功の根本的決定要因の闡明に専心するからである。実践的であるというのは，事業成功の根本的決定要因にかんする洞察こそが，うまくいく戦略の基礎であるからである。

　本書は現在の経営課題および最先端を行く戦略思考と歩を合わせる。21世紀の最初の20年間において企業は身を切られるほど苦しい変化を体験している。グローバル競争はますます激化し，技術変化の速度は加速化し，さらに市場での変動による乱れは今まで以上に激しくなった。その結果，競争優位の追求―自国市場のみならず，グローバルな場でも―は企業にとって以前にも増して優先事項となった。こういった状況下，コスト効率追求だけでは十分ではない―企業は，それに加えて革新，柔軟性，そして企業家的イニシアチブを求めて経営努力をしなければならない。この新しい要求は戦略にとって広範な意味合いをもっている。複雑で，加速的変化に

日本語版に寄せて

さらされている事業環境での戦略策定は，戦略分析への新しい取り組み方を求める。本書は，リアルオプション分析，企業進化論，戦略的革新および複雑系理論が戦略的意思決定の改善にたいしてもっている潜在的可能性を考察する。

本書での問題提起のいくつかは，企業の存在理由に関連する。経営幹部にたいする過剰な報酬，2008-2009年の金融危機，そして，その後の生産性の低い伸び率は，株主価値の最大化努力への疑問を投げかけ，企業にたいし，その目的，目標を再考察するように迫っている。本書の分析は，企業の長期的収益性追求の前提の上に立って，優れた業績確保の戦略的基盤を作り上げることに重点を置いている。その点においても，長期的収益性の戦略的基礎を構築し，おおくの米国企業の長期的業績を悪化させた短期的株主リターン追求の落とし穴を回避した，主要な日本企業のおおくの例に依拠している。

『現代戦略分析』の日本語版でのわたくしの目的は，英語原版でのそれと軌を一にしている―つまり，経営幹部と経営学を学ぶ学生にたいし，自分の企業や自分自身にかんする事項での的確な意思決定を可能とする，戦略的経営の基本的な概念，考え方の枠組みおよび手法を提供することである。わたくしが希望するところは，読者のかたがたにとって本書が興味深いものであり，有益であること，さらには，概念，手法および考え方の枠組みの適用が，読者のかたがたの会社やご自身の成功に貢献するということである。

とくに本書の昔からの支持者であり，また出版にかんし最初から助力いただき，さらに本文全文を監訳していただいたIESE経営大学院，国際大学（IUJ）前学長で，現在，北京師範大学の講座教授，加瀬公夫博士に温かくおおきな感謝の念を表したい。また各章を改訳していただいた清井聡（IUJ），伊藤弘隆（IESE），宮林隆吉（IESE），香川陽平（IESE），岡田善之（IUJ），川上慎市郎（Globis），さらには改訳原稿を査読していただいた杉永淳一（IUJ），矢野茜（IUJ），佐藤正則（IUJ），矢野雄城（IUJ），川上慎市郎（Globis）氏にたいし親愛の情を表明し，拝謝したい。

2018年8月

ロバート・M・グラント

目　次

序（原著第 9 版）
日本語版に寄せて

第 I 部　序　論 ──────────────── 1

第 1 章　戦略の概念 ……………………………… 3

序論と目的　4
成功事例にみる戦略の役割　4
事業戦略を分析するための基本的枠組み　12
事業戦略にかんする簡単な歴史　15
今日の戦略的経営（経営戦略論）　19
戦略はいかに作成されるか？　戦略プロセス　28
非営利団体における経営戦略　34
要　約　37
自習用の質問　39
注　39

第 II 部　戦略分析の手法 ──────────── 43

第 2 章　目標，価値および業績 ……………………… 45

序論と目的　46
価値の追求としての戦略　47

I

目　次

　　　業績分析の実践　55
　　　利益を超えて―価値観と企業の社会的責任　65
　　　利益を超えて―戦略とリアルオプション　71
　　　要　　約　75
　　　自習用の質問　76
　　　注　77

第3章　産業分析―基本原理　81

　　　序論と目的　82
　　　環境分析から産業分析へ　83
　　　産業魅力度分析　85
　　　産業収益性予測のための産業分析適用　98
　　　産業分析を使っての戦略策定　101
　　　産業の定義―境界線をどこに引くか　103
　　　産業の魅力度から競争優位へ―重要成功要因の認識　105
　　　要　　約　111
　　　自習用の質問　112
　　　注　113

第4章　産業分析と競争分析にかんする追加的話題　117

　　　序論と目的　118
　　　5つの力の枠組みの敷衍　118
　　　動態的な競争―ハイパー競争，ゲーム理論，および競合分析　124
　　　セグメンテーション（市場細分化）と戦略グループ　136
　　　要　　約　143
　　　自習用の質問　144
　　　注　145

第5章　資源と能力の分析 …………………………………………151

序論と目的　152

戦略策定における資源と能力の役割　152

資源と能力の認識　159

資源と能力の評価　169

戦略的要素の展開　175

要　　約　181

自習用の質問　182

注　183

第6章　組織の構造と経営システム―戦略実行の基本…………187

序論と目的　188

戦略から実行へ　189

組織設計―組織を形づくるための基本事項　193

組織設計―適正な組織構造の選択　207

要　　約　217

自習用の質問　218

注　219

第III部　事業戦略と競争優位の追求 ——————— 223

第7章　競争優位の源泉と次元……………………………………225

序論と目的　226

競争優位はいかに確立され，維持されるか　227

競争優位の種類―コスト・リーダーシップと差別化　239

コスト分析　240

差別化分析　253

コスト戦略と差別化戦略の実行　268

要　　約　270

自習用の質問　271

注　272

第8章　産業発展と戦略変化 …………………………… 277

序論と目的　278

産業ライフサイクル　279

組織の適応と戦略変化の課題　291

戦略的変化をどうやるか　298

要　　約　316

自習用の質問　317

注　318

第9章　技術に基礎を置く産業と革新の管理 …………… 325

序論と目的　326

技術集約的産業における競争優位　327

革新利用の戦略―どうやって，いつ参入するか　336

規格化，プラットフォームおよびネットワークの外部性　343

プラットフォームベースの市場　348

技術戦略の実行―革新のための条件づくり　353

外部にある革新の源泉の利用　355

要　　約　363

自習用の質問　365

注　366

第10章　成熟産業での競争優位 ………………………… 371

序論と目的　372

成熟産業での競争優位　373

成熟産業における戦略実行―構造，システム，経営スタイル　380

斜陽産業における戦略　384

要　　約　388

自習用の質問　389

注　　389

第IV部　全社戦略 ———————————— 393

第11章　垂直統合と企業の事業領域 ……………395

序論と目的　396

取引費用と企業の事業範囲　397

垂直統合のコストと利点　400

垂直統合の利点　403

垂直統合のコスト　405

作るか，買うかの判断基準　411

垂直関係の設計　412

垂直方向の事業間関係の種類　413

垂直方向の事業間関係形態の選択　414

最近の傾向　416

要　　約　417

自習用の質問　417

注　　418

第12章　グローバル戦略と多国籍企業 ……………421

序論と目的　422

産業分析にとっての国際競争の意味　423

国際的枠組みでの競争優位の分析　426

国際化の意思決定―生産の立地　430

国際化の決断―外国市場進出戦略　435

目　次

　　　多国籍企業の戦略―グローバル化と国別市場ごとでの差別化　438
　　　国際化戦略の実行―多国籍企業の組織　447
　　　要　　約　454
　　　自習用の質問　455
　　　注　456

第13章　多角化戦略 ……………………………………………461

　　　序論と目的　462
　　　多角化の動機　464
　　　多角化による競争優位　471
　　　多角化と業績　478
　　　多角化における事業の関連性の意味　481
　　　要　　約　482
　　　自習用の質問　484
　　　注　485

第14章　全社戦略の実践―
　　　　　多角化事業（マルチビジネス）企業経営 ……………489

　　　序論と目的　490
　　　全社経営（Corporate Management）の役割　491
　　　全社事業ポートフォリオの管理　492
　　　事業間のつながり（Linkages）の管理　496
　　　個々の事業の管理　500
　　　多角化企業における変革の管理　509
　　　多角化企業の統治　516
　　　要　　約　522
　　　自習用の質問　523
　　　注　524

第15章　外部からの成長戦略—
　　　　合併，企業買収，および戦略的提携 ……………………529

　序論と目的　530
　合併と企業買収（M&A）　531
　戦略的提携　545
　要　　約　552
　自習用の質問　553
　注　554

第16章　戦略的経営における現在の傾向 ……………………557

　序　　論　558
　新たな事業環境　558
　戦略思考における新しい方向　565
　組織の再設計　570
　変わりゆく経営幹部の役割　575
　要　　約　577
　注　578

翻訳後記 ……………………………………………………583
索　　引 ……………………………………………………585

目　次

戦略コラム

- 1.1　エリザベス女王二世とウィンザー家／6
- 1.2　レディー・ガガとハウスオブガガ／9
- 1.3　SWOT分析のなにが問題か？／13
- 1.4　1966年，米国大手製鉄会社での全社的戦略企画／17
- 1.5　企業戦略ステートメント―マクドナルドとツイッター／24
- 1.6　米国国務省2014-2018年戦略計画／35

- 2.1　ディアジオ社における経済的付加価値／52
- 2.2　業績診断―UPS対フェデックス／59
- 2.3　株主価値の追求での落とし穴―ボーイング社の例／64
- 2.4　アクセンチュア―われわれの中核的価値観／67
- 2.5　ユニリーバ社におけるサステナブル・リビング・プラン／70
- 2.6　リアルオプション価値の計算／73

- 3.1　噛みタバコ，ソーセージの皮，および，スロットマシーン―隙間市場での成功／87
- 3.2　携帯電話産業の将来／100
- 3.3　重要成功要因を探ってみる／107
- 3.4　収益性のモデル化を通じて重要成功要因を見つける―航空会社の例／110

- 4.1　スマートフォンにおけるプラットフォームをベースとした競争／122
- 4.2　囚人のジレンマ／127
- 4.3　オートバイにおけるマイオピア的（近視眼的）戦略／135
- 4.4　世界の自動車市場をセグメント（市場細分）化すると／139
- 4.5　垂直的セグメンテーション―価値連鎖による収益性／140

- 5.1　ダビデとゴリアテ／153
- 5.2　資源と能力に基礎を置く戦略―ホンダと3M／155
- 5.3　コア・ケイパビリティに焦点をあてる戦略―マライア・キャリーにかんするライアー・コーエンの戦略／158
- 5.4　資源の活用―ディズニーの復活／161
- 5.5　ルーティンとプロセス―組織能力の基礎／167
- 5.6　卓越した能力からの利益の取り込み（Appropriation）―従業員対所有者／172
- 5.7　資源と能力の評価―グラント対バーニー／173
- 5.8　実践面での資源と能力―アイスランド航空グループ／178

- 6.1　現代企業の出現／194
- 6.2　統合手段としての組織文化／200

- 7.1　事業モデル革新／230
- 7.2　ブルー・オーシャン戦略／231

- 7.3 アーバン・アウトフィッターズ社／237
- 7.4 異なった市場環境での競争優位／238
- 7.5 ボストン・コンサルティング・グループ（BCG 社）と経験（習熟）曲線／241
- 7.6 IBM クレジットにおけるプロセス・リエンジニアリング／247
- 7.7 製品がなにを意味しているのかを理解する／256
- 7.8 金属缶製造業者にとっての差別化機会を見つけるために価値連鎖分析を使う／266

- 8.1 自動車産業における進化／283
- 8.2 余裕や遊びのない事業システムは変化により危険にさらされる―リズ・クレイボーン物語／292
- 8.3 シェルにおけるシナリオ分析手法／304
- 8.4 現代自動車―商品配列を通じた能力開発／309
- 8.5 知識変換と知識複製（Replication）／315

- 9.1 革新の利益はどのように分配されるか？／330
- 9.2 プラットフォーム競争に勝利する／350
- 9.3 プロクター・アンド・ギャンブルと IBM におけるオープン・イノベーション／357
- 9.4 ３Ｍにおける革新―製品リーダーの役割／362

- 10.1 成熟産業における革新―ブラジャー生産技術／377

- 11.1 エンターテインメント業界における垂直統合―アナと雪の女王 v.s. ハリー・ポッター／401

- 12.1 国民文化はどのように異なっているか？／442
- 12.2 マクドナルド，「グローカル」化する／445
- 12.3 多国籍企業の組織設計―バートレットとゴシャールの「トランスナショナル」とゲマワットの「AAA トライアングル」／450

- 13.1 時代による企業の多角化の傾向／464
- 13.2 新興市場コングロマリット／477

- 14.1 BP での業績管理／507
- 14.2 ジャック・ウェルチによる企業経営の再発明／511
- 14.3 IBM における戦略計画の変革／513
- 14.4 サムスン電子―企業成長を推進するトップ主導の戦略／514
- 14.5 持株会社での企業統治／521

- 15.1 ウォルト・ディズニーとピクサー／544
- 15.2 正しい成長経路の選択―内部成長，契約，提携，買収／551

INTRODUCTION

第I部

序　論

第1章　戦略の概念

第1章
戦略の概念

兵とは国の大事なり，死生の地，存亡の道，察せざるべからざるなり。　―『孫子』

すばらしいスコアをあげるには，賢い戦略が必要だ。
　　　　　　　―ローリー・マキロイ，「ゴルフ・マンスリー」，2011年5月号

だれでもどうやって闘うか考えをもっているものさ。顔にパンチを喰らうまでは。
　　　　　　　―マイク・タイソン，元ボクシング世界超重量級チャンピオン

【概　要】
- 序論と目的
- 成功事例にみる戦略の役割
- 事業戦略を分析するための基本的枠組み
  - ―戦略適合性（Strategic Fit）
- 事業戦略にかんする簡単な歴史
  - ―起源と軍事での前例
  - ―企業計画から戦略的経営（経営戦略論）への進化
- 今日の戦略的経営（経営戦略論）
  - ―戦略とは何か？
  - ―企業はなぜ戦略を必要とするか？
  - ―戦略はどんなところで読めるか？
  - ―全社戦略と事業戦略
  - ―戦略を述べてみると
- 戦略はいかに作成されるか？　戦略プロセス
  - ―企画構想（デザイン）対 創発（エマージェンス）
  - ―戦略作成における分析の役割
  - ―戦略分析の応用
- 非営利団体における経営戦略
- 要約
- 自習用の質問
- 注

第Ⅰ部 序論

序論と目的

　戦略とは，すなわち成功することである。本章では，戦略とは何か，組織および個人の成功にはなぜ戦略が重要なのかについて説明する。なお，前提として，戦略と計画（プラニング）を区別することにする。なぜならば，戦略とは詳細に練られた計画や指令からなる計画書ではなく，個人や組織の行動や意思決定に整合性と方向性を与え，一本の筋道をつける統一的主題（テーマ）だからである。

　本章のおもな目的は，本書において取りあつかう戦略分析の基本的な枠組みを紹介することにある。戦略分析の2つの基本構成要素である事業の外部環境分析（おもに産業分析）と事業の内部環境分析（企業の資源と能力の基本的分析）を紹介する。

　本章では，以下のことを学ぶ。

- 戦略が個人および組織の成功に果たす役割（貢献）および効果的な戦略の基本的な特徴。
- 本書であつかう戦略分析の基本的枠組み。
- 過去60年間の戦略経営の進化。
- 企業戦略の解読および説明。
- 組織内における戦略構築プロセス。
- 非営利団体の戦略的経営（経営戦略）の特徴。

　戦略の目的は勝利に導くことである。したがって，まずは成功事例を通して戦略の役割を見ていくことにする。

成功事例にみる戦略の役割

　戦略コラム1.1と1.2では，組織指導においてまれに見る成功を収めたエリザベス女王とレディー・ガガの事例を紹介したい。この偉大な二人の女性はまったく異なった分野で活躍しているわけだが，両者の成功に何か共通要素はあるのだろうか？

　これら2つの事例に共通していることは，いずれも他を圧倒するような資源を

もっていないということである。エリザベス女王は国家元首であるとはいえ、実際に行使できる権力はほとんどもっておらず、ほぼすべての面において、民主的に選ばれた英国政府の公僕にすぎない。レディー・ガガは明らかに創造的で能力の高いエンターテイナーではあるが、ヴォーカリスト、音楽家またはソングライターとして傑出した才能をもっているとはいえない。

また、両者の成功は単に運のよさだけによるものでもない。エリザベス女王はいろいろな困難や悲劇的な出来事に直面したし、レディー・ガガも逆境を経験した（初レコーディングのキャンセルや健康問題）。彼女たちの成功の理由は、順境であれ、逆境であれ、柔軟性と明確な方向性をもって物ごとに対処できる能力をもっていたことにある。

ここで主張したいことは、エリザベス二世の60年にわたる統治とレディー・ガガの短いが輝かしいキャリアに共通しているのは、手堅く考案され、効果的に実行された戦略が存在するということである。これらの戦略は計画にもとづくものではなかったものの、エリザベス女王およびレディー・ガガからは明確な目的および目標にもとづくぶれのない方向性と、いかにして競争優位に立つかということにたいする鋭い認識を認めることができる。

エリザベス・ウィンザーの、連合王国（UK）および英連邦女王としての戦略は、彼女自身が国民との関係において作り上げた役割に垣間見ることができる。つまり、彼女は女王として国家の象徴であり、その安定性と継続性の化身であり、英国国民および文化の象徴であり、さらには奉仕やプロフェッショナルとしての献身的努力の模範という役割を確立したのである。

レディー・ガガの2008-15年の驚くべき成功は、音楽をとっかかりとして有名人（Celebrity）になるというキャリア戦略を反映している。そのなかではスター創造の一般的な戦略—つまり、衝動的な価値観、流行の指導およびメディアでの存在感—と、世界中のティーン層と若年成人層の想像と熱中をかきたてる、すぐれて差別化されたイメージとを組み合わせて使っている。

成功に導く戦略の特徴は何かという点で、これらの2つの事例が語りかけるものは何か？　これら2つの事例には4つの共通要因が存在する（図1.1参照）。

- **首尾一貫性があり、長期展望にたった目標**　エリザベス女王、レディー・ガガともにキャリア目標をぶれずに追求するという強い確信を示している。
- **競争環境の深い理解**　エリザベス二世とレディー・ガガによる役割定義およ

第Ⅰ部 序論

■図1.1 成功する戦略に共通する要素

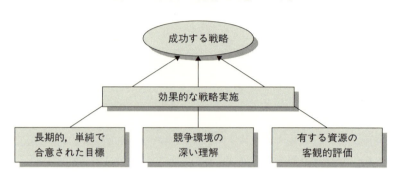

びキャリア重視の姿勢の結果として，自身をとりまく外部環境にたいする洞察が深かったことがうかがえる。エリザベス女王は，王政をとりまく政治環境変化や，英国国民の気分やニーズを敏感に感じとっていたことがうかがえる。また，レディー・ガガの事業モデルおよび戦略的位置づけにおいては，音楽事業における経済的側面の変化，ソーシャルネットワークのもつマーケティング潜在性およびY世代（Generation Y）のニーズを敏感に察知し，反映していることがうかがえる。

- **自分の有する資源の客観的な評価**　エリザベス女王，レディー・ガガともに自身が有する資源（Resources）を識別して，それを使いこなすことに優れていた。同時に，両者は自身のもつ資源の限界を認識し，他者がもつ資源を利用している。たとえば，エリザベス女王は家族，宮内庁，および王政支持者のネットワーク，レディー・ガガはハウスオブガガに所属する多様な人材を活用していた。
- **効果的な実行**　効果的な実行なくしては，どんなにうまく構築された戦略といえども意味をなさない。エリザベス女王とレディー・ガガの成功の鍵は，リーダーとしての能力であり，意思決定および実行を支える忠実な支持組織を構築したことである。

戦略コラム 1.1　エリザベス女王二世とウィンザー家

2015年後半には，エリザベス・ウィンザーは63年間女王の地位にあったことにな

る。つまり，いかなる前任者たちとくらべても最長の記録である。

　彼女が1926年4月2日に生まれた当時，世襲の王政は世界的に普通の政体であった。大英帝国以外にも，45ヵ国において王政が存在した。2015年当時，民主制や現代化や改革の波により，その数は26ヵ国に減少していた―大半がバーレーン，カタール，オマーン，クウェイト，ブータン，レソトなどの小国の独裁制であった。王政はデンマーク，スウェーデン，ノルウェー，オランダ，およびベルギーにおいても生き残ったとはいえ，これらの国の王家はその財産や特権はすでに失っていた。

　それに比較すると，英国王室は巨額の財産を有している―女王の個人財産はフォーブス誌の推算によると5億ドルである―しかも，そのなかには国が所有し，女王およびその家族が使っていて，100億ドルの価値があると見込まれる王宮やその他不動産は含まれていない。エリザベス女王の法的な地位は英国およびその他15ヵ国（カナダとオーストラリアを含む）の英連邦の元首であり，英国国教会の首長であり，さらには英国軍隊の長である。しかしながら，こういった地位のいずれにも意思決定の権限は付与されていない―彼女の影響力は，自分自身で確立した，非公式の役割から生じているのである。女王のウェブサイトによると，「国の元首としての公式な役割としてよりも，非公式な役割をもっており，」「それにおいては国家の同一性，統一性および誇りの象徴であり，安定性と継続性にかんする保証である。公式な場でひとびとの成功と卓越した行動を認め，さらに社会奉仕の理想を支持している。」（www.royalgov.uk）

　エリザベス女王はいかにして，過去60年の困難にかかわらず，王政の公式な地位保全だけではなく，女王の地位，影響および財産を保持できたのか？　こういった困難には世襲の貴族階級が享受していた特権の大半（それには英国の上院である貴族院選出の権利も含まれる）を奪った，社会的，政治的変化や，さらには王室内部で生じた不都合，つまり，周知の機能不全の家族（それには彼女の家族の大半が離婚していることや義理の娘であるウェールズ公妃ダイアナ妃の死と生涯をめぐる論争が含まれる）が作り出す困難も含まれる。

　エリザベスの英国王室維持努力の根本にあるのは，王政と国家とにたいする自分の義務へのひたすらなる打ち込みである。彼女は治世60年を通して自分の国の主導者としての役割を深化させてきた。そして，その役割にかんしては自分個人，または家族の利益追求の理由で妥協することはなかった。この役割を果たす過程で彼女は政治的中立性の必要に気がついた。それは，首相の考えに個人的には賛成しないときにでもある（とくにマーガレット・サッチャーの「社会を分断する」政策やトニー・ブレアのイラクやアフガニスタンへの軍隊派遣である）。

大衆との接触活動を通して彼女は英国の影響や，英国の文化，そして英国の価値観を広く世界で促進した。彼女は54の英連邦加盟国のそれぞれを何回も訪問している。それにはカナダへの26回，オーストラリアへの16回の訪問が含まれる。

英国国民の間での人気を維持するには身を切るような変化の波に適合する努力が必要であった。世襲の特権と英国の伝統的な階級社会にたいする反抗が増大するにつれて，彼女は王室を指導者階級の首長としての地位から国民全部の代表としてのそれに推移させた。自分自身および家族とを国民に開いた，社会的に型にはまった見方から解放するため，大衆文化や社会奉仕に従事する一般民衆とのかかわりを強めた。最近では孫のウィリアムとケイト・ミドルトンとの結婚を許した。これは王室と貴族階級ではない人間との結婚として初めてのものである。

エリザベスは報道媒体を利用するに長けている。テレビは国民や世界の聴取者とのつながりにおいてとくに強力な手段である。彼女のウェブサイトは1997年，2009年にはツイッター，そして2010年にはフェイスブックに参加した。彼女の治世を通して，対報道陣や広報活動戦略は，女王の私的秘書に属する専門家によって細心の注意をもって管理されている。

伝統や儀礼を尊重しつつ，状況に対応するようにしている。義理の娘，ダイアナの死により彼女は，祖母としての責任と，悲しむ国民へ指導者としての資質を示さなければならなかった。この危機への答えとして，彼女はいくつかの伝統儀礼を捨てなければならなかった。つまり，宮殿の前を通過する，義理の娘の棺の前で頭を下げたことなどである。

エリザベスは所有する資源を有効に使っている。まず，なににもまして特記すべき資源は英国国民の伝統の尊重と政治指導者への不信である。政治的戦いから自身が超越していることを示したり，王室のひとびと，つまり，自分の母親や子供たち，孫たちを前面に出すことで自分自身や王室や自分たちが代表している機関，組織の正当性を強めている。政治や文化面での指導者たちとの形式張らない関係を通していろいろな活動の後援を行っている。

エリザベスの63年におよぶ治世の成功は，国民の彼女や王政への支持によって示されている。北アイルランドを除けば英国において共和制支持運動はほとんど存在しない。カナダ，オーストラリアにおいても共和制支持は弱い。

これまで見てきた成功事例における戦略の役割は，絶え間ない生活の営みにもあてはまる。たとえば，戦争，チェス，政治，スポーツあるいは事業など，どの分野においても個人または組織としての成功がまったく恣意的なプロセスによるという

ことはほとんどない。また，豊富な技能や資源が成功を決定づける要素になることもあまりない。基本的な4つの要件にもとづく戦略こそが，決定的な役割を果たすのである。

あらゆる競争分野における『傑出した成功者』を見てみよう。世界中の指導的政治家，フォーチュン誌ランキング首位500社の最高経営責任者たち，あるいはわたくしたちの交友関係に限ったにしても，自らのキャリアにおいておおきな成功を収めた人たちが，生まれながらにして非常に優れた才能を有していたということはまずないと言ってよい。成功は，キャリアをもっとも効果的に管理したひとびとにやってくる—典型的には，上述の4つの戦略的要件を組み合わせ，融合させることによってである。成功者は自分の目標に焦点をあてる。かれらにとって人生の目標を達成することは，他のすべての事柄に—つまり，わたくしたちのおおくが，自分の人生を通して，その達成に努力する，友情，愛，余暇，知識，精神的な充足感に—優先する。自分の活動を展開すべき環境を知っており，成功への鍵は何かを他人よりも早く理解できる。かれらは，自身の強み，弱みをよく知っている。そして全身全霊をあげて，首尾一貫して，かつ強い決心をもって自分の人生の目標達成への戦略に邁進する。『われわれは自分自身の人生管理の最高経営責任者たるべきである』(注1)。

戦略コラム 1.2　レディー・ガガとハウスオブガガ

Stefani Joanne Angelina Germanotta（ステファニー・ジョアン・アンジェリーナ・ジャーマノッタ）は，通常レディー・ガガとして知られているが，21世紀に現れた，もっとも成功している芸能人である。2008年に最初のアルバム，『ザ・フェイム』を発売して以来，27百万枚のレコードを売り，グラミー賞，MTV，そしてビルボードを含むおもな賞を獲得し，フォーブス　セレブリティーリスト100ランキングのトップになったり，2012年の「Born this Way」ツアーでの入場券売上3億82百万ドルをあげたりしている。2014年のツアー「Artrave: The Artpop Ball」での79回のコンサートでは2億71百万ドルを稼いだ。

2005年にNYUのTisch School of the Artsを中退して以来，ジャーマノッタは自分の音楽家としてのキャリア促進に献身してきた。最初には，それはソングライターとして，つぎにはレディー・ガガとしてのイメージ（Persona）についてである。彼女のデビューアルバム，『ザ・フェイム』およびその続編，『ザ・フェイム・

モンスター』は2009年と2010年においてナンバーワン・ヒットアルバムだった。

　ガガの音楽はポップとダンスとを覚えやすくミックスしたもので，ダンスクラブやラジオで踊るのに適している。それを特徴づけるのは，よいメロディー，ガガのすばらしい歌唱力，そして彼女の社会や人生についての感想であるが，例外的にすばらしいとか，革新的だということはない。音楽評論家のサイモン・レイノルズがいうには，「とてつもなく覚えやすく，みだらで，オートチューンで磨かれ，リズムアンドブルース的なビートで補強されたポップだ。」

　しかし，音楽はレディー・ガガ現象の1つの要素にすぎない。つまり，彼女の偉さはシンガーとかソングライターとしてではなく，ポップミュージックを超越したイメージを確立したことにある。デビッド・ボウイやマドンナが先にそうだったように，レディー・ガガはレディー・ガガであるがゆえに有名なのである。そのためには音楽，視覚的な映像，ニュースになるような催事，人格，ファンが夢中になるような価値を含む一連の要素に根ざす，マルチメディアでの，多面的な商品化が必要である。

　そのなかでも重要なものは，視覚的な衝撃や劇的な印象である。彼女のヒットレコードは，視覚的にびっくりするようなミュージックビデオと一緒にプロモートされる。「パパラッチ」と「バッド・ロマンス」とは2009年，2010年のグラミーでベストビデオ賞を取った。後者は，YouTubeで歴史的に，2番目にもっともダウンロードされたビデオだった。一番衝撃的なのは，風変わりさや，革新性，インパクトのレベルを一段と上げたレディー・ガガの衣装と身なりであった。個々の衣装，つまり，プラスチックバブルのドレス，肉のドレス，そして「断頭死体のドレス」と異様なヘアスタイル，奇抜な帽子，そして靴（彼女は16インチの靴を履いてオバマ大統領と会った），は彼女の歌と同じくらい有名である。彼女の視覚イメージは，いちいち違っているので，彼女が公共の場に現れるたびに，こんどの身なり（Appearance）はどんなものかという期待感を引き起こしている。

　どんなスターよりも，レディー・ガガは娯楽におけるポストデジタル世界の現実に則った事業モデルを開発している。フェイスブックやツイッターのようなWeb2.0の先駆者と同様に，ガガが使ったモデルは，まず，市場での足場を作り，そのあと，それをどうしたら金銭化するか考えるというものである。彼女のレコード発売は，YouTubeでのミュージックビデオと同じか，その後に行われる。45百万人のフェイスブックファン，15.8百万ツイッターフォロアー，そして19億回のYouTube再生（2011年11月16日現在）にもとづいてFamecountは，彼女を「オンラインでのもっとも人気のある現役のミュージシャン」と認めた。自分のファンたちとのネッ

トワーキングにはGagavilleという，Zyngaによって開発されたインターアクティブゲームや，音楽をベースにした社会的ネットワークがある。

視覚的なイメージの強調は彼女の名声がどういうふうに収入になるかの反映である。音楽の著作権収入は重要ではあるが，彼女の主要な収入源はコンサートである。他の収入源，たとえば，保証宣伝（Endorsements），ビデオでの商品広告，メディアでの出演も視覚的イメージと密接に結びついている。

ガガの市場との関係でおおきな特徴は，そのファンとのつながりである。彼女のファンたち，彼女のいうところの「リトルモンスター」の熱狂さは彼女の顔かたちを真似るというよりは，その価値観と態度への共感に依存している。かれらは，ガガのイメージを，ファッション表明というよりは，社会規範への不順応の表明として評価している。疎外感，学校でのいじめ，個人としての価値観，性的自由，個性の受容にかんする自分の経験，体験をみんなに伝えることにより（そしてそれは慈善事業やゲイ支持の催事への参加でさらに強調されている），彼女は，他に例を見ないほど高い忠実度や傾倒度をもつファンの基盤を作り上げた。こういった帰属意識は，「モンスターの爪（Monster Claw，爪をたててひっかくような手の形）ポーズや「リトルモンスターのマニフェスト」といったジェスチャーや象徴によって強化される。「マザーモンスター」としてガガは，その共同体のスポークスパーソンであり，導師である。

レディー・ガガで一番傑出している能力は，そのショーマンシップと劇的演出である。アンディー・ウォーホルの「Factory」にならって，「ハウスオブガガ」は，創造性のためのワークショップであり，彼女自身の能力を高める。そのなかには，マネジャーであるTroy Carter，振付師でクリエイティブディレクターのLaurieann Gibson，ファッション写真家のNick Night，メーキャップアーティストのTara Savelo，マーケティングディレクターのBobby Campbell，そしてその他，歌，ビデオ，コンサート舞台装置，写真撮り，さらにはガガのすべての出演などのデザイン専門家とプロデューサーたちがいる。

〔出所〕M. Sala, "The Strategy of Lady Gaga," BSc thesis Bocconi University, Milan, June 2011 ; http://www.statisticbrain.com/lady-gaga-career-statistics, accessed July 20, 2015 ; http://en.wikipedia.org/wiki/Lady_Gaga, accessed July 20, 2015.

しかしながら，これには欠点もある。単一の目標への集中は成功達成への理解を助ける。しかし，それは人生の他分野におけるみじめな失敗との引替えとなっているかもしれない。人生において顕著な成功を収めたおおくのひとびとは，友人や家

第Ⅰ部　序　論

族との関係のもろさや自分の人間としての成長阻害といった問題をかかえる場合がおおい。例として，事業の世界におけるハワード・ヒューズやジョンポール・ゲッティ，政治の世界におけるリチャード・ニクソンやシャルル・ドゴール，エンターテイメントの世界におけるマリリン・モンロー，エルビス・プレスリー，スポーツの世界におけるジョー・ルイスやO.J.シンプソン，チェスにおけるボビー・フィッシャーが挙げられる。個人の人生における満足度向上には，人生設計において幅広い視野に立った，長期的な戦略が求められる(注2)。

前述の成功戦略の要件―すなわち，明快な目標，競争環境の理解，資質の評価，そして効果的な実行―は，事業戦略分析の主要要素を形成している。

事業戦略を分析するための基本的枠組み

図1.2は，本書における戦略分析の根本的枠組みを示している。図1.1に示される成功する戦略の4つの要素は2つのグループ―企業と産業環境―に分かれる。戦略とは，その2つのグループをつなぐもの（リンク）である。企業は前述の要件のうち3つに相当する。つまり，目標と価値（単純で，首尾一貫性があり，長期展望にたった目標），資源と能力（自分の有する資源の客観的な評価）および組織構造とシステム（効果的な実行）である。産業環境（『競争環境の深い理解』）は4つ目の要素であり，企業の外部環境の核をなしており，企業とその顧客，競合他社，納入業者（サプライヤ）との関係と定義される。

戦略が企業とその産業環境をつなぐリンクであるとする見方は，一般に広く使われている SWOT 分析枠組みと近い考え方である。しかし，戦略コラム1.3で説明するように，内部，外部の力という2つの分類のほうが，SWOT 分析枠組みの4分類よ

■図1.2　基本的な枠組み―戦略，企業と産業環境

りも優れている。

したがって，事業戦略の役割は，企業が置かれた環境のなかでいかに資源を活用し，長期目標を達成し，戦略を実行するために自身をいかに組織化するかにある。

戦略コラム 1.3　SWOT分析のなにが問題か？

会社の内部・外部環境を区別することは，戦略分析において通常行われることである。よく知られ，広く用いられる手法にSWOT枠組みがある。そこでは，企業の戦略への影響を4つの範疇に分類する―つまり，強み（Strengths），弱み（Weaknesses），機会（Opportunities），脅威（Threats）である。最初の2つ，強みと弱みは内部環境に関連し，最後の2つ，機会と脅威は外部環境に関連する。

内部，外部の影響力の2分類と，SWOTの4分類のどちらがよいか？　この疑問への回答の鍵は，内部要因を強みと弱み，外部要因を機会と脅威に分類することが論理的であり，分類する価値があるかどうかである。実際的には，このような分類は非常に困難なものである。

LeBaron James（レブロン・レイモン・ジェームズ）はCleveland Cavaliers（クリーブランド・キャバリアーズ）にとって強みか弱みか？　NBAでもっとも熟練していて，人気の高い選手として，かれは強みである。30年も活躍していて，最盛期はすでに過去のものであり，若手を萎縮させてしまうような存在としては，弱みである。

地球の温暖化は世界の自動車製造会社にとって脅威か機会か？　各国政府が，自動車の燃料への課税額を引き上げ，乗用車の使用を制限するように仕向けるという意味では脅威である。新しい，燃費効率のよい，電気自動車に乗り換えるように仕向けるという意味では新車販売の機会を提供する。

ここでの教訓は，外部要因を機会と脅威に，内部要因を強みと弱みに分類することは恣意的なものであるということである。重要なことは企業におおきな影響を与える外部と内部の要因を注意深く見定め，その意味するところを分析することである。

本書では内部，外部の要素という2要素分類に従い，強み，弱み，そして機会，脅威の表面的な分類は避けることとする。

〔注〕SWOTについては，以下参照。T. Hill and R. Westbrook, "SWOT Analysis: It's Time For A Product Recall," *Long Range Planning*, 30 (February 1997): 46-52; and M. Venzin,

> "SWOT Analysis: Such a Waste of Time?" (February 2015) http://ideas.sdabocconi.it/strategy/archives/3405.

戦略適合性（Strategic Fit）

　戦略が企業とその外部環境とのリンクであるという考え方の根本には，**戦略適合性**という概念がある。これは，企業の目標，価値，資源，能力にかんする戦略が，第1に外部環境，第2に内部環境に合致しているかということだ。企業の衰退や破綻原因は，企業戦略が内部もしくは外部環境との整合性を欠いていることに起因するものがおおい。ノキア衰退（同社は2012年7月までの4年間で，その株式時価総額の90％を失っている）の原因は，消費者の嗜好変化にともなう，スマートフォン需要拡大（外部環境変化）を察知できず，戦略に反映できなかったことである。他の企業は，戦略を内部資源と能力に合わせようとして労力を費やしている。任天堂の最大の問題点は，ビデオゲームコンソール市場において，ソニーやマイクロソフトと真っ向から競争していくだけの財務的，技術的資源をもっているかどうかである。

　戦略適合性の概念は，企業戦略のいろいろな要素の間での内部整合性にも関係している。有効な戦略では，職能的戦略と個々の意思決定がお互いに整合しており，首尾一貫した戦略的な位置と展開の方向性を作り上げることが可能である。この内部適合性の概念は，企業を**活動（Activities）システム**と把握するマイケル・ポーターの考え方の根本である。

　ポーターは，『戦略とはいろいろな活動の組み合わせによって，独特，かつ差別化された位置（Positioning）を作りあげることである』と定義している[注3]。鍵となるのは，いかに，各活動を融合し，首尾一貫した，相互に強化しあうシステムを形成できるかである。Ryanair（ライアンエアー）の戦略的位置づけは，ヨーロッパの格安航空会社として各種サービスの有料化（No frills）を通じてコスト管理し，低価格航空運賃を低予算旅客に提供するというものである。それは，一連の活動によって達成されている（図I.3）。

　戦略適合性の概念は，**コンティンジェンシー理論**の一構成要素である。コンティンジェンシー理論は，組織構築や経営において最良のやり方は存在しないということを提唱している。最良な組織構想，経営および指導方法は，状況（とくに組織環境の有する特徴）に依存する。

■図1.3　ライアンエアーの活動システム

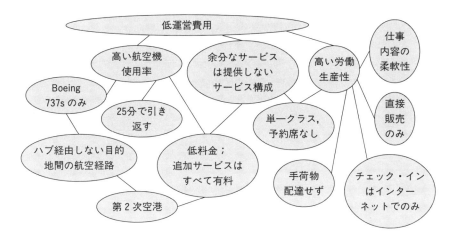

事業戦略にかんする簡単な歴史

起源と軍事での前例

　企業は，軍隊が軍事上の戦略を必要としているのと同じ理由で事業戦略を必要としている。つまり，方向性と目的を与えること，もっとも効果的なやり方で資源を展開すること，組織内の異なる構成員によって行われる意思決定の調整をすることが必要だからである。実際，事業戦略の概念や理論は軍事戦略に，その源を発する。**戦略**という用語は，『指揮能力』を意味するギリシャ語の**ストラテギア**に由来する。とはいえ，戦略の概念はギリシャに端を発するわけではない。紀元前500年に書かれた孫子の**同名の書**こそが戦略にかんする初めての書物である(注4)。

　軍事戦略と事業戦略には共通する概念や原則がおおく存在する。そのうち根本的なものは，戦略と戦術の区別である。戦略が有利なポジション（位置づけ）を確立するための資源展開の全体的な構想を意味するのにたいし，戦術はより具体的な行動計画を意味する。戦術が，個々の戦闘に打ち勝つために必要な行動と関連しているのにたいし，戦略は戦争に勝つことに関連している。軍事か事業分野であるかの区別は別にして，戦略上の意思決定は次に示す3つの共通的な特徴を有する。

- 重要事項である。
- 大量の資源を割り当てる必要がある。
- ほぼ不可逆的である。

軍事戦略の概念のおおくは，事業の世界に応用されてきた。たとえば，攻めと守りとの相対的力関係，正面攻撃に比較しての側面攻撃の利点，敵の攻撃的攻勢にたいする段階的応戦，奇襲の利点，および敵を欺くこと，包囲すること，応戦の段階的拡大，消耗戦の可能性などである(注5)。しかしながら，事業における競争と軍事での争いとには違いがあるということについて認識をする必要がある。戦争の目的は，通常，敵を打ち負かすことにある。事業競争の目的は，そこまで攻撃的であることはあまりない。企業の大半は，その競争にかんする考えには抑制を加えるのが普通である。つまり，競合他社を完膚なきまで破壊してしまうというよりは共存を図る。

軍事戦略と事業における戦略の考え方の発展が別々に行われる傾向にあるということは，戦略の一般理論は存在しないことを意味する。そして，フォン・ノイマンとモルゲンシュテルンによる1944年の『**ゲームの理論と経済行動**』の出版は，競争行動の一般的理論の出現を期待させた。それ以降，60年間にわたって，**ゲームの理論**は競合関係における相互の反応の仕方について，事業だけではなく政治，軍事的紛争，および国際関係にかんする研究に革命的な影響を及ぼした(注6)。とはいえ，第4章でみるように，戦略の一般理論への実際面での適用にかんしてのゲーム理論の成功は限定されたものとなっている(注7)。

企業計画から戦略的経営（経営戦略論）への進化

事業戦略は，理論上の発展にともなってというよりは，実用的な必要性によって進化してきた。1950年代から60年代，経営管理層は，しだいに規模的に拡大し，複雑さを増す企業における意思決定の調整や経営管理にしだいに困難を感じていた。新しい手法である割引キャッシュフロー（DCF）分析は，個々の投資案件について合理的な選択を可能にしたとはいえ，企業には長期的な発展のための体系的な分析手法が欠如していた。これを補うべく，1950年代後半に**全社的戦略計画**（別名，**長期計画**）が開発された。マクロ経済レベルでの予測は全社的戦略計画の新たな枠組みを提供する。典型的な形式は，ゴールと目標設定，重要な経済指標（市場需要，

市場占有率，売上，コスト，利益）の予測，製品間，事業部間での優先度設定，投資額の割当てを含む5カ年計画であった。全社的戦略計画の普及は，こういった新しい科学をあつかい，解説する大量の論文，書籍により加速化された(注8)。新しい全社的戦略計画は，1960年代(注9)，おおくの大企業が採用した多角化戦略を主導するのにとくに役に立った。1960年代なかば頃には，大半の米国や欧州の大企業は戦略企画部門を設けた。戦略コラム1.4は，こういった形式化された全社的戦略計画の例を挙げている。

1970年代から80年代の初めにかけて，戦略計画への信頼はおおきく揺らいだ。多角化が期待されたほどの相乗効果を生まなかったのみならず，1974年と1979年のオイルショック，日本，韓国および東南アジア企業の海外進出加速による国際競争の激化と相まってマクロ経済レベルでの不確実性に特徴づけられる新しい時代が到来した。事業環境の新たな不確実性が意味したのは，企業にとって，3-5年先を見込んだ，投資や資源獲得の計画をするのが不可能になったことである。つまり，そんなに先までの予測が不可能となった。

結果として，戦略の計画から戦略実行に経営の重点が移行した。そのため焦点は，成長への軌道の管理から，利益を生み出す力を最大化するため，市場と競合相手との相互関係における企業のポジショニング（位置づけ）へ移った。戦略計画から**戦略経営**として知られる経営のやり方への移行は，事業環境の中心としての競争ならびに戦略の第一義的な目標としての業績極大化への注意の傾注の傾向と関連する。

業績志向の戦略の強調により，企業の努力は利益の源泉へ注がれた。1970年代の後半から1980年代にかけて，企業の関心は産業の競争的環境が潜在的収益性に影響をあたえるかであった。ハーバード・ビジネス・スクールのマイケル・ポーターは，産業組織論をいろいろな産業や市場における収益可能性の分析に適用した(注10)。別の研究は，戦略変数，とくに市場占拠率が，いかに同じ産業のなかでの企業ごとの利益配分に影響するかを調査した(注11)。

戦略コラム 1.4　1966年，米国大手製鉄会社での全社的戦略企画

　長期的な計画作成の最初の手順は，将来の製品需要予測である。全体的な需要予測における『目標』量を与えるため各営業地域での量を計算した後，各分野での最適生産量が決定される。そのため需要予測，既存生産能力，運賃などを計算に入れ

るコンピュータプログラムが使われる。

　各分野での最適生産量が計算された後，計画生産量を生産するために必要な追加的な生産設備が特定された。その後，必要な生産設備，建物，そして配置が会社のチーフエンジニアと地域のエンジニアにより決められた。目標達成のための数年にわたるいくつかの案が作成され，手持ちの資金や借入れ方針をもとにして設備投資計画が作成された。長期計画担当の副社長から社長にたいし，いくつかの計画が提案され，経営陣と役員会においていくつかの案が検討された後，将来の活動にかんする意思決定を行った。

〔出所〕 Harold W. Henry, *Long Range Planning Processes in 45 Industrial Companies*, Englewood Cliffs, NJ : Prentice-Hall, 1967 : 65.

　1990年代において，戦略分析の焦点は外部環境における利益の源泉から企業内の利益の源泉に移った。企業の資源（リソース）と能力（ケイパビリティ）こそ競争優位の源であり，戦略作成の基本的な土台であるという考えがますます強くなった[注12]。いわゆる**資源ベース理論**への視点の移動は戦略論においておおきな意味をもった。魅力のある市場の追求や優位な競争上のポジショニングを求めると，戦略が似通ってしまうきらいがあったが，自分の有する資源や能力に焦点をあてた結果，企業は競合相手との**違い**，また，その違いを利用する戦略を見つける方向に仕向けられた。

　21世紀に入ってからも新しい状況は，戦略の理論と実践とに引き続き，おおきな影響を及ぼしている。デジタル技術は，市場での「勝者一人勝ち」や，規格戦争を引き起こすことで，おおくの産業での競争動向にたいし重大な衝撃を与えた[注13]。破壊的技術[注14]や変化の度合いが加速化した結果，戦略とは，ますます，計画というよりは将来に向けて選択肢を作ること[注15]，そのため戦略的革新[注16]を育成し，競合相手のいない領域である「青い海」（Blue Ocean）を追求すること[注17]へと変化した。こういった挑戦の複雑さが意味するのは，企業にとって自社だけでの独立独歩路線を進むのは難しくなったということである。つまり，ますます提携や他の協力関係形成が企業の戦略における当たり前の特徴となった。

　2008-2009年における金融市場危機は，戦略および事業の目的について再考を促した。市場資本主義の度を過ぎた行為や不公正さが引き起こした幻滅感は，企業の社会的責任，倫理，維持可能性（Sustainability）および企業の長期的な成功の正当性の役割にたいする関心を高めた[注18]。

■図1.4　戦略的経営の展開

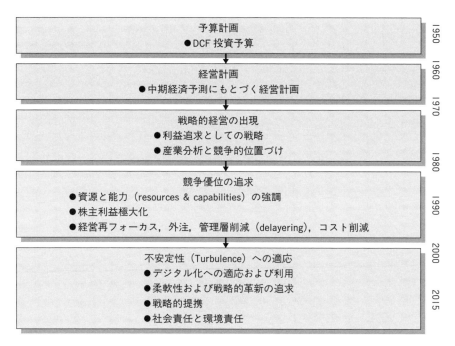

図1.4は，20世紀なかばからの戦略的経営（経営戦略論）のおもな発展を要約する。

今日の戦略的経営（経営戦略論）

戦略とは何か？

広くいえば，戦略とは，個人や組織が，その目的を達するための手段である。表1.1は，いろいろな戦略の定義を挙げている。事業戦略の定義で共通しているのは，特定の目標達成に焦点をあてていること，主要な行動としての資源の割当てを含んでいること，統一性，統合性，または意思決定と実行との整合性を意味するということである。

しかしながら，歴史的な背景で見たように企業の戦略の概念は，この半世紀の間

■表1.1　戦略のいくつかの定義

- 戦略―特定の目標または効果達成のために作成された計画，方法，または一連の行動
  　　　　　　　　　　　　　　　　　　　　　―ワーズミス辞書
- 企業の長期的な目標および目的の決定，そして，それらの目標を実行するため必要な行動の採択ならびに資源の配分。
  　　　　　―アルフレッド・チャンドラー，『組織は戦略に従う』，ダイヤモンド社，2004
- 戦略：「重要な挑戦にたいする整合的な反応」
  　　　　　―リチャード・ルメルト，『良い戦略，悪い戦略』，日本経済新聞出版社，2012
- ロストボーイ―『インディアンたちよ！　やつらを捕まえよう！』
  ジョン・ダーリング―『ちょっと待って。まず戦略を立てなきゃあ。』
  ロストボーイ―『ええ！　戦略って何？』
  ジョン・ダーリング―『それって，あー，つまり攻撃の計画さ。』
  　　　　　　　　　　　　　　　　　　　―ウォルト・ディズニーのピーターパン

におおきく変わった。事業環境の不確実化と不可測化に従い，戦略も詳細な計画というよりも，成功への指針といったものになった。そのことは，われわれがこの章のはじめに出発点として述べたことと一致する。エリザベス女王にしてもレディー・ガガにしても，はっきりした戦略計画を作成したわけではないが，行動に見られる整合性から判断するに，彼女たちは，なにを達成したいか，いかに達成するかへのはっきりした考えをもっていた。環境での不確実さがおおきくなればなるほど，戦略はより柔軟かつ敏感でなければならない。そういった状況下では，戦略の役割はおおきくなりこそすれ，小さくなることはない。企業が予測しなかった脅威に直面したり，新しい事業の機会が継続して生まれるような状況では，戦略は荒れた海を航海するための羅針盤となる。

企業はなぜ戦略を必要とするか？

　計画としての戦略から方向性としての戦略への移行は，なぜ企業（またはその他いかなる組織）は戦略を必要とするのかという疑問を投げかける。まず，第1に，意思決定の質を高め，つぎに調整，協働を助け，3番目には，長期的目標の追求に焦点をあてるように組織を導くことで，戦略は，組織の効率的な管理経営を助ける。

意思決定の支えとしての戦略　戦略は個人のまたは組織の意思決定に整合性を与える型（Pattern）または主題／テーマ（Theme）である。しかし，個人や組織は，統一的なテーマがないと，なぜ最良の意思決定ができないのであろうか？　ギャリー・カスパロフがIBMの「ディープブルー」計算機に敗れた，1977年の「人間対機械」チェス勝負を考えてみよう。ディープブルーには戦略は必要でなかった。ディープブルーは，その驚異的な記憶力と計算能力により，巨大な決定木（Decision tree）[注19]にもとづき最良の駒の運びを計算することができた。カスパロフは，世界でもっとも偉大なチェスプレイヤーであるとはいえ，「**限定合理性**」によって条件づけられていた。つまり，かれの意思決定分析は，すべての人間がそうであるように，認識上の制約の下にあった[注20]。カスパロフにとっては，戦略は，位置づけの助けとなり，機会を作り出す，指針を提供するものであった。戦略は，いくつかのやり方で意思決定を改善する。

- 考慮に入れる意思決定の選択肢の幅を制限することで意思決定を単純化したり，また**発見的方法**（Heuristic），つまり，意思決定問題において受容できる解決法探索を軽減するための**目の子勘定**として機能する。
- 戦略策定過程は，いろいろな個人の有する知識がプールされ，統合されることを可能にする。
- 分析の道具使用を容易にする―次章以下で勉強する枠組みや技術。

調整手段としての戦略　経営における中心的な課題は，組織のいろいろな構成員の行動の調整である。戦略は，調整を促進するための意思疎通手段として機能する。戦略ステートメント（Statement of strategy）は，最高経営責任者が会社の独自性（Identity），目標，および位置づけ（Positioning）を組織構成員全員に伝える１つの手段である。戦略的計画策定過程は，いろいろな観点がお互いに伝達され，合意が形成される場として機能できる。策定後，戦略は，組織が着実な方向に向かって推移するように導く，目標，約束，そして成果目標にまで落とし込むことができる。

目標としての戦略　戦略とは未来志向なものである。それは企業がいかに競争するかということ以外に，将来，なにをするのかということとかかわっている。未来志向的目的は，企業の発展の方向性を決めることに加えて，組織の成員を動機づけ，鼓舞するような目標（Aspirations）を与えることである。ギャリー・ハメルとC.K.

プラハラッドは,「**戦略的意図**」という言葉を使って,こういった,望まれる戦略的位置づけを説明した。「戦略的意図は有する資源と望みとの不適合状態を生み出す。経営層は,新しい競争優位を構築することにより隔たりを解消するようにその組織にたいして要求する。」(注21) その意味するところは,戦略とは,資源の適合性とか配分というよりは,資源を引き延ばし (Stretch),活用 (Leverage) することである(注22)。ジム・コリンズとジェリー・ポラスも同じようなことをいっている。つまり,50年以上,米国で市場の主要企業の位置にある企業,メルク,ウォルト・ディズニー,3M,IBMおよびフォードなど,は「おおきな,困難な (Hairy),向こう見ずな目標」(注23)を設定することで従業員の献身 (Commitment) とやる気 (Drive) を得ている。奮起させ,鼓舞するような目標は大概の組織のビジョン(未来像,理想)やミッション声明に見ることができる。一番知られているのはNASAの宇宙計画にかんしてケネディ大統領が設定した目標である。つまり,「10年以内に人を月に送り,地上に無事に帰還させる。」しかしながら,リチャード・ルメルトは戦略と目標設定とを混同すべきではないと注意している。つまり,「野心とか,決意とか,やる気を起こすリーダーシップと混同されてしまうと,戦略は有効な…道具でなくなってしまうし,革新や…戦略は重要な難題にたいする整合的な対処であるべきだ。」(注24)

戦略はどんなところで読めるか?

　企業の戦略は3つの場所で見つけることができる。つまり,企業幹部の頭のなか,かれらの言葉のなかでの表現および書かれた記録,そして戦略を具現化する意思決定である。最後の2つだけが観察可能なものである。

　戦略は企業家と上級経営幹部の思考過程から生まれる。企業家にとっては,戦略の出発点は新規事業にかんする発想である。小企業の大半において戦略は事業の所有者の頭のなかにとどまる。つまり,戦略を顕示的 (Explicit) に述べる必要はほとんどない。大企業において,戦略は一般には公開されないものの,役員会の議事録や戦略計画書類に見ることができる。しかしながら,大半の企業,とくに株式公開されている企業は,従業員,顧客,投資家,および共同事業者にその戦略を説明するのは良いことであるとみなしている。コリンズとRukstad (ラクスタッド) は,企業がその戦略を説明するのに4つのタイプの声明 (Statement) があるといっている。

- ミッション声明は組織の目的を述べる。それは「なぜ自分たちは存在するのか」を記述する。
- 原則または価値観声明は「自分たちが信じるものはなにか，そしていかにふるまうか」の概観を述べる。
- ビジョン声明は「自分たちはなにになりたいか」を提唱する。
- 戦略ステートメントは，目標，事業範囲および競争優位を記述する，企業の競争ゲーム計画を明らかにする[注25]。

これらの声明は企業のウェブサイトにおける自社説明のページで見ることができる。中期の定性的および定量的な目標を含む詳細な戦略声明は，企業のウェブサイトにおける「投資家向け」ページにある財務アナリスト向けの最高経営責任者によるプレゼンテーションにおいて読み解くことができる。

企業の事業範囲（製品および市場）やその市場でどうやって競争するのかについてのさらなる情報は，その企業の年次報告書のなかに見ることが可能である。米企業の場合には，米国証券取引委員会（SEC）へ提出される10-K年次報告書Item 1事業記述は，その企業の戦略について情報を提供している。

戦略コラム1.5で世界的なファストフードの巨大企業マクドナルドとオンライン・メッセージサービスのTwitter（ツイッター）における戦略ステートメントを説明する。

最終的には，戦略は組織構成員の意思決定や行動により具体化される。実際，戦略ステートメントを意思決定や行動と比較することで，うわべだけの言葉と現実との相違を明らかにすることができる。誇張された，陳腐な，ビジョン（未来像）や使命にかんする気持ちが本当のものかどうかを調べるには，下記のような質問が役に立つ。

- その企業がどこに投資しているか？　財務諸表の注は，地域や事業ごとの資本投資内訳の詳しい内容を提供する。
- その企業はどんな技術を開発しているか？　申請した特許を（米国および欧州のオンラインのデータベースを使って）調べれば，めざす技術の方向性がわかる。
- どんな新製品を市場に出したか，新規投資計画を始めたか，最高経営陣を雇ったか？　これらの戦略的意思決定は，通常，報道発表や業界紙で公表される。

第Ⅰ部　序　論

　ある企業の戦略を知るには，その企業が，自分たちがやっていると主張していることと，実際にやっていることにかんして，複数の情報源を使い全体的な俯瞰を得る必要がある。この点については，第4章の**競合他社分析**と**競合他社情報分析**をあつかう際に再度言及する。

戦略コラム 1.5　企業戦略ステートメント—マクドナルドとツイッター

マクドナルド社

　わたくしたちの目標は，ワールドフェイマスフライ，ビッグマック，クォーターパウンダー，そしてチキンマックナゲットなどの商品を提供することで，お客様にとって「お気に入りの食事の場とスタイルであり続けること」である。

　当社，フランチャイズ店，そしてサプライヤ（集合的に「システム」と呼ぶ）の間での整合的な調整の強みはマクドナルドの成功の鍵である。システムを活用することで，変化するお客様のニーズと嗜好を満足させるアイデアの発見，実施および適合が可能となる。

　マクドナルドの顧客優先勝利計画（「計画」）はグローバル事業のベクトル合わせをし，地域市場への適合を助けるための共通の枠組みを提供する。わが社は，メニューの改善，顧客体験の近代化，そして計画の枠組みのなかでマクドナルド・ブランドの利用可能性を高めるという3つのグローバル成長優先目標達成に焦点をあてている。われわれのイニシアチブは，これらの優先事項を支え，計画の5つの柱，つまり，ひと，商品，場所，価格，そしてプロモーションに焦点をあて，顧客体験を改善し，長期的な株主価値の構築をするために実行される。われわれが信じているのは，これらの優先事項は，お客様の進化するニーズと一致しており，便宜性，メニューのおおさ，地理的な多角化そしてシステムの整合性と組み合わさることにより，長期的に維持可能な成長を促すということである。

〔出所〕www.mcdonalds.com

ツイッター社

　われわれは成長戦略を，そのプラットフォームの3種の主要な構成員を中心に据えている。

ユーザー　ユーザーベースを拡大するおおきな可能性があると信ずる。

- 地理的拡大。世界的に提携関係を強化して適切なローカルコンテンツを拡大する計画がある…そしてツイッターを新規に生まれてくる市場でもっとアクセスできるようにする。
- 携帯用アプリ。携帯用アプリの開発，改善を継続する計画がある。
- 製品開発。われわれの商品とサービスを開発，改善するため新しい技術を構築したり，取得する計画がある。

プラットフォーム提携相手　プラットフォーム提携相手の増加はユーザー成長戦略を補完すると信ずる。

- More Content を統合するためツイッタープラットフォームを拡張する。プラットフォーム提携先企業がすべての形態のコンテンツをも配布できるように新しい技術を開発し，取得する。
- 伝統的なメディアとの提携は…われわれのプラットフォームでの配布を促進する。

広告主…広告サービスの拡大やわれわれのプラットフォームへのアクセスを容易にすることで，広告主にとってのわれわれの価値を増加させる。

- 対象。広告サービス部門の顧客への売り込み能力を改善する計画がある。
- その他広告主にプラットフォームを開放する。米国以外の広告主層はおおきな可能性をもっている…
- 新しい広告形態。

〔出所〕　Twitter, Inc. Amendment no. 4 to Form S-1, Registration Statement, SEC, November 4, 2013.

全社戦略と事業戦略

戦略の選択は，基本的には2つの質問に帰結する。

- どこで競争するか？
- いかに競争するか？

これらの質問への答えが，企業戦略の基本的分野，つまり，**全社戦略**と**事業戦略**

との定義である。

全社戦略は，競争を展開する産業と市場という意味での企業の事業範囲を定義する。全社戦略での意思決定には，多角化のための投資，垂直統合，企業買収，新規事業，異なる諸々の事業の間での資産の割当て，さらに撤退が含まれる。

事業戦略は，特定の産業または市場において企業がいかに競争に打ち勝つかに関わる。企業が特定の産業で成功するには，競合他社にたいする競争優位を獲得しなければならない。したがって，この分野の戦略は**競争戦略**とも呼ばれる。

全社戦略と事業戦略との違いは，大半の大企業での組織構造に一致する。全社戦略は企業の最高経営陣の責任である。事業戦略は第一義的には事業部や子会社の上級管理者の責任である。

全社戦略と事業戦略との違いは，また，企業にとって，他社よりもおおきな利益を得るための主要な収益源とも関連する。先に述べたように，戦略の目的とは他社よりも高い業績成果をあげることである。この点にかんして基本は競争に生き残り，繁栄することである。それは，また，長期にわたって，資本コストを上回る株主資本利益率を生み出すことを意味する。その達成方法には2つある。1つには，利益率の高い産業に位置すること。2つには，特定の産業において，産業の平均よりも高い利益率を可能にする競争優位の位置に立つことである（図I.5）。

両者の区別をさらに簡単に表すこともできる。企業が直面する基本的な質問は，『どうやって利益を得るのか？』である。そして，この質問は，前述の2つの基本的戦略にかんする選択に該当する。それは，『どこで競争するか？』（つまり，『どんな産業や市場に位置すべきか？』）と，『いかに競争すべきか？』である。

■図1.5　他社よりも高い収益性の源泉

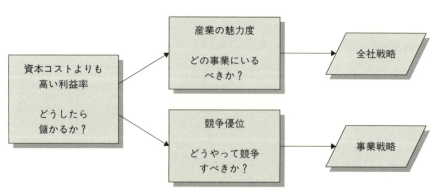

企業戦略への統合的な取り組み方として，本書では事業戦略，全社戦略の両者をあつかう。しかしながら，本書での主なる焦点は事業戦略となる。理由は，企業の成功の不可欠な要件とは，競争優位を確立する能力にあるからである。したがって，全社戦略関連の事項に先立って，事業戦略にかんする事項をあつかうこととする。しかしながら，これら2つの戦略は密接に結びついている—企業の事業範囲は競争優位の源の問題につながるし，企業の競争優位の性格は，その企業が成功を収めることができる産業と市場とを決める。

戦略を述べてみると

これら2つの質問，つまり，『どこで競争するか？』と『いかに競争すべきか？』は，また，ある企業が追求する戦略を記述する際，そのもととなる。「どこで」という質問はおおくの次元を含む。つまり，それは，その企業が提供する製品，対象とする顧客，活動を展開する国や地域，さらには（上流，下流という）垂直関係の範囲でその企業が有する活動範囲に関連する。

しかしながら，戦略とは単に「今日のために競争する」というものだけではない。それは「明日のために競争する」という点にも関わる。戦略におけるこの動態的な面は，将来の目標を設定し，いかにそれを達成するかを含む。将来の目標は，企業全体の目的（Mission），どういう企業になりたいと努力するのか（Vision），そして特定の成果実績目標をいかに達成するかに関連する。

■図1.6　戦略の記述：現在のポジショニング，将来の方向

ポジショニングとしての戦略　どこで競争するか？　—製品市場での範囲　—地理上の範囲　—垂直方向での範囲　●いかに競争するか？　—競争優位の源は？	方向性としての戦略　なにになりたいか？　—ビジョン記述　●なにを達成したいのか？　—ミッション記述　—業績目標　●いかにそこに到達するか？　—展開へのガイドライン　—設備投資，開発投資での優先事項　—成長方式：有機的成長，M&A，戦略的提携
現在における競争	将来に向かっての競争

これら戦略の2つの次元，つまり，静態的なものと動態的なものは図1.6に図示されている。また，コカコーラ社の例で説明されている。第8章で見るように，この2つの次元を両立，つまり，デレック・アベルがいうところの「両次元の戦略での競争」は戦略経営の中心にある二律背反（Dilemma）である[注26]。

戦略はいかに作成されるか？　戦略プロセス

　企業がいかに戦略を作成するか，そしてそれがいかに作成されるべきであるかは，戦略的経営（経営戦略論）においてもっとも盛んに議論されたことがらである。1960年代の大企業における戦略計画（Corporate planning）は，高度に形式化されたやり方での戦略立案であった。戦略は形式に頼らず（Informally）作ることもできる。つまり，環境への適応を通じての創発的（Emerging）なやり方である。エリザベス女王とレディー・ガガの例において，両者とも体系的な戦略作成手順（Process）を踏んでいるという証拠はないが，彼女たちのキャリアにかんする意思決定には整合性や共通性（Pattern）があり，それを戦略と認めた。同様にして，成功している企業の大半には大構想（Grand designs）があるわけではない。アップルが（株式時価で）世界最大の企業になった理由として，ハードウェア，ソフトウェアおよび美しいデザインを統合して商品を生み出し，これまでに類を見ない経験や価値を消費者に提供するというすばらしい戦略があったからである。しかし，2004年以降のアップルの類例を見ない成功は大構想のおかげであるという証拠はない。ディック・ルメルトの情報によると，スティーブ・ジョブズが1997年にアップルの最高経営責任者に再任されたとき，最初にやったことは，コスト削減，投資削減，さらには製品の範囲をせばめることであった。1998年にアップルの戦略はなにかと質問されたとき，かれが答えたのは，「次になにかおおきなことが起こるまで待ってみる」ということであった[注27]。

　iPod, iPhone, そしてiPadによる2001年以降でのアップルの驚くべき成功は，あらかじめ作成された計画のおかげではなかった。それは，消費者の好みや技術的な傾向を見抜く洞察力とアップルの自身のデザインと開発能力とを組み合わせた戦略的な意思決定と，展開する事業環境への賢い対応との結果である。

　企業や他の組織体での戦略策定にとって，それはなにを意味しているか？　経営幹部は，合理的で体系的なプロセスを通じて戦略を策定すべきか，それとも不確実

な世界にあっては，目標とか指針といった形である程度の方向感を維持しつつ，状況に応じてそのつど適応していくのが一番の方法なのであろうか？

企画構想（デザイン）対 創発（エマージェンス）

　ヘンリー・ミンツバーグは，合理的戦略策定（Strategy design）方法にたいするもっとも厳しい見方の中心人物である。かれは，戦略を，「**意図された**」，「**創発的な**」，そして「**実行された**」戦略に分類した。**意図された戦略**においてすら，戦略は，合理的な考察によるというよりは，戦略策定プロセスに関与するおおくの個人やグループの間での話し合い，交渉，そして妥協の結果であるとされる。しかし，**実行された戦略**，つまり実行に移された戦略とは，意図されたものとはほんの部分的なところでしか関連していない（ミンツバーグは，意図されたもののうち，わずか10-30％のみ実行されると主張する）。戦略が実行されるかどうかの重要な決定要因はミンツバーグが**創発的戦略**と呼んだものである―各経営幹部が，解釈した意図的戦略と外部的環境の変化への適応の複雑なプロセスから浮かび上がってくる意思決定である[注28]。

　ミンツバーグによれば，合理的な意図は戦略が現実にどう策定されるかについて不十分な説明しかしないのみならず，戦略策定のやり方としては貧弱なものである。つまり，「戦略とは，組織を動かしている，日常業務からの詳細な事実からはるかにかけ離れた，お偉方のところで起こる出来事であるという考え方は，伝統的戦略経営におけるおおきな嘘である。」[注29] 戦略策定への創発的考え方では，戦略の策定と実践との絶え間ない相互反応（そしてその相互反応では経験，体験をふまえて，戦略はつねに適合，修正される）を通じて適合と学習が可能となる。

　戦略とは意図された計画作成の合理的で，分析的プロセスである（**企画構想派―Design School**）と考える人間と，戦略策定は創発的（Emergent）なプロセス（**創発または学習派―Emergent または Learning School**）であると考える人間との間での議論の焦点は，1960年代，ホンダの米国市場進出成功例である[注30]。ボストン・コンサルティング・グループによれば，ホンダは規模の経済にもとづく確固たるコスト・リーダーシップの確立のためのグローバル戦略を展開した[注31]。しかし，米国市場進出を担当したホンダの経営幹部との面接調査によれば，実情はまったく違っていた―つまり，まったく行き当たりばったりの，市場分析などはなく，また明確な計画などまったくない市場開拓への取り組み方であった[注32]。ミンツバーグ

が観察したように，『事後的に見れば，その戦略はすばらしいものであったが，正しいやり方での市場進出を発見するまで，ホンダの経営幹部は，考え得る間違いという間違いをすべて犯した』(注33)。

実際面において，戦略作成には思考と行動とが両方とも関連している。つまり，「戦略は経営幹部の意識に存在するが，企業の行動により具体化（Reify）される。」(注34) それは，トップダウンの合理的なデザイン（企画）と各部署での状況の適合との組み合わせが行われるプロセスである。戦略の企画面には，そのなかで戦略が検討され，議論され，そして決定されるおおくの組織内プロセスが含まれている。おおきな企業においては，それには，役員会会議および（戦略ワークショップなど，広い範囲での参加型出来事によって補完される）正式の戦略計画策定プロセスも含まれている。戦略計画については第6章でもっと詳しく説明する。

同時に，戦略は，組織の成員すべて，とくに中堅幹部によって行われる意思決定を通じて絶え間なく実行されている。分権的，ボトムアップ的，創発戦略プロセスは，しばしば正式のトップダウン的戦略作成に先行する。メモリーチップをやめて，マイクロプロセッサに集中化した，インテルの歴史的意思決定は，事業単位および工場責任者によって始められ，最高経営陣によって戦略として取り上げられた(注35)。

わたくしが知っているすべての企業において，戦略はデザイン（企画）と創出の組み合わせにより作成されている。つまり，前述したところの「計画された創出」プロセスである(注36)。これら両者の均衡をどこにとるかは，組織の事業環境における安定性と予測可能性に依存する。ローマカトリック教会やフランスの郵便機構である La Poste は比較的安定した環境に位置する。したがって，資源の配分活動をかなり長期にわたって計画できる。WikiLeaks，イラクの Credit Bank，またはソマリアの海賊たちにとって戦略計画は，いくつかの指針程度にとどまらざるを得ない。つまり，戦略的意思決定は，大半，状況が展開するに従い，それへの対応ということになる。

事業環境が乱高下して，予測するのが難しくなるにつれ，同時に，戦略作成も詳細な意思決定というよりは，指針や全体の方向性にかんするものとなっている。ベイン・アンド・カンパニーが主唱するのは，組織を導くための戦略的原則である。つまり，対応と反応に整合的に焦点を与えるため，『従業員に権限付与（エンパワー）をしつつ，手引きを与える，含蓄に富む，重要な戦略の要諦である』(注37)。戦略コラム1.5に述べたマクドナルドの戦略ステートメントは，この戦略的原則の例である。

同じように，サウスウエスト航空は，自社の戦略を単純なステートメントで述べている。つまり，「自動車での旅行費用と競争できる料金で，短距離旅行者のニーズを満たす。」環境変化の速度が高い事業では，戦略とは「簡単な規則」集にすぎないかもしれない。レゴ®では，新商品の評価をする際，規則リストを使う。つまり，「その商品はレゴ®の商品に見えるか？」「子供たちは楽しんで遊びながらなにか学習できるか？」「創造性を刺激するか？」(注38)。

規則や原則，基準が，組織の発展や調整を導くのにどういう役割を果たすかについては本書の最後の章で述べる。そこで経営戦略論において複雑系理論が意味するところをいくつか議論する。

戦略作成における分析の役割

ヘンリー・ミンツバーグその他による戦略作成への合理的，分析的考え方への批判にもかかわらず，本書は戦略作成への分析的アプローチを強調する。それは，直感，創造能力，自然さの役割を軽視する意図からではない。それは，成功する戦略に不可欠の要素である。しかし，戦略作成が形式的か，そうでないか，戦略が意図したものか，創発的なものかといったことにかかわらず，体系的な分析は戦略プロセスにおいて必要不可欠なインプットである。分析がなければ，戦略的意思決定は，力関係による紛争，個人のきまぐれ，一時的流行，そして願望的思考におちいってしまう。概念，理論や分析的手法は，直感や創造性を代替することはできない。その役割は，議論を組織し，情報や意見を処理し，意思伝達と合意確立への助けとなることである。

本書は，戦略分析の取り組み方にかんして通常行われている考え方に諸手を挙げて賛同するわけではない。経営戦略論（Strategic management）はいまだ新しい分野であり，現存する戦略概念や技法は残念ながら不十分なものである。課題はそういうなかでどうしたらよいかである。不確実性，技術変革および複雑系の条件のもとで，もし既存の分析手法が，戦略作成や戦略実行の問題に適切に対応していないのならば，戦略の手法，道具を増やしたり，拡張したりしなければならない。不安定な事業環境のなか，企業が今日直面している課題に効率的に取り組めるように，本書のいろいろな章において，**リアルオプション**，**暗黙知**，**ハイパー競争**，**補完性**，そして**複雑系科学**といった概念に言及する。また，戦略分析の役割とその限界も認めなければならない。会計学，財務，金融，市場調査，または生産管理，などのお

おくの分析手法と違い，戦略分析は問題への解決策は作り出さない。それは，使うべき最良の戦略を提示したりするアルゴリズムや定式を提供しない。企業が直面する戦略の問題（われわれが自分たちのキャリアや人生において直面するのと同じような問題）は，プログラム化するにはあまりにも複雑なのである。

　戦略的分析の目的は，回答を提供することではなく，問題が何かを理解するための助けとなることである。本書で紹介する分析技法は，戦略的意思決定にとって重要な要因をとらえ，分類し，そして理解するための枠組みである。そういった枠組みは戦略的意思決定の複雑さに慣れるためには不可欠なものである。時として，問題への取りかかりの助けとなることこそ一番有効な貢献かもしれない。答えを見いださなければならない問題にわれわれを導いてくれ，収集した情報の編成のための枠組みを提供してくれることにより，経験と直感に頼るだけの経営幹部よりは有利な立場に立つことを可能にしてくれるであろう。最後に，分析的枠組みや技法は，経営幹部としての柔軟性を高めてくれるであろう。本書での分析は広く適用できることをめざしており，ある産業，企業，状況に特定するものではない。したがって，新しい状況や環境を理解し，それに対応する際の自信や効率性を高めてくれるであろう。

戦略分析の応用

　健全な戦略を可能にするために，どうしたら体系的で生産的なやり方で戦略分析の手法を適用できるか？

■図1.7　戦略分析の適用

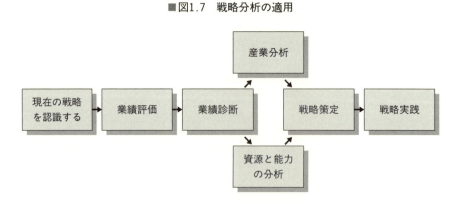

当然ながら，状況がどういうものかでやり方は左右される。とくに，戦略策定の目的が，企業全体のための戦略か，または特定の戦略的意思決定かによる。つまり，競合他社を買収するのか，外国市場進出か，または生産の外注（Outsourcing）かである。学生として戦略のケース分析に取り組んでいるか，または経営コンサルタントとしてクライアントの案件に取り組んでいるかなど，典型的な戦略分析の場面を想定してみる(注39)。

　そういった場合の分析のおもな手順を考えてみよう（図1.7参照）。

1．**現在の戦略を確認，認識する**　　新規事業ではなく，既存の事業を取り上げていると想定すると，最初の作業は事業における現在の戦略を見分けることである（前述の『戦略はどんなところで読めるか？』および『戦略を述べてみると』を参考にする）。

2．**業績の評価**　　現在の戦略の業績はどうであるか？　次の章で企業の業績を測るための財務分析を考える。

3．**業績の診断**　　企業業績の実績と傾向を評価したあと，つぎの課題は診断である。つまり，低い業績の場合，その不満足な業績の原因を特定するため，財務および戦略分析を組み合わせて使えるか？　高い業績の場合，どんな要素が貢献しているか見きわめることができるか？　ディック・ルメルトがいうように，大半の戦略関連の状況での鍵となる質問は，「ここでなにが起きているのか？」である(注40)。第2章はそういった診断での指針を提供する。

4．**産業（業界）分析**　　企業とその位置する産業での環境との適合性分析は，最近の業績を診断し，将来の戦略選択肢を作るのに必須の情報である。第3章，第4章で産業分析をあつかっている。

5．**資源と能力の分析**　　同様に，戦略と企業の資源および能力との適合性分析は最近の業績を診断し，将来の戦略選択肢を作るのに必須の情報である。第5章で資源と能力の分析をあつかっている。

6．**戦略作成**　　業績診断，産業分析，そして資源と能力の分析は将来に向けての戦略選択肢（とくにそのなかでも有力なものは推奨される戦略としてさらに詳細に検討できる）を作る基礎を提供する。第7章で企業内部での強みと外部の成功要因とが組み合わさって，いかに競争優位の基礎を提供するか説明している。

7．**戦略実行**　　選択された戦略の実践化は，戦略と成果目標および資源配分と

を連関させ,適切な組織構造や管理システムを構築することを必要とする。第6章は,どうしたらそうできるかを説明している。

非営利団体における経営戦略

　経営戦略(戦略的経営)がトップダウンの長期計画を意味していたとき,営利企業と非営利団体との差はほとんどなかった。予測をもとにした計画手法は両者に適用することができた。経営戦略がますます収益の源の見きわめと活用とに傾くようになると,営利企業と密接に関わるようになった。したがって,全社戦略と事業戦略の概念と手法は非営利団体に適用できるであろうか？

　簡単にいえば,できる。戦略は,事業を経営する企業にとって重要なように非営利団体にとってもそうである。意思決定,調整,業績目標の設定などにおける改善において経営戦略がもたらす利益は(『企業はなぜ戦略を必要とするか？』をあつかった節を参照)むしろ非営利団体にとってはもっと重要かもしれない。しかも戦略分析の同じ手法は,よしんばそれが若干の手直しを必要としても,非営利団体に直接応用することができる。しかしながら,非営利団体の業種は広い範囲の組織を包含している。戦略的計画にしても,戦略分析の該当する手法にしても,そういった組織の間で使う際にはおおきなばらつきがある。

　基本的な相違は,競争的な環境に位置する非営利団体(大半の政府関係の非営利団体)であるか,そうでない非営利団体(大半の政府機関および政府の部門)であるかである。競争的な環境で活動する非営利団体の間で,提供するサービスの対価を取るもの(大半の私立の学校,非営利目的の私立病院,社交やスポーツ同好会,など)とサービスを無料で提供するもの,つまり,大半の慈善団体や非政府組織(NGO),とを区別してもよい。表I.2はこういった機関の間にある,戦略分析手法の適用についてのおもな違いを要約する。

　非営利団体での範疇すべてに適用できる戦略分析手法のなかでも,組織の目標の特定と,資源配分に結びつく目標に関係するものはとくに重要である。企業にとって収益は,その生き残りを確実にし,発展のエネルギーとなるのでつねに核心的な目標である。しかし,非営利団体にとっては,目標は通常,複雑である。ハーバード大学のミッションは,「知識を創造する,知識にたいして学生の目を開く,そしてかれらに教育の機会を最大限に利用させる」である。しかし,実施面で,どうやっ

第1章　戦略の概念

■表1.2　いろいろな種類の非営利団体への戦略分析概念と手法の適用

	使用者から料金等を取る競争環境に位置する組織	無料でサービスを提供する競争環境に位置する組織	競争がない環境に位置する組織
例	王立オペラハウス グッゲンハイム美術館 スタンフォード大学	救世軍 ハビタット・フォー・ヒューマニティ ライナックス	欧州中央銀行 ニューヨーク警察 世界保健機構
目標と成果分析	ミッション，目標および業績指標の設定，その3つの間での整合性確保は，非営利団体の戦略分析において主要事項である。		
競争環境の分析	営利企業における競争分析のおもな手法と同一。	寄付金獲得にかんする競争と競争戦略がおもな領域である。	分析は重要でない。しかし，公的予算の獲得で競争あり。
資源と能力の分析	差別化する資源と能力を見定め活用することが競争優位を作り出す戦略を策定する際，鍵となる。		優先的な戦略的事項の決定と戦略策定において資源と能力の分析は不可欠。
戦略実行	組織設計，業績管理，リーダーシップにかんする基本的な原則は，すべての種類の組織に共通して適用される。		

〔出所〕　©2016 Robert M. Grant, www.contemporarystrategyanalysis.com

たらこれら複数の目的を同時に実現させられるか？　ハーバード大の予算をどうやって研究と学生への奨学金に配分するか？　ハーバード大のミッションは，大学院に力を入れたほうがよりおおく実現するか，それとも学部に力を入れるほうがよいか？　非営利団体の戦略計画プロセスは，使命，目標，資源配分，そして成果目標が緊密に調和させられるように設計されなければならない。戦略コラム1.6は国務省の戦略計画の枠組みを示している。

戦略コラム 1.6　米国国務省2014-2018年戦略計画

ミッション

　平和で，繁栄する，公平な，そして民主的な世界を形づくり，維持し，米国国民および世界の住民のために安定性と進歩を育む。

戦略的目標（SG）

SG1：米国の経済的範囲と積極的な経済的影響を強化する。
SG2：われわれの戦略的課題にたいする米国外交政策の影響を強化する。
SG3：排気ガスを低減した，環境保護の世界への移行を促進すると同時に維持可能なエネルギーへのグローバルなアクセスを拡大させる。
SG4：民主制や人権を促進し，市民社会を強化することで米国の核となる権益を保護する。
SG5：外交と発展展開のやり方を近代化する。

目標の操作化（Operationalizing the goals）

　戦略目標は，いくつかの戦略目的として特定されるが，それはさらに特定の成果目標に翻訳される。たとえば，SG3の戦略目的が含んでいたのは，「徹底した国内での行動をもとにして，気候変動に対処するため国際的な行動をとる」ということである。それに該当する成果目標は，「2015年9月30日までに，排気ガス削減開発戦略（LEDS）にもとづく米国の双務的援助で，すくなくとも45の主要国家里程標の達成がされるであろう。各里程標は LEDS 発展または実行を繁栄するものとする。また，2015年末までに，すくなくとも1200人の発展途上国の政府職員および現場責任者は，その LEDS 能力を LEDS グローバル提携に参加することで強化する…」
〔出所〕　US Department of State and US Agency for International Development, *Strategic Plan for Fiscal Years 2014-2018*.

　同様にして，戦略実施の原則，基準と手法の大半は，とくに組織構造，管理システム，業績管理手法，そしてリーダーシップの型について，営利企業と非営利団体との両方に共通している。

　外部環境分析の点では，企業へ適用される産業分析手法と，競争的環境に位置して，そのサービスの対価を求める非営利団体に適用されるそれとはおおきな相違はない。おおくの市場（劇場，スポーツクラブ，職業訓練）において，営利，非営利組織はお互いに競合しているかもしれない。たしかに，こういった範疇の非営利団体にとって，生き残るために損益分岐点に達するのは喫緊の要があり，その戦略は，営利企業のそれとおおきな違いはない。

　サービスの対価を要求しない非営利団体（大半は慈善団体）の場合，最終消費市場において競争はほとんど存在しない。つまり，サンフランシスコにある，ホーム

レス緊急一時宿泊施設間での競争があるとはいえない。しかし，これらの団体は募金集めで，つまり，ホームレスへの募金集めで，基金からの援助金または資金提供機関からの契約にかんして競合している。

　競争的環境で活動している組織すべてにおいて，資源と能力の分析は重要であり，競争優位を確保するため，その内部資源や能力は展開活用されなければならない。しかしながら，独占的な地位をもつ組織，つまり，おおくの政府機関や公共自治体の機関すらも戦略と内部の資源や能力が有する強みを調和することでさらにそれを強化することが可能である。

要　約

　この章ではおおくのことを述べた。読者が消化不良を起こしていないことを期待する。もし若干情報の量に圧倒されているにしても，心配する必要はない。本書の以下の章で，本章であつかったことを再度述べることになっているからである。

　本章で学んだことで重要な点は，

- 戦略は個人，組織両方にとって鍵となる成功要因である。健全な戦略は成功を保証はしないが，弱みを改善する。成功する戦略は，4つの要素をもっていることがおおい。つまり，明瞭な，長期的目標，外部環境にかんする深い理解，内部資源と能力にかんする的確な評価，そして効果的な実行である。
- 上記4つの要素は戦略分析の主要構成要因を構成する。つまり，目標，産業分析，資源と能力の分析，および組織構造とシステムの設計を通じての戦略実行である。
- 戦略は，予測にもとづく詳細にわたる計画ではない。それは，計画以上のものである。戦略とは，方向性，独自性（Identity），そして高い収益性の源を活用するものである。
- ある企業（もしくは他のいかなる組織体）の戦略を記述するには，その企業がどこで競争しているか，どうやって競争しているか，そしてどの方向に向かって展開しているかを見きわめなければならない。
- 組織の戦略を策定するには目的主導型の計画（合理的な企画）と変化する環

境への柔軟な対応（Emergence）とを組み合わせる必要がある。
- 戦略経営の原則と手法はおもに企業のために開発された。しかし，それは非営利団体，とくに競争的環境で活動する団体の戦略的経営にも適用できる。

本書の次のステップで，図1.2に示されている基本的戦略の枠組みを詳細に見ることとする。目標や価値，産業環境，資源と能力および構造とシステムといったこの図にある要素は，第II部にある5つの章の主題である。そのあと，これらの手法を使って異なった産業における競争優位の追求を分析（第III部）し，全社戦略の展開（第IV部）を行う。図1.8は，本書の枠組みを図解している。

■図1.8　本書の構成

```
┌─────────────────────────────────────────────┐
│           第Ｉ部　序論                       │
│           第１章　戦略の概念                 │
└─────────────────────────────────────────────┘
┌─────────────────────────────────────────────┐
│           第II部　戦略分析の手法             │
│ 企業分析              産業と競争分析         │
│                                              │
│ 第２章 目標，価値および業績  第３章 産業分析―基本原理│
│ 第５章 資源と能力の分析      第４章 産業分析と競争分析にかんする追│
│ 第６章 組織の構造と経営システム―戦略    加的話題│
│        実行の基本                            │
└─────────────────────────────────────────────┘
┌─────────────────────────────────────────────┐
│           第III部　事業戦略と競争優位の追求 │
│ 第７章 競争優位の源泉と次元  第９章 技術に基礎を置く産業と革新の管│
│ 第８章 産業発展と戦略変化         理         │
│                              第10章 成熟産業での競争優位│
└─────────────────────────────────────────────┘
┌─────────────────────────────────────────────┐
│           第IV部　全社戦略                   │
│ 第11章 垂直統合と企業の事業領域  第15章 外部からの成長戦略―合併，企業│
│ 第12章 グローバル戦略と多国籍企業        買収，および戦略的提携│
│ 第13章 多角化戦略            第16章 戦略的経営における現在の傾向│
│ 第14章 全社戦略の実践―多角化事業（マ│
│        ルチビジネス）企業経営│
└─────────────────────────────────────────────┘
```

自習用の質問

1. 図1.1にある成功する戦略の4つの特徴に関連して，2009-2015年の中東にたいする米国の戦略を評価せよ。
2. 事業戦略発展にかんする議論（『企業計画から戦略的経営（経営戦略論）への進化』）は，企業の戦略の特徴とその戦略計画プロセスは外部環境の乱高下と予測不可能性によりおおきく影響されているとした。それをもとにすると，コカコーラとUber Technologiesの戦略計画と戦略計画プロセスの間でどのような相違が生まれるか？
3. 企業の戦略は2つの質問への答えがどのようなものであるかで記述できるとした―どこで競争しているか？ そしてどうやって競争しているか？ この2つの質問を使って，レディー・ガガのキャリア戦略の簡潔な記述をせよ（戦略コラム1.2参照）。
4. 図1.6の枠組みを使って自分の学ぶ大学または学校の戦略を記述せよ。
5. 向こう5年間のあなたのキャリア戦略は何か？ あなたの戦略は，自分の長期的目標，外部環境の特徴，そしてあなた自身の強みと弱みにどの程度まで適合しているか？

注

1 P.F. Drucker, "Managing Oneself," *Harvard Business Review* (March/April 1999): 65-74.
2 Stephen Covey (in *The Seven Habits of Highly Effective People*, New York: Simon & Schuster, 1989) は，自分の果たすいろいろな役割をもとにして自分の生涯におけるミッション声明を準備すべきであると助言している。つまり，自分のキャリア，伴侶，家族，友人，および宗教的，精神的生活にかんしてである。
3 M.E. Porter, "What is Strategy?" *Harvard Business Review* (November/December 1996): 61-78.
4 A.H. Van De Ven and R. Drazin, "The concept of fit in contingency theory" *Research in Organizational Behavior* 7 (1985): 333-365, 参照。
5 Sun Tzu, *The Art of Strategy: A New Translation of Sun Tzu's Classic "The Art of War,"* trans. R.L. Wing (New York: Doubleday, 1988).

6 R. Evered, "So What Is Strategy?" *Long Range Planning* 16, no. 3 (June 1983): 57-72; および E. Clemons and J. Santamaria, "Maneuver Warfare," *Harvard Business Review* (April 2002): 46-53, 参照。

7 事業戦略へのゲーム理論の貢献について参照すべきは F.M. Fisher, "Games Economists Play: A Non-cooperative View," *RAND Journal of Economics* 20 (Spring 1989): 113-124; C.F. Camerer, "Does Strategy Research Need Game Theory?" *Strategic Management Journal* 12 (Winter 1991): 137-152; A.K. Dixit and B.J. Nalebuff, *The Art of Strategy : A Game Theorist's Guide to Success in Business and Life* (New York: W.W. Norton, 2008).

8 たとえば、D.W. Ewing, "Looking Around: Long-range Business Planning," Harvard Business Review (July/August 1956): 135-146; and B. Payne, "Steps in Long-range Planning," *Harvard Business Review* (March/April 1957): 95-101.

9 H.I. Ansoff, "Strategies for diversification," *Harvard Business Review* (September/October, 1957): 113-124.

10 M.E. Porter, *Competitive Strategy* (New York: Free Press, 1980).

11 Boston Consulting Group, *Perspectives on Experience* (Boston: Boston Consulting Group, 1978) および studies using the PIMS (Profit Impact of Market Strategy) database, たとえば R.D. Buzzell and B.T. Gale, *The PIMS Principles* (New York: Free Press, 1987) 参照。

12 R.M. Grant, "The Resource-based Theory of Competitive Advantage: Implications for Strategy Formulation," *California Management Review* 33 (Spring 1991): 114-135; D.J. Collis and C. Montgomery, "Competing on Resources: Strategy in the 1990s," *Harvard Business Review* (July/August 1995): 119-128.

13 E. Lee, J. Lee, and J. Lee, "Reconsideration of the Winner-Take-All Hypothesis: Complex Networks and Local Bias," *Management Science* 52 (December 2006): 1838-1848; C. Shapiro and H.R. Varian, *Information Rules* (Boston: Harvard Business School Press, 1998).

14 C. Christensen, *The Innovator's Dilemma* (Boston: Harvard Business School Press, 1997).

15 P.J. Williamson, "Strategy as options on the future," *Sloan Management Review* 40 (March 1999): 117-126.

16 C. Markides, "Strategic innovation in established companies," *Sloan Management Review* (June 1998): 31-42.

17 W.C. Kim and R. Mauborgne, "Creating new market space," *Harvard Business Review* (January/February 1999): 83-93.

18 たとえば N. Koehn, "The Brain—and Soul—of Capitalism." *Harvard Business Review*, November 2013 ; および T. Piketty, *Capital in the Twenty-First Century* (Cambridge, MA : Harvard University Press, 2014) 参照。
19 "Strategic Intensity : A Conversation with Garry Kasparov," *Harvard Business Review* (April 2005) : 105-113.
20 限定合理性の概念を提唱したのは Herbert Simon ("A Behavioral Model of Rational Choice," *Quarterly Journal of Economics* 69 (1955) : 99-118.
21 G. Hamel and C.K. Prahalad, "Strategic Intent," *Harvard Business Review* (May/June 1989) : 63-77.
22 G. Hamel and C.K. Prahalad, "Strategy as Stretch and Leverage," *Harvard Business Review* (March/April 1993) : 75-84.
23 J.C. Collins and J.I. Porras, *Built to Last : Successful Habits of Visionary Companies* (New York : HarperCollins, 1995).
24 R. Rumelt, *Good Strategy/Bad Strategy : The Difference and Why it Matters* (New York : Crown Business, 2011) : 5-6.
25 D.J. Collis and M.G. Rukstad, "Can You Say What Your Strategy Is?" *Harvard Business Review* (April 2008) : 63-73.
26 D.F. Abell, *Managing with Dual Strategies* (New York : Free Press, 1993).
27 Rumelt, の前掲書, 14頁。
28 H. Mintzberg, "Patterns of Strategy Formulation," *Management Science* 24 (1978) : 934-948 ; "Of Strategies : Deliberate and Emergent," *Strategic Management Journal* 6 (1985) : 257-272.
29 H. Mintzberg, "The Fall and Rise of Strategic Planning," *Harvard Business Review* (January/February 1994) : 107-114.
30 ホンダにかんする2つの考え方は2つの Harvard cases 参照。: Honda [A] and [B] (Boston : Harvard Business School, Cases 384049 and 384050, 1989).
31 Boston Consulting Group, *Strategy Alternatives for the British Motorcycle Industry* (London : Her Majesty's Stationery Office, 1975).
32 R.T. Pascale, "Perspective on Strategy : The Real Story Behind Honda's Success," *California Management Review* 26, no. 3 (Spring 1984) : 47-72.
33 H. Mintzberg, "Crafting Strategy," *Harvard Business Review* (July/August 1987) : 70.
34 G. Gavetti and J. Rivkin, "On the origin of strategy : Action and cognition over time," *Organization Science*, 18, 420-439.
35 R.A. Burgelman and A. Grove, "Strategic Dissonance," *California Manage-

ment Review 38 (Winter 1996): 8-28.

36 R.M. Grant, "Strategic Planning in a Turbulent Environment: Evidence from the Oil and Gas Majors," *Strategic Management Journal* 14 (June 2003): 491-517.

37 O. Gadiesh and J. Gilbert, "Transforming Corner-office Strategy into Frontline Action," *Harvard Business Review* (May 2001): 73-80.

38 K.M. Eisenhardt and D.N. Sull, "Strategy as Simple Rules," *Harvard Business Review* (January 2001): 107-116.

39 似たような，もっと詳細な考え方の提唱者は Markus Venzin である。M. Venzin, C. Rasner, and V. Mahnke, *The Strategy Process: A Practical Handbook for Implementation in Business* (Cyan, 2005) 参照。

40 Rumelt, の前掲書，79頁。

THE TOOLS OF STRATEGY ANALYSIS

第II部

戦略分析の手法

- 第2章　目標，価値および業績
- 第3章　産業分析―基本原理
- 第4章　産業分析と競争分析にかんする追加的話題
- 第5章　資源と能力の分析
- 第6章　組織の構造と経営システム―戦略実行の基本

第2章
目標，価値および業績

事業経営の戦略的な目的は，資本へのリターン収益を得ることであり，もし，どんな場合であれ，長期的なリターンが満足いくものでなかったとしたら，問題を解決するか，そうでなかったら，その事業をやめて他のもっと都合のよい事業に移るべきである。
　　　　—アルフレッド・P・スローン・ジュニア，GM社長・会長（1923-1956）[注1]

事業にとっての利益は，生命にとっての呼吸のようなものだ。呼吸は生命に不可欠だが，生命の目的ではない。同様に利益は企業の存在に不可欠だが，その存在の理由ではない。
　　　　—デニス・バッケ，AES創業者・元最高経営責任者

【概　要】
- 序論と目的
- 価値の追求としての戦略
  - 誰にとっての価値か？　株主　対　利害関係者
  - 利益とは何か？
  - 会計上の利益と経済的な利益
  - 利益を企業価値につなぐ
  - 企業価値と株主価値
- 業績分析の実践
  - 現在と過去の業績を評価する
  - 業績診断
  - 業績診断を戦略の策定に使う
  - 業績目標を設定する
- 利益を超えて—価値観と企業の社会的責任
  - 価値観と原則
  - 企業の社会的責任
- 利益を超えて—戦略とリアルオプション
  - オプション管理としての戦略
- 要約
- 自習用の質問
- 注

序論と目的

　本書での戦略分析（図1.2参照）の枠組みは4つの要素からなる—企業の目標と価値，その資源と能力，その組織構造と管理システム，そして産業環境である。第II部を構成する章はこれらの戦略分析の4要素について考えていく。最初は企業の目標と価値から始め，さらには目標を達成するにあたっての企業の業績も検討する。

　本章の冒頭の引用句は，企業の正しい目標とは何かをめぐって激しい議論があることを示している。本章は企業が所有者，利害関係者，社会全体の利益をどれだけ追求すべきかを検討する。取り組み方，考え方としては実用的なものとする。企業が複数の目標を追求すること，それぞれが独自の目的をもっていることをふまえつつ，われわれは1つの目標に焦点をあてる。価値の追求だ。わたくしはこれを企業の生涯にわたる利益の追求だと解釈する。したがって，本書での戦略分析の焦点は，企業が利用可能な利益の源泉を特定，活用することにかんする概念と技術にある。収益性と価値創造に重点を置くことで，財務分析手法を業績評価，業績診断，目標設定のために使うことができる。収益性は企業業績のもっとも有効な指標ではあるが，企業が利益以外の目標によって動かされていることも知っておかなければならない。確かに，他の目標の追求はより広い世代の利益につながる可能性がある。利益は企業にとって血液のようなものだが，構成員に優れた業績を促す目標ではない。もっといえば，企業が生き残り，利益を長い間にわたって生むためには社会，政治，環境への対応力や適応力が求められる。

　本章では以下のことを学ぶ。

- すべての企業が違った目標をもつ一方，共通の目標は価値の創造であることを理解する。また，株主の目標か，利害関係者の目標かをめぐる議論が，価値の創造についての異なった定義にどう関係しているかを理解すること。
- 利益，キャッシュフロー，企業価値がお互いにどう関係しているかを理解すること。
- 財務分析の技術を使って，企業業績を評価し，問題の原因を診断し，業績目標を設定すること。
- 企業の価値，原則，社会的責任の追求が，戦略を定義し，価値の創造を助け

るのにいかに役立つかを理解すること。
- 現実の選択肢がどのように企業価値に貢献するか，選択肢の検討が戦略分析にどう貢献できるかを理解すること。

価値の追求としての戦略

　金を稼ぐこと以外，もっとたくさんのことが事業にはある。事業を興した起業家にとって，個人的な富はそれほど重要な動機ではなく，自律や達成，興奮への欲求がむしろ重要なように見える。80年以上前，経済学者のジョセフ・シュンペーターはこう述べた。『起業家，革新を起こす人の動機は，自分の王国を見つける夢，征服したい，成功そのもののために成功したい欲求，創造し，物事を完了させる喜びといった側面を含んでいる』(注2)。企業は，世界を変える卓越した機会を個人に与えてくれる創造的な組織である。社会的な革命を起こしたヘンリー・フォードの原動力が金を稼ぐという目標でなかったことは確かだ。

　　わたくしは一般大衆のために自動車を製造するつもりだ…その価格はとても安く，ある程度の給与を稼ぐ人なら買えないことはありえず，家族とともに神のお与えになった大きな空間で楽しく時をすごせるようになる…この夢をわたくしが実現した時，皆が1台を買えるようになり，そして皆1台をもつだろう(注3)。

どの起業家も個人的で独自の目標のために刺激を受けた。大衆のための車（ヘンリー・フォード），パソコンの力を個人に届ける（スティーブ・ジョブズ），手術後の感染死亡者を減らす（ジョンソン・エンド・ジョンソン），または掃除機に革命を起こす（ジェームズ・ダイソン）。名高い企業の場合，シンシア・モンゴメリーは，『組織の，説得力のある目的を突き詰める』ことは企業指導者にとってつねに追求すべき仕事であり，『最高経営責任者の責任の仕上げ』であると主張している(注4)。組織の目的は，企業の使命と理念とのステートメントに明確に記されている。

- グーグルの使命は『世界の情報を統合し，世界中からアクセスでき，有用なものにする』
- 『IKEAの使命は，日常生活をたくさんの人にとってよりよくすることだ。よい

デザインで，機能的な家具製品を安く提供し，たくさんの人が買えるようにすることで，これを実現する』
● レゴ®・グループの使命は『明日の創り手を刺激し，育てる』

　組織の多種多様な目的の間には，1つの共通項がある。価値をつくることへの欲求，必要性だ。価値は商品や資産の金銭的な値打ちである。したがって，事業の目的は，まず顧客の価値を創造し，次にその顧客価値の一部を適切に利益に替えることで，企業の価値を創造することだと一般化できる。

　価値は2つの方法で生み出すことができる，生産と交換だ。生産は製品を顧客にとって価値の低いものから価値の高いものに物理的に変化させることで価値を生み出す。たとえば，コーヒー豆とミルクをカプチーノにすることだ。交換は，物理的な方法ではなく，製品の空間と時間のなかでの位置を変えることで価値を生み出す。商売は製品を価値の低い個人や場所から，もっと価値の高いところに移すことだ。同じように，投機は製品を価値の低い時間から，価値の高い時間に移すことだ。このように，交換は時間と空間のなかで利ざやを抜くことで価値を生み出す(注5)。

　どうやって，この価値の創造を測るのか。**付加価値**―企業の製品の価値と，それを生産するために仕入れた物の費用との差額―が1つの指標だ。付加価値は生産要素の供給者に支払われた収入の総額である。したがって，

　　　付加価値＝製品の売上高－原材料費用
　　　　　　　＝賃金/給与＋金利＋地代＋使用料/ライセンス料＋税＋配当金
　　　　　　　　＋留保利益

　しかし，付加価値は通常，企業の価値創造を下回る。消費者は普通，商品やサービスを購入して得られる利益よりも低い金額しか支払わないからだ（かれらは**消費者余剰**を得ている）。

誰にとっての価値か？　株主 対 利害関係者

　企業により創造された付加価値はいろいろな関係当事者の間に配分される―従業員（賃金と給与），資金貸与者（金利），地主（地代），政府（税金），株主（利益），そして消費者(消費者余剰)。したがって，企業はおおくの関係者の利益のために運営されるという考え方は魅力的なものだ。企業は利益集団の集合であり，経営陣の

役割は各利益集団の，ときとして相反する利益の均衡を図ることという考え方は，**企業への利害関係者アプローチ**（Stakeholders approach）と呼ばれる^(注6)。

　法人はおおくの利害関係者の利益を均衡させなければならないという考え方は，とくにアジアやヨーロッパ大陸では永い伝統をもっている。反対に，英語を母国語とする大半の国々は，企業の根本的な義務は株主のために利益を生み出すことであるとする株主資本主義を支持する。この相違は国ごとの，企業にたいする法的責任の違いに反映される。米国，カナダ，英国，オーストラリアにおいて，取締役会は株主利益の代弁者たることを迫られる。ヨーロッパ大陸の大半の国々は，企業は法的に従業員や自治体，企業全体の利益を考慮することが求められる^(注7)。

　企業は株主の利益のためにだけ機能すべきか，それとも他の利害関係者の目的も追求すべきか，というのは未だ決着のついていない問題である。20世紀の終わりには『アングロサクソン』的株主資本主義は上昇気流に乗っていた―大陸ヨーロッパや日本企業のおおくは株主利益への対応を高める方向で戦略と**企業統治**を変えた。しかし，21世紀になって，短期主義，財務操作，最高経営責任者の高額すぎる報酬，2008年から2009年にあった金融危機を招いたリスク管理の失敗で株主価値の最大化は評判を落とした。

　従業員，顧客，社会，そして自然環境にたいして明らかに，企業は法的，倫理的責任を負っている。しかし，企業はそうした責任以上のことをやり，さまざまな利害関係者の利益にもとづいて事業を運営しなければならないのだろうか。すべての利害関係者の利益にもとづく企業経営という概念は本質的に魅力的だが，実際はこの利害関係者アプローチは2つの深刻な難題に直面している。

1. **業績の測り方**　原則的には，利害関係者の利益を追求することは，すべての利害関係者のために価値を最大化することである。実際には，こうした価値創造を計測することは不可能だ^(注8)。したがって，利害関係者のための企業運営は，それぞれの利害関係者の集団の目標を特定し，そのなかで妥協点を確立することが求められる。マイケル・ジェンセンは『複数の目標というのは，目標がないのと同じだ』としている^(注9)。
2. **企業統治**　もし，企業の最高経営陣が相異なる利害関係者の利益を追求し，その間での釣り合いをとることを求められるとするならば，経営の成績はだれが，どうやって評価するのか。取締役会はすべての利害関係者集団の代表で構成されなければならない，ということになりはしないか。結果として生じる葛

藤や政治的な論争，業績目標にかんする曖昧さは，経営陣が利害関係者の利益に代わって自分たちの利益を置きやすい立場になる可能性が高い。

戦略策定の分析を簡略化するため，戦略の第1目的は企業の長期的な利益を最大化することによって企業の価値を最大化することだと仮定する。創造的な組織としての企業の長所を賞賛してきたが，どうやったら金稼ぎにのみ集中する，不道徳な行為を正当化できるだろうか。3つの論拠がある。

- **競争**　競争は収益性を侵す。競争が激しくなると，異なった利害関係者の関心は生き残ることに移る。企業が生き残るためには，長期的に見て資本費用を上回る利潤を獲得しなければならない。そうでなければ古くなった資産の更新ができない。弱い需要と強い国際競争が資本にたいする報酬（Return）を減らせば，他の目標のために利益を使う余裕のある企業はなくなる。
- **買収の脅威**　自社の利益の最大化に失敗した経営陣は，他の経営陣に取って代わられるだろう。企業支配の市場では，業績不振の企業は株価の減少に苦しみ，買収をかけてくる可能性のある組織—上場企業とプライベート・エクイティ・ファンドとの両方の興味をそそることになる。英国のチョコレートメーカ，キャドバリーは従業員や地方組織にたいする輝かしい歴史があったにもかかわらず，2004年から2009年にかけて株主へのみじめな配当のせいでクラフトフーズからの買収に対抗することができなかった。さらに，行動派の個人，機関投資家は，株主価値の創出に失敗した最高経営責任者をやめさせるよう圧力もかけた[注10]。
- **利害関係者の利益の集中**　異なった利害関係者の間では，その利益の一致がある場合のほうが，葛藤がある場合よりもおおいだろう。長い期間にわたって収益性をあげるには，企業は従業員の忠誠，仕入れ先や顧客との信頼関係，政府や地域からの支持を必要とする。実際，利害関係者管理に役立つ理論では，利害関係者の利益を追求することは，競争優位を作り出し，優れた業績をあげるために欠かせないとされている[注11]。経験的証拠は，社会の利益を含め，より広い利益を考慮に入れる企業のほうが優れた業績をあげられることを示している[注12]。

したがって，企業が株主とすべての利害関係者の利益のどちらのために行動すべきか，という問題は，実務上というより，理論上で重要な問題だ。ジェンセンは『賢

明な株主価値の最大化は，賢明な利害関係者の理論と同じだ』といっている。この章の後半で，企業の社会的および環境的責任を明示的に検討する際，もう一度この問題に戻ることとする。

利益とは何か？

　ここまでは企業の利益追求について，一般的な言葉を使って言及してきた。しかし，今は利益とは何を意味するのか，それが価値創造にどう関係してくるのかをもっと注意深く見るときだ。

　利益とは企業の持ち主に支払うことのできる，収入の費用を上回る超過額である。しかし，利益最大化を現実の目標とするには，企業は，利益とは何か，どうやってそれを測るかを明らかにしなければならない。そうでなければ，経営幹部への利益最大化の指示は，かれらの行動の指標としてあまり役に立たない。企業は何を最大化しなければならないのか，合計額の利益か，それとも利益率か？　どんな時間軸で考えるのか？　リスク調整はどうしたらよいか？　さらに，いずれにせよ利益とは何か—会計利益，キャッシュフロー，または経済的利益か？　実際の会社の利益を比較してみると，その曖昧性は明らかになる。表2.1は，企業の業績ランキングが

■表2.1　2014年における世界大企業数社での収益性指標

企業名	時価総額[a] (10億米ドル)	純益 (10億米ドル)	売上高利益率[b] (%)	株主資本利益率[c] (%)	資産利益率[d] (%)	株主リターン[e] (%)
アップル	750	14	29.7	35.2	24.5	68.5
エクソンモービル	354	30.5	12.5	27.6	17.6	−6.9
ウォルマート	278	16	5.5	20.4	13.1	2.6
中国工商銀行	270	22.9	56.6	20.5	1.6	12.3
ゼネラル・エレクトリック	254	15.2	12.1	11.9	2.7	−3.4
JPモルガン・チェース	222	21.8	31.6	9.8	1.2	2.7
フォルクスワーゲン	118	11.8	6.3	12.3	3.6	8.4

〔注〕
　a　「株式発行数×株式市場終値，2015年2月18日」
　b　「売上高利益率＝売上高の割合としての営業利益」
　c　「株主資本利益率＝年度末での株主資本の割合としての純益」
　d　「資産利益率＝年度末での資産総額の割合としての営業利益」
　e　「2014年での配当金＋株式値上り額」

収益性の測定のしかたで，決定的に変わることを示している。

会計上の利益と経済的な利益

会計上の利益にかんするおおきな問題の１つは，２つの種類のリターンを組み合わせていることである。通常の資本にたいする利益，つまり投資家に対して，かれらの資本を使っていることへの報酬と，もう１つは**経済利益**，資本も含めたすべての投入にたいする支払いを引いた後の余剰である。経済的利益は，利益のより純粋な測り方で，企業が余剰価値を生み出す能力のより正確な算出方法である。経済的利益を会計上の利益から区別するため，経済的利益はしばしば**レント**または**経済的レント（超過利潤）**と呼ばれる。

広く使われている経済利益の測定単位は，コンサルティング会社スターンスチュアートにより開発され普及された**経済的付加価値（EVA）**である[注13]。経済的付加価値は次のように計算される：

EVA＝税引き後の営業利益（NOPAT）－資本コスト

ここでは，

資本コスト＝使用資本×加重平均資本コスト（WACC）

経済利益は業績評価の測定単位として，会計利益よりも２つの点で優れている。まず，それは経営幹部にたいし，より高い業績向上の努力を強いる。資本集約型の企業のおおくが，稼いでいるようにみえる健全な利益は，いったん資本コストを考慮に入れると消えてしまう。第２に経済利益使用は，資本集約的な事業での本当のコストを考慮に入れることにより，事業間での資金の割当てを改善する（戦略コラム2.1参照）。

戦略コラム 2.1　ディアジオ社における経済的付加価値

ギネスからジョニーウォーカーまでを抱える飲料の巨大企業ディアジオでは，EVAは，業績の測定，設備投資や広告費に予算，そして経営幹部の考課のやり方をおおきく変えた管理システムの基礎となっている。

たとえば，タリスカーやラガヴィウリン・モールトウィスキー，ヘネシーコニャック，そしてドン・ペリニヨンなどのような成熟に時間がかかる，年代ものの飲み物は，高い利ざやをもつように見えるが，その資金コストを考慮に入れると，実際には，会社が思っていたほどは利益率が高くないことがわかった。その結果，ディアジオは広告予算をスマーノフ・ウォッカ，ゴードンズ・ジン，ベーリーズ，およびその他蒸留してから数週間以内に売れる飲料に再割当てした。

　さらに詳しくいえば，自分の担当する事業に割り当てられている資本費用を差し引いた利益を報告する義務が生じて以来，経営幹部は自分への割当て資本の削減と資本利用効率化をめざすようになった。ディアジオのピルズベリー食品事業では，各商品の経済利益と個々の顧客はいちいち検討された。その結果は，おおくの商品の削除と，利益率の悪い顧客を利益があがるように変える努力だった。最終的に，EVA分析によりディアジオはピルズベリーをゼネラルフードに売却した。その後，バーガーキングがプライベート・エクイティ・ファンドのテクサス・パシフィックに売却されるようになった。

　EVAをディアジオ社1,400人の幹部へのインセンティブ支払いの計算の基礎とすることで価値重視経営（Value-based management）は同社の組織全体に浸透した。

〔出所〕　John McGrath, "Tracking Down Value," *Financial Times Mastering Management Review*, December 1998：www.diageo.com

利益を企業価値につなぐ

　ここでも時間軸の問題がある。複数の時間軸を考慮するなら，利益の最大化は，企業の生涯にわたる利益の現在価値の最大化を意味する。

　したがって，利益の最大化は企業価値の最大化へと言い換えられる。企業の価値は他の資産と同じ方法で計算される。資産が生み出す利益の**現在値**（NPV—Net present value）である。ここでの利益は企業のキャッシュフローのことだ。したがって，投資計画の評価に使う**割引キャッシュフロー**（DCF—Discounted Cashflow）法が企業評価にも使われる。企業の価値（V）は，その会社の資本コストで割り引かれた，各年 t のフリーキャッシュフロー（C）の総計となる[注14]。ここで使われる資本コストは，株主資本コストと借入金利の加重平均としての資本コストである。

$$V = \sum_t \frac{C_t}{(1+\text{WACC})^t}$$

ここで（C）は，次のように計算される．

　　　営業利益＋減価償却引当－税金－固定資産および運転資本の増加額

　このように，自らの価値を最大化するためには，企業は将来のキャッシュフロー総額を最大化しつつ，資本コストを最小化しなければならない．

　この価値最大化の考え方は，会計利益よりもキャッシュフローのほうが適切な業績評価の指標であるとみなしている．実際，企業価値を経済利益の割引現在価値で測っても，ネットキャッシュフローの割引現在価値と同じ結果になる．違いは減価償却のあつかいである．キャッシュフロー計算では投下資本は資本の支出が起きたときに差し引かれるが，経済利益での計算は会計学の慣習にしたがって資本が消耗するにしたがい（減価償却により）減額される．DCF法は企業を評価するのに技術的に正しい手法である一方，実際にはキャッシュフローを数年にわたって予測しなければならない．DCF法は，資本投資の水準からフリーキャッシュフローが何年もマイナスになりがちな若い成長企業にとってはとくに問題がおおい．もし，財務の予測が数年しかできない場合は，キャッシュフローよりも利益（減価償却後の）のほうが，より良い評価の基礎になり得ることもある．

　キャッシュフローや利益を遠い将来まで見通すことが難しいため，DCF法による評価には改善が模索されてきた．マッキンゼー・アンド・カンパニーは，企業価値は鍵となる3つの変数に依存すると主張する．使用資本利益率（ROCE），加重平均資本コスト（WACC）と営業利益の成長率だ．したがって，企業価値の創出にはROCEを増やすこと，WACCを減らすこと，営業利益の成長率を上げることが求められる[注15]．

企業価値と株主価値

　企業価値の最大化は，世間でおおく称賛され，しかし一方で広くけなされている株主価値の最大化の目標とどのように関連しているのか？　現代の金融理論の基礎に，ある企業の将来利益を現在価値にした総額は有価証券の時価総額に等しい─株式も負債も，という原則がある[注16]．

企業価値＝株式の時価総額＋負債の時価総額[注17]

したがって，株式で資金調達する会社にとって，生涯にわたる利益の現在価値を最大化することは今の時価総額の最大化を意味する。もし，企業の生涯にわたる利益を最大化することが株式の市場価値の最大化を意味するなら，なぜ株主価値の最大化が近年，おおくの批判を招いているのだろうか？　問題は，株式市場が将来を十分な明確性をもって見通せず，よって企業の評価が短期かつ心理的な要素に強く影響されているからだ。これは，つまり経営陣が株式の市場価値を上げるために，企業の生涯にわたる利益を増やす以外の方法をとる可能性を生む。たとえば，もし市場が近視眼的な場合，経営陣は長期的な利益を損なっても短期的利益を最大化したくなるだろう。次には，経営陣は営業利益を伸ばすよりも，財務面の操作で短期的な利益をあげようと誘惑されるだろう。その操作は財務構造の調整，利益の平準化，報告利益の変動をなくす資産売却などを含む。

株主価値の最大化が招いてきた批判を避けるため，本書の重点は株主価値の最大化ではなく企業価値の最大化に置く。これは部分的には利便性のためでもある。優先株や転換社債があることで，負債と株式を分けるのはつねに単純ではないし，ジャンクボンドは株式と負債の両方の性格をもつ。もっと重要なことは，株式の時価に付随する先入観から生じる動揺やゆがみよりも，企業価値全体に焦点をあてることが，企業価値の基本的な指標に重点を置く本書の意図にそっているということである。

業績分析の実践

これまでの議論では，すべての企業は独自の目標をもつということをいってきた。しかし，すべての企業にとって，生涯にわたって稼ぐ利益—つまり，企業価値—は価値創出で成功した会社であるという正しい指標である。生涯利益や企業価値は事業の目標を達成するために戦略を選ぶ際の正しい基準を与えてくれる。

そこで，企業の戦略を評価し，発展させるためにそうした基準をどう適用したらよいのだろうか。

業績の分析から戦略を導くことができる4つの主要な分野がある。1番目は，ある企業（もしくは事業単位）の業績を査定する，2番目は悪い業績の原因を診断す

る，3番目は利益の見込みをもとにして戦略を選ぶ，そして最後は業績目標を設定することである。

現在と過去の業績を評価する

どんな戦略策定の実践でも最初の課題は現在の状況を評価することである。これは企業の現在の戦略を認識し，その戦略が業績の面でどれだけうまく機能しているかを評価することを意味する。次の段階は診断―不満足な業績の原因を特定すること―である。つまり，戦略は医術に似ている。最初に患者の健康状態を診て，それから病気の原因をさぐるのである。

予測型の業績測定基準―株式の時価 企業の生涯にわたる利益最大化が目標ならば，企業の業績を評価するには，その企業の生涯で，未来に残された時間の利益（またはキャッシュフロー）の流れをみる必要がある。問題は，もちろん，今後数年についてだけしか合理的な推測ができないことだ。上場会社については，株式の時価がもっとも有効な将来の期待キャッシュフローの割引現在価値を表している。

このように，価値の創造の面で企業の業績を評価するのに，ある一定期間（できれば数年にわたって）でのある企業の市場価値の変化を，競争相手のそれと比べることができる。2014年末，ユナイテッド・パーセル・サービス（UPS）は時価総額が960億米ドル（企業価値は1,058億米ドル），フェデックス・コーポレーションのそ

■表2.2 UPS と FedEx（フェデックス）業績比較

企業名	時価総額, 2014末 億ドル ($ billion)	企業価値, 2014末[a] 億ドル ($ billion)	株主利益率, 2010-2014[b] (%)	営業利益, 2010-2014[c] (%)	ROE, 2010-2014[d] (%)	ROCE, 2010-2014[e] (%)	ROA, 2010-2014[f] (%)
UPS	96	105.8	104.3	10.1	58.6	33.3	15.3
FedEx	48.5	53.2	110.7	6.5	11	15.3	5.7

〔注〕
  a 時価総額＋長期負債の簿価
  b 株価上昇％＋配当金
  c 営業利益/売上高
  d 純益/株主資本
  e 営業利益/(株主資本＋長期負債)
  f 営業/資産総額

れは485億米ドル（企業価値は532億米ドル）だった。これは，UPS は将来，フェデックスのほぼ 2 倍の価値を生み出すと期待されているということである。表2.2にあるように，2010年から2014年にかけ，UPS の株式総利回りは104.3％で，フェデックスでは110.7％だった。これは 2 つの会社が過去 5 年間は価値創造においてほぼ同じぐらい有能だったことを示している。あきらかに，株式の市場価値は―とくに新しい情報にたいする感度や市場心理の脆弱性，不均衡の面で―不完全な業績指標である。しかし，本質的価値については最良の指標である。

回顧型の業績測定基準―財務比率　株式の市場価値は変動するため，現在の戦略や経営陣の評価を目的とした企業業績の評価は財務面の業績指標を使うことがおおい。それらの指標は必然的に過去のデータである―財務報告書がでるのは少なくとも該当する四半期の 3 週間後である。そういうわけで，多くの企業は次の 1 年間（もしくはもっと先）の**業績予想**を公表している。

　マッキンゼー社による評価の枠組みは，企業価値の向上について 3 つの推進要素をあげている―資本利益率，資本コスト，それから利益の成長率（前述『利益を企業価値につなぐ』参照）。そのなかでも，株主資本利益率は，企業が資産からいくら利益を生みだすかの効率性をみる際，鍵となる指標である。よって，使用資本利益率（ROCE）や，それに近い指標，たとえば株主資本利益率（ROE）や資産利益率（ROA）は有益な業績指標だ。異なる利益率の指標は長期的には収斂する傾向があるが[注18]，短期的にみて大事なことは，どの利益率の指標にも固有の制約や偏りがあることを忘れないことと，複数の利益率の指標を組み合わせて使うことで矛盾がないかを判断できるようにすることだ。表2.3は広く使われている利益率の指標のいくつかを説明している。

　利益率を解釈するのにはベンチマークが必要となる。時間軸のなかでの比較はその企業の業績が良くなっているか，悪くなっているかを教えてくれる。企業間の比較は，ある企業の業績が他社，業界平均，または企業一般（例：フォーチュン500社，S&P500社，FT500社）と比べて，どうなのかを教えてくれる。もう 1 つの主要なベンチマークは資本コストである。ROCE は WACC と，ROE は株主資本コストとくらべられるべきである。表2.2が示しているのは，2010年から2014年に UPS は，フェデックスにくらべて十分に高い営業利益率，ROE，ROCE，ROA をあげていることである。UPS の時価総額のおおきさと企業価値は，UPS の高い利益の実績が将来も続くことへの期待を反映している。

■ 表2.3　収益率指標

指標	式	説明
使用資本利益率（ROCE）	支払い金利後，税引き前営業利益/(株主資本＋長期負債)	ROCEは投下資本利益率（ROIC）とも呼ばれる。分子は営業利益または支払金利前税引前利益（EBIT）である。分母は固定資産＋純流動資産でもよい。
株主資本利益率（ROE）	売上純額/株主資本	株主資本をどれくらい上手に使ったか，つまり投資家報酬を与えるための利益を生み出すかを測定する指標である。純益からは停止した事業や特別な項目は取り除いてよい。
資産利益率（ROA）	営業利益/資産総額	分子は企業の資産すべてにたいする収益に対応する一例：営業利益，EBIT, EBITDA（支払い金利前，税引き前利益＋減価償却引当金）。
粗利益	（売上－仕入れ財およびサービス）/売上高	企業が仕入れた財およびサービスにどれくらい価値を付加したかを測定する。
営業利益	営業利益/売上高	営業利益と純益は，企業が売上から利益を引き出す能力を測定する。企業の業績を評価するには，これらの指標はあまり役に立たない。理由は，資本投下の度合いが産業ごとに違っており，したがって，利益率は変わるからである。
純益	売上純額/売上高	同じ産業内での企業業績の比較には役に立つ。しかし，産業ごとの資本投下の度合いが異なるので，違った産業の企業との比較には役に立たない（表2.1参照）。

〔注〕　会計上の指標には標準的な定義があまりない。したがって，指標を計算する際，その定義の明確な定義をする必要がある。

　利益率指標にかんして注意すべきは，分子の項目は分母にある資産の所有者への報酬として使う利益でなければならないことである。

　利益はある期間（典型的には年度）にかんするものである。資産の評価額は時間上のある一点である。したがって，利益率計算には，資産，株主資本，投下資本の額は年度始めと年度終わりでの額の平均額としなければならない。

業績診断

　利益面での業績が満足のいくものでない場合，貧弱な業績の原因を特定して，経営陣は修正の行動を起こさなければならない。診断のおもな方法となるのが，基本的な『価値ドライバー』を特定するための資本利益率の分解である。出発点はデュポンの式を使い，投下資本利益率を営業利益率と資本回転率に分解するやり方である。さらに，次には営業利益率と資本生産性の両方をそれぞれの構成要素に分解す

■図2.1 使用資本利益率の内訳

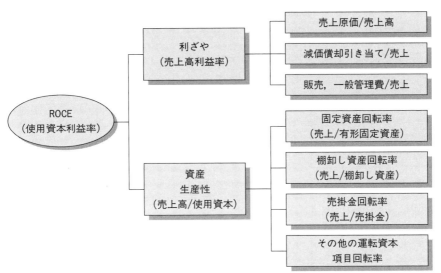

ROCE：使用資本利益率
COGS：売上原価
PPE：有形固定資産
詳細は以下参照。T. Koller et al., *Valuation*, 5th edn (Chichester：John Wiley & Sons, Ltd, 2010).

る（図2.1）。これは貧弱な業績の原因となる特定の行動をわれわれに示してくれる。

戦略コラム2.2は，UPSとフェデックスの総資産利益率を分解しており，UPSのより優れた利益性の原因を特定できる。2つの会社の経営戦略，業務や組織にかんする財務データと定性的なデータ，2つの会社が競っている産業の条件にかんする情報を組み合わせれば，なぜUPSがフェデックスを上回っているのかの診断を始めることができる。

戦略コラム 2.2　業績診断—UPS 対フェデックス

2010年から2014年の間，ユナイテッド・パーセル・サービス（UPS）はもっとも近いライバルである FedEx（フェデックス）の2倍以上の総資本利益率を残した。この違いの原因について財務分析はどんな視点を提供できるのだろうか。

■図2.2 投下資本収益率において，なぜ UPS の方が FedEX よりも高いかの分析

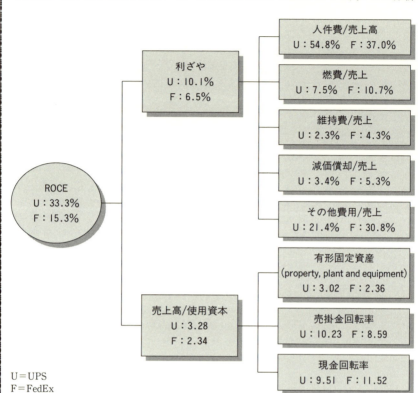

U＝UPS
F＝FedEx

　会社の使用資本利益率を営業利益率と資本回転率に分解することは，ROCE の違いが UPS の優れた営業利益率と高い資本回転率によるということを示している（図2.2参照）。

　UPS の高い営業利益率を探ると，2つの会社のコスト構造の違いが浮かび上がってくる。UPS は労働集約的で，人件費の売上高に対する比率がかなり高い（しかし，1人あたりの費用はフェデックスよりもかなり低い）。フェデックスは燃料，維持管理，減価償却，その他の費用が高い。UPS の高い資本回転率はおもに，高い固定資産の回転率（不動産，建物，設備）による。

　こうした違いは2つの会社の事業の異なる構成を反映している。UPS はより陸上輸送におおく関わっており（UPS は10万3千台の車をもち，フェデックスは5万5

千台),より労働集約的になる傾向がある。フェデックスは空路輸送に軸足を置いている(UPSは620の飛行機をもち,フェデックスは650)。急送サービスは陸路輸送よりも利益が少なくなりがちだ。

しかし,事業の構成の違いはフェデックスとUPSの間の燃料,維持管理,そしてその他のコストのおおきな食い違いを完全に説明していないように見える。可能性が高いのは,UPSがより優れた業務効率をあげているということの反映だ。

業績診断を戦略の策定に使う

上で概説したように,企業の最近の業績の診断を探ると戦略の策定に有用な情報が得られる。もし,企業がなぜ不振だったかを立証できれば,矯正に向けた行動の手がかりがわかる。そうした矯正行動はおそらく戦略的なもの(すなわち,中長期に焦点をあてて)であり,実行可能(短期に焦点をあてて)でもある。企業の業績が悪ければ,短期に集中する必要性は高まる。倒産寸前で揺れている企業にとって,生き残りが支配的な関心事であり,長期戦略は後回しとなる。

良い業績をあげている企業にとって,財務分析は優れた業績の原因を理解させてくれ,戦略が成功の要因を守り,強化することができるようになる。たとえば,UPSのケース(戦略コラム2.2参照)を見ると,財務分析が指摘するのは,米国最大の荷物運送会社で,業務効率を最適化する集荷と配送の統合システムをもつことからくる効率性の利益である。UPSの国際事業における優れた採算性は,外国の市場にうまく入っていき,世界規模のシステムに海外業務をうまく統合する能力があることを示している。

しかし,過去を分析することには限界がある。ビジネスの世界は繰り返す変化の世界であり,戦略の役割は企業が変化に適応するのを助けることである。難しいのは将来を見通し,業績への脅威となる要素を特定し,利益の新たな機会を作り出すことだ。UPSに戦略を推薦する際,財務分析はなぜ今までUPSがうまくやってきたのかについての理由のいくつかを教えてくれるが,UPSの業績を維持するための鍵は,顧客の要求,競争,技術,エネルギーコストなどの産業環境がどう変化するかを認識し,そうした新しい条件にUPSが適応する能力を評価することである。財務分析が過去の振り返りであることは避けられない一方,戦略的分析は前を見て将来

業績目標を設定する

　第1章で指摘したように戦略的な計画づくりの主要な役割の1つは，戦略目標を業績目標に置き換え，次にそうした目標に対する達成度を監視することである。効率的であるために，業績目標は長期的な目標と矛盾せず，戦略とつながり，組織の構成員個人の仕事や責任と関連していなければならない。目標は実行可能でなければならない。目標を実行可能な業績目標に置き換えることは，利害関係者に重きを置く企業におおきな課題を提起する。利害関係者に重きを置く企業にとってさえ，企業価値を最大化するという目標は，その目標の達成をゆだねられた経営者にとってあまりおおきな案内とならない。業績目標設定の3つの考え方は次のようになる。

財務の分解　もし，企業の目標が利益率を最大化することであれば，財務比率の関連図である図2.1の方式に則って，目標を分解して組織下部に落とし込める。ゆえに，経営陣にとって，鍵となる財務の目標は，資本収益率が資本コストを上回る新しいプロジェクトを使って ROCE を最大化することである。実務にあたる管理職にとって，それらの目標は，売上高と市場占有率の最大化(営業)，原材料と部品のコストの最小化（購買），製造，生産コストの最小化（業務），在庫回転の最大化（物流/サプライチェーン），そして資本コストの最小化（財務）を意味する。こうした実務的な目標はさらに部署単位に分解できる（たとえば，工場の維持管理は機械の停止時間を最小化し，設備稼働率を上げるのに必要，顧客の口座は債権の未払い期間を最小化するのに必要，など）。

　業績管理につきまとう難問は，業績目標は長期（たとえば，企業の生涯にわたる利益の最大化）であるが，業績目標の効率的な管理システムは短期を監視しなくてはならないことだ。財務目標にとっての問題は短期的な追求が長期の利益最大化を台無しにしかねないことだ。

バランススコアカード　短期追求の財務目標が長期的な業績に反しないようにするための解決策の1つは，財務目標を戦略的，業務的な目標と結びつけることだ。これを行う上でもっとも広く使われている方法はロバート・キャプランとデービッド・ノートンが開発した**バランススコアカード**である[注19]。バランススコアカード

は，財務目標と戦略目標を均衡させ，業績指標を個々のビジネス単位や部署に落とし込むための統合的な枠組みを提供する。バランススコアカードに含まれる業績指標は4つの質問にたいする答えから生まれる。

- 株主をどうあつかうか？ 財務面の視点は複数の指標，キャッシュフロー，売上と利益の成長，および資本利益指標などからなる。
- 顧客はわれわれをどう見ているか？ 顧客志向の考え方は新製品，納期遵守，そして不良品の水準などにかんする目標を含む。
- 何においてわれわれは優れているべきか？ 事業を内部から見る見方は生産性，従業員の技能，サイクルタイム，歩留まり率，そして品質とコスト測定基準などの内部事業プロセスに関連する。
- 改善や価値創造を継続できるか？ 革新と学習の視点は新製品開発サイクル，技術リーダーシップおよび改善率などに関連した指標を含む。

一連の戦略と財務目標の均衡を図ることで，スコアカード方式は事業戦略を株主価値創造につなげ，このプロセスを測定可能な目標で管理することも可能にする。さらには，バランススコアカードは顧客，従業員と他の関連組織の目標を明確に考

■図2.3　バランススコアカードの地域航空会社への適用

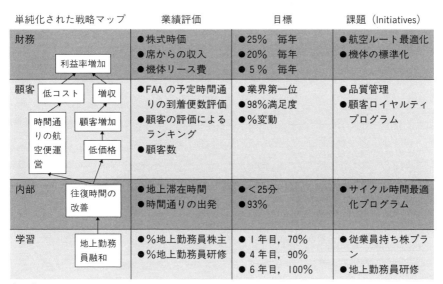

〔出所〕 www.balancedscorecard.org を許可を得て使用。

えることも可能にするため，利害関係者に重きを置く経営管理の実行にも使うことができる。図2.3は米国の地方航空会社のバランススコアカードを示している。

戦略的利益ドライバー　財務面の価値ドライバーとバランススコアカードは，大半の目標が精密で，定量的で時間を特定した目標に分解でき，組織のそれぞれの構成員が自分たちに期待されていることを理解し，目標を達成することに意欲的であるという仮定にもとづいている。しかし，膨大な量の証拠は，むしろ業績目標の管理が予期しない結果をもたらすことを指摘している。

業績目標は2つのタイプの問題をつくりだす。1つはわれわれがすでに学んだ利益最大化の問題—つまり，目標を定めること自体が目標の達成を台無しにしかねないことだ。したがって，株主価値をつくりだすことに成功した企業のおおくは，利益よりも目標に重きを置いている。反対に株主価値の最大化を約束したおおくの企業—たとえばエンロン—はみごとに株主価値創造という目標達成に失敗している[注20]。ボーイングの経験はこの問題のよい例となる（戦略コラム2.3参照）[注21]。

戦略コラム 2.3　株主価値の追求での落とし穴—ボーイング社の例

　ボーイングは，ダウ・ジョーンズ産業指数で，1960年から1990年にかけて財政的にもっとも成功した企業の1つだった。しかし，ボーイングは財務管理にほとんど注意を払わなかった。最高経営責任者ビル・アレンが興味をもっていたのは，すばらしい飛行機を建設し，それで世界市場をリードすることだった。『ボーイングはいつも明日に向かって生きている。それは，自分のやっていることに集中して，生きて呼吸し，食べて寝る人々によってのみ達成することができる。』ボーイング社の過去最大の投資となった747を承認するための役員会で，アレンは非業務執行取締役，クロフォード・グリーンウォルトにボーイングとしてのプロジェクトの財務予測を尋ねられた。アレンの曖昧な返答に応じ，グリーンウォルトは手で顔を覆って『神よ』とつぶやいた。『かれらはこのプロジェクトの投資利益率すら知らない』。変化は1990年代なかばに訪れた。マクドネル・ダグラスを獲得し，ハリー・ストーンサイファーとフィル・コンディットの新たなチームが経営を引き継いだ時だ。コンディットは会社を「単位コスト，投資利益率，株主還元によって判断される，価値にもとづいた環境」に変えると誇らしげに語った。その結果は，主要な新しい民間航空プロジェクトへの投資抑制と防衛・衛星事業への多角化だった。コンディット

の下で，ボーイングは旅客機市場のリーダー的地位をエアバスに譲り，防衛請負業者としても，主要な役員の倫理的な堕落もあって低迷した。コンディットが2003年12月1日に辞任したとき，ボーイングの株価は彼の就任時よりも20％下落していた。
〔出所〕 John Kay, "Forget How the Crow Flies," *Financial Times Magazine* (January 17, 2004): 17-27; R. Perlstein, *The Stock Ticker and the Superjumbo* (Prickly Paradigm Press, 2005).

目標をつくるための代替的な考え方としては，長期目標を特定の定量的な目標に分解することである（たとえば価値ドライバーやバランススコアカードを使って）。しかし，これは第2の問題を示す—つまり，目標を達成させる方法が，望んでいる長期目標と矛盾するということである。この問題は公的部門の業績目標の問題に鮮明に現れている。ソビエトの靴工場では，低い品質の靴を1つのサイズしかつくらないことで月の生産目標が達成されていた[注22]。英国の健康保険サービスでは，8分以内の救急車の到着目標を達成するため，正式の救急隊メンバーを，救急隊のメンバーを1人と部分的にだけ訓練を受けたボランティアたちに置き換えることで達成されていた[注23]。

こうした難問にたいし本書での考え方は，長期的な利益を生み出す戦略的要素に焦点をあてることである。いったん当該の企業にとって活用可能な利益の主要な源泉を特定したら，まずその利益の源泉を活用する戦略を策定し，次にその戦略を，戦略的な変数にもとづいた業績の指針や目標にそって実行する。利益の追求には基礎的な利益のドライバーに重点を置くという考えは，複雑で異論のおおい企業の社会的責任にも明確性をもたらす。

利益を超えて—価値観と企業の社会的責任

この章の最初で述べたのは，個々の企業は異なった組織目標をもっているとはいえ，その共通目標は価値をつくりだすことであり，価値の最良の指標は企業の生涯にわたる利益である—または，同じ意味で，企業価値を最大化する，ということである。21世紀の企業不祥事—2001年のエンロンから2008年のリーマンブラザーズまで—が利益の追求と株主価値の最大化の信頼性に傷をつけたとしても，著者は長期的な利益の最大化を企業の戦略的な管理にとって適切で実用的な目標だと弁護して

きた。

　この弁護はいくつかの項目での一致（Alignment）に著者が気づいたことにもとづく。第1に，利益と社会の関心事との一致であり（個人の利益を公共の利益に導く，アダム・スミスの『神の見えざる手』の原則を反映して），第2に利害関係者と株主の利益の追求（双方とも企業の長期的な利益に頼っている）の一致だ。しかし，公共の利益や広く共有されている倫理原則と利益の追求が矛盾するときはどうなるだろう？　そうした不一致や矛盾はどうあつかわれるべきだろうか？　それはミルトン・フリードマンの言明に従うのがよい。

> 　ビジネスの社会的な責任というのはたった1つ—その資源を使い，ゲームのルールに従う限り，利益を増やすための活動に取り組むことだ。つまり，ごまかしや詐欺のない，開かれた，自由な競争のなかで活動することだ(注24)。

　この言明に従えば，経済活動による利益の追求が社会の利益と矛盾するような場合，課税や規制によって介入し，利益追求の動機となるものと，社会的な目標を調整し，非倫理的な行動を罰する立法を行うのは政府の役割だ。それとは反対に，企業は法の制限を超越した基準や価値をつくることを率先してやるべきであり，社会の利益に明確に根ざした戦略を追求するべきだという人たちもいる。それぞれの分野を順に議論していく。

価値観と原則

　目的意識—ミッションとビジョンのステートメントに書かれているように—は，どのようにしてその目標が達成されるかにかんする信念によって，しばしば補完される。これら組織の信念は，一般的に**価値観**—ある種の倫理的考え方や，いろいろな利害関係者の利益にたいするコミットメントの形をとって—と，組織構成員の決断と行動を導く原則からなる。戦略コラム2.4は世界最大のコンサルティング会社であるアクセンチュアの価値観のステートメントを表している。

　あるレベルでは，価値と原則のステートメントは企業の外部イメージの管理手段とみなされるかもしれない。しかし，会社がその価値観と原則に誠実であり，首尾一貫していれば，そうした理想は組織としての自己同一性（Identity）の欠かせない構成要素になりうるし，従業員のコミットメントや行動に重要な影響を与えうる。価値観が組織構成員に共有されているとき，それは企業文化の中心的な構成要素を

形づくる。

価値観と原則にたいするコミットメントが組織の業績に影響を及ぼすことの証拠は否定しようがない。マッキンゼー・アンド・カンパニーは『共有価値』を会社の『7S・フレームワーク』の中心に置いている(注25)。

ジム・コリンズとジェリー・ポラスは，『中核的価値観』と『中核的目的』がつながって，『時代を超越した組織の性格』を定義する『中核的イデオロギー』を形づくり，『組織を一つにまとめる糊』となると主張する(注26)。かれらは，中核的イデオロギーが企業の描く未来と合わさった時，長期的な成功の基礎となる戦略的決定の力強い感覚が生まれると語る。

> **戦略コラム 2.4　アクセンチュアーわれわれの中核的価値観**
>
> 　設立時から，アクセンチュアはその中核的価値観に支配されてきた。それは企業文化を研ぎ澄まし，われわれの会社の性格を定義し，どう行動して決断を下すかを導く。
>
> - スチュワードシップ　将来世代のためによりよく，強く，耐久力のある会社をつくり，アクセンチュアのブランドを守り，利害関係者への約束を果たし，オーナーとしての気概をもって行動し，共同体と地球環境の改善を助けるという義務を果たす。
> - 最良の人材　われわれのビジネスに最良の人材を引きつけ，育て，つなぎとめる。人材の意欲をかきたて，やればできるという態度を実践し，互いに助け合う協力的な環境を育てる。
> - 顧客価値の創造　顧客が好業績企業になれるようにし，的確で即応できる存在であり続け，常に価値を提供し続けることで長期的な関係を築く。
> - グローバル・ネットワーク　グローバルな視野，つながり，共同する力を活用し，顧客がどんなビジネスをしていようとも非凡なサービスを提供することを学ぶ。
> - 個人の尊重　多様性とユニークな貢献を重視し，信頼性のある，開かれた，包摂的な環境をはぐくみ，アクセンチュアの価値を反映した方法で個々人をあつかう。
> - 誠実　倫理的に譲歩せず，正直であり，思うことをいい，言葉と行動を調和さ

せ，行動に責任をとることで信頼される存在になる。

〔出所〕 http://www.accenture.com/us-en/company/overview/values/Pages/index.aspx, accessed July 20, 2015.

企業の社会的責任

　企業の社会的責任をめぐる議論は，衝突し合っているのと同時に錯綜している。その根本には，公開企業にたいする概念の違いがある。『所有概念』は企業を，株主に所有された資産の集まりだとみる。『社会的な存在概念』は企業を社会的，政治的，経済的，自然的な環境の関係性に支えられ，維持されている個人の共同体とみる[注27]。『所有物としての企業』が，経営者の唯一の責任は株主の利益のために運営されることを意味するのにたいし，『社会的な存在としての企業』は関係性や依存関係の全体ネットワークのなかで企業を維持する責任を意味する。

　しかし，純粋な効率の観点からみたとしてさえ，両極端の意見のどちらも支持できないのは明らかだ。企業の唯一の目的は利益をあげることだという見方の支持者は，組織が生き残って利益を稼ぐには社会的な正当性を維持しなければならないことを見落としている。2008年から2009年の金融危機の間にあった投資銀行の排除—ゴールドマン・サックスやその他の投資銀行の商業銀行への移行を含め—は，商業的失敗というよりも正当性の破綻によって起こった。電話盗聴の不祥事で閉鎖に追い込まれたルパート・マードックのニュース社が所有する英紙は，ニュース社の売上高の1％しか占めていなかった。しかし，スキャンダルが発覚した2011年7月の5週間後，ニュース社の時価総額は25％も下がった。110億米ドルを失ったことになる。

　もう一方の極にある，企業の一義的な責任は社会目標の追求であるべきだという議論も，おそらく同様に機能不全だろう。『肉屋，醸造家，パン屋の慈善からではなく，かれらの自身の利益にたいする関心から，わたくしたちは夕食を得ることができる』というアダム・スミスの見方を広げれば[注28]，もし，肉屋が動物権利擁護の活動家になり，醸造家が禁酒同盟に入り，パン屋がウェイト・ウォッチャーズ社と契約したら，われわれの誰もたいした夕食を期待できないだろう。

　したがって，その中間のどこかに，企業が社会的，自然的環境と調整がつけられる持続性の領域がある。しかし，企業の目的と長期的な利益は両方が互いに近い関

係にある。経営学の文献のおおきな貢献により，企業の持続性を可能にする中間領域が正確に定義され，社会的責任の追求を導く考え方が大略どんなものかを述べることが可能になった。

　ここで鍵となる考え方は，事業環境の変化への企業の応答性である。**企業の社会的責任（CSR）**にかんする有効な議論は，企業を社会的，自然的な環境のエコシステムのなかに埋め込まれたものとしてみており，周囲のエコシステムを取り入れ，維持する必要があると唱える。したがって，シェルの元重役である Arie de Geus（アリー・デ・グース）によると，長生きする企業は強い共同体をつくり，アイデンティティの強い意識をもち，常に学習し，周囲の世界に注意を払う企業であるという。つまり，そうした企業は，自らが組織のなかで生きており，その寿命は環境の変化に効率的に適応するかどうかにかかっていることを知っているということである[注29]。

　自身の利益の追求とエコシステムの利益を同時に追求するという企業の見方は，マイケル・ポーターとマーク・クラマーによって提唱されたもので，CSRにたいする集中的で実用的なアプローチへのガイドラインである[注30]。倫理的な議論を脇に置いても（かれらが呼ぶところの『道徳的義務』），かれらはなぜCSRが企業の利益にもなるのかについて3つの理由をあげている―つまり，**持続性**の議論（CSRはエコシステムを維持するという互いの利益からして，企業の利益のうちに入る）―**評判**の議論（CSRは顧客やその他の第三者に対する企業の評判を高める）―**業務ライセンス**の議論（企業を経営するのにはかれらが依存している支持層の支援が必要というものだ）。どのCSRの構想を企業が追求すべきかを選ぶのに決定的に大事なのは，企業と社会の利益の間が交差する領域でCSR活動を選び出すこと（たとえば，企業の競争優位をつくりだしつつ，社会的に前向きな成果を生み出すプロジェクトや活動）であり，かれらはこれを**戦略的CSR**と呼ぶ。

　企業と社会の利益が交差するところに―ポーターとクラマーが呼ぶところの『**共通価値**』―社会の利益をもつくりだすような方法で経済価値をつくりだすものがある[注31]。かれらは，共通価値は，すでにつくりだされた価値を再分配することではなく，経済的，社会的利益の総量を増やすことであると述べる。たとえば，公正取引（Fair trade）は農家の収穫物に，より高い対価を支払うことによる価値の再分配である。アイボリー・コーストのカカオ農家の例をとると，フェアトレードはかれらの所得を10-20％増やす。一方，主要なバイヤーたちによる，改良された育て方と品質管理の向上，インフラの改善などを通じたカカオ生産の効率を改善する努力は

農家の収入を300％増やすことができる。共通価値をつくりだすことは企業の境界や外部環境との関係性を再び概念化することを含む。

企業を外部環境と取引する独立した存在としてみるのではなく，企業は外部環境とその企業を構成する組織や個人と互いに依存し，密接に関わっているものとする。この考え方は共通価値の創造に3つの機会を与える―製品や市場を見直すこと，価値連鎖（バリュー・チェーン）のなかでの生産性を再定義すること，サプライヤや配送業者，企業が活動している地域の関係会社との地域クラスターをつくること―である。ユニリーバの持続成長計画はこの共通価値の創造についての例示である（戦略コラム2.5参照）。

この共通価値についての概念は，**ボトム・オブ・ピラミッド（経済ピラミッドの底辺層）**戦略にも組み込まれている―多国籍企業にとって利益のあるビジネスをつくり，世界の貧困層（とくに1日2米ドル以下で暮らしている40億人に対し）への奉仕を通じて社会経済的な発展を後押しする[注32]。繰り返すが，鍵となるのは認識の置き換えだ―貧困層を犠牲者や重荷としてみるのではなく，国際企業がかれらを将来の消費者，弾力に富んだ労働者，創造性のある起業家としてみれば，おおきな事業機会の世界の門が開く。

戦略コラム 2.5　ユニリーバ社におけるサステナブル・リビング・プラン

2010年11月にサステナブル・リビング・プランに着手してからユニリーバ―400以上のブランドの食料品，個人向けケア，家庭用品を供給するアングロダッチ系多国籍企業―は，環境持続性の面で世界のリーダーとしての地位を築き，そして，英エコノミスト誌によると『世界的な企業のうち，見識ある資本主義でもっとも包括的な戦略をもつ』とみなされている。その計画―ユニリーバの環境負荷を減らし，正の社会的インパクトを増やし，売上高を2倍にし，生涯にわたる利益を増やすという目標がある―はこれまでCEOのポール・ポールマンの経営戦略の中核をなしてきた。他のおおくの企業よりもユニリーバは持続性計画のなかに戦略，経営，人材の管理を埋め込んでいる―計画は役員によって監視され，インセンティブとなるボーナスは排出，ごみの減量，エネルギーと水資源保護の数値目標と連動している。

ポールマンは，ユニリーバの持続可能性へのコミットメントは『やるべき正しいこと』だからだと強調する。また，かれの意見は，第一義的な動機はサステナブル・リビング・プランはユニリーバ自身の長期的な利益のなかにあるという事実につい

ても明確だ。マッキンゼー・アンド・カンパニーとのインタビューで，ポールマンはユニリーバの利益は原材料へのアクセスの改善，よりおおきな従業員へのコミットメント，会社全体を通じたイノベーションへのより強い原動力，ユニリーバへの就職応募をおおきく増やすこと，ユニリーバの工場やサプライチェーンを通じた効率性を改善することを含むと指摘した。サステナブル・リビング・プランの策定後，ユニリーバの株価は40％上昇し，ライバルのプロクター・アンド・ギャンブル（P&G）やネスレをおおきく上回っていることで，株主にも利益はもたらされているように見える。

　しかし，2015年１月のダボス会議への出張中にポールマンが，気候変動と貧困撲滅のため『ユニリーバの大企業としての規模を活用する』と世界のリーダーにたいするロビー活動として公表したとき，一部の人は，かれは世界の利益を企業利益より優先しているのだろうかと訝しんだ。とくに2014年の売上高が失望をもたらすものだったからだ。

〔出所〕　McKinsey & Company, "Committing to sustainability: An interview with Unilever's Paul Polman," http://www.mckinsey.com/videos/video?vid=3564008886001&plyrid=2399849255001&Height=270&Width=480, accessed July 20, 2015;"Unilever: In search of the good business," *Economist*, August 9, 2014.

利益を超えて―戦略とリアルオプション

　本書は，企業の価値を利益（もしくは同等のキャッシュフロー）の割引現在価値（NPV）をつかって特定してきた。しかし，NPVは企業に適用できる唯一の価値というわけではない。あるオプション―何かをやるかやらないかの選択―が価値をもつという単純な考えは企業の価値をどうやって定めるかの際，おおきな意味をもつ。最近，オプション価格設定の原則は金融有価証券から投資計画，企業の評価にまで拡大してきた。その結果生まれた**リアルオプション分析**分野は，過去10年間のうちに金融理論のなかでもっともおおきく発展した理論として出現し，戦略分析におおきな影響を及ぼしている。リアルオプションの技術的な詳細は複雑である。しかし底にある理論の原則は直感的に把握できるものである。以下，リアルオプションの基本的な考えと，それが戦略分析にとってどんな意味があるか述べる。

　ロイヤル・ダッチ・シェルが燃料電池に使う水素を生産する企業共同体での開発

計画をつくる際の投資を考えてみよう。運送車両や発電での大規模な燃料電池の使用は、近くて目に見える将来のものではなさそうだ。こうしたプロジェクトへのシェルの支出は少額だが、そうした資金はシェルの中核である石油・ガスのビジネスに使われたらおおきな利益を生み出すのはほぼ間違いない。したがって、この投資が―実際、シェルの再生エネルギーへの投資全体が―株主の利益とどう一貫性があるのか？

答えは、こうした投資のオプション利益にある。シェルはフルスケールの燃料電池事業を立ち上げようとしているのではなく、商業規模の水素生産プラントを立ち上げようとしているのでもない。ノウハウと知的財産を確立し、シェルは**オプション**をつくったのだ。

もし、経済的、環境的、政治的要因が炭化水素の使用を制約し、燃料電池が技術的、商業的生き残りを前進させるなら、シェルはそのオプションを実行し、商業サイズの水素生産にもっとおおきな金額を投資するかもしれない。

不確実な世界のなかで、一度実行された投資は元に戻せない。しかし柔軟性には価値がある。プロジェクトの総体を先に決めてしまうのではなく、プロジェクトをいくつかの段階（Phases）にわけ、次のフェーズへの着手をどうするかの決定を周囲の環境とプロジェクトの前のステージで得られた知見に照らして決めるやり方には長所がある。大企業のおおくは製品改良に『フェーズとゲート』のアプローチをする。プロセスは異なった『フェーズ』にわけられ、それぞれの終わりで次の『ゲート』に行く前にプロジェクトは再評価される。このフェーズにわけるアプローチ法は、プロジェクトを続けるか、やめるか、修正するか、待つかという選択肢を与える。ベンチャーキャピタリストは明らかに成長オプションの価値を認識している。2014年11月、トロントに拠点を置く起業家企業であるKikは3,830万ドルをベンチャーキャピタル融資で受け取った。Kikは13歳から15歳の2億人のユーザーを狙った無料の携帯チャットサービス会社だが、売上はほとんどゼロだった。投資家たちに、Kikは選択肢を与えた。かれらの投資はKikにブラウザと他の携帯アプリへのリンクを加え、より広いユーザー・プラットフォームと有料広告の可能性をもたらす次の発展段階に移すためのものだ[注33]。ベンチャーキャピタリストが**拡張性**に重点を―スケールアップの可能性、または最初から成功するビジネスを複製すること―置くのは、同じように成長オプションの価値を認識したものだ。戦略コラム2.6はリアルオプション価値の計算を説明している。

戦略コラム 2.6　リアルオプション価値の計算

　投資計画や戦略のためのリアルオプション評価は，その評価技術の複雑さによりあまり普及しなかった。しかし，オプション価値を数値化するのに必要な数学に立ち入らなくとも，オプション価値を決める要素を理解するため，オプション価値を最大化する目的で，計画や戦略がどう組み立てられるかを知れば基礎的な原理を使うことはできる。

　初期のリアルオプションの評価では(注a)，金融オプションを評価するためにつくられたブラック・ショールズのオプション・プライシング公式を現実の投資計画の評価に採用した。ブラック・ショールズは6つの決定要因で構成され，それぞれがリアルオプションの評価のなかでの類推をともなう。

1．株価：計画の現在価値：高い現在価値はオプション価値を増加させる。
2．行使価格：投資コスト：コストが高いとオプション価値は下がる。
3．不確実性：金融オプションとリアルオプションの両方にとって，不確実性はオプション価値を上げる。
4．満了期限：金融オプションとリアルオプションの両方にとって，選択肢が長く続けば価値は増大する。
5．配当：オプションの期間中の投資価値の減少：オプション価値を下げる。
6．金利：高い金利は延期をより価値のあるものにすることでオプション価値を上げる(注b)。

　しかし，リアルオプションに使われる支配的な方法論は，2項式のオプション価値評価モデルだ。不確実性をもたらす原因やプロジェクトのなかで鍵となる決定ポイントを明確にモデルにつくりこむことで，オプション価値をもたらす源泉をより直感的に理解することができる。この分析は2つのおもなステージを含む。

1．2つの違ったシナリオのそれぞれの発展期間におけるプロジェクトの価値を示すイベント・ツリーをつくる。
2．プロジェクトに新しい資金のコミットメントが必要になる，あるいは計画の発展に差がつく選択があるところが典型的だが，イベント・ツリーのなかで鍵となる意思決定ポイントを決め，イベント・ツリーを意思決定ツリーに変える。それぞれのステージにおけるプロジェクトの価値の増加分は，意思決定ツリー

の最後の結節点まで作業を戻しながら,それぞれの意思決定ポイントで計算される(ポートフォリオ技術の反復にもとづいた割引の要素を使って)。もし,最初のステージでの計画の価値の増加分が初期投資を上回るなら,最初のフェーズを進めて,続くフェーズでも同様のことをしていく^(注c)。

〔注〕
a. F. Black and M. Scholes, "The Pricing of Options and Corporate Liabilities," *Journal of Political Economy* 81 (1993): 637-654.
b. K.J. Leslie and M.P. Michaels, "The Real Power of Real Options," *McKinsey Quarterly Anthology : On Strategy* (Boston : McKinsey & Company, 2000). A. Dixit and R. Pindyck, "The Options Approach to Capital Investment," *Harvard Business Review* (May/June 1995): 105-115 も参照。
c. この考え方を発展させたのは T. Copeland and P. Tufano, "A Real-world Way to Manage Real Options," *Harvard Business Review* (March 2004). T. Copeland, Developing Strategy Using Real Options (Monitor Company, October 2003) も参照。

オプション管理としての戦略

　戦略策定の観点からの最大の関心事は,株主価値を創造するためにオプション価値評価の原則をいかに使うかである。リアルオプションには2種類,つまり,成長オプションと柔軟性オプションがある。成長オプションは,おおくの将来の事業機会への小さな初期投資をコミットせずに行うことを企業に可能にする。**柔軟性オプション**は,プロジェクトや工場が異なった環境に適用できるようにするデザインに関係する—柔軟なものづくりのシステムは異なった製品モデルを1つの生産ラインでつくることを可能にする。個別のプロジェクトが成長オプションと柔軟性オプションの両方を取り入れるようにデザインすることもできる。これは,プロジェクトを完成することへのコミットメントを避け,意思決定の場面を複数のステージで導入することを意味する。おもなオプションはプロジェクトを遅らす,修正する,スケールアップする,捨てる,だ。オプション価格の早い時期の採用者であるメルク社は『研究プロジェクトでの初期投資をした時には入場料を払っているだけであって,なにもそのプロジェクトを次の段階に進めなければならない義務はない』と考えた^(注34)。

　プロジェクトを設計する際,われわれのおもな関心は成長オプションである。そ

れは以下のものを含む。

- プラットフォーム投資。それは中核製品や技術への投資で、追加的な事業機会をつくりだすものだ(注35)。３Ｍのナノテクノロジーへの投資は、歯科用修復材や薬剤伝達システムから接着剤や保護用コーティングまでの広い範囲をカバーする新しい製品の創造の機会をもたらす。グーグルのサーチエンジンとそれがもたらす巨大なインターネットのトラフィックは、おおくの主導権―検索製品だけでなく、大量のソフトウェア製品やインターネットサービス（たとえば、Gmail、クローム、アンドロイド、グーグル＋）をもたらす(注36)。
- 投資金額を抑えながら、まったく新しい戦略創造のオプションを提供する戦略的提携と合弁(注37)。ヴァージン・グループは、数多くの新事業を創る基礎として合弁を活用した：ステージコーチとヴァージン・レールを設立し、AMPとヴァージン・マネー（金融サービス）を設立し、ドイツテレコムとはヴァージン・モバイルを設立した。シェルは風力発電やバイオディーゼル燃料、太陽光発電、その他の再生エネルギーの初期投資の手段として合弁と提携を活用した。
- 組織の能力は、複数の製品や事業をまたいだ競争優位をつくる潜在可能性を提供するオプションとしてみなすことができる(注38)。アップルのハードウェアとソフトウェア、美的感覚、人間工学を組み合わせ、並外れてユーザーに優しい製品をつくる能力は、パソコンからいくつかの新しい製品分野に拡大するオプションをアップルに与えた。MP3のオーディオ・プレイヤーやスマートフォン、タブレット、インターアクティブテレビである。

要　約

　第１章は本書の第II部での説明の準備のため戦略分析の枠組みを紹介した。本章はその枠組みの最初の構成要素―目標、価値、企業業績を論じた。

　本章では、企業にとって適正な目標とはなにかという、難しく、いまだ議論が続いている問題を若干深く議論した。企業はそれぞれの事業の目的をもつとはいえ、すべての企業にとっての共通項は価値をつくりだす欲求と必要性である。その価値をどう定義し、測るかで、企業は第１に所有者（株主）の利益のために運営するべきだという論者と、利害関係者アプローチの論者とが区別される。本書

の考え方は実用的だ。株主と利害関係者の利益は同じところにまとまりやすく，また，それらがまとまらないところでも，競争からの圧迫が，利害関係者の利益だけを追求して儲けを犠牲にするという観点を制限する。したがって，結論は長期的な利益—またはそれに匹敵する企業価値—は両方にとっての企業業績の指標と戦略策定の判断基準として適当である。本書では価値，利益，キャッシュフローの関係について議論し，株主価値の最大化での失敗の例は，本質的にその目標が間違っているというよりは，間違ったやり方から生じていることを見た。

　企業の業績評価に財務分析を適用することは，戦略分析で不可欠な手順である。財務分析は，まず企業全体の業績を評価し，つぎに，低業績の場合の原因を見つけることで，戦略作成の基礎となる。財務分析と戦略分析を組み合わせることで，企業や事業単位での目標をつくることができる。

　また，便利だが，単純でもある，利益重視による企業業績や事業戦略への考え方の制約について，その先に何があるかも考察した。まず，社会的価値と株主価値の原則両方が企業の戦略に組み込まれ，社会的および株主価値の創造に貢献することを見た。次に，価値最大化分析を敷衍し，戦略は利益のみではなくリアルオプションをつくりだすことで企業価値を創造することを説明した。

自習用の質問

1．表2.1は異なった収益性測定の方法によって企業を比較している。
　a．6つの業績測定値のうちではどの2つの組み合わせが，一番企業経営がうまくいっているかの判断に役に立つ指標か？
　b．売上高利益率，株主資本利益率のどちらが上場企業の業績比較に適しているか？
　c．いくつかの企業は好業績を誇るが，株主へのリターンは2014年にまったく低かった。どうしてこんなことが起こるのか？
2．インドのタタ・グループは多様化したグループだ。もっともおおきい企業は，タタ製鉄，タタ自動車，タタ・コンサルタンシー・サービシズ（IT），タタ電力（発電），タタ・ケミカル，タタ・ティー，インドホテルとタタ・コミュニケーションだ。タタ・グループが最近，EVAを業績管理のツールとして導入したことが，列挙したような企業に投資を分散しているやり方にどう影響

しそうだと考えるか？
3．戦略コラム2.2に関連し，UPS がフェデックスよりも優れた利益率を誇っていることの理由をさらに調べるのに，どんなデータを探し，どんな分析を行うか。
4．ピッツァレストラン・チェーンの CEO が会社の営業利益の 5 ％を拠出した CSR のプログラムを打ち立てようとしている。取締役会は株主の否定的な反応を懸念し，計画に反対した。CSR は株主の利益にもなり得ると取締役会を説得するのに，どんな議論を CEO は使うのだろうか，また，これがまさにそのケースだと保証するのにどんなタイプの CSR が計画に織り込まれるだろうか。
5．スポーツ靴や服のサプライヤであるナイキが自分たち向けの選択肢をつくることで株価を向上させるアイデアに関心をもっている。オプション価値をつくるためにどんな行動をナイキはとるだろうか。

注

1　A.P. Sloan, *My Years at General Motors* (New York : Doubleday, 1963).
2　J.A. Schumpeter, *The Theory of Economic Development* (Cambridge, MA : Harvard University Press 1934).
3　"Henry Ford : The Man Who Taught America to Drive," Entrepreneur (October 8, 2008), www.entrepreneur.com/article/197524, accessed July 20, 2015.
4　C.A. Montgomery, "Putting Leadership Back into Strategy," *Harvard Business Review* (January 2008) : 54-60.
5　本章では価値というのは 2 つの意味で使われている。ここでは経済的価値，それは貨幣単位で測定できる，に言及している。道徳的基準や行動基準としての価値についても言及するだろう。
6　T. Donaldson and L.E. Preston, "The stakeholder theory of the corporation," *Academy of Management Review* 20 (1995) : 65-91.
7　いくつかの国では，企業が明確な慈善的な社会目標を追求できるように会社法が修正されている。米国では，こうした「社会的企業」（または B 企業）にはアウトドアウェアの会社，パタゴニアも含まれている。以下参照。J. Surowiecki, "Companies with Benefits," *The New Yorker*, August 4, 2014.
8　以下参照。M.B. Lieberman, N. Balasubramanian, and R. García-Castro "Val-

ue Creation and Appropriation in Firms : Conceptual Review and a Method for Measurement," (June 10, 2013, available at SSRN : http://ssrn.com/abstract= 2381801) for an approach to estimating.

9   M.C. Jensen, "Value Maximization, Stakeholder Theory, and the Corporate Objective Function," *Journal of Applied Corporate Finance* 22 (Winter 2010) : 34.

10   J. Helwege, V. Intintoli, and A. Zhang, "Voting with Their Feet or Activism? Institutional Investors' Impact on CEO Turnover," *Journal of Corporate Finance* Vol. 18 (2012) : 22-37.

11   T.M. Jones, "Instrumental Stakeholder Theory : A Synthesis of Ethics and Economics," *Academy of Management Review* 20 (1995) : 404-437.

12   M. Orlitzky, F.L. Schmidt, and S.L. Rynes, "Corporate Social and Financial Performance : A Meta-Analysis," *Organization Studies* 24 (Summer 2003) : 403-441.

13   以下参照。www.sternstewart.com。また以下も参照。J.L. Grant, *Foundations of Economic Value Added*, 2nd edn (NewYork : John Wiley & Sons, Ltd, 2003).

14   株式資本のコストは資本資産価格モデルを使って計算される。企業Xの資本コスト・リスクフリーレート＋リスクプレミアム。「risk premium」（リスクプレミアム）は，株式市場の収益率とリスクフリーレートの差に企業Xのベータ値（体系的リスクの尺度）をかけたもの。以下参照。T. Koller, M. Goedhart, and D. Wessels, *Valuation : Measuring and Managing the Value of Companies*, 5th edn (Hoboken, NJ : John Wiley & Sons, Inc., 2010), Chapter 11.

15   T. Koller, M. Goedhart, D. Wessels, *Valuation : Measuring and Managing the Value of Companies*, 5th edn (Hoboken, NJ : John Wiley & Sons, Inc., 2010).

16   F. Modigliani and M.H. Miller, "The Cost of Capital, Corporation Finance, and the Theory of Investments," *American Economic Review* 48 (1958) : 261-297.

17   企業価値の計算のあるやり方では時価総額から企業の有する手持ち現金と有価証券を差し引く。それは企業の価値創造能力だけを見るためだ。

18   J.A. Kay and C. Meyer, "On the Application of Accounting Rates of Return," *Economic Journal* 96 (1986) : 199-207.

19   R.S. Kaplan and D.P. Norton, "The Balanced Scorecard : Measures that Drive Performance," *Harvard Business Review* (January/February 1992) : 71-79 ; R.S. Kaplan and D.P. Norton, "Using the Balanced Scorecard as a Strategic Management System," *Harvard Business Review* (January/February 1996) : 75-85.

20   S. Chatterjee, "Enron's Incremental Descent into Bankruptcy : A Strategic

and Organizational Analysis," *Long Range Planning* 36 (2003) : 133-149.
21 ここでの原則は間接原理である。つまり，目標を直接的に追求するよりも間接のほうがよいという考え方である。以下参照。J. Kay, Obliquity (London : Profile Books, 2010).
22 P.C. Roberts and K. LaFollett, *Meltdown : Inside the Soviet Economy* (Washington, DC : Cato Institut, 1990).
23 G. Bevan and C. Hood, "What's Measured Is What Matters : Targets and Gaming in the English Public Health Care System," *Public Administration* 84 (2006) : 517-538.
24 M. Friedman, *Capitalism and Freedom* (Chicago : University of Chicago Press, 1963).
25 L. Bryan, "Enduring Ideas : The 7-S Framework," *McKinsey Quarterly* (March 2008).
26 J. Collins and J. Porras, "Building Your Company's Vision," *Harvard Business Review* (September/October 1996) : 65-77.
27 W.T. Allen, "Our Schizophrenic Conception of the Business Corporation," *Cardozo Law Review* 14 (1992) : 261-281.
28 A. Smith, *An Inquiry into the Nature and Causes of the Wealth of Nations*, 5th edn (London : Methuen & Co., 1905), Chapter 2.
29 A. de Geus, "The Living Company," *Harvard Business Review* (March/April 1997) : 51-59.
30 M.E. Porter and M.R. Kramer, "Strategy and Society : The Link between Competitive Advantage and Corporate Social Responsibility," *Harvard Business Review* (December 2006) : 78-92.
31 M.E. Porter and M.R. Kramer, "Creating Shared Value," *Harvard Business Review* (January 2011) : 62-77.
32 C.K. Prahalad and S.L. Hart, "The Fortune at the Bottom of the Pyramid," *strategy + business* 26 (2002) : 54-67 ; T. London and S.L. Hart, "Reinventing Strategies for Emerging Markets : Beyond the Transnational Model," *Journal of International Business Studies* 35 (2004) : 350-370.
33 "Kik Teen Chat App Draws Venture Capital," *Financial Times* (November 19, 2014).
34 N. Nichols, "Scientific Management at Merck : An Interview with CFO Judy Lewent," *Harvard Business Review* (January/February 1994) : 89-105.
35 B. Kogut and N. Kulatilaka, "Options Thinking and Platform Investments :

Investing in Opportunity," *California Management Review* (Winter 1994) : 52-69.

36 A. Gower and M.A. Cusamano, "How Companies Become Platform Leaders," *Sloan Management Review* (Winter 2008) : 28-35.

37 T. Chi, "Option to Acquire or Divest a Joint Venture," *Strategic Management Journal* 21 (2000) : 665-687.

38 B. Kogut and N. Kulatilaka, "Capabilities as Real Options," *Organization Science* 12 (2001) : 744-758 ; R.G. McGrath, W. Furrier, and A. Mendel, "Real Options as Engines of Choice and Heterogeneity," *Academy of Management Review* 29 (2004) : 86-101.

第3章
産業分析―基本原理

優秀であると評判の経営陣が，経済的ファンダメンタルズが貧弱との評判をもつ事業の経営を任せられたとき，無傷で残るのは事業の（貧弱との）評判のほうである。
　　　　　　　　　　　―ウォーレン・バフェット，バークシャー・ハサウェイ会長

再保険業には，業界のことを考えたら，新規参入者にとって，あまりにも魅力的に見えすぎる欠陥がある。したがって，この業界は，たとえば，ほとんど死に体で，少数の繁栄している事業単位しかもたない企業を買収して再生させる昔ながらの商売の，丁度，反対である。
　　　　　　　　　―チャールズ・T・マンガー，ウエスコ・ファイナンシャル会長

【概　要】
- 序論と目的
- 環境分析から産業分析へ
- 産業魅力度分析
　―ポーターの競争の5つの力の枠組み
　―代替品からの競争
　―参入の脅威
　―既存企業間での競合関係
　―買い手の交渉力
　―売り手の交渉力
- 産業収益性予測のための産業分析適用
　―産業構造の記述
　―産業収益性の予測
- 産業分析を使っての戦略策定
　―産業構造変換戦略
　―企業の再位置づけ
- 産業の定義　境界線をどこに引くか
　―産業と市場
　―産業と市場との定義―需要と供給での代替
- 産業の魅力度から競争優位へ―重要成功要因の認識
- 要約
- 自習用の質問
- 注

序論と目的

　本章と次章で企業の外部環境について検討する。第1章で競争環境の深い理解は戦略の成功にとっては決定的な要因であることを見た。また，さらに事業戦略は本質的には利益の追求であることも見た。本章の基本的な課題は外部環境での利益の源泉を認識することである。企業にとって近い環境といえば産業環境である。したがって，ここでの環境分析は産業（業界）分析に焦点を絞る。
　産業分析は全社戦略と事業戦略両方にとって意味がある。

- 全社戦略とは，企業はどの産業に従業すべきか，またいかにしていろいろな産業間の事業に資源を割り当てるべきかをあつかうものである。そういった意思決定には潜在的収益性から見た産業別の魅力度の評価が要求される。本章のおもな目的は産業の競争構造がいかに収益性を決めるかを理解することである。
- 事業戦略では競争優位の確立をあつかう。顧客のニーズと嗜好，および企業が顧客にその財またはサービスを提供するためいかに競争するかを分析して，産業における競争優位の源泉―いわゆる重要成功要因（キー・サクセス・ファクター）―をつきとめる。

本章では以下のことを学ぶ。

- 企業の属する産業は，その外部環境の核を構成することの認識，および産業の特徴と動向（ダイナミックス）は戦略分析の主要な要素であることを理解。
- 産業の構造上の特徴の認識と，そういった特徴がいかに産業内の競争と収益性に影響するかの理解。
- 産業における収益性の説明と，収益性の将来における変化可能性の予測にたいし産業分析を適用。
- (a)企業を競争上もっとも有利な立ち位置に立たせ，(b)産業の魅力度を増強するため産業構造に影響を与える戦略策定。
- 企業が属する産業の境界の定義。
- 産業における競争優位獲得機会の発掘（重要成功要因）。

環境分析から産業分析へ

　企業の事業環境は，その意思決定と業績に影響を与えるすべての外部要因から構成される。外部影響要因の数と範囲の広さを勘案した場合，経営幹部はいかにして環境条件を分析しないまでも監視できるか？　出発点は情報の組織化のための，ある種のシステムか枠組みである。環境からの影響は，その源泉により，たとえば，政治的，経済的，社会的，技術的要素へと分類される（いわゆる，**『PEST 分析』**である）。巨視的（マクロ）環境観察をするための PEST 分析や類似の分析は，世の中で起こりつつある事象へ企業が緊張をもって対処するのに役に立つ。しかしながら，体系的かつ継続的に広い範囲の外部影響力すべてを監視するのは費用のかかることであり，情報の過多を引き起こす可能性が高い。

　効果的な環境分析に必要なことは，第1に，必須要因を単なる重要要因から区別することにある。そのためには，基本原則に帰る必要がある。つまり，企業の外部環境のなかでなにが意思決定に重要かを特定するためである。企業が利益を出すには顧客への価値を創造しなければならない。したがって，顧客を理解する必要がある。第2に，価値創造に際して企業は財やサービスを供給者から購入する。したがって，供給者，納入業者を理解し，それとの関係を管理しなければならない。第3に，収益を生み出す能力は同じ価値創造競争に参加する企業間での競争の度合いに依存する。したがって，企業は競争を理解しなければならない。このように**企業の事業環境の核は，3つの参加者すなわち顧客，供給者および競合他社と企業との関係から構成される**。企業の産業環境とは，つまり，このことである。

　しかし，それは，戦略分析にとって一般的経済趨勢，人口構成の変化，または社会的・政治的傾向など巨視的（マクロ）要素が重要ではないということを意味しない。そういった要素は，企業が将来直面する脅威や機会の重要な決定要因になる可能性が高い。重要なことは，それらの一般的な環境要素が，いかに企業の産業環境に作用するか知ることである（図3.1参照）。地球温暖化の脅威を考えてみよう。大半の企業にとって，これはあまりおおきな戦略的問題ではない（少なくともかれらの通常の計画対象年数以内ではない）。しかしながら，気候変動パターンによって直接影響を受ける事業の大半—農民やスキーリゾート—そして石炭税や環境規制に影響を受ける事業—発電機や自動車製造会社—にとって温暖化は焦眉の急の問題である。こういった企業にとって鍵となるのは，自分の産業にかんしての温暖化の戦略

■ 図3.1 環境分析から産業分析へ

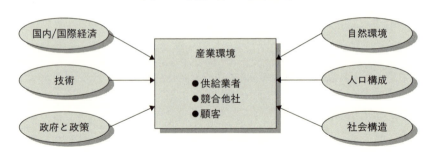

的意味合いを分析することである。自動車製造会社の場合，消費者は電気自動車に替えるか，政府は私的輸送に代えて公共輸送を優先するようになるか，政府は自動車産業に新規参入者を許すか？

　戦略の目的が収益の源の見定めと活用にあるとすれば，産業分析の出発点は単純な質問「産業の利益水準は何が決めるか？」である。

　前章で学んだように，企業が利益を得るには顧客にとっての価値を創造しなければならない。顧客が製品の対価として支払う用意のある金額が，企業により負担された費用を上回る場合，価値が生まれる。しかし価値創造は直接には利益に転換されない。コストを上回る価値の余剰は顧客と生産者の間で競争の力により配分される。生産者の間での競争が強ければ強いほど，余剰はよりおおく**消費者余剰**（顧客が実際に払う金額と同人が最大限支払う用意のあった金額との差）として顧客により受け取られ，生産者の受け取る（**生産者余剰**または**経済的**レントとしての）余剰は少なくなる。雨の降る日，パリのリヨン駅の外で，傘を売っているのがひとりしかいなければ，その人間は通勤者の濡れたくないという希望を十分に利用して好きな値段をつけることができる。しかし，傘を売る人間の数がおおくなるにつれ，傘の値段はしだいに卸価格に近づくであろう。

　しかし，パリの傘売り，またはどんな産業であれ，その得る利益は，売り手間の競争だけによって決まるわけではない。それは供給者，納入業者にも依存する。もし，ある産業に強大な供給者が存在する場合—安い，輸入品の傘の卸業者がひとりだけしかいない場合—その供給者は，その地域の傘市場においてつくり出される価値のおおきな部分を自分のものとすることができる。

　ある産業での企業の利益は，このようにして，3つの要素により決定される。

- 顧客にとっての製品の価値
- 競争の度合い
- 供給者と需要者との関連での生産者の交渉力

産業分析はこれら3つすべての要素を1つの分析枠組みに統合する。

産業魅力度分析

　表3.1は米国の産業の収益水準を示している。いくつかの産業は一貫して高い利益水準を享受している。その他の産業は資本コストすら回復できない。産業分析の基本的な前提は産業での収益性は偶発的なものでも，まったく産業特有の作用因（Influences）によるものでもない―それは産業構造の体系的な作用因により決定される―というものである。

　産業の構造が競争的行動と産業の収益性をいかに決めるかという，基本的な理論は産業組織（IO）経済学に依拠する。2つ参照される点は，独占理論と完全競争理論である。独占的体制では**参入障壁**によって単一企業が保護されている。完全競争においては多数の企業が均一な製品を提供しており，参入障壁はない。これらの両極の間にいろいろな産業構造が存在する。独占企業は，その創造する価値の全額を自分のものにできるが，完全競争下においては利益率は資本費を埋め合わせるに必要な程度でしかない。現実の世界では，産業はこれらの両極の間に位置する。1996-2002年の期間，PCオペレーティングシステムでのほぼ独占的状況においてマイクロソフトは，ほぼ30％の資本利益率を得た。完全競争に近い状況のなか，米国の農業での長期的な資本利益率は3.0％―つまり，資本費を下回っていた。しかし，大半の製造業とサービス産業では，その中間に位置する。つまり，それは**寡占体制**である―そこでは，産業は少数の大企業により支配されている。市場が小規模でも，単一の企業により支配されている場合，高い利益を得る機会は存在する。戦略コラム3.1は，そういった隙間市場の例を挙げる。

第II部 戦略分析の手法

■表3.1 米企業の収益性，2000-2013年（ROE%中央値）

産業(a)	ROE中央値 (%) (b)	主要企業
タバコ	36.2	Philip Morris Intl, Altria, Reynolds American
家庭用品	27	Procter & Gamble, Kimberly-Clark, Colgate-Palmolive
食品消費製品	21.7	Pepsico, Kraft Foods, General Mills
外食産業	21.7	McDonald's, Yum! Brands, Starbucks
製薬	20.5	Pfizer, Johnson & Johnson, Merck
医療製品および器具	18	Medtronic, Baxter International, Boston Scientific
石油精製	17.9	ExxonMobil, Chevron, ConocoPhilips
航空機および防衛	16.5	Boeing, United Technologies, Lockheed Martin
化学品	16.4	Dow Chemical, DuPont, PPG Industries
建設および農業機械	15.5	Caterpillar, Deere, Cummins
証券	15.2	BlackRock, KKR, Franklin Resources
鉱業，石油採掘	15	ConocoPhilips, Occidental Petroleum, Freeport-McMoRan
ITサービス	14.9	IBM, Xerox, Computer Sciences
専門小売業	14.6	Home Depot, Costco, Lowe's
食料雑貨品	10.2	CVS, Kroger, Walgreens
公益事業：ガス，電気	9.6	Execon, Duke Energy, Southern
食品包装	9.6	Rock-Ten, Ball, Crown Holdings
保険：生命および健康	9	Berkshire Hathaway, AIG, Allstate
半導体および電子機器部品	8.6	Intel, Texas Instruments, Jabil Circuit
ホテル，カジノ，保養地	8.1	Marriott International, Las Vegas Sands, MGM Resorts
保険：家屋および障害	7.9	MetLife, Prudential, Aflac
金属	7.7	Alcoa, US Steel, Nucor
林業，製紙	7.1	International Paper, Weyerhaeuser, Domtar
通信	7	Verizon, AT&T, Comcast
自動車および部品	6.4	GM, Ford, Johnson Controls
娯楽産業	6.1	Time Warner, Walt Disney, News Corp.
食品生産	5.9	Archer Daniels Midland, Tyson Foods, Smithfield Foods
航空会社	−7.1	United Continental, Delta Air Lines, American Airlines

〔注〕
　a　タバコ業界を除いて5企業以下の産業は記載されていない。この期間に大幅に産業再編があった産業も除く。
　b　14年間（2000-2013）通じての平均資本収益率中央値。資本収益が負の値であったものについては，資産収益率を代わりに使った。
〔出所〕Fortune 500からのデータ

> **戦略コラム 3.1** 噛みタバコ，ソーセージの皮，および，スロットマシーン―隙間市場での成功

US スモークレス タバコ会社（USSTC）は，2011-2013年の期間，55％の営業利益率を得，同期間での，その親会社アルトリア社における105％にのぼる自己資本利益率におおきな貢献をした。USSTCの成功の秘密は何であろうか？ USSTC は『スモークレス・タバコ』（噛みタバコおよびかぎタバコ）にかんする米国市場の55％を占め，スコール，コペンハーゲン，ロングカット，およびレッドシールといったブランドや，数千にのぼる小売店を通しての流通網や，タバコ広告にかんする政府規制を通じて新規競合他社にたいしおおきな参入障壁を作っているのである。

ムーディスバーンというスコットランドの村に本拠を置くデブロ社は，コラーゲンでできたソーセージの皮（いわゆる『ケーシング』）の世界的な主要供給企業である。『英国のバンガーから中国のラップ・チョングまで，フランスのメルゲから南米のチョリソまで，デブロは，これらの顧客企業のすべての製品に適する皮を有している。』全世界での市場占有率は，おおよそ60％である。2010-2013年の期間において25％，資本コストのほぼ3倍という，自己資本利益率を生み出した。

ネバダ州リーノに在るインターナショナル・ゲーム・テクノロジー（IGT）は，カジノにたいするスロットマシーン納入において世界的に独占的な地位を有する製造業者である。カジノ運営業者との緊密な関係や絶え間ない新ゲーム機の供給で，IGT は米国市場の70％以上を占有している。巨額の研究開発費（同社は6,000以上の特許をもっている）や販売ではなくリースする政策によって，競合他社を牽制している。新技術や新製品への巨額な投資にもかかわらず IGT は2011-2013年において平均ROE21％を獲得した。

〔出所〕 www.ustinc.com, www.devro.com, www.igt.com

ポーターの競争の5つの力の枠組み

産業内での競争を分析するため広く使われている枠組みは，ハーバード・ビジネス・スクールのマイケル・ポーターにより提唱された競争の5つの力の枠組みであり，産業の利益水準（資本費用を考慮に入れての資本利益率として）は競争からの

■図3.2 ポーターの競争の5つの力の枠組み

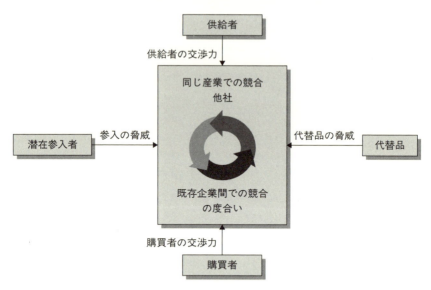

■図3.3 競争の5つの力の構造的決定要素

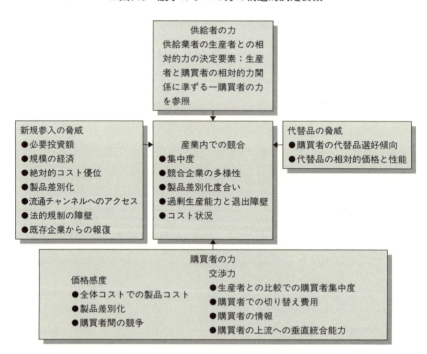

圧力である5つの力により決められるとみなす(注1)。これら5つの力は『水平的』競争の3つの源泉を含む—代替品からの競争，新規参入者からの競争，そして既存の競合他社からの競争である。そして『垂直的』競争の2つの力である—供給者の力と購買者の力である（図3.2参照）。

これらの競争の力のお互いの強さは，図3.3に示されるように，おおくの主要構造変数で決められる。

代替品からの競争

製品に顧客が支払う用意のある価格は，部分的には代替品があるかどうかに依存する。ガソリンやタバコのように類似の代替品がない場合，顧客は相対的価格にかんし敏感ではない（つまり，需要の価格弾力性が低い）。類似の代替品の存在は，顧客は製品の価格上昇に反応して代替品に切り替えることを意味する（つまり需要の価格弾力性が高い）。インターネットは，数多くの既存産業にとって，破壊的な効果をもった代替品による新たな競争をもたらした。旅行代行業者，新聞，そして通信接続会社はインターネットベースの代替品からの破壊的な競争を受けるようになった。

代替品がどれくらい価格や利益を下げるかは代替品の間での切り替えにたいする顧客の態度に依存する。その態度もまた価格—性能特性に依存する。もしワシントンとニューヨークの都心の間の旅行をするのに飛行機だと鉄道よりも50分速く，また平均的な旅行者は自分の時間の価値を1時間あたり30米ドルと評価している場合，鉄道の切符は航空運賃よりも25米ドル低ければ競争的である。一方で，製品が複雑になるほど，また消費者の嗜好が深化しているほど，価格差によって顧客が製品間の切り替えをする可能性は低くなる。

参入の脅威

ある産業が資本費用を上回る資本利益率を得ていれば，新企業や産業外から多角化する企業の参入を促すであろう。新しい企業の参入に制限がないとき，利益の水準は競争的なレベルまで下落するであろう。英国，米国両国において，クラフトビールと小規模醸造ビールとの人気が意味したのは両国のビール市場への大量の新規参入者であった。両国でのビール生産量が減少したのに，1990年と2014年との間で醸

造業者は，米国で284から2,822へ，英国で241から1,285へと増加した(注2)。職業間での賃金差も参入障壁により影響される。精神療法医であるわたくしの妻は，なぜ，医者になったばかりのわたくしの姪よりも収入が少ないか？　参入障壁が1つの理由である。精神療法の分野では資格認定機関がいくつもあり，国家の検定がないので，精神療法への参入障壁は医者よりも低いのである。

　参入の脅威のほうが実際の参入よりも，既存企業に，その製品価格を競争的レベルに抑える努力をさせるには効果があるかもしれない。参入，退出障壁がない産業では競争がある（コンテスタブル）—価格と利益は産業内の企業の数の多少とは関わりなく競争レベルに収斂する傾向がある(注3)。競争可能性（コンテスタビリティー）は埋没費用（サンクコスト）—退出時回収のできない投資コスト—の有無に依存する。埋没費用がないときには，その産業は，既存産業が競争レベル以上に製品価格を引き上げたとき，『当て逃げ』的参入者の攻撃にさらされる。

　しかし大半の産業では新規参入者は基盤のしっかりした企業とは同じ条件では競争できない。参入障壁は既存企業が参入者にたいし有する優位である。**参入障壁**の高さは通常，参入するかもしれない競合他社がもつ単位コストでの不利の度合いとして測定される。参入障壁の源泉については以下議論する。

必要資本　ある産業での地位を確保するための投資コストがおおきいときは，大企業を除いては，参入を思いとどまらせる要素となる。ボーイングとエアバスの大型民間航空機での複占は，飛行機を供給するための研究開発，製造，そしてサービスネットでの巨大な資本投資により保護されている。スマートフォン向けのアプリ市場での激しい競争は，大半のアプリケーションの開発費が低いことの反映である。サービス部門一般について創業費用は低いのが普通である。たとえばフランチャイズ制のピッツァ店舗チェーンの起業費用はドミノ・ピザで11万8,500米ドル，パパジョンズで12万9,910米ドルである(注4)。

規模の経済　新規参入のための必要資本額がおおきい産業は，**規模の経済**に影響される。したがって，生産設備，技術，研究，またはマーケティングにたいする投資額が大規模で，分割して投資ができない場合，費用効率性の観点から，それらの大規模投資を減価償却するため，大規模生産を行う必要がある。新規参入者にとっての問題は，低い市場占拠率で参入するのが典型的であり，そのため1単位あたり費用が高いことである。規模の経済の源泉の1つは新製品開発費用である。エアバス

のA380スーパージャンボは開発に180億米ドルかかっているので損益分岐点に達するには400機以上売る必要がある。エアバスがそのプロジェクトに関わった後ではボーイングがスーパージャンボ市場に入る余地は残されていなかった。スーパージャンボ計画を2つ共存させるには，世界的な需要は不十分であった。自動車産業について，フィアットの最高経営責任者，セルジオ・マルキオネは，財務的に生き残るにはすくなくとも年間6百万台を生産する必要があると主張している。

絶対的なコスト優位 既存企業は，規模とは無関係に，参入者にたいし単位コストでの優位をもっている可能性がある。絶対的なコスト優位はしばしば低コスト原料の供給源を取得してもっていることから生まれる。世界で一番おおきくもっとも開発のしやすい油田へのアクセスをもっている石油ガス会社，サウジアラムコやガスプロムは，最近の参入者であるCairnエネルギーやBGグループにたいし不可侵のコスト優位性をもっている。絶対的なコスト優位は学習の経済から生じるかもしれない。インテルの先端マイクロプロセッサでの優位性は部分的には豊かな経験から生じる効率性に依拠している。

製品差別化 製品が差別化されている産業では既存企業はブランド認知と顧客ロイヤルティの利点をもっている。ブランドロイヤルティが非常に高い商品には化粧品，使い捨ておむつ，コーヒー，歯磨き粉，およびペット食品が挙げられる[注5]。市場参入者は，既存の企業が誇るブランド認知度やブランドののれんに匹敵するレベルに到達するためには，宣伝やプロモーションに巨額の投資をしなければならない。ある研究によれば，早期の参入者にくらべ，消費財への後発の参入者は，売上の2.12％に相当する広告宣伝費を投資しなければならなかった[注6]。

流通経路へのアクセス 消費財のおおくの新規供給者にとっておもな参入障壁はたぶん，流通経路確保である。流通経路での制限条件(例：棚スペース)，小売業者のリスク回避傾向，そして追加商品に付随する固定費により小売業者は新しい製造業者の商品を置くことを躊躇するきらいがある。主要食品メーカ（通常棚スペースを確保するため『棚代（スロッティング料）』を払っている）間でのスーパーマーケットの棚スペース確保の争いは新規参入者にとってはさらなる不利な状況となる。インターネットの与えたもっとも重要な経済的衝撃の1つはおおくの新事業に流通障壁を回避する機会の提供であった。

政府と法的な障壁　シカゴ大学の経済学者たちは，参入への有効な障壁は政府による障壁であると主張する。タクシー，銀行業，通信，およびテレビとラジオへの参入には通常，官庁による認可が必要である。中世以来現在まで，企業や政財界に顔の利く人間は特定の事業や特定のサービスへの独占的権利を政府から得ることで益を得ている。知識集約的な産業では，特許，著作権，およびその他法的に保護される知的財産は参入への障壁である。1970年代後半までゼロックス社の普通紙複写機産業の独占的支配は，ゼログラフィープロセスにかんする2,000以上の特許権の壁により保護されていた。法的規制と環境および安全基準は，しばしば規制遵守（コンプライアンス）費用が重くのしかかる新規参入者を不利な立場に置く。

報復　参入障壁は参入者が抱いている既存企業からの報復の度合いの期待感にも影響される。参入者への報復は攻撃的な価格攻勢，広告宣伝やプロモーションの強化，または訴訟の形をとる。大手の航空会社は低料金参入者にたいして長い報復の歴史をもっている。サウスウエスト社やその他の割安航空運賃の航空会社は，アメリカン航空やその他の大手航空会社による選択的値引き攻勢は，新しい航空ルートへの参入を阻害するための略奪的な価格政策であると主張する[注7]。既存の企業からの報復を避けるため新規参入者は，目立たない市場セグメントに細々と参入することを選ぶかもしれない。トヨタ，日産，およびホンダが米国の自動車市場に最初に入ったとき，それら企業は，部分的にはデトロイトの最強3社が利益にならないとして捨てたセグメントである小型車市場を狙った[注8]。

参入障壁の効果性　実証的な研究によれば高い参入障壁により保護されている産業は平均以上の利益水準を享受する傾向がある[注9]。巨大な投資の必要性や広告宣伝は参入を阻害するにはとくに効果的であると思われる[注10]。参入障壁の有効性は潜在参入者のもっている資源と能力に依存する。新設企業への効果的な障壁は，他の産業から多角化して入ってくる既存の会社にたいしては無力かもしれない[注11]。グーグルはウェブでのその重要性のおかげで，市場でのポジショニングが鞏固のように見える企業，とくにウェブブラウザでのマイクロソフト，スマートフォンでのアップルにたいする挑戦も行っている。

既存企業間での競合関係

　大半の産業にとって，競合関係の全体的状況と収益率のレベルとの主要な決定要因は同じ産業内企業の間での競争である。いくつかの産業では企業は熾烈な競争を展開する―時として，価格がコスト以下まで値下げされ，産業全体が赤字となるまでの激しいものである。他の産業では価格競争は抑制され，競合関係は広告，革新，および，その他非価格的な次元で戦われる。既存企業の間での競争の激しさの度合いは6つの要素の相互作用の結果である。逐一それらの要素を以下で検討する。

集中度　売り手の**集中度**とは市場で競争する企業の数と規模の分布に関係する。普通，**集中比率**で測定される―主要生産者の市場占有率の総計である。たとえば4社集中比率(CR4)とは最大4社の市場占有率である。1社によって支配されている市場（例：カミソリ刃のP&GジレットやMP3プレイヤーのアップルまたは米国スモークレス・タバコ市場でのアルトリア）では，支配企業は製品の価格をかなりの裁量度をもって操作できる。市場が指導的立場にある数社に支配されているとき（寡占），なれ合い，もしくはもっと普通には価格設定の意思決定での『並行主義』によって価格競争は抑制されている。したがって，清涼飲料（コークとペプシ），週刊誌（**Times**と**Newsweek**)，そして，金融情報（ブルームバーグとロイター）などのような2つの会社により支配される市場では価格は類似し，競争は広告，プロモーション，そして製品開発に集中する。市場に供給する企業の数が増えるにつれ価格調整は難しくなり，ある会社が値下げ競争を始める可能性が高まる。無線通信では，米国や欧州での当局は，各国市場において4社の電話会社の存在を許した。価格競争を制限し，収益率を改善するため電話会社は，各市場での競争企業の数を3社に減らす目的で合併を選好した[注12]。しかし，競合他社の排除は価格競争を低減し，新しい競争相手の参入は価格競争を刺激するとしばしば考えられているが，売り手の集中が収益性へ及ぼす影響にかんする体系的な証拠は驚くほど薄弱である。『売り手の集中と収益性の関係は，もしあるにしても，統計的には弱いし，推察される効果も普通小さい』[注13]。

競争者の多様性　いくつかの企業のグループがなれ合い的な価格設定のために価格競争を回避するかどうかは，そういった企業が発生，目的，コスト，そして戦略でどこまで類似性をもつかにかかっている。輸入車による攻勢があるまでの米国自動

車業界でのぬるま湯的な雰囲気は，コスト構成，戦略，そして経営陣の型にはまった考え方での類似性により醸成されたものである。今日の欧州や北米での自動車市場での激しい競争は部分的には競合企業の出身国，コスト，戦略，そして経営スタイルでの違いに帰因する。反対に，原油産出量割当てにかんする合意達成とその実行において OPEC が直面する困難は，加盟国の間で，目的，生産コスト，および宗教においておおきく相違している理由で，さらに複雑化している。

製品差別化 競合企業間の製品提供（オファリング）が似ていれば似ているほど顧客は製品間の切り替えの用意があり，売上を上げるために企業が値下げをする誘因がおおきい。競合企業間の商品がほとんど区別できない場合，その商品はコモディティであり，競争の唯一の手段は値段のみである。農業，鉱業，石油化学などのコモディティ産業は値下げ戦争や低利益により悩ませられている。反対に，製品の差別化が高い産業（香水，製薬，レストラン，経営コンサルティングサービス）では，価格よりは，競争は，品質，ブランド促進および顧客サービスに依拠する。

過剰生産能力と退出障壁 景気後退期には，とくにコモディティ産業において，なぜ，産業での利益水準は激減するのであろうか？ 鍵は需要と生産能力の均衡である。稼働していない生産能力が存在すると，企業は販売を伸ばすため値段を下げるようになる。生産能力過剰は周期的（例：半導体でのブーム—破産周期）であるかもしれない。またそれは部分的には，過剰投資や需要衰退による構造的な問題かもしれない。後者の場合，鍵となるのは産業での過剰生産能力は消滅する可能性があるかどうかである。**退出障壁**は産業から退出する能力にかんするものである。資源が耐久性のあるものであり，専門化されたもので，また従業員が雇用保護の権利を有する場合，退出への障壁は実質的におおきなものであるかもしれない[注14]。欧州や北米の自動車産業では過剰生産能力と高い退出障壁とが相まって産業の収益性を蹂躙している。反対に，急速な需要増加は，生産能力不足を引き起こし利ざやを改善する。2012年と2015年の間での，北米におけるシェール油（頁岩油）の増産はパイプライン設備の深刻な不足を招き，パイプライン会社の収益性をおおきく上げた。平均的にいって，成長する産業での企業は，成長率の低いまたは衰退産業の企業よりも高い利益をあげている（図3.4参照）。

コスト条件—規模の経済と固定費と変動費の比率 過剰生産能力が価格競争を起こ

■図3.4　成長の収益率への影響

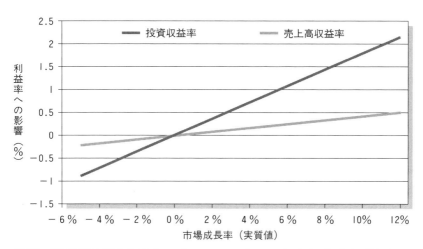

〔出所〕　PIMS 多重回帰式。R.M. Grant *Comtemporary Strategy Analysis*, 5th edition (Blackwell, 2005)：491.

すとき，値下げはどこまでいくか？　鍵となるのはコスト構造である。固定費が変動費にくらべ高いときには，企業は変動費を償うことができるならどんな取引もしようとする。大量海上輸送運賃での価格変動の信じられないほどのブレは，ばら積み貨物船の運営費のほとんど全部は固定費であることによる。ケープサイズのばら積み貨物船の１日あたりのチャーター料金は2008年６月５日での23万3,998米ドルから，世界における突然の貿易の縮小を反映して，数週間後には2,773米ドルに下落した(注15)。同様にして，航空産業においては，過剰能力の出現は例外なく価格競争と航空産業全体での損失に帰結する。航空会社が予約の少ない便の航空券をおおきな値引きをしてまで売ろうとするのは，空席を埋めるための変動費が低いせいである。「周期的」株の特徴は，周期的な需要だけではなく，固定対変動費の高い比率である。その意味するところは，収入での上げ下げにより，収益で，さらにおおきなブレが生じることである。

規模の経済もまた企業が量からのコスト利益を獲得しようとして積極的に値下げをする理由である。もし自動車産業での規模の効率達成には年間６百万台生産，つまり，現在，７社のみが達成している台数が必要となるとすれば，結果として起こるのは臨界質量（Critical mass）を得ようとしての市場占有率獲得競争である。

買い手の交渉力

　企業は1つの産業のなかの2つの市場で活動する—投入（インプット）市場と産出（アウトプット）市場である。投入市場で企業は原材料，部品，そして財務的および労働サービスを調達する。産出市場で企業はその財とサービスを顧客（流通業者，消費者または他の製造業者）に売る。両方の市場において取引は売り手，買い手の双方に価値を創り出す。収益性の面からみてこの価値がいかに双方の間で分配されるかは両者の間での相対的な経済力に依存する。買い手として購入価格を下げられる能力は2つの要素に依存する—買い手としての価格感度（センシティビティ）と相対的交渉力である。

買い手の価格感度　企業がつける価格への買い手の敏感さは下記の要素に依存する。

- 全体費用のなかで当該品目の重要性がおおきければおおきいほど，顧客は支払う値段について敏感である。飲料生産者は，一番おおきなコスト項目であるアルミ缶の値段には敏感である。反対に，おおくの企業は，会社全体の経費のなかでの比重が小さいという理由で，会計監査費用にはあまり敏感ではない。
- 供給者からの製品の差別化がなければないほど，買い手は価格を根拠として買付け先の切り替えに躊躇を感じない。Tシャツや電球の製造業者は，香水製造業者よりも，ウォルマートの買い手としての交渉力をおそれる。
- 買い手の産業での競争が激しければ激しいほど，買い手は売り手からの値引きに関心をもつ。世界の自動車会社での競争激化により部品メーカは，以前よりおおきい納入価格低減圧力を受けている。
- 買い手の製品またはサービスの品質にとって，ある産業の製品が決定的であればあるほど，買い手はその産業製品の値段にかんして敏感ではなくなる。マイクロプロセッサ（インテルとAMD）の製造会社との関係においてパーソナルコンピュータ業者の買い手としての交渉力は，PCの機能性の上でのこれら部品の重要性によりおおきなものではない。

相対的交渉力　最終的には交渉力は他の交渉相手との交渉打切りの能力に依存する。取引にかんする双方の当事者間の力関係は，相手にたいし打切りの脅威の信憑性と効果性をいかに示すかに依存する。鍵となることは，取引が成立しなかった（Hold

-out）ときの各当事者に生じる相対的コストである。その次に鍵になるのは各当事者のその交渉役としての経験の深浅である。いくつかの要素が売り手・買い手それぞれの交渉力に影響する。

- 売り手との関連での買い手側の規模および集中。買い手の数が少なければ少ないほど，そしてその買付け額がおおきければおおきいほど，その買い手を失うことの痛手はおおきくなる。その規模のゆえに，健康維持機関（HMOs）は病院や医者からの健康サービスを個人の患者よりも低い価格で買うことができる。いくつかの実証研究は買い手の数の集中化は供給者側の業界の値段と利益を低めることを証明している(注16)。
- 買い手の情報。買い手が供給業者とその価格やコストにかんしたくさんの情報をもっていればいるほど，交渉をより上手に運ぶことができる。医者や弁護士はその料金を一般公表しないし，マラケッシュやチェンナイのバザールの商人もそれをしない。相対的価格にかんして顧客を無知の状態に保つことはかれらの交渉力を制限することにつながる。理髪，インテリア・デザイン，および経営コンサルティングの市場では，買い手の価格交渉能力は，買おうとしている商品の正確な特性についての不確実性のゆえに，制限される。
- **垂直統合**能力。他の交渉当事者との交渉拒否の後，他の供給者を探すことへの代替的措置は自社での内製である。ビール大企業は，アルミ缶製造業者への依存を減らし，自社で内製して社内需要を満たしている。主要な流通チェーンはますます供給業者からの供給を自社ブランド商品に切り替えている。上流への統合は必ずしもやる必要はない―信じるに足るだけの脅威で十分である。

売り手の交渉力

　ある産業での生産者とその供給者との相対的交渉力の決定要因の分析は，生産者とその買い手との関係の分析とまさしく等しいものである。唯一の相違は，企業こそがこの場合買い手であり，投入の生産者が供給者であることである。鍵となることは，企業にとって投入の供給者の切替えが容易かどうかと，各当事者の相対的交渉力である。

　コモディティ供給者たちは，顧客との関係において交渉力を欠いていることがおおい。したがって，コモディティ供給者は，しばしばカルテル化を通じて自分たち

の価格交渉力を高めようとする（例：OPEC，国際コーヒー組織，および農協）。労働組合結成も同様の議論で説明できる。反対に，複雑で，技術的に洗練された部品の供給者は少なからぬ交渉力を発揮することができる。パーソナルコンピュータ（PC）産業の収益水準の惨憺たる低さは，主要部品（プロセッサ，ディスクドライバー，LCDスクリーン）やオペレーティングシステム（マイクロソフト）の供給業者の交渉力に起因するかもしれない。無線通信業者の収益性も圧倒的な力をもつ供給者に影響される。つまり，周波数入札を取り仕切る独占権を有する各国政府である。

労働組合は供給者の力の重要な源泉の1つである。米国で，従業員60％以上が労働組合に加入している産業（製鉄，自動車，航空サービス）では資本収益率は，35％以下の従業員が組合員である産業に比べると5％低かった[注17]。

産業収益性予測のための産業分析適用

産業の構造がいかに競争に影響を及ぼし，またその競争が産業の利益率を決めるかを理解したので，つぎにこの分析を産業の将来の利益率の予測に応用することにする。

産業構造の記述

産業分析の最初の手順は産業構造の主要な要素を認識することである。原則としては，それは単純な作業である。それには誰がおもな参画者かを認識する必要がある—同業者，顧客，納入業者，そして代替品の生産者。つぎに競争と交渉力を決める，それらのグループの構造特性のいくつかを検討する。

大半の製造業においては異なった参画者のグループを認識するのは普通簡単にできるが，他の産業—とくにサービス産業—では産業の一覧図を描くのは，もっとこみ入っている。テレビ番組の作成を考えてみよう。TV番組としてコンテンツを制作するプロダクション会社，ネットワーク放送会社，TV番組制作を依頼し，番組表を作る有線放送チャンネル，地方テレビ局，有線ネットワーク供給会社，衛星テレビ局およびオンライン・ビデオストリーミング企業，そしてテレビ視聴者や広告主としての顧客が含まれる。さらに複雑なのは，いくつかの企業は，テレビ産業のなか

で複数の役割を果たしていることである。たとえば，タイム・ワーナーはコンテンツ制作者（ワーナー・ブラザース），放送ネットワーク（CW），有線放送局（CNN, HBO），地方局，そして有線放送局である。このような複雑性は，どこに産業間の境界があるのかという問題を提起する。それについては，この章のなかで後述する。

産業収益性の予測

いくつかの産業では収益性が低く，他の産業では高かった理由を理解するのに産業分析を使うことができる。しかし，われわれの産業分析への最終的な興味は，過去を説明することにあるのではなく，将来を予測することにある。今日なされる投資決定は何年にも，ときには10年かそれ以上にわたって資源を特定の産業にゆだねることになる―したがって，その産業での将来の収益性はどうかを予測するのは非常に重要な課題である。現在の収益性は将来の収益性の指標としては貧弱なものである―新聞，太陽光（光電池）パネルおよび投資銀行などの産業は大幅な収益低下を経験したが，化学や食品加工産業などの他の産業では，収益性は回復した。しかし，もし産業の収益性が，その産業の構造で決まるものならば，産業の構造的傾向を観察することで競争と収益性で起こり得るであろう変化を予測できる。産業構造の変化は顧客購買行動，技術，そして企業戦略での根本的な転換（それは競争や収益性への影響が起こる前に事前察知できる）の結果であることからして，浮かび上がってきつつある構造的な趨勢を認識するのに現在の状況の観察を利用できる。

ある産業での将来の収益性を予測するには，分析は３つの段階から構成される。

1. 産業での現在と最近の競争および収益性の度合いが，いかにして産業の現在の構造の結果であるかを検討する。
2. 産業の構造変化の傾向を認識する。産業は数社に集中しつつあるか？　新しい参画者があり得るか？　産業の製品は差別化方向にあるか，またはコモディティ化しつつあるか？　産業での生産能力追加は，産業の需要成長を追い越しつつあるか？　技術革新は新しい代替品の出現を引き起こすか？
3. これらの構造的変化は競争の５つの力と産業の収益性にいかに影響を与えるかを認識する。現在とくらべ，産業構造の変化は競争を激化させるか，それとも弱めるか？　すべての構造的変化が競争を単一方向に押しやることは非常にまれにしか起こらない。典型的に起こるのは競争を激化することであるが，構

造変化で競争が抑制されることもある。したがって，収益性への全体的な衝撃を確定するのは主観的な判断に依存する可能性が高い。

戦略コラム3.2は携帯電話業界の将来の収益性を検討している。

戦略コラム 3.2　携帯電話産業の将来

　携帯電話は過去20年でもっとも成長した産業の1つであった—そして，電話会社と同じぐらい，携帯電話製造者にとっても儲かる商品であった。1990年代，北米，欧州および日本での携帯電話販売の伸びは毎年50％に近く，早い頃の主要企業であるモトローラやノキアにたいして巨額の利益や株主価値を生み出した。

　2005-2015年の間に競争と利益率にかんし大きな変化が起こった。（とくに）発展途上国市場での需要増大にもかかわらず利益率は減少した。2000-2005年には産業での主導企業—ノキア，モトローラ，ソニー・エリクソン，サムスン，LGおよびシーメンス—での携帯電話販売での平均営業利益率は23％であった。2014年ごろには上位7社（サムスン，アップル，レノボ，華為，ノキア，LGおよび小米）での営業利益率は4％（アップルとサムスンが産業での利益の大半を占めていた）になった。

　産業の収益性を損なう構造的な変化としては新規参入がある。中国，台湾の委託製造業者数社—HTC，華為，小米を含む—が自社ブランド製品を売り始めた。成熟した市場が飽和状態になってくるにつれて，産業での供給能力過剰が表面だってきた。その結果，携帯電話の主要流通業である電話会社の買い手としての交渉力がおおきくなった。

　2016-2020年の期間，競争と収益性はいくつかの要素に影響されるだろう。

- 携帯電話市場への新規参入は引き続き起こっているようである。アンドロイド・プラットフォーム使用可能性のおかげで，委託製造業者が携帯電話を設計し，自社ブランド名をつけることができるため，このセグメントで競合する企業の数は増えるであろう。
- 中国やインドを含む新しい市場の大半は飽和状態になる可能性がある。
- スマートフォンでの製品差別化はだんだん少なくなる。アップルやアンドロイドプラットフォームで機能はますます似てきており，アプリも共通しているのが大半である。
- 電話会社間の合併は，かれらの購買交渉力を強化している。

産業分析を使っての戦略策定

産業の構造がどのようにして競争に影響をあたえるか，またそれが産業の収益性を決めることを理解すると，その知識を使って企業の戦略を作成することが可能となる。最初に，産業構造に影響をあたえ，競争をやわらげるような戦略を開発し，つぎに競争による損害から企業を護るような位置づけ（Positioning）が可能になる。

産業構造変換戦略

産業の構造的な特性がいかに競争の度合いと収益の高低を決めるかを理解することは，競争圧力軽減のための産業構造変化の機会を認識するのに役に立つ。最初の課題は低収益の原因となっている産業の構造的特徴を識別することである。第2の課題は，これらの特徴のうちどれが適切な戦略的イニシアチブを通じて変更可能かを考察することである。たとえば，

- 2000年と2006年の期間，世界の鉄鉱石採掘業の間での合併と買収の波が押し寄せ，結果として3社—Vale，リオ・ティントおよびBHPビリトン—が生まれ，世界における鉄鉱石輸出の75％を支配するようになった。顧客である製鉄業と比較しての鉄鉱石生産者の交渉力が増大したため，2004年と2010年の間で鉄鉱石の価格は400％上昇した[注18]。
- 1970年代と1980年代における欧州の石油化学産業でのおおきな問題の1つは過剰生産能力であった。一連の2社間のプラント交換により各企業はそれぞれ特定の製品分野での主導的な位置を構築した[注19]。
- 米国航空サービス産業では大手の航空会社は，不都合な産業構造を変えるため戦ってきた。顕著な製品差別化が欠如している状況下，航空会社はフリークェントフライヤー・スキームを使って顧客ロイヤルティを構築した。ハブ・アンド・スポーク航空航路システムを通して特定の空港での支配を確立した。ダラス—フォートワースでのアメリカン航空，シャーロットNCでのUSエアウェイズ，そしてデトロイトとメンフィスでのノースウエストである。吸収と合併はおおくの航空ルートでの競合会社の数を削減した[注20]。

- 参入障壁構築は長期的に高収益をあげるにはきわめて重要な戦略である。米国医事協会の基本的な目標は米国で教育される医者の数を制限し，海外からの医者の移民への障壁を設けることで，その構成員の収入を維持することであった。

　企業が，自社の優位性確保のため，その産業を変える（Reshape）するという考えは，Michael Jacobides（マイケル・ジャコバイズ）によって開発された。その前提条件として，産業は絶え間なく発展する状態にあり，どんなに小さい企業であれ，すべての企業は，自分の権益に合うように産業構造の発展に影響をあたえることができるとする—そして，いわゆる**構造的優位性**（Architectural advantage）を確保する。ジャコバイズは，企業にたいし，自分の産業を幅広く観察することを奨める—その目的は，自社の価値連鎖の全体と，補完する財やサービスを作る企業とのつながりを見るためである。鍵となるのは，「ボトルネック」—希少性と管理，制御の可能性があることで収益機会を提供する—活動を見定めることである(注21)。構造的優位性は3つの源泉から生じる。

- 自分自身のボトルネックを作ること。iTunesを使ってのアップルの音楽ダウンロード市場支配は，その音楽ファイルと他のMP3形式との非互換性を通して消費者を効果的に取り込むという，デジタル著作権管理（DRM）戦略によって獲得された。
- 価値連鎖の他の部分にボトルネックを広げること。グーグルがアンドロイドを開発したのは，検索サービスにおける支配を固定から携帯器具に移行する自社能力を脅かすかもしれない携帯電話のオペレーティングシステムに他社がボトルネックを作るのを妨げるためであった。
- 産業における役割や責任を定義しなおすこと。IKEAが世界最大でもっとも成功している家具供給業者になったのは，家具の組立を家具製造業者から消費者へと移した戦略をもとにしているからである。

企業の再位置づけ

　産業内で企業が直面する競争の力を認識し，理解することで，競争の力が一番弱いところに企業を位置づけることが可能となる。かつてCD販売に依存していたレコード音楽産業はデジタルダウンロード，海賊版，ファイル共有，ストリーミングによる代替品競争によって壊滅的打撃を受けた。しかし，レコード音楽事業すべて

が同じように打撃を受けているわけではない。年齢の高い層は若年層と比較すると新技術になじもうとしない。したがって，古典音楽，カントリー，そして懐かしのメロディーは，ポップやヒップホップのジャンルよりも比較的ますます人気になっている。

ポーターは，運送会社の買い手としての交渉力から自社を保護することでの米国トラック製造業者，パッカーの成功を記述している。自営独立のオーナー/運転手の好みに焦点を合わせることで（例：すぐれた睡眠キャビン，高スペックの座席，街道でのアシスタンスを提供/装備している）パッカーは業界で最高の利益率を安定的に得ている(注22)。

効果的な位置づけをするには，企業は産業に影響をあたえるかもしれない競争の力における変化を先取りしなければならない。伝統的な書籍の小売はアマゾンや電子ブックのようなオンライン小売によって壊滅的打撃を受けた。生き残り企業は，たとえば，カフェや有料の催事などの新しい収入の道を設けることで，こういった強烈な競争の力を避けるため再位置づけを果たした企業である。

産業の定義―境界線をどこに引くか

テレビ放送業界の構造を議論した際，産業分析の上で鍵となる課題は，産業の意味のある定義であるとした。標準産業分類（SIC）は，公的な分類を提供するが，実際的な有用性は限られたものである。フェラーリがその産業環境を分析していると想定しよう。産業の収益性を予測する際，同社は，自社を『自動車および機器』産業（SIC371）とみなすべきか，高性能車産業とすべきか？　イタリア，欧州または世界的自動車産業の構成員と見るべきか？

産業と市場

まず，最初に明らかにしなければならないのは「**産業（業界）**」という用語は何を意味するかである。経済学者は産業をある市場に製品を供給する企業の集合と定義する。したがって，市場と産業の間には緊密な対応が存在する。そうとすれば産業構造分析と市場構造分析ではどこが違うのか？　おもな違いは，産業分析は，とくに5つの力の分析は，産業収益性が，製品市場と投入市場の2つの市場での競争に

より決定されるとみなすことである。

日常の言葉では産業と市場との相違はもっとおおきい。典型的には**産業**は比較的広いセクターと同一視され，**市場**は特定の製品に言及する。したがって，パッケージ産業の企業はおおく，異なった製品で競争する―ガラス容器，スチール缶，アルミ缶，カートン紙，プラスチック容器，など。

同じようなことは地理的な境界についてもいえる。経済学者の見方では米国自動車産業は米国自動車市場に車を供給する企業すべてを意味する―その所在場所にかかわらずである。日常用語では米国自動車産業は普通，米国に位置する自動車会社を意味する。

産業を定義するには，特定の市場に供給しながら競争する企業を見定める (Identify) ことから始めるのが便利である。始めに，問題への，この接近方法は伝統的な，産業の境界概念を疑問視することになるかもしれない。たとえば，普通，**銀行業**として分類される産業とはなにか？　銀行と呼ばれる組織は，それぞれが別々の競合相手をもつ，おおくの商品とサービスを提供している。一番基本的な分類は小売銀行業と法人，企業向け銀行業である。各分類ともいろいろな製品市場に分けることができる。小売銀行業には預金預かり，取引サービス，クレジットカード，そして住宅ローン抵当貸付が含まれる。投資銀行業には企業向け貸付および引受業務，トレーディング，そして（合併買収など）アドバイス・サービスが含まれる。

産業と市場との定義―需要と供給での代替

産業と市場とを定義する際の中心的な課題は，だれが，だれと競争しているかを特定することである。そのためには，**代替性**（Substitutability）基準に依拠する必要がある。それには２つの次元がある―需要側と供給側での代替可能性である。

もう一度フェラーリの競争する市場を検討してみよう。需要側から始めて，もし顧客が価格差を理由としてフェラーリと他のスポーツカーブランドとの間でだけ買い替えに乗り気ならば，フェラーリは高性能車産業の一部である。反対に，もし，顧客がフェラーリの買い替えに大衆車ブランドでもよいとするならば，フェラーリは，もっと広い自動車産業の一員である。

しかしこれは供給側の代替可能性を考慮に入れていない。もしフォードや現代などの大量生産の自動車製造者がスポーツカーを製造し，販売することができるとすると，供給の代替可能性にもとづきフェラーリはもっと幅広い自動車産業の一部で

あるとみなすことができる。同じ論理は『大型家電製品』を1つの産業として定義するのに適用できる。消費者は冷蔵庫と皿洗い機とを代替使用するのには乗り気でないにしても，製造業者は同じ生産工場と流通経路を異なった家電製品に使えるからである。

市場の地理的な境界についても同様の考慮をすることができる。ジャガーは自社の競争市場を世界全体のグローバルなものとみるべきか，それとも国別，地域別市場の組み合わせとみるべきか？　ここでの判断基準も代替可能性である。顧客が異なる国別市場で入手可能な車を代替できるか，また製造業者が利ざやでの相違のゆえに別々の国の間で生産を切り替えることができるならば市場はグローバルなものといえる。市場の地理的境界の主要な判別基準は価格である―異なった場所で，同じ製品での価格の違いが需要側と供給側の代替により侵食されるならば，それらの場所は同じ市場に包含される。

実際には市場と産業の境界を決めるのは，分析の目的と背景による判断事項である。価格と市場の位置づけについての意思決定は，市場と産業の定義では微視的(ミクロ)レベルの観点を採るべきである。技術，新工場および新製品への投資についての意思決定は関連市場や産業にかんし幅広い観点を必要とする。

市場や産業の境界がはっきりしていることはあまりない。企業の競争環境は，断絶した空間というよりは連続体（Continuum）である。ディズニーランド・香港の競争市場は，同心円の集合とみることができる。もっとも近い競合相手は海洋公園と馬湾公園である。上海歓楽谷，世界之窓（深圳）および錦繡中華が若干離れて存在する。もっと離れて位置するのは東京と上海ディズニーランド，その他の娯楽，たとえば，マカオへの旅行，海南島の三亜などの海浜リゾートである。

5つの力の分析を適用するためには産業の定義は重要ではない。そのなかで業界内での競合相手が熾烈に争う『ボックス』を定義する。しかし，産業ボックスの外にある競争の力を考慮に入れるので，近くに位置する競争相手を代替品の供給者や潜在的な参入者として観察することができる。そういったわけで，産業ボックスの正確な境界がどこかというのはあまり重要ではなくなる[注23]。

産業の魅力度から競争優位へ―重要成功要因の認識

5つの力の枠組みは産業の利益潜在可能性を決める。しかし，当該産業で競争す

る企業間での利益の取り合いはどうして決まるのか？　産業の動態力学（ダイナミックス）にかんする議論で明らかにしたように，競合企業での競争は，結局は，顧客を引きつけ，位置的な優位を勝ち取るため企業が互いに戦っている，競争優位獲得のための戦いである。産業での競争優位の源泉を検討してみよう。次章以下，もっと包括的な競争優位分析を展開する。ここでの目的は，単に**重要成功要因**（キーサクセスファクター）を認識することである。つまり，競合相手に勝つ能力に影響をあたえる，産業内要因である[注24]。戦略コラム3.3で元マッキンゼー東京事務所の大前研一は林業での重要成功要因とその戦略との結びつきを議論している。

　大前と同様に本書の重要成功要因への考え方は単刀直入的，常識的なものである。ある業界で生き残り，繁栄するには，企業は2つの基準を満足させなければならない―最初に，顧客が買いたいものを供給すること，第2に，競争を成功裡に生き残らなければならない。したがって，2つの質問を問い合わせることから始めよう。

- 顧客は何を欲しているか？
- 競争に生き残るには企業は何をしなければならないか？

最初の質問に答えるには顧客をもっと詳細に観察し，かれらを交渉力の源泉，したがって，収益性への脅威としてではなく，産業**存在の基本的な理由**および利益の潜在的な源泉として見るべきである。これは，企業が，顧客は誰か，そのニーズは何か，競合する製品提供のなかからどうやって選択しているのかを認識しなければならないことを意味する。競合する製品のなかから顧客がどう選択するかの基準がわかると，個々の企業の成功の要因を見きわめることができる。たとえば，もし旅行者が，おもに価格をもとにして航空会社を選ぶとすれば，航空業界ではコスト効率が競争優位の主要な基盤であり，重要成功要因は相対コストの決定要素である。

　第2の質問は，企業がその産業での競争の基礎を検討することを要求する。競争の度合い，そしてその主要な次元は何か？　したがって，航空会社では低航空料金を提供するだけでは十分ではない。景気後退期での航空業界で生き残るには財務的な基盤が要求される。さらに監督官庁や納入業者，供給業者との良好な関係が必要となる。

第3章　産業分析―基本原理

> **戦略コラム 3.3**　重要成功要因を探ってみる

　コンサルタントとしてなじみのない事業や産業に直面したとき，始めにその事業の専門家に，『この産業での成功の秘訣はなにか？』と訊くことにしている。もちろん，すぐに答えは返ってはこないのが普通である。したがって，重要成功要因についての合理的な仮説を迅速に構築するため，いろいろな角度から異なった質問を投げかけるように努めている。面接調査の過程で，こういった仮説を証明するか，捨てるにはどんな分析が必要かが明らかになる。まず重要成功要因であろうと思われる要因を明らかにし，つぎに証明や反証によりその要因のなかから選択を行うことで戦略家は問題の核心に迅速に到達できる。

　去年の米国旅行のさい，米国製材会社の役員に隣りあう機会を得た。5時間もかかる飛行時間を利用して何かを学ぶことができるであろうという期待から，その人に尋ねたのは，『製材業界での重要成功要因はなにか？』ということである。驚いたことにかれの答えは直裁明瞭なものであった。『広大な製材林の所有と，それからの歩留まりの最大化である』というものであった。この成功要因のうち最初のものは比較的容易にわかった―製材林の購入である。第2の要因は，さらなる説明を必要とした。したがって，次に質問したのは，『歩留まりを最大化するにはどんな変数を管理する必要があるのか』ということであった。

　答えは，『樹木の生長率が鍵となる変数である。通常，2つの要素が生長を促進する―太陽の陽光の量と水分がそれである。わが社には両方とも潤沢にもっている製材林はあまりない。たとえば，アリゾナとユタでは，必要以上に陽光を享受しているが，水はほとんどない。そのため木の生長は非常に遅い。もしこの2つの州で水があれば，いま，30年かかっているのと同じ分を15年で達成できる。現在進行中のプロジェクトは，この問題の解決のためのものである』ということであった。

　この製材会社の幹部が自分の事業の重要成功要因をここまで明解にしていることに印象づけられたわたくしは，一助として以下のような示唆をした―『それならば，反対の状況，つまり，水量は沢山あるが日光がふんだんではない場合，たとえば，コロンビア川の低地地帯では，生長促進の成功要因は肥料と，陽光をたくさんは必要としない樹種の選定ではないか』と。

　数分の間になにを議論すべきかのおおきな枠組みを設定したあと，長距離フライトの残りの時間，かれからこれらの要因がどこまで応用されているかの説明を訊き，

益するところ多大であった。

〔出所〕 Kenichi Ohmae, *The Mind of the Strategist* (Harmondsworth: Penguin, 1982): 85. C1982. Reprinted by permission of McGraw-Hill Companies. 大前研一。1985。企業参謀。講談社：東京。The McGraw-Hill 社からの許可済。

重要成功要因を見定める基本的な枠組みは図3.5で図示されている。3つの産業で，重要成功要因を見つけるための枠組みをどうやって適用するかは表3.2に要約されている。

重要成功要因は収益性の直接モデリングを使っても見つけることができる。5つの力の分析が産業レベルでの収益性を説明するのと同様に，産業内での企業の相対的な収益性の推進力（Drivers）を見つけることで企業レベルでの収益性を説明できる。第2章（図2.1）と同じやり方で使用資本の収益（Return）を構成比率に分解することができ，そうすることによって，優れた利益率の主要推進力を見つけることができる。いくつかの産業では，オペレーションでの比率を企業全体での収益性に連結させる，よく知られているやり方が存在する。戦略コラム3.4で，航空業界で使われる成功要因発見の公式を説明する。

生き残り競争のなかで航空会社は，収益改善のため最適化できる要素はすべて最適化すべく努力している。増収のため，何社かは競争の激しいルートからは撤退した。他の会社は，運航時間厳守，便宜性，快適さ，そしてサービスを通じて格安航

■図3.5 重要成功要因を見つける

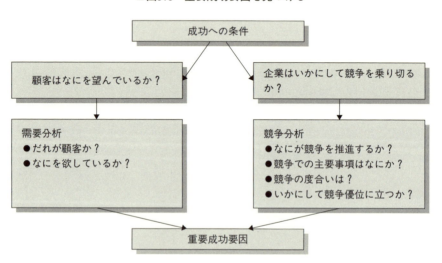

■表3.2 重要成功要因の特定（製鉄，ファッションおよびスーパーマーケット業界）

	顧客はなにを欲しているか？（需要分析）	企業は，いかにして競争に生き残るか？（競争分析）	重要成功要因（Key Success Factors）
製鉄	●低価格 ●高品質な製品 ●安定的な供給 ●特殊鋼生産のための特定の技術的スペック	●コモディティ的製品，過剰生産能力，おおきな固定費，退出障壁，および代替品からの競合は，価格面での苛烈な競争ならびに利益面での周期の存在を意味する	●コスト効率は，大規模な製鉄所，低コストな場所での立地，迅速な生産能力調整を必要とする ●上記に代わるものとして，高技術，小規模設備で柔軟性と高生産性を追求する ●技術的スペックやサービスにおける差別化
ファッション衣料	●衣料の種類，スタイル，品質，色彩での顧客の多様な嗜好 ●顧客はブランド，スタイル，エクルーシブネス，および品質にたいしプレミアムを払うことを厭わない ●マス・マーケットは価格に敏感	●参入障壁は低い。販売側の集中化は低い，さらに小売業者のチェーン側の交渉力の強さは競争の激しさにつながっている ●差別化は少なからぬ価格プレミアムを可能にするが，模倣の出現も速い	●差別化と低価格の組み合わせ ●差別化は流行，スタイル，評判，および品質面での迅速な対応を要求する ●コスト効率確保のため低賃金国での生産
スーパーマーケット	●低価格 ●立地 ●地方ごとの嗜好に合わせた製品範囲 ●新鮮で質の高い農産品，サービス，駐車場，快適な買い物環境	●価格面での競合の度合いは競合相手の数と地理的距離に依存する ●仕入れ価格において交渉力は決定的な要因	●低価格はオペレーション上の効率，最適規模の店舗，大量な仕入れ，低賃金を要求する ●差別化は（品揃えのため）大規模店，店舗所在地方での顧客嗜好の理解を必要とする

空会社よりも高い料金を確保した。座席利用率改善のため，航空会社は価格面で柔軟になり，ルートへいろいろな航空機モデルを登用するようになった。従業員生産性の改善，総経費削減，他社とのサービス共有，給与や手当削減によってコスト削

減を追求している。

> **戦略コラム 3.4** 収益性のモデル化を通じて重要成功要因を見つける―航空会社の例

有効座席マイル数（ASMs）1単位あたりの営業利益で測った収益性は，以下3つの要因により決まる―営業収入総額を有償旅客マイル数（RPMs）で割って得られる営業収入であるイールド（歩留まり），RPMs と ASMs との比率である座席占有率（ロードファクター），そして営業費用総額を ASMs で割って得られる単位あたりコスト。したがって，

$$利益/ASMs＝（売上高/RPMs）×（RPMs/ASMs）－（費用/ASMs）$$

各変数の主要決定要素は以下のとおり。

- 売上高/RPMs
  - ―運航している航空ルートでの競争の密度
  - ―市場変化への迅速な対応をするための効果的な歩留まり管理をしているかどうか
  - ―商用旅客を惹きつける能力
  - ―顧客サービスの優秀性
- 座席占有率（ロードファクター：RPMs/ASMs）
  - ―価格での競争優位度
  - ―ルート・プランニングでの効率性（例：ハブ・アンド・スポークシステム）
  - ―サービスの質，フリークェントフライヤー・プログラムを通じての顧客貢献度構築
  - ―各便での需要に対応した航空機の規模
- 費用/ASMs
  - ―賃金と手当
  - ―航空機の燃料費
  - ―従業員の生産性（労働契約の柔軟性の度合い）
  - ―座席占有率
  - ―総経費

第3章 産業分析—基本原理

戦略策定の上で，産業レベルでの成功要因の有効性は何人かの戦略研究家によって蔑視された。Pankaj Ghemawat（パンカージ・ゲマワット）の観察するところでは，「成功要因を見定め，それを追求するという考え方は，その触れるものをすべて金に変えるという，賢者の石を追い求めた中世の間違った考え方と共通するものである。」(注25)しかし，ある産業で，共通の成功要因が存在するということは，企業が似たような戦略を適用しなければならないということを意味しない。ファッション衣料業界での，いくつかの成功要因を見つけた（表3.2）が，すべての主導的な企業―インディテックス（ザラ），H&M，そしてMango―は，そういった成功要因を活用するためにそれぞれ独自の戦略を採っている。

要　約

　第1章で競争環境の深い理解は成功する戦略の根本的な構成要因であるとした。すべての企業に影響をあたえる莫大な数の外部要因にもかかわらず，本書の焦点は企業の産業環境であり，それを分析して産業の潜在的利益可能性を測り，競争優位の源を見定める。

　本書の理論的柱はポーターの競争の5つの力の枠組みであり，ポーターの枠組みは，産業構造の顕著な特徴の分類と競争行動への意味合いの予測との，単純とはいえ強力な分析枠組みを提供している。

　ポーターの競争の5つの力の枠組みのおもな適用は，産業構造の変化がどのようにその収益性に影響するかを予測することにある。産業における収益の推進力を理解できれば，企業が産業の魅力度を改善し，いろいろな競争の力に関連してどこに位置づけするかを決めるための戦略を見つけることができる。

　本書で解説するおおくの戦略分析の手法と軌を一にして，ポーターの5つの力の枠組みは容易に理解できるものである。しかしながら産業分析の，とくにポーターの枠組みの，本当の学びどころは，その実際の場への適用である。競争の分析と収益性の高低の原因の診断にポーターの枠組みを適用する際，初めてモデルの複雑さと微妙さを味わうことになる。鍵となる課題は，企業がそのなかで競争を展開する産業を特定し，その境界を認識することである。代替可能性と関連性の原則や基準を使うことで，有意義の産業の境界を見つけることができる。

　最後に，産業分析は，産業における重要成功要因を認識することで競争優位の

源泉を見つける最初の手順である。

　産業分析の手法を実際に使ってみることを奨励する―それも，この戦略経営コースの課題としてだけではなく，日常観察する経営事象の解釈のためでもある。ポーターの枠組みの価値は実践的な技法であるということにある―産業間の収益性の相違を理解するに役に立つからである。将来もある産業が収益性を維持するかどうか，そしてどのスタートアップ企業が金を儲ける可能性を含んでいるか。ポーターの枠組みを実際の場に適用することで，それの限界もわかるようになる。次章でそれらの限界のいくつかを考え，追加的な概念，手法および枠組みにより分析を拡大する方法を考慮してみよう。

自習用の質問

1．表3.1から高収益，低収益産業を1つずつ選定せよ。選択した産業について5つの力の枠組みを使って，なぜ，そのうち1つは収益が高いか，他のもう1つは低いかについて分析説明をせよ。
2．戦略コラム3.1に関連して，なぜ，米国の無煙タバコ業界での利益率が高いかを説明するため5つの力の分析を適用せよ。
3．固定電話通信業界の事業環境を形づくっているおもな力は技術と政府の政策である。この産業はファイバーオプティクス（通信能力の増加），通信の新しい形態（ワイヤレスとインターネット電話），通信と有線TVの統合，規制緩和（「バーチャル電話会社」への固定回線の開放を含む）により影響されている。競争の5つの力の枠組みを使って，これらの展開が固定電話業界での競争にいかに影響したかを分析せよ。
4．2015年3月ごろまでには，オンライン旅行代行業は2つの主要企業に収斂した。つまり，エクスペディア（Travelocity, Lastminute.com，そしてOrbitzを買収）とPriceline（booking.com, KayakとOpenTableの株主）とである。両社は数多くの小規模オンライン旅行業者（例：TripAdvisor, Travelzoo）や，伝統的な旅行業者（例：Carlson Wagonlit, TUI, アメリカン・エキスプレス―それらの企業もすべて「ブリック-アンド-クリック」事業モデルを採用している），そして航空会社，ホテルチェーンおよびレンタカー会社でのオンラインによる直売と競争している。アマゾンとグーグルも市場参

入者になりうるとみなされている。オンライン旅行業者は,Sabre, Amadeus およびTravelport などのオンライン航空席予約に依存する。ポーターの5つの力の枠組みを使って,これからの10年先でのオンライン旅行代理店の収益性を予測せよ。
5．ウォルマートは（カルフール,アーホルドおよびメトロ同様）世界のいくつかの国で事業展開をしているが,大半の買い物客は半径数キロに位置する小売業者を選択している。収益性と競争戦略分析のため,ウォルマートは安売りの小売業市場をグローバル,国単位,地方単位のうちどの性格の市場として捉えるべきか？
6．次の産業で重要成功要因は何か？
 a．出前ピッツァ産業
 b．クレジットカード業界（大手発行会社は,バンク・オブ・アメリカ,JPモルガン・チェース,シティグループ,アメリカン・エキスプレス,Capital One（キャピタルワン）,HSBC および Discovery）

注

1　M.E. Porter, "The Five Competitive Forces that Shape Strategy," *Harvard Business Review* 57 (January 2008): 57-71.
2　Brewers Association, "Historical U.S. Brewery Count," http://www.brewersassociation.org/statistics/number-of-breweries/ ; "Good Beer Guide 2015 Shows UK has Most Breweries," *Guardian* (September 11, 2014).
3　W.J. Baumol, J.C. Panzar, and R.D. Willig, *Contestable Markets and the Theory of Industry Structure* (New York : Harcourt Brace Jovanovich, 1982). 以下参照。M. Spence, "Contestable Markets and the Theory of Industry Structure : A Review Article," *Journal of Economic Literature* 21 (1983): 981-990.
4　"Annual Franchise 500," *Entrepreneur* (January 2014).
5　"Brand Keys Customer Loyalty 2013," http://brandkeys.com/wp content/uploads/2013/02/2013-CLEI-Press-Release-FINAL-Overall.pdf, accessed July 20, 2015.
6　R.D. Buzzell and P.W. Farris, "Marketing Costs in Consumer Goods Industries," in H. Thorelli (ed.), *Strategy＋Structure＝Performance* (Bloomington, IN : Indiana University Press, 1977): 128-129.

7　1999年10月，司法省の申し立てによれば，アメリカン航空はダラス/フォートワースからの航空サービスを独占的に支配するため不公正な手段を使った，http://openjurist.org/743/f2d/1114/united-states-v-american-airlines-inc-1, accessed July 20, 2015.

8　M. Lieberman ("Excess Capacity as a Barrier to Entry," *Journal of Industrial Economics* 35, 1987 : 607-627) は以下を唱えている。つまり，報復があり得ると信じさせるためには，既存の企業が生産能力拡大のため投資をすることで，過剰な生産能力が存在し，それによって既存の企業は市場に製品をあふれさせることができるという事実に裏づけられている必要がある。

9　たとえば，J.S. Bain, *Barriers to New Competition* (Cambridge, MA : Harvard University Press, 1956) ; and H.M. Mann, "Seller Concentration, Entry Barriers, and Rates of Return in Thirty Industries," *Review of Economics and Statistics* 48 (1966) : 296-307, 参照。

10　J.L. Siegfried and L.B. Evans, "Empirical Studies of Entry and Exit : A Survey of the Evidence," *Review of Industrial Organization* 9 (1994) : 121-155.

11　G.S. Yip, "Gateways to Entry," *Harvard Business Review* 60 (September/October 1982) : 85-93.

12　"Mobile Telecoms : Four is a Magic Number," *Economist* (March 15, 2014) : 64.

13　R. Schmalensee, "Inter-Industry Studies of Structure and Performance," in R. Schmalensee and R.D. Willig (eds.), *Handbook of Industrial Organization*, 2nd edn (Amsterdam : North Holland, 1988) : 976.

14　C. Baden-Fuller (ed.), *Strategic Management of Excess Capacity* (Oxford : Basil Blackwell, 1990).

15　"Dry bulk shipping rates approach all-time low," *Financial Times* (November 27, 2008).

16　T. Kelly and M.L. Gosman, "Increased Buyer Concentration and its Effects on Profitability in the Manufacturing Sector," *Review of Industrial Organization* 17 (2000) : 41-59.

17　R.D. Buzzell and B.T. Gale, *The PIMS Principles* (New York : Free Press, 1987) : 67.

18　"Iron Ore Companies Consolidated," *International Resource Journal* (October 2014).

19　J. Bower, *When Markets Quake* (Boston : Harvard Business School Press, 1986).

20 M. Carnall, S. Berry, and P. Spiller, "Airline Hubbing, Costs and Demand," in D. Lee (ed.), *Advances in Airline Economics*, vol. 1 (Amsterdam: Elsevier, 2006).
21 M.G. Jacobides, "Strategy Bottlenecks: How TME Players Can Shape and Win Control of Their Industry Architecture," *Insights*, 9 (2011): 84-91; M.G. Jacobides and J.P. MacDuffie, "How to Drive Value Your Way," *Harvard Business Review*, 91 (July/August 2013): 92-100.
22 M.E. Porter, "The Five Competitive Forces that Shape Strategy," *Harvard Business Review* 57 (January 2008): 57-71.
23 市場の定義の簡潔な説明は以下参照。Office of Fair Trading, *Market Definition* (London: December 2004), とくに 7 -17 頁。
24 この用語は Chuck Hofer と Dan Schendel により作られた (*Strategy Formulation: Analytical Concepts*, St Paul: West Publishing, 1977: 77)。かれらは重要成功要因を「経営陣の意思決定によって，また産業における企業の全体的な競争的立場におおきな影響を与えるような変数」と定義している。
25 P. Ghemawat, *Commitment: The Dynamic of Strategy* (New York: Free Press, 1991): 11.

第4章
産業分析と競争分析にかんする追加的話題

資本主義社会においては経済的な発展は混乱,騒動を意味する。
　　　　　—ジョセフ・シュンペーター,オーストリア経済学者,1883-1950

【概　要】
- 序論と目的
- 5つの力の枠組みの敷衍
  - 産業は重要か？
  - 補完関係—ポーターモデルに欠けている力？
- 動態的な競争—ハイパー競争,ゲーム理論,および競合分析
  - ハイパー競争（Hypercompetition）
  - ゲーム理論の貢献
  - ゲーム理論は役に立つか？
  - 競合他社分析と競合他社情報分析（Competitive intelligence）
- セグメンテーション（市場細分化）と戦略グループ
  - セグメンテーション分析
  - 戦略グループ
- 要約
- 自習用の質問
- 注

序論と目的

　第3章では，ポーターの5つの力の枠組みを検討して，競争を分析し，産業における収益性を予測し，戦略を展開するのにどのようにして適用できるかを見た。ポーターの枠組みは，戦略分析でもっとも便利で，かつもっとも広く適用されている手法である。しかしながら，それには限界もある。この章ではポーター・モデルを超えての産業と競争の分析をしようと思う。
　この章では以下のことを学ぶ。

- ポーターの5つの力の分析の限界を学び，その枠組みのなかに補完品と代替品の役割を組み込むこと。
- 産業構造を変革する動態的なプロセスとして競争を認識し，競合関係で働く力学にたいしゲーム理論がどんな洞察を与えるかを評価し，そして競合他社での競争戦術を予想するため競争分析を使用すること。
- 産業を，さらに細かくセグメント化して，個々のセグメントの相対的魅力度を評価し，企業を，それぞれの戦略型にもとづいて分類するため戦略グループ分析を適用すること。

5つの力の枠組みの敷衍

産業は重要か？

　ポーターの競争の5つの力の枠組みは2つの主要な批判にさらされている。批判の一方は理論的根拠についてみて，その基礎にある産業組織への構造―行動―成果 SCP（structure conduct performance）的観点は（とくにゲーム理論の理論的堅固さと比べて）厳密性に欠けるというものである。もう一方の批判は，実証面での弱さについてである。産業環境は，企業の収益性には比較的小さな影響しかおよぼさないようである。企業間の収益性の違いにかんする研究は，お互いにおおきく異なる結論（図4.1）を出しているが，共通して，産業要因は企業間で，その資産収益性の差のわずかな部分しか説明しない（20％以下）と認めている。

第4章 産業分析と競争分析にかんする追加的話題

■図4.1 産業は影響するか？

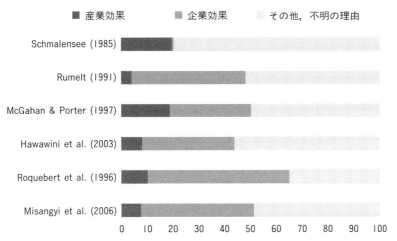

〔出所〕 R. Schmalensee, "Do markets differ much?" *American Economic Review* 75 (1985): 341-351; R.P. Rumelt, "How much does industry matter?" *Strategic Management Journal* 12 (1991): 167-185; A.M. McGahan and M.E. Porter, "How much does industry matter, really?" *Strategic Management Journal* 18 (1997): 15-30; G. Hawawini, V. Subramanian, and P. Verdin, "Is Performance Driven by Industry or Firm-Specific Factors? A New Look at the Evidence," *Strategic Management Journal* 24 (2003): 1-16; J.A. Roquebert, R.L. Phillips, and P.A. Westfall, "Markets vs. Management: What 'Drives' Profitability?" *Strategic Management Journal* 17 (1996): 653-664; V.F. Misangyi, H. Elms, T. Greckhamer, and J.A. Lepine, "A New Perspective on a Fundamental Debate: A Multilevel Approach to Industry, Corporate and Business Unit Effects," *Strategic Management Journal* 27 (2006): 571-590.

　これらの研究成果が意味するのは，産業は重要ではなく，産業と競争についての分析は戦略分析において，わずかな役割しかもたないということだろうか？　ここで，いくつかの考えを提示したい。
　まず，同じ産業内の企業の収益性の違いは，産業間の収益性の違いよりもおおきいことを認める必要がある。表3.1では，もっとも収益性が高い産業ともっとも低い産業の資本収益率（ROE）の違いは43％である。その一方で，パーソナルケア製品のコルゲート・パーモリーブ社とエイボン・プロダクツ社のROEの開きは102パーセンテージポイントであり，小売業のウォルマートのROEはJ.C.ペニーを66パーセンテージポイント上回っている(注1)。
　しかし，産業分析の有用性は，産業間での収益性の違いと産業内の収益性の違い

との相対的重要性を明らかにするからではない。産業分析は重要なものである。なぜなら，競争環境の深い理解がなければ，企業は健全な戦略的意思決定ができないからである。産業分析はそのなかにどの産業が含まれるかということだけでなく，産業のなかで魅力的なセグメントや競争優位の源泉を発見するためにも重要なものである。

もし産業分析が，その潜在的にもつ有用性を果たすには，ポーターの5つの力の枠組みを超える必要がある。とくに，市場構造と競争との関係分析について，より厳密な取り組みをして，企業間の競争行動の決定要因の理解を深める必要がある。特定のセグメントや，特定の企業グループの間での競争を調べるために，産業を，より小さい構成要素に分解しなければならない。まず，ポーターの枠組みのもっと広い適用の可能性から考えてみよう。

補完関係―ポーターモデルに欠けている力？

ポーターの枠組みは代替的財およびサービスの供給者を，産業内の企業の利益を減らす競争の力の1つとみなす。しかし経済理論は生産品の間の2つの関係を認識する―**代替品**と**補完品**である。代替品の存在は製品の価値を減らすが，補完品はそれを増やす。インクカートリッジがなければ，わたくしのプリンタは役に立たない。

大半の製品にとって補完品の有する重要性を考えると―車の価値は，ガソリン，保険，修理サービスがあるかどうかに依存する，ひげ剃り器の価値は，替え刃とシェービングフォームがあるかどうかで決まる―競争環境の分析には補完品を考慮に入れる必要がある（図4.2）[注2]。

補完品は代替品とは逆の効果がある。代替品は，ある産業における製品の価値を減らすが，補完品はそれを増やす。実際に製品が密接な補完関係にある場合（プリンタとインクカートリッジのように）でも，個々に，別々の製品として見た場合には，あまり価値はない。顧客は全体的なシステムとして価値を見いだしているのである。補完的製品の生産者の間で価値はどのようにして共有されるか？　交渉力とその展開が鍵である。1990年代の初め任天堂のビデオゲーム・コンソールは同社におおくの利益をもたらした。収入と顧客にとっての価値はソフトウェア―大半は独立した開発者により供給された―にあったが，ゲーム開発者にたいする支配力を構築することにより，任天堂は全体のシステムにおける利益の潜在的可能性の大半を，自社のものとする（アプロープリエート）ことができた。任天堂が戦略的に卓越し

第4章　産業分析と競争分析にかんする追加的話題

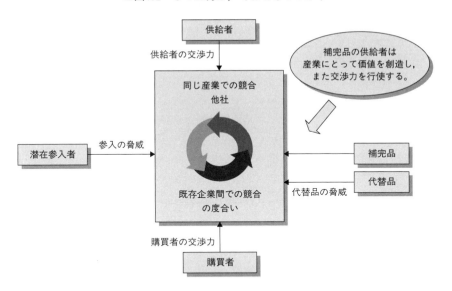

■図4.2　5つの力か，それとも6つか？

ていたのは，ゲーム開発者との関係管理においてである。任天堂は，ゲームコンソール市場でのリーダーシップとゲームコンソールのオペレーティングシステムの所有を活用し，限定的なディベロッパーライセンスを強化し，ゲームカートリッジ（それから任天堂は巨額の使用料を得ていた）の製造と流通への厳密な管理を維持した(注3)。

　同じようなハードウェア/ソフトウェアの補完関係はパーソナルコンピュータにも存在する―そこでは反対に，力の均衡は，ソフト供給者の側―とくにマイクロソフト―にある。IBMのオープンアーキテクチャの採用はマイクロソフトウィンドウズが標準規格になり，パーソナルコンピュータは徐々にコモディティ化することを意味した。つまり，ハードウェアの供給者がオペレーティングシステムの専有的支配を維持するビデオゲームとは状況が異なる。

　2つの製品がお互いに補完品であるとき，利益は市場でより強い地位（Positioning）を築き，他の製品の供給者がもたらす価値を減ずる供給者に属する。どうしたらこれができるか？　鍵は，競争，コモディティ化，および補完関係にある製品の生産能力の過剰化を促しつつ，独占化，差別化，そして自社製品の供給不足を達成することである。それは，前章で述べた**隘路**（ボトルネック）を構築することと同じ原理である。グーグルはAndroid（アンドロイド）とChrome（クローム）をオー

プンソースオペレーティングシステムとして開発し，アップルの携帯電話での独占とマイクロソフトのパーソナルコンピュータでの独占に対抗している。

上述の例が示すように，デジタル技術にもとづく製品は，競争と収益性への追求との関連で，興味深い論点を提示する。デジタル市場では，ユーザーは，通常ハードウェア，オペレーティングシステム，アプリケーションソフトウェア，そしてインターネットへの接続を包含するシステムを求める。これらの市場では，競争は，他の**プラットフォーム**—システムの構成要素とつながるインターフェース—とのものになる。使用者とアプリケーションの供給者はともに市場主導のプラットフォーム—ネットワーク**外部性**とよぶ現象—に集まっていく傾向がある。その結果は，市場占有率のリーダーがほぼすべての売上と，産業の収益プールのほぼすべてを獲得する，**勝者総取り市場**（winner-takes-all markets）の出現である。戦略コラム4.1では異なるスマートフォンプラットフォーム間の競争について議論する。

勝者総取り市場（winner-takes-all markets）では，産業の魅力という概念は意味をなさない。そのような産業は，市場のリーダーシップが取れる企業にとってのみ魅力的である。スマートフォンでは状況が若干異なる。なぜなら市場をリードするプラットフォームであるアンドロイドはオープンソースであるからである。産業における利益の大半を手にしているのは市場で2番目のプラットフォームであるアップルであり，2014年に他の主要な供給者（サムスン，ソニー，LG，レノボ，HTC）は損をするか，わずかな利益しか獲得できていない(注4)。第9章で技術に基礎を置く産業について議論する際に，ネットワーク外部性の役割について改めて触れる。

戦略コラム 4.1　スマートフォンにおけるプラットフォームをベースとした競争

デジタル市場における補完品間の関係性における主要な特徴は，それらは相互に専門化する傾向にあるということである。ビデオゲームは特定のビデオゲーム・コンソールで遊べるように適応されている。ビデオゲーム・コンソールは遊ぶためのゲームの特性に合わせて設計されている必要がある。これは自動車とガソリンの関係とは異なっている。シェルガソリンはすべてのガソリン内燃機関に燃料を供給する。フォードフォーカスはどのブランドのガソリンでも動く。

相互の専門化はネットワークの外部性を作り出す。ネットワーク外部性が生じるのは，ユーザーにとっての製品の価値が，その製品を使っている他のユーザー数に

よって決まる場合に発生する。補完品の入手可能性はデジタル市場におけるネットワーク外部性のおもな源であり，その結果は勝者総取り市場（winner-takes-all markets）となる傾向がある。

スマートフォン市場を考えてみると，ある特定のスマートフォンのユーザーにとっての魅力は，アプリの数と質によって決まる。アプリの開発業者は，よりおおくのユーザーがいるプラットフォームを標的にする。市場シェアの低いプラットフォームから市場シェアの高いプラットフォームへユーザーと開発業者が移行することにより，勝者総取り市場（winner-takes-all markets）が形成される。

他のおおくのデジタル市場と同じく，スマートフォン市場はプラットフォーム，つまりオペレーティングシステム，が両面の橋渡しとなる二面性市場である。二面とは次に述べるオペレーティングシステムの2つのタイプの顧客のことである。その一方がスマートフォンを購入する消費者であり，もう一方がアプリを開発しアクセスへ支払をする開発業者である。

スマートフォンのオペレーティングシステムの初期の市場リーダーは，ノキア，ソニー・エリクソン，モトローラに共同所有されていたシンビアンであった。しかし，2007年に独占所有のiOSシステムとともに発売されたアップルのiPhoneが，即座にシンビアンに取って代わってしまった。iOSはアップルに独占的なものであるが，アプリはアップルのソフトウェア開発キットを購入した独立した開発業者が開発し，アップルのアプリストアで販売することができた。売上はアップルが30%，開発業者が70%で配分された。

グーグルのアンドロイドOSの採用は流れを一気に変えるものである（ゲームチェンジャー）ということがわかった。アンドロイドはすべての開発者が入手できるものであるだけでなく，料金のかからないオープンソースでもあった。最初のアンドロイドスマートフォンはHTCにより2008年に発売された。2014年末時点で, 50社以上がアンドロイドスマートフォンを供給していた。その上，アンドロイド向けのアプリストアであるグーグルプレイには，アップルのアプリストアの121万と比較して，143万以上のアプリが存在していた。

ネットワーク外部性の稼働は，アンドロイドとアップルのiOSの優位性がさらに進んでいるスマートフォン市場において明白である。2011年から2014年の間に，マイクロソフトフォン，ブラックベリーOS，シンビアンの市場シェアは46%から4%へ下落した。対照的に，アンドロイドは37%から84%へ上昇し，アップルのiOSは18%から12%へ下落した。

〔出所〕 C. Cennamo and J. Santalo, "Platform Competition : Strategic Trade-offs in Platform

> Markets." *Strategic Management Journal*, 34 (2013): 1331-1350; GSMA Intelligence, *Analysis : Mobile Platform Wars* (London : February 2014).

動態的な競争―ハイパー競争, ゲーム理論, および競合分析

ハイパー競争 (Hypercompetition)

　ポーターの5つの力の枠組みは, 産業構造が競争的行動を決定し, さらに, 競争的行動が産業の収益性を決定するという前提条件にもとづいている。しかし, 競争は, また, 革新の力と起業家精神を呼び起こし, 産業構造を変える。ジョセフ・シュンペーターは, 競争とは『創造的破壊の絶え間ない疾風』であるとみなした。『そのなかでは, 市場を独占する既存企業は挑まれ, しばしば駆逐される。』[注5]。

　競争は産業構造が絶え間なく変化する競合関係の動態的なプロセスであるとするシュンペーターの観点（および経済学での『オーストリア派』）は, 競争的行動は産業構造の結果と見るべきか産業構造の決定要因と見るべきかという問題を提起する[注6]。問題は産業での構造変化の速度である―もし構造変化の速度がおおきいときには, 競争や収益性を予測するにあたって, 5つの力は安定した論拠とはならない。

　大半の産業では, シュンペーターの『創造的破壊』プロセスは疾風であるよりは, そよ風である場合のほうがおおい。確立した産業では参入が起こるのは非常にゆっくりしており, 利益の侵食はあるとしても緩慢なものであり[注7], また産業内での集中もゆっくりとしか起きない[注8]。ある調査によれば, 『競争プロセスを一望すると…どうみても極端に緩慢としかいえない』[注9]。その結果, 企業と産業の両方のレベルで長期的に利益の水準は類似している[注10]。

　しかし最近の傾向はどうだろうか？　技術的変化が加速することや, 国際的な競争が激化することは, 創造的破壊を強化しているのだろうか？　Rich D'Aveni（リッチ・ダヴェニ）は, 今日の産業の一般的特徴について, 『競争優位の確立と, 競合他社の競争優位を侵食するため, 企業の迅速な行動が要求される』, 高度で急速な競争的行動により特徴づけられる**ハイパー競争**と論じた[注11]。もし産業がハイパー競争状態であれば, その構造は以前より安定しないものであり, 競争優位性も

一時的なものである(注12)。Rita McGrath（リタ・マクグラス）によれば，『優位性が一時的でしかないのが，新しい標準である。』(注13)

　市場が激しく不安定になり，市場のリーダーシップがより脆弱なものになっているとみんなが考えているのに，研究調査の結論は一貫性を欠くものである。ある大規模な統計調査は，米国の製造業における競争優位性の，不統一な相違と不安定性（Volatility）とは，1950年以降，着実に，驚くほど増加していると結論づけている。これらの結果は，ハイパー競争への移行が起きていることを示している(注14)。他の研究は，この不安定性の増加が，技術集約的な産業だけでなく，製造業という範疇をも超えて拡大していることを明らかにしている(注15)。しかし別の研究の結論は，『市場が近い過去とくらべ，より不安定であるということについて…幅広く支持する証明はないこと』が指摘されている(注16)。

ゲーム理論の貢献

　ポーターモデルが静態的なものであるという批判の根本は，同モデルが企業間の競争的相互作用を完全には考慮しないからである。第1章で，戦略的競争の精髄は競争参加者の間での相互作用であり，ある参加者により採られる意思決定は，他の参加者の現実の，また先取りされた意思決定に依存すると述べた。競争を産業構造と収益性とを結びつける媒介変数のなかで処理するため，5つの力の分析は競合企業間での相互作用的意思決定のプロセスとしての競争分析にはあまり役に立たない。ゲーム理論は競争的な相互作用のモデル化を可能にする。とくに，同理論は戦略的経営への2つの顕著に有効な貢献をしている。

- 戦略的意思決定への枠を提供する。予測できるという価値以外，ゲーム理論は一連の概念および以下の面について競争状況の記述を可能にし，その構造を明らかにする。
　―競争プレイヤーが誰であるか
　―各プレイヤーの選択肢の特定
　―選択肢の各組み合わせの結果の特定
　―ゲームツリーによる決定の因果的連鎖（シーケンス）
- これにより競争の結末予測が可能となり，最適戦略選択を見つけることができる。意思決定の体系的，合理的な取り組みが容易となる。競争状況の結果を予

測し，最適な戦略選択の認識が可能となる。競合と交渉状況の洞察により，ゲーム理論は競争的相互作用状況と参加者による戦略的動きとにもとづく均衡状態の予測を可能にする。ゲーム理論は，単なる直感以上の，戦略の中心的課題へのするどい洞察を提供する。単純なゲームモデルは（例：囚人のジレンマ）協働的な行動と競争的な行動の結果を予測するが，もっと複雑なモデルは評判[注17]，抑止[注18]，情報[注19]，および関わり合い（コミットメント）[注20]——とくに複数期間の枠で——の効果の分析を可能にする。とくに実践の場にいる経営幹部にとって重要なことに，ゲーム理論は異なったゲーム参加者にとっての決定の効果を操作することでゲームの構造と結果を改善するための戦略を示す[注21]。

ゲーム理論はさまざまな競争状況を分析するために使われている。実例として，1962年のキューバ・ミサイル危機[注22]，ボーイング社とエアバス社の間の競合[注23]，NASCARでのカーレース戦略[注24]，放送電波割当ての入札[注25]，2008年の金融危機[注26]，そして，進化は，なぜ，オスの孔雀にあのように豪華な尾羽を与えたのかの説明[注27]などが含まれる。企業における競争への適用の観点から，ゲーム理論は企業が競争の結果に影響を及ぼすことのできる戦略的行動の5つの側面を指摘する——それは**提携**，**抑止**，**コミットメント**，**ゲームの構造を変えること**，そして**信号発信**（シグナリング）である。

協働（コーオペレーション） ゲーム理論のおもな利点の1つは競争と協働両方を包含できることである。5つの力の枠組みのおもな欠点の1つは企業間の関係をその性格上競争的なものとしかみなさないことである。Adam Brandenburger（アダム・ブランデンバーガー）と Barry Nalebuff（バリー・ネイルバフ）の**コーペティション概念**の中心的テーマは事業関係での競争と協働の二元性の認識である[注28]。競争的な関係性（コカコーラとペプシコーラ）があり，協働的な関係（インテルとマイクロソフト）もある。しかし競争と協働との単純な二分法は存在しない——すべての事業関係は両方の要素を組み合わせる。両社の激烈な競争関係にもかかわらず，コカコーラとペプシコーラとは，学校関係へのソーダ飲料販売での共通する政策，環境問題，そして保健問題を含むいろいろな面で協働している。価格と商品導入の両方においてもある程度の調整があることがうかがわれる[注29]。エクソンとシェルは1世紀にわたり石油産業のリーダーシップの地位を争っているのと同時に，数多く

の合弁事業で協働している。競合企業が一緒に集合しよう―ロンドンのバーモンジー市場での骨董商やハリウッドの映画スタジオ―と希望すること自体、市場の規模拡大や下部構造を発展させようとするための競合企業間の共通の関心を示唆する。

　一般的に、競争は協働とくらべ競争参加者にとって貧弱な結果につながっている。囚人のジレンマにかんするゲームはこの危険を分析するが、協働的な結果に到達するために参加者がゲームを変換する戦略的行動についても示唆する（戦略コラム4.2参照）。

戦略コラム 4.2　囚人のジレンマ

　古典的な、囚人のジレンマ・ゲームとは、逮捕され、べつべつに尋問を受けているふたりの犯罪容疑者にかんするものである。ふたりとも他のひとりを『密告』してしまう結果、もし黙っていたら証拠不十分で解放されたはずであるのに、両人とも収監されてしまうというジレンマである。

　この手のジレンマは、ほとんどすべての競合状況で発生する―もし全競争相手が共謀すれば、もっと有利な状況になる可能性があるにもかかわらず、である。広告宣伝費をたくさん使うか少額ですますかの選択肢が存在する、エクアドルでのコカコーラとペプシコーラの競争を考察してみよう。図4.3のマトリックスは、各会社にとっての結果（利益、損失）（ペイオフ）を示している。

　明らかに両社にとっての最適選択肢は広告費を抑制することである（左上のセル）。しかしながら、協力関係が存在しないときには、両社とも巨額の広告予算を採用するようになる(右下のセル)―理由は、お互いに自社の予算抑制は競合相手が自分の利益拡大のために巨額予算採用を促すと危惧するからである。結果として生じるマクシミン選択（各社とも最小のペイオフを最大化する戦略を採る）はナッシュ均衡である―だれも戦略の一方的な変更によりペイオフを増加することができない。共謀が合意されても、相手をだます誘因があるため共謀関係は不安定なものである―産出割当量を合意してもお互いにそれを遵守しない、OPEC加盟国が抱える問題と同様である。

　企業はどうしたら囚人のジレンマから解放されるか？　1つの解決案は一期間のゲーム（単一取引）から反復ゲームに転換することである。上記の、広告競争の例では、複数期間を考慮に入れる考え方により、企業は、お互いに宣伝効果を相殺しあう広告キャンペーンの無益さを認識することになる。典型的には、低価格、低品

質で均衡する納入業者―調達企業関係でいえば，現物取引を長期取引関係へ転換することで，納入業者にとっては高品質な製品の提供，そして購入側にとっては納入業者が満足できる価格を提供する誘因が生じる。価格競争の場合，2社か3社により支配される市場は価格競争を避けるため，1社による価格支配が行われるようになる傾向がある。

　第2の解決案はゲームにおける抑制（Deterrence）を通じてペイオフを変えることである。古典的な囚人のジレンマ状況においてマフィアは，容疑者がお互いに密告しあう状態から，（ドラコン流の）苛酷な報復を使って『沈黙の掟』を強制することで口が封じられた均衡状態に変換する。同様にして，もしコカコーラかペプシが，相手が巨額広告予算を使って競争優位を追求する場合，大幅な値下げ攻勢をかけると脅すとすれば，均衡は左上のセルに移転する可能性がある。

■図4.3　コカコーラとペプシの広告宣伝費予算―囚人のジレンマ

コカコーラの損益（Payoff）　百万ドル

ペプシ	少ない広告宣伝費	大きな広告宣伝費
少ない広告宣伝費	10 / 10	15 / −2
大きな広告宣伝費	−2 / 15	4 / 4

セルのなかで，左下の数はペプシの損益であり右上の数字はコカコーラの損益である。

抑止（デターランス）　戦略コラム4.2でみたとおり，利得（ペイオフ）の調節を通じてゲームの均衡を変える1つのやり方は**抑止**である。抑止の基本的な考えは，当方にとって都合が悪いとみなされる動きをとった場合，相手にとってコストがかかるようにすることである。第一次世界大戦時，脱走兵は射殺されるということをみんなに呑み込ませることで英国軍は，堅固に要塞化したドイツ軍の塹壕攻撃への強烈な誘因を確保した。

　抑止が有効であるには，その有効性が信じられるものでなければならない。問題となるのは，もし抑止が，示威行為を行う企業にとり費用がかかり，不快なものであるとき，抑止の信憑性は低い。市場の既存企業は，価格競争を示唆することで参入希望企業への示威を行うことができる。しかし，価格競争によって，より苦しむのがむしろ既存企業であり参入企業ではない場合，そのような脅威は信憑性を失う。

設備投資により過剰生産能力を有することは，参入を思いとどまらせる有効な手段であり得る。NutraSweet（ニュートラスイート）の特許失効に先立ちモンサントは，ノーブランド商品 aspartame（アスパルテーム）の製造業者を抑止するため，必要としていなかった生産能力の強化に多大な投資を行った[注30]。反対に，コンパクト・ディスクでは，支配的競争企業（フィリップス）側での，増大する需要を満足させるための投資欠如は新規参入者の出現を促した[注31]。しかしながら，抑止は対抗相手が抑止できる場合でしか機能しない。ジョージ・W・ブッシュの推進する『テロリズムとの戦い』の根本的脆弱性は，イデオロギーに則って行動するテロリストに抑止を受容する考えがまったく欠如していることである[注32]。

関与（コミットメント）　抑止が有効であるには，信じられる，積極的な関与（コミットメント）により裏打ちされていなければならない[注33]。1519年，メキシコ到着時にヘルナン・コルテスが舟を壊したとき，かれはモンテスーマと自分の部下に伝えたのは，アステック帝国の征服以外に手段がないことであった。エアバスがA380スーパージャンボの建造を決めたとき，そのプロジェクトへの積極関与を示唆することには重要な意味があった。設計段階が終わる前の2000-2002年の間に，エアバスはその飛行機に大規模な広告投資を実施したが，それは航空会社に発注を促すため，そしてボーイングの競合機種開発の抑止のためであった。

　攻撃的な競争への関与は『厳しい（ハード）関与』と呼ばれる。企業は競争を緩和する関与を行うこともできる―それは『柔軟（ソフト）な関与』と呼ばれる。たとえば，企業がある年の目標利益を達成することを誓った場合，それは柔軟（ソフト）な関与である。それは，過度な競争的活動や反応を避けたいという欲求を示唆している。

　各種関与の仕方が企業の収益性にいかに影響するかは，どんなゲームが展開されているかに依存する。価格で競争している場合，ゲーム理論は，お互いの価格変更への適合傾向を示す[注34]。したがって，価格調整の状況では厳しい関与のやり方（例：値下げへの関与）は利益へのマイナスの影響をもたらす傾向があり，柔軟な関与（例：値上げへの関与）はプラスの影響をもたらす傾向がある。反対に，企業が生産量で戦っている場合，ゲーム理論の示すところは，ある会社による生産量の増大は他の会社による生産量の減少につながる[注35]。この状況下では，厳しい関与（例：新工場建設への関与）は，他の企業による生産減少を招くので，関与会社の収益性にプラスの効果を与える傾向がある[注36]。

129

ゲーム構造の変革　創造的戦略は競争ゲームの構造を変えることができる。企業は，産業の潜在的利益可能性の増大や，自分の利益の取り分の拡大のため，産業構造を変えることをめざすかもしれない。競合他社との提携や合意は，市場規模の拡大や予想される新規参入者に対抗するための協力によりゲームの価値を増加させるであろう。競合相手同士で協調的な解決策を描くことで，ウィン・ルーズ（またはルーズ・ルーズ）ゲームを，（どちらにとっても有利な）ウィン・ウィン・ゲームに変える機会がおおく存在するかもしれない。

いくつかの例では，競合相手を支援するほうが，企業にとって利点がおおいかもしれない。2014年にテスラモーターズが，競争相手全般に特許を公開すると申し出たとき，賭けたのは，独自の競争優位性を失うにしても，電気自動車市場が拡大され，バッテリーの設計と充電システムにかんする，同社独自の技術が広く採用されることで相殺されるということである。第9章で見るように，規格競争では，主要競争企業による，意図的な潜在的独占的地位の放棄もあり得る[注37]。

信号発信　競争企業間での反応は，競争企業が，相手の動きをどう解釈するかにかかる。相手の認識へ影響し，ある種の反応を抑制するための，競争相手への情報の選択的な伝達は，**信号発信**という呼び方で知られている[注38]。虚偽の情報の使用は軍事的諜報活動において発展した。Ben McIntyre（ベン・マッキンタイアー）の著書，『ミンスミート作戦』では，英国軍の諜報機関がいかにして海兵隊士官に偽装した死体を活用し，ドイツの最高司令部に同盟国の上陸はシシリーではなくギリシャであると理解させるための偽の機密情報を伝えたかについて描かれている[注39]。

脅威の信憑性は企業の評判におおきく依存する[注40]。競争相手に脅威を与えるには費用がかかり，短期的な利益を低減するとしても，示威行為は，将来，競合他社の行動を抑止するに必要な攻撃性の評判の確保に寄与する。攻撃的であるという評判構築の利点は，評判をある市場から他の市場に移転できる多角化企業においてとくにおおきい[注41]。それゆえにプロクター・アンド・ギャンブルの，使い捨ておむつや家庭用洗剤での永年にわたる市場占有率戦争は，その他の市場での競争相手からの攻撃回避を可能にする攻撃性の評判をもたらした。

信号発信は協働を希望することを伝達するのにも使用される。価格変更を事前案内することは，企業間の共謀価格を促進しうる[注42]。

ゲーム理論は役に立つか？

　経営戦略（戦略的経営）にとってゲーム理論はどの程度役立つのだろうか。ゲーム理論のおもな利点は，その理論的厳密性にある。ゲーム理論発展は分析をはるかに堅固な理論的基礎の上に行うことを可能にした。

　しかし，数学的な厳密性の代償は現実の場への適用性における限定性にある。ゲーム理論は，少数の外生変数と高度に限定条件のついた前提を含む高度に型にはまった状況での明確な予測を提供する。その結果生まれたものは，非現実的な前提，一般化可能性の欠如を内蔵する，数学的に洗練された理論の集合である。もっと複雑な（そしてもっと現実的な）状況に適用されたとき，ゲーム理論は，しばしば均衡不在または多数の均衡や，前提条件のわずかな変化に敏感すぎる結果を予測してしまう。一般的にいえば，ゲーム理論は正確な予測を生み出すだけの詳細なレベルでの現実の事業状況をモデル化する段階には未だ到達していない[注43]。

　現実への適用においてゲーム理論は将来の予想よりも過去の説明ですぐれた実績をもっている。1980年代での任天堂のビデオゲーム業界での支配，モンサントの，特許許可が失効したあとでのニュートラスイートの市場での主導的な地位，またはエアバスのボーイングからの市場主導者地位の略奪を診断するにあたって，ゲーム理論は，競争状況への鋭い洞察と，展開された戦略の裏にある合理性の深い理解を提供する。しかし結果の予測と戦略の作成においてゲーム理論の業績は芳しいものではない―無線電波の入札での米政府や欧州各国政府によるゲーム理論の使用の結果は，どちらとも成功とはいえないものであった[注44]。

　それではゲーム理論は成功する戦略を策定するためにはどんなところで役に立つのか？　すべての理論と枠組みについてと同様にゲーム理論が役に立つとすれば，それは答えをくれるからではなく，事業状況の理解に役立つからである。ゲーム理論は競争の相互作用の見方を構築するための手法を与えてくれる。ゲームでのプレイヤーや，各プレイヤーに与えられた決定の選択肢や，決定の組み合わせのもつ成果可能性を明らかにすることにより，競争の力学を研究調査する体系的枠組みをもてるようになる。もっとも重要なことは，ゲーム構造の記述により，ゲーム変換とその結果を考察する方法を得ることである。

　ゲーム理論は急速に発展しており，戦略的経営の理論的基礎を提供するにいたるには未だ遠いとはいえ，本書では数カ所でゲーム理論を説明に使っている（とくに企業の集中度の高い市場での競争力学を分析する場で）。戦略策定で強調すべきは，

競争相手の行動に影響することで競争優位を得ることよりは,むしろ特有の競争優位を構築することで競争のゲームを変えることである。競争的市場での状況の大部分はゲーム理論が考察するものとは異なっている。ゲーム理論があつかう状況では,普通,競合企業間での戦略的な選択肢(典型的には,価格,広告予算,稼働率,そして新製品導入にかんして)が似通っている。これらのゲームの結果は,動きの順序,信号,はったり,そして示威のしかたにおおきく依存している。本書の焦点は競合関係での相互作用管理ではなく,独自性の利用により競争優位を確立することにある。

競合他社分析と競合他社情報分析(Competitive intelligence)

高度に企業集中が進んでいる産業では,企業の外部環境の主要な特徴は,競合する,もっとも近い企業の行動により決められる。ユニリーバの産業環境はプロクター・アンド・ギャンブルの戦略により支配されている。同じことは清涼飲料(コークとペプシ),ジェットエンジン(GE,ユナイテッド・テクノロジーおよびロールスロイス),そして金融情報(ブルームバーグとロイター)にいえる。類似した状況は,もっと地方的なレベルでも存在する。わたくしが行きつけのコスタコーヒー店の競争環境は,道を挟んだスターバックスの存在により支配されている。ゲーム理論は,数のおおくない競合相手での競争的な相互作用の分析手法を提供するが,日常の事業状況にたいしては,競合他社の行動予測への,形式的ではない,より経験にもとづいた取り組み方のほうが有効である。競合相手にかんする情報がその行動を予測するのにいかに使えるか検討してみよう。

競争インテリジェンス(諜報) 競争インテリジェンス(CI)は,意思決定の情報を得るための,競合他社にかんする情報の体系的な収集と分析を含む。その目的は3つである。

- 競争相手の将来の戦略と意思決定の予知。
- 当該企業の戦略的動きにたいする競合他社が採るであろう対応策の予測。
- どうしたら競争相手の行動をこちらの都合のよい方向に仕向けられるかの方策。

3つの目的にたいし鍵となる要件は,環境変化と当方の競争にかんする動きへの競争相手の反応の予測である。競合他社の理解で一番重要なことは,相手にかんす

る情報を集めることである。競争インテリジェンスとは，専門的コンサルティング企業，専門家の協会[注45]，そして最新の出版物[注46]が続々と出現しつつある，いま流行の分野である。米企業の約4分の1は競争インテリジェンス担当部門を設立している。

合法的な競争インテリジェンスと非合法な産業スパイ活動との境界は曖昧である。公共的と私的な情報の境界線は曖昧であり，企業秘密にかんする法律は，特許や商標に関する法律に比べて明確なものではない。広く報道されている情報窃盗には，フェラーリに帰属する機密技術情報を保有したことで1億ドルを徴収されたマクラーレン・メルセデスF1チームの事例や，韓国のKolon Industries（コーロン・インダストリー）によるデュポンのKevlar fiber（ケブラーファイバー）の製造にかんする企業秘密の窃盗にかんする事例などが含まれる[注47]。一般的に，全米スパイ防止活動機関は中国やロシアによる組織的な産業スパイ活動を主張している[注48]。

競合他社の行動予知の枠組み　競争インテリジェンスは単なる情報収集ではない。情報不足よりは情報過多のほうが問題としてあり得る。鍵となるのは，どの情報が必要で，なんのために使われるのかについてはっきりさせる体系的な取り組み方である。目的は競合他社の理解である。ハンニバルからパットンにいたるまでの偉大な将軍の特徴の1つは，軍事的諜報活動を越えて，敵軍の司令官の『思考に入り込む』能力であった。マイケル・ポーターは競合相手の動きを予測するため4部構成の枠組みを提案する（図4.4）。

- **競合他社の現在の戦略**　競合他社が将来いかにふるまうかを予測するには，相手が現在どうやって競争しているかを理解する必要がある。第1章で述べたように，企業の戦略を特定するにはその企業が何をいい，何をやっているのかを見る必要がある（第1章の『戦略はどんなところで読めるか？』を参照）。したがって，鍵となるのは最高経営陣の発表（投資家，報道機関，そして財務アナリストにたいする）の内容と戦略的行動による証拠，とくに資源の充当を含む証拠と比較する必要がある。両方の情報にかんし当該企業のウェブサイトは貴重な源泉である。
- **競合他社の目的，目標**　競合他社の戦略変更を予測するには，相手の目標を認識しなければならない。鍵となるのは，企業を動かすのは財務的な目標か市場目標かを見ることである。市場占有率拡大が目標の企業は，収益性が目的の

■図4.4　競争分析の枠組み

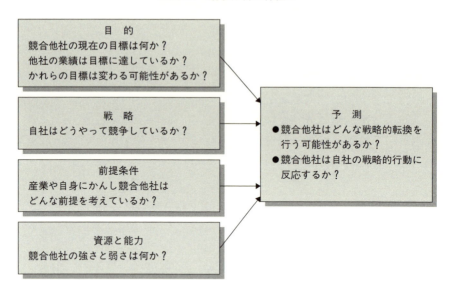

企業よりは競争的である。米自動車製造会社や消費者向け電子機器が日系企業に市場を受け渡した理由は、部分的には、短期利益への関心であった。それと比較すると、プロクター・アンド・ギャンブルやコカコーラのような企業は市場占有率に大きな関心を抱いており、競合他社が自社の領域に入り込んできた場合、攻撃的な反応を示す傾向をもっている。競争相手として一番あつかいにくい組織は、利益による規律を受けないところである可能性が高い―とくに国営企業がそうである。競合他社の目的にかんし現在の業績の度合いは戦略変更の蓋然性決定の際、重要である。ある会社が現在の業績に満足していればいるほど、同社の現在の戦略は継続される可能性が高い。しかし、もし業績が目標に達していない場合、たぶん経営陣の交代をともなう根本的な戦略変更が起こり得る。

● **業界にかんする競合相手の想定**　競合他社の戦略的意思決定は、同社が自分自身と環境をどう認識するかによってなされる。認識は、経営陣が考える自社の産業とその産業内における成功要因についての信念により導かれる。そのような信念は長期にわたり安定したものであり、産業内の企業間で類似する傾向がある。J.C. スペンダーはこれを称して『業界処方箋』と呼んだ[注49]。業界処

第4章　産業分析と競争分析にかんする追加的話題

方策は外界からの脅威への対応にかんする企業，または業界全体，の能力を制限する『盲点』を生み出すかもしれない。1960年代，米ビッグスリー自動車メーカには小型車は儲からないものであるという確固とした信念があった。その信念は，部分的には諸経費割当ての産物であった）。結果として起こったのは米自動車市場で急速に成長していた市場セグメントの輸入車への譲り渡しであった。日本からの競合企業にたいする英国，米国のモータサイクル製造業者の自己満足的態度は同様な信念を反映している（戦略コラム4.3参照）。

● **競合他社の経営資源と能力**　競合他社の挑戦の可能性と真剣さの評価には，相手の資源と能力がもつ強みを評価する必要がある。もし競合他社が潤沢な資金をもっている場合には，価格競争を始めるのは得策ではない。それとは違って，相手の弱みをつくような競争行動を採る場合，相手は手の施しようがないかもしれない。リチャード・ブランソンのヴァージン・グループは，強大な既存競合相手が支配する市場で―航空産業での英国航空，音楽のEMI，ワイヤレス通信のボーダフォン―おおくの新規事業に手をつけた。ブランソンの戦略は，既存企業にとって対応が難しいような革新的な差別化を行うことである。

戦略コラム 4.3　オートバイにおけるマイオピア的（近視眼的）戦略

1960年代，日本製の軽量オートバイが英国や北米に大量輸出された。バーミンガム・スモール・アームズ（BSA）の会長である Eric Turner（エリック・ターナー）は，支配的地位にあった自社トライアンフや BSA ブランドへの，競争上の挑戦にかんして意に介しなかった。

> ホンダ，スズキ，およびヤマハの成功は喜ばしいことである。みんな初めは低価格の日本車を買うことでオートバイに乗り始める。そして，オープンロードの楽しみと興奮を楽しむようになり，結果としては，しばしば当社製のもっとパワフルで高価なマシンを買うようになる。
>
> （アドバタイジングエイジ，1965年12月27日）

同じような自己満足的な意見が，ハーレーダビッドソンの社長であるウィリアム・ダビッドソンによって次のように述べられた。

> 基本的に，軽オートバイの市場を当社は信じていない。オートバイは移動用

の乗り物ではなく，スポーツ用乗り物だと信じる。だれかが移動手段としてオートバイを買ったと主張した場合でも，実際には一般にはレジャーのために使用しているのが普通だ。軽オートバイは補足的手段でしかない。第一次世界大戦のころ，軽オートバイ製造企業が輩出した。当時，当社でも軽オートバイを作ったものだった。1947年にも軽オートバイを市場に出したが，あまり商売にはならなかった。小型オートバイが商売としてどんなものか熟知している。

（アメリカンモータサイクル，1966年9月15日）

1980年までには，BSAとトライアンフは生産をやめていた。そして，ハーレーダビッドソンは青息吐息の状態にあった。大型オートバイセグメントを含む世界的なオートバイ産業は，日系企業に席巻されていた。

セグメンテーション（市場細分化）と戦略グループ

セグメンテーション分析[注50]

　第3章で産業の境界を引くことの難しさと，どんな質問に答えようとしているのかによって広くまたは狭く産業を定義する必要を述べた。最初は産業を広く定義したほうが都合がよいが，競争の詳細な分析のためには製品と地理的広がりにおいて，もっと狭い市場へ焦点を絞る必要がある。産業を特定の市場に細分することを**セグメンテーション（市場細分化）**と呼ぶ。

　セグメンテーションは，ある部分的市場は他の部分的市場よりも魅力的であるというふうに，産業内部での別々の細分化市場（サブマーケット）で競争が異なる場合，とくに重要である。ソニーとマイクロソフトとが，技術的に進んだPS3とXbox360コンソールにおける支配的地位を競争している傍らで，任天堂のWiiは，セグメントとしてはおおきいものの，十分なサービスを受けていない，カジュアルで，年配のビデオゲームプレイヤーに集中することで急速に市場占有率でのリーダーとなった。競争が苛烈なタイヤ業界では，ピレリが技術への投資とスポーツカーや高級車への高性能タイヤへの集中により高い利益を達成した[注51]。

　セグメンテーション分析の目的は，魅力的なセグメントを見つけたり，異なるセグメントにたいする異なる戦略を選択したり，いくつのセグメントに進出するのか

■図4.5　セグメント化の基準—顧客と製品の特徴

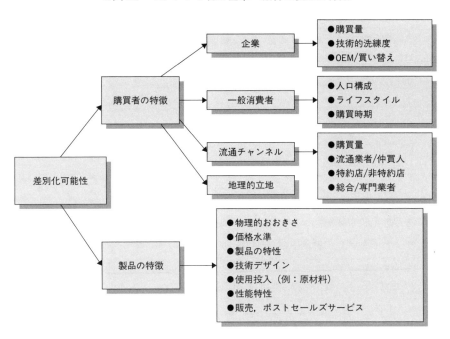

を決定したりすることである。分析は5つの段階を経て進む（戦略コラム4.4でその活用を，戦略コラム4.5で垂直セグメンテーションについてみる）。

1. **セグメント化のための鍵となる変数を見つけること**。出発点はセグメント化の判断基準を決めることである。セグメント化意思決定は，根本的には，どの顧客に製品サービスを提供するか，そして，なにを提供するかの選択である。最適のセグメント化変数とは，顧客による代替（需要側の代替可能性）と供給者による代替（供給側の代替可能性）とについての境界をはっきり表すように市場を切り分ける変数である。価格差は市場セグメントの指標としてよいものである。つまり，明確な市場セグメントは，価格差の安定性を表している。普通，セグメント化分析は，おおすぎるほどのセグメント化変数と各変数についての範疇を生み出してしまう。分析が使いやすく，役に立つものであるためには，こういった変数を2つか，3つに削減する必要がある。そのためには，(a)戦略的に意味のあるセグメント化変数を見つける，そして(b)緊密に相関するセ

グメント化変数を組み合わせる必要がある。たとえば，外食産業では，価格レベル，サービスレベル（給仕のサービス/セルフサービス），食物（ファストフード/フルコース），およびアルコール販売許可（ワインサービス/清涼飲料のみ）は，おたがいに緊密に結びついている。可能なやり方は，単一変数，たとえばレストランのタイプ，と3つの範疇，たとえば，フルコースのレストラン，カフェ，そしてファストフードを，全部の変数の代替変数として使うことである。

2．**セグメント化のマトリックスを作成すること**。セグメント化変数が選択され，範疇が決められたら，個々のセグメントは2次元，3次元のマトリックスを使い見つけることができる。戦略コラム4.4は世界の自動車産業の2次元セグメント化マトリックスを示す。

3．**セグメントの魅力度を分析すること**。産業セグメント内の収益性は，産業全体の収益性を決めるのと同じ構造の力により決められている。その結果，ポーターの5つの力の枠組みは，産業全体と同じようにセグメントについても有効である。しかしながら，若干の相違はある。最初に，代替品からの競争圧力を分析するとき，他の産業からの代替品だけではなく，もっと重要なことには，同じ産業の他のセグメントからの代替品にも注意を向けている必要があることである。第2に，他のセグメントに進出しようとする際，進出企業は，おもに，同じ産業の異なったセグメントで，すでに活動している生産者である可能性が高い。同じ産業の違うセグメントから，セグメント内にある企業を保護する障壁は，産業全体を保護する**参入障壁**と区別するため，**移動障壁（Barriers to mobility）**と呼ばれる(注52)。移動障壁が低い場合，高収益セグメントでの高利益は高い速度で侵食される傾向がある。戦略コラム4.4が示唆するように，セグメント間の競争条件により，あるセグメントでは，他よりもずっと利益が高いかもしれない。しかしながら，この収益水準の差が，長い時間維持される可能性は高くない。セグメント分析は産業で未活用の事業機会を発見するのに有効である。未活用のセグメントに注力することで成功する戦略を構築した会社としては，ウォルマート（中小市町村での安売り店），Enterprise Rent-A-Car（エンタープライズレンタカー，郊外に事務所），そして，Edward Jones（エドワード・ジョーンズ，小都市での，小規模投資家向けの包括的仲買業者）がある。未開拓市場セグメントを見つけることは，W・チャン・キムとレネ・モボルニュのいう，**ブルー・オーシャン戦略**である。つまり，競争のない市場空間である(注53)。

4．**セグメントでの重要成功要因（KSFs）を見つけること**。セグメント間での競争構造や顧客嗜好の相違は KSFs での相違に結びつく。購買客の購買判断基準や，個々のセグメント内での競争基盤を分析することで，個々のセグメントでの KSFs を見つけられる。たとえば，米国の自転車市場は，専門店で売られる，高価格のバイクおたく用のバイクと，安売り店で売られる経済的なバイクとのセグメント化が可能である。バイクおたくセグメントでの成功要因は技術，名声，そしてディーラーとの関係である。経済的なセグメントでは，KSFs は低価格生産（たぶん中国製）と主要小売チェーンとの供給契約である。

5．**セグメントの範囲を選択すること**。最後に，企業は，1つのセグメントでの専門家となるか，複数のセグメントにまたがって競争するかを決めなければならない。狭いセグメント集中よりも広いセグメントを選好する利点は，2つの主要要素にかかっている。KSFs の類似性と共有される費用の存在である。もし KSFs がセグメントごとに違っている場合，企業は異なる戦略を展開しなければならない。ハーレーダビッドソンは，事業を自社の核である，重量大型車やツーリングバイクを，モータサイクル産業での違うセグメントに拡張するのは難しいと判断した。反対に，自動車では，特定セグメントに特化する企業にとって，事業範囲の広い，大量生産の競合他社と戦って生き残るのは困難であった。

戦略コラム 4.4　世界の自動車市場をセグメント（市場細分）化すると

1．セグメント化の主要変数と範疇を見定めること。セグメント化変数として考えられるのは，価格，車のおおきさ，エンジン出力，車型，購入者分類（個人対企業），そして地理的市場分類。セグメント化用の変数を削減するのも可。とくに，価格，車のおおきさ，そしてエンジン出力は，緊密に相関している傾向がある。その他の変数は，市場を明確に区別する（例：地域と国別市場）。
2．セグメントマトリックスを作ること。図4.6のセグメントマトリックスは地域（縦列）と車種（横列）を示す。車種には複数のセグメント変数を組み合わせる。つまり，価格，車のおおきさ，デザイン，そして燃料の種類。
3．セグメントの魅力度を分析すること。個々のセグメントへの5つの力の分析は，飽和気味あるいは過剰気味市場であるヨーロッパや北米と比べてのアジアやラテンアメリカといった成長市場（とくに高級車）の魅力度を指摘する。成熟市場ではハイブリッドや電気車セグメントは，競合企業の数の少なさや過剰生産能力が

存在しないことから魅力的であるかもしれない。
4. 各セグメントでの重要成功要因（KSFs）を見つけること。スポーツ車では，技術や美しいデザインが主要差別化要因であるかもしれない。高級車では，品質やインテリア装飾が鍵であろう。家族用のコンパクト車，小型車では，低価格が競争優位上の主要な基盤である。
5. セグメントを広くするか狭くするかの魅力度を分析すること。車種間での技術，設計，そして部品の共有の理由で，すべての製品セグメントは，車種すべてを生産する大量製造企業によって支配されている。地理的セグメントでいえば，特定の国に特化する自動車生産企業が生き残れるのは，おおきな市場（おもに中国）だけでのみである。

■図4.6　世界の自動車産業のセグメンテーションマトリックス

		地域						
		米,加	西欧	東欧	アジア	ラ米	豪,新	アフリカ
車種	高級車							
	大型車							
	中型車							
	小型車							
	ステーションワゴン							
	ミニバン							
	スポーツカー							
	スポーツユーティリティ							
	ピックアップトラック							
	ハイブリッド							

戦略コラム 4.5　垂直的セグメンテーション―価値連鎖による収益性

セグメンテーションは通常水平方向に行われる。つまり，市場は製品，地理，顧客グループにより細分化される。今までと違った価値連鎖活動を見つけることにより，産業を垂直的にセグメント化することも可能である。ベイン・アンド・カンパ

第4章 産業分析と競争分析にかんする追加的話題

ニーのプロフィットプール分析は，異なる垂直的活動ごとの収益性をマッピングする1つの方法を提示している。ベインのプロフィットプールマッピングは，まず，第1に，産業内のいくつかの企業を標本として抽出し，そこから算出された平均利益率を産業の総売上にあてはめる。そして，産業の総利益を予測。続いて企業の会計データを使い，価値連鎖の各段階における利益を予測するものである。図4.7は米国の自動車業界における価値の配分を示している。各セグメントの長方形の面積が活動による総利益に相当する。他の使い方としては，株式市場の時価総額を使って，ある産業内のどの企業群が，もっとも価値を自社のものとして獲得するのに成功しているかを見るのに使用される。コンピュータ産業では，ハードウェア製造業者の市場価値がソフトウェアや半導体の製造業者の市場価値と比較して急速に下落している。

■図4.7　米国の自動車産業のプロフィットプール

[グラフ：縦軸 営業利益(%) 0〜25，横軸 産業での利益配分 0〜100%。セグメント：自動車製造，新車ディーラ，中古車ディーラ，自動車ローン，リーシング，保証，ガソリン，自動車保険，サービスと修理，アフターマーケット部品，自動車レンタル]

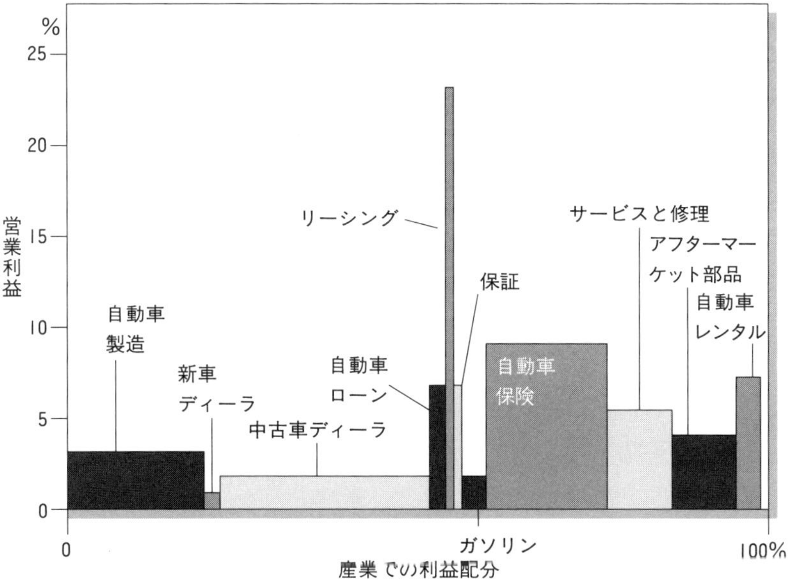

〔出所〕　Harvard Business Review から許可を得て掲載。"Profit Pools: A Fresh Look at Strategy," O. Gadiesh and J.L. Gilbert, May/June 1998, p.142, Copyright© 1998 by the Harvard Business School Publishing Corporation; all rights reserved.

戦略グループ

　セグメンテーションは産業の分割分析の基礎として市場の特性に目をつけるのにたいし，戦略グループ分析は市場を構成する企業の戦略をもとにして分ける。**戦略グループ**とは『戦略の次元について同じまたは類似の戦略を追求する，産業内での企業の集合』である[注54]。戦略の次元は製品の範囲，地理的な範囲，流通経路の選択，製品の品質，垂直統合の度合い，技術の選択，等々を含む。もっとも重要な戦略的な次元を選び，それをもとにして企業を位置づけることで，同じ産業内での競争のため大なり小なり似通った取り組み方をする企業のグループを認識することが可能となる。いくつかの産業では，戦略グループは目につきやすい。たとえば，航空産業は，既存の航空会社（Legacy carriers）（アメリカン航空，JAL，英国航空）と格安航空（ライアンエアー，Easyjet（イージージェット），サウスウエスト）の2つのおもな戦略グループに分類できる。図4.8は石油産業における戦略グループを示している[注55]。

　戦略グループにかんするほとんどの実証的研究は，グループ間の競争と収益性とに関係するものである―企業の間での収益性の相違の分析に集中する。根本的な議論は，戦略グループ間での移動障壁によりいくつかのグループは他のグループよりも収益性が高くなるというものである[注56]。一般に，同じ戦略グループのなかでの

■図4.8　世界の石油産業における戦略グループ

第4章　産業分析と競争分析にかんする追加的話題

収益性の違いは戦略グループ間での違いよりも小さいという命題には確固とした実証的な証拠は存在しない(注57)。それは，戦略グループの構成員は類似の戦略を追求するとはいえ，必ずしもお互いに競合していないという事実を反映しているのかもしれない。たとえば，ヨーロッパの航空運輸産業で，格安航空券の航空会社は同じような戦略を追求するが，大半の場合において同じ航空ルートでは競争していない。したがって，戦略グループ分析の利点は，産業内での戦略的ポジショニング，競争のパターンの認識，そして戦略的隙間（ニッチ）を見つけることである。そしてそれは，社内の収益性の差異を分析するには役立たない(注58)。

要　約

本章の目的は第3章で述べた産業構造，競争および収益性の基本的分析を越えて，競争の力学と産業の内包する複雑さを考察することであった。

産業と競争分析の能力にかんし戦略分析手法をいくつかの方向に向けて広げた。

- 価値を付加する面で補完的製品のもつ可能性を認識し，この価値源泉を利用する戦略を展開する重要性を述べた。そのような補完的関係は，とくにデジタル技術にもとづく産業において重要である。ハードウェアとソフトウェア，オペレーティングシステムとアプリケーションにおける補完的関係は，**プラットフォームにもとづく競争**と，**勝者総取り市場**を引き起こす。第9章で，これらの競争力学について詳しく研究する。
- 競争相手との競合的相互作用の重要性を見，競合相手の分析とその動きを予測するための秩序だった取り組み方を学んだ。さらに洗練された理論的なレベルとして，ゲーム理論が競争，交渉，勝てる戦略の構築にたいして投げかける洞察を学んだ。競争を理解し，勝つための戦略を発展させるため，ゲーム理論の発見のいくつかを検討した。
- 産業をより詳細なレベルで理解し，ある産業内で有利な戦略的位置づけを選択するときの，産業と市場の微視的構造やセグメンテーション分析と戦略グループ分析の価値を考察した。

> **自習用の質問**

1. ヒューレット・パッカード，キヤノン，レックスマーク，その他インクジェットプリンタの製造会社はインクカートリッジの販売からその利益の大半を得ている。なぜカートリッジはプリンタ本体よりも利益がおおきいのか？　以下のような場合，状況は異なったものとなるか？
   a．もしカートリッジがプリンタメーカと違う会社により生産された場合，状況は違ったものとなるであろうか？
   b．カートリッジが他のプリンタと互換性がある場合
   c．特許や商標登録による制約が他企業が主要なプリンタブランドで使えるカートリッジを供給することを防ぐことができなかった場合

2. 2015年7月にマイクロソフトはノキアの携帯電話（1年前に取得した）を損金処理し，スマートフォン市場からの撤退を公表した。マイクロソフトのウィンドウズフォンOSのスマートフォン市場における市場占有率は1％であり，ウィンドウズフォン・アプリは約29万種類あった（アンドロイドの160万種類，アップルiPhoneの130万種類と比較して）。マイクロソフトのスマートフォン市場での失敗は，プラットフォームをベースとした競争（戦略コラム4.1参照）の力学によりどのように説明できるか？

3. 2005年11月，パリでもっとも高級なホテル―ジョルジュV，ル・ブリストル，リッツ，およびホテル・ド・クリヨンを含む―は部屋の料金設定での通謀により罰金を科せられた。常連の客の何人かはほぼ関心を示さず，別に驚きもせず，さらに料金表からのおおきな割引を交渉して得ることは常に可能であると述べている。『囚人のジレンマ』モデルを活用し，なぜ前述のホテルは割引ではなく通常価格を共謀することが可能であったのかを説明せよ。

4. 2015年に米国と欧州ではネットフリックスとアマゾンがビデオストリーミング市場でリーダーシップの地位を争っていた。どちらも固定価格での購読を提供しており，おもな違いはアマゾンプライムの年間契約にはamazon.comからの無料配達とともに映画やテレビの無料視聴がついていることである。ネットフリックスのアマゾンに対する不安要素は，アマゾンのおおきな売上や(ネットフリックスの16倍)，関連するビジネスへの拡大意向や(アマゾンはビデオ視聴のための自社ハードウェアであるKindle fireを

第4章　産業分析と競争分析にかんする追加的話題

供給し，またオリジナルのビデオコンテンツを制作していた），損失に耐え激しい価格下落を行ってでも市場でのリーダーシップ的地位を獲得しようとする意向である。ネットフリックスは，ストリーミングビデオ市場におけるアマゾンの競争戦略を予測するため，図4.4に示される競争分析の枠組みをどのように使うべきであったか？

5．自分のいる，地元のレストラン市場をどうセグメント化するか？　新しくレストランを始めようとしている人に，収益性の観点でどのセグメントを薦めるか？

6．米国もしくは欧州の空の旅を考察し，これらの市場をセグメント化できるか？　もしできる場合，どのような変数でどのようなカテゴリーにセグメント化できるか？　航空会社はあるセグメントに特化しても財政的に収益をあげることができるのか，全セグメントで競争する必要があるのか？

注

1　http://fortune.com/fortune500/2014/からのデータ。
2　A. Brandenburger and B. Nalebuff (*Co-opetition*, New York: Doubleday, 1996) は補完品の衝撃を分析するため Value net という，別の枠組みを提案する。
3　下記を見よ。A. Brandenburger and B. Nalebuff, "The Right Game: Use Game Theory to Shape Strategy," *Harvard Business Review* (July/August 1995): 63-64; and A. Brandenburger, J. Kou, and M. Burnett, *Power Play (A): Nintendo in 8-bit Video Games* (Harvard Business School Case No. 9-795-103, 1995).
4　A. Orlowski, "The Great Smartphone Massacre: Android Bloodbath Gathers Pace," The Register (November 4, 2014). www.theregister.co.uk/2014/11/04/android_bloodbath_gathers_pace, accessed November 30, 2014.
5　J.A. Schumpeter, *The Theory of Economic Development* (Cambridge, MA: Harvard University Press, 1934).
6　下記を見よ。R. Jacobson, "The Austrian School of Strategy," *Academy of Management Review* 17 (1992): 782-807; and G. Young, K. Smith, and C. Grimm, "Austrian and Industrial Organization Perspectives on Firm-Level Competitive Activity and Performance," *Organization Science* 7 (May/June 1996): 243-254.
7　R.T. Masson and J. Shaanan, "Stochastic Dynamic Limit Pricing: An Empiri-

cal Test," *Review of Economics and Statistics* 64 (1982): 413-422 ; R.T. Masson and J. Shaanan, "Optimal Pricing and Threat of Entry : Canadian Evidence," *International Journal of Industrial Organization* 5 (1987): 520-535.
8 R. Caves and M.E. Porter, "The Dynamics of Changing Seller Concentration," *Journal of Industrial Economics* 19 (1980): 1-15 ; P. Hart and R. Clarke, *Concentration in British Industry* (Cambridge : Cambridge University Press, 1980).
9 P.A. Geroski and R.T. Masson, "Dynamic Market Models in Industrial Organization," *International Journal of Industrial Organization* 5 (1987): 1-13.
10 D.C. Mueller, *Profits in the Long Run* (Cambridge : Cambridge University Press, 1986).
11 R. D'Aveni, *Hypercompetition : Managing the Dynamics of Strategic Maneuvering* (New York : Free Press, 1994): 217-218.
12 R.A. D'Aveni, G.B. Dagnino, and K.G. Smith, "The Age of Temporary Advantage," *Strategic Management Journal* 31 (2010): 1371-1385.
13 R.G. McGrath, "Transient Advantage," *Harvard Business Review* 91 (June 2013).
14 L.G. Thomas and R. D'Aveni, "The Rise of Hypercompetition in the US Manufacturing Sector, 1950-2002." Tuck School of Business, Dartmouth College, Working Paper No. 2004-11 (2004).
15 R.R. Wiggins and T.W. Ruefli, "Schumpeter's Ghost : Is Hypercompetition Making the Best of Times Shorter?" *Strategic Management Journal* 26 (2005): 887-911.
16 G. McNamara, P.M. Vaaler, and C. Devers, "Same As It Ever Was : The Search for Evidence of Increasing Hypercompetition," *Strategic Management Journal* 24 (2003): 261-278.
17 K. Weigelt and C.F. Camerer, "Reputation and Corporate Strategy : A Review of Recent Theory and Applications," *Strategic Management Journal* 9 (1988): 137-142.
18 A.K. Dixit, "The Role of Investment in Entry Deterrence," *Economic Journal* 90 (1980): 95-106 ; P. Milgrom and J. Roberts, "Informational Asymmetries, Strategic Behavior and Industrial Organization," *American Economic Review* 77, no. 2 (May 1987): 184-189.
19 P. Milgrom and J. Roberts, "Informational Asymmetries, Strategic Behavior and Industrial Organization," *American Economic Review* 77, no. 2 (May 1987): 184-189.

20 P. Ghemawat, *Commitment : The Dynamic of Strategy* (New York : Free Press, 1991).
21 たとえば，下記を見よ。A.K. Dixit and B.J. Nalebuff, *Thinking Strategically : The Competitive Edge in Business, Politics, and Everyday Life* (New York : W.W. Norton, 1991) ; and J. McMillan, *Games, Strategies, and Managers* (New York : Oxford University Press, 1992).
22 G.T. Allison and P. Zelikow, *Essence of Decision : Explaining the Cuban Missile Crisis*, 2nd edn (Boston : Little, Brown and Company, 1999).
23 B.C. Esty and P. Ghemawat, "Airbus vs. Boeing in Superjumbos : A Case of Failed Preemption," Harvard Business School Working Paper No. 02-061 (2002).
24 D. Ronfelt, "Social Science at 190 mph on NASCAR's Biggest Superspeedways," *First Monday* 5 (February 7, 2000).
25 July 17, 2014 202-408-7500, barry.toiv@aau.edu "Economists Behind the FCC's Spectrum Auctions to Receive Golden Goose Award" (July 17, 2014), http://www.goldengooseaward.org/wp-content/uploads/2014/07/Wilson-Milgrom-McAfee-to-Receive-Golden-Goose-Awards-7-17-14.pdf, accessed November 15, 2014.
26 John Cassidy "Rational Irrationality," *New Yorker* (October 5, 2009).
27 J. Maynard Smith, "Sexual Selection and the Handicap Principle," *Journal of Theoretical Biology* 57 (1976) : 239-242.
28 A. Brandenburger and B. Nalebuff, *Co-opetition* (New York : Doubleday, 1996).
29 T. Dhar, J.-P. Chatas, R.W. Collerill, and B.W. Gould, "Strategic Pricing between Coca-Cola Company and PepsiCo," *Journal of Economics and Management Strategy* 14 (2005) : 905-931.
30 *Bitter Competition : Holland Sweetener vs. NutraSweet (A)* (Harvard Business School Case No. 9-794-079, 1994).
31 A.M. McGahan, "The Incentive not to Invest : Capacity Commitments in the Compact Disk Introduction," in R.A. Burgelman and R.S. Rosenbloom (eds.), *Research on Technological Innovation Management and Policy*, vol. 5 (Greenwich, CT : JAI Press, 1994).
32 D.K. Levine and R.A. Levine, "Deterrence in the Cold War and the War on Terror," *Defence and Peace Economics* 17 (2006) : 605-617.
33 D.N. Sull, "Managing by Commitments," *Harvard Business Review* (June 2003) : 82-91.

34 価格が主要な決定変数であるようなゲームは，19世紀のフランスの経済学者ジョセフ・ベルトランにちなんでベルトランモデルと呼ばれる。

35 数量が主要な決定変数であるゲームは，19世紀のフランスの経済学者アントワーヌ・オーギュスタン・クールノーにちなんでクールノーモデルと呼ばれる。

36 F. Scott Morton, "Strategic Complements and Substitutes," *Financial Times Mastering Strategy Supplement* (November 8, 1999): 10-13.

37 R.M. Grant, "Tesla Motors: Disrupting the Auto Industry," in *Contemporary Strategy Analysis: Text and Cases*, 9th edn (Wiley, 2016).

38 競争での信号発信研究については下記を見よ。O. Heil and T.S. Robertson, "Toward a Theory of Competitive Market Signaling: A Research Agenda," *Strategic Management Journal* 12 (1991): 403-418.

39 B. Macintyre, *Operation Mincemeat: The True Spy Story that Changed the Course of World War II* (London: Bloomsbury, 2010).

40 評判の戦略的役割の調査については下記を見よ。K. Weigelt and C. Camerer, "Reputation and Corporate Strategy: A Review of Recent Theory and Applications," *Strategic Management Journal* 9 (1988): 443-454.

41 P. Milgrom and J. Roberts, "Predation, Reputation, and Entry Deterrence," *Journal of Economic Theory* 27 (1982): 280-312.

42 R.M. Grant, "Pricing Behavior in the UK Wholesale Market for Petrol," *Journal of Industrial Economics* 30 (1982): 271-292; L. Miller, "The Provocative Practice of Price Signaling: Collusion versus Cooperation," *Business Horizons* (July/August 1993).

43 ほぼすべての均衡解（パンドラの箱問題）を予測するためのゲーム理論の能力については下記を見よ。C.F. Camerer, "Does Strategy Research Need Game Theory?" *Strategic Management Journal*, Special Issue 12 (Winter 1991): 137-152; F. M. Fisher, "The Games Economists Play: A Noncooperative View," *Rand Journal of Economics* 20 (Spring 1989): 113-124; また，スティーブ・ポストレルはゲームにおけるポイントについて下記に解説した。S. Postrel, "Burning Your Britches behind You: Can Policy Scholars Bank on Game Theory?" *Strategic Management Journal*, Special Issue 12 (Winter 1991): 153-155.

44 G.F. Rose and M. Lloyd, "The Failure of FCC Spectrum Auctions," (Washington DC: Center for American Progress, May 2006); P. Klemperer, "How not to Run Auctions: The European 3G Mobile Telecom Auctions. *European Economic Review* 46 (2002): 829-845.

45 Strategic and Competitive Intelligence Professionals; the Institute for Com-

petitive Intelligence.
46 たとえば，J.D. Underwood, *Competitive Intelligence For Dummies* (Chichester : John Wiley & Sons, Ltd, 2014) ; L.M. Fuld, *The Secret Language of Competitive Intelligence* (Indianapolis : Dog Ear Publishing, 2010) ; M. Ioia, *The New Rules of Competitive Intelligence* (Bloomington, IN : Xlibris, 2014).
47 "McLaren Docked F1 Points for Spying," *Financial Times* (September 14, 2007) ; "Kolon Loses $920 Million Verdict to DuPont in Trial Over Kevlar," *Washington Post* (September 15, 2011).
48 Office of the National Counterintelligence Executive, *Foreign Spies Stealing US Economic Secrets in Cyberspace : Report to Congress on Foreign Economic Collection and Industrial Espionage*, 2009-2011 (October 2011).
49 J.-C. Spender, *Industry Recipes : The Nature and Sources of Managerial Judgment* (Oxford : Blackwell, 1989). How social interaction promotes convergence of perceptions and beliefs is discussed by Anne Huff in "Industry Influences on Strategy Reformulation," *Strategic Management Journal* 3 (1982) : 119-131.
50 この部分は，下記におおいに依拠する。M.E. Porter, *Competitive Advantage* (New York : Free Press, 1985) : Chapter 7.
51 "Pirelli's Bet on High-performance Tires," *International Herald Tribune* (April 2, 2005).
52 R.E. Caves and M.E. Porter, "From Entry Barriers to Mobility Barriers : Conjectural Decisions and Contrived Deterrence to New Competition," *Quarterly Journal of Economics* 91 (1977) : 241-262.
53 W.C. Kim and R. Mauborgne, "Blue Ocean Strategy : From Theory to Practice," *California Management Review* 47 (Spring 2005) : 105-121.
54 M.E. Porter, *Competitive Strategy* (New York : Free Press, 1980) : 129.
55 戦略グループについての詳細は下記を見よ。J. McGee and H. Thomas, "Strategic Groups : Theory, Research, and Taxonomy," *Strategic Management Journal* 7 (1986) : 141-160.
56 A. Feigenbaum and H. Thomas, "Strategic Groups and Performance : The US Insurance Industry," *Strategic Management Journal* 11 (1990) : 197-215.
57 K. Cool and I. Dierickx, "Rivalry, Strategic Groups, and Firm Profitability," *Strategic Management Journal* 14 (1993) : 47-59.
58 K. Smith, C. Grimm, and S. Wally, "Strategic Groups and Rivalrous Firm Behavior : Toward a Reconciliation," *Strategic Management Journal* 18 (1997) : 149-157.

第5章
資源と能力の分析

他人からお金を貰えるのは，自分になにか強みがあるからだ。弱みのおかげではない。したがって，問題は，まず，自分のもっている特別の強みはなにか？ そして，それは正しい強みか？ その強みは明日の機会に合っているか？ それとも，それは，昨日の機会のためのものか？ もう機会が存在しないか，もしかしたら，機会なぞ，もともとなかったところで自分の強みを発揮させようとしていないか？ そして，最後に，新たにどんな強みを獲得する必要があるか？

—ピーター・ドラッカー(注1)

自分がうまくできることをやらなきゃならぬ。

—ルチノ・ノト，元副会長，エクソンモービル

【概　要】
- 序論と目的
- 戦略策定における資源と能力の役割
  - 資源と能力に基礎を置く戦略
  - 利益の源泉としての資源と能力
- 資源と能力の認識
  - 資源の認識
  - 組織能力の認識
- 資源と能力の評価
  - 資源と能力の戦略的重要性の評価
  - 企業の資源と能力の相対的強みの評価
- 戦略的要素の展開
  - おもな強みの活用
  - おもな弱みの管理
  - あってもなくてもよい強みをどうするか？
  - 資源分析の産業的文脈
- 要約
- 自習用の質問
- 注

序論と目的

第1章で戦略の中心的課題は外部環境から内部環境へ移転したと述べた。この章ではこの移転についてさらに議論する。企業の内部に注目する際，企業が有する資源と能力に注意を向けることになる。内部環境に注目する過程で競争優位分析の基礎を構築する（それは第3章における成功要因の鍵の議論と軌を一にする）。

本章では以下のことを学ぶ。

- 戦略策定の基礎としての企業の資源と能力の役割の評価。
- 企業の資源と能力の認識と評価。
- 維持可能な戦略優位性を与える企業の資源と能力の潜在可能性の評価。
- 内部の弱みを補完しつつ内部の強みを利用する戦略の評価。

まず，企業の資源と能力は戦略にとって，なぜそのように大事なのかの説明から始める。

戦略策定における資源と能力の役割

戦略とは外部環境から生ずる機会に企業の資源（リソース）と能力（ケイパビリティ）を適合させることである。本書の今までの説明は企業の外部環境での利益収得機会の認識に集中してきた。本章では戦略と外部環境の相互作用から，戦略と内部環境の相互作用—とくに企業の資源と能力との相互作用—に視点が移動する（図5.1参照）。

戦略は個人または組織の資源および能力の強みを利用すべきであるという考え方はべつに新しいものではない。聖書にあるダビデとゴリアテの話は，この観点から解釈できる（戦略コラム5.1）。戦略の基礎としての資源と能力の役割の強調の増加は2つの要素による。第1に企業の産業環境がより不安定になるにつれ，外部の市場への視点よりも内部の資源と能力のほうが戦略策定にはより確実な基礎であると見られるようになった。第2に産業の魅力度よりも競争優位のほうが優れた収益性の根本的な源泉であることがますます明らかとなった。これらの要素を1つずつ眺めてみよう。

第5章　資源と能力の分析

■図5.1　資源と能力分析―戦略と企業の接点

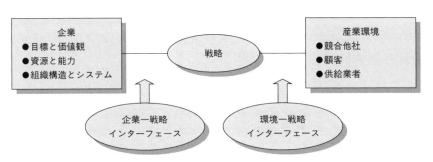

戦略コラム 5.1　ダビデとゴリアテ

　西暦前1000年頃，イスラエルの牧童，ダビデはペリシテ人の擁護者ゴリアテからの一対一の挑戦に受けて立つことにした。ゴリアテの『身長は6キュービット1スパン（3メートル）であった。かれは青銅のヘルメットを頭に冠り，5千シェケル（58kg）の重さをもつ青銅の鎖帷子を着ていた。足には青銅の脛あてをして，そして背中には青銅の投げやりを背負っていた。』イスラエル人の王，サウルはダビデに鎧と甲を与えようとしたが，ダビデは，受け取らなかった。『「鎧も甲も着ることはできない」と，ダビデはサウルにいった。「なぜならばそんなものを着たことはないからである」』…。そして，かれは自分の杖を手に取り，小川から丸い石を5つ選び，それを牧童の普通使う袋に入れ，石投げ具を手にもって，ペリシテ人のほうに近づいた…ペリシテ人が，ダビデを攻撃するため向かってきたとき，ダビデは大急ぎで戦いの場に走りより，相手に対峙しようとした。自分の袋に手を入れ，石を取り出し，それを投げてペリシテ人の額に当てた。石は，ゴリアテの額を割った。そして，かれは地面に，うつぶせに倒れた。』

　ゴリアテにたいするダビデの勝利は3つの核となる強みを活用しての戦略を反映している。つまり，ダビデの勇気と自分への信頼，行動の速さと移動性，そして石投げ具使用の経験である。この戦略によって，かれはゴリアテの核となる強み，つまり，かれの身体的大きさ，最新技術の攻撃および防御用の道具，そして，かれの戦闘経験，の使用を食い止めた。もし，ダビデがサウル王の忠告を聴いて，一対一の戦闘での伝統的な戦略を採用していたら，その結果は，疑いもなく，違っていたであろう。

〔出所〕聖書（新国際版）：サムエル記17：39-49頁。

資源と能力に基礎を置く戦略

　1990年代，企業の戦略の第一義的な基礎として，収益性の根本的な源泉として資源と能力を見る考えは**企業の資源（リソース）ベース理論**として結実した[注2]。

　資源ベース理論がなぜ戦略思考におおきな衝撃を与えたのか理解するため，戦略策定の出発点に目を向けてみよう—企業の根本的な目的は以下の質問に答えることで明らかになる。つまり，『自分の事業は何か？』普通には，答えは，どんな市場に財またはサービスを提供しているかで答えが出ていた。つまり，『誰が客か？』そして『かれらのニーズのどれを満たそうとしているのか？』である。しかし顧客の嗜好がきまぐれ的に変化し，顧客の構成や客のニーズを満たす技術が変化しているとき，市場に焦点をあてた戦略は，長期にわたっての戦略の案内をする方向性での安定や継続性には役に立たないかもしれない。外部環境がおおきな変動の最中にあるときこそ，資源と能力のバンドル（集合）として企業を捉えたほうが，その企業においてアイデンティティを定義する際，しっかりした基盤を提供するであろう。

　この資源と能力を企業戦略の基礎とすることは，C.K. プラハラッドとギャリー・ハメルにより，1990年発行の革新的な論文である『企業のコアコンピタンス』で一般に知られるようになった[注3]。能力が『競争能力の根源』，新製品の源泉，戦略の基礎たり得ることはホンダや３Ｍにより示されている（戦略コラム5.2）。

　一般的に，外部環境における変化の度合いがおおきければおおきいほど，企業にとって，外部市場に焦点をあてるよりも，内部資源と能力が長期的戦略の確実な基礎となる可能性が高い。変化の激しい，技術集約的な産業では，戦略を能力に依拠することで，企業は創業当時の製品のライフサイクルを超越できるかもしれない。マイクロソフトの最初の成功はIBM PC用のMS-DOSオペレーティングシステムに依っていた。しかし，ソフトウェア開発，マーケティングおよび提携能力を構築することで，マイクロソフトはオペレーティングシステムからアプリケーションソフトウェア（例：Office），インターネットサービス（例：Xbox Live）およびクラウドベースのコンピュータサービスへと成功裡に移行した。同様にして，ハードウェア，ソフトウェア，人間工学および美しいデザインを組み合わせ，優れた機能性，デザイン，そして使いやすさを作り出すアップルの能力（Ability）は，同社がデス

第5章　資源と能力の分析

クトップやノートブックコンピュータから MP3プレイヤー（iPod），スマートフォン（iPhone），タブレットコンピュータ（iPad）および時計に事業を拡張することを可能にした。

　反対に，根本的な技術変化にもかかわらず，昔からのマーケットフォーカスの仕方を維持しようとした企業は，顧客に満足を与えるための新しい技術的能力構築の際，困難に直面した。

　イーストマン・コダックの歴史は古典的な例である。化学画像処理に基礎を置く写真関連製品での世界市場での支配的地位はデジタル画像処理により脅かされた。コダックはデジタル技術やデジタル画像処理製品の開発に数十億ドルの投資をしてきた。それにもかかわらず2012年1月，コダックは，破産に追い込まれた。コダックは，化学処理のノウハウに固執し，写真事業が徐々に斜陽化する間に，特殊化学，製薬および医療関係に傾注したほうが成功したのではないか？(注4)

　タイプライタおよび事務用機器を供給するオリベッティとスミスコローナも同じような教訓を与える。マイクロエレクトリックス事業への投資にもかかわらず，両社ともパーソナルコンピュータの供給者としての地位を確立できなかった。オリベッティとスミスコローナは，自社の既存の電気および精密工学のノウハウを使って他の製品を開発したほうがよかったのではないか？(注5) 企業がその業務展開する市場での技術変化に適応する際に直面する困難についてはおおくの研究が存在する—植字業界やディスクドライブ産業ではおおくの技術革新の波により市場リーダーの浮沈と新規参入者の繁栄が繰り返された(注6)。

戦略コラム 5.2　資源と能力に基礎を置く戦略—ホンダと3M

　ホンダ技研工業は，自社をモータサイクルとも自動車会社とも定義していない。図5.2が示すように，1948年設立以来，エンジンの設計と製造は，同社をモータサイクルからもっと広範囲の内燃機関製品へと導いた。

　3M社（初めの社名は，Minnesota Mining and Manufacturing）はサンドペーパーから始まって，55,000の産業，事務，医療，および家庭用製品へと業態を広めていった。同社はコングロマリットであろうか？

　そうではない，と3Mは主張する。その広い製品範囲は，同社が体系的に，1世紀以上の時間をかけて展開，発展させた技術的能力のクラスターに依拠する。

155

第II部 戦略分析の手法

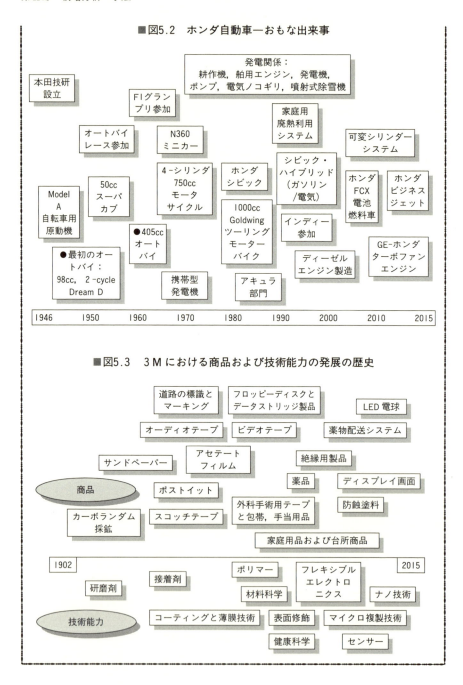

■図5.2 ホンダ自動車—おもな出来事

■図5.3 3Mにおける商品および技術能力の発展の歴史

利益の源泉としての資源と能力

　第1章で高い利潤率の2つの源泉を認識した—産業魅力度と競争優位性である。その2つのうちでは，競争優位のほうがより重要な源泉である。国際化と規制緩和は大半の産業において競争を激化させた。その結果，精力的な競争からの，ぬるま湯的避難所を提供してくれるような産業（またはそのセグメント）はほとんどなくなった。前章で見たように（図4.1参照），産業要因は企業間の利益差の小部分しか説明しない。したがって，競争の嵐からの逃避をめざすよりも，資源と能力の開発と展開を通じて競争優位を確保することが戦略の根本的な目的となった。

　企業の利益の源泉としての産業の魅力度と（他より優れた資源にもとづく）競争優位との区別は，経済学者の間での利益（レント，超過利潤）のいろいろな様態に該当する。（企業の市場価格にたいする影響力である）マーケットパワーから生じる利益は**独占的レント**として言及される—優れた資源から生じる利益は，19世紀の英国の経済学者デービッド・リカードの名前を借りて**リカーディアン・レント**と呼ばれる。リカードは，小麦市場が競争的な場合，小麦栽培の限界的な土地は，ほとんど利潤を得ないが，肥沃な土地は高利潤を享受することを示した。リカーディアン・レントは，希少資源が，生産活動での使用コストを上回って生み出す利益である(注7)。ドルビーラボラトリーズが，騒音減少システムのライセンスから2014年に得た8億7千9百万米ドルの使用量の大半は，テニス選手，ロジャー・フェデラーが2014年に得た5億6千2百万米ドルと同様に，リカーディアン・レントを含んでいた。

　実際には市場支配力（Market power）から生じる利益と資源の優秀性から生じる利益とを区別するのは理論においてほどは，現場では明白ではない。ポーターの5つの力の分析が示唆するのは，産業の魅力度は最終的には戦略的資源を所有しているかどうかに帰因するということである。たとえば，参入障壁は，特許権，商標，ノウハウ，流通チャンネル，学習，または企業により所有されるその他の資源の産物である。独占は，技術規格または政府の認許可などの，鍵となる資源に通常依拠している。

　資源（リソース）ベース理論は企業の戦略策定上甚深な意味をもっている。戦略の主要な関心が産業の選択と産業内での位置づけであった時代，企業は似通った戦略を採用する傾向があった。資源ベースの考え方は，それとは対照的に，各企業が独特な資源や能力を有していること，利益率の鍵は他社と同じことをするのではな

く，他社との相違を活用することであると認識する。競争優位の確保には，企業の独特の強みを活用する戦略を作成し，実施することが必要とされる。

本章では以下，戦略策定での資源ベース・アプローチの概論を述べる。このアプローチの根本にあるのは企業は自社の資源と能力の完全かつ深い理解を求めなければならないということである。この理解は以下のことがらの基礎を提供する。

本書の焦点は企業戦略であるが，同じ考え方は，われわれ自身の職業上の成功にも適用できる。健全なキャリア戦略は，ゴリアテにたいするダビデと同じように，自分の弱みによる脆弱性を最小化すると同時に，強みを認識し，活用する戦略である。例としては戦略コラム5.3を参照。個人にしても組織にしても，出発点となるのは，もっている資源と能力を見定めることである。

戦略コラム 5.3　コア・ケイパビリティに焦点をあてる戦略—マライア・キャリーにかんするライアー・コーエンの戦略

2001年はマライア・キャリーにとって惨憺たる年であった。彼女の最初の映画『グリッター』は興行上の失敗であり，そのサウンドトラックはキャリーの過去10年でのアルバムでもっとも売れないものになった。8千万ドルのレコード契約はEMIから打ち切られ，彼女は神経衰弱に苦しんだ。

アイランド・デフ・ジャムレコードの，攻撃的で仕事中毒のライアー・コーエンは早速，そこに事業上の機会を見た。面識はなかったが，EMIから契約を解除された日に彼女に電話をし，『あなたは信じられないほど優秀な芸術家であり，したがって，あなたは自信をもつべきだ』とコーエンは伝えた。『わたくしがいったことは，彼女を納得させ，結局，彼女はわたくしたちと契約するようになった。』

キャリーの状況にかんするかれの戦略分析は簡潔なものであった。『わたくしは彼女にあなたの比較優位は何ですかと訊いた。もちろん，すばらしい声だ。じゃあ，他には？　あなたはすべての自分の歌を書いている。あなたはすばらしいソング・ライターだ。それなのに，あなたはなぜあなたの比較優位を生かすことができなかったのですか？　あなたは，このすばらしい声をもって，感動させる歌を書くのになぜ他のアーティストや他のソングライターとコラボレーションをしているのですか？　なぜですか？　それは最初にフェラーリを運転しているようなものです…あなたは，そのフェラーリが6段目のギアが入るまでどのように走るかわからないでしょう。』

コーエンは2002年5月にキャリーと契約した。ユニバーサル・ミュージック・アイランド・デフ・ジャム・レコードにおいて，キャリーは彼女の核となる強さを取り戻した―彼女の七色の声，作詞作曲の才能，およびバラードスタイルである。彼女の新しいアルバム『エマンシペーション・オブ・ミミ（ミミの解放）』は2005年でもっとも売れたアルバムになり，そして，2006年に，彼女はグラミー賞を受賞した。
〔出所〕 "Rap's Unlikely Mogul," *Financial Times* (August 5, 2002). © The Financial Times, reproduced with permission.

資源と能力の認識

はじめに企業の有する**資源と能力**の区別から始めよう。資源とは企業が有する生産的な資産である。能力とは，企業がなにができるかということである。それ自身では，個々の資源は競争優位を与えない。組織能力を作り出すには，そういった個々の資源は協働して機能しなければならない。適切な戦略を通じて適用されたとき，組織能力は，競争優位の基礎となる。図5.4は資源，能力，そして競争優位の関係を図示する。

資源の認識

企業の資源のリストを作成するのは思っているよりはずっと難しい。ほとんどの企業の経理や管理情報システムにおいてこの手の情報は存在しない。貸借対照表は企業の資源にかんしてある程度の情報しか提供しない―おもに財務的，物理的資源を含んでいるだけである。企業にかんして幅広い展望図を得るには，3つの種類の資源を認識するのが効果的である―有形，無形，そして人的資源である。

有形資源 有形資源は一番認識，評価しやすい資源である―財務的資源と物理的資産は企業の財務諸表のなかで認識，評価できる。しかし貸借対照表は―とくに歴史的費用評価は―資産の評価が間違って行われることがおおい。ディズニーの2014年の年次報告書は，その映画ライブラリーを―減価償却費を除いた制作費用に準拠して―わずか14億米ドル，そして，その資産総額を（フロリダの所有地2万8千エー

■ 図5.4 資源，能力と競争優位の関係

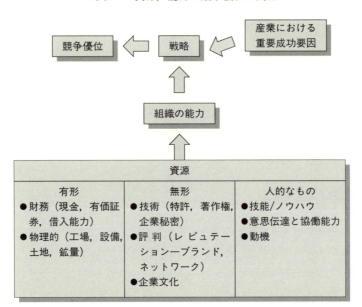

カーを含む）わずか12億米ドルとしている(注8)。

しかし資源分析の第1の目的は企業の資産価値の評価ではなく，利益を生み出す潜在力を理解することである。そのためには，貸借対照表の評価だけではなく，その構成および特徴を理解する必要がある。その情報をもとにして，企業の有形資産から付加価値を創造するための2つのおもな道を探求することができる。

- 資源使用での節約の可能性があるか？　同じ程度の事業活動を支えるのに，より少量の資源活用は可能か？　現在と同様の量の資源の使用で，より大量の事業活動を支えることが可能であるか？
- 既存資産活用でもっとおおきな収益は可能か？

戦略コラム5.4は，1980年代なかば，マイケル・アイズナーによるウォルト・ディズニーの経営改革において，どのようにして，これら両方のやり方が使われたかを論じる。

第5章 資源と能力の分析

> **戦略コラム 5.4　資源の活用―ディズニーの復活**
>
> 　1984年に，マイケル・アイズナーはウォルト・ディズニー社の最高経営責任者になった。1984年から1988年の間に，ディズニーの純利益は9億8,000万ドルから57億ドルまで増加した。株式市場での時価総額は18億ドルから103億ドルまで増加した。
> 　ディズニー再生の鍵は同社の抱える多量の資源ベースの運用であった。買収した土地開発会社アルビーダ社の助けを借り，ディズニーのフロリダの資産は，ホテル，リゾート，会議場設備提供事業，および宅地造成と新しいテーマパーク（ディズニー-MGMスタジオ・ツアー）にと変身した。
> 　ディズニーは，膨大なフィルム・ライブラリを活用するために，ディズニー映画のビデオカセットを販売し，テレビ・ネットワークに，映画の放映権を与えた。不十分にしか利用されていない映画スタジオを活用するため，アイズナーは映画生産を2倍に増やし，またディズニーを大手のTVプログラム制作会社に変えた。
> 　これらの有形資産活用の際，助けとなったのは，ディズニーの名前とディズニーキャラクターにたいする，いろいろな国，いろいろな世代や，何百万人ものひとびとの愛着であった。そうした結果，ディズニーの新経営陣はテーマパーク入場券販売の増加，ディズニー商品の販売促進のためディズニーストア・チェーンの開設，欧州とアジアでのディズニーテーマパークの開場に成功した。

無形資源　大半の企業にとって，無形資源は有形資源よりも価値がある。しかし財務諸表において無形資源は過小評価されているか，まったく表記されない傾向がある。無形資源の排除または過小評価が企業の財務諸表での評価（『簿価』）と株式市場での時価（表5.1参照）とのおおきく，かつますます広がる相違のおもな理由である。過小評価か評価されていないもので，無形資源に含まれるのは，ブランド（表5.2）である。インターブランドはウォルト・ディズニー・ブランドの価値を320億米ドルと推算する。しかしながら，ディズニーの貸借対照表では，その所有する商標すべての価値は12億米ドルである。
　商標はブランド所有権の法的根拠を与える。商標は知的財産の1つである。その他の知的財産は，特許，著作権，そして企業秘密であり，それらにより企業の有する知識資産は構成される。戦略的資源としての自社所有技術がますます重要になっ

■表5.1　高評価比率をもつ大企業

企業名	比率*	国籍
Alibaba	40.25	中国
Altria	23.11	米国
Colgate-Palmolive	21.96	米国
AbbVie	21.81	米国
Amazon	15.18	米国
Roche	14.24	スイス
Celgene Corp.	13.50	米国
Gilead Sciences	11.61	米国
Facebook	11.24	米国
Starbucks	10.92	米国
GlaxoSmithKline	10.87	英国
Tata Consultancy Services	10.07	インド
Accenture	9.15	米国
British American Tobacco	8.09	英国
Inditex	7.57	スペイン
Nike	7.54	米国
Diageo	6.89	英国
Unilever	6.84	オランダ/英国
IBM	6.40	米国
PepsiCo	6.24	米国
Boeing	6.07	米国

*時価総額と簿価の比率，2014年10月
〔注〕　この表は時価総額500億米ドル以上の企業で時価総額と簿価での純資産価値との比が高いものを載せている。
〔出所〕　Yahoo! Finance, Financial Times.

てきているのは，企業がその技術革新を特許で保護するためや，訴訟によって特許権の行使のために行っている努力から明らかである。経済が，しだいしだいに知識に基礎を置くようになっているのと軌を一にして，特許や著作権はますます重要な資源になってきている。CDMAデジタル無線通信での主導企業であるクアルコム，携帯電話用のマイクロプロセッサでの世界的に主要な設計会社のARM，およびゴアテックスやその他のハイテック織物の製造業者であるW.L. ゴア＆アソシエイツなどの企業にとって特許はもっとも価値のある資源である。

　企業のもっているネットワークも資源と考えることができる。それは，情報，ノウハウ，投入（Inputs），そして企業の外（Boundaries）にある，その他の資源の利用を企業にとって可能にする。企業間のネットワークに組み込まれていることは，

■表5.2 世界でもっとも評価されているブランド，2014年

順位	ブランド	価値，2014年（$10億）	2013年からの変動
1	Apple	118.9	＋21％
2	Google	107.4	＋15％
3	Coca-Cola	81.6	＋3％
4	IBM	72.2	－8％
5	Microsoft	61.2	＋3％
6	General Electric	45.5	－3％
7	Samsung	45.5	＋15％
8	トヨタ	42.4	＋20％
9	McDonald's	42.3	＋1％
10	Mercedes Benz	34.3	＋8％
11	BMW	34.2	＋7％
12	Intel	34.2	－8％
13	Disney	32.2	＋14％
14	Cisco	30.9	＋6％
15	Amazon	25.5	＋25％
16	Oracle	26.0	＋8％
17	Hewlett-Packard	23.8	－8％
18	Gillette	22.9	－8％
19	Louis Vuitton	22.6	－9％
20	ホンダ	21.7	＋17％

〔注〕 ブランド価値計算は，商標によって生み出される，将来の予測収益値を現在値としたものである。
〔出所〕 Interbrand, http://www.bestglobalbrands.com/2014/ranking/.

その企業が社会から受け入れられていることを意味する結果，企業の生き残り能力を高める。こういった企業間の関係は「ネットワーク・リソース」として知られる[注9]。

最後に，組織文化も無形資源とみなすことが可能である。組織文化とは「他と区別すると信じられる，共有の信条，価値，前提条件，有意義な意味づけ，神話，儀式，そして象徴の混合したものである。」[注10]　認識したり，記述するのは難しいとはいえ，**組織文化**は，おおくの企業にとって大変重要な資源である。つまり，それは組織が開発する能力と，それを行使する際の効率に強い影響を与える[注11]。

人的資源　人的資源は組織の従業員の技能と生産的な努力である。人的資源は，貸借対照表には出てこない―企業は人にたいする所有権をもたない。企業は雇用契約

にもとづいて従業員のサービスを購入する。しかし，雇用関係の安定性は，人的資源を企業の資源の一部とする見方を可能にする。米国ではひとりの従業員が，特定の雇用者にとどまる期間の平均は4.6年，欧州では長い―英国で9.5年，フランスで12.3年，そしてドイツでは11.7年である。日本では16.2年である^(注12)。

　企業内での人的資源のストックを認識し，評価するのは複雑であり困難である。人的資源は雇用契約時と雇用関係の存続する期間に評価がなされる―たとえば毎年の業績評価においてである。

　組織は，その人的資源の分析のためおおきな努力をしている。つまり，新規雇用と従業員の業績成果の評価とその育成のために，である。人的資源評価ははるかに体系的，洗練されたものになった。研究者によって，高い職務業績の説明変数として認識された指標を使い，従業員の技能や特徴を測定するため，おおくの組織はアセスメントセンターを設けた。**コンピタンシー・モデリング**は，特定の職種での好業績の人間に見られる技能，コンテント知識，態度，そして価値の組み合わせの認識を行い，各従業員をその組み合わせの性格特性図（プロファイル）と比較評価する[注13]。この研究でのおもな発見は，優れた仕事上の業績をあげるには心理的，社会的な態度がおおきな意味をもつということであった―情動知能や社会的知能（Emotional and social intelligence）がおおきな関心を呼んでいるのはこれに起因している[注14]。企業のあいだでますます盛んになっている「態度，性向で雇い，技能を育成する」傾向は，こういった研究成果で説明できる。

組織能力の認識

　能力はそれ自体では生産的なものではない。脳外科医師はレントゲン技師，麻酔専門家，看護師，手術用機器，画像機器，そしてその他おおくの資源なくしては，ほとんど無能な存在である。作業を遂行するには，いろいろな資源が一緒に協働する必要がある。組織能力は『欲する成果を得るため，企業の資源を展開する能力』である[注15]。ひとりひとりの個人がバイオリンを弾き，アイススケートをし，中国語の普通語を話すことができるように，組織体も機械装置を作り，世界的にそれを流通させ，外為リスクをヘッジする能力をもっている。

　それぞれの組織は特有の能力（ディスティンクティブ・コンピタンス）をもっているという考えは，むかしからあったものだが[注16]，プラハラッドとハメルが，企業の戦略や業績にとって不可欠な，基本的な能力をコアコンピタンスとして呼ぶよ

うになるまでは組織能力は戦略分析の中心概念ではなかった[注17]。そのあと,洪水のようにいろいろな論文,研究が発表され,呼び方,名称の面で,かなり混乱が引き起こされた―この本ではケイパビリティとコンピタンスとを,能力と呼ぶことにする[注18]。

能力分類 組織は,「ディスティンクティブ」または「コア」コンピタンス(企業個有能力)をもつという考えは周知の概念であるが,企業には自社の能力について体系的な観点を有する必要がある。企業の組織能力を認識するには,企業の活動を分類し,分解する基準が必要となる。通常2つの基準が使われる。

1. **機能分析**は企業の個々のおもな機能分野にかんする組織能力を認識する。企業の機能として典型的に含まれるのは,オペレーション,購買,ロジスティクス/サプライチェーン管理,設計,エンジニアリング,新製品開発,マーケティング,販売,流通,顧客サービス,財務,人的資源管理,法的,情報システム,政府機関との関係,通信および広報,そしてHSE(健康,安全,環境)である。
2. **価値連鎖分析**は企業の活動を,前後の順序関係をもとにした連鎖として認識する。マイケル・ポーターの**一般的価値連鎖**は主要活動(投入の転換と顧客との相互作用に関連する)と支援活動(図5.5参照)に分ける[注19]。ポーターにより大ざっぱに定義された価値連鎖は,企業活動(および各活動に該当する能力)のさらなる詳細を追求するため分解することができる。したがって,マーケティングは市場調査,市場テスト,広告宣伝,プロモーション,価格,そして卸売業者との関係を含む。

組織能力の包括的な視点を提供するとはいえ,2つの基準の問題としてあるのは,組織の競争優位性にとって重要で,不可欠な,独自の能力を認識するのに失敗するかもしれないことである。アップルの例において,類を見ないほど使いやすく,顧客への訴求力のある製品を作る,**抜群**の能力は,いかにして技術力と市場洞察力との組み合わせから生まれるかを先に見た。この能力は,機能的または価値連鎖分析のどちらからも自動的には見きわめることはできない。独特の能力を見つけるため,一般的な能力のさらに向こうを見るには,洞察力と判断力が必要となる。ある組織の歴史を注意深く研究することは,とくに有効である。通時的に組織の成功と失敗を観察すると,あるパターンが見えてくる。そのパターンがどう機能したかによっ

■図5.5　ポーターの価値連鎖

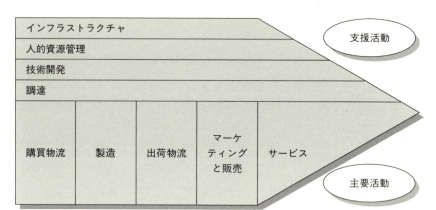

て，組織が有する能力について学ぶことができるか？

すべての組織の能力の基礎にあるのは，組織構成員の間での調整された行動である。これこそ，組織能力を個人の技能から区別する点である。ルーティンやプロセスは，個人の行動を統合して組織能力を創造する際に，必須の役割を果たす（戦略コラム5.5参照）。統合は組織能力の間でも重要である。組織の能力とは，低いレベルの能力が高いレベルの能力に統合される階層的体系であると見ることもできる。石油，ガス会社にとって，成功の鍵は原油やガスを見つける能力である。図5.6が図示するのは，探査能力にはたくさんの構成能力があること，また，その構成能力は，さらにもっと専門的な能力に分解され得るということである。

プラハラッドとハメルが述べるところの「コアコンピタンス」を構成するのは，大半の企業にとって，これら高いレベルでの能力である。したがって，トヨタの「リーン生産方式」は，ジャストインタイム管理方式，トータルクオリティ管理，統計的プロセス管理，フレキシブル生産，そして改善方式に関連する多数の能力を統合する。

こういった高いレベルの能力は機能，職能横断的（Crossfunctional）である。たとえば，新製品開発能力は，技術的開発，マーケティング，設計，製品工学，プロセス工学，そして財務を統合するための上層レベル能力である。

何人かの著者が提案するのは，能力階層の最高レベルに位置するのは**ダイナミック・ケイパビリティ**―つまり，低いレベルのオペレーション上のそして機能的な能力を変え適応させる能力―であるということである[注20]。ダイナミック・ケイパビ

第 5 章　資源と能力の分析

■図5.6　能力の階層―石油ガス会社

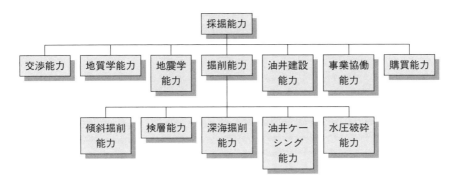

リティについては，第 8 章で詳しく見る。

> **戦略コラム 5.5**　**ルーティンとプロセス―組織能力の基礎**
>
> 　資源は，組織の能力構築目的で組み合わせられる。しかし，組織能力は，単純に資源から生まれるものではない。
> 　スポーツにおいては，資源に豊かなチームが，しばしば，少しの資源しかもたないが，強い能力を創造するチームに負けることがある。欧州のサッカーでは，スター選手のおおいチーム(例：チェルシー，レアル・マドリード，そしてマンチェスター・シティ) が，限定された資源しかもたないチーム（例：ボルシア・ドルトムント，アーセナル，そしてアトレティコ・マドリード）に敗北することが頻繁にある。事業においても，資源の少ない新興企業が既存の巨大企業に勝つのを見ることができる。つまり，家電業界でのエレクトロラックスにたいするダイソン，自動車でのトヨタにたいする現代，通信機器でのエリクソンにたいするシスコシステムズ，マイクロプロセッサでのインテルにたいする ARM である。明らかに，組織の能力には単に資源にとどまらないものがある。
> 　学術的な文献では，組織能力は組織ルーティンに基礎を置くと考えている。こういった『規則だって，予測可能な行動パターン（活動の反復されるパターンを含む)』[注a]は，進化経済学者のみなすところでは，企業が何をやり，企業がどんな性格をもつか，企業がどう進化し，成長するかを決める。個々の技能と同様に組織ルーティンも，やって覚えることで発展する―そして，使わなければ萎縮してしまう。

それゆえに，効率と柔軟性との間では二律背反が存在する。限定された数のルーティンは高い効率で，完全に近い調整のもと，遂行される。その同じ企業は，新しい状況に直面したとき，正しく適応するのには困難を覚えるだろう。

組織能力は，単純に浮かび上がってくるものではない。それは経営陣の努力によって創造されるものである。したがって，本書ではルーティンよりもプロセスに焦点をあてる。プロセスは，それをもって特定の生産作業が遂行される，調整された行動手順である。経営者，管理者によってプロセスという言葉はよく理解されているだけではなく，事業プロセスを設計し，叙述し，そして改善する手法は高度に開発されている(注b)。

しかしながら，組織能力の創造と開発には，プロセスを採用するだけでは十分でない。プロセスが適切に設計された組織単位のなかに繰り込まれ，個々人が動機づけられていて，そして，資源，プロセス，構造，個々の経営管理システムが相互に調整されている必要がある(注c)。第8章において，組織能力開発の際，企業が直面する課題を詳細に述べる。

〔注〕
　a．R.R. Nelson and S.G. Winter, *An Evolutionary Theory of Economic Change* (Cambridge, MA : Belknap, 1982).
　b．T.W. Malone, K. Crowston, J. Lee, and B. Pentland, "Tools for Inventing Organizations : Toward a Handbook of Organizational Processes," *Management Science* 45 (1999) : 425-443.
　c．T. Felin, N.J. Foss, K.H. Heimeriks, and T.L. Madsen," Microfoundations of Routines and Capabilities : Individuals, Processes, and Structure, "*Journal of Management Studies,* 49 (2012) : 1351-1374.

ある企業の能力の階層的構造がどんなものであれ，その効率性は，企業の顧客価値提案（Value proposition）を提供する際，どの程度まで相互に補強するかに依存する。企業の主要能力間でのこういった補完的関係こそが「企業整合性」の基礎である。このように，ウォルマートの競争優位は4つの相互補完的能力に依拠する。つまり，積極的販売員管理，店舗販売時点情報（Point of sale data）管理，優れたロジスティクスおよび厳密な運転資本管理である(注21)。

資源と能力の評価

ここまでで組織の主要資源と能力を認識した。それによる価値創造の可能性をいかに評価するか？　それには2つの基本的な課題がある。まず，企業でのいろいろな資源と能力がどれくらい**戦略的**に**重要**か，そして，第2に，競合他社にくらべ企業の資源と能力がどれくらい**強い**ものかである。企業の資源と能力の戦略的重要性をいかに評価するかの考察から始めよう。

資源と能力の戦略的重要性の評価

戦略的に重要な資源と能力とは，それを有する企業にたいし重要な利益の流れを作り出す可能性をもったものをいう。資源と能力から企業が得る収益は3つの要素に依存する―競争優位を確立し，その競争優位を維持し，競争優位から生じる利益を自分のものとする能力である。そのひとつひとつはおおくの資源特性に依存する。図5.7はその鍵となる関係を要約する。

■図5.7　資源と能力の戦略的評価

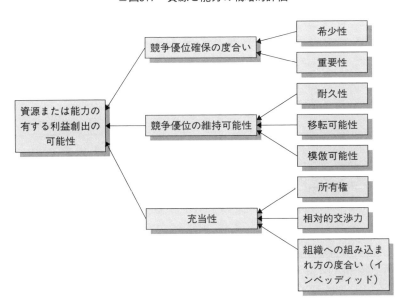

競争優位の確立　資源か能力が競争優位を確立するには2つの条件が必要である。

- **有意義（レレバンス）**　資源または能力は市場での成功の鍵条件にとって有意義でなければならない―とくに顧客にとって価値を創造するものでなければならない。英国石炭鉱山はいくつかのすばらしいブラスバンドを生み出した。残念ながら音楽的才能，能力は鉱山が安い輸入炭や北海のガスからの競争に刃向かうにはほとんど役に立たなかった。小売銀行業が自動金銭支払機やオンライン取引に移転したとき，支店網の顧客サービスにとっての意義はほとんど消滅した。
- **希少性**　もし資源または能力が産業において広く入手可能ならば，競争を戦うには不可欠であるが，競争優位の十分な基礎とはならないであろう。石油やガス採掘では傾斜掘削や三次元地震分析などの新技術は新油田の発見には必須のものとなっている。しかしこういった技術は油田開発サービスやIT関連企業から容易に入手可能である。その結果，こういった技術は『競争に参加するには必要』であるが『競争に勝つには不十分』である。

競争優位の維持　一度確立されても，競争優位は徐々に侵食される。資源と能力の提供する競争優位性の維持可能性は，その資源と能力のもつ3つの特徴により規定される。

- **耐久性**　ある資源は他の資源よりも大きな耐久性をもっているので，したがって，競争優位のより確実な基礎である。ますます速まってきている技術変化の速度は生産設備や独自技術を含む資源の大半の有効寿命を短縮化している。一方，銘柄（ブランド）は時間にたいし驚くほどの抵抗力を示している。ハインツ・ソース，ケロッグのシリアル朝食，キャンベルのスープ，フーヴァーの真空掃除機，そしてコカコーラは1世紀以上にわたり市場の主導者であった。
- **移転可能性**　競争優位は競合他社が真似する結果，崩される。もし資源と能力が企業間で移転可能ならば―つまり，それが売買できるものならば―それに依拠する，いかなる競争優位も侵食されてしまうであろう。大半の資源は―大半の人的要素に頼る資源は―ほとんど困難をともなわず売買され得る。他の資源や大半の能力は固定のものであり，たやすくは移転できない。ある種の資源は，場所に特定して存在するので，その場所から移動することはできない。Laphroaig（ラフロイグ）蒸留所と，その10年物の，シングルモルトウィスキーの

競争優位は，ピートと海水の飛沫に味を引き立てられる，Islay（アイレー）島の泉水である。組織の管理経営システムに根ざす多数の資源の組み合わせからなるという理由で，能力を，1つの組織から他の組織に移転するのには困難がともなう。移転へのその他の障壁の1つは，特定の資源の質について，情報が限定的でしかない場合である。人的資源の場合，雇用の意思決定は，典型的には，その新規従業員の働きぶりについて，ほとんど情報がないのに行われる。資源の売り手は，買い手よりも資源の業績特徴についてよりおおく知っている。この状況は買い手にとって，逆選択（アドバース・セレクション）の問題を引き起こす(注22)。ジェイ・バーニーは企業ごとでの資源評価の相違により資源は過小評価か過大評価され，企業の間での収益率の差異を生み出すことを示した(注23)。最後に，資源は補完的なものである。つまり，資源は，そのもともとの所在場所から切り離されると，生産効率が落ちる。典型的には，ブランドは企業間で移転すると価値が低くなる。つまり，欧州のブランドが中国人によって買われると―YGMによるアクアスキュータム，Trinity Ltd（利邦）によるCerruti，Geely（吉利）によるボルボ，そしてWeichai（濰柴）グループによるFerretti買収―商標価値が減損する可能性がある。

- **複製可能性**（レプリカビリティ）　資源や能力を買い取ることができない場合，企業は自分でそれを構築しなければならない。金融サービスでは商品での革新の多くは競争相手によってたやすく模倣されてしまう。小売流通業でも，店舗の設計，ポイントオブセールズ技術およびマーケティング手法から得られる競争優位は観察するに簡単だし，再生（Replicate）するのも簡単にできる。複雑な**組織ルーティン**に依拠する能力は，真似するのはたやすくない。フェデラルエクスプレスの米国全体への，翌日配達サービスやシンガポール航空の優れた機内サービスは，細心に用意されたプロセス，うまく開発された人的資源手法，そして独自の企業文化に基礎を置く複雑な能力である。よしんば資源や能力を真似することができたにしても，模造者は，はじめの創造者とくらべると不利であるのが普通である(注24)。
- **競争優位性から得る利益の専有**（Appropriation）　優れた資源や能力から得られる利益を自分のものにするのは誰か？　通常，利益は能力の所有者に帰する。しかし，所有権は常に明瞭なものとは限らない。組織の能力は，技能や頑張りを提供する従業員か，またはプロセスや文化を提供する企業のどちらに属するか？　人的資本集約的企業においては，優れた能力に起因するレント（超

過利潤）の分配で従業員と株主の間でつねに戦いが行われている。戦略コラム5.6で述べているように，スター従業員と組織所有者との間の，利益の分配にかんする交渉は投資銀行や職業スポーツでの特徴である。この闘争は，カール・マルクスのいうところの，資本の余剰価値をめぐる紛争を思い出させる。法律，会計そして経営コンサルティング事務所において（株式会社よりは）パートナーシップ形態が普通なのはレントの獲得闘争を避けるための1つの解決方法である。

　資源と能力との所有権がだれにあるかはっきりしなければしないほど，企業とその構成員との間での所有権を決める際，相互の力関係が重要になってくる。また，個人の技能や知識が，組織のルーティンに組み込まれていればいるほど，さらには，それらが企業体制や評判に依存すればするほど，個人の企業にたいする力は弱くなる。

　戦略コラム5.7はジェイ・バーニーの方法と，本書の著者の資源と能力の戦略的重要性評価方法とをくらべている。

戦略コラム 5.6　卓越した能力からの利益の取り込み（Appropriation）—従業員対所有者

　組織能力からの利益を従業員と所有者のどちらが取り込むかの戦いを観察するには，投資銀行は興味津々たる場所である。ゴールドマン・サックスは合併と買収サービス，株式引き受け，そして自己勘定売買について卓越した能力をもっている。これらの能力は従業員の技能，ITインフラストラクチャ，同社の名声，そしてシステムと文化などを組み合わせたものである。しかしながら，従業員と所有者との間での利益分配が示唆するのは，従業員のほうが，レントの取り込みでは力が強いということである。

　プロフェッショナル・スポーツにおいても同様である。スポーツ選手は，チームの業績，成果への自分の貢献度を全部取り込むに有利な地位にある。NBAの2014/2015シーズンにコービー・ブライアントに支払われた2億3,500万米ドルの給与は，ロサンゼルス・レイカーズにとってのかれの価値を満額取り込んだものかもしれない。

　最高経営責任者についても同様である。ディズニーの最高経営責任者，Robert Iger（ロバート・アイガー）には2014年3億4,300万米ドルが支払われた。しかし，ディズニー18万人の従業員とくらべて，アイガーがディズニーの2013年での純益74

億米ドルにどれだけ貢献したかは知られていない。

特定の従業員の技能，経験と組織の能力との結びつきが強ければ強いほど，その従業員の転職はたやすくなり，さらに，他の企業で，かれの技能は展開しやすければしやすいほど，従業員の交渉力は強固になる。

したがって，おおくの投資銀行，広告宣伝会社，そして，その他の専門的サービス企業では，個人の技能よりはチームベースの作業に重点を置く。『われわれの強みは…われわれ独自のチーム中心主義にある』と監査事務所であるグラントソントンは主張する。しかしながら，従業員は，チーム全体の移籍を通じて交渉力を高めることができる。2010年9月，UBSのエネルギーチームはシティに移籍した。

■表5.3　ゴールドマン・サックスにおける利益，配当金，および従業員報酬

	2009年	2011年	2013年
純売上	$13,390m.	$4,442m.	$8,040m.
株主配当金	$579m.	$780m.	$988m.
従業員報酬総額	$16,190m.	$12,200m.	$12,613m.
従業員1人あたり報酬	$498,000	$366,360	$383,374

戦略コラム 5.7　資源と能力の評価―グラント対バーニー

本章で説明した，資源の戦略的重要性の評価は，バーニーによって開発され，広く使われているVRIO枠組みとは代替的関係にある。2つの方法を似たところと違っているところとが明らかになるように，比較してみる。

グラント：戦略重要性枠組み	バーニー：VRIO枠組み	比　較
競争優位確立		
●関連性（Relevance）	●価値	似ている。両者とも顧客価値創造に関心
●希少性	●まれである	同じ。希少性＝まれ
競争優位の維持		
●耐久性	―	VRIOに該当点なし
●移転可能性	●模倣可能	似ている。資源または能力を真似るには，買うか（つ
●複製可能性		

		まり,移転)再生模倣するかである
競争優位取り込み ●取り込み可能性	●組織	似ている。価値をとらえるのに組織を作るのは,価値を取り込む能力の存在を予想させる

〔出所〕　VRIO 枠組みは以下参照。J.B. Barney, "Looking Inside for Competitive Advantage," *Academy of Management Executive* 9 (1995): 49-61 and J.B. Barney and W. Hesterly, *Strategic Management and Competitive Advantage* 5th edn (Pearson, 2014).

企業の資源と能力の相対的強みの評価

　どんな資源や能力が戦略的に重要かは見た。つぎには,企業は競合他社と比較してどうしたら互角となり得るかを見る必要がある。競争相手とくらべての自社の資源と能力を客観的に評価するのは難しい。組織は,過去の栄光,将来への希望,そして思い込みのため判断をくらませがちである。企業やその上層経営層の間で思い上がりに陥る傾向があるため,事業の成功は,自分自身の破滅の種をまく結果となるかもしれない(注25)。ロイヤルバンク・オブ・スコットランドによる NatWest(ナットウエスト)の成功裡に終わった買収に続いたのは,惨憺たる結果に終わった,2007年での ABN アムロ銀行買収で頂点に達した一連の買収であった(注26)。

　ベンチマーキング―自社のプロセスや業績を他社のそれと比較するプロセス―は企業にとっては競合他社との比較で自社の資源や能力を評価する客観的で定量的な方法である(注27)。得た結果は健全である可能性がある。1980年代におけるベンチマーキングの主導企業であるゼロックス社は,費用効率,品質,そして新製品開発における日本からの競争企業の圧倒的な優越性を観察した。最近でも,大半の産業において平均と最良の実績との間には広い乖離があることが証拠立てられている(注28)。

　著者自身の企業との経験でも,強みと弱みを深く考察することでベンチマーキングを補完する必要のあることが明らかである。「組織能力の認識」について前述した議論でいったように,経営幹部を集めて,自社が最近行ったことでよかったもの,よくなかったものを見きわめ,そこから何らかのパターンが浮かんでくるかを考え

させるのは非常に有効である。

戦略的要素の展開

　ここまでの分析─資源と能力の認識と戦略的重要性と相対的強みとの関連での評価─は簡単な図に表すことができる（図5.8）。
　焦点として重要なのは図5.8における右側の象限2つである。鍵となる強みをどのようにしてもっとも効果的に活用するか？　弱みを減らし，矯正するため，どのように弱みに向き合うか？　最後に，「どうでもよい強み」をどうするか。それは本当に余計なものか，または，それを展開して活用できる方法があるか？　以下，何点か示唆する。

おもな強みの活用

　一番重要な作業は，企業の資源と能力が最大限の効果を発揮することを確実にすることである。
- ウォルト・ディズニーの重要な強みのいくつかが，ディズニーブランドや，子供やその両親のディズニーキャラクターにたいする愛着心や，さらにはテーマパークの設計や運営にかんするディズニーの能力であるとしたならば，その意

■図5.8　資源および能力評価の枠組み

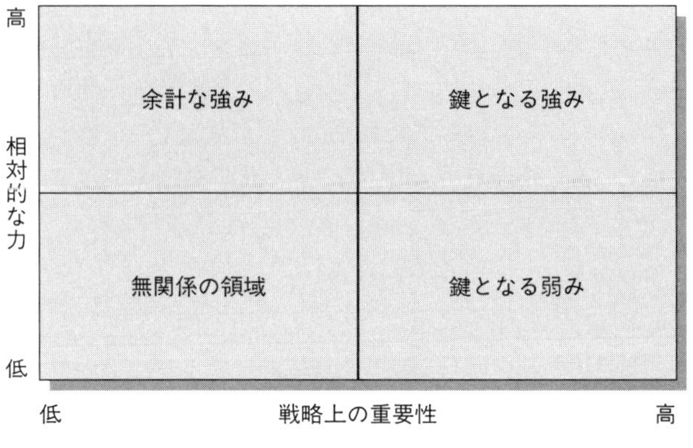

	戦略上の重要性（低→高）	
相対的な力（高）	余計な強み	鍵となる強み
相対的な力（低）	無関係の領域	鍵となる弱み

味するのはディズニーは、テーマパークの場所を6カ所（アナハイム，オーランド，パリ，東京，香港，そして上海）に限るべきではない。1年を通じて市場性のある，その他の場所にもテーマパークを開設すべきである。
- ニューヨーク・タイムズやガーディアン（英）およびルモンド（仏）などの高級紙のコアコンピタンスが出来事の解釈と社会動向を見きわめる能力であるとすると，新聞販売からの収入減少の補填のため，そういった能力は，カスタマイズされたビジネス情報やその他のコンサルティング事業などの新しい事業に使うことが可能でないか？
- ある企業の強みがあまりおおくないとしたら，隙間戦略使用を示唆している。ハーレーダビッドソンの鍵となる強みは，そのブランドである。その戦略は，伝統的なスタイル，技術的には昔ながらのクルーザーモータサイクルに焦点をあてている。英国半導体企業，ARM は RISC アーキテクチャの技術的リーダーである。その戦略は，高度に集中化されたものである。つまり，携帯電話向けマイクロプロセッサ・デザインを世界的にライセンス供与している。

おもな弱みの管理

企業は自社の主要な弱みをどう処置すべきか？　弱みを修正するため，既存の資源や能力の改善計画を立てることは魅力的である。しかし弱みを強みに転換するのは大半の企業にとって長期的な課題である可能性が強い。短期および中期的には企業は前の経営陣から受け継いだ資源や能力から離れられないでいることがおおい。

主要な機能での弱みへのもっとも決定的な，そしてしばしば，もっとも成功する解決策は**外注（アウトソーシング）**である。したがって，自動車産業では企業はますます内部で展開する活動について選択的になってきている。垂直方向での統合が解体する傾向は，企業が主要な強みに傾注し，その他の活動は外注した結果である。広範な活動にわたって，専門的な供給業者のほうが，大半の企業とくらべより高度の能力を開発している。そのため，IT（アクセンチュア，IBM，キャップジェミニへの），ロジスティクス（Exel，Kuehne＋Nagle，UPS への）そして食品サービス（Compass，Sodexo への）外注が行われるわけである。

いくつかの企業は，その価値連鎖のなかの比較的少数の活動だけを展開しているかもしれない。運動用の靴や衣料でナイキは製品デザイン，マーケティング，そして全体の『システム統合』は自社で行うが，製造，ロジスティクス，そしてその他

おおくの機能はアウトソースされている。垂直的な企業の事業領域については第11章であつかう。

　賢い戦略策定により企業は主要な弱さを克服できる可能性をもっている。再度，ハーレーダビッドソンを見てみよう。同社はホンダ，ヤマハやBMWとは技術面では競争にならない。解決策？　同社は古い技術や伝統的なデザインを逆手に取った。ハーレーダビッドソンの陳腐化したプッシュロッド・エンジンや再生デザインはレトロ調の訴求性にとって中心的な存在である。

あってもなくてもよい強みをどうするか？

　企業がそれにたいし，とくに強みをもっているが，維持できる競争優位性の源泉としては重要ではないと見える資源や能力をどうするか？　1つの回答はそういった資源や能力を選択して新規投資をやめることである。もし小口取引（リテール）銀行が，強いが，傾向的に過少利用しかされない支店網をもっている場合，不動産を売却し，ウェブ・ベース顧客サービスに投資すべき時がきているのかもしれない。

　その明らかな弱みを競争的な強みに転換するのと同様に，企業は明らかに取るに足らない強みを主要な戦略的差別化要素（Strategy differentiators）に転換することができる。エドワード・ジョーンズ社の証券仲買店舗のネットワークと8千人以上のセールスマンの営業網は，証券仲買がますますオンラインで行われる時代において意味をもたないものに見えた。しかし，個人的なサービス，信頼できるブローカーたち，そして投資にかんする伝統的，保守的美徳を強調することでエドワード・ジョーンズは営業所ネットワークに基礎を置く，反対思考（Contrarian）戦略で成功した[注29]。

　熾烈なほど競争的なMBA市場においては，経営大学院も独自の資源と能力をもとにして差別化すべきである。ジョージタウン大学でのイエズス会の伝統は，そのMBAプログラムにとって競争優位の明らかな源とはいえない。しかしイエズス会の教育にかんする基本的原則は，全人格形成である。それは事業の主導者に不可欠な価値，人格的高邁性，そして情動知能の強調に適合する。同じようにして，ダートマス大学が，いかなる事業の中心地からも離れた，ニューハンプシャーの森林地帯に位置する事実は，その経営プログラムにとって明らかな利点ではない。しかし，ダートマスのタック経営大学院は，地理的隔離と所在地の環境的美しさを利用して，人格の養成や緊密なネットワークを育む，類まれな地域社会や社会事業への関わり

を特徴とする MBA プログラムを作り上げた。

資源分析の産業的文脈

　資源と能力分析の重要な使用目的は，企業の強みや弱みともっとも整合する産業や市場セグメントを指摘することである。資源と能力を戦略的重要性や相対的な強みをもとにして評価するには，対象となる企業の競争環境をいかに定義するかがおおきく影響する。ハーレーダビッドソンの例を考えてみよう。その最大の弱みは技術にある。ハーレーダビッドソンは，技術力が重要成功要因である高性能モータサイクル・セグメントに参入すべきではない。重量級のクルーザーに傾注するほうがよい。このセグメントでは技術はそれほど重要ではない。

　これが意味するのは，どんな資源や能力であれ，その分析結果は，産業をどれだけ広く定義するか，狭く定義するかにかかるということである。一般的にいって，産業の定義は幅広く行ったほうがよい。そうでないと，資源/能力分析は対象企業の既存の戦略によって限定され，遠くに位置する競合他社からの脅威や新規戦略採用の機会を無視する傾向があるからである。

　さらに普遍的には，戦略枠組みすべてにもいえることだが，視点の狭い資源や能力の分析を避けるべく注意しなければならない。戦略的重要性判断基準や文脈に依存する，相対的な強みのみならず，個々の資源や能力も複数の次元が積み重なってできたものである。たとえば，企業の製造能力は，効率，品質，そして柔軟性との関連で判断される。それゆえに，本章で概説されたような資源と能力の分析は，企業の競争優位可能性を評価するにはかなり大ざっぱな手法であるといえる。そうはいっても，それは，組織の資源と能力ポートフォリオを体系的に記述し，評価する（それは後々，より洗練され得る）可能性を提供する。

　戦略コラム5.8は，本章で概説した手法が，いかに Icelandair（アイスランド航空）グループの資源と能力の認識と評価に適用でき，また，航空産業での競争優位確立の可能性を示すかの例を提供する。

戦略コラム 5.8　実践面での資源と能力―アイスランド航空グループ

　もし，航空事業での重要成功要因は，競争的な価格での二都市間の安全で信頼で

きる運輸であるとすれば，まず，そういった目標を達成するに必要な資源と能力を見きわめることから始めることになる。その次に，もっと体系的にそれらの資源と能力を確保するため，価値連鎖を使うことができる。表5.4と図5.9とが示すのは，航空事業での主要な資源と能力であり，アイスランド航空と競合他社とを比較しての相対的位置である。

戦略的な意味からいえば，アイスランド航空を差別化している鍵となる資源は所在地である。アイスランドの32万6,000人の人口が構成する乗客と貨物運輸市場は，簡単に支配できる。しかし，それは国際的な航空会社を支えるにはあまりにも小さい。したがって，効率的な規模を追求するには，アイスランド航空は(a)他の企業やアイスランド政府と協力して，アイスランドを観光客の仕向先として開発し，(b)欧州と北米の都市を結ぶ北大西洋ルートで競争しなければならない。(b)を実現可能とするには，アイスランド航空は，大手米国および欧州の航空会社が提供するポイント・ツー・ポイント経路と競合できる，レイキャビックをハブとするストップオーバー拠点を築く必要がある。そのためには(a)アイスランド航空のオペレーション上の効率を使って他の航空会社よりも安い運賃を提供し，(b)アイスランド航空のオペレーションと顧客サービス能力，人的資源の強み，そしてレイキャビック/アイスランドのストップオーバーとしての魅力を利用して，差別化による競争優位を確立する必要がある。アイスランド航空の戦略は，そのビジョン声明に凝縮されている。『1年を通じて旅行目的地となり，接続ハブとしてのアイスランドの地位を強化し，柔軟性と経験に焦点を置くこと。』

■図5.9　アイスランド航空の資源と能力の輪郭

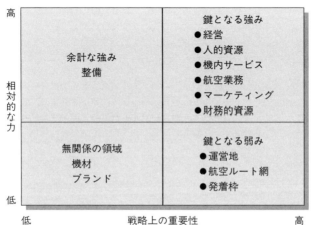

■表5.4　アイスランド航空グループの資源および能力

	戦略的重要性 ［１から10］	アイスランド航空の相対的な強み ［１から10］
資源 機材	航空機は売却可能；おもな違いは機材の平均機体年齢［２］	新しい航空機が納入されるまでの平均機体年齢よりも古い機材の年齢，2018-2021［２］
財務資源	(a) 他の資源を購入する (b) 不況に備えるために必要［７］	しっかりした財務諸表；キャッシュフローでの黒字［８］
所在地と航空ルート網	市場獲得とネットワーク経済を享受するのに不可欠［９］	国内市場の狭小さと市場の狭い北大西洋ルート［３］
発着枠	混み合った空港使用の重要な決定要因［６］	収容能力に制限ある欧州と北米の空港でほとんど活動していない［３］
ブランド	サービスの質と信頼性のおおきな指標［５］	国際的な名声に欠けているし過去の「ヒッピー航空会社」というイメージを引きずっている［４］
人的資源	大半の資源にかんして人的資源は不可欠［８］	高教育，高度に訓練され，動機の高い従業員［８］
能力 航空業務	オペレーション能力はコスト効率と顧客満足度とに不可欠［９］	オペレーション効率，安全性，および柔軟性での実績；平均席一マイル・コストは米，欧の伝統的航空会社を下回る［８］
機内サービス	ビジネスクラスでは重要；エコノミークラスでの重要性はそれほどでもない［６］	顧客からの声によるとビジネスクラスでは他社と同じくらい，エコノミーでは質/値段比較で好評［６］
整備	信頼性と安全性に不可欠，しかし外注は簡単［３］	安全性の記録と信頼性の実績とは優れた運営能力を示唆する［７］
マーケティング	ブランド認知度および需要の喚起に不可欠［５］	アイスランド航空の観光客数と北大西洋市場での市場占拠率拡大の成功におけるおおきな要因［８］
経営	オペレーション，顧客サービス，マーケティング，およびサポート能力の開発と維持に不可欠［８］	アイスランド航空はダイナミックな，直接実務に関与する経営陣を有する。柔軟で，責任感の強い，経営への参画［９］

〔注〕　上記は参考に作成されたもの。著者の主観にもとづくもので客観的なデータ測定によるものではない。
　Norwegian, SAS, Lufthansa, British Airways, American, EasyJet, および WOW Air を含む競合他社と比較したもの。

第5章　資源と能力の分析

> 要　約

　注意の焦点を企業の外部環境から内部環境へと移して本章を展開した。内部資源と能力は戦略を構築するために健全な基礎を提供することを観察した。確かに，企業の外部環境が絶え間ない変化にさらされているとき，内部の強みは，企業にとって，その独自性（Identity）と戦略を定義するため主要な基盤を提供するかもしれない。

　本章では，組織が有する資源と能力の認識のための体系的な考え方を説明した。その後，維持可能な競争優位性を提供し，さらには利益を生み出す潜在可能性にかんして，資源と能力を評価した。

　組織の主要資源と能力の俯瞰を示し，そして強みと弱みを認識した後，組織は，その強みと弱みを活用し，弱みによるところの脆弱性を最小化する戦略を策定できる。図5.10は，そういった分析での主要段階を要約する。

　この章のなかで，おおくの理論的概念や関係を見た。しかし，資源と能力分析での基本的事項は，非常に実践的なものである。根本的には，資源と能力分析は，どんなもので競合他社とくらべもっと上手にできるか，そしてどんなものではそ

■図5.10　要約―資源と能力分析の枠組み

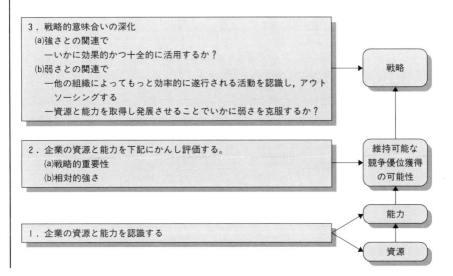

うではないか，についての企業の独自性を探るものである。それは貸借対照表，従業員の特殊技能（Core competence），そしてベンチマーキング・データ分析のみならず，価値観，野心，そして優先事項や独自性を形づくる企業の伝統への明察とも関係する。

　企業の資源と能力は競争優位構築の基礎であるので，本章への言及はたびたびされるであろう。次章では，資源と能力を展開する組織構造と経営システムを考察する。第7章では，資源と能力の強みが重要成功要因とまじりあうときに生じる競争優位について考察する。第8章では，将来の課題に向かい合うため必要な能力を企業がいかに構築するかを考える。

自習用の質問

1．1994年に設立されて以来，アマゾンは，オンラインでの書籍販売からオンラインの小売一般，オーディオ・ビデオストリーミング，電子書籍リーダーおよびタブレット，クラウドコンピューティングへと事業を拡張した。アマゾンの戦略の基礎は，おもに市場のニーズを満足させるためか，それとも資源と能力を活用するためか？

2．1970年代，世界的にタイプライタの主要製造業者はオリベッティ，アンダーウッド，IBM，オリンピア，レミントン，スミスコローナ，そしてブラザー工業であった。IBMとブラザーはマイクロ電子工業革命に適合したが，その他の企業の大半は適合できなかった。パーソナルコンピュータおよび電子ワードプロセッサ市場に参入するかわりに，それらの企業はどんな戦略を採ったのであろうか？

3．企業の株式市場での価値と簿価との相違の一部は，貸借対照表での無形資産は典型的には過小評価されるか，またはまったく評価されていないかという事実を反映する。表5.1に記載される企業にとって，その貸借対照表のなかでどんな資産が記載されていないか，過小評価されている可能性があるか？

4．おおくの会社で以下のような意思表示が見られる─『われわれにとっては人間が一番大切な資産である』。図5.7にある判断基準でいえば，従業員は一番大事な戦略的要素であるか？　ウォルマート，マクドナルド，そしてマッキンゼー・アンド・カンパニーにとって，その競争優位の観点から，従業員

はどの程度重要か？
5．本章で，アップルの主要能力は，ハードウェア技術とソフトウェア工学，美的感覚，人間工学，そして知的認識を組み合わせて，優れたユーザーインターフェースと類まれな訴求度をつくりあげる，製品デザインと製品開発であると主張する。サムスンにとって，アップルのこういった能力を真似するのはどれくらいたやすいことであるか？
6．戦略コラム5.8で説明したアイスランド航空の資源と能力の内容を見た場合，(a)アイスランドへ旅行する旅客の数を拡大する，そして(b)北大西洋市場での市場占拠率を利益をともないつつ拡大するには，その資源と能力の活用はどのように行ったらよいか？
7．資源と能力分析を，自分の学ぶ経営大学院に適用せよ。まず，経営教育市場において成功するための資源と能力はなにかを見定めよ。自分の学校の資源と能力を評価し，そして，提供すべきプログラムおよび学校と提供する研修内容との全体的な戦略的位置づけと差別化などについて推薦事項をまとめよ。

注

1　P.F. Drucker, *Managing in Turbulent Times* (New York: Harper & Row, 1990).
2　資源理論は下記で説明されている。J.B. Barney, "Firm Resources and Sustained Competitive Advantage," *Journal of Management* 17 (1991): 99-120; J. Mahoney and J.R. Pandian, "The Resource-Based View within the Conversation of Strategic Management," *Strategic Management Journal* 13 (1992): 363-380; M. A. Peterlaf, "The Cornerstones of Competitive Advantage: A Resource-Based View," *Strategic Management Journal* 14 (1993): 179-192; and R.M. Grant, "The Resource-based Theory of Competitive Advantage," *California Management Review* 33 (1991). 114-135.
3　C.K. Prahalad and G. Hamel, "The Core Competence of the Corporation," *Harvard Business Review* (May/June 1990): 79-91.
4　"Eastman Kodak: Failing to Meet the Digital Challenge," in R.M. Grant, *Cases to Accompany Contemporary Strategy Analysis* 8th edn (Oxford: Blackwell, 2013).

5 E. Danneels, "Trying to Become a Different Type of Company : Dynamic Capability at Smith Corona", *Strategic Management Journal* 32 (2011) : 1-31. E. Danneels, B. Provera, and G. Verona, "(De-) Institutionalizing Organizational Competence : Olivetti's Transition from Mechanical to Electronic Technology", Bocconi University, Milan, 2012.

6 M. Tripsas, "Unraveling the Process of Creative Destruction : Complementary Assets and Incumbent Survival in the Typesetter Industry," *Strategic Management Journal* 18 (Summer 1997) : 119-142 ; J. Bower and C.M. Christensen, "Disruptive Technologies : Catching the Wave," *Harvard Business Review* (January/February 1995) : 43-53.

7 A. Madhok, S. Li, and R.L. Priem, "The Resource-Based View Revisited : Comparative Firm Advantage, Willingness-Based Isolating Mechanisms and Competitive Heterogeneity", *European Management Review* 7 (2010) : 91-100.

8 Walt Disney Company, 10-K report, 2014.

9 R. Gulati, "Network Location and Learning : The Influence of Network Resources and Firm Capabilities on Alliance Formation," *Strategic Management Journal*, 20 (1999) : 397-420.

10 S. Green, "Understanding Corporate Culture and Its Relationship to Strategy," *International Studies of Management and Organization*, 18 (Summer 1988) : 6-28.

11 J. Barney, "Organizational Culture : Can It Be a Source of Sustained Competitive Advantage?" *Academy of Management Review*, 11 (1986) : 656-665.

12 OECD data for 2013. http://stats.oecd.org/Index.aspx?DatasetCode=TENURE_AVE.

13 E. Lawler, "From Job-Based to Competency-Based Organizations," *Journal of Organizational Behavior* 15 (1994) : 3-15 ; L. Spencer and S. Spencer, *Competence at Work : Models for Superior Performance* (New York : John Wiley & Sons, Inc., 1993).

14 D. Goleman, *Emotional Intelligence* (New York : Bantam, 1995) ; D. Goleman, *Social Intelligence* (New York : Bantam, 2006).

15 C.E. Helfat and M. Lieberman, "The Birth of Capabilities : Market Entry and the Importance of Prehistory," *Industrial and Corporate Change* 12 (2002) : 725-760.

16 P. Selznick, *Leadership in Administration : A Sociological Interpretation* (New York : Harper & Row, 1957).

17 C.K. Prahalad and G. Hamel, "The Core Competence of the Corporation,"

第5章 資源と能力の分析

Harvard Business Review (May/June 1990) : 79-91.
18 G. Hamel and C.K. Prahalad state : "the distinction between competencies and capabilities is purely semantic" (letter, *Harvard Business Review*, May/June 1992 : 164-165).
19 M.E. Porter, *Competitive Advantage* (New York : Free Press, 1984).
20 D.J. Teece, G. Pisano, and A. Shuen, "Dynamic Capabilities and Strategic Management," *Strategic Management Journal* 18 (1997) : 509-533.
21 P. Leinwand and C. Mainardi, "The Coherence Premium", *Harvard Business Review* 88 (June 2010) : 86-92.
22 逆選択（Adverse selection）は，情報の非対称性の結果として生じる低品質または高リスクの製品提供によって市場が支配されている傾向をいう。G. Akerlof, "The Market for Lemons : Qualitative Uncertainty and the Market Mechanism," *Quarterly Journal of Economics* 84 (1970) : 488-500, 参照。
23 J.B. Barney, "Strategic Factor Markets : Expectations, Luck and Business Strategy," *Management Science* 32 (October 1986) : 1231-1241.
24 I. Dierickx and K. Cool ("Asset Stock Accumulation and Sustainability of Competitive Advantage," *Management Science* 35 (1989) : 1504-1513) は模造の有する2つの不利点を指摘する。それは資産質量効率（最初の開発者の資源ポジションは，後々の資源蓄積を容易にする）または時間圧縮の不経済（研究開発での「速成プログラム」や「速攻」広告キャンペーンなどでは費用が高く非生産的であるように，資源や能力を速成的に蓄積しようとする模造者が払うことになる追加的費用）の影響下にある。
25 D. Miller, *The Icarus Paradox : How Exceptional Companies Bring About Their Own Downfall* (New York : Harper-Business, 1990).
26 I. Martin, *Making It Happen : Fred Goodwin, RBS and the Men Who Blew up the British Economy* (London : Simon & Schuster, 2013).
27 "What is Benchmarking?" *Benchnet : The Benchmarking Exchange*, www.benchnet.com, accessed July 20, 2015.
28 "N. Nicholas and J. Van Reenen, "Why Do Management Practices Differ across Firms and Countries?" *Journal of Economic Perspectives* 24 (2010) : 203-224.
29 C. Markides, *All the Right Moves* (Boston : Harvard Business School Press, 1999).

第6章 組織の構造と経営システム —戦略実行の基本

つまるところ，企業の組織力と経営力以外には長期にわたって持続可能な競争優位はないのである。

—ジェイ・ガルブレイスとエド・ローラー

わたくしは，輝かしいアイデアと凡庸な経営よりも一流の実行力と二流の戦略のほうを好む。

—ジェーミー・ダイモン，JPモルガン・チェース最高経営責任者

おおくの人が戦略の実行をビジネスリーダーの権威の元に行う細かい仕事だと考えている。それは間違っている。むしろ，それこそがリーダーのもっとも重要な仕事である。

—ラリー・ボシディ，ハニーウェル前最高経営責任者

【概　要】
- 序論と目的
- 戦略から実行へ
  —戦略策定システム—戦略と実行をつなげる
- 組織設計—組織を形づくるための基本事項
  —専門化と分業
  —協働での問題
  —調整での問題
  —組織設計での階層構造（ヒエラルキー）
  —組織設計におけるコンティンジェンシー理論の考え方
- 組織設計—適正な組織構造の選択
  —組織単位の定義
  —代替的組織形態—職能，事業部，マトリックス
  —組織設計における傾向
- 要約
- 自習用の質問
- 注

序論と目的

わたくしたちは自分自身のキャリアを最高の形で築き上げる方法を解き明かす戦略を練ることに—たとえば，夏休みの計画を立てたり，自分の性的な魅力を増す方法について考えたり—おおくの時間を使っている。これらの戦略のほとんどは，ただの夢想にすぎない。もしその戦略での結果があるとすれば，それは本人の堅い意志に裏づけられているか，行動に落とし込まれているに違いない。

戦略実行の障害は，個人よりも組織にとってのほうがはるかにおおきいといえる。戦略を実行するには組織の成員すべての結集した努力が必須である。それらの実行戦略の多くは公式にあてはめられるようなものではない。ある人はその戦略が個人の利益と対立すると気づくだろう。ある人は戦略そのものを信じないかもしれない。こうした障害がなかったとしても，戦略の実行が無視される傾向にあるのは単純な真実だ。なぜなら，実行には強いコミットメントと一貫性，努力が必要になるからである。著名経営コンサルタントの Ram Charan（ラム・チャラン）はいう，「だれが，何を，いつやるのかという，企業としての意思決定をしないままに終わってしまうミーティングに，何回君は参加したことがあるだろうか」と[注1]。

戦略と実行をつなぐ経営システムについて考えることから始めようと思う。周知のとおり，公式の戦略立案システムは戦略を練る際，とくに効果的といえないかもしれない。優先すべきは，戦略と，オペレーション計画や目標設定，資源配分を含む実行システムとをつなぎ合わせる仕組みを作り出すことである。

しかし，戦略実行の課題は，戦略的意思決定を実行可能なレベルに落とす作業以上のものである。どうやって会社を組織するかの方法は，戦略的経営の基礎である。したがって，本章のおおきな目的は，組織の課題を理解するのに必要な概念を紹介し，組織構造を設計するための枠組みを提供することである。最後に，組織構造の役割を考えるだけでなく，その組織に見える普段の社会構造の様子，つまり組織文化についても考えることにする。

本章の広い狙いは，戦略実行の効果を決める組織構造やシステムなど，戦略実行の基本を紹介することである。後の章で，戦略を特定の事業環境のなかで考えるときに，さらに深く掘り下げる。たとえば，第8章では戦略的変化をどうやって管理するかについて議論。第9章では革新につながる組織条件について考え，

第6章　組織の構造と経営システム―戦略実行の基本

第10章では成熟産業における組織とその変化について考える。第12章では多国籍企業の組織と経営システムを検証。第14章では多角化企業の組織をあつかう。第15章では戦略実行における M&A，戦略的提携（Alliances）の役割について議論する。

本章では以下のことを学ぶ。

- 戦略立案が，どのように戦略実行における実行プラン策定，効果測定，資源配分につながっているのかの理解。
- 複雑な人的組織の構造的特徴を決める基本原則の十分な理解。
- それぞれの事業環境に適合した組織構造の選択。
- ここ数年どのように企業が組織構造を変革しているか，そしてそういった変化を促進している力は何かの理解。

戦略から実行へ

戦略的経営は，従来2つの段階を経るとみられていた。第1に設計，第2に実行である。第1章で見てきたように，経営陣が計画を策定し，組織の下部にいる人が実行するというトップダウンアプローチによる戦略的経営の考えは，ヘンリー・ミンツバーグによって疑問視された。かれの戦略プロセスの見解は，**意図された戦略**（Designed strategy）は，その**実行過程で浮かび上がってくる戦略**（Emerging strategy）によって再構築され，方向を変えるものだというものだった(注2)。

戦略的経営が実行とは独立した形での策定と，その実行段階とに分けられるというのは間違った考えである。どんな組織の計画された戦略であっても不完全であることはまぬがれない―それは目標と方針と優先順位とを含むが，包括的な計画であることは決してない。そのギャップを埋めるのが実行段階である。なぜなら，環境が変化し，予測できない問題が浮上した場合，戦略そのものを変えることは避けられないからである。同時に，戦略構築する際，実行条件を考慮に入れておく必要がある。『偉大なる戦略と，ろくでもない実行』を分析してわかることは，典型的な戦略的誤診であるということだ―実行する能力を考慮に入れないで策定された戦略は，根本的な脆弱性を含む戦略である。戦略立案と戦略実行を時系列的な順序と見る見方は『構造は戦略に従う』という格言に要約されている。しかし経営の神様である

トム・ピーターズはその逆を提唱する(注3)——ドミノ・ピザにとって8,000店舗フランチャイズのグローバルネットワークが、またはアムウェイにとってコミッションベースで独立した販売業者からなるピラミッド組織がある。同社にとって組織構造こそが、まさに戦略そのものだ。

明らかに、戦略策定と実行とは相互に依存する。しかしながら、目的をもって行う行動は、実行に先立ってやろうという意図の存在を求めるという事実は否めない。それゆえに、著者が見たことのある、すべての戦略立案システムの特徴としては、戦略とは、それが作成されるまで実行されないとの認識である。これらの戦略プロセスにおいて、戦略策定はオペレーション計画、成果管理、資源配分による実行と結びついている。

戦略策定システム—戦略と実行をつなげる

第1章（『事業戦略にかんする簡単な歴史』参照）でも述べられているとおり、企業は、戦略を作成するためというよりは、巨大かつ複雑になっている組織体における調整や管理をするために、経営企画手法を導入した。

起業家精神にあふれたスタートアップでも同様である。スティーブ・ジョブズとスティーブ・ウォズニアックが1977年初めにアップル・コンピュータを創業したとき、戦略は、そのふたりの頭のなかにあり、お互いの会話を通じて築き上げられていった。ベンチャーキャピタルを引きつけるため事業計画書を書く必要が出てくるまで、アップルの戦略が明確な表現として描かれることはなかった(注4)。しかし、アップルは異なる機能や製品チームのために資本予算を立て、戦略を日々の意思決定とつなげる必要が出てくる7年後まで、組織的な経営企画を導入することはなかった。

それゆえ、正式な戦略企画は戦略を作る手法としては貧しいものであり、たとえそれが正しかったとしても、戦略企画システムに価値を認めることはできないとミンツバーグは主張している。これまで見てきたとおり、社内の合意を得、戦略とその合理性を組織内に浸透させ、戦略を支援する資源配分を行い、戦略を遂行する責任のある個人やグループを導きかつ動機づけるための成果指標を作るのに、戦略企画システムは重要な役割を果たしている。

第6章　組織の構造と経営システム—戦略実行の基本

■図6.1　戦略企画一般サイクル

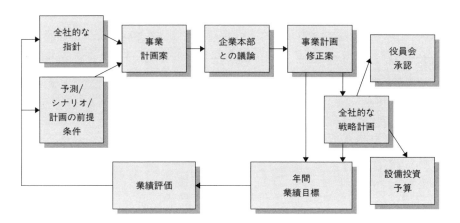

年次戦略計画サイクル

ほとんどの大企業は，定期的な（通常は年1回，時には2年ごとに）戦略計画プロセスを経て，取締役会の承認を受けた文書を作成し，今後3-5年間の同社の開発計画を策定する。戦略計画プロセスは，情報を収集し，意識を共有し，分析を行い，意思決定を行い，そういった意思決定の間での一貫性を確保し，そして行動と業績目標にかんして，経営幹部によるかかわり合いを確保するための，体系的手法である。

戦略計画プロセスは組織によって異なる。いくつかの企業では，それは非常に中央集権的である。起業家のスタートアップ企業が大企業に成長した後でさえ，戦略策定は最高経営責任者が引き続き独占したままになっている可能性もある。MCIコミュニケーションズ，元最高経営責任者のOrville Wright（オービル・ライト）は次のように述べている。『MCIでは厳密にトップダウンでやっている。』(注5) しかし，ほとんどの大企業では，戦略計画プロセスはトップダウンとボトムアップの組み合わせといえるだろう(注6)。図6.1は典型的な戦略計画サイクルを示している。重要な段階は：

1．文脈を設定する—ガイドライン，予測，前提条件

最高経営責任者は通常，戦略的優先項目を公示してプロセスを開始する。優先事項選択は過去の業績評価の結果によって影響をうける。さらに，戦略計画室が，戦略計画作成にあたって共通の基盤を提供する仮説や予測を組織内のいろいろな部門

に提供するかもしれない。たとえば，イタリアのオイル・ガス会社のENIの2014-2017年の戦略計画は，(a)石油生産量を増やしたり，下流の活動を合理化することでフリーキャッシュを増やすという目標および(b)原油価格は1バレル平均90ドル，ドル/ユーロの為替レートは平均1.3であるという仮説のもとに構築されていた[注7]。

2．事業計画

これらの優先順位と計画の前提条件にもとづいて，製品部門，職能部門，地域担当部門の各組織単位は戦略的計画を作成し，意見や討議を行うため経営陣にたいして提示する。ここでのやりとりは，戦略システムの非常に重要な特徴となっている―つまり，ここで知識の共有，アイデアの伝達，合意形成へのプロセスが提供される。このプロセスは，立案された戦略計画よりも重要である。アイゼンハウワー将軍（後の大統領）は，『計画自体は何の意味もない。計画をする行為がすべてである』と述べている。ENIでは，各主要部門（探査と生産，ガスと電力，精製とマーケティング）ごとに事業計画が策定されていた。

3．全社的経営計画

合意後，部門ごとの事業計画は統合され，全社的な戦略計画が作成され，承認のために取締役会に提出される。

4．資本支出（Capital Expenditure）予算

資本支出予算は戦略を資源配分とリンクさせる。それらはトップダウンとボトムアップの両方の組み合わせによってなされる。事業計画を作成する際，組織単位は，戦略計画期間中に遂行する予定の主要プロジェクトおよび，それに関連する設備投資計画を公表する。経営陣は，全社的な経営計画を策定するため，事業部から上がってくる計画を集約。さらに企業全体と個々の事業両方の設備投資予算を決める。事業部は，標準的な評価方法を使って評価された，いろいろな案件（通常はリスク調整後の割引キャッシュフロー分析を使用）について資本支出を申請する。資本支出の承認は，会社の規模に応じて，異なるレベルで行われる。最高額5百万米ドルのプロジェクトは，事業部長によって承認されるかもしれない。最高額25百万米ドルのプロジェクトは，部門の最高経営陣の委員会によって承認されるかもしれない。さらに金額がおおきい案件は経営委員会の承認を必要とするかもしれない。最高額の案件については取締役会の承認が不可欠となるであろう。ENIの2014年-2017年の計画では，540億ユーロの設備投資予算が設定され，そのうち444億ユーロは油田開発と生産に当てられた。

5．実行計画と業績目標

　戦略を実行するには，戦略計画を，行動を絞り目標管理の基礎となる一連の短期計画にまで分解する必要がある。年次運用計画にもとづき，戦略計画から導かれた一連の達成目標がある。これらの達成目標は，財務（売上増，利益率，資本利益率）と運用（在庫率，不良率，新規店舗開店数）の両面からなる。第2章の『業績目標を設定する』のセクションでは，目標設定の基本的なカスケード理論の概要を説明した―組織全体の目標は，下部組織に行くにつれて，より具体的な達成目標に向けられる。第2章でも触れたが，これは単純な財務的な分割計算，またはバランススコアカードのいずれでも使える。この考え方には何ひとつ新しいことはない―目標管理（目標設定のプロセス）は，1954年にピーター・ドラッカーによって提案された(注8)。達成目標は年間予算に組み込むことができる。運用予算とは，会社全体，個々の部門および事業単位の次年度に向けた参考損益計算書(Proforma Profit and Loss)である。継続的な監視と早期の発見を可能にするために，通常は四半期ごとと，月ごとに分けられる。運用予算は，半分は予測であり，半分は目標である。各事業は通常，翌年の運用予算を作成し，最高経営陣の委員会と協議し，もし受け入れられれば，承認となる。いくつかの組織では，予算編成は戦略計画システムの一部である―運用予算は戦略計画の最初の年に行われる。つまり，予算策定は戦略計画に従う。運用計画は，達成目標を立てることや合意を得る以上のものであり，特定の活動を計画することをも含む。ボシディとチャランは次のように説明する―「運用計画には，その事業が1年以内に達成する予定の計画が含まれている…これらの計画のなかには，製品の発売，マーケティング計画，市場機会を活用した販売計画，生産する製品を定める製造計画，そして生産効率改善の生産計画が含まれている」(注9)。

組織設計―組織を形づくるための基本事項

　戦略の実行とは，単なる戦略計画のプロセスや，それらプロセスを目標の設定，運用活動および経営資源の配分へと結びつけることだけではない。戦略の実行には，組織全体の設計が含まれる。企業がどのように組織化されているかは，その企業の行動能力を決定する。前章では，プロセスと構造の設計が組織の能力の基礎であることを述べた。同様のことが戦争でもいえる―ローマ・レギオン軍隊の征服から，

普仏戦争（1871年）での一方的な勝利，6日間戦争（1967年）とヨム・キプル戦争（1973年）でのイスラエルの勝利にいたるまで，組織の優位性は軍事的な成功に重要な役割を果たしてきた。

企業の形態にはさまざまな形や規模がある。サムスン・コーポレーションとニューヨークの32番街にあるLouie's Sandwich Barとには，ほとんど組織としての共通点はない。社会的企業を含めると，組織の範囲はさらに広がる。しかし，ほとんどすべての組織は，個人もしくは少数の人々の野心と努力だけを含むちっぽけなスタートアップとして始まる。戦略コラム6.1は，事業法人の発展において鍵となる要素のいくつかをまとめたものである。

その多様性にもかかわらず，すべての企業は，自身の直面する状況に合った構造とシステムを設計するという，同じような課題をどこも抱えている。経営戦略が，社内の資源と能力を外部の事業機会に適合させる独自の解決策の探求であるのと同じように，組織設計とは，そうした戦略をもっともよく実行できる構造，システム，および経営管理スタイルを選択することである。事業組織を設計するための原則，ガイドライン，基準を確立するためには，組織化の根本的な課題について考える必要がある。

企業を設計するには，まず何をすべきかを認識しなければならない。ヘンリー・ミンツバーグによると：

> 瀬戸物をつくることから人間の月面着陸まで，およそすべての人間の組織的な営みには2つの根本的，かつ相反する条件が不可欠である―さまざまな作業への分業と，物事をなしとげるために，分業された作業間での調整である。組織の構造は労働の特定の作業への分業と，これら作業間の調整がなされる形態により定義される[注10]。

戦略コラム 6.1　現代企業の出現

先進資本主義を特徴づける大企業は，最近の現象である。19世紀の初頭，生産，製造は，当時一番先進国であった英国ですら，自宅で作業する個々の人間や家族単位で行われていた。米国においては19世紀中頃での一番おおきな組織は，家族所有の農場，とくに南部の大規模プランテーション，であった[注a]。事業組織，それは近代社会の最大の革新である，は2つの源泉をもっている―つまり，法的な発展と

組織革新である。

株式会社（Corporation）は法的な権利，義務を有する企業である―資産をもつ，契約を結ぶ，法的手段に訴える，そして訴訟を受ける，である。最初の株式会社は，勅令，とくに植民地向け貿易会社，によって創立された―英国東インド会社（1600年），オランダ東インド会社（1602年），そしてハドソン湾会社（1670年）。19世紀半ばに付与された有限責任は，株主を会社の負債から保護した結果，巨額な資本を通じての財務行為を可能にした[注b]。

19世紀，組織や経営にかんする考えは当時の大規模組織から得られた―欧州での軍隊である。フォンモルトケ将軍によるプロシア軍隊の師団と幕僚本部機能への区分は，1860年代，大規模産業組織への基本的なモデルとなった[注c]。しかしながら，19世紀の末頃，米国での組織発展は事業経営にかんする新しい発想を促し，それは『第二次産業革命』の基礎となった。

- **参謀直系式（Line-and-Staff）構造**　運輸と通信の欠如が意味したのは，大半の企業は一カ所でのみ運営できたということである。鉄道と電報はそれを変えた。米国においては，鉄道会社が1つの管理経営の本部，本社によって運営される地域別に分割された運営単位を設置した。『ライン』部門での雇用人は運営単位でのオペレーション業務に従事した。『スタッフ』は本社に本拠を置く管理者と職能ごとの専門家を含んでいた。この単純な参謀直系式の構造は，もっと複雑で職能的，機能的な構造へと発展した―シアーズ・ローバックやシェル運輸交易などの会社は，大規模で職能専門化した本社をもった，数多くの運営単位を管理運営した。
- **持株会社（The holding company）**　は，数多くの小会社にたいして支配権を有するだけの株式をもつ親会社によって作り出された財務的構造である。その管理体制は単純なものであった―小会社の取締役会を親会社は任命して，配当金を受け取る。それ以外にはとくに小会社の統合とか，企業経営の管理は行われない。持株会社形態は，リチャード・ブランソンやインドのタタ家などの企業家にとって，統合された企業集団が必要とする資本または管埋構造の必要なしに，大規模な事業を運営することを可能にする。
- **事業部制会社（The multidivisional corporation）**　1920年代，事業部制形態は権限集中型の職能制構造やゆるくつながっている持株会社の両方に替わって採用され始めた。デュポン社では規模拡大や製品構成の拡大は，職能制構造にきしみをもたらし，経営陣への負担を増加した。ピエール・デュポンによる解決

策は権限分散であった―10の製品別の事業部が作られ，そのひとつひとつに販売，R&D，そして付随する支持活動が付与された。執行委員会によって管理経営される本社は調整，戦略および資源配分にかんする責任をもった(注d)。その後すぐ，企業買収で形成された，ゆるやかに結合した持株会社であるゼネラルモーターズも，脆弱な財務管理や混乱した製品構成問題を解決するために同じような構造を採用した。

新しい構造では（図6.2に示されるように）意思決定は，事業部運営と業績の責任をもつ事業部幹部と，本社の長であり，会社全体の発展と管理に責任をもつ社長とに分割された(注e)。それ以降50年にわたって事業部制は大企業での支配的な組織形態となった。

最近数十年，企業成長のおもな原因は国際的成長であった。どの産業も新興のグローバルな巨大企業によっておおきく変換した―製鉄業でのアルセロール・ミッタル，ビールでのAnheuser-Busch InBev N.V.（アンハイザー・ブッシュ・インベブ），自動車でのトヨタ，ファストフードでのマクドナルドなど。しかし，株主支配の株式会社の信じられないほどの成功にもかかわらず，他の企業形態も引き続き存

■図6.2　ゼネラルモーターズの組織図，1921年

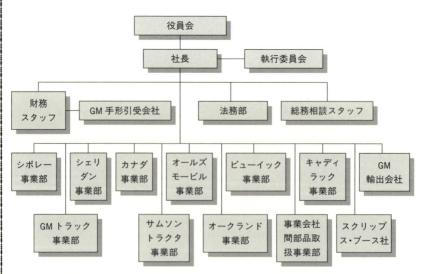

〔出所〕A.P. Sloan, *My Years with General Motors*, Orbit Publishing, 1972, p.57.
（アルフレッド・P・スローン Jr.，『GMとともに』，ダイヤモンド社：東京，2003）

在している。いくつかの産業—農業，小売，そしておおくのサービス産業—は同族支配や個人オーナーによって支配されている。法律事務所などの知的専門職，つまり，プロフェッショナルサービス産業ではパートナーシップが普通である。とくに農業などの産業では，1990年代のプリバティゼーション傾向や国所有の企業があるにもかかわらず，協同組合がおおい。サウジアラムコ，インド鉄道，中国移動通信およびロイヤルバンク・オブ・スコットランドはすべて国有企業である。

〔注〕

a．A.D. Chandler, The Visible Hand: *The Managerial Revolution in American Business* (Cambridge, MA: MIT Press, 1977): Chapter 2.

b．J. Micklethwait and A. Wooldridge, *The Company : A Short History of a Revolutionary Idea* (New York: Modern Library, 2005).

c．R. Stark, *Sociology*, 10th edn (Belmont, CA: Wadsworth, 2006).

d．A.D. Chandler, *Strategy and Structure* (Cambridge: MIT Press, 1962): 382-383.

e．A.P. Sloan, *My Years with General Motors* (London: Sidgwick & Jackson, 1963): 42-56.

専門化と分業

　企業が存在するのは，それがとくに財やサービスの生産のような経済活動を効率的に行う組織だからである。生産効率性の基本的な源泉は**専門化**，とくにさまざま**な作業**への分業である。専門化による利得の古典的な説明は，アダム・スミスの画鋲製造の記述である。

> ある人間が針金を引き伸ばし，別の人間がそれをまっすぐにする。3人目の人間がそれを切り，4人目がそれを鋭く削り，5人目がそれを磨いて画鋲の頭がつくようにする。画鋲の頭を作るためにはさらに2，3の作業が必要となる。画鋲の頭をつけるのもまた1つの作業であり，画鋲を白くするのもまた別の作業である。さらに，画鋲を紙に刺すことはそれ自体1つの商売ともいえる(注11)。

　スミスの画鋲製造業者は毎日1人あたり約4,800本の画鋲を生産した。『しかし，もしかれらがひとりひとり独立に画鋲を生産し，この事業にかんするいかなる研修も受けていなかったならば，かれらは毎日1人あたり20本どころかおそらく1本も生産できなかったであろう。』同様に，ヘンリー・フォードも1913年に流れ作業の導

入と，個人個人に高度に専門化された作業を割り当てることによって，生産性の飛躍的改善を経験した。1912年末から1914年初頭の間に T 型車組立てにかかる時間は1台あたり106時間からわずか6時間に短縮された。

専門化により費用も発生する。製造工程が，異なった専門家の間での分業化がされていればいるほど，調整の費用は高くなる。外部環境が乱高下したり，不安定であればあるほど，意思決定の頻度は高まり，調整の費用も高くなる。したがって，環境が安定していればいるほど，最適分業の利得もおおきくなる。それは企業にとっても社会全体についてもいえる。文明はますます分業の上に成り立つようになっており，そのためには安定性が不可欠な前提条件となる。ソマリア，シリア，そしてコンゴでの悲劇が明らかにしたように，社会は，混乱に支配されるようになると，家族単位での自給自足が必須の，生存ぎりぎりの状態に落ち込む。

協働での問題

専門家個々人の努力を統合することは2つの組織的な問題を内包している―1つは，協働の問題―異なるゴールをもつ個人の興味を1つの方向に揃えること。2つ目は，調整の問題―目標間の衝突がなかったとしても，どのように個人間で，異なる活動を調和させていくのか？

経済学書は目標間での食い違い（ミスアラインメント）を**エージェンシー（代理人）問題**として分析する[注12]。一方の当事者（本人，プリンシパル）が他方の当事者（代理人）と契約し，後者が本人の代わりに行動するようになった場合，代理人関係が生ずる。問題は代理人が本人の利害にそって行動するようにすることである。企業内においては，エージェンシー問題は企業の所有者（株主）と職業経営者との間に存在する。職業経営者による株主の価値最大化努力を確実にするのが企業統治（コーポレートガバナンス）の根本課題である。1990年代最高経営陣への報酬での変化―とくにストックオプションの重要視―は経営者と株主の利害を一致させるための努力であった。しかし，一時報奨金やストックオプションはゆがんだ動機を与えることにつながっているようである。たとえば，企業の長期的利潤の追求よりも短期的利益重視や，年次報告書での利益額の操作に結びついてしまった（例：エンロン，ワールドコム）[注13]。

エージェンシー問題は階層組織のいたるところに存在する。個々の従業員にたいしては，従業員が組織の目的を追求することを奨励し，かれら自身の利害の追求や

第 6 章　組織の構造と経営システム―戦略実行の基本

仕事回避（シャーク）を阻害するためにインセンティブや監督，評価のシステムが構築される。それに加え，組織構造それ自体も組織目標をバラバラにしてしまう可能性がある。組織の構成単位は，相互間で利益が一致しない，それ自身のサブ目標を創り出す傾向がある。古典的な葛藤は異なった機能間で生じる―営業は顧客を満足させようとし，製造は生産量の最大化を図り，研究調査はめくるめく製品を開発しようとし，財務は決算に関心をもつ。

組織内の異なった目標のベクトル合わせには，いくつかの手段がある。

- **管理メカニズム**は典型的には，管理職が部下を監督するメカニズムである。管理職が監督するのは，定められた裁量の範囲外にある行動の承認を求めてくる部下の行動と業績である。制御管理は，肯定的および否定的なインセンティブを通じて実施される――義的な肯定的インセンティブは，昇格の機会である。否定的なインセンティブは，解雇と降格である。
- **業績インセンティブ**は，業績にたいする報酬である。工場労働者への製品出来高制による報酬から，経営幹部にたいするストックオプションや利益に応じたボーナスに及ぶ。業績に応じたインセンティブには 2 つの長所がある。第 1 に，効果的（ハイパワー）である―このインセンティブは報酬を直接的に成果に結びつけている。第 2 に，従業員の行動監督費用の必要がなくなるため，経費を削減できる。業績に応じたインセンティブの問題は，従業員がチームの一員として働くときや，産出の測定が難しいとき生じる。
- **共有された価値観**。強力な管理メカニズムや報酬によるインセンティブを導入せずとも，構成員間の高度な協力と目的の統合を実現している組織がある。教会や慈善団体，愛好クラブ，ボランティア組織はその典型的な例で，共通の目的を支える組織構成員の価値観を共有している。事業組織も同様で，第 2 章 66-68 頁で見たように，共有された価値観は，組織構成員の感じ方や視点の一本化を促し，それが意見の一致を促進し，軋轢対立を避け，企業業績を向上させる(注14)。こうして，共有された価値観が官僚的管理や財務インセンティブに代わる統制メカニズムとして機能することが可能となる。組織のもつ価値観は組織文化の 1 つの構成要素である。戦略コラム6.2では個人の行動を企業戦略に合わせる組織文化の役割について議論している。
- **説得**。戦略を実行するにはリーダーシップが必要であり，リーダーシップの中心には説得する能力がある。J.C. スペンダーにとって戦略の概念化とその実行

の中心は言葉である[注15]。すべてのリーダー—政治的，軍事的，宗教的および事業での—の有効性は，他人の行動に影響を与える能力に依存している。説得の目的で言葉を使用するということは，レトリックの技術である。経営のレトリックは単に戦略を伝えることではない—それは組織構成員の認識や，その組織との関係を変え，不確実性と曖昧性の条件下で戦略を適合化するため構成員の行動を導くことである。

戦略コラム 6.2　統合手段としての組織文化

　企業文化には企業での信条，価値観そして行動規範が含まれる。それは従業員がどう考え，行動するかに影響を与える[注a]。それはシンボル，儀式，企業での行動慣習，社内用語および服装に現れる。共有された価値は組織構成員の目標を一致させるのに効果的であるが，文化は全体として目標を追求するための組織の能力に広く影響する。組織文化は複雑な現象である。それは企業が所在する外部環境—とくに国民文化や民族文化—に影響される。それはまた組織構成員の社会的，職業的文化にも影響される。なかでも，それは組織の歴史的沿革の産物である—創業者の人格および信条はとくに影響力がある。たとえば，ウォルト・ディズニー社の企業文化はウォルト・ディズニーの価値，願望，および人格をいまでも反映している。企業文化が均一であることはあまりない—異なった文化が，研究所，営業，会計事務所の異なった部門で存在するのは明らかである。

　スターバックスやシェル，任天堂およびグーグルなどの企業において文化は協働と調整の助けとなる。しかし，文化は戦略実行の妨げになる可能性もある。文化は，また，組織を分割し，妨げる可能性をもっている。1990年代，英国の銀行，ナットウエストで，John Weeks（ジョン・ウィークス）はトップダウン戦略行使の妨げとなる『不平の文化』を発見した[注b]。文化はある種の企業行動を支援するかもしれないが，その他の行動については支障となるかもしれない。ソロモン・ブラザーズ（現在ではシティグループの一員）は，猛烈さと個人的な努力を奨励するが，協働作業を好まない，個人主義的で，同僚との競争的な文化で有名だった。英国放送協会（BBC）の文化は内部での勢力争い，職業人としての倫理，お互いに信用しあわない雰囲気，そして公共善への献身，顧客サービス感覚の欠如を反映している[注c]。

　文化形成には永い時間がかかるが，簡単には変わらない。外部環境が変化するに

つれ，それまで高度に効果的だった文化が妨げ（Dysfunctional）になることもあり得る。米国でのおおくの市での警察は職業人として，悪と戦う倫理を発展させてもっている。そのおかげでかれらは犯罪と闘うのに効率的だが，同時に，地域共同体のニーズには無関心という面ももっている(注d)。

文化は，組織が―ピーター・ドラッカーによれば『文化にとって戦略は朝ごはんだ』(注e)―どのように行動するかに強力に影響する。しかし，文化は最高経営責任者を辞任させるには柔軟な手段とはいえない。文化は組織全体の資産であり，経営陣により恣意的に操作されることはない。最高経営責任者は，自分の組織の文化を作り出すというよりは引き継ぐといったほうがよい。鍵となるのは，組織の文化を認識し，組織構造とシステムが文化とうまく協働することを確実にするべきで，文化に反対して行動すべきではない。組織文化が戦略を支持する場合，非常に価値のあることである。まず，管理制御手段として一番安上がりである。監督や財務的インセンティブ付与の費用がかからない。つぎに，柔軟性を可能にする―個々人が組織の目標を自分のものとして取り込むとき，かれらの任務遂行の際，かれら自身のやる気と創造性を使える。

〔注〕
a．E.H. Schein, "Organizational Culture," *American Psychologist* 45 (1990): 109-119.
b．J. Weeks, *Unpopular Culture: The Ritual of Complaint in a British Bank* (Chicago: University of Chicago Press, 2004).
c．T. Burns, *The BBC: Public Institution and Private World* (London: Macmillan, 1977).
d．"Policing: Don't Shoot," *Economist* (December 13, 2014): 37.
e．J. Weeks, "On Management: Culture Eats Strategy," *Management Today* (June 2006).

調整での問題

協調したいという欲求をもつだけでは，組織構成員の，自分たちの努力を結集可能にするのに十分ではない。オリンピックのリレー・チームがバトンを落としてしまうのは，共通の目標が欠けているからではない。個人が自らの努力を調整する方法を見つけることができない限り，生産は起こらない。組織能力についての議論ですでに見てきたように，ウォルマート，シルク・ドゥ・ソレイユ，および米国海軍の音楽隊の卓越したパフォーマンスは，各構成員の技能からというよりも，構成員間での優れた調整，協調から生み出されるものである。協調の仕組みのなかからい

えば，どんな企業でも次のようなものをもっている。

- **規則と指令** 企業の基本的な特徴は，個人が，雇用を得るため同意した，責務の範囲を記した一般雇用契約が存在することである。これにより管理者は一般的な規則（「海外ミッションにおけるシークレット・エージェントには，オリジナルの領収書提出のみで必要な経費の払い戻しをする」）と特定の指示（「ミス・マニペニ，ミスター・ボンドに4Ｇコミュニケーションと隠し殺人光線つきの新しい歯ブラシを見せてあげてください」）を用いて権威を行使することができる。
- **ルーティン（慣行）** 繰り返し活動が行われるところでは，相互調整や規則にもとづく調整が，組織的な慣行のなかに制度化される。前章でも触れたように，これらの『個人の，規則的で予測可能な協調的な行動の順序』は，組織プロセスの運営にとって基本的なものであり，組織能力の基礎をなしている。複雑な活動を効率的かつ確実に実行するためには，規則，指令，相互協調だけでは十分ではない。調整の仕組みをルーティンに組み込む必要がある。
- **相互調整** 調整のもっとも単純な形態は，関連する業務に取り組む個人間の相互協調である。サッカーやテニスのダブルスでは，とくに命令や指令がなくとも選手は他のチームメートと調整，協調を行う。相互調整は，リーダーがいないチーム内で起こり，とくにルーティン化ができない，新しい作業に適している。

これらの異なる調整手段が相対的に果たす役割は，遂行される課題がなにか，また要求される作業の協働の度合いがどれくらいかに依存する。画一的な結果が求められ，従業員の意思決定能力が限られている場合には，規則の設定が有効である傾向がある―大部分の品質管理手順には単純な規則の適用で十分である。個々人の相互依存が緊密であり，基本的な生産作業（スターバックスでの客へのサービス提供）またはもっと複雑な活動（心臓のバイパス手術や多国籍企業でのシステム統合）などの大半の活動ではルーティンは調整の基本である。相互調整は，お互いに目で見えるぐらい近くの距離にいたり（料理長とその副料理長のような），もしくは情報交換をしている（インタラクティブなCADソフトウェアを使うデザイナー）おかげで同僚の行動がよく理解できている場所で起こる，標準化されていない作業（問題解決のように）においてもっともよく機能する。

第6章　組織の構造と経営システム―戦略実行の基本

組織設計での階層構造（ヒエラルキー）

　階層は組織構造における根本的な特徴である。企業が専門化，特化，調整そして協働作業を遂行するうえにおいての主要手段である。階層は，それが与えがちなマイナスな印象にもかかわらず，人間が構成する複雑な組織すべてにおいて存在する特徴であり，効率性や柔軟性のためには必要不可欠なものである。根本的な問題は，階層を組織に与えるかどうかではなく―階層構造以外のものはほとんど考えられない―階層にどのような構造を与えるか，そして，いろいろな部分をどのようにして結びつけるかである。階層は権威体制にもとづく管理システムとしても，また効率性と適応を達成するための手段である階層の調整システムとしてもみなすことができる。

管理のための階層―官僚組織

　階層構造は，個々の人間が異なった階層レベルに位置する，組織システムである。それぞれのレベルで，組織構成員は，その上司に報告し，また監督や監視をしたりする必要のある部下をもっている。階層構造は上から下への管理制御を通じて，組織内の協働を可能にする方法である。

　権限集中がなされた形で，かつ形式化された管理システムとして，階層構造は紀元前3世紀における中国の秦王朝での政治システムの基礎であった。それ以降，公的な行政組織，宗教および軍隊などの大規模組織を特徴づけてきた。『組織理論の父』であるマックス・ウェーバーにとって，階層構造は以下のものを含む官僚制度の中心的特徴だった―下位組織は上位組織の管理と監督下にあること，『労働の体系的分業』がされていること，『行政の行為，意思決定および規則が書面によって公式化されていること』，そしてまた，その階層構造は制定された規則と運営手続によって支配されており，その権限は制定された規則の合法性の信念と，その規則にもとづいて命令を発する権利にもとづいていた[注16]。

　かれの時代で典型的な，縁故主義や階層構造の権威を個人的な理由で使用するといったやり方よりも，合理性と効率性を選好するウェーバーは，感情，創造性，仲間意識や性格などの人間特有の性格から保護防衛できるような組織設計を奨励した。結果として，官僚組織は**機械論的**（Mechanistic）[注17]，もしくは**機械的（マシーン）官僚制**として言及されるようになった[注18]。

■図6.3　組織階層はいかに調整の必要性を軽減するか

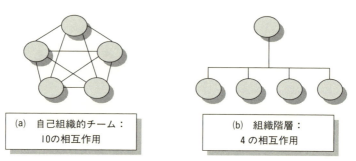

(a)　自己組織的チーム：
10の相互作用

(b)　組織階層：
4の相互作用

調整装置としての階層構造―モジュラー組織

　階層構造（ヒエラルキー）はすべての組織構造の基礎となっている。実際，ハーバート・サイモンによれば階層構造は複雑なシステムのほとんどすべてにおいて存在する(注19)。

- 人体は，呼吸器系，神経系，消化器系などのサブシステムを構成し，それぞれの臓器は個々の細胞から構成されている。
- 物質界は，銀河を頂点とする階層であり，その下に太陽系から原子，さらには粒子にいたるまでの階層を見ることができる。
- 社会システムは個人，家族，共同体，国家からなる。
- 小説は章と段落，文章と言葉，文字で構成される。

組織を縦の制御システムとしてではなく，階層構造と捉えることで，生産的な活動を調整する階層構造の利点が明らかとなる。

- **調整による経済効率化**　　いま５人のパートナーたちとともにコンサルティング会社を立ち上げるとする。もしその事業体（Firm）を，相互調整によって調整が行われる（図6.3ａ），『自己組織化』するチームとして組織すれば，10の双務的相互作用が管理されなければならない。その代わりに，特定のパートナーをマネージング・パートナーとして任命すれば（図6.3ｂ），たった４つの人間関係だけを管理すればよいことになる。もちろん，これは調整の質について何も触れていない。プロジェクトにパートナーたちを任命するといったルーティン作業をこなすには，明らかに階層構造が有利である。複雑な問題解決を要求

する課題にたいしては，自己組織化するチームに戻って，徹底的に解決策を検討したほうがよいだろう。組織メンバーの数が増えれば増えるほど，組織が階層構造的になることから得られる効率性は増す。マイクロソフト ウィンドウズ8の開発チームは，3,200人のソフト開発エンジニア，テストエンジニア，プログラムマネジャーを含んでいた。これらのメンバーは35の機能チームに分けられ，それぞれさらに数ある構成チームに分けられた。結果，それぞれのエンジニアは，自分がいるチームのメンバーとだけ調整すればよかった。ウィンドウズ8の開発チームのモジュラー構造は，製品のモジュラー構造をそのまま反映した。

- **適応性**　階層，モジュラーシステムは，単一系のシステムよりも速く進化することができる。この適応性は，**分解可能**(Decomposability)であること―他の下位システムからある程度，独立して機動できる，下部システム―が必要である。各モジュラー部位がおおきな独立裁量権を許されているモジュラーシステムは，**緩やかな結合**[注20]を引き出す。ウィンドウズ8のモジュラー構造は，他の34のチームとの連携を必要とせずに，1つの機能チームに革新的な製品の特徴や革新的なソフトウェアの解決策をもたらすことができた。重要な要件は，異なるモジュール同士がお互いにぴったりと合う必要があるということである―それには標準化されたインターフェースが必要となる。事業部制企業は，モジュラー構造にある。プロクター・アンド・ギャンブル（P&G）では，新しいシャンプーの開発に関わる決定は，ビューティー，ヘア＆パーソナルケア事業部によってなされ，他の3つの事業部（ベビー，フェミニン＆ファミリーケア；ファブリック＆ホームケア；ヘルス＆グルーミング）を巻き込むことはない。こうした部門構造はまた，P&Gが新しい事業（ジレット，ウエラ）を加えたり，既存事業（フォルジャーズ・コーヒー，プリングルズ，ペット食品，デュラセルバッテリー）を売却することを容易にしている[注21]。

組織設計におけるコンティンジェンシー理論の考え方

戦略と同様に，組織設計は，『最良』の組織構築を見つけ出すための果てしない探究の旅をしてきた。20世紀はじめの半世紀の間は，官僚制と科学的管理法が組織作りのもっとも有効な方法だと信じられてきた。1950年代と1960年代に，人間関係学派は組織間の協力と協調とは，社会関係のことであり，官僚制度は惰性と疎外感を

■表6.1 機械論的対有機的組織形態

特　徴	機械的（メカニスティック）	有機的（オーガニック）
作業の定義	硬直的，高度の専門化	柔軟的，専門化度低い
調整と制御	上部から押しつけられた規則と指令	相互の調整，共有文化
意思伝達	おもに垂直方向	水平と垂直方向
知識	中央集中	分散
コミットメントと忠誠の対象	直属の上司	組織全体と目的
環境性	軽度の技術的不確実性による安定性	動的で，おおきな技術的不安定性と曖昧性をもっている

〔出所〕　Cengage Learningから許可を得て下記から作成。Richard Butler, *Designing Organizations : A Decision-Making Perspective* (London : Routledge, 1991) : 76.

通して，息がつまりそうな状況を生み出していると認識していた—『X理論』は『Y理論』の挑戦を受けていた[注22]。

　しかし，実証研究は，異なる環境には異なる組織的特徴が適応すると指摘した。スコットランドのエンジニア会社のなかで，バーンズとストーカーは安定的な環境にある企業は，官僚制度に代表されるような**機械論的な形態**をとっていることを発見した。逆に不安定な市場に身をおく企業は，形式的ではない，柔軟性のある**自然な形態**をとっていた[注23]。表6.1はこの2つの形態のおもな特徴を比較している。

　1970年代までには，**コンティンジェンシー理論**—つまり，組織を作るうえでどこでも適用できる最良の方法はないという考えであり，理由としては，組織は，求められる戦略や採用される技術，周辺の環境に依存するものであるため—が広く受け入れられるようになった[注24]。グーグルやマクドナルドは収益という観点からは似た規模の会社であるが，かれらの組織構造やシステムはおおきく異なっている。マクドナルドは非常に官僚的な組織である。作業の高い専門化，公式のシステム，規則やプロセスにたいする強い志向などをもつにたいし，グーグルは形式にとらわれない，職務の専門化への低い期待，水平型の情報交換，そして規則よりも判断基準，原則を重視している。これらの違いは戦略や技術，人的資源，それぞれの会社が占有する事業環境のダイナミックスにおける違いを反映している。一般的に，商品やサービス（飲料，血液テスト，新兵の髪カット）が標準化されていくに従い，環境は安定化し，標準化したオペレーションプロセスと高い専門性をもつ官僚モデルの効率性利点は高まる。一度市場が暴風雨状態になれば，革新が待ち望まれ，買い手はカスタマイズされた商品を欲しがり，そして官僚制モデルは機能しなくなる。

第6章　組織の構造と経営システム―戦略実行の基本

　これらのコンティンジェンシー要素はまた組織内の機能を異なる形で組織化する。給与や財務，課税，顧客サポートや購買行動といった，安定していて標準化された活動は，官僚制原則に従って組織されたときに効率よく機能する傾向がある。一方，調査や新商品開発，マーケティングや戦略作成といった活動は，より有機論的な形態を求める。

　事業環境が混乱状態になるにつれて，企業は官僚的なアプローチに代えて，有機論的なアプローチを取る方向に舵をきる傾向がある。1980年代なかば以降，ほぼすべての大企業は，より柔軟でかつ反応の素早い組織を作るために，リストラや再編に大変な努力を行ってきた。(複数)事業部制の構造内において，企業は決定権限の分散を行い，階層構造のレベルの数を減らし，本部の頭数を削減し，縦方向の情報交換よりも水平方向の情報交換を重視し，説明責任を果たすための監督姿勢から，コントロールを重視する姿勢へと移行してきた。

　しかし，こうした傾向は一方向だけに向かっているわけではない。2008年の金融危機とその余波は，おおくの企業をトップダウンによるコントロール下におくこととなった。金融サービスや石油，鉱山業のような領域では，財務，環境，政治リスクを管理する必要性がより強く意識され，また，経営上部への権限集中や規則，規定への信頼も強固なものにしていった。おおくの企業が示している権限集中と分散化のサイクルは，そういった，企業での，統合と柔軟な市場対応スピードとの二律背反的な関係を均衡させる手段だといえる[注25]。

　ICTの発展はいろいろ別な方向で機能した。いくつかの例では，プロセスの自動化により権限の集中化と官僚的システムの採用が可能となった（自分の銀行や電話会社のサービス体制でわかるはずである）。他の分野では，ICTは形式にあまり縛られない調整のやり方を可能にした。組織の構成員にとっての入手可能情報量の増加，構成員相互での通信の容易化にかんする飛躍的跳躍により，階層による強度の指導やリーダーシップなくしても構成員はお互いに調整できるようになった。

組織設計―適正な組織構造の選択

　組織の基本的特徴は階層構造にあると学んできた。複雑な作業を遂行するために，従業員は組織単位ごとにグループ分けされ，協働と調整はこれらの組織単位間で協調と調整を確立させる必要がある。いま鍵となる組織関連の質問は以下である。

- どんな基準を使って専門組織単位を決めるべきか？
- どのようにして，協調と管理のために組織単位を集合すればよいか？

この節では，これら2つの組織設計にかんする，中心となる問題について取りあつかう。最初に，何を基準にして，個々の構成員を組織単位グループ分けすべきかについて，つぎに，どのようにして組織単位を全体の組織構造のなかに組み込むべきかについてあつかう。

組織単位の定義

階層構造を作るにあたって，どんな基準で各従業員を，企業内の組織単位に配置するか？ この問題は根本的，かつ複雑なものである。多国籍，多角化（Multi-product）企業は絶えず，製品事業部，国ごとの小会社，または職能，機能別部門概念を使って組織構造を決めるべきかどうか考えていなければならない。さらに定期的に1つの形態から他の形態へ変革を経験している。従業員は，下記の基準で所属単位の配置を決めることができる。

- 共通の作業，役割―清掃担当者は維持管理サービスに配属，教師は教授陣という単位に配属できる。
- 製品―販売棚管理者（Shelf filler）や顧客サービス担当者は，下記のうちいずれかに分類できる―台所用品，食卓用器具，寝具または家庭用器具。
- 場所―スターバックスで働く14万1千人の従業員は所在位置によって組織されている―各店は平均16人雇用している。
- プロセス―大半の工場で従業員はプロセスごとに組織されている―つまり，組立，品質管理，倉庫，配送である。プロセスは職能によってまとめられることがおおい。

作業，任務，製品，地域，またはプロセスのうちどれを使って組織単位を形づくるか？ 根本的な質問は，**調整必要性**（Coordination needs）が何かである―お互いの作業で関わりあう作業員は同じ組織単位に位置すべきである。スターバックスの場合，個々の店舗が自然と1つの組織単位となる―1つの場所での店舗責任者，バリスタ，そして清掃担当者は単一の組織単位を形成する必要性をもっている。英国航空はプロセスと職能によって組織される必要がある―特定のプロセスに従事す

る従業員―機内サービス，荷物処理，機体整備および顧客―は，それぞれ別々の組織単位で勤務することになる。こういったプロセスはもっとおおきな職能，機能別分類のなかでまとめることもできる―航空業務，エンジニアリング，マーケティング，営業，顧客サービス，人材管理，広報，財務など。

　個々の人的資源を調整必要性の強弱で分けることを提唱したのは，組織における相互依存の分析をした James Thompson（ジェームズ・トンプソン）である。かれは3つの相互依存レベルを唱える―**プールされた相互依存**（Pooled interdependence）（一番下位に位置する），つまり，各個人は独立して作業するが，他の作業員の職務遂行に依存する―**連続相互依存**（Sequential interdependence），ひとりの作業員のOutputは別の作業員のInputとなる―**双務的相互依存**（Reciprocal interdependence）（これがもっとも上位のもの），ここでは作業員は相互に依存する。組織形成の始めの段階では，優先度は双務的相互依存性を有する従業員（例：石油採掘チームメンバーまたはクライアント向けのコンサルティング案件で作業するコンサルタント）のために組織単位を作ることである[注26]。

　組織の最初のレベルでの優先度ははっきりしている場合がおおい―従業員が，作業，任務，プロセスまたは場所によって組織されるべきかどうかは明瞭である。しかし下位レベルの組織単位が，いかにして，よりおおきな組織単位に組み込まれるべきかは，あまり明瞭ではないことがおおい。1921年，デュポン社では職能別組織を維持したらよいか，または製品別事業部制に組織変革をしたほうがよいかについて答えは明瞭という状況ではなかった。2000年にP&Gの最高経営責任者となったA.G. Lafley（A.G. ラフリー）はP&Gの新しい製品別事業部制を維持するか，以前の組織，つまり，地理的，地域別組織が主であった体制に戻るか決めなければならなかった。

　企業の上部の組織構造を組織する際，調整必要性が高い部分に重きを置くという考え方を同様にして適用できるか？　ネスレでは，チョコレート工場の責任者にとってマーケティングと販売の責任者たちと協働作業を調整することのほうが，エビアン飲料水の責任者とそうするよりも重要である。ネスレは製品事業部ごとに組織するほうが，職能別に組織するよりも合理的である。現代自動車はおおくの車種をおおくの国で製造しているが，その世界戦略や車種間のつながり（Linkage）がおおきいことを考えると，製品や地域で組織するよりも職能別に組織するほうがよい。

　時間の経過で，いろいろな調整必要性の相対的重要性が変わってくるため，企業は，その組織構造を変革する必要をもつことになる。**グローバル化**のプロセスによ

り国々の間での貿易，交易や通信はたやすくなり，消費者の嗜好が似通ってくるようになった。その結果，多国籍企業は地理に基礎を置く構造から世界的な製品別事業部制に移行した。

代替的組織形態―職能，事業部，マトリックス

上述のような作業や活動のまとめ方へのいろいろな，代替的調整のしかたに則って，3つの組織形態を認識することが可能である―職能制組織構造，事業部制組織構造，そしてマトリックス組織構造である。

職能制組織構造

単一の事業を営む企業は職能制の組織をもつのが普通である。職能的に類似の作業を一緒にまとめることは規模の経済につながり，学習と能力構築を奨励し，標準的な管理システム展開を可能とする。職能横断的統合は経営陣のレベルで行われるため，職能構造では最高経営責任者や経営陣が効率よく企業を管理することができる。

しかしながら，単一製品企業においてすらも，職能組織は協働と調整の問題を抱えている。職能別部門は，組織横断統合を困難にする，それぞれ異なる目的，価値観，用語，行動指針などをもつようになる傾向がある。企業の規模が拡大するにしたがい，経営者への効率的調整追求の圧力は高まる。企業内部のさまざまな職能は緩やかではなくむしろ緊密に結びついているので，権限を分散させることは困難である。とくに，それぞれの職能をなかば独立した利益センターとして運営することは非常に困難である。

したがって，多角化していない企業であっても職能制組織に替えて，成長期にあっては製品別の事業部制に基を置く構造を採用するかもしれない―1920年代のゼネラルモーターズがそうであった。

企業が成熟して，中央集権的管理と効率的な職能間の調整の必要性が高まったため，いくつかの会社では職能制組織が再導入された。たとえば，

- 1984年にジョン・スカリーがアップルの最高経営責任者に就任したとき，同社は製品ごとに組織されていた―アップルⅡ，アップルⅢ，ライザ，そしてマッキントッシュである。職能横断的な緊密な調整にもかかわらず製品間での統合

■図6.4　ゼネラルモーターズの組織図，2015年1月

はほとんど存在しなかった―各製品は異なったオペレーティングシステムを使い，アプリケーションの相互の互換性はまったくなく，購買，製造，および流通での規模の経済は活用されていなかった。スカリーの対応はアップルを職能の線にそって再組織し，管理を徹底し，費用を削減し，製品戦略にもっと整合性をもたらすことであった。

- 事業部制組織を最初に導入した企業の1つであるゼネラルモーターズは職能的な組織への変革を図った。同社の戦略が製品の差別化やセグメント化よりもコストの効率性を優先するようになったために，（キャディラック，シボレー，ビュイックなどの）ブランドを維持しながらも，規模の経済の追求や迅速な技術の移転のため事業部を合併し，より職能的組織に再編した（図6.4と図6.2を比較せよ）。

事業部制組織構造（Multidivisional structure）

20世紀，事業の多様化によって生じた事業間の調整の必要性に対応するために製品事業部制組織構造が出現したことを見た。（製品にもとづくものであれ，地理的考慮にもとづくものであれ）事業部制組織の重要な利点は，意思決定の分散の可能性

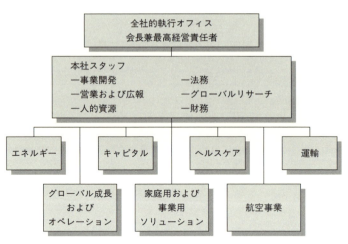

■図6.5 ゼネラル・エレクトリックの組織図，2015年1月

〔出所〕 General Electric's Annual Report, 2014 の情報にもとづく。

である。多事業部制構造は，事業戦略やオペレーション上の決定は事業部で，全社戦略や，予算，そして共通の管理サービス提供は企業本部で行われる，各事業部が緩やかに結びついたモジュール組織の古典的な例である。

事業本部制の法人の効率性優位にとって中心になるのは，広い領域の事業にたいし共通の管理手法の適用である。たとえば，ITT ではハロルド・ジェニーンの『数字で管理』するやり方は，50人の事業部長との直属関係を可能にした。BP では，John Browne（ジョン・ブラウン）の『業績契約』システムは24の『戦略的業績単位』との直属関係を可能にしている。事業本部での自律性は事業本部主管者の間で経営指導者を育成する―経営最高責任継承での重要な要素である。

典型的に大規模な事業部制企業は本社，事業部，各部門の3つの階層によって組織化されている。それぞれの事業部は，財務的勘定作成や戦略が策定できる異なる事業をもつ。図6.5は，本社と事業部レベルでの，ゼネラル・エレクトリックの組織図である。

第14章で，多事業法人の組織を詳細に検討する。

マトリックス組織構造

単位のまとめ方や集合のしかたの基準がなんであれ，複数の製品と職能と複数の

■図6.6　ロイヤル・ダッチ・シェル・グループ—1996年以前のマトリックス組織

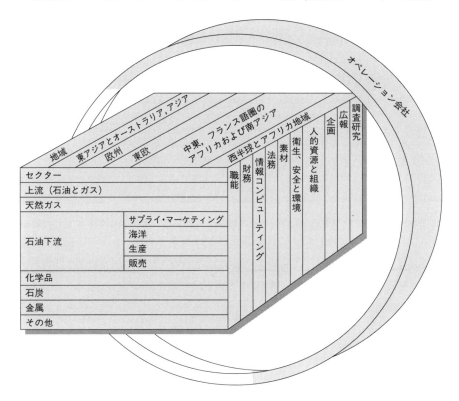

国で事業を展開するすべての企業は，3つの側面からの調整を必要とする。多数の次元を横断しての調整と管理をする組織構造は**マトリックス組織**と呼ばれる。

図6.6は（1996年に行われた組織再編以前の）シェルの管理マトリックスである。この組織構造では，たとえばフランスのベール精製所の責任者は同国担当の幹部であるシェル・フランス社長に属する以外，精製部門（事業組織）の責任者に報告義務を負い，製造部門（機能組織）の責任者とも職能的な関係を有する。

1960年代，70年代を通じて，フィリップス，ネスレ，およびユニリーバを含むおおくの多角化，多国籍企業が，いくつかの次元のうちの1つに支配的な権限を与えたとはいえ，マトリックス組織を採用した。したがいシェルの旧マトリックスでは，国別の責任者や地域コーディネーターにより代表される地理的次元が予算管理，人事考課，および戦略策定での主要責任を負っていた。

1980年代以降，大半の大企業はマトリックス組織を排除または再編した。シェルは1995-6年マトリックスを捨てて，上流，下流，化学，およびガスとエネルギーの4つの事業セクターにもとづく組織構造を採用した。2001-2年スイス，スウェーデン籍の巨大エンジニアリング会社ABBは，落ち込む利益と急増する負債を前にして，評価の高かったマトリックス組織を捨てた。急変する事業環境において，企業は，多数の次元を横断して正規に遂行される調整の利点は，過剰な複雑さ，大規模な本部スタッフの数，緩慢な意思決定速度，そして権限の曖昧化などの負の面とくらべ無力であることを認識した。バートレットとゴシャールは，マトリックス組織は『軋轢と混乱に導き，委員会や報告書の激増により組織の動きがとれなくなったように，意思伝達の経路の急増により情報の渋滞を引き起こし，重複する責任体制は領土争いや説明責任の欠落を惹起した』と主張する(注27)。

　しかしながら，多数の製品，おおくの職能，おおくの地理別市場を有する複雑な組織はすべてこれらの次元のなかでの調整を必要とする。マトリックス組織の問題は，おおくの次元を横断しての調整を試みるからではなく―複雑な組織ではそのような調整は必須である―多次元調整が必要以上に形式化されている結果，意思決定の速度を緩慢化し，革新的な創造性を鈍くする，本部スタッフの数の過剰と，必要以上に複雑なシステムが生み出すからである。傾向的に企業は1つの次元に集中して調整と管理の公式システムを設計し，他の調整の次元については非公式な経路で行わせるようにしている。したがいシェルは根本的には4つの事業セクターを中心に組織され，また，これらセクターは個々の事業会社への財務と戦略管理を担当する。しかし，シェルには法務，税務，そして政府との関係にかんするシェルの活動を担当する国別責任者と，生産であれ，マーケティングであれ，または人的資源であれ，特定の職能のなかでの技術関連事項やベストプラクティス移転に責任をもつ職能別責任者が存在する。

組織設計における傾向

　コンサルタントや経営学者は階層構造の終焉と新しい組織形態の出現を唱えてきた。20年ほど前，米国でもっとも著名な組織研究家のうちの2人によって『平ったい階層構造，意思決定分散型，曖昧さ受容に寛容な，組織内部と外部の境がほとんどない，従業員にたいする権限委譲がなされ，更新する能力をもった，自己組織可能な単位，（そして）自己統合的調整メカニズム』により特徴づけられる『新しい組

織革命』が起こっていると唱えられた(注28)。

実際には，組織構造の革命よりは組織構造における発展のほうがおおかった。確かに，製造業における構造的特徴や管理システムでおおきな変化があったとはいえ，根本的な組織革新とか過去との隔絶といったようなものはほとんどなかった。しかし階層構造がほとんどすべての企業で根本的な構造形態であることに変わりはない。一般によく見られる組織構造―職能制，事業部制，およびマトリックス―は未だ主流である。しかしながら，これら一般的な構造特徴でも，変化はあった。

- **階層数の削減**（Delayering） 企業は組織階層をより平らにした。目的は，経費削減と対応速度の改善である。管理の幅（Span of control）が広くなった結果，上司と部下の関係が変わり，監督，監視役割の減少，新規案件発案，主導（Initiative）可能性の階層下部への移動が起こった。タタ製鉄では経営陣の階層は13層から5層へと削減された。マッキンゼーでの担当コンサルタントへの説明で，最高経営責任者であるIrani（イラニ）博士は以下のように述べた―『疑いなく，わが社は人がおおすぎるが，さらに悪いのは，変化が早く次々と消えていく事業機会へ対応できないことだ…みんな上司の承認を得るまで何もしないので，われわれの意思決定は遅すぎる…目的は仕事の内容をもっと意味あるものにするため再設計することだ。報告関係の階層数を減らして，任務の内容をもっと豊かなものに再定義して組織を若返りさせることだ。』(注29)

- **アドホクラシーとチームベース組織** ヘンリー・ミンツバーグによればアドホクラシーとは，共有された価値，構成員の高いレベルでの参加，柔軟性に富む意思疎通，そして自発的な調整により特徴づけられる組織である。そこでは階層にもとづく権威や制御，管理システムはほとんど存在しない(注30)。アドホクラシーは問題解決や，その他のルーティン作業が大半を占め，経験が珍重される組織に存在する趨勢がある。研究機関，コンサルティング，エンジニアリング，演芸そして危機対応のチームはアドホクラシーである可能性が高い。グーグル，W.L. ゴア＆アソシエイツなどの大規模組織やいくつかの広告代理店では，アドホクラシーの特徴をたくさん備えた，チームベースの組織構造を採用している。

- **プロジェクトベース組織** チームベースの組織と近いのはプロジェクトベースの組織である。プロジェクトベース機関のおもな特徴は，限られた時間のなかでの作業であるという認識である。したがって，組織構造は動態的に柔軟で

ある必要がある。プロジェクトベース組織が普通存在するのは建設，コンサルティング，石油採掘，そしてエンジニアリング産業である。各プロジェクトはそれぞれ独自であり，各プロジェクトは変化する一連の活動の流れを経過するので，各プロジェクトは，問題解決や相互調整や規則，ルーティンに依存する，緊密に相互作用を及ぼすチームにより遂行される。事業サイクル時間の短縮が，いろいろな業種で起こっているので，企業でもプロジェクトベース組織を伝統的な，事業部制や職能制構造に導入するようになっている—たとえば，新製品開発，組織変革，知識またはナレッジ管理，そして研究はますますプロジェクトとして組織編成されている。

- **ネットワーク組織**　企業組織への新しい考え方で共通して見られるのは組織構造の形式的な様相よりも非公式，正式でない（Informal）様相を強調することである。こういった非公式な構造を記述して分析するおもなやり方は，ソーシャルネットワーク—組織構成員の間での相互作用（Interaction）のパターン（それは組織の外部にかんしても適用できる）の観点からである。ソーシャルネットワーク分析により，内部の情報やノウハウが組織内でどうやって動くか，権力と影響力がどうやって決まるか，そして組織がいかに適応するかについての洞察が得られる。組織の行動と業績にとってのソーシャルネットワークの重要性に気がついた経営学者が推奨するのは，こういった非公式なソーシャル構造を組織構造の基本的な基礎とすること，そしてそれによって，伝統的，形式的，公式の構造に取って代わらせることである。したがって，Gunnar Hedlund（グンナー・フッドルンド）やバートレットやゴシャールは多国籍企業におけるネットワークベースのモデルを提唱した[注31]。意思疎通や相互作用のパターンを，公式，正式な相互関係よりも重視することは，正式な構造の外で調整がなされ，任務，作業が遂行されるところの，非公式な仕組みを強調することである。情報工学や通信工学の発展は公式の組織構造の外で起こる調整を増加させ，企業が歴史的に受け継いできた公式の組織構造のおおくは解体されるべきだという意見を形成した。

- **開放された領域境界**（Permeable organizational boundaries）　ネットワーク関係は企業間のみだけではなく，個人の間にも存在する。企業が，そのコアコンピタンスを中心として専門化し，製品がますます複雑なものになると，企業間のネットワークは，それにつれてさらに重要になってくる。戦略的提携（第15章）の説明の際，言及されているように，地域に集中する，相互に依存性の

第6章　組織の構造と経営システム—戦略実行の基本

高い企業のネットワークは何世紀にもわたって製造業の特徴であった。このようなネットワークは，大半の北部イタリアの産業構造の伝統的特徴であった[注32]。ハリウッドとシリコンバレーでも，専門化した企業が複雑な製品の設計や生産のためクラスターを作っている[注33]。

これらの非階層組織構造に共通する特徴は以下のとおりである。

- 管理よりも調整への焦点　　指揮統制（Command and control）と異なり，これらの構造はほとんどすべて調整達成に焦点を絞る。財務的誘因，文化，そして社会的コントロールが階層によるコントロールに取って代わる。
- 相互協調による調整への依存　　あらゆる非階層制組織構造に共通しているのは，双務的そして多方向での協調を通しての意志的な調整への依存である。相互協調による調整の能力は情報技術の発達でおおきく前進した。
- さまざまな組織内役割を担う個人構成員　　職務内容や組織構造が，融通が利かないように規定されている場合は，複雑な調整に柔軟性や反応迅速性をもたせることは困難である。アドホクラシーやチーム・ベースの組織では，個人はその場に応じて役割を変え，複数の役割を同時に担っている。たとえば，特定の商品のブランドマネジャーとしてのおもな役割以外，ある人間は，コミュニティ活動の監督をしたり，ベンチマーキング分析をしたり，ウェブベースマーケティングにかんする実践のメンバーだったりする可能性もある。

要　約

　戦略策定と戦略実行は緊密に結びついている。戦略策定のためには戦略実行のための組織の能力を考慮に入れる必要がある。同時に実行は，必然的に戦略策定と関連する。組織の戦略管理プロセスが有効なものであるには，戦略企画システムは行動，構成員のかかわり，そして監督および資源の配分に結びついていなければならない。したがって，運営計画や資本予算は企業の戦略管理システムにとって枢要な要素である。

　戦略実行には組織設計のすべてが関与している。専門化と協働，調整との組み合わせをどうしたら，うまくやれるかを理解することで組織設計の基本原則を理解することができる。

その基本原則を適用することで，どうしたら最善の方法で人間の配置を各組織単位にすることができるか，また，そういった組織単位をもっとおおきな括りのグループに組み合わせるか―とくに，職能制，事業部制またはマトリックスといった基本的な組織の形態のなかからどれを選ぶか―を決定できる。

外部環境からの要求や，情報，通信工学の発展で可能となった事業機会のため，最近数年間で企業の組織構造がどう変わったかも見た。

次章以降では，差別化戦略やいろいろな事業の文脈に適した組織構造や経営システムをもっと説明することになる。最後の章（第16章）では，組織設計に影響を与えつつある，最近の傾向と新しい考え方を述べる。

自習用の質問

1．ツイッターの最高経営責任者である Jack Dorsey（ジャック・ドーシー）が，自分の企業での戦略企画システム設計のため助けを求めているとする。『戦略策定システム―戦略と実行をつなげる』や図6.1で述べた年次サイクルで動く，本格的な戦略企画システムを推奨するか？（注：ツイッターの戦略は第1章の戦略コラム1.5に要約されている。）

2．戦略コラム6.1にあるように，デュポンがその製品レンジ（爆薬から塗料，染料，プラスティック，そして合繊）を広めたとき，職能的組織（生産工場や営業，財務，研究調査など他の職能）はなぜ取りあつかいにくくなったのか？　製品ベースの事業部制構造のほうがなぜ経営効率がよいのか？

3．あなたの組織（大学，企業または非営利団体）で，どの単位が機械論的に組織され，またどの単位が有機的に組織されているか？　どの程度まで組織形態は異なった事業環境や異なった部門または活動の技術に適合しているか？

4．2008年，シティグループは，その消費者事業を Consumer Banking（それは個々の国のグループ銀行と引き続き取引継続）と Global Cards（それは単一のグローバル事業を行う―そしてそれはシティグループのグローバル資産管理部門と類似している）とに分割すると発表した。『組織単位の定義』での説明を参照すると，なぜクレジットカードはグローバルな単位とされるのに，その他の消費者銀行業は国単位での事業とされるのか？

5．アップルコンピュータとゼネラルモーターズ（『職能制組織構造』参照）の例は製品ライフサイクルのなかでの組織構造の一般的な特徴を指摘する。成長の相ではおおくの企業は事業部制を採用し，成熟と衰退の相ではおおくの企業は職能性に返る。なぜか？（注：ライフサイクルモデルを説明する第8章参照。）

6．よく知っている経営大学院の組織図を描け。その学校はマトリックス組織（例：職能，機能ベース部門と個々のプログラムを管理する単位があるか）を使って運営されているか？　マトリックスのどの次元がもっとも影響力があるか，そして2つの次元の調整は効率的か？　学校をもっと効率的，効果的にするにはどんな組織再編を提唱するか？

注

1　L. Bossidy and R. Charan, *Execution : The Discipline of Getting Things Done* (New York : Random House, 2002) : 71.

2　H. Mintzberg, "Patterns of Strategy Formulation," *Management Science* 24 (1978) : 934-948 ; "Of Strategies : Deliberate and Emergent," *Strategic Management Journal* 6 (1985) : 257-272.

3　T.J. Peters, "Strategy Follows Structure : Developing Distinctive Skills," *California Management Review*, 26 (Spring 1984) : 111-128.

4　Apple Computer : Preliminary Confidential Offering Memorandum, 1978. http://www.computerhistory.org/collections/catalog/102712693.

5　*MCI Communications : Planning for the 1990s* (Harvard Business School Case No. 9-190-136, 1990) : 1.

6　世界の主要石油，ガスメジャーでの戦略計画システムにかんして下記参照。R.M. Grant, "Strategic Planning in a Turbulent Environment : Evidence from the Oil Majors," *Strategic Management Journal* 24 (2003) : 491-518.

7　"Eni 2014-2017 Strategic Plan" (Rome : Eni, February 13, 2014).

8　P.F. Drucker, *The Practice of Management* (New York : Harper, 1954).

9　L. Bossidy and R. Charan, *Execution : The Discipline of Getting Things Done* (New York : Random House, 2002) : 227.

10　H. Mintzberg, *Structure in Fives : Designing Effective Organizations* (Englewood Cliffs, NJ : Prentice Hall, 1993) : 2.

11　A. Smith, *The Wealth of Nations* (London : Dent, 1910) : 5.

12 K. Eisenhardt, "Agency Theory : An Assessment and Reviews," *Academy of Management Review* 14 (1989) : 57-74.
13 L.A. Bebchuk and J.M. Fried, "Pay without Performance : Overview of the Issues." *Academy of Management Perspectives* 20 (2006) : 5-24.
14 T. Peters and R. Waterman, *In Search of Excellence* (New York : Harper & Row, 1982).
15 J.-C. Spender, *Business Strategy : Managing Uncertainty, Opportunity, and Enterprise* (Oxford : Oxford University Press, 2014).
16 M. Weber, *Economy and Society : An Outline of Interpretive Sociology* (Berkeley, CA : University of California Press, 1968).
17 T. Burns and G.M. Stalker, *The Management of Innovation* (London : Tavistock Institute, 1961).
18 H. Mintzberg, *Structure in Fives : Designing Effective Organizations* (Englewood Cliffs : Prentice Hall, 1993) : Chapter 9.
19 H.A. Simon, "The Architecture of Complexity," *Proceedings of the American Philosophical Society* 106 (1962) : 467-482.
20 J.D. Orton and K.E. Weick, "Loosely Coupled Systems : A Reconceptualization," *Academy of Management Review* 15 (1990) : 203-223.
21 組織のモジュール性については下記参照。R. Sanchez and J.T. Mahoney, "Modularity, Flexibility, and Knowledge Management in Product and Organizational Design," *Strategic Management Journal* 17 (Winter 1996) : 63-76 ; C. Baldwin and K. Clark, "Managing in an Age of Modularity," Harvard Business Review (September/October 1997) : 84-93.
22 "Idea : Theories X and Y," *The Economist* online extra (October 6, 2008), www.economist.com/node/12370445, accessed July 20, 2015.
23 T. Burns and G.M. Stalker, *The Management of Innovation* (London : Tavistock, 1961).
24 L. Donaldson, "Contingency Theory (Structural)," in R. Thorpe and R. Holt (eds.), *The Sage Dictionary of Qualitative Management Research* (London : Sage, 2008).
25 J. Nickerson と T. Zenger はこれについて，構造的転調 (Modulation) として言及している : "Being Efficiently Fickle : A Dynamic Theory of Organizational Choice," *Organization Science* 13 (2002) : 547-567.
26 J.D. Thompson, *Organizations in Action* (New York : McGraw-Hill, 1967). 組織プロセスにおける相互依存の性格については，以下の論文が再考している : T.W.

Malone, K. Crowston, J. Lee, and B. Pentland, "Tools for Inventing Organizations : Toward a Handbook of Organizational Processes," *Management Science* 45 (March 1999) : 489-504.
27　C.A. Bartlett and S. Ghoshal, "Matrix Management : Not a Structure, a Frame of Mind," *Harvard Business Review* (July/August 1990) : 138-145.
28　R. Daft and A. Lewin, "Where are the theories for the new organizational forms?" *Organization Science* 3 (1993) : 1-6.
29　R. Kumar, "De-Layering at Tata Steel," *Journal of Organizational Behavior Education* 1 (2006) : 37-56.
30　H. Mintzberg, *Structure in Fives : Designing Effective Organizations* (Englewood Cliffs, NJ : Prentice Hall, 1993) : Chapter 12.
31　G. Hedlund, "The Hypermodern MNC : A Heterarchy?" *Human Resource Management* 25 (1986) : 9-35 ; C. Bartlett and S. Ghoshal, *Managing across Borders : The Transnational Solution*, 2nd edn (Boston, Harvard Business School, 1998).
32　M.H. Lazerson and G. Lorenzoni, "The Firms that Feed Industrial Districts : A Return to the Italian Source," *Industrial and Corporate Change* 8 (1999) : 235-266 ; A. Grandori, *Interfirm Networks* (London : Routledge, 1999).
33　R.J. DeFilippi and M.B. Arthur, "Paradox in Project-based Enterprise : The Case of Film Making," *California Management Review* 42 (1998) : 186-191.

BUSINESS
STRATEGY AND
THE QUEST FOR
COMPETITIVE
ADVANTAGE

第III部

事業戦略と競争優位の追求

第7章　競争優位の源泉と次元
第8章　産業発展と戦略変化
第9章　技術に基礎を置く産業と革新の管理
第10章　成熟産業での競争優位

第7章
競争優位の源泉と次元

シアーズ・モーター社バギー——395米ドル
ゴムのタイヤ，ティムケン・ローラーベアリング車軸，幌，ストームフロント，オイルランプ3個，警笛，および潤滑油1ガロンつき自動車。ガソリン以外すべて装備。
…米国での自動車製造で使われる車枠の75％を生産している自動車用の車枠製造会社を見つけました。買付けの量の大きさのおかげで，その製造会社は車枠を自動車会社が自社生産するよりも安価で作ってくれることも発見しました。わたくしたちはこの車枠製造会社に行きシアーズ・モーター・バギーのために作ってくれるように頼み，大量買付けの場合の値段を問い合わせました。話し合いはシアーズ・モーター・バギーの製造過程中ずっと続きました。皆様は部品ひとつひとつにつき細心の注意が払われているのにお気づきになるはずです。また，シアーズ・モーター・バギーは最良の材料を使っていることにもお気づきになるはずです。それは自動車製造15年の経験をもち，過去3年間，手軽な値段でご入手いただける，皆様のための自動車を開発してきた当社の専門家の監視の下，当社の工場で製造されたからです。
—シアーズ・ローバック社の1909年カタログ，1,150頁にある広告からの抜粋

不動産販売の3つの鍵が場所，場所，場所だとしたら，消費者向け商品販売の3つの鍵は差別化，差別化，差別化である。
—ロバート・ゴイスエタ，コカコーラ元会長

【概　要】
- 序論と目的
- 競争優位はいかに確立され，維持されるか
  - 競争優位の確立
  - 競争優位の維持
- 競争優位の種類—コスト・リーダーシップと差別化
- コスト分析
  - コスト優位の源泉
  - 価値連鎖を使ったコスト分析
- 差別化分析
  - 差別化の本質と差別化優位
  - 差別化の分析—需要側から見て
  - 差別化の分析—供給側から見て
  - とりまとめ—差別化分析での価値連鎖
- コスト戦略と差別化戦略の実行
- 要約
- 自習用の質問
- 注

序論と目的

　この章では，これに先立つ一連の章で分析した競争優位性のさまざまな要素を統合的に理解し，さらに発展させる。第1章で，企業は，魅力的な市場に位置するか，競合他社にたいする競争優位性を確立することによって産業平均よりもおおきい利潤を得られることを述べた。これら2つの重要な収益性の源泉のなかでは，競争優位のほうがよりおおきな重要性をもっている。ほとんどすべての産業で競争が激化しているので，利益の確実な入手は約束されない。それゆえに，戦略の第1目標は企業のために競争優位を確立することである。

　第3章と第5章は，競争優位の分析における2つの主要な構成要素を説明した。第3章の後半では競争優位の外部要因について分析した。顧客の要求と競争の性格が市場での成功の要因を決定する。第5章では競争優位の内部要因（独自の資源と能力によって得られる競争優位を確立し，さらに維持していくための企業の潜在能力）について分析を行った。

　この章では，競争優位についてもっと深く分析する。まず最初に，競争優位が作られ，破壊されるプロセスを調べることで競争優位の動態的力を見ることにする。それによって，どうやって競争優位が獲得され，維持されるかへの洞察が得られる。そのあと，競争優位の2つの次元，コスト優位と差別化優位を見ることで，分析への体系的な取り組み方を開発する。

　この章では，以下のことを学ぶ。

- 競合他社にたいする競争優位を作り出す環境を見つける。さらに，資源条件が，いかに，競争優位への機会を創出する，競争プロセスにおける不完全性を生み出すか学ぶ。
- コストと差別化の優位という2種類の競争優位の相違について理解する。
- 産業におけるコスト優位性の源泉を認識する，企業の相対的コスト・ポジションを評価するためコスト分析を行う，そしてコスト優位性を増強するための戦略を提案する。
- 競争優位性を作り出すため差別化可能性を評価する，差別化の源泉を分析する，そして差別化による競争優位性を創出する戦略を策定する。

競争優位はいかに確立され，維持されるか

どのように**競争優位**が生み出されるかを理解するためには，まず第1に競争優位とは何かを理解しなければならない。競争優位とは，それに直面したとき，われわれの大半が理解できる質のものである―例としては，ディスカウントの小売でのウォルマート，長距離航空輸送でのシンガポール航空，オンライン検索のグーグル，地域ジェット機でのEmbraer（エンブラエル）が挙げられる。しかし競争優位とは何かを定義するのは難しいが，基本的には以下のように定義できる：**同一市場において，2つ以上の企業が競合しているとき，ある企業が，継続的に高利潤率をあげている，またはあげる可能性を有している場合，その企業は競争優位をもっている。**

問題は，競争優位を競合他社よりも高い収益性の確保と同一視するならば，そもそも，なぜ，われわれは競争優位の概念を必要とするのか？　鍵となるのは，競争優位は，必ずしも高い収益性として具現されない点である―企業は現時点での利益よりも市場占有率，技術開発，顧客ロイヤルティ（Loyalty）向上への投資，または幹部への報酬を優先するかもしれないからである[注1]。

競争優位を，内部の強みと外部の重要成功要因との釣り合わせの結果であるとする見方を示したため，競争優位は，静的で安定したものであるという印象を与えたかもしれない。事実は，第4章で，競争を『創造的な破壊』プロセスであるとしたように，競争優位は不均衡現象である。つまり，それは，変化によって作られ，一度確立されると，破壊へと導く競争過程の稼働を開始させる。

競争優位の確立

競争優位を作り出す変化は，内部的か外部的なものである。図7.1は，その基本的な関係を図示する。

変化の外部要因

外部的な変化により競争優位が作り出されるのは，企業ごとに経営資源や能力，戦略的位置づけ（ポジション）が異なることで，変化の影響が企業ごとに相違するからである。たとえば，2014年，ブレント原油の価格は1バレル108米ドルから58米ドルに下がった。その結果，自動車産業でダイムラー，ジャガー・ランドローバー，

第Ⅲ部　事業戦略と競争優位の追求

■図7.1　競争優位構築

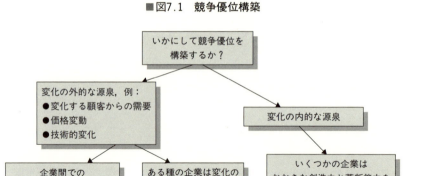

およびその他，大型の伝統的な車の競争上の立場は，トヨタ，ホンダ，テスラ，およびその他の電気自動車や燃費効率のよい車の製造者にくらべて改善した。

　外部的変化の具合がおおきければおおきいほど，そして，企業の戦略的位置づけでの相違がおおきければおおきいほど，特定の産業内での企業間における収益性のばらつきによって示されているように，競争優位を外的変化が作り出す傾向は高まる。世界のタバコ産業において外部環境は比較的安定しており，主導的な企業も，類似の資源と能力をもち，似たような戦略をもっている。結果として，企業間の利潤率の差違として反映する競争優位の差は小さい傾向がある。他方，玩具業界は，消費者の嗜好や技術において予測不可能な変化を経験している不均一な企業の集団を含むので，その結果，企業間の収益性の差は広く分散している。

　外部的な変化から生じる競争優位は，また，変化にたいする企業の対応能力に依存する。外的変化は，それがどんなものであれ，利益創出のよい機会を提供する。それは，その機会をもっとも有効的に活用する企業のものとなる。企業家精神による適応は2つの能力のうちの1つに関連する。

● 外部環境での変化を先取りする能力。IBMは，IT分野での主要変革の大半を先取りし，そして利用することで競争優位の更新をする卓越した能力を示した。つまり，パーソナルコンピュータの普及，インターネットの登場，ハードウェアからソフトウェア，サービスへの移行，そしてクラウドコンピューティング

の発展である。反対に，ヒューレット・パッカードは，そういった変化を認識し，対応するのに失敗した。
- 速度。市場がますます荒れ狂い，予測不可能となっていることから，競争優位の源泉として迅速な対応能力の重要性がおおいに増している。迅速な対応には情報が不可欠である。伝統的な経済，市場予測が有効でなくなってきているのと軌を一にして，顧客，納入業者，そして競合他社との直接の関係を通じての『早期警告システム』に企業が依存する度合いが増えている。迅速な対応には，情報に速く対処するために，事業所要時間（Cycle times）の短縮が不可欠である。ファッション小売業界では，ファッショントレンドへの迅速対応は成功への決定的な要素である。スペイン企業インディテックス所有の小売服飾チェーンのザラは垂直方向で統合されたサプライチェーン（供給連鎖）を構築した。それは，衣服のデザインから小売店への納入までの期間を3週間以内（業界での平均は3から6カ月）に短縮した[注2]。この迅速さを競争優位の源にする考えは，ボストン・コンサルティング・グループの唱える**タイムベース競争概念**[注3]として，コンサルタントや経営学者での**戦略的敏捷性**（Strategic agility）への関心の高まりのなかで一般的になった[注4]。ITの発展―インターネット，リアルタイム電子データ交換，そして無線通信―は事業分野にかかわらず対応能力をおおきく高めた。

変化の内部要因―革新による競争優位

競争優位創出は，また，既存の市場リーダーの競争優位崩し，さらには，革新者にたいし競争優位を作り出す革新により内部から生まれるかもしれない―シュンペーターの唱える「創造的破壊」である[注5]。革新は普通，新技術を取り込む新製品またはプロセスと考えられているが，実は，競争優位のおもな源泉は**戦略的革新**である。つまり，顧客にいかに製品，サービスを提供し，競合他社と闘うかの新しい考え方である。

戦略的革新は典型的には目新しい製品，体験，または製品提供に関連する。したがって，小売業では新しい概念や形態の絶え間ない追求にもとづいて競争が続けられる。それは，多様な製品を陳列する郊外型の大規模小売店（Big-box stores）（トイザらス，ホーム・デポ），増加された顧客サービス（ノードストローム），目新しい陳列や店舗のレイアウト（化粧品でのセフォラ），または価値連鎖全体を再編するような，顧客への製品提供の新しいシステム（IKEA）の形をとるかもしれない。戦

略的革新―とくに電子コマースにおいて―は，しばしば，事業モデル革新の形をとる。戦略コラム7.1は**事業モデル**の概念を紹介し，事業モデル革新の例を提供する。

> **戦略コラム 7.1 事業モデル革新**
>
> 　経営での流行り言葉のなかでも，事業モデルという用語は，わかったようなわからないようなものの1つである。Joan Magrettaによると，事業モデルとは，単に『企業がどういうふうに行動するかのお話である。』行動することで，企業は基本的な質問である，『この事業でどうしたらお金を儲けられるか？』や，『顧客にいかに価値を，適正な価格で届けるかを説明する経済的な説明はなにか？』に答えようとする[注a]。それ以降出てきた定義では，事業モデルの概念は敷衍され，核となる論理，つまり，事業はいかに価値を創造し，自社にその価値創造からの利益を確保するかだけではなく，価値創造がなされ，確保がされるための広い意味での事業システムをも包含するとされている。そのため，Zott，等は，事業モデルを『事業機会の活用を通じての価値創造を意図する取引の内容，構造，そして統治，管理を記述するもの』と定義している[注b]。
>
> 　事業モデルと戦略という用語はしばしば，同義語として使われているが，もし『事業モデル』が有効な概念であるためには，『戦略』からは区別されるべきである。『事業モデル』は，企業の事業システムの全体的な構成を記述するにたいし，『戦略』は，その事業モデルがいかに企業の特定の市場状況や，その資源や能力に適合するかの詳細を記述する。したがって，サウスウエスト航空は，最小限の機内サービスや，単一の航空機種を使ってのポイント・トゥ・ポイント航空路運航を含む新しい事業モデルを開発した。この格安航空モデルは世界中の新興航空会社が真似している。そうはいっても，サウスウエスト，ライアンエアー，イージージェット，そしてエアアジアはそれぞれ，運航航路や，基本的な事業モデルをいかに適応させるかについて，異なった戦略をもっている。
>
> 　新事業モデルを通じての戦略的革新は，既存産業を発展させる能力をもっている。サウスウエストによって開拓された格安航空業界は，たしかにそのよい例である。それは，ミシン会社のシンガーによって採用され，マクドナルドによって完成され，一般的になったフランチャイズ形式についても同じことがいえる。
>
> 　事業モデルにたいする最近の関心は，電子商取引の出現（そこでは，新事業への

戦略的課題は，自分の革新による現代化を可能とする事業モデルが開拓することである）に関連している(注c)。したがって，新聞は，Online記事から収入を創出するため，いろいろな事業モデルを採用した。以下のようなものである。

- 第三者の広告をあてにしての無料アクセス
- 読者購読契約
- アクセス回数を測る，制限つきの無料購読
- いくつかの記事は無料，もっと貴重な記事には購読契約者のみという『Freemium』

〔注〕
  a J. Magretta, "Why Business Models Matter," *Harvard Business Review* (May 2002): 86-92.
  b C. Zott, R. Amit, and L. Massa, "The Business Model: Recent Developments and Future Research," *Journal of Management*, 37 (July 2011): 1019-1042.
  c "The Search for a New Business Model," *Pew Journalism Research Project* (March 4, 2012). http://www.journalism.org/2012/03/05/search-new-business-model/.

　戦略的革新の潜在可能性を認識するもう1つの考え方は，インセアッドのW・チャン・キムとレネ・モボルニュによって展開された。かれらのブルー・オーシャン戦略は『競合相手のいない市場領域』追求をめざす（戦略コラム7.2)(注6)。戦略的革新は，以前には相反すると見られていた業績評価指標（Performance attributes）を組み合わせることから，しばしば，生まれる。したがって，Virgin America（ヴァージン・アメリカ）は格安航空会社では典型的な格安航空券と，従来型航空会社（Legacy carriers）での機内サービスを上回るサービスを提供している。実際，大半の革新的戦略は，低コストと優れた顧客サービスとの組み合わせである。しかしながら，ギャリー・ハメルが注意を喚起しているのは，戦略的革新のなかで，永く続く競争優位を提供するものは数少ないということである。プロクター・アンド・ギャンブルのブランド管理システムやトヨタのリーン生産方式のような経営管理革新は，時間の経過にも耐え得る競争優位を提供している(注7)。

戦略コラム 7.2　ブルー・オーシャン戦略

　キムとモボルニュが主張するのは事業での，価値創造の一番よい機会を見つける

には，既存の市場での，伝統的な競争への取り組み方（かれらが唱えるところの『レッド・オーシャン』）ではなく，競争のない市場空間を探求することにある。このブルー・オーシャンは，技術的革新（例：無線通信や生命工学）により作り出されたまったく新しい産業であるかもしれないし，既存の技術を使った既存の産業での，新しい市場空間である可能性のほうが高い。それには，

- 既存製品の新しいセグメント。例：家庭や学校でのマイクロコンピュータ使用の潜在可能性の，アップルによる認識。
- 既存製品の再設計（Reconceptualization）。例：マルチメディア，劇場経験としてのシルク・ドゥ・ソレイユによるサーカスの再発明。
- 製品特性の新しい，再組み合わせ，および競争優位の新しい位置づけを確立する価値連鎖の再構築。例：過去，例を見なかったほどの顧客による製品選択や納品の速さを可能にした，PC発注，組立て，および配送にかんするデルの統合システム。

戦略キャンバスとは，ブルー・オーシャン戦略を展開するための枠組みである。水平軸は，企業が産業内で競争を拡げる製品特性を，垂直軸は，企業が顧客に提供する特性のおおきさを示す。産業での既存商品構成を示す価値線（Value line）から出発して，課題は，新しい特性の組み合わせを可能にする戦略を見つけることであ

■図7.2 戦略キャンバス：シルク・ドゥ・ソレイユと伝統的なサーカスの価値ライン

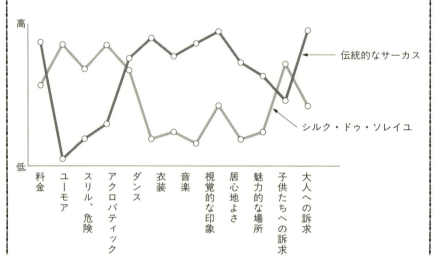

る。これには4つの選択がある。

- 増強：産業平均よりも高くするにはどんな要素を増強するか？
- 排除：産業で永らく競争してきた要素のうち，どれを排除すべきか？
- 削減：産業平均から削減すべきはどの要素か？
- 創造：産業ではいままで提供されていないが，どの要素を作り出すべきか？

図7.2はシルク・ドゥ・ソレイユの価値線と伝統的サーカスのそれの比較である。

〔出所〕 W.C. Kim and R. Mauborgne, Blue Ocean Strategy: How to Create Uncontested Market Space and Make the Competition Irrelevant (Boston: Harvard Business School Press, 2005) をもとにしている。

競争優位の維持

　一度確立してしまうと，競争優位は競合他社からの侵食を受けるようになる。競争優位が失われる速度は，競争企業の模倣または革新によって挑戦する能力に左右される。模倣とは，競争のなかでももっとも直接的な手法であるので，競争優位を長く維持させるためには**模倣にたいして対抗する障壁**が不可欠である。ルメルトは，個々の企業の卓越した利潤率が侵食されるのを防ぐための障壁として『**アイソレーティング・メカニズム（隔離メカニズム）**』という用語を使った[注8]。過去の資料によれば，障壁，隔離メカニズムは競争優位を維持するのに効率的であった。企業間の利益の差は，10年かそれ以上の期間持続されている[注9]。しかしながら，第4章で見たように（『動態的な競争』の項を参照），ハイパー競争（Hypercompetition）の到来で競争優位の侵食が速まったのかもしれない。

　隔離メカニズム（障壁）の源を特定するためには，競争的な模倣の過程を吟味する必要がある。ある企業が，他企業の戦略をうまく真似するには，4つの条件を満たさなければならない。競合企業がもっている競争優位を認識しなければならないし，模倣努力をすることで優れたリターンが得られるとの確信がなければならない。また，競合相手の競争優位の源泉を見きわめ，模倣するのに必要な資源や能力を取得できなければならない。それらの各段階において既存の競争優位保持者は隔離メカニズム（障壁）を作って，模倣可能者を妨げようとする（図7.3）。

■図7.3　競争優位性の維持：Isolating（隔離）の仕組みの類型

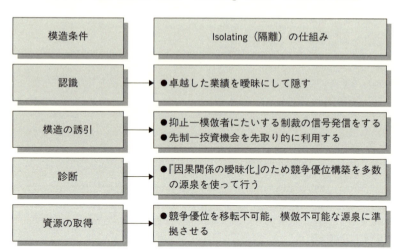

認識―優れた業績の曖昧化

　模倣にたいする一番単純な障壁は，傑出した収益性の存在を曖昧にすることである。ボストン・コンサルティング・グループのGeorge Stalkによると，『競合他社を騙すやり方の1つは，高業績を隠すことで，相手が気がついたときには，手当てを施すにはすでに遅くなっているという状況を作ることだ。』(注10) 1948年の映画のクラシックである『黄金（The Treasure of the Sierra Madre)』のなかでハンフリー・ボガートとその仲間は，他の財宝探しをする人間たちから，自分たちの発見が見つからないようにするために，いかなる努力も惜しまなかった(注11)。

　隙間市場を支配している企業にとって，非上場企業としてとどまる利点の1つは，財務情報を公開しなくてもよいことだ。英国の独占禁止委員会が主導的企業であるPedigree Petfoods（ペディグリー・ペットフーズ）（マースの子会社）が資本収益率47％を稼いだという情報を公表するまで，食品企業のなかで，缶詰の犬猫用のペット食品の高い収益性に気がついたものはわずかであった(注12)。

　競合他社の出現を妨げるため，短期利益の極大化を犠牲にしたほうがよいかもしれない。**参入阻止価格理論**の一番単純な例は，市場リーダーによる，新規参入者の注意を喚起しない程度までの低価格政策の採用である(注13)。

抑止と先取り

競争は模倣へのインセンティブを減らすことで回避できる。もし企業が，自分たちの戦略の真似をしても，収益が出ないと競合他社を説得できれば，競争的な挑戦を回避できる。第4章で，抑止戦略と，その実行においての警告とかかわり合いの役割について議論した(注14)。抑止が機能するには，脅かしは信じるに足るものでなければならない。1987年でのニュートラスイート特許の期限切れ後，モンサントはホランド・スイートナー社にたいする攻撃的な価格攻勢をかけた。費用はかかったとはいえ，モンサント社は攻撃的であるという評判が立ち，人工甘味料への他の潜在的参入者の参入は抑制された(注15)。

企業は，**先取り**を通じて模倣を思いとどまらせることができる―既存および可能な戦略的ニッチを占取し投資機会を減らすのである。先取りには，さまざまな形態がある。

- 市場での主導的企業による，ありとあらゆる商品の提供は，新規参入者や小規模な競合他社にニッチ市場確保の余地を残さない。たとえば1950年から1972年の間，朝食用シリアル主要6メーカは米国市場にたいし80種類もの新ブランドを送り出した(注16)。
- 市場の需要の成長を見越しての生産設備にたいする莫大な投資もまた競合他社から市場機会を奪う。特許が切れる前の，モンサントのニュートラスイート生産設備へのおおきな投資は，アスパルテーム（人工甘味料）生産を考えていた企業にとって脅威となったのは明白である。
- 大量の特許は，競合他社の技術的機会を制限することで，技術を基盤とした競争優位を保護する。1974年，そのほとんどは使われなかった2,000を超える特許の壁により，ゼロックスの市場での支配的な立場は守られていた。IBMが1970年に最初の複写機を販売したとき，ゼロックスは，22種の特許侵害で訴訟を起こした(注17)。

競争優位の究明―『曖昧な因果関係』と『模倣不確実性』

もし企業が他社の競争優位を模倣するとしたら，まず競合相手の成功の根底にあるものを理解しなければならない。KマートやTarget（ターゲット）が，ウォルマートのディスカウント小売での成功を真似するには，なぜウォルマートがおおきく成功しているのか，まず，理解しなければならない。ウォルマートがなにについて他

と違ったことをしているのかを指摘するのは簡単にできる。しかし，難しいのは，卓越した収益性の主要決定要因となっているのはどの差別化要素であるかを見きわめることである。ウォルマートの店舗の場所（たいていは，小さな町でほとんど直接の競争相手はない）なのか？　厳密に統合されたサプライシステムなのか？　独自の経営システムなのか？　ウォルマートの物流システムと意思決定をサポートする情報システムのおかげなのか？　それとも，倹約，勤労という米国の田舎の価値観か？　同じように，民生用電子製品業界（CE—Consumer Electronics）での信じられないくらいのアップルの成功を真似るのはソニーにとって容易なことではない。

Lippman（リップマン）とルメルトは，この問題を**曖昧な因果関係**と呼ぶ。企業の競争優位が多次元にわたり，またそれぞれの次元の競争優位が，資源や能力の集合体に基礎をもっていると，競合者にとって，成功の決定要素を分析することが困難になる。曖昧な因果関係の帰結は**模倣の不確実性**である―競合者の成功の原因を確実に知ることができないときには，その戦略の模倣は必ずしも成功に結びつかない[注18]。

最近の研究では戦略の模倣の際の問題は，もっと深いものに根ざしていると見られている。第5章で能力は資源の複雑な組み合わせであり，多数の能力が反応しあって，競争優位が生じると説明した。組織活動間の補完性にかんする研究が示唆しているのは，これらの相互作用は経営管理実務の範囲全部を覆っている[注19]。戦略コラム7.3は独特の『活動システム』の例としてUrban Outfitters（アーバン・アウトフィッターズ）を記述している。活動が緊密に結びついている場合，複雑系理論―とくにNKモデル―が予測するのは，ある特定の競争環境において，戦略変数の独自の組み合わせをもつ，多数の**適合状態の山**（Fitness peaks）の出現である[注20]。それが模倣にかんして示唆するのは，他の企業と同じ適応値の山に位置するには，戦略，構造，管理体制および事業プロセスの複雑な形状（Configuration）が必要となるだけではなく，そういったものの組み合わせがちょっと違っているだけで，模倣者は適合状態の山に到達せず，山と隣り合わせになっている谷に位置するようになる意味合いもあるということである[注21]。

模倣志願者にとっての課題の1つは，経営での実践で，どれが，すべてにあてはまるものか，またどれが状況によって**異なるものか**（Contextual）―他の経営慣行（Practices）と補完するものであるかを決めることである。たとえば，シアーズ・ホールディングスが，そのKマートの店舗でウォルマートの経営のやり方を真似るにはどうするか検討しているとすると，いくつかの慣行（例：顧客への微笑み対応，販

売時点情報管理データの本社への直接送付）は，すべての状況にあてはまるものである。他の慣習，たとえば，ウォルマートの『Everyday low price』価格方式，売上比で低い広告宣伝費，ハブアンドスポーク方式の物流は，おそらく他の慣習，やり方と組み合わされたときにだけ役に立つであろう。

戦略コラム 7.3　アーバン・アウトフィッターズ社

アーバン・アウトフィッターズ社は1976年にフィラデルフィアで創立された。2014年までには，その3つの主要チェーン―アーバン・アウトフィッターズ，Anthropologie，そして Free People―は，10カ国で500店以上を有していた。同社は，独自の商品構成と魅力的な店舗環境を通じて，高い教育を受けた，都市風の考えをもつ，若年成人で，18歳から30歳のひとたちを的にしていると述べている。『わたくしたちは，顧客との感情的な結びつきを作るような環境を店舗のなかに実現している。そういった環境の構成要素は，対象とする顧客の美的な嗜好に合わせられている。創造的なデザインを使って，既存の店舗空間は，据付品や仕上げやむき出しの（柱や梁などの）建築構造体を組み合わせることで装飾されている。わたくしたちの店舗では，商品は，多様な創造的図柄や，顧客に生活スタイルを見直す機会を与えるように設計された陳列に溶け込むように置かれている。』

マイケル・ポーターや Nicolaj Siggelkow によれば，アーバン・アウトフィッターズ社は，際立っており，同時に高度に相互依存する経営慣習を有している。衣料，家具，そして贈答用品を含むアーバン・アウトフィッターズの，都会的，ボエミア的商品構成は，バザール的な店舗に陳列されている。そこでは，2週間ごとに店舗配置は変えられ，顧客が再訪問するたびに新しい買い物経験を味わえるようにしている。顧客との共同体意識を強調するため，伝統的な広告媒体は使わず，ブログや口コミに依存する。それらは別々には意味をもたないが，一緒にすると，他とは異なった，統合された戦略を示している。アーバン・アウトフィッターズの競争優位性を真似しようとする試みは，戦略の個々の要素を複製しようという時点で，それらすべてを統合し組み立てる前に，困難に直面し，成功しない可能性がおおきい。

〔出所〕　Urban Outfitters Inc. 10-K Report to January 31, 2014 ; M.E. Porter and N. Siggelkow, "Contextuality within Activity Systems and Sustainable Competitive Advantage," *Academy of Management Perspectives* 22 (May 2008) : 34-56.

資源と能力の獲得

　市場リーダーの競争優位の源泉の分析ができたら，模倣者にとって次の課題は，模倣に必要な資源と能力を集めることである。第5章で論じたように，企業は資源と能力を2つの方法で獲得することができる。つまり，買うか，作り出すかである。模倣障壁は，資源と能力の**移転可能性**と**模倣可能性**に制約があるかどうかである。（第5章の『競争優位の維持』でこれら資源の特徴を議論した部分を参照。）戦略コラム7.4は競争優位に必要な資源の特性が，市場状況で異なることを示している。

戦略コラム 7.4　異なった市場環境での競争優位

　競争優位は，競争過程で不完全性が存在する場合に生じる。そして，それは根本的な資源や能力が利用できる条件が存在するときに生じる。したがって，競争の不完全性を分析することで，異なった市場状況での競争優位の源泉を見つけられる。鍵となるのは価値創造活動での2つの型を区別することである。つまり，取引（Trading）と生産である。

　取引市場では，1つの極端な状況は**効率的市場**である。それは，完全競争市場（例としては，有価証券市場，外国為替市場，そして商品先物取引市場）に該当する。もし，価格がすべて入手可能な情報を知らせ，即時に，新しく入ってくる情報に適応する場合，市場取引者は，だれであれ，他の取引者よりもおおく儲けることを期待できない。市場と競争して常時，それに打ち勝つということはない―換言すれば，競争優位は存在しない。この競争優位の欠如は資源入手可能性条件を反映している。競争するのに必要な2つの資源―財務および情報―は，すべてのトレーダーにとって無差別に，入手可能なのである。

　取引市場での競争優位は，競争過程での不完全性存在を必要とする。

- 情報の入手可能性が不完全なとき，競争優位は情報入手での他者にくらべての優位性による―したがって，大半の先進国経済では内部取引者は犯罪罰の対象となっている。
- 取引費用が存在するとき，競争優位は，最低取引費用を享受する取引者に帰属する。それがために，低コストのインデックス投資信託は，専門家によって管理される投資信託よりもすぐれた投資収益率を誇る。0.5％の管理コストで運営されるVanguardのS&P500指数投資信託は，毎年，90％の米国株式投資信託

よりも高い業績をあげている。
- もし市場が体系的行動傾向（例：**小型株効果**，または**1月効果**）をとるならば，競争優位は，市場心理を深く読むか，体系的株価行動パターン（チャート分析）の知識を有するトレーダーに属するであろう。もし市場がバンドワゴン効果の影響下にあるとき，大勢に従う（モメンタム型取引）ことで短期的に，また，長期的には，逆張り戦略（Contrarian strategy）を使うことで競争優位を得られる。ウォーレン・バフェットは，『他の取引者が買いのときには小心で，他の取引者が小心なときには，買いに出る』逆張り戦略家である。

生産市場では，必要となる，資源と能力の組み合わせの複雑さ，資源と能力での高レベルでの差別化，そして，その入手可能性での不完全性の理由で，競争優位可能性ははるかにおおきい。ある特定の産業において，資源と能力の付与の度合いに，ばらつきがあればあるほど，競争優位の潜在可能性はおおきくなる。欧州の電力産業では，供給者の数増加―電力会社（EDF, ENEL），ガス配給会社（Gaz de France, Centrica），石油大手（シェル，ENI），独立系のエネルギー会社（AES, EON），そして風力発電会社―は，競争優位の機会を増大させ，競合企業間での収益格差を拡大した。

資源付与の相違は，競争優位侵食としても影響する。競合企業での資源と能力が似通っていればいるほど，真似がしやすくなる。

競争優位の種類―コスト・リーダーシップと差別化

企業は，2つの方法のどちらかによって競争相手よりも高い利益（あるいは潜在的な利益）を達成することができる。1つは同一の商品とサービスを低コストで提供すること，もう1つは，顧客が差別化費用を超える価格プレミアムを喜んで支払う，差別化製品かサービスを提供することである。前者の場合，企業はコスト面での競争優位をもつ。後者は差別化による競争優位である。コストの面での優位を追求するとき，企業の目標はその産業または産業のあるセグメントにおいてコスト・リーダーになることである。コスト・リーダーとは企業が『コスト優位を与えるすべての源を見つけ，利用し…[そして]…標準的な，実利的な製品を売る』ことであ

■図7.4　競争優位の源泉

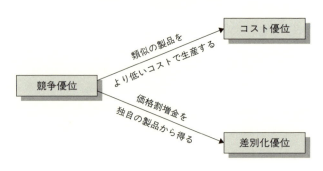

■図7.5　ポーターのジェネリック（包括的）戦略

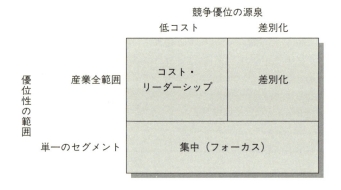

る[注22]。企業による他の競争者との差別化は，『低価格を提供するだけでなく，買い手にとって特別な価値のあるものを提供する』ことで達成される[注23]。図7.4はこれらの2つの型の競争優位を図示する。2つのタイプの競争優位性と企業の事業範囲—広範な市場 対 狭いセグメント—とを組み合わせることでマイケル・ポーターは3つの包括的（Generic）戦略を定義した（図7.5）。

コスト分析

　歴史的には戦略的経営（経営戦略）は，産業における競争優位の第一義的な基盤としてコスト優位を強調してきた。コストに焦点をあてるのは，伝統的に経済学者

第7章 競争優位の源泉と次元

たちが，価格を競争の主要手段として強調してきたからである。それはまた，前世紀，大量生産や大量流通を通じての，製造大企業における，規模や範囲の経済の追求があったことを反映している。1970年代や1980年代で，このコスト優位性への関心は，戦略分析の手法において，広い範囲で，経験曲線が取り上げられた事実にも反映されている（戦略コラム7.5参照）。

過去数十年においては，企業はコスト効率にかんしもっと広い観点で，根本的に考え方を変えている。ますます増える，新興経済からの競争が，欧米と日本の企業にたいしコスト面で圧迫を加えている結果，外注，海外生産，プロセスリエンジニアリング，リーン生産，そして組織階層削減（Organizational delayering）を含む，コスト削減のための新しい手法が採用された。

戦略コラム 7.5　ボストン・コンサルティング・グループ（BCG社）と経験（習熟）曲線

　経験曲線は，第二次世界大戦中の飛行機やリバティー型貨物船建造所要時間での規則正しい低減現象にその基礎を置く。経過した経験時間とコストの関係はBCG社により一般理論化され，直接労働だけではなく，すべてのコスト（資材を除く）の費用経済に適用されるようになった。瓶のキャップ，冷蔵庫，長距離通話や保険契約などの一連の研究において，ボストン・コンサルティング・グループ（BCG）は，累積産出量の増加とともに，単価が著しく減少することを観察した。BCGの経験の法則が述べるには，
―標準的製品付加価値創出のための単価は，累積産出量が倍増するごとに一定の割合で（一般的には15％から30％）低減する。
―（『付加価値創出の単価』は生産の単位あたり全費用から購入部品や資材の単位あたり生産費用を差し引いたもの[注a]。図7.6はT型フォードでの経験曲線を示す。）
　経験曲線は事業戦略に重要な意味をもつ。企業が競合相手よりも速く産出量を拡大することができるなら，学習曲線にそって迅速に下り，競合相手との生産コスト差を拡大することができる。BCGは，モータサイクルでのホンダを，そういった戦略の例として挙げている[注b]。市場占有率追求は，収益率と市場占有率との正の相関関係を確認する数多くの研究によって支持されている[注c]。しかし，相関性は因果関係を意味しない―市場占有率と収益率との両方は，競争優位の，他の源泉の結

第Ⅲ部　事業戦略と競争優位の追求

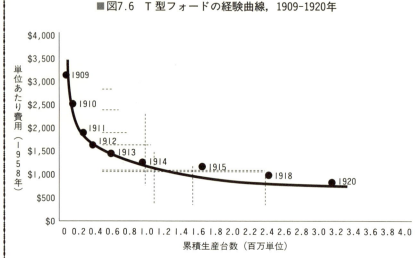

■図7.6　T型フォードの経験曲線，1909-1920年

〔注〕　曲線は85％経験曲線を示す。つまり，単位コストは累積生産台数が倍増するたびに15％低減する。

果—製品革新，または優れたマーケティング—である可能性が大である[注d]。

　経験曲線の戦略的手段としての弱さは，まず，コスト低下のいくつかの原因（学習，規模，プロセス革新）を区別していないこと，つぎに，経験からのコスト低減が自動的に起こると想定していることである—現実には，それは管理されるものである。

〔出所〕
a　Boston Consulting Group, *Perspectives on Experience* (Boston: BCG, 1970).
b　Boston Consulting Group, *Strategy Alternatives for the British Motorcycle Industry* (London: HMSO, 1975).
c　R. Jacobsen and D. Aaker, "Is Market Share All That It's Cracked Up To Be?" *Journal of Marketing*, 49 (Fall 1985): 11-22.
d　R. Wensley, "PIMS and BCG: New Horizons or False Dawn?" *Strategic Management Journal*, 3 (1982): 147-158.

コスト優位の源泉

競合他社との比較での，企業の単位あたりコスト（産出物1単位あたりのコスト）のおもな決定要因は7つある。これら要因を**コスト・ドライバー（原価作用因）**と呼ぶ（図7.7参照）。

これらのコスト・ドライバーの相対的重要性はそれぞれ産業，同一産業内の企業，同一企業内の活動により異なる。企業における，異なるコスト・ドライバーを競合他社との比較で逐一検討すれば，コストポジションの分析と非効率性の源泉の診断や，コスト効率性向上への提案が可能となる。

規模の経済

おおくの製造業やサービス産業での大企業による支配は，規模の経済が存在する

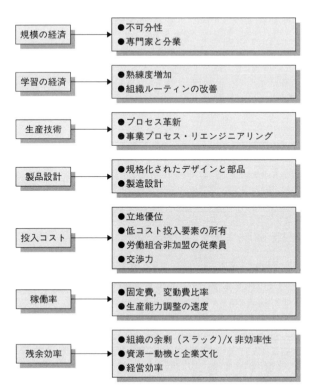

■図7.7　コスト優位のドライバー（原価作用因）

■図7.8　生産における長期的平均コスト曲線

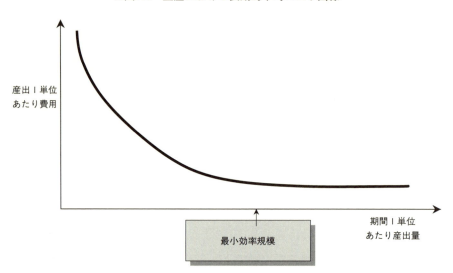

ことによる。規模の経済は，生産プロセスで使用される投入量の比例的増加が単位あたりの生産費用低減に結びつくときに存在する。規模の経済は通常製造業と関連づけて理解されてきた。図7.8は単位コストと工場の生産能力との典型的な相関関係を示す。規模の経済のおおくが利用されるのは**最小効率プラント規模**（MEPS）においてである。

規模の経済はおもに3つの源泉から生まれる。

- 技術的な投入物-産出物関係　おおくの活動において産出物の増加はそれに比例する投入物の増加を必要としない。1万バレルの石油貯蔵タンクは2千バレルタンクの5倍の費用はかからない。同じような量にかんする経済は船舶，トラック，鉄，そして石油化学プラントについて存在する。
- 不分割性　資源と活動の大半は『塊』としてあつかわれる─小さな分割された単位では入手できない。したがって，企業はおおきな産出量に資源のコストを分散して割り当てることで規模の経済を享受する。研究と開発において，新製品開発および広告市場でのリーダーにとって，規模の小さい競合他社よりも売上比でくらべると，コストが低い。
- 専門化　規模のおおきさは，一層の作業の専門化を可能にする。大量生産は生産工程を，専門機器を使う専門的工具によって遂行される，異なった作業に

分解する。分業は学習を促進し，自動化を助ける。専門化の経済は，投資銀行，経営コンサルティング，そしてソフトウェア開発などのような大企業がノウハウの広い範囲にわたって専門的な経験を利用できる知識集約型の産業ではとくにおおきい。

規模の経済は産業の集中度（産業の産出量に大企業の占める割合）にとって重要な決定要因である。おおくの消費財産業において，マーケティングにおける規模の経済は，産業の集中化を促進した。図7.9は，販売量のおおい清涼飲料の商標は，いかに1単位あたり一番低い広告費を享受する傾向があるかを示している。その他の産業では—とくに航空宇宙産業，自動車，ソフトウェア，そして通信産業—新製品開発での巨大な費用を減価償却する必要性から合併が進んでいる。新製品開発に費用がかかる場合，収益を得るためには十分な需要が不可欠である。ボーイング747は，1,508機が1970年と2014年の間で製造されたため，巨大な利益を生み出した。エアバスA380の課題は，その開発費180億米ドルを償うだけの世界的な需要があるかどうかである。

しかし，規模の経済が重要な産業においてすら，自分よりもおおきな企業と競争しながら，中小企業は生き残り，繁栄している。自動車では，BMW，ジャガー・ランドローバー，および現代はトヨタ，フォード，およびゼネラルモーターズ（GM）よりも利益率が高い。商業銀行業では，大規模な銀行が小さい銀行よりも利益率やコスト面で優れているという証拠は存在しない[注24]。中小企業はどうしたら規模の小ささでの不利を克服できるか？　まず，優れた柔軟性を活用したり，第2には効

■図7.9　宣伝における規模の経済—米国清涼飲料業界

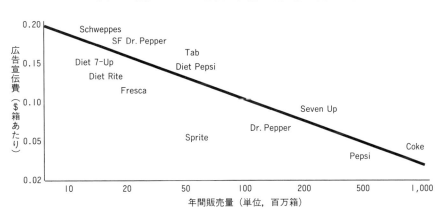

率性にとって規模が決定的な活動（例：スペシャリスト自動車会社は，普通，技術や設計をライセンスし，エンジンは買う）の外注を通したり，第3に，大規模な組織をしばしば悩ます動機や調整の問題を避けたりすることである[注25]。

学習の経済

経験曲線はおもに，個人および組織での実地訓練（ラーニング・バイ・ドゥイング）に依拠する。反復行為により個人の技能と組織ルーティンが発展させられるのである。1943年時点でB-24 Liberator爆撃機を製造するにはのべ4万時間がかかった。1945年時点では若干8千時間しか，かからなくなっていた[注26]。インテルによる世界的マイクロプロセッサ市場支配は，これらの信じられないほど複雑な製品の設計と製造における学習の蓄積に負うところがおおい。学習は，個人レベルでは技能と問題解決改善にかんして，またグループレベルでは組織ルーティンの発展と改良にかんして生じる[注27]。

プロセス技術とプロセス設計

卓越したプロセスは強大な費用の経済の源泉であり得る。ピルキントンの革命的なフロートグラス・プロセスは，同社（およびそのライセンシー）に板ガラス生産において他を圧するコスト優位を与えている。フォードのベルトコンベヤーによる組立てラインは，1912年と1914年の間で，T型フォードの組立てに要する時間を1912年での106時間から1914年では6時間にまで短縮した。プロセスでの革新が新しい設備投資と直結しているとき，普及の速度は速い傾向がある。しかし新プロセスの利益を完全に享受するためには，ジョブデザイン，従業員へのインセンティブ，製品設計，組織構造，および経営管理などシステム全体における再設計が必要となるのが普通である。1979年と1986年の間でゼネラルモーターズは自動車製造において世界で一番効率の高いメーカになるため400億米ドルを新しいプロセス技術に投資した。しかし，改善されたプロセスからの効率面での増加の主なるものは，おおきな技術的革新はともなっていない，プロセス再設計に起因するかもしれない。デルの，1990年代におけるパーソナルコンピュータでのコストリーダーは，産業における価値連鎖を再組み合わせしたことによる。トヨタのリーン生産方式は，ジャストインタイム方式，総合品質管理（Total Quality Management），絶え間ない改善，職務柔軟性，および納入業者とのパートナー関係を含む，いくつかの作業慣行を組み合わせたものである[注28]。

ビジネス・プロセス・リエンジニアリング（BPR）とは，1990年代におおきな成功を収めたオペレーション作業の再設計のやり方である。『リエンジニアリング』の神様であるマイケル・ハマーとジェームズ・チャンピーはBPRを以下のように定義する―『コスト，品質，サービス，そして速度などの重要な成果測定指数での劇的な改善を達成するための事業プロセスの根本的な再考と再設計。』(注29) BPRでの最初の質問は，『もし最初からやり直すとしたら，このプロセスをどう設計するであろうか？』である。

　BPRは，効率，品質，そして速度(戦略コラム7.6)においておおきな改善をもたらした。しかし，事業プロセスが複雑で，組織ルーティンに組み込まれているとき，組織のなかのだれも既存プロセスの作業を全体的に把握していない可能性がある。ハマーとチャンピーの，既存のプロセスを『消去』し，『白紙の状態』からやり直せ，という助言は，多大の時間をかけて構築されてきた組織能力の破壊につながる危険をもっている。最近数年では，BPRの代わりに，**事業プロセス管理**(Business process management)が部分的に使われることがおおい。そこでは作業の流れ管理よりはもっと広い情報技術（とくにウェブベースのアプリケーション）の適用へ，また組織プロセスの再設計と改良へと重点が移っている(注30)。

戦略コラム 7.6　IBMクレジットにおけるプロセス・リエンジニアリング

　マイケル・ハマーとジェームズ・チャンピーは，ビジネスプロセスリエンジニアリングのおかげで，IBMが，販売員からの，新しい顧客へのクレジット供与依頼を受けた後，60日から4時間で承認可能とする時間短縮を可能にしたかを記述している。従来のシステムでは5つの段階を踏む必要があった。

1．IBMの販売員が融資依頼の電話をかける。この依頼内容は紙に書き取られる。
2．依頼書は融資部門へ送られ，そこでコンピュータに打ち込まれ，顧客の返済能力が調査される。
3．審査結果は用紙に書き込まれ，営業（ビジネス・プラクティス）部門へ送られる。
4．依頼書は金利計算担当者にまわされ，金利が決められる。
5．事務員がすべての情報をまとめて見積り書を用意し，販売員に送付する。

手続きの遅れや，結果としての販売不発にしびれを切らしたマネジャー2人が実地の手続き手順を試してみた。融資依頼書を手に，歩いて5つのステップすべてを行ってみた。この過程は90分で終わった。

問題は，IBMが受けるもっとも複雑な融資依頼を念頭においてこの業務過程が構築されていた点であった。実際にはおおくの場合，信用度査定とか定型公式に数字を入れ込むといった単純な事務作業に専門家の判断は必要なかった。専門家（与信審査担当者，金利計算担当者，等々）の代わりに，前述の5段階の手続きを遂行する普通の担当員に任せるように，与信承認プロセスは再設計された。与信依頼が標準的なものでない場合や，例外的に複雑な場合のみ，専門家に任せられるようになった。手続き時間が94％短縮されたばかりでなく，従業員数は削減され，顧客へのクレジット付与の数はおおきく増加した。

〔出所〕 M. Hammer and J. Champy, *Re-engineering the Corporation : A Manifesto for Business Revolution* (New York : HarperBusiness, 1993) : 36-39 から作成。

製品設計

生産性設計（DFM 製造を第1目的とする設計）―機能性や美的外観の追求ではなく，製造の容易性のための製品設計―は，とくに新しいプロセス技術の導入と相まってなされるとき，おおきな費用削減を可能にする。

- フォルクスワーゲンは，30以上の車種を4つのプラットフォームに集約，再設計することで新車開発と部品のコストを削減した。VWビートル，AudiTT，Golf，そしてAudi A3，さらにはSeatとSkodaのいくつかの車種はすべて単一の車台を共有している。
- プリント基板（PCBs）では，生産性設計は歩留まり改善や自動化可能性により大幅な生産性上昇を可能にした。

サービス関連でも，使用の容易性と効率化を考えて設計することは可能である。米国の簡易ホテルのコストリーダー，モーテル6は，オペレーション費用を最低限に抑えるため，サービスを注意深く設計している。モーテルの所在地は土地代の安い，郊外に位置し，プールやレストランなどは設置せず，部屋は清掃と維持費最小化を可能とするよう設計している。しかしながら，サービス設計での効率性は，顧客が標準的商品からの例外を要求する傾向があるため邪魔される（『わたしのハン

バーガーは片面だけ焼いたパンにしてください』)。そのため客の要求に合わせるか，合わせないかといった標準サービスからの離脱にたいする，明瞭な戦略をもっている必要がある(注31)。

生産能力稼働率

短期，中期的に見ると，工場の生産能力は多かれ少なかれ固定的なものであり，産出量の上下で能力使用率が決まる。生産能力を下回る生産量は，固定費がより少ない産出物に振り当てられるため，1単位あたりのコストを上昇させる。産出量を生産能力以上に上昇させたときにも同じように非効率性が生じる。2006-2011年，ボーイングでの製造量の増大努力は，残業手当，夜勤，週末の交代への超過支払い，欠陥品増大，維持費増加などの増加の結果，単位あたりの費用は増加した。したがって，需要の低下に合わせて生産能力を迅速に変える能力はコスト優位の有力な源泉である。2008-2009年での景気低迷期，住宅建設，建設機械，および小売業など景気の影響をおおきく受けた業界での生き残りには，減少する需要への迅速な対応が不可欠だった。2008年1月28日，キャタピラーは，四半期売上の減少を公表した，その日に2万人の人員削減を発表した(注32)。

投入費用

同じ産業に属していても，企業は必ずしも同様の投入物にたいし他企業と同じ価格を払ってはいない。安い投入物価格の源泉はいくつか存在する。

- 所在地による投入物価格の違い　投入物の価格，とくに賃金は，場所によって異なっている。米国で，2014年ソフト開発者は平均8万2千米ドルの収入を得ていた。インドでは同年，平均で1万1千米ドルであった。中国の自動車組立て工場での時間あたり賃金は，2014年，3.5米ドル，それにくらべ，米国では28米ドル（付加給与除く）であった(注33)。
- 低コスト供給源の所有　原材料集約的産業では，低コストの調達先を傘下にもっているか，またはそういった供給源へのアクセスがあるかどうかがコスト優位の決定的な要因である。石油において，三大石油メジャー（エクソンモービル，ロイヤル・ダッチ・シェル，およびBP）の採掘と開発費用は2013年1バレルあたり18米ドルであったのにたいし，サウジアラムコのそれは5米ドルであった。

- 労働組合非加盟の労働力　労働組合は給与および付加給与，そして生産性を下げるような規定に結びついている。米国の航空産業では，組合のないヴァージン・アメリカは2013年，平均給与と付加給与費用は従業員1人あたり7万9,161米ドルと，ユナイテッド航空（労働組合加盟率80％）での9万8,300米ドルと比較される。
- 交渉力　優先価格と割引価格を交渉する技量は，とくに小売業において，産業での主要企業にとってコスト・リーダーシップのおおきな源泉であり得る(注34)。アマゾンの書籍小売での増大する支配力は，同社にたいし，出版社から60％におよぶ割引要求を可能にしている(注35)。

説明のできない効率性（Residual Efficiency）

　基本的なコスト・ドライバー（原価作用因），つまり規模，技術，製品およびプロセス設計，投入物費用，操業度を考慮に入れても，企業間の費用差を説明できないことがおおい。残余，つまり説明のできない（Residual）効率性とは，企業が最適なオペレーションの効率フロンティアにどこまで到達しているかの程度に関連する。残余効率性とは企業の『組織的余剰（スラック）』(注36)や『X非効率性』(注37)―企業がもっとも効率的なオペレーションを行う場合の最適費用とくらべた場合の超過費用―を排除する能力に依存する。超過，過剰な費用は，企業の本部組織に溜まる傾向がある―そしてものをいう投資家の攻撃対象となる(注38)。これらの過剰な費用を排除できるかどうかに企業の生き残りがかかる―最高経営責任者になって最初の年，カルロス・ゴーンは日産での営業費用を20％削減した(注39)。ウォルマート，ライアンエアー，そしてアマゾンにおいて，高い度合いの残余効率は，管理経営システムや，不必要な費用への非寛容性，そして質素を美徳とする企業文化の結果である。

価値連鎖を使ったコスト分析

　組織のコスト分析を行い，コスト削減の機会を追求するためには個々の活動を検討する必要がある。第5章では，企業または事業単位が遂行する活動の継続順序（Sequence）を眺め渡すための枠組みとして**価値連鎖**を紹介した。各活動は，異なる一連のコスト・ドライバーに依存し，それにより決められる異なる費用構造を有する。企業の費用にかんする価値連鎖分析が追求するのは以下の事柄の特定である。

- 総費用にたいする各活動の相対的重要性。
- 各活動のコスト・ドライバー（原価作用因）と当該企業の各活動遂行における相対的効率。
- ある活動の費用が他の活動の費用に与える影響。
- どの活動が企業内で行われ，どの活動が外注（アウトソース）されるのか。

企業のコスト構造の価値連鎖分析は次の手順を含む。

1．企業を別々の活動に分解する。価値連鎖の活動の決定は適切な判断のもと行われるべきである。それには，どの活動が，他のどの活動とはお互いに別々になっているか，費用の面にかんし，どの活動がもっとも重要か，そしてコスト・ドライバー（原価作用因）の面での活動間での相違を見きわめること。

2．製品の総費用にたいし各活動が寄与する費用を計算する。マイケル・ポーターは，それぞれの付加価値活動にオペレーティング・コストと資産を詳細に割り当てることを助言している[注40]。

3．コスト・ドライバー（原価作用因）を特定する。それぞれの活動において，他社と比較した場合のコストレベルを決めるのはどんな要因か？ 活動によっては，コスト・ドライバーがどれかは，活動の性格や費用構成から明瞭である。新製品開発やマーケティングのような資本集約的な活動においては，おもなコスト・ドライバー（原価作用因）はおそらく，大規模販売量に費用を振り当てて償却する能力である可能性が高い。労働集約的な活動においては，主要要素は，賃金水準，プロセス設計，そして不良品発生率である。

4．つながり（リンケージ）を認識する。ある活動のコストは，部分的には，他の活動がどのように行われるかによって決まるかもしれない。ゼロックスは競合他社とくらべて自社のサービスコストが高いのは，30の相互調整を要する，複写機の複雑な設計にあることを発見した。

5．コスト削減の機会を見つける。相対的に非効率的な分野と，そこでのコスト・ドライバー（原価作用因）を特定することによって，コスト削減の機会が明白になる。もし規模の経済が主要なコスト・ドライバーならば，生産量を増やすのは可能か？ もし賃金コストが過剰の場合，従業員は生産性向上の方策を受け入れるか，または，生産拠点の移転は可能か？ もし，ある活動が企業内では効率的に展開できないときには，アウトソーシング（外注）できるか？

第Ⅲ部　事業戦略と競争優位の追求

■図7.10　コスト分析への価値連鎖適用—自動車製造会社

分析の手順	価値連鎖	コスト・ドライバー（原価作用因）
1．活動を認識する 企業の主要な活動を認識することで価値連鎖の基本的枠組みを確定する。 2．全コストの割当て 分析の最初の段階では，コスト削減の余地があるのはどの活動かを示すのに十分な，活動ごとの全コストの内訳を概算するだけでよい。 3．コスト・ドライバーを特定する（ダイアグラム参照） 4．関連性の特定 例としては， 1．一括購入を行うと割引率は高くなるが，一方棚卸し資産の額は増える。 2．高品質の部品や素材は，後の生産過程での欠陥率を低減する。 3．製造欠陥率の低減は品質保証コストを低減させる。 4．共通部品やプラットフォームを使っての車種設計は製造費の低減につながる。 5．コスト削減のための推薦事項 たとえば， 調達—大量購買の利益を確保するため納入業者の数を絞る。ジャストインタイム方式で部品を買い棚卸し資産の量を減らす。 研究開発/設計/エンジニアリング—モデルチェンジの数を減らす。車種の数を減らす（例：グローバル車）。部品とプラットフォームの共通化を設計する。 部品製造—部品製造の工場の数を減らすことで生産の集中化をして規模の経済を実現する。生産規模やロットの規模が最適規模以下のときや，外部納入業者が技術的な優位をもっているときには，外注する。労働集約的部品（例：座席，ダッシュボード，車体の外装）については低労賃の国に生産を移す。工場のレイアウト改善や部品を他の自動車メーカに売ることで稼働率を上げる。	部品と素材の調達	購入部品の値段は以下によって決まる— ＊発注規模 　納入業者ごとの購入金額総計 ＊納入業者の所在場所 ＊相対的交渉力 ＊共同関係の範囲
	研究開発，設計およびエンジニアリング	研究開発費のおおきさ 研究開発と設計の生産性 モデルチェンジの数と頻度 モデル別売上
	部品製造	工場の規模 部品あたりの生産ロットのおおきさ 工場稼働率 工場所在地
	組立	工場の規模 工場ごとの生産車種数 工場所在地
	品質管理	品質目標水準 欠陥率
	完成車の棚卸し資産	販売台数予測 生産における柔軟性 顧客の納車期間への態度
	販売とマーケティング	広告宣伝費額 既存の評判 販売台数
	販売網とディーラーサポート	ディーラー数 ディーラーあたり売上 ディーラーサポートの理想的レベル 保証期間中修理された欠陥点数

図7.10は自動車製造業において価値連鎖分析の適用が，コスト・ドライバーをいかに見つけることができるかを示している。

差別化分析

企業は，『購入者にとって，単に値段が安いということ以上に価値のある何か独創的なものを提供するとき』競合相手からの差別化を達成する[注41]。企業が，差別化費用を上回る，差別化による価格割増金（プレミアム）を市場で得るとき，差別化優位性が生じる。

どれくらい差別化できるかは製品の特性によって違うが，すべての企業には顧客への製品提供（オファリング）において差別化の機会が存在する。セメント，小麦，またはコンピュータメモリチップよりも，自動車やレストランでのほうが，差別化の潜在的可能性がおおきい。物理的に差別化する可能性がないので，前者は『コモディティ（商品）』と呼ばれている。しかし，トム・ピーターズの主張では，『明確に定義された市場や新しい市場では，どんなものでも付加価値商品またはサービスに転換できる。』[注42]。

- セメントは典型的な商品（コモディティ）であるが，メキシコに本社を置くセメックスは，『建設のソリューション』を強調した，セメントと生コンとの世界的に主要な供給業者になった―その1つのやり方は98％の納品（業界全体での34％に比較して）を契約通りに正しく行っていることである[注43]。
- オンライン書籍販売は，本質的には商品（コモディティ）事業である―どんなオンライン書籍販売者であれ，同じ書籍と流通の手段をあつかうことができる。しかし，アマゾンは事業遂行上生まれてくる情報を使って一連の付加価値サービスを提供している。つまり，ベストセラーリスト，書評，そして客に合わせた書籍等推薦である。

教訓としていえるのは，差別化とは，単に異なった製品特徴の提供ではなく，顧客へ追加的な価値を提供するため，企業と顧客との間に存在する相互作用すべてを認識し，理解し，さらにそういった相互作用を増大または変化させることができるかを自ら質問することだということである。そのためには，企業側（供給側）と顧客側（需要側）の両側面を眺める必要がある。**供給側からの分析**では，独創性の余

地があるかを探る一方，重要なことは，その独創性は顧客にとって付加価値を提供するものであるか，そして差別化のための費用以上の価値を提供できるかを探ることである。顧客が何を望んでいるのか，どのように選択するのか，そして，その動機は何かを理解することによってのみ，利益増大を可能とする差別化を見つけることができる。

　したがって，差別化戦略とは，他と異なることをめざす目的で独創性を追求することではない。差別化とは顧客を理解し，自社の製品がいかにそのニーズを満たすかにかんするものである。この観点からすれば，差別化優位性追求は事業戦略の中心的課題に直結する。差別化の基本的課題は，また，事業戦略の基本的課題である。つまり，だれが顧客か？　顧客にとっての価値をいかに創り出すか？　そして，いかに他社よりも効率的，効果的に創出するか？

　差別化とは独創性に関する課題であるゆえ，差別化優位性達成には創造性が不可欠である―それは，標準的な分析枠組みや技法の単なる適用では確保できないものである。しかし，それは差別化優位性は体系的な分析とは無関係であるという意味ではない。これまで見てきたように，利益性を生み出す差別化を創り出すには2つの条件がある。供給側からいえば，企業は独創性を創造するための経営資源と能力を認識しなければならない。需要側からは，顧客にかんする洞察とそのニーズと嗜好を探ることが鍵である。これら両側面が差別化分析のおもな構成要素である。

差別化の本質と差別化優位

　製品やサービスの差別化の可能性は，部分的にはその物理的な特性により決められる。技術的に単純な製品（靴下や煉瓦），単純な必要性を満たす製品（栓抜きや釘），厳格な技術的基準を満たさなければならない製品（DRAMチップ，温度計）などのような製品では，差別化可能性は技術的，市場的な要素により制約される。技術的に複雑な製品（飛行機），複合的な必要性を満たすもの（自動車，休暇），特定の技術的基準を満たす必要のないもの（ワイン，玩具）にはおおくの差別化の余地がある。

　これら制約条件を除外すれば，製品やサービスの差別化の可能性には，人間の想像力がどれだけあるかのみが制約事項となる。シャンプー，トイレットペーパー，瓶詰めの水（ミネラルウォーターなど）など，表面的には単純な商品でのブランドの急増は，企業の工夫と顧客の嗜好の複雑さの証である。差別化には，製品やサー

ビスの物理的な特徴を越えて，顧客の価値認識に影響を与える，製品やサービスにかんするすべての特性が包含される。それが意味するのは，差別化には，企業が顧客との関係を確立する方法のすべての局面が含まれることである。コーヒー1杯5米ドルの価格（米国での平均価格は1.38米ドル）をつけられるスターバックスの能力は，コーヒー本体の特性だけによるものではなく，コーヒー店の雰囲気，同社が投影する価値観，顧客がとけ込める，共同体としての一体感を含む『スターバックス経験』にもよるのである。差別化とは，デザインやマーケティングなどの特定の機能にかんする活動ではない―それは組織全体の活動すべてに浸透し，企業の同一性と文化に組み込まれているものである。

差別化には有形と無形のものがある。**有形の差別化**は，顧客の嗜好からみて大事な，財またはサービスにおける可視の特徴と，選択のプロセスに関連するもの，たとえば，おおきさ，形，色，重さ，デザイン，材料，そして信頼性，堅牢性（Consistency），味，速さ，耐久性，および安全性などの製品特徴（Performance attributes）とに関係する。有形の差別化は，当該製品を補完する製品やサービス，つまり，納品，アフターサービス，および付属品をも含む。

無形の差別化の機会は，製品またはサービスにおいて顧客が認識する価値が製品構成の有形的な面や客観的な性能基準にのみだけ依存しているわけではないとき生じる。大多数の消費財の選択においては，社会的，情緒的，心理的，そして審美的考慮といったものが介入する。社会的地位，選良グループへの帰属感，個性，安全性そして共通の所有意識への希求は消費者向け製品の選択において強烈な動機である。製品やサービスが顧客の複雑なニーズを満たしているとき，差別化には当該企業とその商品のイメージすべてが関係してくる。イメージ差別化は，品質や性能が購買時においては確証できない製品やサービス（いわゆる経験財）にとってはおおきな重要性をもつ。化粧品，医事サービス，そして教育が例である。

差別化とセグメント（市場細分）化

差別化とセグメント化とは別物である。差別化は企業がいかに競争するか―独自性を顧客へ提供するやり方である。独自性は一貫性（マクドナルド），信頼性（フェデラルエクスプレス），地位（アメリカン・エキスプレス），品質（BMW），そして革新性（アップル）に関連するかもしれない。セグメント化は，顧客グループ，地域性，商品の種類などにかんして，どこで企業が競争をするかに関連する。

セグメント化は市場構造の特徴に依存するが，差別化は企業による戦略的選択で

ある。差別化は，特定の市場セグメントへの集中に導くかもしれないが，必ずしもそうでない可能性もある。IKEA，マクドナルド，ホンダ，およびスターバックスは，すべて，差別化を追求するが，大量消費市場に位置し，おおくの人口学的および社会経済的セグメントを包含する[注44]。

差別化優位性の維持可能性

　差別化は，低コスト戦略よりも，競争優位性の基盤としては安定している。低コストによる優位性は，低コスト国からの新規競争相手の出現に太刀打ちしたり，為替レートの動きに対処するには脆弱である。コスト優位は技術革新によってもひっくり返されるかもしれない。ディスカウント証券ブローカーはオンライン証券会社の低価格路線に負けた。差別化による優位性のほうが維持可能性が高いようである。コルゲート・パーモリーブ，ディアジオ，ジョンソン・エンド・ジョンソン，ケロッグ，プロクター・アンド・ギャンブル，3M，およびワイスなどの，大企業で一貫して高い資本収益率をあげている企業は，趨勢的には品質，ブランディング，および革新を通じて差別化を追求する企業であることがおおい。

差別化の分析―需要側から見て

　顧客の需要分析は，顧客への価値と，差別化にたいする，顧客の対価支払の意思と，差別化変数にかんしての企業の最適競争位置づけと，を作り出す潜在可能性を有する製品特性を決めることを可能にする。需要分析は，なぜ顧客は製品やサービスを買うのかの理解から始まる。市場調査は，既存の商品にたいする顧客の好みや顧客の受け取りを体系的に探る。しかし，差別化で成功する鍵は，顧客を理解することである。顧客の要求や嗜好を洞察するためには，現在と潜在的な顧客データから得られる客観的な市場調査よりも，製品の目的と性能特性についての単純で，直截的な質問を自分自身に投げかけるほうが，ずっとその理解に役立つ可能性が高い（戦略コラム7.7）。

> **戦略コラム 7.7　製品がなにを意味しているのかを理解する**
>
> 　戦略を振り返るということは，自社の製品がなにであるかを深く理解することで

ある。以前，たとえば，日本の家電会社がコーヒー濾し器（パーコレーター）を開発しようとしていた。経営幹部は考えた―ゼネラル・エレクトリック型のろ過器であるべきかどうか？　フィリップス型の点滴型であるべきか？　大型か？　小型か？　いろいろな質問をするようにみんなにいった。つまり，ひとはなぜコーヒーを飲むのか？　その際，なにを期待しているのか？　もし目的が顧客によいものを提供しようと思ったら，まずなによりも先に，なぜ，顧客がコーヒーを飲むのか理解すべきではないだろうか？　そうすれば，どんなコーヒー沸かし器を作るべきかわかるだろう。

　返ってきた答えは，うまい味ということだった。それで自分の会社の技術者に訊いた。コーヒーカップでうまい味を楽しもうと思う消費者を，どうしたら助けることができるか？　答えは，良いろ過器を設計しようと努力している，であった。かれらに訊いた，コーヒーの味を左右するのはなにかと？　だれも知らなかった。それで，その質問は，次の課題となった。味に影響するのはたくさんあると気づいた―コーヒー豆，温度，水。下調べをさらにした。そして，味を左右する要素すべてを見つけた。

　すべての要素のなかでも，わかったのは，水質が一番おおきく影響すること。当時のコーヒーろ過器仕様では，水質はまったく考慮されなかった。つぎに，わかったのは，豆のおおきさのばらつきと，豆を挽いてから水を注ぎ入れるまでの時間とが，味の生命を決めるということ。その結果，製品とその仕様について，新しい考え方を取り込むことにした。塩素取り除き機能を入れるべきであった。豆挽き機能を入れるべきであった。顧客がやらなければならない作業は，注水と豆を投入することのみであった。

　始めにやらなければならないのは，正しい設問をすることと正しい戦略的な目標を立てることだ。もしただひとつの心配が，ゼネラル・エレクトリックが最近，10分でコーヒーを点てるコーヒー沸かし器を発売したということなら，技術者に指示するのは，7分でそれができるコーヒー沸かし器製造だろう。もし論理だけに固執するならば，市場調査が勧めるのはインスタントコーヒーこそ発売すべき商品ということになるだろう。伝統的なマーケティングの考え方は，問題解決にはならない。もし，みんなに10分でコーヒーがほしいか，7分かと訊いたら，もちろん，みんな7分というだろう。しかし，まだ設問のしかたが間違っている。そのため，始めた場所と同じところで終わるだろう。つまり，競合他社と同じゲームをかれらのやり方でしていることになるだろう。競合他社に最大の焦点をあてている限り，距離感

をもって眺望し，顧客が根本的に欲しているのは何か，そして商品が本質的に何でなければならないかという質問の必要性に気がつかないだろう。

〔出所〕 Harvard Business Review. From "Getting Back to Strategy," Kenichi Ohmae, November/December 1988, p.154, Copyright © 1988 by the Harvard Business School Publishing Corporation から許可を得て再刷。all rights reserved.

顧客のニーズを理解するには，製品特性にかんする顧客の嗜好分析が必要となる。

- **多次元スケーリング**（MDS）は，競合製品の類似性と相違性にかんする顧客の知覚を図示し，いろいろな次元を，鍵となる製品特性という点から解釈することを可能にする[注45]。たとえば，競合する鎮痛剤の顧客評価の調査結果は，図7.11でのマッピングのようになる。MDSは色，香り，味，コク，そして後味の特性によって109のシングルモルト・スコッチウィスキーを分類するのに使われた[注46]。
- **コンジョイント分析**は，異なる製品特性への顧客の嗜好の度合いを分析するのに強力な手段を提供する。この手法の適用には第1に製品の潜在的な特性の識

■図7.11　痛み止め剤にかんする消費者の受け止め方
　　　　　—多次元スケーリング・マッピング

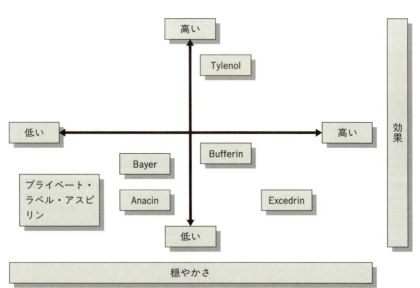

別，第2に特性のいろいろな組み合わせをもつ仮説的な製品の選好順序を見るための市場調査が必要となる。その結果を使って市場にある既存商品よりも新しい製品を好む顧客の割合を推定できる[注47]。コンジョイント分析は，Marriott（マリオット）によってコートヤードホテル・チェーンの特性を設計するときに使われた。

- **ヘドニック価格分析**は，製品を潜在する特性の束とみなす[注48]。それは回帰分析を使って，それぞれの特性の潜在市場価格を推算する。たとえば，欧州の自動洗濯機の場合，価格差は容量，回転速度，消費電力量，プログラムの数，信頼性に関連している。たとえば，回転速度分速1,000回転の洗濯機は分速800回転の洗濯機よりも2百米ドルの価格割り増しがついている[注49]。同様に，パーソナルコンピュータの場合，ヘドニック価格分析によれば価格差はプロセッサの速度，メモリおよびハードディスクの容量による。この分析結果は，新製品にたいして，製品の価格帯でどの程度の特性を付与するかの意思決定に使うことができる。

社会的・心理学的要素の役割

　測定可能な性能にもとづく製品差別化を分析する際の問題は，顧客の潜在的な動機づけに深く入っていかない傾きがあることである。ほとんどの財やサービスは基本的生存条件を満たすために購入されるわけではない—購買行動のほとんどは，他者と同一の共同体への帰属，個人のアイデンティティの確立，世の中の出来事への意味づけをしたいという願望に関連する社会的目標や価値を反映する。心理学者エイブラハム・マズローは欲求段階について論じた。生存の基本的な欲求が満たされると，次には，安全への欲求，帰属への欲求，尊重への欲求，自己実現への欲求の段階へと進んでいく[注50]。ブランド品の生産者のおおくは，かれらのブランド価値は生存や安全への欲求よりも，帰属，尊重，そして自己実現の欲求への訴求効果がより高いことを理解している。1985年における『ニュー・コーク』発売の大失敗の原因はコカコーラが無形の差別化（真正性）よりも有形の差別化（味）を優先したからである[注51]。ハーレーダビッドソンにはそういう幻想はない—自社の事業は生活スタイルの販売であり，運送手段の販売ではないことを熟知している。

　もし製品の満たす顧客ニーズが個人のアイデンティティと社会集団への帰属感ならば，差別化の意味合いはおおきく変わってくる。とくに，顧客の需要の理解と利益をあげ得る差別化機会の認識には，製品とその特徴だけでなく，顧客とその生活

■ 図7.12 差別化の可能性─需要側から

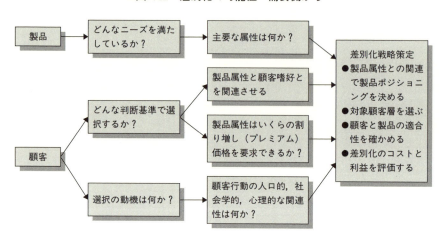

スタイル，そして欲求，さらには商品とそういった生活スタイルや欲求との関係の分析が要求される。伝統的な人口学や社会経済的な要素に焦点をあてる市場調査は，消費者の製品との関係についての深い洞察とくらべ，有効性が低い。消費者は，自分たちに財やサービスを提供する企業の活動に，ますます敏感になっており，企業は自社ブランドの価値を保護し，高めるための方策として企業の社会的責任(CSR)をおろそかにできなくなっている(注52)。

図7.12は，需要側から見た差別化の潜在的可能性を活用するための基本的な質問を投げかけ，この議論で鍵となる点を要約している。

差別化の分析─供給側から見て

　需要分析により顧客の差別化への需要と，顧客の差別化への対価支払いの意思が明らかになるとはいえ，差別化優位性を創り出せるかどうかは企業の能力に依存する。企業の差別化創造の潜在能力を明確にするためには，企業の活動と資源を分析する必要がある。

独自性の推進力（ドライバー）

　差別化とは独自性の提供である。企業が製品独自性を創り出す機会は，特定の機能や活動においてではなく，その企業が遂行するすべての活動のなかに存在する。

第 7 章　競争優位の源泉と次元

マイケル・ポーターは企業にとって意思決定のできる変数のなかでの独自性の原動力を見つけた。

- 製品の特徴と製品の性能
- 補完的サービス（例：掛売り，配達，修理）
- マーケティング活動のおおきさ（例：広告費の割合）
- デザインと加工に表現される技術
- 購入原材料，部品の品質
- 各活動の遂行に影響を与える手順（厳格な品質管理，サービス手順，顧客訪問頻度）
- 従業員の技能と経験
- 立地条件（例：小売店）
- 垂直統合の度合い（企業の投入と中間工程を管理する能力に影響する）(注53)

　差別化は製品とサービスの**組み合わせ**（Bundling）でも起こる—補完的な製品やサービスを組み合わせ提供することである(注54)。このような組み合わせは，市場が成熟するにつれ起こる製品分解（Unbundling）とは反対方向である。つまり，補完的サービスは専門化された企業により提供されるが，製品は日用品化，商品化する。電子商取引は，顧客が，ほとんど**取引費用**なしに自分好みの，財とサービスの組み合わせを組み立てることを可能にするので，この傾向をさらに強める。ヨーロッパのツールオペレーターの商売は，旅行者が自分の好みに合った休暇計画を作るためオンラインの旅行や予約システムを使うようになった結果，縮小した。

　製品とサービスの再組み合わせ（Rebundling）は，『顧客ソリューションを提供する』事業間（Business to business）取引ではとくに重要になった—そこでは，顧客ごとのニーズに個別対応した財やサービスを組み合わせる。これには，大半の企業で事業モデルを根本的に再検討することになる(注55)。

製品の統合性（Product integrity）

　差別化はバラバラにやるというわけにはいかない。整合的で効果的な差別化ポジションの確立には差別化方策への一連の補完的な施策が要求される。もし英国のファッション企業であるバーバリーが洋服とアクセサリーの範囲を広げようと思ったら，英国の伝統的なスタイルと現代の流行とを組み合わせた，高品質商標のイメージに合致した，新しい商品提供を行う必要がある。**製品の統合性**とは企業の差別化

での整合性である―製品がどこの範囲まで引き伸ばされるかである。つまり，

> 基本的機能，美的感覚，意味論的心象，信頼性，経済性を含む製品のおおくの特徴の全体的なバランス…製品統合性は内的側面と外的側面をもっている。内的側面の統合性とは製品機能と構造の一貫性である―たとえば，部品がうまく組み合わされる，コンポーネントがうまく適合する，配置の設計が空間効率の最適化を実現する，など。外的統合性とは，製品の機能，構造，意味論的心象が，顧客の目的，価値，生産システム，ライフスタイル，使用様式および自己同一性といかにうまく適合するかである(注56)。

内的と外的製品統合性を同時に達成するのは，組織にとって込み入った課題である。それには緊密な機能横断型の協働と顧客との密接な接触との組み合わせが必要となる(注57)。内的，外的製品統合性は，顧客の社会的，心理的ニーズに則した『ライフスタイル』商品を供給する企業にとってきわめて重要である。イメージの信憑性は提供するイメージの一貫性に依存する。差別化への基軸となる要素は，従業員と顧客がお互いに一体感を確立できるかどうかである。たとえば，

- いかつい，自立，個人主義というイメージを創り出すハーレーダビッドソンの能力は，バイク用レザー服を着て，ハーレーダビッドソンのオーナーグループのラリーに参加するトップマネジメントチームや，工具に権限を委譲し，高品質の確保や，自発的努力，そして責任感を育成する管理システムに依存している。
- 2008年ハワード・シュルツが再度，最高経営責任者として任命されたあとのスターバックスの再生は，顧客との結びつき強化，うまいコーヒー神話の強調そして企業の社会的，環境的責任へのスターバックスの献身を通じての『スターバックス体験』を強化したことの結果である。

信号発信と評判（レピューテーション）

差別化は顧客に伝達されたときにのみ効果的である。しかし商品の品質や特徴についての情報は，潜在的な顧客にとって必ずしも容易に入手できるものではない。経済学書は，品質や特徴を見ることで確かめることができる**探索財**（Search goods）と，品質や特徴は消費後にのみ認識できる**経験財**（Experience goods）とを区別する。後者には医療サービス，禿頭の治療，冷凍食品，そしてワインが含まれる。購

入した後ですら，性能特性がはっきりするには時間がかかるかもしれない。Bernie Madoff（バーニー・マドフ）は Bernard L. Madoff 投資事務所を1960年に設立した――その有名な投資事務所が『巨大なねずみ講』（Ponzi scheme）であるとわかるまで48年かかった(注58)。

　経験財の市場は，ゲーム理論で古典的な囚人のジレンマと一致している。企業は高い品質または低い品質の商品を提供するかもしれない。顧客は高い値段か低い値段のどちらかを支払う。もし品質の認識が難しい場合，たとえ両者とも高品質製品を高価格で取引したほうが得になる場合でも，顧客は低価格を提示し，企業は低品質商品を提供する状態で均衡が成立する。このジレンマの解決は，生産者が顧客にたいし品質の存在について，信頼できる信号発信の手段を見つけることである。もっとも効果的な信号は囚人のジレンマの均衡を変えることのできる信号である。したがって，長い品質保証期間は，費用がかかる理由により，高品質製品生産者よりも低品質製品生産者にとって効果的である。ブランド名，保証，高価なパッケージ，払戻し保証，スポーツや文化的催し物の協賛，そして，よく設計された，製品販売の小売店の環境はすべて品質の信号発信をする。その効果性は，もし，その製品が顧客にとって不十分なものだと判明すれば，その生産者の行った巨額の投資の価値が下がってしまうという事実に帰着する。

　購入に先立ち性能の確認を行うのが難しければ難しいほど信号発信の重要性が増加する。

- 香水は購入前に試用でき，香りを確かめることができるが，香水着用者の個性を増加させ，注目を引きつける特性があるかどうかは不確かなものである。したがって，香水がほのめかす個性，ライフスタイル，そして香水のアイデンティティを確立するためのブランディング，パッケージング，広告，豪華なプロモーション，効能証明は鍵である。
- 金融サービスで，顧客は簡単に金融仲買人の誠実さ，確実さ，能力を評価することはできない。したがって，金融サービス会社は安全性や安定性の象徴を強調する―威圧的な本社ビル，保守的な内装や装飾，おしゃれな身だしなみの従業員，そしてプルデンシャルの岩やトラベラーズの赤い傘のロゴなどがその例である。バーニー・マドフの数十億ドルにのぼる投資詐欺は，ニューヨークのユダヤ人グループ主要メンバーとの交流，文化的，慈善的団体での主導的役割，そして，かれの投資事務所をとりまく選良的雰囲気によって支えられていた。

商標

　商標は数多くの役割を果たす。もっとも基本的な役割として、商標は、製品製造者が誰かを明らかにし、生産者が市場に供給した製品について法的に説明責任をとることを保証する意味で、製品品質の保証であるということである。さらに、商標維持には金がかかるので、品質と顧客満足の維持努力の動機となる。商標は、その保持者にとって、その価値を減損しないようにする誘因が働くという意味で、品質への信用に値する信号である。結果として、商標は顧客にとって不確実性および製品を探す費用の軽減を保証する。一見しただけでの品質認識が難しければ難しいほど、顧客にとって欠陥商品の購入による被害がおおきければおおきいほど、商標の価値は上昇する。したがって、靴下を買うときよりも、登山用具を買うときのほうが認知度の高い商標名の重要性は大となる。

　信頼性の保証としての商標の伝統的な役割は、電子商取引においてはとくに重大な意味をもつ。インターネット取引は買い手や売り手の匿名性と政府の規制の欠如によって特徴づけられる。その結果、電子商取引で確固たる地位をもっている企業—アマゾン、マイクロソフト、イーベイ、ヤフー—は買い手が感じるリスクを低減するため自社の商標を使うことができる。

　これとは対照的に、レッドブル、ハーレーダビッドソン、メルセデスベンツ、グッチ、ヴァージン、そしてアメリカン・エキスプレスなどの主要消費者向け商品、サービスにたいしブランドが付与する価値には、信頼性の保証の役割は少なく、もっと個性（アイデンティティ）とライフスタイルの象徴の役割をもつ。伝統的に、広告宣伝は顧客からの認知に影響を与え、強化するための主要手段であった。増加する傾向として、消費財企業は製品の特性ではなく、もっと『ブランド経験』、『部族的なアイデンティティ』、『共有された価値観』、そして『感性的な対話』へ焦点を絞るようになっている。この種のブランド独自性を推進するには、伝統的な大衆消費市場での広告は、ウェブベースの社会的ネットワークでの口伝えのプロモーションよりも効率は低い—これは、**口コミ式マーケティング**（Viral marketing）または**ステルスマーケティング**（Stealth marketing）と呼ばれる[注59]。

差別化費用

　差別化には追加的費用がかかる。高品質の投入物、より高い訓練を受けた従業員、より高い広告費、そしてよりよいアフターサービスが含まれる。もし、差別化により企業の対象市場領域がせばまると、規模の経済追求可能性も制限されることを意

味する。

　費用効率と差別化とを組み合わせるには，差別化を企業の価値連鎖の終わりのほうの段階まで引き延ばすことである。共通部品を使うモジュール設計は規模の経済を可能にする一方で，かなりの製品多様性も維持可能とする。すべての主要自動車会社は，プラットフォームの数とエンジン機種，部品の数を減らす一方で，顧客に多数の車種と色，内装，アクセサリーオプションについて幅広い選択肢を提供する。

とりまとめ—差別化分析での価値連鎖

　顧客がもっとも評価する製品特性を明確にすることは，もし企業にそれらの特徴を供給する能力がない場合には，ほとんど意味がない。同様に顧客が，価値がないと判断している独自性を企業が提供する能力があるかどうか明らかにしても，ほとんど無意味である。差別化成功の鍵は，企業の差別化能力と，顧客がもっとも評価する特性とを合致させることにある。このため価値連鎖はとくに有用な枠組みを提供する。企業から他の企業へ供給される，生産財の例から始めてみよう。

生産財の価値連鎖分析

　差別化優位性の機会を認識するため価値連鎖分析を使うには3つの主要段階がある。

1. 企業と顧客の価値連鎖の構築。直近の顧客だけでなく，価値連鎖ではるか下流部門に位置する企業を考慮に入れることは有効かもしれない。もし企業がいろいろな顧客に供給する場合，おもな顧客の範疇別に別々の価値連鎖を描く必要がある。
2. 個々の活動における独自性の原動力の認識。図7.13はポーターの包括的な価値連鎖のなかでの差別化の源泉を明らかにする。
3. 企業の価値連鎖と購買者の価値連鎖の間でのつながり（Linkages）の探索。顧客の価値連鎖での差別化可能性を高めるか，コストを低減するには，自社の価値連鎖をどうしたらよいか？　これらのつながりを活用して，顧客へ寄与することのできる付加価値のおおきさは，企業が差別化から得る，潜在的な価格プレミアムを表す。戦略コラム7.8は，企業と顧客の価値連鎖を調節することで可能となる，いろいろな差別化を説明する。

■ 図7.13 価値連鎖を使って供給側からの差別化可能性を特定する

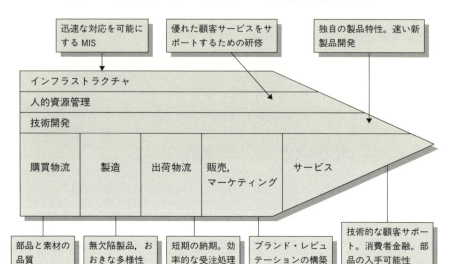

戦略コラム 7.8　金属缶製造業者にとっての差別化機会を見つけるために価値連鎖分析を使う

　金属缶製造販売産業は，高度に競争的で，低成長であり，さらには低収益な業界である。缶を差別化する余地はほとんどない。顧客（とくに飲料および食料用缶詰会社）は巨大である。コスト効率性は最重要課題であるが，差別化による収益性向上は可能であろうか？　前述の手順を踏めば，当該企業およびその顧客の価値連鎖を構築して，二者間のつながり（Linkages）を見つけることができる。図7.14はそのようなつながりを図示する。

1．差別化された缶のデザイン（例：サッポロのビール缶）は顧客の製品差別化に役に立つ。
2．許容誤差がおおきくてもよいように製造すれば，顧客のパッケージング過程での破損を最小化できる。
3．信頼できる，納期遵守の納品はパッケージング業者の仕掛品量を削減できる。
4．効率的な発注管理システムは顧客の発注費用を軽減する。
5．迅速で，効率的な技術サポートは顧客の生産ラインの稼働率を高める。

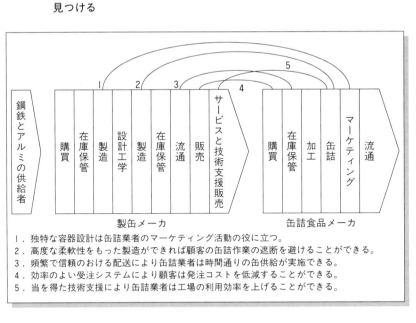

■図7.14　企業の価値連鎖を顧客の価値連鎖と連結させることで差別化の機会を見つける

1．独特な容器設計は缶詰業者のマーケティング活動の役に立つ。
2．高度な柔軟性をもった製造ができれば顧客の缶詰作業の遮断を避けることができる。
3．頻繁で信頼のおける配送により缶業者は時間通りの缶供給が実施できる。
4．効率のよい受注システムにより顧客は発注コストを低減することができる。
5．当を得た技術支援により缶詰業者は工場の利用効率を上げることができる。

消費財の価値連鎖分析

　差別化機会を見つけるための価値連鎖分析は消費財にも適用できる。直接消費される消費財という物はあまりない—だいたいの場合，消費者は商品の取得と購入を包含する活動の鎖（チェーン）に加わっている。耐久消費財の場合，顧客は探求，購入，資金調達，補完品の購入，運用，サービスと修理，そして最後には廃棄という長い活動の連鎖に深く関わっている。このような顧客の複雑な価値連鎖は，生産者の価値連鎖とのおおくの潜在的結びつきを提供し，また革新的差別化のおおきな機会を与える。ハーレーダビッドソンは，モータサイクルを供給しているのではないという概念を中心に，その戦略構築をした。つまり，顧客に体験を供給しているのである。これにより，同社は，他のどんなモータサイクル会社よりも広い範囲のサービスを提供するために顧客との接触の範囲を拡張できた。非耐久財においてすらも，顧客は活動連鎖に組み込まれている。冷凍食品についていえば，消費される前に，冷凍食品は購入され，家にもち帰られ，包装をはずされ，温められ，食事に

供される。食事の後，消費者は皿や食器，他の調理用具を洗わなければならない。冷凍食品の製造業者は価値連鎖分析を使って，消費者の活動連鎖を助けるため，製品を概念的に設計し，包装し，そして流通する方法を見つけるかもしれない。

コスト戦略と差別化戦略の実行

　競争優位の2つの根本的な源泉は，事業戦略への2つの根本的な異なった取り組み方を決める。市場での位置づけ，資源と能力，および組織の特徴において，低コストで競争する企業は，差別化で競争する企業から区別ができる。表7.1はコストと差別化戦略の主要な特徴を要約する。

　ポーターは，コスト・リーダーシップと差別化とを同時には両立できないものとして捉えている。2つの戦略を追求しようとする企業は『中途半端な位置にはまり込む』。

　　　　　中途半端な位置にはまり込んだ企業には，低い収益性しかほとんど保証でき

■表7.1　コスト・リーダーシップと差別化戦略の特徴

包括的(ジェネリック)戦略	主要戦略要素	必要資源と能力
コスト・リーダーシップ	規模効率的な工場 労働生産性の最大化 製造容易化する設計 間接費抑制 プロセス革新 外注（とくに海外） 少量購買の顧客の回避	資本入手可能性 量的目標達成のためのインセンティブをともなった分業 製造を容易にする製品設計 強いコスト管理 ベンチマーキング，顧客ごとの収益性測定
差別化	ブランド広告，デザイン，サービス，品質，新製品開発重視	マーケティング能力 製品エンジニアリング能力 組織横断的調整 創造性 開発能力 定性的成果目標と結びついたインセンティブ

ない。低価格を要求する，大口購入の顧客を失うか，そうでなければ，低コスト企業からの商売を獲得するため，自社の利益を捨てるかである。しかし，高利潤の取引—精華（Cream）である—も，高利潤顧客に焦点をあてるか，全体的に差別化ができた企業にとられてしまう。中途半端な位置にはまり込んだ企業は，また，企業文化が曖昧になっていたり，組織の仕組みや動機づけ誘因のなかに軋轢を抱えていたりする(注60)。

　実際には，こういったあれか，これかという代替的戦略選択を迫られている企業は少ない。差別化は，『差別化するか，しないかそれが問題だ』といったものではない。すべての企業は，顧客のどの要求に焦点をあてるか，市場において自社の商品やサービスをどう位置づけるか，についての意思決定をしなければならない。コスト・リーダーシップ戦略は，普通，限定された特性，標準的な製品提供を示唆するが，それが，差別化されていない，商品（コモディティ）であることを必ずしも意味しない。サウスウエスト航空やエアアジアは余分なサービス抜きの格安航空会社であるとはいえ，独自のブランドイメージをもった，市場での位置づけを有している。VWビートルが示しているのは，実用車であり，大衆市場向け製品でも，礼賛対象（Cult status）となりえるということである。

　大半の産業では，市場での主導的地位は，効果的な差別化と低コストとの両立で顧客への訴求を最大限に行っている企業によって占められている—つまり，自動車でのトヨタ，ファストフードでのマクドナルド，運動靴でのナイキ。コスト効率，品質，革新，そしてブランド構築を同時に追求するのが，20世紀での，日本の自動車，モータサイクル，民生電子機器，そして楽器企業の特徴であった。おおくの産業において，コストリーダーは，市場での主導的企業ではなく，間接費最小で，労働組合のない，そして安く仕入れた資産をもつ，規模的に小さい競合企業であった。石油精製産業では，コストリーダーは，エクソンモービルやシェルなどのような総合巨大企業ではなく，独立系の精製業者である傾向がある。レンタカーでは，コストリーダーは，ハーツやエービスであるよりも Rent-A-Wreck（J.J.F. Management 社の子会社）である可能性が高い。コスト効率と差別化との両立に新しい経営手法が使われている。つまり，全社的品質管理（TQM）は，品質とコストとの間で存在すると信じられていたトレードオフ概念を否定した。また，フレキシブル生産方式（FMS）は，製品の多様性と規模の経済とを両立させた。

第Ⅲ部　事業戦略と競争優位の追求

要　約

　事業で金を儲けるには，競争優位を確立し，維持する必要がある。競争優位の機会を見つけるには，市場での競争の性格と過程とにかんする洞察が必要である。本書での，競争過程の不完全性についての分析は，特定の市場や条件下での競争が必要とする資源と能力へと及んだ。同様にして，競争優位維持を可能とする障壁，隔離メカニズム（Isolating mechanism）の効率は，模倣に必要な資源と能力への競合他社の取り込みの巧拙に依存する。

　競争優位は2つの主要な次元を有する。つまり，コスト優位性と差別化優位性である。前者，つまり，コスト優位性は，7つの基本的なコスト主要因に依拠する。これらの主要コスト要因（原価作用因）を適用し，そして，企業活動を相互に関連する活動の価値連鎖へと分解することで，競合他社との比較での企業のコスト状況を推算し，コスト削減の可能性を見つけることができる。そこでいいたいことは，管理会計データの裏から読める情報を採り，コスト効率への単純な考え方を抜け出て，体系的，包括的やり方で，企業の個々の活動における，相対的な単位あたりコストに影響する要素を分析すべきであるということである。

　差別化の魅力は，コスト優位性よりも維持できる可能性がおおきいうえに，競争優位の多数の機会を提供することである。差別化の機会は，マーケティングや設計を越えて企業とその顧客との相互交流でのすべての面に存在している。差別化優位を得るには，企業は顧客の要求と嗜好に合わせて，自分の能力を独自な創造に向けなければならない。価値連鎖は，企業が，顧客にたいし，需要側と供給側での差別化の源を組み合わせ，いかに価値を創造するかのためには，有効な枠組みを提供する。

　最後に，企業の競争優位の基盤は，戦略の設計のためだけではなく，組織構造とシステムの設計のためにもおおきな意味をもっている。典型的には，コスト・リーダーシップに焦点をあてる企業は，差別化を追求する企業とは異なった組織構造を設計する。しかしながら，組織設計の際，競争戦略が意味するところは，大半の企業においてコスト効率と差別化とは相いれないものではないという事実のため，単純なものとはいえない―今日のように市場での競争が激しい時代では，企業には両方を追求するしか選択の余地はない。

自習用の質問

1. 図7.1が意味するのは，企業が同じような資源と能力をもつとき，安定した産業では，変化が急で，企業が多様である産業よりも，競争優位の機会が少ないということである。それを考慮に入れて，以下の産業のなかで—小売銀行業，ビデオゲーム，無線携帯電話，保険，スーパーマーケット，および半導体—どれが企業間の利益率が小さく，どれがおおきいものであると推定するか？

2. 2009年以来，アップルは携帯電話販売で，他社とくらべて，世界ではるかにもっとも利益率の高い会社である。アップルはこの市場で競争優位性を維持できるか？

3. イタリアに本拠を置く高品質のコーヒーとコーヒー機器供給会社であるIlly（イリー）は，国際的なグルメコーヒー店チェーンを始めている。スターバックスが市場主導者の状況で，イリー社にたいし，どうしたら競争優位性を確立できるかについてどんな助言をしたらよいか？

4. 『誰でも買える値段で』シアーズ・モーター・バギーを提供するのに，シアーズはコスト優位性のどんなドライバー（図7.7）を活用したか？（本章の始めの部分での引用を参照。）

5. ターゲット（米国ディスカウント店），H&M（スウェーデンのファッション衣料チェーン），そしてPrimark（英国のディスカウント衣料チェーン）は安くてシック（Cheap chic）という概念—ディスカウント店の値段とファッションの訴求性組み合わせ—を作った。「安くてシック」戦略を設計し，実践するに際し，おもな課題はなにか？ 他の市場（例：レストラン，運動靴，化粧品，または事務所用家具）に進出する企業のため安くてシック戦略を立案せよ。

6. 図7.7の7つのコスト・ドライバーは，どの程度まで，自分の経営大学院や教育機関での学生1人あたりコスト分析に重要か？ 自分の学校のコスト効率改善にかんし研究科長にどんな助言をしたらよいか？

7. ボトル入り飲料水は，水道の水よりもすくなくとも200倍の値段で売っているし，ブランドごとに価格差がある。瓶詰めの水から得られる価格プレミアムを決定する主要差額要因はなにか？

8．映画館チェーンにたいし，減少する収益率を回復するための差別化戦略を助言せよ。企業の価値連鎖と顧客のそれとのつながり（Linkages）を見つけ差別化の機会を発見するため，戦略コラム7.8に要約された価値連鎖の枠組みを使用せよ。

注

1 競争優位の概念は明瞭でかつ整合的な定義に欠けているとリチャード・ルメルトは主張する。("What in the World is Competitive Advantage?" Policy Working Paper 2003-105, Anderson School, UCLA, August, 2003).

2 K. Ferdows, M.A. Lewis, and J. Machuca, "Rapid-Fire Fulfillment," *Harvard Business Review* (November 2004): 104-110.

3 G. Stalk Jr., "Time: The Next Source of Competitive Advantage," *Harvard Business Review* (July/August, 1988): 41-51.

4 たとえば，以下参照：Y. Doz and M. Kosonen, "Embedding Strategic Agility: A Leadership Agenda for Accelerating Business Model Renewal," *Long Range Planning*, 43 (April 2010): 370-382；そしてS. Fourné, J. Jansen, and T. Mom, "Strategic Agility in MNEs: Managing Tensions to Capture Opportunities across Emerging and Established Markets," *California Management Review*, 56 (Spring 2014).

5 J.A. Schumpeter, *Capitalism, Socialism and Democracy* (London: Routledge, 1994, first published 1942): 82-83.

6 W.C. Kim and R. Mauborgne, "Blue Ocean Strategy," *Harvard Business Review* (October 2004). 同じような戦略的革新分析のやり方は，McKinseyの新ゲーム戦略である。以下参照。R. Buaron, "New Game Strategies," *McKinsey Quarterly Anthology* (2000): 34-36.

7 G. Hamel, "The Why, What, and How of Management Innovation," *Harvard Business Review* (February 2006).

8 R.P. Rumelt, "Toward a Strategic Theory of the Firm," in R. Lamb (ed.), *Competitive Strategic Management* (Englewood Cliffs, NJ: Prentice Hall, 1984): 556-570.

9 R. Jacobsen, "The Persistence of Abnormal Returns," *Strategic Management Journal* 9 (1988): 415-430; R.R. Wiggins and T.W. Ruefli, "Schumpeter's Ghost: Is Hypercompetition Making the Best of Times Shorter?" *Strategic*

Management Journal 26 (2005): 887-911.

10 G. Stalk, "Curveball: Strategies to Fool the Competition," *Harvard Business Review* (September 2006): 114-122.

11 この映画は B. Traven 著作の *The Treasure of the Sierra Madre* (New York: Knopf, 1947) に則っている。

12 Monopolies and Mergers Commission, *Cat and Dog Foods* (London: Her Majesty's Stationery Office, 1977).

13 D. Besanko, D. Dranove, S. Schaefer, and M. Shanley, *Economics of Strategy*, 6th edn (Hoboken, NJ: John Wiley & Sons, Inc., 2013): section on "Limit Pricing," pp.207-211.

14 T.C. Schelling, *The Strategy of Conflict*, 2nd edn (Cambridge, MA: Harvard University Press, 1980): 35-41.

15 A. Brandenburger and B. Nalebuff, *Co-opetition* (New York: Doubleday, 1996): 72-80.

16 R. Schmalensee, "Entry Deterrence in the Ready-to-Eat Breakfast Cereal Industry," *Bell Journal of Economics* 9 (1978): 305-327.

17 Monopolies and Mergers Commission, *Indirect Electrostatic Reprographic Equipment* (London: Her Majesty's Stationery Office, 1976): 37, 56.

18 S.A. Lippman and R.P. Rumelt, "Uncertain Imitability: An Analysis of Interfirm Differences in Efficiency under Competition," *Bell Journal of Economics* 13 (1982): 418-438. 以下参照。R. Reed and R. DeFillippi, "Causal Ambiguity, Barriers to Imitation, and Sustainable Competitive Advantage," *Academy of Management Review* 15 (1990): 88-102.

19 P.R. Milgrom and J. Roberts, "Complementarities and Fit: Strategy, Structure and Organizational Change in Manufacturing," *Journal of Accounting and Economics* 19 (1995): 179-208.

20 J.W. Rivkin, "Imitation of Complex Strategies," *Management Science* 46 (2000): 824-844.

21 M.E. Porter and N. Siggelkow, "Contextuality within Activity Systems and Sustainable Competitive Advantage," *Academy of Management Perspectives* 22 (May 2008): 34-56.

22 M.E. Porter, *Competitive Advantage* (New York: Free Press, 1985): 13.

23 同書, 120頁。

24 M. Venzin, *Building an International Financial Services Firm: How Successful Firms Design and Execute Cross-border Strategies* (Oxford: Oxford Univer-

sity Press, 2009).
25 R.P. McAfee and J. McMillan, "Organizational Diseconomies of Scale," *Journal of Economics and Management Strategy* 4 (1996): 399-426.
26 L. Rapping, "Learning and World War II Production Functions," *Review of Economics and Statistics* (February 1965): 81-86.
27 L. Argote, S.L. Beckman, and D. Epple, "The Persistence and Transfer of Learning in Industrial Settings," *Management Science* 36 (1990): 140-154; M. Zollo and S.G. Winter, "Deliberate Learning and the Evolution of Dynamic Capabilities," *Organization Science* 13 (2002): 339-351.
28 J. Womack and D.T. Jones, "From Lean Production to Lean Enterprise," *Harvard Business Review* (March/April 1994); J. Womack and D.T. Jones, "Beyond Toyota: How to Root Out Waste and Pursue Perfection," *Harvard Business Review* (September/October, 1996).
29 M. Hammer and J. Champy, *Re-engineering the Corporation : A Manifesto for Business Revolution* (New York : HarperBusiness, 1993): 32.
30 V. Glover and M.L. Marcus, "Business Process Transformation," *Advances in Management Information Systems* 9 (M.E. Sharpe, March 2008); R. Merrifield, J. Calhoun, and D. Stevens, "The Next Revolution in Productivity," *Harvard Business Review* (November 2006): 72-79.
31 F.X. Frei, "Breaking the Tradeoff between Efficiency and Service," *Harvard Business Review* (November 2006): 92-103.
32 "Caterpillar to Cut 20,000 Jobs as Downturn Worsens," *Wall Street Journal* (January 28, 2009).
33 Bureau of Labor Statistics, http://www.bls.gov/iag/tgs/iagauto.htm, accessed July 20, 2015.
34 "Buying Power of Multiproduct Retailers," *OECD Journal of Competition Law and Policy* 2 (March, 2000).
35 P. Krugman, "Amazon's Monopsony Is Not O.K.," *New York Times* (October 19, 2014).
36 R. Cyert and J. March, *A Behavioral Theory of the Firm* (Englewood Cliffs, NJ : Prentice Hall, 1963).
37 H. Leibenstein, "Allocative Efficiency versus X-Efficiency," *American Economic Review* 54 (June 1966): 392-415.
38 "Fighting the Flab," *Economist* (March 22, 2014).
39 Kase K, Sáez F, Riquelme H. 2005. *Transformational CEOs : Leadership and*

Management Success in Japan. Edward Elgar Publishing : Cheltenham, UK.（加瀬公夫，サエス―マルティネス フランシスコ，リケルメ エルナン。『欧州のMBA教授が見た高業績CEOの意思決定〜戦略判断2つの型〜』（高垣行男監訳）2006，中央経済社：東京）

40 M.E. Porter, *Competitive Advantage* (New York : Free Press, 1985) : 87 ; and R.S. Kaplan and S.R. Anderson, "Time-Driven Activity-based Costing," *Harvard Business Review* (November 2004) : 131-138.

41 M.E. Porter, *Competitive Advantage* (New York : Free Press, 1985) : 120.

42 T. Peters, *Thriving on Chaos* (New York : Knopf, 1987) : 56.

43 "Cemex : Cementing a Global Strategy," Insead Case No. 307-233-1 (2007).

44 セグメント化と差別化の違いについては以下参照―P.R. Dickson and J.L. Ginter, "Market Segmentation, Product Differentiation and Marketing Strategy," *Journal of Marketing* 51 (April 1987) : 1-10.

45 S.-Schiffman, M. Reynolds, and F. Young, *Introduction to Multidimensional Scaling : Theory, Methods, and Applications* (Cambridge, MA : Academic Press, 1981).

46 F.-J. Lapointe and P. Legendre, "A Classification of Pure Malt Scotch Whiskies," *Applied Statistics* 43 (1994) : 237-257. MDSの原理については以下参照―I. Borg and P. Groenen, *Modern Multidimensional Scaling : Theory and Application* (New York : Springer-Verlag, 1997).

47 P. Cattin and D.R. Wittink, "Commercial Use of Conjoint Analysis : A Survey," *Journal of Marketing* 46 (Summer 1982) : 44-53.

48 K. Lancaster, *Consumer Demand : A New Approach* (New York : Columbia University Press, 1971).

49 P. Nicolaides and C. Baden-Fuller, *Price Discrimination and Product Differentiation in the European Domestic Appliance Market* (London : Center for Business Strategy, London Business School, 1987).

50 A. Maslow, "A Theory of Human Motivation," *Psychological Review* 50 (1943) : 370-396.

51 "Coke Lore : The Real Story of New Coke," www.thecocacolacompany.com/heritage/cokelore_newcoke.html, accessed July 20, 2015.

52 S. Zadek, "The Path to Corporate Responsibility," *Harvard Business Review*, 82 (December, 2004) : 125-129.

53 Porter, の前掲書, *Competitive Advantage*, 124-125頁。

54 S. Mathur, "Competitive Industrial Marketing Strategies," *Long Range Plan-*

ning 17 (1984): 102-109.

55 K.R. Tuli, A.K. Kohli, and S.G. Bharadwaj, "Rethinking Customer Solutions: From Product Bundles to Relational Processes," *Journal of Marketing* 71, (2007): 1-17.

56 K. Clark and T. Fujimoto, *Product Development Performance* (Boston: Harvard Business School Press, 1991): 29-30.

57 K.B. Clark and T. Fujimoto, "The Power of Product Integrity," *Harvard Business Review* (November/December, 1990): 107-118.

58 "The Madoff Affair: Going Down Quietly," *Economist* (March 14, 2009).

59 D.J. Watts and J. Peretti, "Viral Marketing for the Real World," *Harvard Business Review* (May 2007): 22-23.

60 M.E. Porter, *Competitive Strategy* (New York: Free Press, 1980): 42.

第8章
産業発展と戦略変化

どんな会社であれ会社というものは変化してやまないものだ…新しい世代は各々，変化への対応を迫られる―自動車市場で，会社の経営で，そして変化する世界への企業の関与の度合いにおいてである。創造作業は停止したりしない。

―アルフレッド・P・スローン・ジュニア，
1923-37年ゼネラルモーターズ社長，1937-56年会長

生き残ることができる種は，もっとも強いものでも，もっとも知性があるものでもなく，もっとも変化に対応できるものである。

―チャールズ・ダーウィン

変えなきゃいけないことがあっても，いつまで経っても変わらない。

―リー・ヘイゼルウッド，1966年にナンシー・シナトラがレコード録音した
「にくい貴方（THESE BOOTS ARE MADE For WALKING）」

【概　要】
- 序論と目的
- 産業ライフサイクル
  - 需要の成長
  - 知識の創造と普及
  - ライフサイクル・パターンはどこまで普遍的か？
  - 競争と戦略におけるライフサイクルの意味合い
- 組織の適応と戦略変化の課題
  - なぜ，変化はこんなにも難しいか？　組織惰性の源泉
  - 組織的適応と産業進化
  - 技術変化への対処
- 戦略的変化をどうやるか
  - 二重の戦略と組織双面性
  - 組織惰性との戦い
  - 新しい能力の開発
  - ダイナミック・ケイパビリティ（動態的能力）
  - ナレッジマネジメント（知識管理）の組織能力開発への適応
- 要約
- 自習用の質問
- 注

序論と目的

　ものごとすべては絶え間ない変化の状態にある―とくに事業環境についてそういえる。経営上最大の課題のひとつは事業環境で起きている変化と企業が足並みを揃えているかどうかである。

　産業環境での変化は技術，消費者の嗜好，政治，経済的成長およびその他おおくの要因により推進される。いくつかの業界では，これらの変化の力は一緒に組み合わさって，大量の，予測不可の変化を創り出す。2015年の通信産業は，新しいデジタル，ワイヤレス技術が規制関連での変化と相まって，25年前のそれからは予想もできないほど変わっている。他の産業―食品加工，鉄道，レンタカー――では，変化はもっとゆっくりした，もっと予測可能なものであった。変化は単に外部の力からの結果ではない。企業の競争戦略は，変化にたいする主要な推進力である。産業は競争による，絶え間ない再生にさらされているのである。

　本章の目的は，変化の理解，および管理への助けとなることである。そのために，変化を推進する力を探求し，産業が将来発展する方向を予測するのに役立つパターンを探し出すことにする。各産業はそれぞれ独自の発展の道をたどるとはいえ，各産業の間には同様の変化のパターンを生み出す共通の推進力が存在する。共通の推進力を見つけることは，競争優位獲得の機会を認識するのに役立つ。

　産業環境での変化を理解することは，予測することでさえ難しいものである。個人にとっては，変化とは破壊的で，費用がかかり，そして居心地の悪いものである。組織にとっては，慣性の影響力にはさらにおおきいものがある。その結果，企業のライフサイクルは産業のライフサイクルよりも大幅に短い傾向がある。その意味するところは，産業レベルでの変化は，同じ企業の絶え間ない適合によるよりも，既存企業の終焉と新しい企業の誕生により起こるということである。これを克服するためには，組織において慣性とはどこからくるのかを理解する必要がある。また企業は，変化への対応にとどまらず，変化を先取りする可能性を発見する必要がある。企業がその業界においてゲームチェンジャーになる能力を何が決定するのか？

　変化に事後的に適応するか，変化を先取りするかにかかわらず，世界を変えるための競争では新しい能力が必要となる。これはいかに難しいか？　端的にいっても，答えは「とても難しい」だ。私たちはこの問題を単に新しい能力の構築と

第8章　産業発展と戦略変化

いう課題として見るのではなく，組織がこれらの困難を克服するためにとるアプローチとして見る。

本章では以下のことを学ぶ。

- 産業発展のいろいろな段階の認識と産業発展プロセスの推進要因の理解。
- いろいろな発展段階での産業にかんする重要成功要因の認識および産業発展の異なった段階に適した戦略，組織構造，そして管理システムの認識。
- 組織惰性の源泉や組織変化管理課題の評価と，シナリオ分析の使用と双面性,曖昧性（ambidexterity，両利き）対処方法の探求を含む戦略的変化への複数のアプローチの理解。
- 企業が組織能力の開発においてとり得る異なるアプローチ，また，そのそれぞれの利点と落とし穴（Pitfalls）はなにかの学習。
- 知識管理（ナレッジマネジメント）の主要なる手法，技法と，組織能力の開発においてそれが果たす役割の認識。

産業ライフサイクル

一番知られていて，根づいているマーケティング概念のひとつは**製品ライフサイクル**である[注1]。製品は生まれ，その販売は増加し，成熟し，衰退し，そして最終的に，その生命は終焉する。製品がライフサイクルをもっているとすれば，それを生産する産業は**産業ライフサイクル**を経験する。産業は何代かの世代にわたって製品生産するので，産業ライフサイクルは単一の製品のライフサイクルよりも長い可能性が高い。

ライフサイクルは4つの段階をもつ―**導入**(または**出現**)，**成長**，**成熟**，そして**衰退**（図8.1参照）である。産業発展を推進する力を考察し，さらにその各段階の特徴を見てみよう。根本的なものとしては，2つの力がある―需要の成長と知識の創造と普及がそれである。

需要の成長

ライフサイクルとその各段階は，おもに時間の経過のなかでの産業の成長率の変

■ 図8.1　産業ライフサイクル

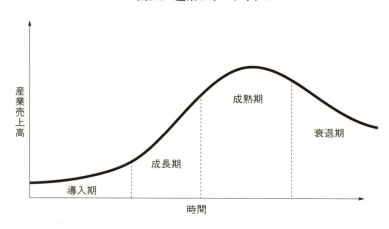

化によって定義される。その外形はS型の成長カーブである。

- **導入段階**では，産業の製品は知られておらず顧客もおおくないので，売上高は小さく，市場浸透率も低い。技術の新規性，生産量の低さ，そして経験の欠如によりコストは高く，品質は低い。新製品への顧客は一般に高収入層で，革新志向で，かつリスクに寛容である。
- **成長段階**は，技術改善や効率性の増加により大衆市場（マスマーケット）が開かれることにより，加速的に市場浸透することで特徴づけられる。
- 市場飽和傾向の増加は，**成熟段階**の出現を促す。飽和状態が達成された後，需要はすべて代替需要である。
- 最後に，産業は，技術的に優れた代替製品を生産する新しい産業からの挑戦を受け，**衰退段階**に突入する。

知識の創造と普及

　産業ライフサイクルの第2の推進力は知識である。製品革新としての新知識は新しい産業を生み出す原因であり，知識創造と知識普及との二重プロセスは産業発展におおきな影響を及ぼす。
　導入段階では製品技術は急速に進歩する。支配的な技術は未だ存在せず，代替的な技術がお互いに競争している。競争は根本的には代替技術とデザイン設計との間

で起こる。

- 蒸気船の最初の30年間，水かき外輪とプロペラ，木造の船殻と鉄製のそれ，そして最終的には石炭と石油の間での競争があった。
- 1978-82年，家庭用コンピュータ業界の創業期では異なったデータストーリッジ方式（音響テープ対フロッピーディスク），ディスプレー（テレビ画面対専用画面），オペレーティングシステム（CPM対DOS対アップルII）そしてマイクロプロセッサの間での競争があった。

支配的な設計と技術規格　競合する意匠設計と技術間の競争の結末は通常，支配的な設計，つまり外観，機能性，そして製品の生産方法を決め，産業全体で受け入れられる製品アーキテクチャへの産業レベルでの収斂である。支配的な設計は以下を含む。

- 1899年に市場導入されたアンダーウッドモデル5は，20世紀のタイプライタの基本的なアーキテクチャとおもな機能（feature）を確立した。動くキャリッジ，タイプされている文字を見ることができる機能，大文字用のシフト機能，交換可能なインクリボンなどである[注2]。
- ドイツで1924年に販売開始されたライカのUr-ライカカメラは，35ミリカメラの主要な機能を確立した（ただし，実際に35ミリ静止写真画像市場を支配するようになるのは，キヤノンによるライカ・デザインをもとにした大量生産が始まった後のことである。）
- レイ・クロックが最初のマクドナルド・ハンバーガー店を1955年イリノイで開いたとき，その後まもなくファストフード・レストラン業界で支配的となる設計が確立された—限定メニュー，ウエーターサービスなし，店内での食事とテークアウト（もち帰り）の可能性，自動車運転の客を対象とするロードサイド立地，そしてビジネスシステムのライセンスにかんするフランチャイズ方式。

支配的な設計と**技術的な規格**の概念は，相互に関連しているとはいえ，別々のものである。技術規格は互換性のために重要である。技術規格は，特許権や著作権などの知的所有権として典型的には具体的に見られるが，支配的な設計はそうではない。支配的な設計は，技術規格として現れることもあるし，そうでないこともありえる。IBMのPCはパーソナルコンピュータと「ウィンテル」という規格を確立し

た。逆に，ボーイング707は大型旅客機での支配的設計であったが，それ以降の旅客機を支配するような，航空技術にかんする産業規格の設定はしなかった。技術規格はネットワーク効果，つまり，顧客同士がお互いに何らかの形でつながり合いをもつ必要性があるところで成立する。ネットワーク効果により顧客は，技術的問題を避けるため，他の人間が選ぶ技術を選択する。特許や著作権などの所有権に裏づけられる技術規格と違い，支配的な設計を設定する企業は，通常，設計にかんする知的所有権はもっていない。したがって，ある種の先行者優位を除けば，支配的設計設定からの利益は必ずしも存在しない。

　支配的設計はプロセスにも存在する。板ガラス業界では，円筒状のガラス吹き方式，帯状ガラス引き延ばし方式，フロートグラス方式（glasss cylinder blowing, continuous ribbon drawing, float glass）などの支配的なプロセス設計が継承されてきている(注3)。支配的設計は，ビジネスモデルにおいても存在する。おおくの新規市場では，競争は競合する**事業モデル**の間で生じる。野菜果物の家庭への配達注文サービスにおいてウエブヴァンやピーポッドのようなドットコム企業は，まもなくジャイアントやウォルマート（さらに英国ではテスコ）のような『ブリックスアンドクリックス』（既存事業とウェブ取引の組み合わせ）流通業者の攻勢の前に降参した。

製品からプロセス革新へ　支配的設計の出現は産業発展の上で重要な節目となる。産業が主導的な技術と設計に収斂した後では，製品革新は根本的なものから漸次的性格のものへと焦点を移す。この焦点の移転は，産業の成長段階開始を促す―規格化の増加は顧客にとってのリスクを低減し，企業の設備投資を奨励する。デザインから製造への焦点の移動は，通常，大規模生産方式を通じて企業がコスト削減を追求し，生産の信頼性を増大させることと軌を一にして，プロセス革新への傾注へと導く（図8.2参照）。プロセス改善，設計変更，そして規模の経済の組み合わせは，急速な市場浸透を推進するコスト低減と入手可能性の増大を招き，その代わり市場浸透を急速に高めることを促す。戦略コラム8.1は，この発展パターンの説明のため自動車産業の歴史を使っている。

　知識普及は顧客側にとっても重要である。ライフサイクルの過程のなかで，顧客はしだいに知識を増やす。競合製造業者の製品の性能を熟知するにつれ，顧客は支払金額への反対給付としての価値をより正しく判断できるようになり，値段に敏感になる。

■図8.2 時間経過のなかでの製品とプロセス革新

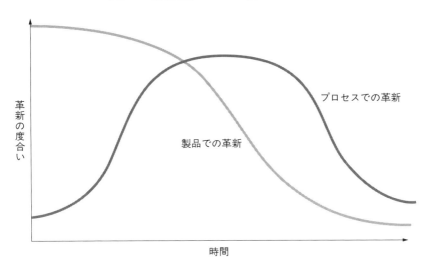

戦略コラム 8.1　自動車産業における進化

　1890年から1912年は，自動車産業における急速な製品革新が起こった期間の1つである。1886年，カール・ベンツが三輪自動車の特許を取得して以降，ドイツ，フランス，米国，そして英国において，技術発展の嵐が吹き荒れたのである。技術開発には以下のものが含まれる。

- 初の4シリンダー4ストローク・エンジン（1890年，カール・ベンツによって）
- ハニカム構造のラジエタ（1890年，ダイムラーによって）
- 手動式変速装置（1895年，Panhard（パナール）と Levassor（レヴァッソール）によって）
- オートマチック・トランスミッション（1904年，パッカードによって）
- 電気式ヘッドランプ（1908年，ゼネラルモーターズによって）
- 全スチール製車体（1912年，ゼネラルモーターズによって採用）

　フォードT型は1908年に市場導入され，水冷のエンジンをフロントに搭載し，ギアボックスと湿式クラッチ，後輪駆動の仕様であった。この設計は自動車産業での支配的な仕様となった。20世紀の残りの期間，自動車の技術と設計は収束していっ

た。それは，代替的な技術や設計が徐々に消えていったことで明らかである。フォルクスワーゲンのビートルは，空冷のエンジンをリアに搭載した最後の量産車である。シトロエンは自社独自のサスペンションとブレーキ・システムを捨て去ってしまった。直列4気筒または直列6気筒の4ストローク・エンジンが主流となった。米国車が小型化し，日本車やイタリア車が大型化するなど，国ごとにあった独自の差は消えてしまった。鉄のカーテンの崩壊によって，こうした傾向から乖離していた仕様の車も消滅した。そして1990年代なかばには，旧東ドイツで生産された2ストローク・エンジン搭載のヴァルトブルクとトラバントは好事家の収集対象となってしまっていたのである。

製品革新の速度が落ちるに代わって，製造プロセスでの革新が生じるようになった。1913年10月，フォードはハイランドパーク工場に新しい組立てラインを開設し，互換性のある部品とベルトコンベア式組立てラインとによる革新的な生産方法をスタートさせた。急進的な生産性の改善はT型の価格低下をもたらし，1908年の628ドルから1924年には260ドルにまで値下げされた。1908年から1927年までの間に1,500万台以上のT型が生産されたのである。

自動車工業における2つ目の革命的な製造プロセスでの革新は，トヨタの『リーン生産』方式である。これは緊密に統合された『後工程』引き取り（プル）方式であり，具体的にはジャストインタイムの時間軸管理とチームをもとにした製造，自由度の高い工程，そしてTQMなどにより成り立つ。1970年代と1980年代に，フォードの量産システムによって自動車産業が半世紀前に変容したのと同様，リーン生産方式は世界中に広がったのである。

しかしながら，この2015年まで続いた，技術の安定性は，電気自動車と自動運転自動車という2つの技術の展開により脅かされている。

〔出所〕 http://en.wikipedia.org/wiki/History_of_the_automobile; www.ford.com.

ライフサイクル・パターンはどこまで普遍的か？

産業はどこまで，このライフサイクル・パターンに従うか？　まず，ライフサイクルの長さは産業によりおおきく異なる。

●ホテルの起源は2千年前にさかのぼる。紀元前1年，キリストはベツレヘムに

て無事に誕生したが,ルカの福音書には,「宿屋に部屋はなかった」とある。米国では,ホテル(宿屋とは区別して)は18世紀後半に設立された。第二次世界大戦後,ホテル業界は旅行や出張の拡大により急速に成長した。しかしながら,21世紀に入ってからは,この業界はテレビ会議や Airbnb(エアビーアンドビー)等の民泊サービスの成長により,成熟から衰退に移行した。

- 米国の鉄道産業の導入期は,1827年のボルティモアからオハイオまでの最初の鉄道建設から,1870年代の成長段階前までに該当する。道路輸送の成長により,1950年代の末頃までには産業は衰退段階に入った。
- パーソナルコンピュータでは,導入段階は,1978年に成長期に入る前までの,わずか4年ほどしか続かなかった。1978年から1983年の間,新旧両方の企業が参入した。1990年代,成長は停滞し,過剰稼働能力の出現,そしてパーソナルコンピュータ産業は少数の企業に集中するようになった。2011年,全世界のパーソナルコンピュータの売上はピークを迎え,業界は衰退期に入った。
- デジタル・オーディオ・プレイヤー(MP3プレイヤー)は最初にシーハム・インフォメーション・システムとダイアモンド・マルチメディアにより1997-8年に市場に導入された。2001年のアップルのiPodの販売とともに産業は成長段階に入った。2009年にピークを迎えた後,MP3プレイヤーの全世界の売上高(iPodを含む)は,急激に落ち込んだ。2015年までには,MP3専用プレイヤーは時代遅れとみなされるようになった。

歴史的にライフサイクルの長さは,かなり短くなってきている。これは電子コマースにおいて明らかである。オンライン・ギャンブル,オンラインタクシーサービス,ソーシャルネットワークの普及の高い速さにより導入から成熟までの期間をわずか数年に減らしている。この意味合いは,「インターネットタイムで競争することは,戦略や管理システムでの根本的な再考を促す。」ということである[注4]。

発展のパターンも同一ではない。住宅建設,食品加工,そして衣料などの基本的な必要性を満たす製品は陳腐化しないので,そういった製品を生産する産業は,決して衰退段階には入らない。いくつかの産業は,そのライフサイクルの再生を経験するかもしれない。テレビ受信機の市場は数多くの再生を経験した—カラーテレビ,コンピュータのモニター,フラット画面のテレビ,そして,一番最近ではHDTVである。同じような革新の波が流通小売業を生き返らせた(図8.3参照)。

同じ産業でも国が違えば,別々のライフサイクルの段階にあるかもしれない。欧

■図8.3　産業ライフサイクル上での革新―小売流通業

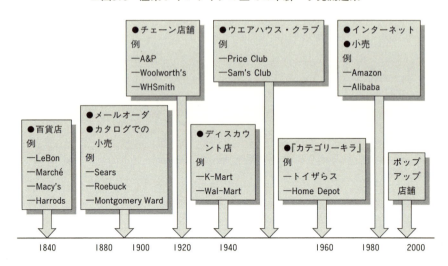

州，日本，米国の自動車産業は衰退の開始期にあるが，アジア，ラテンアメリカでは成長段階にある。多国籍企業はこういった相違を活用することができる―まず新製品を開発して先進産業国に導入し，その後，成熟段階になったとき他の成長市場に目を向けるということである。

　さらなる産業進化の特徴は，産業の境界線が移り，変化することである―ある産業は集約され（携帯電話，ポータブルゲームプレイヤー，カメラ，および計算機），その他の産業（銀行，医療サービス）は分断された。産業変化の力学を理解するためには，関連する産業を群として見る必要がある(注5)。

競争と戦略におけるライフサイクルの意味合い

　ライフサイクルのなかで需要の成長と技術との変化は産業構造，企業数，そして競争にかんし意味するところ大である。表8.1は産業ライフサイクルの各段階の主要なる特徴を要約する。

製品差別化　導入期は，技術や設計での多様性―そして顧客の要求にかんする合意の欠如―を反映して広い範囲の製品の種類によって特徴づけられる。支配的設計への集約は，生産者が新しい差別化の次元を効果的に発展させなければ，コモディティ

■表8.1 ライフサイクルにおける産業構造と競争の展開

	導入期	成長期	成熟期	衰退期
需要	先駆的顧客に限定：高収入，前衛的。	加速化する市場浸透。	マスマーケット，買い替え，反復購買。知識豊かで価格に敏感な顧客。	陳腐化。
技術	競合技術。速い製品革新。	支配的な技術による規格化。速いプロセス革新。	技術的ノウハウ普及。技術的改善の追求。	製品，プロセス革新ほとんどなし。
製品	貧弱な品質。幅広い製品特性と技術。頻繁な設計変更。	デザインと品質改善。支配的なデザインの出現。	コモディティ化の傾向。ブランド，品質，バンドル化の試み。	総体的にコモディティ化。差別化は困難であり，利益をもたらさない。
生産と流通	小ロット生産。高技能生産。特化した流通経路。	生産能力不足。大量生産。流通経路確保の競争。	過剰生産能力。生産での非熟練化。大ロット生産。流通チャンネルは取扱いラインを絞る。	慢性的過剰生産能力。特化流通経路の再出現。
交易	先進国の生産者と顧客。	先進国から輸出。	生産は新興工業国に移動，つぎに発展途上国に移動。	最適労働賃金国から輸出。
競争	少数の企業。	参入，合併，退出。	再編成。価格競争増大。	価格戦争，退出。
重要成功要因	生産革新。企業と製品にかんする信頼感確立。	生産を容易とする設計。流通経路へのアクセス。ブランド構築。迅速な製品開発。プロセス革新。	集約的な資本投下，規模の効率，安価な投入コストによるコスト効率。	一般経費削減。購買者選定。関与（コミットメント）の信号発信。生産能力の合理化。

化することになる。パーソナルコンピュータ，クレジットカード，オンライン金融サービス，ワイヤレスコミュニケーションサービス，そしてインターネットアクセスなどは，ますます，購買客が値段をもとにして選択をするコモディティ的な性格を強めている。しかしながら，コモディティ化への流れはまた，企業が差別化のための斬新なアプローチを創造する刺激を生み出すともいえる。

構成企業集団と産業構造　ある産業の企業数は，ライフサイクルにわたって，おおきく変化する。マイケル・ハナン，ジョン・フリーマンとグレン・キャロルにより基礎が築かれた**組織生態学**（エコロジー）の分野は，産業における企業の集団と参

入および撤退を決める創立と淘汰の過程および産業人口を考察した(注6)。産業発展との関連での組織形態学のおもな発見のいくつかは以下のとおりである。

- 産業の歴史の最初の段階では、産業での企業の数は急速に増加する。最初に、産業は少数の企業により開拓される。しかし、これらの企業がその地位を固めるにつれ破産率は減少し、新企業設立の率は増加する。米国の自動車産業には1909年時点(注7)で272社があった。一方、テレビ受信機産業には1951年現在で92社存在した(注8)。新規参入者はお互いに非常に異なった起源をもつ。いくつかは起業的企業である(『新規（デノヴォ）』参入者)。他は関連産業から多角化の一環として入ってくる既存企業である(『他から（デアリオ）』の参入者)。
- 成熟段階に入ると企業の数は減少する。しばしば、産業は、企業破産の数が急激に増加する『再編』期を一度かまたは数度経験する。その後では参入、退出率は減退し、既存企業が生き残る可能性はおおいに増大する(注9)。多数の企業買取り、合併、そして退出の再編期は平均して、ライフサイクル開始から29年目に起こり、企業集団の数は半減する(注10)。米国のタイヤ産業では、企業数が1896年に1社（グッドリッチ）であったが、企業集中の前の1922年には274社まで成長したあと、1936年(注11)には49社まで減少した。
- 産業での集中化が増大し、主要企業が大衆市場に焦点を絞るにつれ、新しい参入の局面が到来し、そこでは新設企業が市場の周辺分野での事業機会を利用する。この『資源分割』の一例は、米国醸造産業である—大衆市場がひとつかみの全国的な醸造業者により支配されるようになるにつれ、新しい種類の醸造業者（マイクロ醸造と醸造兼パブ）にとって専門的ニッチを確立する機会が生じた(注12)。

しかしながら、産業はそれぞれ非常に異なった発展経路をたどる。大半の産業において成熟段階は企業集中化と結びつくのに対し、規模の経済があまり重要ではなく、参入障壁が低い産業においては成熟とコモディティ化は（クレジットカード、テレビ放送そして冷凍食品でのように）非集中化を起こすかもしれない。

所在地と国際貿易　産業は、そのライフサイクルの過程のなかで、国際間を移動している。新産業は裕福な消費者の存在と技術的、科学的資源の入手可能性により先進産業国で始まる。他の国々で需要が高まるにつれ、初めは輸出で需要を満たす。しかし、洗練された労働技能の新たな投入の必要性が減少すると、新産業国家で生

産する魅力が増す。先進産業国家は輸入を始める。成熟化，コモディティ化，そして生産工程の非熟練化とともに生産は労賃の一番低い発展途上国へ移転する。

1990年初頭において，ワイヤレスハンドセットの生産は，米国，日本，フィンランドとドイツに集中していた。1990年度の終わりまでに，韓国は，先頭集団（Leading group）に参加した。2014年には，全世界の携帯の約75％を中国で生産している。

競争の性格と度合い　ライフサイクルにおける産業構造のこれらの変化—コモディティ化，新規参入，生産の国際的な拡散—は競争を意味する。最初に，非価格から価格競争への移転がある。第2に，競争の激しさが増し，利ざやが減る。

　導入段階では技術的な主導権をめぐる戦いは，価格競争を弱めるかもしれないが，しかし，革新と市場開発のための投資は利益率を圧迫する。成長段階では，とくに，もし既存企業が参入障壁により守られている場合には，市場での需要が産業生産能力を上回るので収益率は高い。成熟段階に入ると，とくに淘汰過程では，製品規格化と過剰生産能力は価格面での競争を促す。それがどれくらい厳しいかは生産能力と需要の均衡と，国際的な競争の度合いに依存する。食品小売流通業，航空運輸，自動車車両，金属，および保険で，成熟段階は激しい価格面での競争と薄利によって特徴づけられた。家庭用洗剤，朝食用シリアル，化粧品，およびタバコでは高度の売り手集中と強いブランドは，価格競争を制限し，経済的利益での好結果をもたらした。衰退段階では，ほとんど常なる激烈な価格競争（しばしば破壊的な価格競争に堕落する）と，気が重くなるような低業績とが結びついている。

重要成功要因と産業発展　産業ライフサイクルの過程での構造，需要，および技術におけるこういった変化は，産業発展の各段階での競争優位の根本的な源泉にかんし重要な意味合いをもっている。

1. 導入段階においては，製品革新は初期参入とその後の成功の礎である。しかし，すぐに成功必要条件として他の要求が現れてくる。設備投資の要求が強くなり，財務的資源の要求が高まる。製品開発能力は，まもなく製造，マーケティング，そして流通での能力を必要とするようになる。
2. 成長段階がやってきたら，鍵となる課題は規模増大となる。市場拡大とともに企業は製品デザインと生産を大規模生産に合わせなければならない。図8.4が示すように，研究開発，工場と生産設備，そして販売への投資の需要は成長段

■図8.4 産業ライフサイクル上の異なった段階での企業戦略と業績の違い

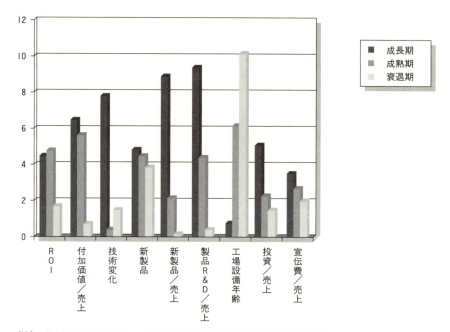

〔注〕 数字はライフサイクル上における事業関連の変数の標準化平均である。
〔出所〕 C. Anderson and C. Zeithaml, "Stage of the Product Life Cycle, Business Strategy and Business Performance," *Academy of Management Journal* 27 (1984): 5-24.

階においては高い傾向がある。増大した生産能力は，拡大した流通で釣り合うようにしなければならない。

3．成熟段階とともに競争優位はますますコスト効率の追求に基礎を置くようになる―とくにコモディティ化する傾向のある成熟産業についてそういえる。規模の経済，低賃金，そして低い総経費を通じてのコスト効率は重要成功要因となる。図8.4は調査研究，設備投資，そしてマーケティングは成長段階においてよりも成熟段階では低いことを示す。

4．衰退段階への突入は破壊的価格競争の可能性を高める。また，産業生産能力の秩序だった整理と残存市場需要を捉えることで，安定した産業環境を維持するのも重要なことである。成熟，衰退産業での戦略上の問題は第10章でさらに検討する。

組織の適応と戦略変化の課題

　ここまで，産業の変化について立証してきた。しかし，そういった産業のなかに存在する企業についてはどうだろう。企業について，その変化を妨げたものと変化を起こしたものとの両方について考えてみよう。

なぜ，変化はこんなにも難しいか？　組織惰性の源泉

　変化に対処するためのすべての手法の核心としていえることは，組織が変わることは難しいということを認識することである。なぜそうなのか？　組織や産業にかんする理論は，いろいろな変化においての異なる障壁を強調する。

- **組織的能力とルーティン**　　進化論経済学者は，能力とは組織ルーティン，つまり，絶え間ない反復により発展する組織構成員の間での相互作用のパターンであるとする。組織ルーティンが発達していればいるほど，新しいルーティンを開発するのは難しくなる。したがって，組織は『コア能力がコア硬直性になる』**コンピタンシーの罠**にはまってしまう[注13][注14]。
- **社会的と政治的な構造**　　組織は社会システムと政治システムとの両面を有する。社会システムとして，組織は相互作用にかんし行動パターンを醸成する。その結果，組織変化は緊張をともない，破壊的なものとなる[注15]。政治システムとしては，組織は力の安定した分配を創り出す。ゆえに，社会システムと政治システムとして，組織は変化に抵抗を示す。
- **順応**　　組織論社会学者は，社会に認めてもらうため組織はお互いに模倣し合う傾向があることを強調する。**組織の異種同形**（アイソモーフィズム）化過程は組織を他と類似の構造と戦略に縛りつけるため，変化への対応を困難にする[注16]。順応への圧力は社外からかかることもありうる—政府，投資アナリスト，銀行その他リソースは類似の戦略や構造を採用させしめる。異種同形はさらには自発的な模倣志向（リスク回避本能は，企業をして同業他社の類似戦略や構造を採用させしめる）からも生じる[注17]。
- **制約された探索**　　組織論のカーネギー派（ハーバート・サイモン，ジム・マーチ，リチャード・サイアート）によれば，**探索**は組織変化の第1の推進力であ

る。組織は，既存活動に近いエリアに探索を制限する傾向がある。組織は，新しい機会の**探索**よりも，既存知識の**利用**を優先する(注18)。制限的探索は，第1に**限定的合理性**によって補強される―人間の情報処理能力には制限がある，その結果，考えうる選択肢は限定されている。そして第2に，**満足化**―人間（や組織）が満足いくレベルの業績に達した場合，最適を追求することをやめ，よりよい解決法を探索しなくなる性向―により補強される。この意味するところは，組織変化は業績の低下するまで起こらないということである。

- **戦略，構造，およびシステムの間での補完性**　　適合の概念は経営の中心的な原理である。第1章において戦略は，企業の外部環境と内部資源や能力と適合させ，また戦略は**活動システム**（Activity systems）として現れると述べた。第6章では，**コンティンジェンシー理論**に言及した―つまり，組織の最適な設計は，環境によって決定されるというものである。つづめていえば，組織のあらゆる特徴―戦略，構造，システム，文化，目的そして従業員の熟練度は相互補完的なものである(注19)。組織は事業環境に適合するため，企業は，その初期の段階で，おくの特徴ある，複雑な，特有の組み合わせを確定する。しかしながら，一度確定されてしまうと，この複雑な組み合わせは，変化への障害となる。外部環境に適合するには，戦略の一部の側面のみを変化させるだけでは不十分であり，変化を網羅的に組み合わせることが必要である（戦略コラム8.2)(注20)。その意味するところは，組織と環境との間には長期的均衡があるにしても，そのうち不適合が生じ始める結果，企業は根本的，かつ包括的な変革を強制されるようになる。つまり，長期的，安定的平衡には断絶が生じるのである。そういった過程を通して，組織は発展する(注21)。したがって，組織の指導者も交替されることになる。

戦略コラム 8.2　**余裕や遊びのない事業システムは変化により危険にさらされる―リズ・クレイボーン物語**

1980年代，リズ・クレイボーンは専門職の女性向けの服で大変成功したデザイナー，製造業者，小売事業者であった。リズ・クレイボーンの成功は，デザイン上，機能的なものと活動的なものとを強く結びつけるとともに，多数の組み合わせを選択できるようにするという戦略にもとづくものである。

- デザインは，いろいろな着合わせが可能な「コンセプトグループ」(concept group) という洋服のグループを使っての「塗り絵」手法 (Colour by numbers) に則っていた。
- 百貨店にリズ・クレイボーンのコレクション専門の場所を提供させた。リズ・クレイボーンのコンサルタントは百貨店を訪問し，販売員を教育することで，コレクションが確実に正しく飾られるようにした。
- 小売業者は，個々の衣類製品をばらばらに買うことはできなかった。かれらはコンセプトグループ全体を買うよう要求され，また再注文できないので，各シーズン分を1回で注文しなければならなかった。
- 大部分の製造は，東南アジアの服飾メーカへ外注された。
- 顧客との密着度を増す目的で，リズ・クレイボーンは「ブレックファースト・クリニック」という，潜在顧客が最新のコレクションが見られるショーを百貨店で行い，また顧客志向をPOSデータで追跡した。
- 伝統的な4シーズン商品サイクルではなく，リズ・クレイボーンは6シーズンサイクルを採用した。

1990年代，リズ・クレイボーンの業績は急激に落ち込んだ。鍵となる問題は，職場においてカジュアルな服が好まれるようになったという傾向にあった。さらには，財務面での圧力から百貨店が完全なコレクションを買うことを望まなくなった。結果として，リズ・クレイボーンは小売業者により再注文を許すようになった。しかしながら，いったん小売業者がより頻繁に小分けして注文できるようになると，リズ・クレイボーン全体のシステムが壊れ始めた。市場で支配的になりつつあったファストサイクルモデル，つまり需要に素早く反応して衣類取引をするというモデルに適応できなくなった。1994年，リズ・クレイボーンは，新しい最高執行責任者を任命して，依然として共通の色見本はあったものの，そのコレクションを，よりカジュアルで，より柔軟に，また北西アメリカでの生産によるサプライチェーン短期化にすることで，事業を体系的に再構築した。

〔出所〕 N. Siggelkow "Change in the Presence of Fit: The Rise, the Fall and the Renaissance of Liz Claiborne" *Academy of Management Journal* 44 (2001): 838-857.

組織的適応と産業進化

産業や組織の変化の考察には進化生物学が強い影響を及ぼしている。進化的変化

とは**変動**，**淘汰**および**保持**を含む適合プロセスとして見られる[注22]。鍵となる問題は，進化的なプロセスの程度についてである。

- **組織生態学**を使って，産業内での企業数の長期的な変化が議論できる。しかしながら，組織生態学は，組織惰性を前提にしての，経済的変化にかんする広い理論である。その結果，産業進化は，企業自身の（変化への）適応によるというよりは，むしろ，企業数の変化を通じて起こるとされる。産業は，初期参入者の成功に刺激され，それを真似して入ってくる新規参入者により発展し成長する。競争プロセスは，**淘汰のメカニズム**であり，そのなかでは，環境条件に適合する組織は資源を確保できるが，そうでない組織は排除される[注23]。
- **進化経済学**は，変化の第1の行為者（Agent）としての個々の組織に焦点をあて分析する。変動，淘汰，および保持の過程は，**組織ルーティン**の段階で起こる—成功していないルーティンは捨てられるが，成功しているルーティンは，維持され，組織のなかで反復される[注24]。第5章で述べたように，これらの調整された（Coordinate）活動パターンは組織能力のもととなっている。進化論者は，企業は新しいルーティンの探求，成功しているルーティンの反復，そして成功していないルーティンの廃棄を通じて外部変化に適応すると見ている。しかし，これらの適応は，迅速には起こらないし，コストなしでできるとはいえない。

実証的証拠から判断するに，両方のプロセスはおおきな重要性をもっている。会社の適応能力は，おおくの会社が，1世紀かそれ以上の間，産業の主導者であり続けたという事実により証明できる。化学会社最大手のBASFは，1865年に合成顔料の生産者として設立されて以来，化学業界で主導者である。エクソンとシェルは，19世紀後半以来，世界の石油業界をリードしている[注25]。チェコのビール会社であるバドワイザー・ブドヴァル（アンハイザー・ブッシュ・インベブと長きにわたり商標権争いをしている）の起源は1785年である。日本の企業集団である三井グループはもっと古い—その最初の事業は，1673年に設立された小売業である。

しかし，こういった会社は例外である。1896年ダウジョーンズ産業指標を構成していた企業のなかで，今日残っているのはゼネラル・エレクトリック（GE）社だけである。1912年当時の世界最大企業12社のうち，2015年現在，トップ12社中に残っているのは2社だけである（表8.2参照）。そしてその生存期間は短くなっている。S&P500社の平均寿命は1935年時点で90年だったが，1958年には61年，2011年には18年まで下がっている。

■表8.2　時価総額での世界最大企業，1912年と2015年

1912	$10億.	2015	$10億.
US スチール	0.74	アップル	637
エクソン	0.39	エクソンモービル	393
J&P コーツ	0.29	マイクロソフト	385
プルマン	0.20	ジョンソン・エンド・ジョンソン	292
ロイヤル・ダッチ・シェル	0.19	ウェルズ・ファーゴ	282
アナコンダ	0.18	ウォルマート	277
ゼネラル・エレクトリック	0.17	ノバルティス	252
シンガー	0.17	ゼネラル・エレクトリック	249
アメリカン・ブランズ	0.17	中国移動通信	240
ナビスター	0.16	ネスレ	237
BAT	0.16	シェブロン	213
デビアス	0.16	中国建設銀行	201

〔出所〕—L. Hannah "Marshall's 'Trees' and the Global 'Forest': Were 'Giant Redwoods' Different?" in N. Lamoreaux, D. Raff, and P. Temin (eds.), *Learning by Doing in Markets, Firms and Nations, Chicago*: University of Chicago Press, 1999: 253-294; *Financial Times* (January 3, 2015).

　過去偉大であった企業の消滅は，部分的には新産業―とくに情報通信技術（ICT）セクターの台頭を反映したものであるが，しかしまた，これらの企業が自らの産業のライフサイクルにうまく適応できなかったことを示すものでもある。

　産業ライフサイクルが予測可能な場合でさえ，企業は，ライフサイクルの各段階ごとに，重要成功要因が変わるので，異なった能力を開発する必要があることを意味する。新産業を創設する『革新者』は通常，それを発展させる『強化者』とは異なった会社である。

　　新製品やサービス市場を創造する企業は，それを大衆市場にまで拡大する企業と同じ会社であることはめったにないという事実は，現代の企業にとって深刻な意味合いをもっている。われわれの研究は，この現象への単純な理由を指摘する―発見と発明のための技能，考え方，そしてコンピタンシーは，商業化に必要とされるそれとは異なるのみならず，むしろ軋轢を起こす質のものである。つまり，発明が得意な企業は商業化が得意ではなく，またその逆も真実である(注26)。

　典型的なパターンでは，新しい事業の領域を他に先駆けして開発した，技術ベースの新規企業は，密接に関連する産業に位置していて，新規企業を成長させるのに

必要な財務資源と機能を提供できる既存企業に買収される。植物バイオテクノロジーでは，先駆者は，カルジーン，セタス，DNAプラントテクノロジー，そしてマイコジェンである。2015年になると，遺伝子組み換え種子の大手生産者は，デュポン，モンサント，シンジェンタ，そしてダウ・ケミカルとなっていた―つまり，すべて伝統ある化学企業である。もちろん，いくつかの新規企業は，産業淘汰や買収から生き残り，産業主導者となった―グーグル，シスコシステムズ，そしてフェイスブックがその例である。ジェフリー・ムーアは，アーリー・アドプター（early adopters）を顧客とする起業家企業が，本流の顧客を相手にする企業になることを「深淵を越える」と表現した[注27]。

大部分の新産業では，新規企業（**新規**-Denovo-参入者）と他の産業から多角化で入ってきた既存企業（**他から**-Alio-の参入者）とが混ざって存在している。どちらがより成功する可能性があるか？　基本的な質問は，新規企業の柔軟性や企業家精神にもとづく優位性は，既存企業のもっとおおきな資源と能力よりも重要な成功要因であるかどうかということである。さらにいえば，新産業で要求される資源や能力は，既存産業に存在する資源と能力と類似のものかどうかということである。これらが緊密に関連している場合，既存産業からの**多角化**参入者は，優位性をもつ―自動車産業においてもともとの自転車，馬車，そしてエンジン製造業者の業績は高い傾向があった[注28]；テレビ製造産業は，もともとラジオを生産していた業者に支配された[注29]。

おおくの新規企業は，また既存企業の資源と能力とに依存する。新設企業は，同じセクターの既存企業の元従業員により設立されている割合が高い。シリコンバレーでは，主要半導体産業企業（インテルを含む）は集積回路の当初の生産者であるショックリー・セミコンダクター・ラボラトリーズにその起源をたどれる[注30]。既存企業はしばしば新規企業への重要な投資家である。ウーバーの投資家は，中国のインターネット業界の巨人である百度やアマゾンの創業者，ナップスター，そしてイェルプである。

技術変化への対処

新規企業と既存企業間との競争は，産業ライフサイクルの初期段階だけではない。競争は続くのである。新参者が既存企業にもたらす最大の脅威は，技術変化の期間において見られる。新技術が「能力破壊的」であり，アーキテクチャにかんするも

のであり，既存の技術とは一線を画すもの（Disruptive）であるとき，市場を支配する企業（incumbents）にとってとくに脅威となる。

能力を高めたり，壊したりする技術変化

　ある種の技術変化は既存企業の資源や能力を弱める―タッシュマンやアンダーソンによれば，それらは「能力破壊的」である。ほかの種類の変化は能力強化的である―それらは資源を保持，強化さえし，既存企業の能力を追加する(注31)。クオーツ時計は機械式時計製造業者の基礎能力を徹底的に弱めた。反対に，ジェットエンジン技術の主要な進歩といえるターボファンは，既存の航空エンジン製造業者の基礎能力を強化した。鍵となる問題は，新技術が既存企業のもつ資源や能力の戦略上の重要性にどのように影響するかということである。植字業界では根本的に異なる新技術への移行に対抗する際，いくつかの，鍵となる特定資源―顧客との関係，販売・サービス網，フォントライブラリー―が引き続き重要であるかどうかにかかっていた(注32)。

アーキテクチャとコンポーネントとにおける革新

　既存企業が技術変化に容易に対応できるかどうかは，革新が**コンポーネントレベル**でか，**アーキテクチャレベル**で起きているかにかかっている。ヘンダーソンとクラークは，商品アーキテクチャ全体を変える革新は，既存企業にとり深刻な困難となると主張する。なぜならアーキテクチャ革新は企業の戦略と活動システムのおおきな再設定（コンフィギュレーション）を要求するからである(注33)。自動車では，ハイブリッドエンジンは，重要な革新ではあったが，車のデザインやエンジニアリングの主要な再設定は要求しなかった。バッテリー式電気自動車は，アーキテクチャ革新である―車全体の再設計や，自動車製造業者を再充電システムの構築必要性に追いやっている。電子コマースのおおくのセクター―オンライン雑貨購入やインターネットバンクにおいて―インターネットはコンポーネントレベルで革新を引き起こしている（電子コマースは，既存商品に新しい配送チャンネルを供給している）。そのため，既存スーパーマーケットチェーンや既存小売銀行業務（リテールバンキング）は『ブリックスアンドクリックス』（既存事業とウェブ取引の組み合わせ）でオンライン雑貨とオンライン金融サービスを支配している。ボーイングが1960年代に世界トップの旅客機製造会社となった理由は，なによりも，ジェットエンジンは，飛行機の再設計を必要とするアーキテクチャ革新であるとの認識をしたことで

297

ある[注34]。

破壊的な技術

クレイトン・クリステンセンは、**持続的**な新技術―既存の性能特性を増加させる、と**破壊的**な新技術―既存技術とは異なる性能特性をもたらす、とを区別した[注35]。

蒸気船は、当初は、帆船に比して遅く、より高価で、信頼性が低かった。主要な造船会社は、蒸気への移行に失敗した。理由は、かれらのおもな顧客である大洋横断船会社は、20世紀初頭まで、帆船に忠実であったためである。蒸気船は、風力に頼れない内海でおもに使われた。この隙間マーケットが数十年間にわたり徐々に成長した後、初めて、蒸気船は外洋ルートでも帆船の性能をしのぐことができるようになった。

ディスクドライブ業界では、いくつかの技術革新、たとえば、薄いフィルムヘッドやより細かくまき散らされた酸化銅のコーティングは、支配的な性能基準である記録密度を高め、既存の業界リーダーの市場ポジションを強めた。他のディスクドライブ技術、とくに、より小さい直径の新製品世代は、破壊的であった。既存企業は新参者に新しいディスクサイズを出すのに遅れをとり、おおくは業界リーダーの地位を失った[注36]。3.5インチディスクは、コナーペリフェラルにより導入され（おもにラップトップコンピュータに使用された）が、最初、業界リーダーであるシーゲートには見向きもされなかった。3年経たないうちに3.5インチは急速な発展を遂げ、5.25インチは時代遅れなものになった[注37]。

戦略的変化をどうやるか

もし組織変化にはおおくの障害があり、また破壊的な技術やアーキテクチャ革新に対処する際、企業が経験する困難も多々あるとすると、企業はいかに環境の変化に適応できるだろうか？

組織惰性の原因が数多くあるのと軌を一にして、組織変化の理論と手法も数多くある。1980年代まで組織変化への手法は、行動科学にもとづくものであり、ボトムアップや分散的イニシアチブを強調していた。組織発展は集団力学（group dynamic）やチェンジ・エージェントを強調する一方、社会技術システムは、新技術の要求に適応する社会技術システムを強調する[注38][注39]。

第8章　産業発展と戦略変化

　より最近では変化管理は，戦略管理の実践や研究の中心の話題になっている。このセクションでは，戦略変化を管理する4つの手法を見る。わたくしたちは現在はどう動き，将来にはどう動くかという管理の二重の挑戦から始め，**組織双面性**（organizational ambidexterity）の可能性について議論する。第2に，組織惰性を克服するための管理手法を調べる。第3に組織が新しい能力を開発するための手法を探求する。最後に，わたくしたちは**ダイナミック・ケイパビリティ**（Dynamic capabilities）の役割と特性を述べる。

二重の戦略と組織双面性

　第1章では，戦略は2つの主要な側面があることを学んだ。今日現在どんなポジショニングにするか，将来それをどう適応させるかである。そこで見たように，この2つを調整することはとても難しい。デレック・アベルは「二重の戦略を管理すること」は，経営幹部が直面するもっともチャレンジングなジレンマであると述べた。

　　　成功するビジネスを経営するには，ターゲットとなる市場を定義するクリアーな戦略と成功に不可欠な要素を注意深く見ることが必要である。将来を予想しビジネスを変えることは，将来をどのように見るかについてのビジョンと組織が将来のチャレンジに合うよういかに適用するかについての戦略が必要である[注40]。

　アベルは，二重戦略には二重プラニングシステムが必要となる―単年または2年間での戦略的適合と業績に焦点を合わせる短期計画企画と，ビジョンを発展させ，企業ポートフォリオを再形成し，個別ビジネスを再定義・ポジショニングをやり直し（reposition），新能力を開発し，そして5年以上の期間にわたっての組織構造の再設計をする長期的計画がそれである。「今日の競争」と「将来の準備」を調整するという課題は，組織惰性にかんして議論した，利用，活用（Exploitation）と探求（Exploration）との間のトレードオフに密接に関連する。そこで見られた，探求よりも利用を好む組織の性向は，戦略にも同様にあてはまる。今日の競争は将来への準備よりも優先しやすい。

　この2つを調整する能力は，チャールズ・オライリーとマイケル・タッシュマンが組織双面性と呼んだものである。双面的な企業は，現存する能力の利用と新しい機会の探求を同時に行うことができる[注41]。組織的双面性の2つのタイプは，**構造**

的なものと文脈的なものとして認識されている。

　構造的双面性は，既存の組織よりもむしろ新しい組織のほうが組織変化のイニシアチブを取りやすいということから考えると，利用と探求は組織内の異なる単位で遂行されるものである。たとえば，クリステンセンとオーバードルフが主張するには，破壊的技術のチャレンジに直面した際に既存企業は組織的に異なる単位で新しい技術を含む商品や事業を展開する[注42]。たとえば，

- IBMは，ニューヨークの本社から遠く離れたフロリダの異なる組織単位でパソコンを開発した。リーダーのビル・ロウは，この分離は，IBMの核となるメインフレーム事業から根本的に異なるビジネスシステムを作るために重大であると主張した[注43]。
- シェルの「ゲームチェンジャー」プログラムが作られたのは，（もしそれがなければ）シェルの財務システムや組織構造の圧迫により萎縮してしまうような革新や，企業家的なイニシアチブを促進することで将来の成長の手段を開発するためであった[注44]。鍵となる課題は，「探求」単位で培われたイニシアチブが組織全体で変化をリードするか否かであった。ゼロックスのパロアルトリサーチセンターでは，1980年代や1990年代のマイクロコンピュータ革命を推進したおおくのイノベーションを開発した。しかし，これらのイノベーションのほとんどはゼロックス自身に利用されなかった。同様にゼネラルモーターズ（GM）のサターン部門が設立した革新的な事業システムは，GMを「新しい車会社」に変えることはなかった[注45]。

　文脈的双面性は同じ組織単位で同じ組織メンバーが，探求的かつ利用的活動の両方を追求することを求める。デンマークの補聴器会社であるオティコンでは，従業員には既存商品を維持する一方でイノベーションや創造性を追い求めることが奨励されている[注46]。「革新は，だれからでもどこからでも」のスローガンとともに，ワールプールは，現行組織全体を通してイノベーションを組織内に植え込もうとしている。「イノベーションは，技術とマーケティングの2グループの責任になっている。現在では数千のひとびとが関わっている。」[注47] 文脈的双面性の問題は，効率的な利用に必要な管理システムや個人の行動が，探求に必要な管理システムや個人の行動と相いれないことにある。

組織惰性との戦い

　安定した状態が続く期間と高度の混乱の期間とが混合しているという，断続的均衡（Punctuated equilibrium）のプロセスにそって組織変化が起こるとしたならば，組織変化を引き起こすのは何であろうか？　大企業の大部分は，戦略，構造，管理システム，上級経営幹部の変化・変更をともなう，定期的な構造改革を行っている。そのような構造改革は，典型的には，おおきな外部ショックや企業と外部環境の不適合性がおおきくなることによる業績の低迷に起因する。たとえば，石油ガスメジャーは，1986年の油価下落に続く1986年から1992年にかけて広範囲な構造改革を行った[注48]。もしそれが持続しているのであれば，2014年の原油価格下落もまた，広範囲の戦略変化を引き起こすかもしれない。トップマネジメントにとっての課題は，業績低迷による圧力を受ける前に大規模な変革を行うことである。これは経営幹部に，既存の戦略にたいするかれらの確信を再考させることを要求する。最先端のデジタル画像能力を開発したポラロイドがデジタル画像への適応に失敗したことは，会社や戦略についての考えを上級経営幹部が変えなかったことに起因する[注49]。

危機認識の徹底　危機は，現状（Status quo）維持への組織の執着を弱めることにより，戦略変化の許容条件を作り出す。問題は，組織が危機に陥ったときには，すでに遅すぎるかもしれないということだ。ゆえに，変化を主導するものにとっても有効な方法は，危機が起こる前に必要とされる変化を実行できるよう，差し迫る危機にかんする認識を徹底することである。

　GEでは，ジャック・ウェルチは新しい脅威に対して防御するために，最高益を出しているときでさえ，従業員に変化の必要性を説得していた。アンドルー・グローヴの金言「パラノイド（偏執症者）だけが生き残る」のとおりインテルはパソコン向けマイクロプロセッサ市場を支配していたにもかかわらず，改善や開発への努力をやめることはなかった。

誇張された（Stretch）目標設定　組織での惰性の力を弱めるもう１つの手法は，野心的な業績目標によって組織に絶えず圧力をかけることである。この考えは，従業員が過剰なまでに努力をしたときにだけ達成できる業績目標は，自己満足を高める一方，創造性やイニシアチブも高める。誇張された目標は，通常，個人や組織単

位の短中期の業績目標にかんするものである。しかし，それらは長期戦略目標にも関連する。ビジョン記述や野心的な戦略的意図の主要な役割は，野心や組織目標にかんする持続可能な考えを創造することにある。これらの考えは，第1章で述べたコリンズとポラスの「おおきな，困難な，向こう見ずな目標」がその例である。アップルが「めちゃくちゃすごい（insanely great）」新商品の導入に成功したことは，スティーブ・ジョブズが商品開発チームに不可能とも思える目標を課したことがおおきい。数千曲を保存できるとかれが主張したiPodは，4時間バッテリーがもち，現行のMP3プレイヤーよりも小さく薄い(注50)。

変化の触媒としての組織的イニシアチブ　経営責任者が有する，組織全体の変化を始め，実行する権限は限られたものである。しかし，権威的，かつカリスマ的な指導力と組み合わせることで，経営者は驚くほど広範囲な影響力をもってイニシアチブをとることができるかもしれない。イニシアチブは，最高経営責任者により支持されているならば，戦略変化，ベストプラクティス，管理革新の普及に効果的である。GEでは，ジャック・ウェルチが組織変化を促すための企業イニシアチブにとって，大変有効な擁護者であった。これは『産業の第1位か第2位であれ』，『GEの成長エンジン』『境界線なし』『シックスシグマ品質』，『あなたの事業を破壊せよ・ドット・コム』といった，理解しやすく，人を動かすことができるスローガンによって可能となった。リーダーは，象徴的な行動により深い衝撃を与えることができるのである。世界最大の家電会社の1つであるハイアールの青島冷蔵庫工場の鍵となる出来事は，最高経営責任者である張瑞敏が組立て工員の前で，欠陥のある冷蔵庫をハンマーで破壊したことである(注51)。

会社組織構造の再組織　構造を再組織することで，上級経営幹部は，力の再分配，上級経営幹部の入れ替え，新しい血の導入をすることができる。2013年8月にスティーブ・バルマーが，引退する前の最後の主要な行動の1つとして行ったのは，既存のパワーセンターを解体し，より統合化された企業に移行するために，マイクロソフトの事業部制構造を再組織したことである。GEでは，ジェフ・イメルトの，より柔軟で，より協調的な企業体の追求は，2002年から2014年までの5つの主要な事業部への再組織により支えられた。定期的な組織構造の変革は，分権化と，現場に近い部門でのイニシアチブを励ますことができるが，一方，その努力の結果のより効率的な利用を促す(注52)。統合と柔軟性との利点の調和努力は，組織にとっては

権限分散化と権限集中化の時期がこもごも生じることを意味する[注53]。

新しいリーダーシップ　もし経営者が時代遅れの考えにとらわれていて，戦略変化が，それによって邪魔されたり，経営者が新しい戦略を考える見通しや多様な意見に欠けている場合，変化を主導するのに外部者が必要となるかもしれない。内部と外部の最高経営責任者の間で能力の違いがあるかどうかの証拠は明瞭なものではない。しかし，組織がうまく機能していないときには，外部の最高経営責任者のほうが，内部から経営責任者になった場合よりも，より効果的に変化を主導できる傾向がある[注54]。確かに，これはルイス・ガースナー下のIBMやジム・マクナーニー下の３Ｍのケースにあてはまる。組織変化も，また組織の外から新しい経営幹部を雇うことによって刺激されるのである。

シナリオ分析　変化への適応には変化を予測することが必要となる。しかし，もし予測が不可能なら，未来を予測することはかえって有害である。『馬鹿な人間だけが予測をする―とくに未来について』と映画界の大立て者サミュエル・ゴールドウィンは断定した。しかし予測不可能性は，将来何が起こりえるかを考えることの有益性を妨げない。**シナリオ分析**は，予想を行う技術ではなく，広範囲な情報と専門性を活用し，未来を考察し，分析するプロセスである。

　ランド・コーポレーションで最初にシナリオ分析という手法を使い始めたハーマン・カーンは，シナリオとは，「因果関係と意思決定へ注意を集中させる目的で構築された出来事の因果的連鎖」と定義した[注55]。多数シナリオ手法は，５年から50年先の将来がどうなっているかにかんして，異なった，内部的に整合性をもった見方を構築する。その主要となる価値は，相互関連性のある広い範囲の経済的，技術的，人口的，そして政治的要因を組み合わせて，将来がどうなるかについてのいくつかの代替的な物語（ストーリー）を作ることにある。シナリオ分析は，定性，定量のいずれか，または，それらを組み合わせたものでもあり得る。定性シナリオ分析は通常物語の形をとり，意思決定者の洞察力や創造性を高めるのにとくに有効である。

　シナリオ分析は，産業進化の可能経路の探索，特定の国の発展，新技術の影響の考察に使用される。しかし，大部分の戦略手法と同様に，シナリオ分析の価値は，結果ではなく，プロセスにある。シナリオ分析は，異なる考えや洞察を伝達したり，深層心理に根ざす信条や前提的な考え方を表面に浮きあがらせるため，あり得る脅威や機会を認識するため，代替的な戦略を作り出し評価するため，経営幹部がもっ

と柔軟な考え方をするようにするため，そして合意を打ち立てるための力強い手法である。異なるシナリオの下での異なった戦略を評価することは，どの戦略が一番強固か，経営幹部に「もしそうなったら？（ホアットイフ？）」どうするかを考えさせるのに役立つ。

> **戦略コラム 8.3** シェルにおけるシナリオ分析手法

1967年以来，ロイヤル・ダッチ・シェルは，長期の戦略計画の基盤としてシナリオ・プランニングを使用している。シェルの前会長であったマイク・ポコックは以下のように述べている。『われわれが信じているのは，単一でばらばらの予測にもとづいた計画ではなく，経済的，政治的，そして社会的発展の一貫したパターンを考察する深い思考にもとづいた計画なのである。』

シェルのシナリオ分析では計画策定から，対話や学びのプロセスの管理，そしてそれによる管理層の意思決定の改善という結果へと移行することが，不可欠である。これには集団内の既存の思考にたいして絶えず挑戦し，外部環境の事業に対する影響を幅広く見つめるよう仕向け，学習を促し，200あまりもの子会社の間での調整関係を構築する，といったことを含んでいる。

シェルの世界戦略におけるシナリオは，事業計画の担当者と役員，社外の専門家をまじえたチームによって4，5年ごとに策定される。経済的，政治的，技術的，そして人口動態的趨勢は，向こう50年にわたって分析される。2014年において，シェアは2060年までの間に2つの全世界的なシナリオを特定している。

- マウンテンズシナリオ：目下の市場の力により単に支配されずに，現今の選良階級が力を維持し，安定性を管理し，手堅く，着実に，注意深く資源を開放する世界では，その結果としてシステムが硬直的となり，経済の力強さを妨げ，社会的流動性を抑える。
- オーシャンズシナリオ：対立する利害は調整され，妥協が優先され，権限が（下部組織に）委譲された世界である。経済生産性は一連の改革にその基礎を置くが，社会秩序は，ときどき侵食され，政治は不安定化される。そのため市場の力がよりおおきな役割を果たすようになる。

経営陣に承認されたあと，シナリオは事業部門や事業運営会社による長期的な戦略の議論の基礎として，報告書，プレゼンテーション，ワークショップなどによっ

第8章　産業発展と戦略変化

て伝達される。

　シェルは，シナリオ分析は予測ではないという点についてはっきりしている。将来にわたる世界のエネルギー環境を形づくるさまざまな要素が，どのように展開してゆくかについて注意深く考え抜かれた物語をシナリオは記述する。その価値は，経営陣が将来について考える社会的過程と認知過程とを刺激する点に存在する。最高経営責任者イェルーン・ヴァン・デル・ヴェールは，『シナリオ分析は経営幹部にほとんど起こる可能性のない出来事にまで，経営幹部の考察がおよぶよう設計されている。この手法を用いてグローバルな事業環境にたいする深い洞察を得ることと，グループ戦略の中心に位置する企業文化の変容を達成することとは義務である…』と述べている。

〔出所〕　A. de Geus, "Planning as Learning," *Harvard Business Review* (March/April 1988)：70-74 ; P. Schoemacher, "Multiple Scenario Development：Its Conceptual and Behavioral Foundation," *Strategic Management Journal* 14 (1993)：193-214 ; Royal Dutch Shell, *New Lens Scenarios : A Shift in Perspective for a World in Transition (2014).*

新しい能力の開発

　変わりつつある世界に適応するということは，究極的にいえば，競争優位を更新するのに必要な能力開発を行うことを意味する。これが意味するところを認識するにはわたくしたちは，能力はどこからくるのか？について問わなくてはならない。

組織能力の起源―早い時期の経験と経路依存性（Path　dependency）　特有の能力（Distinctive capabilities）は，よく会社の創業や初期発展期の環境に由来する。それは**経路依存性**を有する―今日の会社の能力は，その歴史の結果である[注56]。たとえば，

- ウォルマートはいかにサプライチェーンにおける際立った能力を開発したか。同社の大量仕入れ，配送，納入業者を含む超効率的なシステムは，注意深い計画や設計の結果できたものではない。それはウォルマートが創業まもないころに直面した環境から進化したものである。アーカンソーとオクラホマの小さい町という立地から，仕入れ先からの配送に依存できないという結果となり，ウォルマートは自らの配送システムを構築した。ウォルマートの際立ったコスト効

305

■表8.3　揺籃期経験の結果としての特有の能力

会社	特有の能力	初期の歴史
エクソンモービル	財務管理	エクソンモービルの前身であるスタンダード・オイルはロックフェラーのスタンダード・オイル財団の持株会社であった。
ロイヤル・ダッチ・シェル	200のオペレーション会社の分権型全世界ネットワークの調整	ロンドンに本社を置くシェル・トランスポート・トレーディングはロシア産石油を中国やアジアに売るために設立された。ハーグに本社があるロイヤル・ダッチ石油はインドネシアの油田を採掘するために設立された。
BP	象狩り	巨大なペルシャ油田を発見，さらにフォルティス・フィールド（北海）プルドーホー湾（アラスカ）を発見。
モービル	潤滑油	特許取得済みの石油潤滑油を供給するために1866年にバキューム石油として設立。

率に貢献するその他の能力はどうか。これらもまた，アーカンソーの田舎にウォルマートの起源があることや，創業者のサム・ウォルトンの価値観に由来するものである。

● 一般的な競争環境や同様の戦略にもかかわらず，世界トップの石油ガス会社はおおいに異なる能力プロファイルをもっている（表8.3）。業界のリーダーであるエクソンモービルやロイヤル・ダッチ・シェルはこれらの違いを例示するものである。エクソンモービルは，その際立った財務管理で有名であるが，それはスタンダード・オイル・ニュージャージー社として，ロックフェラーのスタンダード・オイル財団の財務管理全般を担っていたという役割に由来する。

　ロイヤル・ダッチ・シェルは，権限を分散した国際的経営管理で有名である。そのため同社はどこで事業をしても「内部者」になることができている。シェルは，中国でロシア産石油を売るために設立された。一方，ロイヤル・ダッチは，インドネシアの油田を採掘するために作られた。欧州にある本社からは数千マイル離れて事業をするため，両方のグループとも，分権化され，柔軟な経営スタイルを発展させた。

　この見解は，既存企業の経営幹部にとって理解に苦しむものである。もし企業の

能力がその創立後の初期段階に決められるのであれば，変化に適応するために必要な新しい能力を開発することは本当に可能であろうか？　組織構造や文化に組み込まれている既存の能力は，新しい能力を構築するときに，おおきな障壁となる。本当に，企業の組織的な能力が高ければ高いほど，そういった障壁もおおきくなる。デル・コンピュータの直販モデルは，高度に発展，開発されている。そのため，デルが小売店を通じた販売に適応することは難しい。ゆえにコア（Core）能力は，同時にコア（Core）硬直性であるといわれる(注57)。

資源と能力創造の統合　新しい能力の開発のやり方を学ぶことは，わたくしたちにもう一度組織能力の構造を再考察させる。第5章（戦略コラム5.5）では，異なる資源の組み合わせ，とくに組織の異なる構成員のスキルによって組織能力がもたらされることを学んだ。この組み合わせによる統合には，適切な過程，適切な組織的構造，動機，組織全体の方向性の一致（Alignment），とくに組織文化とのそれが必要となる。

　これらの要素は，新しい能力の基礎となる。

- **過程**（Process）　過程なしでは，組織の能力は完全に個人のスキルに依存する。過程（**組織的なルーティン**）が存在すれば，確実に，業務能力は，効率的で，繰り返すことができ，信頼できるものになることができる。ワールプールがイノベーション運動を始めた時，気をつけたのは過程を作ることであった。つまり，イノベーションのやり方について従業員を訓練するプロセス，アイデアを作り出すプロセス，アイデアを選別し発展させるプロセスなど(注58)。プロセスがいったん導入されたら，ルーティン化や学習によって発展させる。能力開発の要諦は，実地訓練を促進するメカニズムを作り出すことと，それを維持し学びをシェアすることを確保することである。
- **構造**　組織能力に貢献するひとびとと過程は，高い能力構築を確実なものにするために必要な調整をしようとするならば，同じ組織単位内に置く必要がある。マッキンゼーは，異なる産業や異なる職能に関連した専門的なコンサルティング能力を開発した際，いろいろな業界業務（Practices）や職能的業務を組み合わせて構成されるマトリックス組織構造を作った。能力に合致した組織構造を作らなければならないということの意味するのは，いろいろな組織単位をまたがる能力は，十分発達しない傾向があることである。欧州や米国の自動車メー

カでは，複数の職能，機能にまたがる順次システム（Sequential）に代わって，機能横断的（Cross-functional）な開発チーム方式が採用されたとき，商品開発は速く，潤滑になった(注59)。

- **動機**　動機がないと，個人は最善の努力をしないだけでなく，さらに重要なこととしては，チームとして一体となるため，自分個人の好みや偏見を放念したりしないということである。チームとして際立った能力―たとえば，バイエルン・ミュンヘンサッカーチーム，空軍曲芸飛行チーム（レッドアロー），シモン・ボリバル・ユース・オーケストラ―を発揮するような動機づけは，リーダーシップスキルの組み合わせにより可能となる（しかし，その仕組みがどういうものかについては，現在，ほとんどわかっていない）。それがゆえに傑出した元スポーツコーチたちは，企業での研修プログラムにおいて高い報酬を要求できる。
- **組織の整列化**（Alignment）　最後に整列化，調整化の問題がある。傑出した組織能力を得るには，すべての能力の要素がお互いに，さらには，より広い組織的な文脈と整列化，一致していることを要求する。1989年のエクソン・バルデスの石油流出後，安全はエクソンモービルにとって最優先課題となった。エクソンモービルのHSE（健康，安全，環境）能力は，オペレーション安全管理システムに述べられている多面の訓練，過程再設計，インセンティブ，罰則と多面的なプログラムの結果である。安全第一の文化は，紙で切った傷や他の些細な障害の報告，会社の駐車場での厳格な駐車ルール，すべての打ち合わせを「1分間安全（safety minute）」(注60)で始めるという義務によって植えつけられた。BPの2000年から2010年までのさんざんな安全記録は，安全過程の弱さ，安全業績にかんする中間経営者の説明責任の欠如，短中期の財務目標によって支配された管理スタイルを反映したものである(注61)。

順を追って（Sequential）の能力開発　新しい能力を開発するには，上記に記載した4つの要素を統合した，中長期の発展プロセスが要求される。大部分の組織にとって，鍵となる問題は，基礎となる資源（Resources）を所有していないことである。リソース不足からくる圧力の結果生まれた能力の例は本当にたくさんある。トヨタのリーン生産能力は，日本の深刻な資源不足の間に生まれたものである。

もしルーティン化や学習，組織構造の構築，関係するひとびとに動機を与えること，新しい能力を組織の他の面と整列，一致させることの過程の確立と開発を通じたリソースの統合が，鍵となる課題であるならば，経営陣への要求はかなりのもの

である。ゆえに，組織は，開発，発展を試みる能力の数と領域とを，ともかく限定しなくてはならない。これが意味するのは，能力は一度に開発するものではなく，順を追って開発するものであるということである。

わたくしたちが能力開発の管理のしかたについて限られた知識しかないという事実によって，能力開発作業はさらに，より複雑化する。ゆえに，組織能力ではなく，むしろ，それらの能力を使った商品を開発し供給することに傾注するほうが役に立つのである。関連する，さらに洗練された商品を順繰りに，時間の経過をかけて開発していくほうが，企業にとって，組織能力の核心である「統合された知識」の獲得に役に立つ(注62)。新市場で製造の能力を開発するパナソニックの手法を見てみよう：

> 電池は必需品であり，よってあらゆる国で，よく売れている。製品の品質を左右する製造プロセスにおいて最新の自動化装置を使うことで，熟練していない労働力でもよい製品を作ることができる。労働者は，この，どちらかというと単純な商品を作ることで，訓練され，技能水準を上げる。そして，より高い技術レベルの製品―最初はラジオ，それからテレビ―を生産できるまでにいたる(注63)。

順を追っての能力発展手法の鍵は，それぞれの能力発展段階が，特定の製品（または製品の一部）だけでなく，明らかに定義された能力に結びついているということである。戦略コラム8.4は，現代（Hyundai）における順を追って（Sequential）の能力開発を紹介する。

戦略コラム 8.4　現代自動車―商品配列を通じた能力開発

現代自動車が世界クラスの自動車メーカとして登場したことは，順序を追っての，圧縮された，段階による能力開発の好例を提供している（図8.5）。開発プロセスのそれぞれの段階を特徴づけるのは，製品成果(outcome)について明瞭な目標，きつめの締切日，権限を与えられた開発チーム，それぞれの段階で開発すべき能力が何かにかんする明確な定義，プロジェクトが成功しない場合の危機感を間近に感じる雰囲気である。最初の段階では，現代車の最初の車，つまり，セミノックダウン方式で輸入されたフォードのコーティナを製造するために，18カ月という先例のない

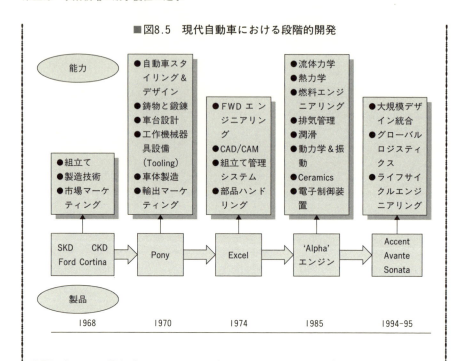

■図8.5 現代自動車における段階的開発

期間で組立て工場を建設した。次の段階は，より洗練された（Sophistication）製品や，より発展した能力に向かって進んだ。

〔出所〕 L. Kim, "Crisis construction and organizational learning : Capability building and catching up at Hyundai Motor," *Organizational Science* 9 (1998) : 506-521 による。

ダイナミック・ケイパビリティ（動態的能力）

　他の企業が停滞し消滅している一方，IBM，GE，3M，トヨタ，タタ・グループといったいくつかの企業が何度も繰り返して新しい環境に対応している事実は，変化する能力自体が組織能力であることを示している。デイビット・ティースやかれの共同研究者は，「急激に変わりつつある環境に対応するために内部および外部の能力を統合し，構築し，再設定する企業の力」を**ダイナミック・ケイパビリティ（動態的能力）**と呼んだ(注64)。

　定義について合意がないにもかかわらず，ダイナミック・ケイパビリティにかんする，ほとんどすべての理解に共通しているのは，それは，より低いレベルの通常，

第 8 章　産業発展と戦略変化

かつオペレーションレベルの能力に起きた変化を巧みに組み合わせる高次の能力であるということだ。しかし、ダイナミック・ケイパビリティの定義と性質を正確に特定することは難しい。ティースは「ダイナミック・ケイパビリティは、分解すると(1)機会と脅威を察知し、明確につかむ、(2)機会をつかみ取る、(3)企業の有形、無形の資産を高め、組み合わせ、守り、必要に応じては、再設定することで競争力を維持するという構成要素に分けることができる」と主張する[注65]。しかし、この主張は、特定の企業が有するダイナミック・ケイパビリティを見分けたり、ダイナミック・ケイパビリティと通常能力とを区別しようとするとき役に立たない。ダイナミック・ケイパビリティを認識するためには、ダイナミック・ケイパビリティを「特定の、かつ認識できる過程」[注66]および「定型化し、かつルーティン化した行動」[注67]と（その場、その場での問題解決（Ad hoc 問題解決方法）にたいするものとして）みなすことは有益だ。

　IBM は、管理プロセスが高レベルのダイナミック・ケイパビリティをいかに構築するかの例を提供する。ルイス・ガースナー、サム・パルミサーノ、ジニ・ロメッティの 3 人のリーダーの下、IBM の戦略リーダーシップモデルはおおくのプロセスを使って、ビジネス機会を発見し、資金を提供し、新しい事業イニシアチブとなるまで発展させた。第 14 章の戦略コラム 14.3 は IBM の戦略管理システムについて紹介する[注68]。

ギャリー・ハメルと経営革命　ダイナミック・ケイパビリティは過程（Processes）やルーティンをもとにして構築され得るという考えは、ギャリー・ハメルにとって受け入れがたいものである。変化は現行の経営慣行を捨てることを要求する。「既存のパラダイムが及ぼす引力から逃げろ」[注69]。ギャリー・ハメルによれば、非線形の変化の時代において、『進化の緩慢な企業は、それだけでも、すでに消滅の道をたどっている』[注70]。革命は革命をもって対処されなければならない。20年にわたって、書籍、論文、講演、ブログを通じて、ハメルは、経営幹部が、現状（Satus quo）を捨てて、組織の構造的、心理的、社会的規範を再概念化するのに必要な変化の種類について詳しく述べている。ハメルにより共同で設立されたマネジメント・イノベーション・エクスチェンジ（MIX）は、「21世紀を生き延びるには、組織は、適応可能で、革新的で、人を鼓舞し、社会責任を果たすものでなければならない。」という前提（premise）に則っている。「それは、経営の根本的な考え方や実践において真性の改革を要求し、現代の経営の考え方は人類のもっとも重要な発明の1つとする一

311

方,技術として成熟してしまっているので,新しい時代に合うよう再発明をしなければならない。」とする(注71)。

ダイナミック・ケイパビリティ,新しい事業モデル,経営の再発明,新しい組織形態への信じ込みにもかかわらず,既存の大企業の変革(Transformation)できる例は少ない―まして何回も変革を経験した大企業はさらに少ない。急激な変革に内在するリスクは,戦略的に大変貌を遂げたり,革新的な事業モデルの提唱をしたりして名前の知られた企業がいくつも消滅していることからも明らかだ。

- 公益事業,パイプライン会社からエネルギー関連の先物取引とデリバティブのトレーダーとマーケットメーカへのエンロンの変身は2001年の大悲劇に終わった。
- フランスの水道および廃棄物処理会社として始まったVivendi(ヴィヴェンディ)のマルチメディア帝国は2002年空中分解した。
- スウェーデンの保険会社であるスカンディアは知識ベースの革新の先駆者であるが,経営陣でのスキャンダルに見舞われ,オールドミーチュアルに買収された。

ナレッジマネジメント(知識管理)の組織能力開発への適応

1990年代の初頭より,組織による能力開発は「ナレッジマネジメント」と呼ばれる考え方とその実践適用とにより深く影響された。ナレッジマネジメントは,知識から価値創出ということが目的という共通の特徴を有する,組織管理のプロセスと実践とから構成される(注72)。ナレッジマネジメントは,R&D,マネジメント情報システム,従業員のトレーニング,知的財産の管理,戦略計画等の長年使われてきたおおくの組織機能を含む。しかし,それを構成する核は,

- 経営プロセスへの情報技術の適用―とくに情報の保管,分析,情報の拡散のためのデータベース,イントラネット,エキスパートシステム(expert system),グループウェア
- 組織学習の促進―ベストプラクティス(Best practices)の伝播,活動から学んだ教訓(Lessons learned),ノウハウの共有

これら2つのナレッジマネジメントの領域は,知識の2つの分類に対応するもの

である—つまり,「何に」について,また,「どのように」についての知識である(注73)。

- 何について知るのかは,顕示的 (explicit) なものである—事実,理論,一連の指示。**形式知**は,ほとんど限界費用なしで個人間を,そして時空を越えて,伝えることができる。ある人の知識の使用は,他の人の,その同じ知識の利用を制限しないという,知識拡散の可能性が意味するのは,形式知は公共財の性格をもつということである。一度作られたら,低いコストで多数のひとびとの間で複製できる。情報通信技術は,形式知の保管,分析,拡散の主要な役割を果たす。
- ノウハウは,本来は暗黙的なものである。それは,行動(自転車の運転やピアノの演奏)を通じて表現される技能をともなう。そのような**暗黙知**は,直接的には述べられず,成文化されない。それが適用されるのを観察するか,練習を通じてのみ獲得できる。その管理は,社会的に深く根づいた,ひと対ひとのプロセスを必要とする。

もし形式知が簡単に伝播されるなら,持続可能な競争優位性が築かれることはない。それは知的財産権(特許,著作権,企業秘密)か秘密主義(「コカコーラの調合法は,重武装したコカコーラの従業員に守られたアトランタ本社の金庫室に安全に保管されている。」)により保護されているときのみ,競争から保護される。暗黙知での問題点は反対である。ロカ兄弟のカタルーニャ料理レストラン「アル・サリュー・ダ・カン・ロカ」は世界一のレストランであると宣言された。もしかれらの料理技術が,直感や実践からの学びから獲得したものであるとしたら,バルセロナのホテル・オムにあるかれらの新しいレストランのマネジャーやシェフにどのようにノウハウを移転すればいいのか? 組織能力を築くには,個人のノウハウは組織内で共有されなければならない。新しい場所での知識の複製(Replication)には,ノウハウの形式化が要求される。このシステム化は,マクドナルドの信じられない成長の基礎であるが,ミシュラン三ツ星レストランにとってはより難しい。もっといえば,システム化は,内部複製を認めるが,競争による模倣も促す。コンサルティング会社では,暗黙知(属人的)・形式知(システム化)はかれらの事業モデルを定義し,戦略決定の中心である(注74)。結果は「複製のパラドックス」となる。組織能力を作る目的で知識を利用するためには,それを複製する必要がある。複製は,もし知識が形式的なら,より簡単である(注75)。

能力開発に役立つナレッジマネジメント活動　ナレッジマネジメントは，知識を構築し，保持し，入手し，移転し，そして統合することによって，能力開発に貢献する一連の活動であるとして説明される。表8.4はいくつかのナレッジマネジメントの実際をリストにしたものである。

しかし，組織における能力開発にたいするナレッジマネジメントへの貢献は，特定の技能，スキルについてというよりは，組織業績や経営層の役割にかんして「企

■表8.4　知識管理の慣行

知識プロセス	寄与活動	説明と例
知識識別（knowledge identification）	知的財産管理 企業イエローページ	企業は，知的財産，とくに特許の特定および防御への努力をしている。 BPのコネクト（Connect）は，従業員が，組織内におけるそのほかの従業員の技能や経験を特定するのを可能にする個人データを管理する。
知識測定（measurement）	知的資本（intellectual capital accounting）	スカンディアは，企業の知識の蓄積を測定し，評価する知的資本システムを他に先駆けて開発した。 ダウ・ケミカルは，特許ポートフォリオと株主価値をリンクさせる知的資本マトリックスを使用している。
知識保持	教訓	米軍の教練センターは，軍事作戦や戦闘シミュレーション，実際の作戦を戦術ガイドラインや推薦手順として要約（Distill）する。大部分のコンサルティング企業は，それぞれのプロジェクトから得た知識をつかむため，プロジェクト後，事後評価を行う。
知識移転と共有	データベース	プロジェクトベースの組織は，検索可能なデータベースを使って顧客にたいする業務により生み出された知識を保管する。
	実践コミュニティ	実践コミュニティは，同じ職業的利益や関心を共有する従業員の間で経験知を移転する，非公式の，自ら組織されたネットワークである。
	成功事例（Best Practice）の移転	地理的にオペレーションが分散されているとき，個々の単位は現地の革新や改善を開発しやすい。成功事例手法は，優れた実践を特定し，それを他単位に移転することをねらう。
データ分析	ビッグデータ	「ビッグデータ」は，ウォルマートの毎時百万件の顧客取引，UPSの16.3百万件の荷物と4万6,000車両のテレマティックデータの追跡といった巨大なデータを照合し分析することを意味している。

業知識論」(Knowledge-based view of the firm) がもたらした理解, 知見に見られる。たとえば, 野中郁次郎の知識創造モデルは, 知識が作り出され, 知識が価値を作り出す組織的なプロセスについて深い知見を提供している(戦略コラム8.5参照)。

戦略コラム 8.5 知識変換と知識複製（Replication）

　野中郁次郎の知識創造の理論は, 暗黙知と形式知と, および個人と組織レベルとのあいだでの知識の変換により, 組織の知識の蓄えが広く, また深化する, 「知識のスパイラル」が作り出されると主張する。たとえば, 形式知は直感, ノウハウ, ルーティンの形式で暗黙知として内部化され, 一方, 暗黙知は, 表現され, 成文化されることで形式知として外部化される。また知識は異なったレベルの間を移動する, つまり, 個人知は組織知に統合され, 個人知は, 組織知に社会化される。

　知識変換は, 事業開発の鍵となる段階の中心に位置する―個人の有する暗黙知をもとにした「手芸的企業 (Craft enterprise)」から組織的な形式知ベースの「産業企業」への移行。この移行は図8.6で図示されている。また, 以下の例で説明される。

■図8.6　知識転換

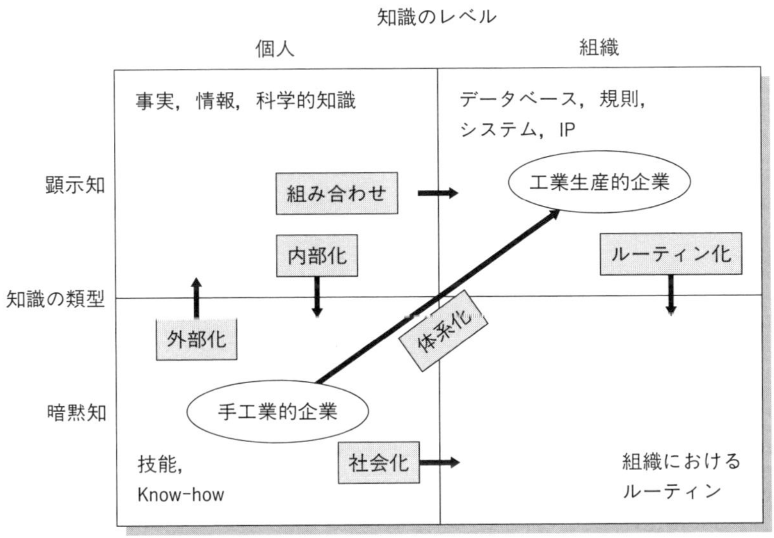

知識のレベル

	個人	組織
顕示知	事実, 情報, 科学的知識 組み合わせ → 内部化 ↓	データベース, 規則, システム, IP 工業生産的企業 ルーティン化 ↓
知識の類型	↑ 外部化 手工業的企業	体系化
暗黙知	技能, Know-how　← 社会化	組織における ルーティン

- ヘンリー・フォードのT型モデルは，初めは熟練労働者により小規模で生産された。フォードの組立てラインの大量生産技術では，個人の暗黙知は，システム化され，機械やプロセスに組み込まれた。フォードの工業システムは，もはや熟練した職人に依存しなかった。組立てラインは以前農園で働いていた人間や，新しい移民によってでも作業が可能となった。
- レイ・クロックがマクドナルドのハンバーガー屋台（Stand）の存在をカリフォルニアのリバースデールで見つけたとき，かれは，自分のプロセスをシステム化し複製する可能性を見つけた。マクドナルドの事業モデルは，作業マニュアルや研修プログラムに反映された。その大部分は基礎的な料理技術をもっていないにもかかわらず，現在，40万人の従業員は，毎日68百万人の顧客に料理を出している。主要な知識はマクドナルドの事業システムに組み込まれている。

知識のシステム化は，複製や非熟練化（deskilling）を通じて価値創造の巨大な潜在力を提供する。このシステム化により，所有者である個人のサービスから，ホテル（マリオット），レンタカー（ハーツ），コーヒー店（スターバックス），税務申告代行サービス（H&Rブロック）等の国際的な企業系列が提供するサービスに取って代わられ，サービス産業を変えた。

〔出所〕 I. Nonaka, "A Dynamic Theory of Organizational Knowledge Creation," *Organization Science* 5 (1994): 14-37. による。

要 約

　戦略的経営の根本的な課題は，変化の逆流のなかで航海することである。しかし，変化を予想し適応することは企業や指導者にとっておおきな挑戦である。
　ライフサイクルモデルは，わたくしたちに業界変革を促す力を理解させ，そしてそれによる業界構造や競争優位性への影響を予測させる。
　しかし，産業進展のなかの規則的変化パターンを特定できたにしても，もし企業の変化への適応に使えないならば，あまり価値がないことである。適用への挑戦は，おおきい。組織惰性の存在が意味するところは，産業変革は既存企業の適用によりもむしろ新しい企業の誕生と古い企業の消滅から起きるということである。柔軟で革新的な企業でさえ，新技術—とくに「能力（Competence）を破壊す

る」,「非連続的(Disruptive)」,アーキテクチャイノベーションをうちに含むもの——に対処する際,いろいろな問題を経験する。

変化を管理することは,経営幹部が2つの時間帯で行動することを要求する。つまり,今現在のために最適化を行うこと,将来のために組織を準備すること。双面的（Ambidexterous）組織の概念は,このジレンマの解決法の1つである。戦略変化を管理するその他の方法は,危機認識の創出,ストレッチした目標の設定,全社規模のイニシアチブ,外部からの才能ある経営者の採用,ダイナミック・ケイパビリティやシナリオ分析である。

変化を管理するため,どんな手法や道具が採用されたにしても,戦略変化は新しい能力の開発を要求する。組織能力がその歴史全体の産物である場合には,新しい能力の構築はおそろしく難しいことである。組織が能力をどのように築くかを理解するために,わたくしたちは資源がどのように能力—とくに,プロセス,組織,動機,調整の役割—に統合されるかを理解する必要がある。能力解決の複雑さと能力がいかに築かれるかについてわたくしたちの理解は限られているとはいえ,能力開発にたいする段階を追って(Sequential)の手法は利点をもっているといえるようである。

究極的には,能力構築は組織内に存在する知識を利用することである。この目的にかんし,ナレッジマネジメント（知識管理）は能力開発の効率を高める上でかなりの潜在可能性を有している。知識を特定し保持し,共有し,複製するいろいろな技術に加えて,「企業知識論」(Knowledge-based view of the firm) は,企業による知識の創造と利用についてのチャレンジと潜在可能性について深い洞察を提供する。

次の2つの章で異なった進展段階の産業（急速な変化と技術ベースの競争を特徴とする,生まれつつある産業と成熟産業）での戦略策定と実施を論じる。

自習用の質問

1. 比較的新しい産業で起こった変化を考察せよ(例：ワイヤレス通信,スマートフォン,ビデオゲーム・コンソール,オンライン競売,フィットネスクラブ)。どの程度まで産業の発展は産業ライフサイクルが述べるパターンをたどっているか？ 進化のパターンに影響を与える産業の特徴は何か？ その

317

産業は今日どの段階にあるか？　産業は将来どう進化するか？

2．産業で支配的な設計となった製品を選択せよ（例：個人用コンピュータでのIBM PC，ファストフードのマクドナルド，MBA教育でのハーバード，格安航空産業でのサウスウエスト）。ある会社の製品のアーキテクチャが支配的になるにはどんな力が働くか？　なぜ他の会社は支配的設計を真似るか？支配的設計の出現は，産業の進化にどのように影響を与えるか？

3．『資源再位置づけ』モデルは，ある産業が類似の戦略と製品の少数の主要企業により支配されるにつれ，新規参入者にとっては専門化されたニッチ（隙間）構築の可能性が増大すると論じる。大量大衆市場での巨大企業により支配される産業で，専門化された新事業を展開する機会がある産業を述べよ。

4．次の10年で根本的な変化に直面する産業を選択せよ。主要な変化の原動力を特定し，これらの変化がいかに役割を果たすかについての2つのシナリオを作成せよ。その産業での主導的企業にかんし，2つのシナリオが意味するもの，その企業が取り得る戦略上のオプションは何か？

5．下記のような2つのスポーツチームを選べ。1つは資源（才能ある選手）が豊富だが，（業績によって示される）その能力が不十分であるもの。もう1つは，資源は不十分であるが，チームとして高い能力をもつもの。スポーツチームにおける能力の決定要因発見のためにはあなたはどんな示唆をもっているか？

6．2012年から2014年における携帯端末のビデオゲームの市場リーダーは，DeNA，ガンホーオンライン，スーパーセル，キングおよびロビオといったスタートアップであった。なぜ，スタートアップは，この市場の巨人であるエレクトロニック・アーツ，ロック・スター・ゲーム，アクティヴィジョン・ブリザードといったビデオゲームの巨人をしのぐことができたのか。

7．あなたのビジネススクールの学長は，卒業生のキャリアや生活における成功のためにより身につけさせるために学校の教育能力を高めることを願っている。学長に，この目標をサポートするために，どんなナレッジマネジメントの手法やシステムを導入するか助言せよ。

注

1　T. Levitt, "Exploit the Product Life Cycle," *Harvard Business Review* (Novem-

ber/December 1965): 81-94 ; G. Day, "The Product Life Cycle : Analysis and Applications," *Journal of Marketing* 45 (Autumn 1981): 60-67.
2　F.F. Suárez and J.M. Utterback, "Dominant Designs and the Survival of Firms," *Strategic Management Journal* 16 (1995): 415-430.
3　P. Anderson and M.L. Tushman, "Technological Discontinuities and Dominant Designs," *Administrative Science Quarterly* 35 (1990): 604-633.
4　M.A. Cusumano and D.B. Yoffie, *Competing on Internet Time : Lessons from Netscape and Its Battle with Microsoft* (New York : Free Press, 1998).
5　M.G. Jacobides, "Industry Change through Vertical Disintegration : How and Why Markets Emerged in Mortgage Banking," *Academy of Management Journal* 48 (2005): 465-498 ; M.G. Jacobides, C.Y. Baldwin, and R. Dizaji, "From the Structure of the Value Chain to the Strategic Dynamics of Industry Sectors," Academy of Management Presentation (Philadelphia, August 7, 2007).
6　G. Carroll and M. Hannan, *The Demography of Corporations and Industries* (Princeton, MA : Princeton University Press, 2000). 実地調査については以下参照。J. Baum, "Organizational Ecology," in S.R. Clegg, C. Hardy, and W.R. Nord (eds.), *The SAGE Handbook of Organizational Studies* (Thousand Oaks, CA : SAGE Publications, 1996) ; and D. Barron, "Evolutionary Theory," in D.O. Faulkner and A. Campbell (eds.), *The Oxford Handbook of Strategy* (Oxford : Oxford University Press, 2003), vol. 1 : 74-97.
7　G.R. Carroll, L.S. Bigelow, M.-D. Seidel, and B. Tsai, "The Fates of de novo and de alio Producers in the American Automobile Industry, 1885-1981," *Strategic Management Journal* 17 (Summer 1996): 117-137.
8　S. Klepper and K.L. Simons, "Dominance by Birthright : Entry of Prior Radio Producers and Competitive Ramifications in the US Television Receiver Industry," *Strategic Management Journal* 21 (2000): 997-1016.
9　参入，退出の頻発さは成熟期に入ってもしばらく続く可能性がある。T. Dunne, M.J. Roberts, and L. Samuelson, "Patterns of Firm Entry and Exit in US Manufacturing Industries," *Rand Journal of Economics* 19 (1988): 495-515.
10　S. Klepper and E. Grady, "The Evolution of New Industries and the Determinants of Industry Structure," *Rand Journal of Economics* 21 (1990): 27-44.
11　S. Klepper and K. Simons, "The Making of an Oligopoly : Firm Survival and Technological Change in the Evolution of the US Tire Industry," *Journal of Political Economy* 108 (2000): 728-760.
12　G. Carroll and A. Swaminathan, "Why the Microbrewery Movement? Organ-

izational Dynamics of Resource Partitioning in the American Brewing Industry," *American Journal of Sociology* 106 (2000): 715-762.

13 B. Levitt and J.G. March, "Organizational Learning," *Annual Review of Sociology* 14 (1988): 319-340.

14 D. Leonard-Barton, "Core Capabilities and Core Rigidities: A Paradox in Managing New Product Development," *Strategic Management Journal* 13 (Summer 1992): 111-125.

15 M.T. Hannan, L. Polos, and G.R. Carroll, "Structural Inertia and Organizational Change Revisited III: The Evolution of Organizational Inertia," *Stanford GSB Research Paper* 1734 (April 2002).

16 P.J. DiMaggio and W. Powell, "The Iron Cage Revisited: Institutional Isomorphism and Collective Rationality in Organizational Fields," *American Sociological Review* 48 (1983): 147-160.

17 J.-C. Spender, *Industry Recipes* (Oxford: Blackwell Publishing, 1989).

18 J.G. March, "Exploration and Exploitation in Organizational Learning," *Organizational Science* 2 (1991): 71-87.

19 一致の概念はマネジメントのいくつかの理論に共通している。組織経済学（例：P.R. Milgrom and J. Roberts, "Complementarities and Fit: Strategy, Structure, and Organizational Change in Manufacturing," *Journal of Accounting and Economics* 19 (1995): 179-208）；社会技術システム（例：E. Trist, "The Sociotechnical Perspective," in A.H. Van de Ven and W.H. Joyce (eds.), *Perspectives on Organization Design and Behavior* (New York: John Wiley & Sons, Inc., 1984)；および複雑系理論（例：J.W. Rivkin, "Imitation of Complex Strategies," *Management Science* 46 (2000): 824-844）。

20 M.E. Porter and N. Siggelkow, "Contextual Interactions within Activity Systems," *Academy of Management Perspectives* 22 (May 2008): 34-56.

21 E. Romanelli and M.L. Tushman, "Organizational Transformation as Punctuated Equilibrium: An Empirical Test," *Academy of Management Journal* 37 (1994): 1141-1166.

22 H.E. Aldrich, *Organizations and Environments* (Stanford, CA: Stanford University Press, 2007).

23 組織エコロジー論への入門書としては，M.T. Hannan and G.R. Carroll, "An introduction to organizational ecology," in G.R. Carroll and M.T. Hannan (eds.), *Organizations in Industry* (Oxford: Oxford University Press, 1995): 17-31.

24 進化的手法の調査にはR.R. Nelson, "Recent Evolutionary Theorizing about

Economic Change," *Journal of Economic Literature* 33 (March 1995): 48-90.
25 R. Foster, "Creative Destruction Whips through Corporate America," *Innosight Executive Briefing* (Winter 2012).
26 C. Markides and P. Geroski, "Colonizers and Consolidators: The Two Cultures of Corporate Strategy," *Strategy and Business* 32 (Fall 2003).
27 G.A. Moore, *Crossing the Chasm* (New York: HarperCollins, 1991).
28 S. Klepper, "The Capabilities of New Firms and the Evolution of the US Automobile Industry," *Industrial and Corporate Change* 11 (2002): 645-666.
29 S. Klepper and K.L. Simons, "Dominance by Birthright: Entry of Prior Radio Producers and Competitive Ramifications in the US Television Receiver Industry," *Strategic Management Journal* 21 (2000): 997-1016.
30 D.A. Kaplan, *The Silicon Boys and Their Valley of Dreams* (New York: Morrow, 1999).
31 M.L. Tushman and P. Anderson, "Technological Discontinuities and Organizational Environments," *Administrative Science Quarterly* 31 (1986): 439-465.
32 M. Tripsas, "Unravelling the Process of Creative Destruction: Complementary Assets and Incumbent Survival in the Typesetter Industry," *Strategic Management Journal* 18 (Summer 1997): 119-142.
33 R.M. Henderson and K.B. Clark, "Architectural Innovation: The Reconfiguration of Existing Systems and the Failure of Established Firms," *Administrative Science Quarterly* (1990): 9-30.
34 同書, 17頁。
35 J. Bower and C.M. Christensen, "Disruptive Technologies: Catching the Wave," *Harvard Business Review* (January/February 1995): 43-53.
36 C.M. Christensen, *The Innovator's Dilemma* (Boston: Harvard Business School Press, 1997).
37 同書。
38 W.A. Pasmore, *Designing Effective Organizations : The Sociotechnical Systems Perspective* (New York: John Wiley & Sons, Inc., 1988).
39 W.G. Bennis, *Organization Development : Its Nature, Origins, and Prospects* (New York: Addison-Wesley, 1969).
40 D.F. Abell, *Managing with Dual Strategies* (New York: Free Press, 1993): 3.
41 C.A. O'Reilly and M.L. Tushman, "The Ambidextrous Organization," *Harvard Business Review* (April 2004): 74-81.
42 C.M. Christensen and M. Overdorf, "Meeting the Challenge of Disruptive

Change," *Harvard Business Review* (March/April 2000): 66-76.
43 T. Elder, "Lessons from Xerox and IBM," *Harvard Business Review* (July/August 1989): 66-71.
44 "Shell GameChanger: A Safe Place to Get Crazy Ideas Started," http://www.managementexchange.com, Management Innovation eXchange (January 7, 2013), www.managementexchange.com/story/shell-game-changer, accessed July 20, 2015.
45 以下参照。"Lab Inventors: Xerox PARC and its Innovation Machine," in A. Rao and P. Scaruffi, *A History of Silicon Valley*, 2nd edn (Omniware, 2013); and "Saturn: Why One of Detroit's Brightest Hopes Failed," *Christian Science Monitor* (October 1, 2009).
46 G. Verona and D. Ravasi, "Unbundling dynamic capabilities: An exploratory study of continuous product innovation," *Industrial and Corporate Change* 12 (2002): 577-606.
47 Interview with Nancy Snyder, Whirlpool's vice-president of leadership and strategic competency development, *Business Week* (March 6, 2006), http://www.businessweek.com/innovate/content/mar2006/id20060306_287425.htm?.
48 R. Cibin and R.M. Grant, "Restructuring among the World's Leading Oil Companies," *British Journal of Management* 7 (1996): 283-308.
49 M. Tripsas and G. Gavetti, "Capabilities, Cognition and Inertia: Evidence from Digital Imaging," *Strategic Management Journal* 21 (2000): 1147-1161.
50 H.Y. Howard, "Decoding Leadership: How Steve Jobs Transformed Apple to Spearhead a Technological Informal Economy," *Journal of Business and Management* 19 (2013): 33-44.
51 "Haier: Taking a Chinese Company Global in 2011," Harvard Business School Case No. 712408-PDF-ENG (August 2011).
52 N. Siggelkow and D.A. Levinthal, "Escaping Real (Non-benign) Competency Traps: Linking the Dynamics of Organizational Structure to the Dynamics of Search," *Strategic Organization* 3 (2005): 85-115.
53 J. Nickerson and T. Zenger, "Being Efficiently Fickle: A Dynamic Theory of Organizational Choice," *Organization Science* 13 (September/October 2002): 547-567.
54 A. Karaevli and E. Zajac, "When is an Outsider CEO a Good Choice?" *MIT Sloan Management Review* (Summer 2013); A. Falato and D. Kadyrzhanova, "CEO Successions and Firm Performance in the US Financial Industry,"

Finance and Economics Discussion Series (Federal Reserve Board, 2012).
55　H. Kahn, *The Next 200 Years : A Scenario for America and the World* (New York : William Morrow, 1976). 戦略策定においてシナリオを使うことの案内として K. van der Heijden, *Scenarios : The Art of Strategic Conversation* (Chichester : John Wiley & Sons, Ltd, 2005).
56　B. Wernerfelt, "Why Do Firms Tend to Become Different?" in C.E. Helfat (ed.), *Handbook of Organizational Capabilities* (Oxford : Blackwell, 2006) : 121-133.
57　D. Leonard-Barton, "Core Capabilities and Core Rigidities," *Strategic Management Journal* 13 (Summer 1992) : 111-126.
58　N.T. Snyder and D.L. Duarte, *Unleashing Innovation : How Whirlpool Transformed an Industry* (San Francisco : Jossey-Bass, 2008).
59　K.B. Clark and T. Fujimoto, *Product Development Performance : Strategy, Organization, and Management in the World Auto Industry* (Boston : HBS Press, 1991).
60　S. Coll, *Private Empire : ExxonMobil and American Power* (New York : Penguin, 2012).
61　*The Report of the BP U.S. Refineries Independent Safety Review Panel* (January 2007).
62　C.E. Helfat and R.S. Raubitschek, "Product Sequencing : Co-evolution of Knowledge, Capabilities and Products," *Strategic Management Journal* 21 (2000) : 961-979. 能力と商品を並行して開発することを「動態的資源の一致」と呼ぶ。下記参照。H. Itami, *Mobilizing Invisible Assets* (Boston : Harvard University Press, 1987) : 125.
63　A. Takahashi, *What I Learned from Konosuke Matsushita* (Tokyo : Jitsugyo no Nihonsha, 1980)；日本語では H. Itami によって引用される。Mobilizing Invisible Assets (Boston : Harvard University Press, 1987) : 25.
64　D.J. Teece, G. Pisano, and A. Shuen, "Dynamic Capabilities and Strategic Management," *Strategic Management Journal* 18 (1997) : 509-533.
65　D.J. Teece, "Explicating Dynamic Capabilities : The Nature and Microfoundations of (Sustainable) Enterprise Performance," *Strategic Management Journal* 28 (2007) : 1319.
66　K.M. Eisenhardt and J. Martin, "Dynamic Capabilities : What Are They?" *Strategic Management Journal* 21 (2000) : 1105-1121.
67　S.G. Winter, "Understanding Dynamic Capabilities," *Strategic Management*

Journal 24 (2003): 991-995.

68 J.B. Harreld, C.A. O'Reilly, and M.L. Tushman, "Dynamic Capabilities at IBM: Driving Strategy into Action," *California Management Review* 49 (2007): 21-43.

69 http://www.strategos.com/category-creators-reach-escape-velocity/, accessed July 20, 2015.

70 G. Hamel, *Leading the Revolution* (Boston: Harvard Business School Press, 2000): 5.

71 http://www.managementexchange.com/about-the-mix, accessed July 20, 2015.

72 K. Dalkir, *Knowledge Management in Theory and Practice*, 2nd edn (Cambridge, MA: MIT Press, 2011).

73 R.M. Grant, "Toward a Knowledge-Based Theory of the Firm," *Strategic Management Journal* 17 (Winter Special Issue, 1996): 109-122.

74 M. Hansen, N. Nohria, and T. Tierney, "What's Your Strategy for Managing Knowledge?" *Harvard Business Review* (March 1999): 106-116.

75 J. Rivkin, "Reproducing Knowledge: Replication without Imitation at Moderate Complexity," *Organization Science* 12 (2001): 274-293.

第9章
技術に基礎を置く産業と革新の管理

ENIACの計算機は1万8千個の真空管を搭載し30トンの重量があるのにたいし，将来のコンピュータはわずかに1,000個の真空管をもち，重さはわずか1.5トンになるかもしれない。

—ポピュラーメカニックス誌1949年3月号

iPhoneが大幅な市場シェアを獲得するチャンスはない。

—スティーブ・バルマー，マイクロソフト最高経営責任者，2007年

【概　要】
- 序論と目的
- 技術集約的産業における競争優位
  - 革新プロセス
  - 革新からの価値獲得
  - どの仕組みが革新の保護にもっとも効果的か？
- 革新利用の戦略—どうやって，いつ参入するか
  - 革新利用の代替的戦略
  - 革新の間合い（タイミング）—先駆者となるか追随者となるか？
  - リスク管理
- 規格化，プラットフォームおよびネットワークの外部性
  - 規格の種類
  - ネットワーク外部性の役割
- プラットフォームベースの市場
  - 規格競争で勝つには
- 技術戦略の実行—革新のための条件づくり
  - 創造性の育成
- 外部にある革新の源泉の利用
  - 革新の源泉としての顧客
  - オープン・イノベーション
  - 革新の購入
  - 革新のために組織化して
- 要約
- 自習用の質問
- 注

序論と目的

前章では，技術は新しい産業を作り出し，既存産業を転換（transform）する第1の原動力であることを見た。新しい産業は，ワイヤレス電話，生物工学，太陽光発電，ファイバー光学，ロボット工学，そしてソーシャルネットワーキングを含む。新技術によって転換した産業は，写真，レコード音楽，薬剤，そして証券取引を含む。新技術はいろいろな機会の源泉，とくに新規事業の源泉であるとはいえ，前章で見たように，おおくの既存企業にとって，主要な問題を提起する。

本章は，技術変化の主要な原動力であり，競争優位の重要な源泉である事業環境に重点を置く。技術集約産業は，（ライフサイクルの初期や成長期にある）新興産業（Emerging industries）と，技術が競争を促し続ける既存企業の両方を含む。この章で調べる問題は，しかしながら，ヘルスケアや教育のように新技術によって革新され得る業界を含め，技術が競争優位性を作り出す潜在力をもつすべての産業についてもまた，おおきな意味を有する。

前章では，技術を産業変化の外部推進力として見た。この章の第1の関心は，競争戦略の道具としての，技術の利用である。企業は，競争優位性を築くためにどのようにもっとも技術を利用できるだろうか？

本章は，4つの学習目的をもっている。第1に，技術と競争との関連，そして持続可能な競争優位性を築く革新の潜在的可能性を調べる。第2に，革新や導入時期，リスク管理にかんする，いくつかの代替的戦略を包含する技術戦略を設計する際，鍵となる問題について議論する。第3に，ネットワークの外部性と業界標準の設定について議論する。第4に，技術を基礎とする戦略を，いかにしたらうまく実践できるかについて調べる。

本章では以下のことを学ぶ。

- 革新の収益性を決める要素の特定と，競争優位構築のための革新可能性の評価。
- 以下を含む革新利用と技術管理戦略の作成。
  - 革新利用の戦略的選択肢の特定，評価
  - 革新先駆者・先行者もしくは追随者の利点比較の調査
  - 危機管理の方法

——ネットワーク効果を利用し，標準化争いに勝つ戦略の形成
- なぜ会社は，開放型イノベーションを含む革新への追求を拡大するのかについての理解。
- 革新と新商品開発を促す組織構造とシステムを設計することによる，技術基盤産業における戦略の実行。

技術集約的産業における競争優位

　革新は，技術と競争優位性との重要なつながりである。競争優位の追求は，革新の探求を促す。成功した革新は，企業が産業を支配することを可能にする。革新がどのように競争優位を作り出すかを見るため，革新プロセスを調べることから始める。

革新プロセス

　発明とは新しい知識の発展による，もしくは既存の知識の新しい結合による，新製品とプロセスの創造である。ほとんどの発明は，既存の知識の新しい応用のしかたである。1840年に特許をとったサミュエル・モースの電報はベン・フランクリンからオーステッド，アンペア，そしてスタージオンまでの数十年に及ぶ電磁気の研究をもとにしたものであった。コンパクト・ディスクは，その数十年前に開発されたレーザーにかんする知識を組み込んでいる。

　革新とは，新しい財やサービスの生産や市場導入によって発明を最初に商業化することである。一度導入が始まると，革新は四方に広がる—需要側では，顧客が財やサービスを購入することを通して，また供給側では，競合者による模倣によってである。たとえばある革新は単一の発明（化学や薬品におけるほとんどの製品革新は新しい化学混合物の発見による）か，おおくの発明を組み合わせたものかもしれない。カール・ベンツにより1885年開発された最初の自動車は，約5,000年前に発明された車輪から9年前に発明された内燃エンジンにいたるまでのおおくの発明を取り込んでいる。すべての発明が革新へと進展するわけではない—大半の技術集約的な企業の特許ポートフォリオのなかには，商業化可能性が未だ見つかっていない発

明がある。反対に，おおくの革新には，新しい技術をほとんど，もしくはまったく含んでいないものもおおくある―パーソナルコンピュータは既存の技術の新しい組み合わせであり，新しいタイプの包装（パッケージング）のおおく―いたずら防止のための加工を含む―には，巧妙なデザインが採用されているが新しい技術はほとんど用いられていない。事業モデル特許のほとんどは技術的な内容をほとんどもたないプロセス革新である。

図9.1は，知識の創造から発明，革新までの発展パターンを示している。歴史的には知識創造と革新の間には時間的なズレがあった。

- チェスター・F・カールソンは1938年，既存の静電気と印刷にかんする知識を結合させて，写真複写印刷を発明した。最初の特許は1940年に認可された。特許権はゼロックスコーポレーションに購入され，同社により1958年，最初のオフィスコピー機が世に送り出された。1974年までに，最初の競合機器がIBM，コダック，リコーそしてキヤノンによって世に送り出された。
- ニュートン力学の原理を採用したジェットエンジンは，フランク・ウィッテルによって1930年に特許登録された。最初の商業ジェット旅客機であるコメットは，1957年に飛んだ。その2年後，ボーイング707が世に送り出された。

最近，革新サイクルは加速化している。

- 全地球測位のための衛星無線信号の利用は，1950年代後半にジョーンズホプキンス大学の物理学者によって開発された。実験用のGPS衛星は，1978年に米国空軍によって打ち上げられ，GPSシステムは，1995年までに完全に使用可能となった。1990年代に事業化が始まり，ガーミンは1998年にカーナビ衛星システムを打ち上げ，2002年のトムトムが続いた。
- オーディオファイル圧縮のためのMP3技術はドイツのフラウンホーファー・インスティテュートにより開発された。1990年代なかばに米国の大学のキャンパスでの音楽MP3交換は盛んになり，1998年には，最初のMP3プレイヤーとしてダイアモンド・マルチメディアのリオが市場で販売開始となった。アップルのiPodは2001年に導入された。

新しい知識と事業化までのタイムラグは，初期開発の動機がなんであったかによって変わる。その相違は，純粋科学（例：ニールス・ボーアによる原子物理学の研究）によって動機づけられた基礎研究か，実践的なニーズ（例：ルイ・パスツー

第9章 技術に基礎を置く産業と革新の管理

■図9.1 技術の発展―知識の創造から普及まで

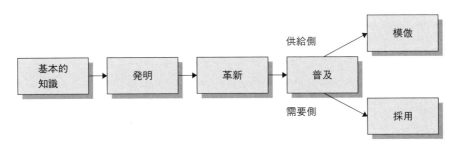

ルによる微生物学の研究)によって動機づけられた基礎研究かによる^(注1)。GPS衛星，インターネット，RISCコンピューティング，動作検知装置にかんする米国国防高等研究計画局によって行われた研究の巨大，かつ急速な商業的インパクトは，実践的ニーズによって引き起こされた基礎研究の潜在力を強調する^(注2)。

革新からの価値獲得

『もしある人が…隣人よりもよいネズミ捕りを作ったとしたら，かれが森の奥に自分の家を建てたとしても，世界中のひとびとがかれの家に押しかけるだろう』とエマソンは断言した。しかしながら，新しいネズミ捕りの発明者は，他の仕掛けの考案者も同様であるが，カリブ海やフランスの避寒地で億万長者として暮らしているよりも，たぶん，破産宣告の法廷にいる可能性のほうが高い。革新は，個人や企業のどちらにとっても名声や富の保証をしてくれるものではない。技術集約や革新，そして収益性にかんする実例からもこの点は明らかである。いろいろな企業で研究開発の密度と新製品導入の頻度は収益性と比例することを示す一貫した根拠はない^(注3)。

革新者にとっての革新の収益性は，革新の生み出す価値と革新者が獲得できる価値の割合に依存する。戦略コラム9.1が示すように，異なった革新では，まったく異なる価値の配分となる。人工甘味料の場合，ニュートラスイートの革新者G.D.サール社は第1の受益者である。パーソナルコンピュータの場合，供給者と消費者は，第1の受益者である。スマートフォンの場合，模倣者が大部分の利益を得た。

充当体制（レジーム・オブ・アプロプリアビリティ）とは，革新からの利益の分配に影響する条件にかんするものである。強力な充当体制においては，革新者は生

み出された価値のかなりの部分を自分のものとする―ピルキントンのフロートグラス製法，ファイザーのヴァイアグラ，ダイソンのデュアル・サイクロン掃除機，は，その所有企業に膨大な利益を生み出した。弱い充当体制の場合は，他の当事者が価値のおおくを入手する。電子書籍リーダー，オンライン証券サービスはパーソナルコンピュータに似ている。占有技術を欠いた結果，激しい価格競争となり，創造された価値の大部分が消費者の手に渡った。充当体制は，革新から利益を得る革新者の能力を決める4つの要素から構成される。財産権，技術の暗黙知に頼る度合いと複雑さ，リードタイム，そして補完的資源である。

戦略コラム 9.1　革新の利益はどのように分配されるか？

　革新により作り出された価値は，数多くの異なる当事者により配分される（図9.2）。

- 人工甘味料

　人工甘味料は，1965年に製薬会社のG.D.サール社（後にモンサントに買収される）より発見され，1981年にニュートラスイートとして売り出された。人工甘味料の特許は1992年に失効し，その後は競争が激しくなった。しかしながら，サールとモンサントは，創造された価値の大部分を手に入れることに成功した。

- パーソナルコンピュータ

　革新者である，MITS，タンディ，アップル，そしてゼロックスは，かれらの革新から控えめな利益を得た。模倣者である，IBM，デル，コンパック，エイサー，東芝，そしてたくさんの後発参入者は，いくらかましな利益を稼いだが，かれらの利益は，この産業への供給者が稼いだ巨額の利益には見劣りする。つまり，とくにマイクロプロセッサのインテル，オペレーティングシステムのマイクロソフト，とりわけアプリケーションソフトウェアの供給者は，うまく受益している。しかしながら，激しい価格競争により，パーソナルコンピュータの第1の受益者は消費者であり，典型的にはかれらが得る価値のほんのわずかの値段しかパーソナルコンピュータに払わない。

- スマートフォン

　一番最初は，IBMのサイモン（1993年）とノキア9000シリーズ（1996年）である。後続者は，とりわけ，RIM，アップル，サムスンであり，スマートフォンから巨額の利益を得た。いくつかの供給者は，大成功者となった（例：マイ

クロプロセッサの供給者のARM)。補完的商品(コンプリメンター)と,とりわけアプリ供給者も(成功者となった)。

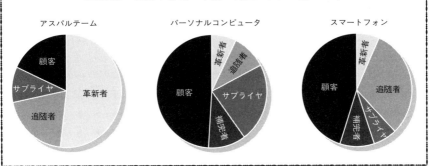

■図9.2 価値の専有—革新の利益はだれが得るか？

革新における財産権

革新からの利益の充当は革新の財産権を確立する能力におおきく依存する。英国議会が,特許法の基礎を確立した1623年独占法を可決したのは,革新者の利益充当を保護する意図からであった。それ以来,法は**知的財産権**のいくつかの分野に広げられた。それには以下が含まれる。

- **特許** 新しくて有用な製品,製法,代替物や設計意匠にかんする排他的権利である。特許取得には,革新が目新しく,有用で,かつだれでも思いつくものではない必要がある。特許法は国によって違いがある。米国では,特許は17年間(デザインは14年間)有効である。
- **著作権** 芸術,文学,脚本または音楽作品の製作者にたいする,排他的な製造,出版または販売の権利である。例としては,記事,書籍,絵画,地図,写真そして作曲がある。
- **登録商標** 企業によって供給される財やサービスを識別するために使用される言葉や象徴または他の記号である。米国と英国では,それらは特許局で登録される。登録商標は,商標,銘柄識別の基礎を提供する。
- **企業秘密** 事業遂行中に学ばれる処方,方式,産業工程(プロセス),顧客リスト,および他の知識にたいしゆるやかな法的保護を与える。

これらの知的財産権の手段の効果は,どんな革新が保護されるかによる。新しい

化学製品（薬剤かプラスチック）にたいして，特許は効果的に保護を与える。既存の部品の新しい組み合わせや新しい製造工程を含む製品にかんしては，特許は競合他社がその周辺で革新を起こすのを妨げることができないかもしれない。特許法の範囲はコンピュータ・ソフトウェア，事業方法，遺伝子組み換えが行われている生物形態を含めることで拡大してきた。事業方法特許，とくにアマゾンのインターネットでの『ワンクリック・トゥ・バイ』ショッピングの特許は，激しい議論を引き起こした[注4]。特許と著作権は，財産権を確立するものの，（発明者からみた）不利な点は，発明者は情報を公開しなければならないことである。それゆえに，企業は革新を保護する手段として，特許よりも守秘を好むかもしれない。

　ここ数十年，企業はますます自社の知的財産の経済価値の保護もしくは利用にかんし注意深くなっている。テキサスインスツルメンツ（TI）が1980年代に自社の特許ポートフォリオを収益源として活用し始めた後，初めて技術集約的産業はその知的資産の価値に気がつくようになった。1990年代，TIの使用料収入は，その他の収入源からの営業利益を上回った。その結果は特許の急増につながった。米国特許局とトレードマーク局は，2013年に30万2,948件の特許を与えたが，1980-1985年の間，それは年間平均6万7,000件だった。

技術の暗黙知依存度と複雑さ

　法的保護はあまり効果的でないことを考慮すると，競合他社により革新がどの程度まで模倣されるかは技術の理解と伝達の容易さ加減に依存する。これはまず，技術的知識がコード化できるかの程度である。コード化可能知識は，その字義通り，コードとして書けるものである。したがって，特許または著作権によって効果的に保護されていないとき，普及が迅速になされ，競争優位は維持が難しい。抵当証券，クレジットデフォルトスワップ（CDS）などの金融革新商品は，簡単に真似ができ，容易にコード化できる知識をもとにしている。同様に，コカコーラの作成処方はコード化可能であり，企業秘密による保護がないときには容易に真似ができる。インテルの高度マイクロプロセッサはコード化され，模倣可能である。しかし，これらの集積回路製造は，高度に暗黙知的知識にもとづいている。

　第2番目の主要要因は**複雑さ**である。あらゆるニューファッションは，1962年のマリークアント・ミニスカートから2014年秋のバーバリーのブランケットコートまで，単純で，模倣容易なアイデアである。反対に，エアバスA380と14ナノメートル技術にもとづくインテルのコアMマイクロプロセッサとでは，模倣しようとする者

にたいして，まったく違った取り組み方が要求されている。

リードタイム

　暗黙知と複雑さは模倣にたいする永続的な障壁を提供してはくれないが，革新者に**時間**を与えてくれる。革新は，革新者にたいし一時的な競争優位を与えてくれる。

　革新者の**リードタイム**とは，追随者が追いつくまで要する時間である。革新者にとっての課題は，最初のリードタイムでの優位を使って，能力と市場での地位を築くことで，業界での主導的立場の地固めをすることである。マイクロプロセッサのインテル，ルーターのシスコシステムズ，そしてインクジェットプリンタのキヤノンはリードタイムを最高に活用し，効率的な製品化，質そして市場でのプレゼンスにおいて優位性を築いた。対照的に，おおくの革新的な英国企業は，ジェット航空機，レーダー，CT スキャナ，そしてゲノミクスにおいて最初のリードタイム優位を浪費してきた。

　リードタイムは，企業に追随者よりも先に習熟曲線にそってコストを下げることを可能にする。マイクロプロセッサの新世代において，インテルは常に新製品の市場導入の先駆者であり，習熟曲線にそってコストを削減し，価格を下げて AMD の利ざやに圧迫をかけている。

補完的な資源

　新しい製品と新しい工程（プロセス）を市場に導入することは単なる革新ではない。それは革新のため資金を供給し，製造し，市場を開拓するのに必要な各種の資源と能力を要求する。これらは，**補完的な資源**と呼ばれている（図9.3参照）。チェスター・F・カールソンはゼログラフィーを発明したが，発明を発展させ，製造し，商業化し，流通し，サービスを提供するのに必要な補完的な資源を欠いていたために，長年その製品を市場にもち込むことができなかった。逆に，サール（そしてその親会社モンサント）は，ニュートラスイートの提供する革新を活用するのに必要な開発，生産，商業化，そして流通の，ほとんどすべてを実行することができた。結果として，カールソンは普通用紙のゼロックスコピー機の発明によって生み出された価値のほんのわずかな部分しか自分のものとすることができなかったが，サール/モンサントは新しい人工甘味料によって生み出された価値の大部分を自社に充当することに成功したのである。

　補完的資源は，たとえば，バイオ企業が臨床実験，製造，販売のために大企業と

■図9.3　補完的資源

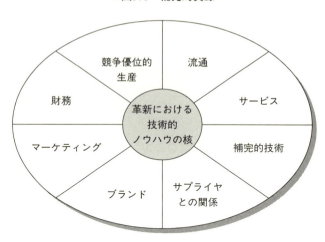

提携するように，他の企業との提携を通じて，手に入れることができる(注5)。革新とそれを支える補完的な資源の供給者が違う場合，価値の分配は両者の相対的な力に依存する。そこでの重要な決定要因は，補完的な資源が**専門化されたものか非専門的**であるかである。燃料電池は最終的には世界のおおくの自動車の内燃機関に取って代わるであろう。しかし燃料電池開発者の問題は，自動車製造会社がまったく新しい車種を設計するための特別の投資をし，石油会社が専門の燃料補給装置を提供し，サービスと修理会社が再教育と新設備に投資するかどうかで成功するかどうかが決まることである。燃料電池が広範に採用されるかどうかは，革新の利益がこれらの補完的な資源の供給者の間で広く共有されるかにかかる。補完的な資源が普遍的なものである場合，革新者は価値を自分のものにするのに有利な立場に立つ。アドビシステムズのアクロバット・ポータブル・ドキュメント形式（pdf）はほとんどすべてのソフトにより作成されたファイルと一緒に作業できるので，アドビは，その革新的なソフトにより創造される価値の大半を自分のものにできる。しかしながら，一緒に歩を合わせて専門化する（co-specialised）補完的資源存在の利点の1つは模倣への障壁を高めることである。ライナックス（リナックス）が，マイクロソフトのウィンドウズがPCオペレーティングシステムでもつ支配的な状況にたいし与える脅威を考察してみよう。インテルが，そのマイクロプロセッサをウィンドウズのニーズに合わせて設計しているため，大半のソフトはウィンドウズで動くように作成されている理由により，ライナックス使用グループの課題は，稼働するオ

ペレーションシステムを単に開発するだけではなく，ライナックスオペレーティングシステムで使えるソフトとハードウェア開発をいかに促すかである。

どの仕組みが革新の保護にもっとも効果的か？

革新を保護するうえでこれらの仕組みはどこまで効果的であろうか？　表9.1の示すところは，産業ごとの若干の相違にもかかわらず，特許による保護は，リードタイム，守秘，そして補完的製造および販売/サービス資源とくらべ，効果が低い。実際，1980年代後半以降，特許の保護効果性は特許法の強化にもかかわらず減退したように見える。特許は，競争相手が模倣品を市場に導入するまでのリードタイムを増加させるのに効果的であるが，そのリードタイムはおおきくはない傾向がある。特許製品や製造工程の大半は3年以内に模倣されてしまう(注6)。

特許による保護があまりおおきくないにもかかわらず，なぜ企業は特許を申請し続けるのか？　図9.4が示すように，模倣からの保護がおもな動機ではあるが，その他いくつかの動機も非常に重要である。とくに特許活動の大部分は戦略的なものであるようである—つまり，他の企業の革新努力を阻止し，他の企業が有する技術の

■表9.1　革新を保護する防御策の有効性—防御策が効果的とみなされた革新のパーセント

	製品革新					プロセス革新				
	守秘(%)	特許(%)	リードタイム(%)	売上/サービス(%)	製造(%)	守秘(%)	特許(%)	リードタイム(%)	売上/サービス(%)	製造(%)
食品	59	18	53	40	51	56	16	42	30	47
化学品	53	37	49	45	41	54	20	27	28	42
薬品	54	50	50	33	49	68	36	36	25	44
コンピュータ	44	41	61	35	42	43	30	40	24	36
電子部品	34	21	46	50	51	47	15	43	42	56
通信機器	47	26	66	42	41	35	15	43	34	41
医療機器	51	55	58	52	49	49	34	45	32	50
全産業	51	35	53	43	46	51	23	38	31	43

〔注〕　このデータは特定のメカニズム，販売とサービスおよび製造能力が革新を保護するのに役に立つと答えた企業のパーセントを示す。

〔出所〕　W.M. Cohen, R.R. Nelson, and J.P. Walsh, "Protecting Their Intellectual Assets: Appropriability Conditions and Why US Manufacturing Firms Patent (Or Not)," NBER Working Paper No. W7552 (February 2000). ©2000. 著者の許可を得て掲載。

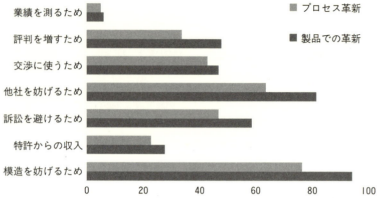

■図9.4 企業はなぜパテントを登録するのか？（米製造業企業674社からの回答）

〔出所〕 W.M. Cohen, R.R. Nelson, and J.P. Walsh, "Protecting Their Intellectual Assets : Appropriability Conditions and Why US Manufacturing Firms Patent (Or Not)," NBER Working Paper No. W7552 (February 2000). ⓒ 2000. 著者の許可を得て掲載。

入手のための交渉に使用可能な技術の所有権確立に向けられている。半導体や電子機器ではクロスライセンス（ある会社が，他の会社の特許の交換として技術分野での特許を与えるもの）は『設計の自由』，つまり，いろいろな企業によって所有される技術に依存する製品の設計をする能力，を得るには不可欠である[注7]。

革新利用の戦略―どうやって，いつ参入するか

革新から得られる利益の決定要因のうち，鍵となるものを見たので，技術管理と革新探求戦略の策定にかんする質問のいくつかを考察しよう。

革新利用の代替的戦略

企業はどのようにしてその革新からの利益を最大化させるか？　いくつかの戦略が可能である。図9.5は必要な資源と能力によって順序づけしたものである。これによると，使用許可（ライセンス）では，商業化にたいする革新者の関与はほとんど必要ない―したがって，設備投資もほとんどない。内部での商業化―たぶん，新しい会社や事業単位の設立を通して―は，ずっとおおくの資源と能力の関与を要求す

第9章 技術に基礎を置く産業と革新の管理

■図9.5 革新利用にかんする代替的戦略

	ライセンス	特定の機能のアウトソース	戦略的提携	合弁	自力での商業化
リスクとリターン	投資リスクは低いが,リターンも限定的 ライセンスを受ける側が動機を欠く,あるいは,イノベーションを盗むリスクがある	投資少ですむが,パートナーやサプライヤへの依存を作り出す	柔軟的だが,インフォーマル組織の危険あり	投資とリスク分担 パートナーとの意見の不一致や文化の相違のリスクあり	もっともおおきい投資が必要であり,それにともなうリスクあり 管理しやすいという便益がある
必要な資源	法的保護	アウトソースを管理する能力	複数の企業の資源と能力のプールに必要な協調的能力		補完的資源と能力の一式
例	ARMはマイクロプロセッサ技術を200の半導体企業にライセンス供与している スタンフォード大学は,発明のライセンスの対価として毎年1億ドル以上稼ぐ	アップルはiPhoneを,NVIDIAはグラフィック・プロセッサを設計するが,製造は両社ともにアウトソースしている	ウェアラブル・デバイスを開発するナイキとアップルのアライアンスの後に,2014年にサムスンとアンダーアーマーによる同様のアライアンスが続いた	パナソニックとテスラモーターズは2014年にリチウムイオンバッテリーを製造するギガファクトリーを開発する合弁会社を設立した	ラリー・ペイジとセルゲイ・ブリンは,インターネット検索技術を開発し販売するためにグーグルを設立した

る。両者の中間に,他企業との協働のためのさまざまな形態がある—企業間での資源共有を可能とする合弁,戦略的提携およびアウトソース(外注)。

企業による利用(exploitation)形態の選択は,2つの主要要素により決まる—革新の特徴と,企業の資源と能力とがそれである。

革新の特徴

企業がどの程度まで革新にかんする財産権を確立することができるかは,革新戦略の重大な決定要因である。使用許可(ライセンシング)は,革新の所有が特許や著作権を通じて明確に保護がされるときだけ可能となる。したがって,製薬業界においては,特許が明確であり,正当化できるので,使用許可は広く使われる。おおくのバイオテック企業は研究開発だけを行い,開発された薬品は必要な補完資源をもつ大手の製薬会社にライセンス供与される。音響再生技術のライセンスからの使

用料はドルビーラボラトリーズの2014年収入の82％を占めていた。反対に、アップルⅠとアップルⅡコンピュータの開発者であるスティーブ・ジョブズとスティーブ・ウォズニアックは自分で商業化する以外の道をもっていなかった—自社のみが所有権をもつ占有的技術の欠如は、戦略的選択肢としての使用許可供与を不可能なものとしていた。

使用許可の利点は、まず、商業化に必要なすべての範囲の補完的資源と能力の開発の必要性から企業を解放することであり、第2に、革新の急速な商業化を可能とすることである。革新のリードタイムが短いときには、多数の使用許可供与は、迅速な世界規模での新製品導入を許す。しかしながら、問題は、市場での革新の成功がライセンシーの関心の度合いと効率性とに依存することである。二層サイクロン掃除機の英国の発明者であるジェームズ・ダイソンは、主要家電メーカにかれの技術のライセンスに興味をもたせることに失敗した後、自身の会社を設立し、掃除機を製造・販売した。

企業の資源と能力

図9.5が示しているように、異なった戦略は非常に異なった資源と能力を必要とする。ゆえに、革新をいかに利用するかという選択は、革新が当事者にもたらす資源や能力に非常に依存する。起業的企業は革新の商業化に必要な補完的資源と能力をほとんどもっていない。ランセンス供与か、アウトソーシング、提携、または合弁による大企業の資源へのアクセスに惹かれるのは避けようがない。前章で見てきたように、新しい産業は、しばしば革新の2段階モデル、つまり、『革新者』が革新的なことを行い、基礎的な資源をもった『統合者』が開発を行う、に従う。

デュポン、シーメンス、日立、そしてIBMといったおおきく、かつ資源が豊富な企業は、基礎研究を熱心に行う強い伝統をもち、そして伝統的に内部で革新を開発してきた。しかしながら、これらの企業でさえ、他の企業とのより技術的な協業を強いられている。ロン・アドナーは、革新とは、複数の企業により調整された反応をますます要求するものであると主張した。企業を革新するには、革新エコシステムを特定し、描くこと、それから、そのなかの相互依存性を管理することが必要である。HDTVの導入におおく時間がかかったのは、テレビ製造業者、制作スタジオ、放送局間の不適切な調整に帰すことができる[注8]。わたくしたちは、プラットフォームベースの競争をより注意深く見たとき、革新エコシステムの管理の挑戦に戻らなくてはならない。

革新の間合い（タイミング）―先駆者となるか追随者となるか？

新興の，技術集約的産業において競争優位を獲得するには，革新においては先駆者であるほうがよいか，それとも追随者となるのがよいか？　表9.2が示すように，どっちともいえない―ある種の製品においては，先駆者は先行者利益を得ることができたが，他の製品においては，先駆者は市場開拓のリスクとコストに屈服した。新興産業参入と新技術の導入との間合いは複雑な課題である。最初の市場開拓者の優位は以下の要因に依拠している。

● **革新が財産権とリードタイムでの優位により保護される度合い**　革新が特許，著作権，またはリードタイムにより自社に充当（アプロプリエート）できるならば，先駆者であることは有利である。これは，製薬産業のように，特許保護が存在するときにいえる。有名な特許競争としては，アレクサンダー・ベルとイライシャ・グレイの電話の特許（ベルはグレイの数時間前に特許局に到着し

■表9.2　新興産業での指導的企業，追随企業および成功

製　　品	革新者	追随者	成功企業
ヘリコプター	シコルスキー	アグスタウェストランド	リーダー
ジェット機	デ・ハビランド（コメット）	ボーイング（707）	追随者
フロート・ガラス	ピルキントン	コーニング	リーダー
X線スキャナ	EMI	ゼネラル・エレクトリック	追随者
事務用PC	ゼロックス	IBM	追随者
VCRs	アンペックス/ソニー	松下	追随者
インスタント・カメラ	ポラロイド	コダック	リーダー
電子レンジ	レイセオン	サムスン	追随者
ビデオゲーム・プレイヤー	アタリ	任天堂/ソニー	追随者
使い捨ておむつ	プロクター・アンド・ギャンブル	キンバリークラーク	リーダー
コンパクト・ディスク	ソニー/フィリップス	松下/パイオニア	リーダー
ウェブブラウザ	ネットスケープ	マイクロソフト	追随者
ウェブ検索エンジン	ライコス	グーグル	追随者
MP3プレイヤ	ダイアモンド・マルチメディア	アップル（iPod）	追随者
携帯電話オペレーティングシステム	シンビアン	マイクロソフト/アップル/グーグル	追随者
レーザープリンタ	ゼロックス/IBM	キヤノン	追随者
フラッシュメモリ	東芝	サムスン，インテル	追随者
電子ブックリーダー	ソニー（デジタルリーダー）	アマゾン（キンドル）	追随者
ソーシャルネットワーク	Six.Degrees.com	フェイスブック	追随者

〔出所〕　David Teece, *The Competitive Challenge : Strategies For Industrial Innovation And Renewal* (Cambridge : Ballinger, 1987) : 186-188.

た)^(注9)やセレラと国立衛生研究所の遺伝子シークエンスの特許^(注10)にかんする競争がある。

- **補完的資源の重要性**　革新活用の際，補完的資源が重要であればあるほど，先駆者にはリスクがともなう。テスラモーターズ以前，完全な電気自動車を先駆しようとしたほとんどの会社が無残にも失敗している。先駆者にとっての問題は，おおくの技術を組み合わせるだけでなく，サービスと充電の必要のため，開発費が巨大であるからである。補完的資源の必要性がおおきい場合は，追随者は，市場が発展するにつれ，専門企業が補完的資源を供給するため出現するという事実に助けられる。このように，電気自動車を始めるにあたって，テスラモーターズにとっても鍵となる課題は，とくに中国のような主要海外市場においては，充電ステーションチェーンを確立することである。電気自動車への後発の参入者は，確立されたインフラ基盤に依存することができるであろう。

- **規格確立の可能性**　本章の後半で述べるように，ある種の市場は特定の技術規格に収斂する。製品規格の重要性がおおきければおおきいほど，規格に影響を及ぼし，主要企業としての地位を築くのに必要な，市場における影響力を獲得する上で，先行参入者であることの利点はおおきくなる。規格が設定された後では，それに取って代わるのは至難のわざである。パーソナルコンピュータの支配的なオペレーティングシステムとして，マイクロソフトのMS-DOSを確立したのはIBMであった。しかしながら，1987年にIBMがOS/2オペレーティングシステムを立ち上げたとき，すでに確立した地位にあったマイクロソフトに対抗したがほとんど成功を収めなかった。ライナックスとグーグルクロームは，商品を無料で提供することによってのみ，マイクロソフトウィンドウズから市場シェアを獲得することができている。

この示唆するところは，最適タイミングは，また，企業がもつ資源と能力にもかかっているということである。ゆえに企業ごとに**戦略的な機会**は異なる―各企業の資源と能力が市場の機会と一致するのは企業ごとに時間的に異なる。小規模の，技術に基礎を置く企業には，革新の先駆者となる以外，道はない。その機会は，『**先行者利益**』を得て，より強力な他の参入者が入ってくる前に必要な補完的資源を発展させることである。財務的資源と生産，マーケティング，そして流通基盤を豊かにもつ大規模，既存企業にとって，戦略的機会は永続性，後発性にある。守るべき評判と商標を誇る既存企業にとり先駆者としてのリスクはおおきなものであるし，ま

たその補完的資源の利用には通常，発展した市場の存在が必要となる。以下の例を考慮してみよう。

- パーソナルコンピュータの黎明期において，アップルは開拓者であり，IBM は追随者であった。参入のタイミングはおそらくどちらにとっても最適なものであった。アップルの資源とはスティーブ・ジョブズのビジョンとスティーブ・ウォズニアックの天才的な技術であった。先駆者となることだけが，唯一の成功の望みであった。IBM は，製造，流通，そして名声において巨大な強みをもっていた。明瞭な技術上の優位がないにもかかわらず同社は，これらの資源を使って競争優位を確立することができた。IBM にとって重要だったのは，市場と技術上のリスクが低減し，また，大規模生産，市場化，そして流通での強みが有利になる発展段階に産業が到達するまで参入を遅らせることであった。
- ネットスケープとマイクロソフト間のブラウザ戦争において，マイクロソフトには開拓者であるネットスケープの追随から始める余裕があった。巨大な製品開発，市場化，流通能力，そしてさらに重要なことであるが，ウィンドウズ OS の広範な利用者の存在のおかげで，マイクロソフト社はネットスケープの最初の先導者としての優位な立場を追い抜くことができた。
- 英国の音楽およびエレクトロニクス会社である EMI は，1972年に世界初の CT スキャナを導入した。4 年の先行期間があったにもかかわらず，ゼネラル・エレクトリック (GE) の医療機器における広範な技術的，商業能力は，EMI を市場から追い出すことを可能にした[注11]。

新商品がニッチ市場からマス市場に移行するときに，後発者は主導権獲得に，とくに有利である。Markides（マルキデス）と Geroski（ジェロスキ）によれば，成功する先行者は，新技術や新機能が組み込まれている新商品を提供する[注12]。第二参入者にとっての機会は，コストを下げ，品質を上げることによりニッチ市場をマス市場に成長させるにある。時宜に合うことは重要である。Don Sull（ドン・サル）が主張するのは，成功する追随戦略は，『能動的な待ち』を必要とする。本格的に市場に参入する前に，企業は，市場の発展を監視し，資源と能力を確保する必要がある[注13]。

リスク管理

新興産業は危険をともなう。その不安定性は2つの源泉による。

- **技術上の不確定**さは，技術発展の予測不可能性と，技術規格と支配的設計思想の選択が起こる際の複雑な力学の存在による。後から見ればどんなことでも確実に予想できるが，**事前**に技術とそれを展開する産業が発展するかを予測するのは困難なことである。
- **市場の不確定**さは新製品の規模と市場の成長率に関連する。ゼロックスが最初の普通紙複写機を1959年に市場に送り出したとき，アップルが1977年に最初のパーソナルコンピュータを送り出したとき，またはソニーが1979年にウォークマンを送り出したとき，潜在的市場規模がどの程度のものなのか，誰にもわからなかった。フェイスブックも同様である。マーク・ザッカーバーグが2004年2月にハーヴァードの寮でフェイスブックを立ち上げたとき，大学のウェブサイトが10億人の活発なユーザーがいる世界的なソーシャルメディアに成長することを暗示するものはほとんどなかった。新製品に対する需要の予測は冒険的なものである，すべての予測は過去のデータによるからである。新商品の需要予想は類推法[注14]か専門家の意見，たとえば，**デルファイ**を使い，専門家の洞察と経験の組み合わせ，のいずれかに依拠する傾向がある[注15]。

管理者が技術や需要について信頼できる予測をすることが不可能とすれば，リスクを管理するには，大規模な関わり合いを避けて失敗の傷を最小限にとどめる一方，浮上してくる新しい傾向への警戒をしなければならない。リスク最小化への効果的な戦略には下記のようなものが含まれる。

- **主導的使用者との協働**　産業発達初期の段階において，市場の趨勢と顧客の要求を注意深く観察し，対応することは，技術と設計でのおおきな過ちを避けるために不可欠である。Eric von Hippel（エリック・フォン・ヒッペル）は，主導的使用者は市場指標（マーケットインディケータ）をリードし，新製品と新生産工程開発の助けとなり，そして，しばしば，開発費用への初期資金となるキャッシュフローを提供すると主張する[注16]。コンピュータソフトウェアにおいては，『ベータ版』がコンピュータ熱狂者にテスト用に公開される。ナイキは，2種類の主導的使用者をもつ。運動着のトレンドセッターである職業的ア

スリートと都会のファッショントレンドの最先端にいるヒップホップアーティストである。また，通信と航空宇宙産業においては，政府の防衛契約は新技術開発で重要な役割を演じる(注17)。

- **リスク度の制限** 新興産業の財務リスクは，逆境に陥る危険を最小限にする財務，作業実施により低減することができる。借入を避け，固定費を低く維持することにより，企業は財務やオペレーショナルギアリング（レバレッジ）を下げることができる。アウトソーシングや戦略的提携は，設備投資や固定費を引き下げることができる。
- **柔軟性** 不確実性対処には，予期せぬ出来事にたいし素早く反応する必要がある。そのような柔軟性を達成することは，選択肢を閉じずに，広くとり，特定の技術の可能性が明確になるまで，それにたいする係わり合いを遅らせることを意味する。以前の呼称オデオであるツイッターはポッドキャストのプラットフォームとして設立された。アップルがポッドキャストの機能をiTunesに追加したとき，オデオは自らをインターネットホストのテキストメッセージのプラットフォームになるように戦略を変えた。
- **複数戦略** マッキンゼーのEric Beinhocker（エリック・ベインホッカー）が主張するのは，不確実性には1つに集中した戦略より，複数戦略のほうが有利であるということである。かれはそれを『強固で順応な戦略』と呼んでいる。技術の不確実性に直面しているがIBM，マイクロソフト，グーグルといった資源が豊富な企業は，さまざまな技術選択肢に同時に投資するという余裕がある。マイクロソフトから見れば，これはたくさんのおおきな失敗があったこと―MP3プレイヤー（ズーン），スマートフォン（キン），タブレットコンピュータ（サーフェイス），ソーシャルネットワーキング（ヤンマー）―を意味する。それにもかかわらず，マイクロソフトの多様な投資は，マイクロソフトがオンラインゲームやクラウドコンピューティングを含む，いくつかの新しい領域で主導的地位を築くことを可能にしている(注18)。規模のおおきく，資源が豊富な企業は，複数の戦略上の選択肢を追求する余裕をもっているのである。

規格化，プラットフォームおよびネットワークの外部性

前章で規格設定は産業の進展と成長にとって鍵となる出来事になり得ると述べた。

■表9.3　デファクト産業規格を有する企業の例

会社名	製品の範疇	規格
マイクロソフト	PC オペレーティングシステム	ウィンドウズ
インテル	PC マイクロプロセッサ	x86シリーズ
ソニー，フィリップス	コンパクト・ディスク	CD-ROM
ARM（Holdings）	携帯電話マイクロプロセッサ	ARM アーキテクチャ
オラクル	ウェブアプリ用プログラミング言語	Java
クアルコム	無線移動体通信ネットワーク	CDMA
アドビシステムズ	ドキュメント作成ファイルフォーマット	Acrobat PDF
アドビシステムズ	ページ記述言語	Acrobat Flash
ロバート・ボッシュ	アンチロック・ブレーキ・システム	ABS および TCS
IMAX Corporation	映画撮影および映写システム	IMAX
アップル	音楽ダウンロードシステム	iTunes/iPod
ソニー	高解像度 DVD	ブルーレイ
NTTドコモ	日本での携帯電話による支払いシステム	おサイフケータイ

デジタル化ネットワーク経済においては，市場は，ユーザー間の互換性を保証する役割を果たす，規格の影響をますます受ける。企業にとって，業界規格を所有することは，その他の競争優位では得られない利益をもたらす潜在的可能性がある競争優位性の重要な源泉となり得る。表9.3は，それぞれの製品分野で業界規格を握ることで成功を収めてきた企業のいくつかの例を挙げる。そういった企業の大部分での1つの特徴は，これらの規格がかなりの利益と株主価値を生み出しているという事実である。

規格の種類

　規格とは相互作業を可能にする形式，インターフェース，またはシステムである。規格の遵守は，何百万というウェブページをブラウズしたり，ある製造業者の作った電球が他の生産業者のランプにうまくはまり，ロサンゼルスの交通が（大半の場合）うまく流れることを可能にする。規格は，**公開**と**非公開**と両方ある。

- 公共的な（または**開放された**）規格とはすべてのひとにとって，無料か，名目的な料金を払うことで入手できるものである。通常，私的に所有された知的財産を意味せず，IP所有者ならばだれでもアクセスできるもの（例：ライナック

第9章　技術に基礎を置く産業と革新の管理

ス）である。公共規格は政府によって定められた**強制的な規格**であったり，法的拘束力（これらはおもに安全，環境，消費者保護基準に関連する）に裏づけられているもの，あるいは，自発的に，国際標準化機構，米国国家規格協会，英国規格協会といった，公共体や業界の組合により設定される。したがって，GSM 携帯電話規格は欧州通信規格所により設定された。インターネットプロトコル（インターネットのアドレンシングやルーティングを規制する規格）は，たいがい公共的なものである。インターネット・エンジニアリング・タスク・フォース（IETF）を含む，いくつかの国際機関により管理されている。

- 私的（**専有的**—プロプライアタリ）規格とは技術や設計が企業や個人により所有されているものである。もしわたくしが規格となった技術を所有するならば，その技術を，他のひとびとが購入する製品に化体するか，または，その技術を使いたいひとにライセンスする。スマートフォンでは，主要な競合規格は，アップルの iOS とグーグルのアンドロイドである。アップルの iOS は，アップルの携帯端末のみで使用される。アンドロイドは広くライセンスされている。アンドロイドはまた，技術規格のもう1つの変種（Variant）である。**オープンソース**であり，自由に手に入れることができる。そしてだれでも使用し，適用し，開発することができる。大部分の私的規格は，事実上の規格である。事実上の規格は生産者や使用者の自発的な採用によって発生する。表9.3は例を挙げる。

事実上の規格での問題は，その出現に時間がかかることであり，重複的投資や市場の発展の遅延などにつながる。米国では，鉄道軌道の規格的幅が定まるまで40年かかった[注19]。法的に強制される公的規格は，この不確実性を避けることができる。米国の市場本位の考え方と違って，欧州はワイヤレス通信の規格を強制したが，結果として欧州は2Gへの移行を米国よりも早期に実施した。しかしながら，4Gについては，状況は反対となった。遅いのは欧州のほうだった[注20]。規格の出現の遅れは，技術そのものを抹殺してしまう可能性もある。1970年代，4チャンネル方式がステレオ方式に置き換わるのに失敗したことは技術的規格の非互換性につながり，そして，それは支配的な規格の欠如はレコード会社や消費者の4チャンネルシステムへの投資を妨げた[注21]。

ネットワーク外部性の役割

　規格は**ネットワーク外部性**に影響を受ける市場において発生する。ネットワーク外部性は，個別客にとっての製品の価値が，自分以外の，その製品使用者の数に依存するとき存在する。ネットワーク外部性の古典的な例は電話である。自分自身と電話で話すことから得られる満足はあまり存在しないので，電話使用者にとっての電話の価値は，同じ電話システムに接続する利用者の数によって決まる。これは大半の製品とは異なる。わたくしが体力消耗の激しいMBA授業の後，グレンリヴァーを飲むとき，わたくしの満足は，世界の別のひとが何人ウィスキーを飲んでいるかとは関係ない。実際，ある種の商品は**マイナス**のネットワーク外部性をもっているかもしれない——つまり，多くのひとが同じ商品を購入すると，価値が減ずる商品である。わたくしが3千米ドルを払ってアルマーニのきらびやかな銀糸ラメのタキシードを買ったとして，もし，同じ経営大学院の教授陣のクリスマスパーティーで，同僚の半分が同じジャケットを着ていたら，わたくしの満足感は減少するであろう。

　ネットワークはそのネットワークへの接続を保証するために技術的規格を必要とする。それはだれもが同じ製品を使ったり，技術を使ったりすることを要求するものではなく，むしろ異なった製品が，ある種の共通インターフェースを通じて**互換性**をもっていることを必要とする。ワイヤレス電話サービスの場合（少なくともネットワークへのアクセスにかんする場合），AT&T，ベライゾン，またはT-モバイルのどこからサービスの提供を受けているかは重要ではない——技術的規格は他との接続を可能として，互換性を保証する。鉄道でも同様で，もしワイオミングからボストンに石炭を運ぶ場合，鉄道会社をどこにするかはあまり重要ではない。1870年代と違って，鉄道会社はみんな標準的な軌間を使っており，他の会社の車両と互換性がある。

　ネットワーク外部性にはいくつかの源泉がある。

- **使用者がネットワークと接続している製品**　　電話，鉄道，そして電子メールでのインスタントメッセージ・グループは，使用者が一緒に接続されているネットワークである。表計算プログラムソフトウェアであれ，ビデオゲームであれ，ソフトウェアではファイルやゲームをお互いに交換できる。使用者レベルの外部性は社会的同盟意識から生じるかもしれない。ゲームオブスローンズ

やハリウッドのアカデミー賞授与式をテレビで見るのは，それを楽しむためではなく，教授陣の共通の部屋で同僚に話すことができるからである(注22)。
- **補完的な製品やサービスの利用可能性**　製品がシステムとして消費される場合，補完的な製品やサービスの入手可能性は，そのシステム利用者の数により決まる。スマートフォン市場におけるマイクロソフトの主要な問題は，ウィンドウズの市場シェアが３％しかないことで，独立メーカによるウィンドウズフォン用アプリが深刻に不足しているという結果である。わたくしがフェラーリのテスタローサではなくフォードのフォーカスを所有するのは，もしノースダコタのビズマークから200マイル離れたところで故障した場合，スペアパーツと部品の入手がより容易であるからである。
- **スイッチングコスト（切り替え費用）の節約**　広範に使われる製品やシステムを購入することで，切り替えコストを払う必要性が少なくなる。スライドロケットやプレジのような代替プレゼンテーションソフトウェアではなくマイクロソフト・パワーポイントを使うことで，他の大学へ客員教授としていった場合，プログラムの勉強をしたり，ファイルを変換する費用を避けることができる。

ネットワーク外部性は**肯定的な反応（ポジティブフィードバック）**を創り出す。一度,技術またはシステムが市場の主導的地位を獲得すると，よりおおくのユーザーを惹きつける。反対に，市場でのリーダーシップを失うと，下落の連鎖的悪循環が起こりうる。このプロセスは**ティッピング（傾き）**と呼ばれる―ある閾値に到達すると，累積的な力が止められなくなる―結果として起こるのは**勝者がすべてを勝ち取る市場である**(注23)。重要なネットワーク外部性をもつ市場は単一の供給者によって支配される趨勢にある（PCオペレーティングシステムや事務用アプリケーション・ソフトでのマイクロソフト，インターネット競売でのイーベイ，宿泊施設シェアリングのエアビーアンドビー）。

　一度確立されると，技術的，設計上の規格は，おおきな抵抗力をもつようになる。規格の置き換えは，学習効果や集団的な束縛（ロックイン）により困難である。学習効果により支配的な技術と設計は絶え間なく改良され，洗練される。既存技術が本質的には劣ったものであっても，より優れた技術への切り替えは集団的な束縛により起こらないかもしれない。古典的な例はQWERTYタイプライタのキーボード配置である。1873年のキーボード・デザインは，タイプライタ鍵盤が一度動いて

詰まってしまう現象（ジャミング）を避けるため，タイピング速度を遅くする必要にもとづいて設計されたものである。ジャミング問題の技術的な解決がつき，ドボルザークの単純化鍵盤（DSK）が入手できるようになった後でも，QWERTY配置は継続して使用されている[注24]。

プラットフォームベースの市場

　デジタル技術は，インターネットや無線接続とともに，ネットワーク外部性によって，使用者のつながりと補完品の入手可能性から生じる市場を作り出す。このようなプラットフォームベースの市場は，**二面性**のある市場（もしくは**多面性**のある市場）と呼ばれる。なぜなら，それらは補完品の顧客と供給者という2つのグループの接点を形成するからである。

　オペレーティングシステムは典型的なプラットフォームである。マイクロソフトのウィンドウズ，アップルのiOS，グーグルのアンドロイドはユーザー間（**直接的外部性**）およびアプリケーションの供給者間（**間接的**外部性）でネットワーク外部性を作り出す。これらのプラットフォームは，共進する相互依存する数千もの企業を内包するビジネス生態系（ecosystem）の中心となる。それゆえ，アンドロイドの生態系は，100社を超えるスマートフォン製造業者，数千ものアプリケーションの開発者やハードウェア部品の供給業者，アクセサリーの供給者，そしてその他のプレイヤーを内包する。第4章の戦略コラム4.1でスマートフォンとの関係を説明したとおり，他のプラットフォームとの市場の支配をめぐる競争はしばしば大変厳しい。

　しかし，プラットフォームはデジタル市場だけに限定されているわけではない。また，ネットワークもかならずしも技術的規格が必要であるわけでもない。ショッピングモールもプラットフォームである。モールの開発業者は，個別の店舗を賃借する小売業者とそこで買い物をするカスタマーを内包する二面性のある市場を作り出す。そこでは，ネットワーク外部性が両面に作用している。

　製品戦略かプラットフォーム戦略かどちらを追い求めるのかは，重要な戦略的課題である。グーグルとフェイスブックとはともに製品戦略で始まったが，すぐに，グーグルの検索エンジンやフェイスブックのソーシャルネットワークはプラットフォームになりえるという，製品の可能性を認識した。おおくのデパートは同様の転換を実行してきている。複数の営業権取得店舗を招き入れる基盤として経営する

ために，小売を中止したことなどである。1984年から2004年の間のアップル マッキントッシュの成功は，プラットフォーム戦略ではなく，アップルの製品販売に重点を置いていたため限定的であった。戦略コラム9.2にてプラットフォーム戦略をより詳しく考察する。

規格競争で勝つには

　ネットワーク外部性が存在する市場では，規格支配は競争優位の礎である。自社所有の規格（Proprietary standard）の独占使用権保有は，市場を支配するための基本であり，パーソナルコンピュータにおけるウィンテルの規格のように，莫大な利益の源泉である。ネットワーク外部性が働く市場で必勝法を策定するために，知られていることはなんであろうか？

　最初の鍵は，自社が単一技術規格に収斂する傾向のある市場で競争しているかどうか見きわめることである。そのためにはネットワーク外部性の存在と源泉の注意深い分析が必要とされる。

　規格設定のための次の戦略的課題は，肯定的反応を勝ち得ることである―初期段階での主導的位置を確立する技術は急速に勢いを増す。Shapiro（シャピーロ）とVarian（ヴァリアン）[注25]の唱えるところの『より大きな勝ち馬（バンドワゴン）』構築は下記の条件を必要とする。

- **戦闘に入る前に同盟者を増やせ**　　企業は消費者の協力，補完的資源供給者の協力，競争相手の協力でさえ必要とする。もっとも強力な企業であってでさえも，単独で規格化競争を戦うのは難しい。
- **他に先立って市場を勝ち取れ**　　早期参入し，早い周期の製品開発を達成し，主要な消費者を押さえ，市場食い込みの価格政策を実施せよ。
- **期待感をうまく管理せよ**　　肯定的な反応を得るための鍵は，消費者，納入業者，補完的製品の生産者にたいし，自社は勝利者になるということを納得させることだ。こういった期待感は自己実現的予言になる。2000年10月，プレイステーション2の米国と欧州での販売に先立って，ソニーにより投じられた大量のプロモーションと宣伝は，消費者，小売店，ゲーム開発者にたいして，セガや任天堂を圧して，この製品が次世代の主要なゲーム機となることを納得させるためであった。

過去40年の規格競争，とくにプラットフォームをめぐる競争からの教訓は非常に大量である。戦略コラム9.2では，過去のプラットフォーム競争からの教訓をまとめている。もし創造された価値から企業が度を超えておおきな部分を自社に充当しようとすれば，市場での主導的立場獲得の助けとなるバンドワゴン効果の構築に失敗するであろう。このように，最近のおおくの規格競争には，多数のエコシステムの参加者からなる，広範囲の提携が含まれている。2006-2008年のソニー（ブルーレイ）と東芝（HD-DVD）の間で起きた競争では，それぞれの陣営が，直接の現金の支払いを含むさまざまな誘因策を使って，映画スタジオ，ソフトウェア業者，そしてコンピュータや家電メーカの生産者を引き込んだ。ワーナー・ブラザースがソニー陣営へと離反していったことが，市場が突然ソニーの優位に進むことにおおきく寄与した。しかし，勝利した規格を保有することによる利益の増加は，競争にかかる費用により消散してしまう[注26]。

現行商品との互換性は，規格競争のなかでも重要な点となる。優位性は通常，**革命的戦略**を採用する競合者よりは**漸進的戦略**（現行および過去の技術と互換性のあるもの）を用いた企業に属する[注27]。ソニーのプレイステーション2のマイクロソフトのXboxや任天堂のキューブにたいするおもな競争優位は，プレイステーション1との互換性の確保にあった。しかしプレイステーション3のプレイステーション2との互換性が限定的だったことが，プレイステーション3の成功を制限する数多くの問題の1つであった。

戦略コラム 9.2　プラットフォーム競争に勝利する

競合関係にあるプラットフォーム間での過去に起きた競争は，ネットワーク外部性が働く市場における戦略設計を考える際に強い影響力がある。1970年後半から1980年代のビデオカセットレコーダー（VCR）とパーソナルコンピュータ（PC）の競争以上に影響のおおきなものはない。

どちらのケースでも技術的優位性が鍵ではなく，実際にはどちらの例でも優れた技術のほうが敗れている。鍵となる要因は，市場で支配的地位を築くために市場に浸透していく力学を管理したことである。

- VCRでは，ソニーがベータマックスシステムにたいして知的財産権の厳しいコ

ントロールを続けていたが，JVCはVHSシステムをシャープ，フィリップス，GE，RCAなどにライセンス付与し，そのことが市場への浸透を後押しした。

- コンピュータでは，IBMのPCプラットフォームが市場を支配したが，それは製品仕様へのアクセスと主要な技術の安定供給（とくにマイクロソフトのオペレーティングシステムとインテルのマイクロプロセッサ）により多数のクローンメーカが市場に参入する余地があったためである。IBMにとっての問題は，IBMが支配的プラットフォームを確立したにもかかわらず，インテルとマイクロソフトがその金銭的価値のほとんどを独占していたことである。アップルにおいては，その仕組みは逆転しており，マッキントッシュオペレーティングシステムと製品の基本設計概念を厳しくコントロールすることで高いマージンを得ているが，市場を支配する機会は放棄している。

市場に浸透させることとプラットフォームを保有し利益を占有することのトレードオフの関係は，図9.6に示されている。これらの2つのすばらしい事例からの学びは，プラットフォームの所有者は競争相手よりさらにおおきな勝ち馬（バンドワゴン）を確立するために，代替品の供給業者や競合や顧客にたいして金銭的価値を最大化することを放棄するということである。いくつかの事例では，すべての収益の可能性を放棄することを意味する。1995-1998年のブラウザにおける競争では，ネットスケープ（ナビゲーター）もマイクロソフト（エクスプローラー）もともに製品を無償提供することになった。

市場への浸透と利益の占有の間のよいバランスを見つけることは，新しい価格設定モデルという結果につながる。アドビ（およびその他のおおくのソフトウェア供給業者）は，フリーミアムモデルに従う。アクロバットリーダーは無料で使えるが，PDFファイルを作成したり，変換するためには，必要なアクロバットソフトウェアを購入しなければならない。

■図9.6　ビデオカセットレコーダーとパーソナルコンピュータにおけるプラットフォーム競争

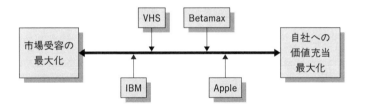

その他のプラットフォーム競争が示唆するのは，プラットフォーム競争に勝つことは代替品の供給業者や顧客の数を最大化することにより市場の勢いを作り出すだけではない。顧客はプラットフォームを購入しているのではなくシステムを購入しているのであり，そのシステムの魅力は使用者や代替品の数だけにより決まるのではない。1988-1996年のゲームコンソールにおける任天堂と2008-2015年のスマートフォンにおけるアップルという，2つのきわめて収益性の高いプラットフォーム所有者について考察する。どちらの事例でも，任天堂エンターテイメントシステム（NES）とiPhoneというプラットフォームの成功は，ハードウェアだけではなくアプリケーションも含めたシステム全般の品質により決定された。任天堂もアップルもアプリケーション開発業者を厳しくコントロールしており，品質基準を課し全般的なシステムの統合を保証している。

〔出所〕A. Gawer and M.A. Cusumano, "How Companies Become Platform Leaders," *MIT Sloan Management Review* 49 (2008) : 28-35 ; C. Cennamo and J. Santal, "Platform Competition : Strategic Trade-offs in Platform Markets," *Strategic Management Journal* 34 (2013) : 133-150.

何が規格競争に勝つための鍵となるのだろうか？　シャピーロとヴァリアンは次のことを強調している。

- 既存消費者ベース管理
- 新しい技術の知的財産権所有
- 初期の技術優位性を発展させ，適応させるための革新能力
- 先行者利益
- 周辺技術の強さ（例：インテルは，バス，チップセット，グラフィックコントローラー，CPUとマザーボード間のインターフェースにかんする規格をプロモートすることでMPUの規格を維持している。）
- 評判や商標[注28]

しかしながら，規格競争の動力学は非常に複雑であり，一般的な戦略原理を提唱することはできない。戦略コラム9.2で述べたように，プラットフォームベースの競争では，もっともおおきな勝ち馬（バンドワゴン）が必ずしも勝つわけではない。品質やブランドの差別化などもまた重要な要素である。プラットフォームがリーダーシップであることは，そのプラットフォームの所有者が得ることができる金銭

的価値の可能性を必ずしも意味しない。最終的に，市場は単一のプラットフォーム（たとえばオンラインオークションでのイーベイ）か複数のプラットフォーム（たとえばビデオゲームコンソールやスマートフォン）かどちらに集約するのかは未だわかっていない[注29]。

技術戦略の実行―革新のための条件づくり

前述したように，戦略策定と実行とは切り離せないものである。技術集約的事業ほど，それが明らかな産業はない。

ここまでの分析は，革新からの競争優位創出の可能性と技術ベースの戦略の設計についてのわれわれの理解を深めた。しかし，革新が達成されるための条件についてはあまり考察しなかった。革新でいかにして金を儲けるかについて鋭く戦略分析をしても，もしまずなによりも，革新を作り出さなければ役に立たない。革新には，人材，設備，情報や時間などの一定の資源が必要であることは知られているが，その他の能力と同じく，R&Dによる投入（Input）と革新の出力（Output）の間の関係性は弱い。実際，ある条件下では資源が不足していることが革新を促進するよう機能することがある[注30]。R&Dの生産性は，革新を育成する組織的状況に依存する。それはどのような状態であり，どうやったらその状態を作り出すことができるのだろう。

発明と革新をはっきり区別することから始める。両者は，相互に補完的だが，異なる資源や組織的状況を必要とする。発明は創造性に依存するが，革新は協業と組織横断的な融合が求められる。

創造性の育成

創造性の条件　発明は知識と想像力を必要とする創造的行動である。発明を推進する創造性は，通常，以前には存在しなかった概念または対象の間の意味のある関係を確立する個々の行動である。こういった概念の再組立ては偶然作動するかもしれない―アイザック・ニュートンの頭に落ちたリンゴやジェームズ・ワットの薬缶の沸騰観察など。創造性は，特定の人格の特徴と関連する。創造的人間は，興味が盛んで，想像力が豊かであり，冒険を好み，独断的で，陽気で，自信にあふれ，危険

を回避せず，反省的で，そして物怖じしない^(注31)。

個人の創造性もまた働く組織環境に依存する―これはアムジェンやグーグルの研究者やエンジニアについていえるし，フィレンツェやヴェネツイア派の画家や彫刻家についてもいえることである。偉大な芸術作品や優れた発明が孤独な天才の所産であったことはほとんどない。創造性は人と人の相互作用により刺激される―研究所の生産性はエンジニアと科学者が構築する意思疎通の網に依存する^(注32)。相互作用での重要な触媒は**遊び**である。遊びは探求の環境を創り出し，考えを因習的な枠から解放し，そして現実からの安全な距離を保ちつつアイデアと構造を再編することで新しい関係を確立する。遊びの本質は，型にはまらない実験を可能にすることである^(注33)。プロトタイプ化や市場調査を迅速にまた仮想的に行うことを可能にするコンピュータモデル化やシミュレーションにより，短期で，仮想を使って実験できる可能性は大幅に広がった^(注34)。

創造のための組織化 創造性は，コスト効率追求に適した管理システムとはまったく異なった管理システムを必要とする―第8章で**曖昧性**（ambidexterity）について言及した際に議論したように，調査は売り込みとはまったく違う方法で管理される必要がある。とくに，創造的な人間は，効率追求のためのインセンティブとは異なった種類のインセンティブを好む。創造的人間は，自発的に仕事ができ，自由が満喫でき，そして所属している組織（および可能であれば世界全体）の戦略的業績を改善すると自分で信じている作業を，楽しみながら行い，なおかつ，十分な空間と資源と平等主義的な文化のなかで働くことを欲する。賞賛，認知，そして教育と専門家としての成長の機会は，管理責任を担当するよりも重要とされる^(注35)。オープンソースプロジェクトで明らかになったのは，金銭的報酬がなくてもひとびとは創造的活動にたいして時間や労力をささげるということである^(注36)。創造的活力を育てるには，従来型の人的資源管理と矛盾する，ある程度の自由と柔軟性が求められる。グーグルやW.L.ゴア＆アソシエイツのような技術に基礎を置くおおくの企業では，エンジニアがどのプロジェクトに参加するのかを選ぶ。

創造性につながる組織的環境は創造を奨励するが，また競争的である傾向がある。創造性には，保証されているがぬるま湯的ではない仕事があることが必要である。Dorothy Leonard（ドロシー・レオナルド）は，革新的なチームにおける**創造的摩擦**（Creative abrasion）の長所を指摘した―異なる個性や視点との相互作用を通じて革新を強化することである。経営幹部は，仕事上のグループにおいて認知的，行

■表9.4 既存組織と革新的組織の比較

	既存組織	革新的組織
構造	官僚的。専門化，分業。組織階層的管理。	階層的制御のないフラット組織。タスク志向プロジェクト・チーム。
プロセス	オペレーティング単位は，戦略企画，投資予算決定，戦略実行計画を策定する経営陣により管理，調整される。	プロセスはアイデアの創出，選択，資金供与，発展を志向している。戦略計画は柔軟であり，財務的およびオペレーション管理は緩やかである。
報酬システム	金銭的報酬，昇進およびステータスシンボル。	自治，認知，新事業の株式。
ひと	特定の技能にかんする組織の必要性にもとづく採用，選定─職能的専門家，経営幹部，現場のオペレータ。	必要とされる技術的知識と人格を有するアイデア創造者。経営幹部はスポンサおよび調整者として機能する。

〔出所〕 以下をもとにしている。J.K. Galbraith and R.K. Kazanjian, *Strategy Implementation: Structure, Systems and Processes*, 2nd edn (St. Paul, MN: West, 1986).

動的な多様性をもたせるため，チームをクローン再生する誘惑に耐えなければならない。それは，つまり**全員の頭脳を活用するチーム**（Whole brain team）を形成することである[注37]。多様性を活用するには建設的な軋轢が必要である。マイクロソフトの開発者会議は，批判を公にし，安易な同意を激しく拒否することで知られる。そのような軋轢は，よりよい解決策に向けた進展を促進させる。

表9.4はオペレーション効率を追求する既存組織と革新的組織の特徴のいくつかを比較する。

外部にある革新の源泉の利用

企業内の創造性は革新の唯一の源泉ではない。革新は組織の垣根を越えて利用されることができる。革新管理にかんするおもな流行は，企業内のR&Dへの集中から，より広い世界からアイデアや知識を利用することに変わってきている。新しい情報や通信技術がこの傾向をさらに強めている。

革新の源泉としての顧客

　この章の前半で，実践的ニーズにもとづく調査は，科学的発見のための調査より，革新につながりやすいと述べた。重要な革新で技術により自発的に生み出されたものは少なく，おおくは実践的問題に取り組んだ結果である。特許弁護士（弁理士）であるチェスター・F・カールソンによるゼロックスの複写プロセス（ゼログラフィー）の発明は，特許の申請書類を筆写するという退屈な作業への不満によりひらめいたものである。英国の外科医である Joseph Lister（ジョセフ・リスター）はヴィクトリア時代の手術における致死率に衝撃を受けて，殺菌して手術することを開発した。

　『必要は発明の母』という古いことわざは，なぜ顧客が革新の豊かな源泉であるかを説明している―それらはもっとも敏感に既存の製品やサービスとニーズを整合させることに関わりをもっている。しかし顧客に耳を傾けることは，革新へのひらめきや指針としては普通，弱いものである。ヘンリー・フォードは次のように述べている。『もしわたくしがひとびとに何がほしいかを尋ねたら，かれらはより速い馬がほしいというだろう。』さらに，破壊的革新にかんする研究が示すように，おおくの顧客は急進的革新には否定的である。

　Adrian Slywotzky（エイドリアン・スライウォツキー）によると，鍵になるのは『ひとびとが好むものを，ひとびとがそれがほしいことに気づく前に作ること』である。そのためには，顧客が求めるものに集中するのではなく，顧客の不満足の源に集中する必要がある。かれは『面倒なことマップ(hassle map)』，つまり顧客にとっての価値を創造する新しいアプローチとして顧客の一連の不満足や否定的な感情，を作ることを提唱している[注38]。

　エリック・フォン・ヒッペルは顧客を革新のプロセスの一部にするように提唱している[注39]。企業は意識が進んでいる顧客を見つけ出し，かれらに使いやすいデザインツールを提供し，生産プロセスの柔軟性を確保することで，顧客主導の革新を誘発し利用することができる。したがって，顧客による革新を効果的に利用することが可能である[注40]。

オープン・イノベーション

　革新に顧客（と納入業者も）を巻き込むことは，革新プロセスを公開するにあた

り，中間の段階のように見えるかもしれない。革新には，さまざまな技術（しばしば，伝統的には別のものとされている科学的分野）を統合することが，ますます求められているため，企業は技術の調達やノウハウを共有する際により幅広く見ることが必要とされている。個人間の相互作用が革新を刺激するという証拠は圧倒的である。それは，組織内のR&Dチーム，企業間の戦略的提携，個人間のネットワークや，ある産業における企業集団いずれにおいても該当する(注41)。協力的な知識の共有による成果は，所有する知識が奪われるリスクを上回るという原則にもとづき，よりおおくの企業は**オープン・イノベーション**を採用している。それは組織の内外からの情報を探し求め，利用し，適用する革新へのプロセスである。Henry Chesbrough（ヘンリー・チェスブロウ）によると，『オープン・イノベーションとは，根本的に情報は豊富だが，必ずしもスマートな人はあなたのためだけに働いているわけではない，という世界で活動することであり，それゆえ，スマートな人を探し出して，つなげ，かれらができることの上に築いたほうがよい。』(注42) オープン・イノベーションの先駆者は，オープンソースのソフトウェアコミュニティや中小企業のネットワークだが，主導的な主唱者のいくつかは巨大企業である（戦略コラム9.3）。

戦略コラム 9.3　プロクター・アンド・ギャンブルとIBMにおけるオープン・イノベーション

プロクター・アンド・ギャンブルの「つなげる＋開発する」

　プロクター・アンド・ギャンブル（P&G）の「つなげる＋開発する」革新プロセスは世界のあらゆる場所で見込みのあるアイデアを見つけ出し，自社のR&D，製造，マーケティング，購買の機能を適用してよりよく安い製品を早く作るものである。そのプログラムは，7,500人の調査スタッフがいるにもかかわらず，P&Gはその成長目標を満たす新製品を生み出せていないという認識にたいする反応である。自社の個々の研究者にたいして，P&Gは，社外に少なくとも200人の自社の開発に貢献してくれる可能性のある人たちがいると見積もっている。調査に集中するため，それぞれは特定の技術要件（たとえば低温でもよく機能する洗剤を可能にするバイオテクノロジー）に置き換えられる上位10の顧客ニーズ（たとえば，しわをへらす，肌のきめを改善する，水に強くより柔らかい紙製品など）を見つけ出すことが求め

られている。その活動はP&Gの既存のブランドや技術的優位性にもとづいて優先順位がつけられる。

「つなげる＋開発する」プロセスには以下のものが含まれる。

- 外部とのつながりを開発し特定の製品や技術に特化して特定の地域の革新に責任をもつP&G内の70の技術企業家
- 相互に開発の可能性を探るためにP&Gが技術を共有しP&Gの上級役員との定期ミーティングに参加する供給業者
- 企業と大学，政府機関，コンサルタントやその他解決策を提供できるものとをつなげるNineSigma，技術に原因のある課題への解決策を提供するInnocentive，引退した科学者やエンジニアのネットワークであるYourEncore，知的資本のマーケットプレイスであるYet2.comのような技術仲介業者のネットワーク

結果として生じる提案や企画は，P&GのEurekaオンラインカタログでふるいにかけられ広められる。そして面白い企画を識別し，P&Gの事業開発グループを通じて外部の供給業者とともにさらに追求し，自社の製品開発プロセスに組み込むために事業グループ内の役員に上げられる。

2005年までに，35％のP&Gの新製品は社外からのものであった。そのなかには，掃除用のSwiffer，化粧品のOLAY（オレイ），電動歯ブラシのCrestが含まれている。

IBMのイノベーションジャム

IBMのイノベーションジャムはIBMの広大な協力的革新ネットワークのひとつの要素である。それは新しいビジネスのアイデアを生み出し，選別し，開発する大規模なオンラインのブレインストーミング・プロセスである。2006年のジャムは6つのおおきなカテゴリーにまとめられた25の技術分野の割り出しにもとづいている。ウェブサイトはそれぞれの技術分野ごとに作られており，72時間の間，世界中のIBM社員，その家族や友人，供給業者，顧客そして個別の科学者やエンジニアが招待され，それらの技術による革新アイデアに何らかの貢献をすることができた。15万の参加者がマイニングソフトウェアに文字を打ち込み膨大で多様な提案を行い，可能性のあるアイデアを割り出すために9つの異なるチームに属する50人の上級役員と技術的専門家に評価された。ジャムの次の段階は，選ばれた革新アイデアをオ

ンラインコミュニティを通じたコメントや評価にさらすことであった。これは，10個のよい提案が選ばれて開発に 1 億ドルの開発予算が配分されるさらなる評価プロセスに続いた。選ばれたビジネスアイデアには，外国語の同時翻訳サービス，スマートヘルスケア支払システム，環境プロジェクトのための IT アプリケーション，3 D インターネットが含まれていた。新しいビジネスはインキュベータープロジェクトとして始まり，その後他の IBM のビジネスグループに移管された。新規ベンチャーは，部門だけでなく IBM のトップマネジメントによる毎月のレビューも受ける必要があった。より幅広い課題に対処するため，IBM はその後より拡張されたジャムの方法論をもっている。

〔出所〕 www.pgconnectdevelop.com ; L. Huston and N. Sakkab, "Connect and Develop: Inside Procter & Gamble's New Model for Innovation," *Harvard Business Review* (March 2006) : 58-66 ; www.collaborationjam.com ; O.M. Bjelland and R.C. Wood, "An Inside View of IBM's Innovation Jam," *MIT Sloan Management Review* (Fall 2008) : 32-43.

革新の購入

　ビジネスリーダーや経営コンサルタントによる革新育成の奨励が盛んに行われているが，実情は，小規模で技術に特化したスタートアップ企業のほうが，革新プロセスの初期においては大企業にたいして優位性をもっている。それゆえ，おおくの大企業にとって，革新の主要な源は，ライセンスを通じて購入すること，特許の直接買取り，技術に基礎を置く若い企業の買収である。製薬企業は，とくにバイオテクノロジーにおいて，革新を外部から買い取ることにおいて，目立つ存在である。薬の特許をライセンスしたり，協力契約に署名することに加えて，専門的なバイオ技術企業の完全買収（2014年のジョンソン・エンド・ジョンソンによるアリオスバイオファーマの買収，2009年のロシュによるジェネンティック，2007年のイーライリリーによるアイコス，2006年のノバルティスによるシロンなどが含まれている）が行われている[注43]。第15章で買収，合併，戦略的提携などについてより詳しく考察する。

革新のために組織化して

　企業と社会とのために創造性が価値を生み出すには，方向づけられ，つなぎとめられなければならない。創造的自由さと商業的規範とを均衡させることは，すべての革新企業にとって課題である。この課題は，技術に基礎を置く企業だけに限定されるわけではなく，ファッションやメディア企業にも関連する。『ポニーテールと背広という2つの文化はお互いに別世界であるが，ともに興奮しやすい。』[注44] おおくの革新的企業は，勤務していた企業を不満で辞めた発明者により創立されている。インターネットベースのソフトウェアにおいて成功したグーグル，デジタルモバイルデバイスにおけるアップル，アニメ映画のディズニー，受賞したTV番組をもつHBOなどは，創造性と商業的な鋭敏さを優れて併せもつことを明らかにした。

　創造性と商業的効率を調和させることは，組織設計の際，主要な課題である。表9.4が示すように，創造性と効率の組織的要件はおおきく異なっている。組織的な解決策は（第6章で調べたように）**差別化**と**統合**を調和させることである。創造する部門と運用する部門の組織には違った構造と仕組みが必要である。しかし，成功する革新への鍵は，創造性と技術的専門知識の統合と製造，マーケティング，財務，物流，顧客サポートにかんする能力にある。そのような統合を達成するのは非常に難しい。組織の運用と革新を担う部分の緊張状態は避けられない。革新は確立された所定業務（ルーティン）を破壊し，現状を脅かす。組織の運用や管理部門がより安定的であればあるほど，革新への抵抗はより激しくなる。銃の正確性におおきな改善をもたらす革新である連続発砲（Continuous-aim firing）採用にたいする米国海軍の指導者層による反対の事例は，革新への抵抗がどんなものかを示している[注45]。

　既存の企業にとっても革新の優先順位が高まっているため，最高経営責任者は，柔軟性，創造性，技術に基礎をおくスタートアップの起業家精神に見習おうとしている。新製品開発や新しい技術開発を刺激するための組織的活動には以下のものがある。

- ●**職能部門横断的製品開発チーム**　これは，創造性と機能的効果の統合において高度に効果的な仕組みであることがわかっている。従来型の新製品開発アプローチは，『部門間の壁を乗り越え』，企業のリサーチラボから始まり，エンジニアリング，製造，財務などへと進行していく連続的なプロセスを含んでいる。

日本企業は，異なる部署から来た専門家とチームを，企業の不当な影響力から守り，影響力のあるリーダーを頭とする自立した製品開発チームを開発した(注46)。そのようなチームは，幅広い専門的情報を展開することや，より重要なのは，たとえば早急なプロトタイピングと並列エンジニアリングを通じて，情報を柔軟に早急に統合することに効果があることが証明されている(注47)。

● **製品チャンピオン**　これは第1に個人の創造性を組織的プロセスに組み込み，第2に発明をそれに続く商業化へとつなげるための手段を提供する。鍵となるのは，その創造的アイデアの源である個人が，そのアイデアを開発する組織をリードすることを認める，同じ個人に商業化プロセスにおいてもリーダーシップを認めることである。革新で絶え間なく成功している企業には，達成や成功へ，個人のやる気や革新へのコミットメントを確保し，仕向け，利用する組織的プロセスを設計する能力がある。製品チャンピオンを作る理由は，これらのコミットメントをもった個人は組織内における変化への抵抗を乗り越え他者の参加を引きつけるからである。Schön（シェーン）による15の主要革新の研究の結論は，『新しいアイデアは推進するチャンピオンを見つけるか，消滅するかのどちらかに落ち着く』というものである(注48)。英国での，43対の革新で成功および成功していない企業比較研究は，成功する革新を特徴づける主要な要因は企業家精神を発揮する『事業革新者』がいるかどうかであると結論している(注49)。3M社は新製品構想開発と新事業単位育成のための製品チャンピオン使用における代表的な例である（戦略コラム9.4参照）。

事業培養単位　企業内部で開発された技術で，企業内の確立された事業部では限られた用途しかない新規事業に資金を供給し，育成する事業開発部である。企業は技術を基礎とする新規ベンチャーを立ち上げスピンオフさせることでおおきな価値を生み出す可能性を感じ，1990年代のITブームの間，事業培養単位（コーポレート・インキュベーター）は，非常に人気のあるものになった(注50)。健全な戦略的および組織的理屈にもかかわらず，設立した事業培養単位から継続的な成功を達成した大企業はほとんどなく，成功したもののなかでもおおくはベンチャーキャピタルに売却された。ハメルとプラハラッドによると，おもな問題は『おおくの事業培養単位は，だれからも好かれず，社内の支持や企業内スポンサーのつかなかったアイデアの養護施設になっていること』である(注51)。実績にムラがあるとはいえ，いくつかの主要企業は，社内で生み出した革新による新規事業開発のプロセスを全社的に導

入して成功している。シスコシステムズは新興技術事業グループ（EMTG）を2006年に作り，新興市場トレンドの発見や，その利用方法を着想し，企業内の新規ベンチャーを育てている。18カ月のうちに，400を超える新規事業アイデアがシスコウィキに投稿された。のちに1つの事業単位となるテレプレゼンスというビデオ監視セキュリティシステムを含むいくつかは開発中であった。シスコの事業培養単位の主要な特徴は，とくに上級経営幹部を含む，社内の他部門との密接なつながりである(注52)。

戦略コラム 9.4　3Mにおける革新—製品リーダーの役割

小さく始めて作り上げる

　われわれの目は社長のほうを向いていないし，もちろんのこと，技術開発担当副社長が，たとえば，月曜の朝，3Mはどれどれの製品を出すと宣言するわけでもない。みんな，むしろ，他のスタッフが研究所で働いているのを見たり，マーケティングあるいは生産部門のだれかが，自分でずっと考えてきた新しいアイデアを提案するのを聴くほうを好む。その人間が，上司を含む周囲の人間を納得させたあかつきには，かれを小さいながらも予算と人員を抱えた，いわゆる『プロジェクト・マネジャー』に仕立てあげ，アイデアの実行に着手させるだろう。60年以上にわたる歴史において，それが成功の証であり続けた。君が新しい事業を開発したって？（ボブ・アダムス，R&D担当バイスプレジデント，3M）

スコッチライト

　ある人が訊ねた。『なぜ3Mはガラス玉を作らなかったのですか？　ガラス玉は高速道路での使用がどんどんふえるでしょうに。』…わたくしはガラス玉を染色しようとしていた際，その反射特性に気がついた。そして就業時間外に蛍光の家の番号の開発に努めた。

　この疑問と余暇研究プロジェクトに刺激されて，高速道路でガラス玉が使われている場所を探し出そうということになった。高速道路でガラス玉が撒かれている場所を見つけ，それらが夜にはより目立つ線を形成していることに気がついたのである…そこから，以下のような結論が下されるのはきわめて当然のことであった。すなわち，わが社は被覆加工（コーティング）会社であり，おそらく他のだれよりも

微粒子を皮膜に塗布することについて知っており，ガラス玉を紙片で非常に精密に覆う能力には長けているはずである。

だから当然そうした。最初に作った反射テープは単なる両面塗布テープであった。すなわち片面にガラス玉を撒き，反対側が粘着テープのものである。いくつかをこの町，セント・ポールで外にもち出し，高速道路局の協力のもと，道路に張ってみた。最初の霜が降り，そして溶けたあと，あらゆる天候条件のもとでの粘着テープの作り方について思っていたほどには知らないということに気がついた。

社内の関係領域の技術を探した。サンドペーパー事業部門に，どのように防水サンドペーパーを作るかの知識を請うたりもした。野ざらしにされる材料について知っている屋根の専門家の専門知識に頼ったりもした。さらに粘着テープ部門と話して，どうすれば高速道路にくっつきやすいテープを作れるかがわかった。

完成品は『スコッチライト』として知られるようになった。主たる活用法としては反射標識がある—高速道路の標識市場を3Mが開拓したのは，そのあとのことである。この製品を起案したハリー・ヘルツァーは，新製品部門のトップにこの製品にたいする興味を引き起こした。そのトップはヘルツァーにその商業化を奨励した。スコッチライトは成功を収め，ヘルツァーはこの製品を生産しマーケティングするために設置された部門のゼネラル・マネジャーになった。

〔出所〕 "The Technical Strategy of 3M: Start More Little Businesses and More Little Businesses," *Innovation* no. 5 (1969).

要 約

　新興産業や，技術が主要な競争要因となっている産業では，革新を生み出し，発展させていくことが競争優位の基本的な源泉であり，戦略策定での焦点である。しかし，競争の動力学，競争優位確立における資源や能力の役割，戦略を実行するための構造やシステムの設計といった，産業における根本的な戦略的課題は，すでに本書で見てきたものであり，基本的な戦略手法や道具を適用するよう求めている。

　これらの産業の予測不可能性や不安定性は，技術主導の産業における戦略的意

思決定が非常に特別な性格を帯びていることを意味する。これらの産業での顕著な動力学が意味するのは，大規模な価値創造と完全なる失敗との分かれ目となるのは参入時期の時宜適合性や技術的選択時での小さな相違の結果ということである。

これらの市場における変化の速度と予測困難性は，健全な戦略的意思決定が成功を保証するものではないことを意味する。しかし，そのような不確実性のなかで効果的に経営管理するのは，技術的変化とその競争優位にかんする意味合いの理解にもとづく戦略があった場合にのみ可能である。

本章では，最新の10年で学ぶことのできた，革新と技術的変化の管理に成功した戦略を要約した。おもな学びは以下に関連するものである。

- 知的財産，技術における暗黙知や複雑さ，リードタイム，補完的資源市場などを含む市場関係者でいかに革新により創造された価値が共有されるか。
- 早期市場参入者であるべきか追随者であるべきか，革新をライセンスや提携や合弁もしくは自社開発で行うべきか，リスク管理の方法などの革新戦略の設計。
- ネットワーク外部性が存在する市場で，規格やプラットフォームにかんする衝動的立場を追求しての競争。
- 創造性を刺激するための組織，社外での革新の獲得，新製品開発を含む革新のための戦略をどう実現するか。

革新による価値を獲得し，創造性と経営上の管理制御とを調和させることなどのような，いままであつかったおおくのテーマは，技術の戦略管理における一般的課題である。究極的には，革新がおもな成功要因であるような産業では，戦略の策定と遂行にあたって，その戦略が技術，市場の需要，産業構造などの特長にあったものであることが求められる。ボストン・コンサルティング・グループ（BCG）による，世界でもっとも革新的である企業のリストには，その上位にアップル，サムスン，アマゾン，トヨタ，フェイスブックなどが含まれている。これらの企業はみな競争優位を築くのに革新をうまく活用しているが，そういった企業が展開している戦略は，それぞれの産業状況に密接に適合されたものである。

第9章　技術に基礎を置く産業と革新の管理

> 自習用の質問

1．英国の発明家，トレヴァー・ベイリスは1992年11月，電気接続が難しく，収入が低く電池が買えないアフリカの住民のため，ゼンマイ仕掛けのラジオの特許申請をした。エイズに苦しむアフリカのいろいろな地方での衛生にかんする教育普及の手段としてラジオ放送の可能性を前にして同氏は興奮を隠せなかった。英国や南アフリカのテレビに出演した後，ベイリスは，機械仕掛けのラジオの製造と商業化に興味をもつ企業家や企業からの接触を受けた。しかし，ベイリスは，特許は自分の発明にたいして非常に限られた保護しか与えないことを心配していた―部品の大半，機械仕掛けの発電機とトランジスターラジオ，はすでに昔からある，確立された技術である。ベイリスの発明を保護し利用するにはどんな方策があるかを助言せよ。

2．表9.1は以下のことを示している。

　a．特許は，食品や電子部品よりも，薬品と医療機器関係での革新的製品を保護するにより有効であった。

　b．特許は，生産過程の革新よりも製品の革新への保護においてより有効である。

　なぜか？

3．338頁はジェームズ・ダイソンの革新的掃除機をライセンスするにあたっての困難に言及している（より詳しい情報は次のサイトを参照 http://www.cdf.org/issue_journal/dyson_fills_a_vacuum.html）。革新を利用する小さい会社がライセンスを活用する際の懸案事項について，ダイソンの経験からどのような教訓を得るべきか。

4．表9.2が述べる実例から，新製品での市場で先駆者が勝つか，追随者が勝つかを決める要素についてどんな結論が出せるか考察せよ。

5．ライドシェアリング市場において，ウーバーがマーケットリーダーであり，Lyft，Curb，そしてSidecarが続いている。ウーバーが事業を行っている各国では，その国の企業とも競争している。英国ではBlaBlaCar, Carpooling.comやHailoなどが競合である。この市場におけるネットワーク外部性の源はなにであるか？　そのネットワーク外部性の強さは，ウーバーの競合が失敗することを運命づけているか？

注

1 D. Stokes, *Pasteur's Quadrant : Basic Science and Technological Innovation* (Washington, DC : Brookings Institution Press, 1997).

2 R.E. Dugan and K.J. Gabriel, "Special Forces Innovation: How DARPA Attacks Problems," *Harvard Business Review* (October 2013).

3 米国においてR&Dの収益率は3.7％と5.5％との間と推算されている。以下参照。M. Warusawitharana, "Research and Development, Profits and Firm Value : A Structural Estimation," Discussion Paper (Washington, DC : Federal Reserve Board, September, 2008). 以下も参照。K.W. Artz, P.M. Norman, D.E. Hatfield, and L.B. Cardinal, "A Longitudinal Study of the Impact of R&D, Patents, and Product Innovation on Firm Performance." *Journal of Product Innovation Management* 27 (2010) : 725-740.

4 "Amazon Loses 1-Click Patent," *Forbes* (July 7, 2011) ; "Justices Deny Patent to Business Methods," *New York Times* (June 19, 2014).

5 F.T. Rothermael, "Incumbent Advantage through Exploiting Complementary Assets via Interfirm Cooperation," *Strategic Management Journal* 22 (2001) : 687-699.

6 R.C. Levin, A.K. Klevorick, R.R. Nelson, and S.G. Winter, "Appropriating the Returns from Industrial Research and Development," *Brookings Papers on Economic Activity* 18, no. 3 (1987) : 783-832.

7 P. Grindley and D.J. Teece, "Managing Intellectual Capital : Licensing and Cross-Licensing in Semiconductors and Electronics," *California Management Review* 39 (Winter 1997) : 8-41.

8 R. Adner, "Match your Innovation Strategy to your Innovation Ecosystem," *Harvard Business Review* (April 2006) : 17-37.

9 S. Shulman, *The Telephone Gambit* (New York : Norton, 2008).

10 "The Human Genome Race," *Scientific American* (April 24, 2000).

11 "EMI and the CT Scanner," Harvard Business School Case No. 383-194 (June 1983).

12 C. Markides and P.A. Geroski, *Fast Second* (San Francisco : Jossey-Bass, 2005).

13 D. Sull, "Strategy as Active Waiting," *Harvard Business Review* (September 2005) : 120-129.

14 たとえば，米国での電子歯ブラシやCDプレイヤーの普及率の割合は，HDTVの市場での需要を予測するときに参考にされた。(B.L. Bayus, "High-Definition

Television: Assessing Demand Forecasts for the Next Generation Consumer Durable," *Management Science* 39 (1993): 1319-1333).
15 G. Rowe and G. Wright "The Delphi Technique as a Forecasting Tool: Issues and Analysis," *International Journal of Forecasting* 15 (1999) 353-375.
16 E. Von Hippel, "Lead Users: A Source of Novel Product Concepts," *Management Science* 32 (July, 1986).
17 電子機器においては，顧客の考えにもとづいて大半の新製品が開発された。以下参照。E. Von Hippel, "Users as Innovators," *Technology Review* 5 (1976): 212-239.
18 E.D. Beinhocker, "Robust Adaptive Strategies," *Sloan Management Review* (Spring 1999): 95-106; E.D. Beinhocker, "Strategy at the Edge of Chaos," *McKinsey Quarterly* (Winter 1997).
19 A. Friedlander, *The Growth of Railroads* (Arlington, VA: CNRI, 1995).
20 "Europe Is Losing the 4G Race," *Wall Street Journal* (June 3, 2013).
21 S. Postrel, "Competing Networks and Proprietary Standards: The Case of Quadraphonic Sound," *Journal of Industrial Economics* 24 (December 1990): 169-186.
22 S.J. Liebowitz and S.E. Margolis ("Network Externality: An Uncommon Tragedy," *Journal of Economic Perspectives* 8 (Spring 1994): 133-150). 直接外部性として，これらのユーザー間の外部性を参照。
23 M. Gladwell, *The Tipping Point* (Boston: Little, Brown and Company, 2000).
24 P. David, "Clio and the Economics of QWERTY," *American Economic Review* 75 (May 1985): 332-337; S.J. Gould, "The Panda's Thumb of Technology," *Natural History* 96, no. 1 (1986): 14-23. 代替的見解として以下参照。S.J. Liebowitz and S. Margolis, "The Fable of the Keys," *Journal of Law and Economics* 33 (1990): 1-26.
25 C. Shapiro and H.R. Varian, "The Art of Standards Wars," *California Management Review* 41 (Winter 1999): 8-32.
26 R.M. Grant "The DVD War of 2006-8: Blu-Ray vs. HD-DVD," *Cases to Accompany Contemporary Strategy Analysis*, 7th edn (Chichester: John Wiley & Sons, Ltd, 2010).
27 C. Shapiro and H.R. Varian, "The Art of Standards Wars," *California Management Review* 41 (Winter 1999): 15-16.
28 C. Shapiro and H.R. Varian, "The Art of Standards Wars," *California Management Review* 41 (Winter 1999): 16-18.

29 競争優位とネットワーク効果についての最近の研究としては以下参照。D.P. McIntyre and M. Subramaniam, "Strategy in Network Industries: A Review and Research Agenda," *Journal of Management* 35 (2009): 1494-1517; A. Afuah, "Are Network Effects Really About Size? The Role of Structure and Conduct," *Strategic Management Journal* 34 (2013): 257-273; K. J. Boudreau and L.B. Jeppesen, "Unpaid Crowd Complementors: The Platform Network Effect Mirage," *Strategic Management Journal* 36 (2015) forthcoming.

30 R. Katila and S. Shane, "When Does Lack of Resources Make New Firms Innovative?" *Academy of Management Journal* 48 (2005): 814-829.

31 J.M. George, "Creativity in Organizations," *Academy of Management Annals* 1 (2007): 439-477.

32 M.L. Tushman, "Managing Communication Networks in R&D Laboratories," *Sloan Management Review* 20 (Winter 1979): 37-49.

33 D. Dougherty and C.H. Takacs, "Team Play: Heedful Interrelating as the Boundary for Innovation," *Long Range Planning* 37 (December 2004): 569-590.

34 S. Thomke, "Enlightened Experimentation: The New Imperative for Innovation," *Harvard Business Review* (February 2001): 66-75.

35 R. Florida and J. Goodnight, "Managing for Creativity," *Harvard Business Review* (July/August 2005): 124-131.

36 G. von Krogh, S. Haefliger, S. Spaeth, M.W. Wallin, "Carrots and Rainbows: Motivation and Social Practice in Open Source Software Development," *MIS Quarterly* 36 (2012): 649-676.

37 D. Leonard and S. Straus, "Putting Your Company's Whole Brain to Work," *Harvard Business Review* (August 1997): 111-121; D. Leonard and P. Swap, *When Sparks Fly: Igniting Creativity in Groups* (Boston: Harvard Business School Press, 1999).

38 A.J. Slywotzky, *Demand: Creating What People Love Before They Know They Want It* (Paris: Hachette, 2012).

39 E. Von Hippel (*The Sources of Innovation*, New York: Oxford University Press, 1988).

40 S. Thomke and E. von Hippel, "Customers as Innovators: A New Way to Create Value," *Harvard Business Review* (April 2002).

41 M. Dodgson, "Technological Collaboration and Innovation," in M. Dodgson and R. Rothwell (eds.), *The Handbook of Industrial Innovation* (Cheltenham: Edward Elgar, 1994); A. Arora, A. Fosfur, and A. Gambardella, *Markets for*

Technology (Cambridge, MA: MIT Press, 2001); S. Breschi and F. Malerba, *Clusters, Networks and Innovation* (Oxford: Oxford University Press, 2005).

42 H. Chesbrough, *Open Innovation : The New Imperative for Creating and Profiting from Technology* (Boston: Harvard Business School Press, 2003). 以下も参照。B. Cassiman and G. Valentini, "What is Open Innovation, Really?" Bocconi University working paper (2014).

43 P.M. Danzon, A. Epstein, and S. Nicholson, "Mergers and Acquisitions in the Pharmaceutical and Biotech Industries," NBER Working Paper No. 10536 (Washington DC, June 2004).

44 "How to Manage a Dream Factory," *Economist* (January 16, 2003).

45 E. Morrison, "Gunfire at Sea: A Case Study of Innovation," in M. Tushman and W.L. Moore (eds.), *Readings in the Management of Innovation* (Cambridge, MA: Ballinger, 1988): 165-178.

46 K. Clark and T. Fujimoto, *Product Development Performance : Strategy, Organization, and Management in the World Auto Industry* (Boston: Harvard Business School Press, 1991).

47 K. Imai, I. Nonaka, and H. Takeuchi, "Managing the New Product Development Process: How Japanese Companies Learn and Unlearn," in K. Clark, R. Hayes, and C. Lorenz (eds.), *The Uneasy Alliance* (Boston: Harvard Business School Press, 1985).

48 D.A. Schön, "Champions for Radical New Inventions," *Harvard Business Review* (March/April, 1963): 84.

49 R. Rothwell, C. Freeman, A. Horlsey, V.T. Jervis, A.B. Robertson, and J. Townsend, "SAPPHO Updated: Project SAPPHO Phase II," *Research Policy* 3 (1974): 258-291.

50 M.T. Hansen, H.W. Chesborough, N. Nohria and D.N. Sull, "Networked Incubators: Hothouse of the New Economy," *Harvard Business Review* (September/October 2000): 74-88 ; "How to Make the Most of a Brilliant Idea," *Financial Times* (December 6, 2000): 21.

51 G. Hamel and C.K. Prahalad, "Nurturing Creativity: Putting Passions to Work," *Shell World* (Royal Dutch Shell, September 14, 2007): 1-12.

52 "Cisco: Emerging Markets technology Group," www.benzinga.com/life/entrepreneurship/10/12/656767/ cisco-emerging-markets-technology-group, accessed July 20, 2015.

第10章
成熟産業での競争優位

当社は本当の『薄利』事業である。その意味するところは，財務的に成功するにはハードワークと詳細にわたる細心の注意を必要とするということである—それは簡単なことではない。わが社の店舗責任者は2つのことを上手に行わなければならない—コストの管理と売上増加である。コスト管理は，製品の品質，顧客サービスまたはレストランの衛生の犠牲の上であってはならず，観察，報告，そして分析による，事業の『生命兆候（脈拍，呼吸，体温など）』を絶え間なく監視することで行わなければならない。食事量の管理はわたくしたちのビジネスの決定的な役割である。たとえば，各フィレオフィッシュサンドイッチのタルタールソースとチーズは，それぞれ一液量オンスと0.5オンスと定められている。素材は厳しい許容量基準にもとづいて作られ，われわれのマネジャーはそれを製造工程のなかで確認する。わが社のレタスにかんする仕様は2頁にわたって文書化されている。フレンチフライポテトはポテトの種類，堅さと含有水分，そして繊維の長さの配分にかんする規格を満たさなくてはならない。

—エドワード・H・レンシ，米国マクドナルド社，社長兼最高執行責任者[注1]

【概　要】
- 序論と目的
- 成熟産業での競争優位
  - コスト優位性
  - セグメントと顧客選択
  - 差別化の追求
  - 革新
- 成熟産業における戦略実行—構造，システム，経営スタイル
  - 官僚制による効率性
  - 成熟事業における戦略実行の傾向
- 斜陽産業における戦略
  - 減少する需要への生産能力の調整
  - 斜陽産業における戦略代替案
- 要約
- 自習用の質問
- 注

序論と目的

メディアや株式市場は，グーグル，フェイスブック，ツイッターといった技術を基盤とする企業に心を奪われているが，事実としては，わたくしたちの大部分がそこで生計を立て，収入の大部分を消費する産業は，比較的成熟している産業である。世界の売上高トップ20企業のうち，18社は燃料，小売，自動車，金融サービス，鉱山，および電力で，これらの産業は，1世紀以上存在している（その他2社はアップルとサムスン電子で新技術を基盤としている企業である）(注2)。

いろいろな産業にまたがるとはいえ（マッサージ業から鉄鋼まで幅広い）成熟産業には，戦略論的な観点からすればいくつかの類似性が見られる。本章の目的は，成熟産業の特徴を探求し，産業内での競争優位性を確立する戦略を特定し，構造やシステムや経営スタイルにおいて戦略の意味するところを認識することにある。後で見るように，成熟性とは機会の欠如を意味するものではない。H&M（ファッション衣料），エアアジア（航空会社），スターバックス（コーヒー店）そしてニューコア（鉄鋼）は革新的戦略のおかげで繁栄している。成熟性は業績不振（sluggish performance）を意味するものでもない。コカコーラ，エクソンモービル，そしてダイムラーは19世紀に設立されたが，過去20年間，ハイテック企業がうらやむほどの収益性と成長の組み合わせを達成した。成熟性は革新の欠如を意味するものでもない—後で見るように，おおくの成熟産業は新技術と新戦略により変容した。

本章では以下のことを学ぶ。

- 成熟産業の主要な戦略論的特徴の認識。
- 成熟産業における重要成功要因（KSF）の認識と，その利用に役立つ戦略の策定。
- 戦略の効果的な実行のための組織構造と経営システムの設計。
- 斜陽産業の特徴，それがもたらす収益機会，そして企業がとり得る戦略の選択肢の認識。

成熟産業での競争優位

　産業ライフサイクルの分析（第8章）は，成熟化は2つの点で収益性を弱めることを示唆した。第1には，競争優位性確立の機会の数を減らす傾向にあることと，第2には，競争優位性が差別化要因からコスト要因へと移転することである。
　成熟産業における持続可能（サステナブル）な競争優位性の低減は，以下の理由で生じる。

- より情報をもった買い手，商品の標準化や商品革新の減少等に起因する差別化優位確立可能性の減少。
- 生産工程技術の普及は，コストの優位性獲得，維持が難しいことを意味する。コスト優位性が確立された後でも，為替交換レートや低コスト生産国の出現にたいして弱みを抱える。
- 高度に発展した産業下部構造と有力な流通業者の存在は，新規参入者の既存企業への攻撃を容易にする。

　『オマハの賢者』と呼ばれる，ウォーレン・バフェットは，用語は異なっているが似たような考えを述べた。かれはビジネスを『フランチャイズ』と『事業』に分類し，成熟化をフランチャイズが事業へ退化するという価値破壊の過程と見た。

　　　経済的フランチャイズが製品やサービスにたいして生じるのは，(1)ニーズがあるか欲求されている，(2)似通った代替製品がないと顧客が考えている，(3)価格の規制がなされていない，といった場合である。フランチャイズは高い資本収益率をもたらし，間違った経営をしてもそれほど問題にはならない。対照的に，『事業』から例外的に大きな利益がもたらされるのは，低コストで運営されている場合か，製品やサービスの供給がタイトな場合のみである。そしてまた事業はフランチャイズと異なり，経営が下手だとついえてしまうのである[注3]。

コスト優位性

　コモディティ化（商品化）は，おおくの成熟した産業においてコスト効率性が競

争優位性の主要基盤であることを示唆している。3つのコスト・ドライバー（原価作用因）がとくに重要な傾向にある。

- **規模の経済**　資本集約的な産業，あるいは広告や流通，新商品開発等が総費用に占める割合が高いような産業においては，規模の経済は企業間の費用差異の源泉たり得る。成熟に付随して起こる標準化の増加は，規模の経済性の活用を強く後押しする。自動車業界では，その他のおおくの製造業と同じように，産業進化は規模の経済の追求により推進されたものである。成熟産業における規模の経済の重要性は，成熟産業においてのROIと市場占有率の相関関係が，新興産業におけるそれよりも強いという事実により示される[注4]。
- **低コスト投入（インプット）**　低コスト投入の追求は，成熟産業の，先進国から世界の新たに産業化された国々への移行を意味する。しかし，低コスト投入を手に入れることは，必ずしもインドやベトナムにおいてオペレーションを確立することを意味しない。既存の企業は高い給与や手当，非効率な労働慣習，そしてかつて繁栄した時代から受け継がれてきた過剰な一般経費に縛られている可能性がある。成熟産業への新規参入者はたたき売り的な価格で工場や設備機器を取得し，労働賃を切り下げてコスト優位性を取得できるかもしれない。ヴァレロ・エナジー社は米国で最大の石油精製業者である─欠損を出している精油所を安価な，帳簿価格（ブックヴァリュー）以下で取得し，厳密なコスト効率を追求しながら運営した。北米や西欧でのコンビニエンスストアはしだいに移民によって所有されるようになっている。かれらの家族をもとにする経営はコストや柔軟性での優位性をもっている。
- **低い一般経費**　成熟産業下にあってもっとも高利益を生み出す企業は，間接費を削減できたところであった。割安小売業界では，ウォルマートは総経費節約への取り組みで有名である。石油メジャーでは，エクソンが厳格な一般経費管理でよく知られている。エクソンの本部経費（対実質自己資本，ネットワークス）はモービルのそれの約4分の1と推算されていた[注5]。エクソンとモービルとが合併した際，モービルから多額の費用削減効果を引き出すことができた。新聞と雑誌出版では，英国のEMAP，米国のメディア・ニューズ・グループ（『痩せっぽちディーン』・シングルトンの経営）は，おおくの新聞を買収し，一般経費の大幅削減を行っている。

成熟産業ではコスト非効率性は慣行化している傾向があるので，コスト削減には

根本的な荒療治が必要かもしれない。**企業再編（コーポレート・リストラクチャリング）**，つまり，徹底的な構造および戦略変換期間には外注，人員削減，そして規模縮小が含まれる—とくに本部レベルではそうである[注6]。成熟産業において成功する再編戦略は通常，積極的な費用削減，生産性改善，資産圧縮を含む[注7]。

セグメントと顧客選択

　成熟産業においては，成長が停滞し，製品差別化が欠如し，国際競争が収益性を圧迫する傾向にある。しかし，たとえ魅力がない業界においても，高い需要成長，競合他社の少ない，そして差別化への豊かな機会を提供する，魅力的なニッチ（隙間）市場は存在する。結果として，セグメント選択は，同じ業界内の企業の業績差異を決定する鍵となりうる。ウォルマートの収益性は，あまり競争にさらされていない，中小規模の町での店舗展開に支えられている。自動車産業では，大部分の市場における激しい競争を回避するために，既存のセグメントを横断する『クロスオーバー』車種を使って絶え間ない努力が展開されている。主導的企業が大量市場に注力するという性向により，満たされていない顧客ニーズに供給する新しい隙間市場を切り開く可能性を中小プレイヤーが作り出す。第8章で参照した「資源分割」である[注8]。

　特定セグメントへの集中は，個人顧客のレベルまで下がる，市場のさらなる細分化を意味する。情報技術は，個々の客の特徴と嗜好を分析し，個々の客の企業への利益面での貢献を認識し，個々の客への統合的アプローチ・マーケティング，つまり**カスタマー・リレーションシップ（顧客関係）管理**（CRM）への新しい取り組み方を可能にする。ラスベガスのカジノが，その収益の大部分は顧客のごく少数部分—「金遣いの荒い客」—から引き出されていることを昔から認識しているのと同じように，銀行やスーパーマーケット，カード会社，ホテル等は，もっとも魅力ある顧客および，まったく貢献性のない顧客を特定するために，ますます取引データを活用するようになってきている。

　このプロセスでのつぎの段階は，単なる顧客選定を越えて，より魅力ある顧客を目標とし，価値貢献度の低い顧客を価値貢献度の高いものに引き上げることである。たとえば，カード発行会社キャピタルワンは，各顧客のカード使用期間全体の収益性を推算し，クレジットカードの条件と特徴を個々の使用客の嗜好と特徴に適合させるためのデータウェアハウジング，実験，シミュレーション，および洗練された

統計モデルを使用した。「ビッグデータ」によって企業は個々人に合わせたマーケティングを行えるようになる。マッキンゼーはビッグデータやその他情報通信技術が「オンデマンド・マーケティング」時代の案内役（Usher）になる潜在可能性があることを指摘した[注9]。

差別化の追求

　第7章で触れたように，コスト・リーダーシップは，とくに国際競争にさらされている場合には維持が困難である。したがって，厳しい価格競争からの遮断を可能とする差異化を図ることは，成熟産業ではとくに魅力的となる。問題は，製品のコモディティ化傾向は差別化への余地をせばめ，顧客が差別化のゆえに喜んで支払う価格割り増し（プレミアム）の可能性を減少させる。

- タイヤ業界や家電業界では，おおくの企業が商品革新や品質，商標宣伝などによる差別化をめざした投資をしたが，結果は満足するようなものではなかった。激烈な競争，価格に敏感な消費者，そして強力で，積極的な小売業者の存在は差別化がもたらす価格割り増し可能性を限定する。
- 足を伸ばす空間，飛行中の娯楽，および発着・発着時間の厳守を通じての競争優位獲得のための航空会社の努力にたいして，おおむね，市場からの反応は低いものであった。唯一効果的といえるのは，フリクエントフライヤー・プログラムと，ファーストクラスとビジネスクラス旅客へのサービスだけであるようである。

　商品の物理的特性の標準化と顧客の嗜好の均一化は，差別化潜在可能性を制限することはあっても排除はしない。商品標準化は，しばしば，補完的なサービス（支払い便宜，リーシング条件，保証，アフターサービス，など）での差別化をともなう。消費財では，成熟化は，しばしば物理的な商品特性による差別化からイメージ特性による差別化への移転を意味する。特定のコーラやタバコ・ブランドへの堅固な消費者ロイヤルティが存在するという事実は，類似性の高い商品の間での明瞭なイメージ差別化を作った，長期にわたるブランドプロモーション能力の優秀さの証である。

　激烈な競争を展開する小売流通業界は，差別化戦略にかんし，とくに興味深い例を呈示する。おおくの流通チェーンでの貧弱な業績（米国のトイザらス，フット・

ロッカー，J.C. ペニー，欧州のカルフール，メトロ，ディクソン）は多様性やスタイルならびに雰囲気作りを通じて明確な差別化をしたチェーン（米国のホールフーズ，TJX，リミテッド・ブランドそしてベッド・バス・アンド・ビヨンド，欧州のザラ・インディテックス，H&M，そして IKEA）の売上成長と収益性とおおきな対比をなしている。小売流通業のような激烈な競争を展開する成熟産業から得られる教訓の１つは，競争優位維持は至難のわざであるということである。Best Buy，ボディーショップ，テスコ，そしてマークス・アンド・スペンサーのように過去卓越した業績を誇った小売業者の大半は，月並みな企業に滑落した。

革　新

　本書では，成熟産業とは技術変化の遅い産業として特徴づけた。製鉄，衣料や繊維，食品加工，保険そしてホテル業など，おおくの成熟産業では研究開発費は売上の１％以下であるにたいし，米国製造業界全体のうち，わずか３業界（コンピュータと電子機器，医薬品，そして航空宇宙産業）だけで研究開発費の65％を使っている[注10]。にもかかわらず，特許申請数を見る限り，いくつかの成熟企業は新興企業よりも革新的である[注11]。BCG がリストに選び出した，世界でもっとも革新的な50社のうち，消費財企業は３社（P&G，ネスレ，そしてユニリーバ），コングロマリットは２社（GE とタタ・グループ），そして自動車製造業は６社となっている[注12]。確かに，タイヤ，ブラジャー，釣り竿などのような成熟商品においての継続的な技術革新は新特許申請の安定した流れにより示されている（戦略コラム10.1参照）。

戦略コラム 10.1　成熟産業における革新―ブラジャー生産技術

　女性は少なくとも二千年間，胸を固定し支えるために織物を使用しているが，19世紀後半になって初めてそのような下着を呼ぶため「ブラジャー」という用語を使用するようになった。米国において『ブラジャー』にかんする最初の特許は，1913年にメアリー・フェルプス・ジェイコブが取得した。それから，ブラジャー改良への技術的な追求は続いている。2005年から2014年までブラジャーにかんする特許が米国で228も登録された。設計上の革新は以下のとおりである。

● ワンダーブラ（サラ・リーによる）は，滑車を用いたシステムを使う，『調節で

きる胸の谷間』のブラを市場に出した。
- ゴッサード（やはりサラ・リーが所有）によるデザインのエアロティック・ブラは，『2つの空気袋を標準装備』している。
- チャーノスのバイオフォーム・ブラは，剛体リングの周りにやわらかく成型したポリプロピレンを使うことでワイヤーを排除した。このデザインはフリスビーからヒントを得，ロンドンのミレニアム・ブリッジを設計したオーブ・アラップが設計をした（ミレニアム・ブリッジは揺れがおおきすぎて閉鎖されている）。
- 日本のトリンプ・ランジェリーは，「仲良し姉妹ブラ」を発表した。ディズニーの『アナと雪の女王』からひらめきを得たもので，一式のブラジャーを合わせると同時に色が変わる。
- ウーロンゴン大学のスポーツブラを含む最近の「スマートブラ」は，運動中の胸の動きを調整し，センサーを埋め込んだマイクロソフトのブラは，心電図のデータを集め，スマートフォンに装着している人の情緒の状態にかんするメッセージを送る。

〔出所〕 "Bra Wars," *Economist* (December 2, 2000): 112; USTPO Patent Database. "The Physics of Bras," *Discover Magazine* (November 2005) "Microsoft Developed a 'Smart' Bra" CNN (December 4, 2013).

おおくの成熟産業で技術的な変化の速度が速くなっているとはいえ，競争優位性を築くおおくの機会は，第7章で議論した『**新ゲーム戦略**』や『**ブルー・オーシャン戦略**』を含む「**戦略的革新**」から生じる確率が高い。第8章で見たように，戦略的革新は，製品や生産工程での革新が緩慢化した後，浮かび上がってくる3つ目の段階である。第7章で議論した「**価値連鎖再設定**」（Value chain reconfiguration）手法に加え(注13)企業は，市場および市場セグメントの再定義により戦略的革新を追い求める。それには，以下のことが関与する。

- **新しい顧客集団の囲い込み**　ハーレーダビッドソンは中年層の間での高級モータサイクル市場を創り出し，成熟市場であるビデオゲーム機市場で，任天堂は，主要市場である若い男性以外の顧客に訴求することで，Wiiで大成功を収めた。信者をもっとも増やしている教会（例：ロシアでのエホバの証人，米国でのアムウエー・クリスチャン・フェローシップ）は，社会的，人工的なグループのうち，既存の教会によって相手にされていなかったひとたちの間での信者

獲得に努める教会である。

- **増強，組み合わせ，テーマ化**（augment, bundling and theming）　成熟産業における差別化のもっとも成功した手法は，製品の中心的な特色（Core offering）と追加的な製品とサービスとの組み合わせ（Bundle）である。書籍の小売では，バーンズ・アンド・ノーブルは，幅広い書籍の品揃えだけでなく，その店内にスターバックスコーヒーショップも提供した。メガストアやアマゾンとの競争を生き抜いた街角の本屋は，詩の朗読，ライヴミュージック，そしてその他娯楽サービスを提供したりした書店である。製品内容の増強や組み合わせは，顧客を全面的な経験に巻き込むこともできる。小売店（ディズニーストアやアメリカンガール）やレストラン（ハードロックカフェやレインフォレストカフェ）によるテーマ化は，販売された商品を超えた経験を顧客にさせたいという願望を反映したものである[注14]。

- **顧客のための解決法**　商品やサービスの組み合わせを通じた差別化のもう１つの手法は，「**顧客のための解決法**」を提供することである。つまり，カスタマイズされたパッケージとして提供される，統合された商品とサービスの組み合わせ（Bundle）である。たとえば，アルストムの鉄道輸送部門は，「製品の供給者からシステムとサービスの提供者」に変化した。機関車，車両，信号機といった単品の供給よりもむしろ，「製品のライフサイクルにわたっての完全な輸送解決法」を提供する[注15]。しかしながら，イタリアのエンジニアリング企業のボンフィオリの上級経営幹部がわたくしに説明したように，「顧客のための解決法を供給することは，戦略を訴求する（appeal）ことであるが，実行は難しい。かつて，販売員は商品案内書をもって，顧客を訪問した。今は，販売員は商品，メンテナンス技術者，財務アナリストなどがチームになって顧客を訪れなければならない。」

- **成熟思考態度（Mindset）からの解放**　競争優位性を作り出すには，経営幹部が成熟化という思い込みに起因する認識制限から自らを解放することが必要である。バーデンフラーとストップフォードは，成熟とは心理の状態であって事業の状況ではない，どんな事業にも若返りの潜在可能性があると主張した。戦略的革新の鍵は，産業での常識により戦略にたいする伝統的な考えに閉じ込められるのを経営幹部が防ぐことにある。これは，中堅幹部が実験し，学習することを奨励する，企業家精神をもった組織を育むことを意味する[注16]。

コスタス・マーキディーズは以下のような，因習の打破に成功し，成熟産業で独特なポジショニングを確立した例をいくつか発見した。

- 米国とカナダ，そして英国に大多数の2千の事務所を有するエドワード・ジョーンズは，成功する証券仲買企業は，規模の経済，製品多角化，電子コマース，投資銀行業との統合が必要という伝統的な知恵を否定した。各事務所には顧客との直接の関係により自分の商圏での事業を発展するように奨励された1人の投資アドバイザーがいるのみであった。専有（proprietary）の投資商品もオンライン投資もない。
- エンタープライズ・レンタカーは大手の競争他社であるハーツやエービスとはまったく異なる拠点戦略を採用した。ビジネス旅客者向けに空港や繁華街といった場所にオフィスを構えるというよりは，同社は，郊外に出店し，おもに消費者市場にサービスを提供することに傾注している[注17]。

企業はどうしたら群れから抜け出し，戦略的な革新を行えるか？　業界の伝統を打ち破るには，業界全体の思考体系に対峙する（confront）必要がある。J.C.スペンダーがいう「**産業レシピ（recipes）**」である[注18]。これは，経営幹部にかれらの「**認知地図**」（cognitive map）を変える方法，つまりかれらが業界環境を認知し理解する心理的な枠組み[注19]を見つけることを要求する。これは，成熟産業の戦略的革新を起こすのは，しばしば，よそ者，あるいは産業外縁に位置する企業であることを説明する。

ギャリー・ハメルは，戦略策定過程を再組織して，戦略的革新を助長することを提案する。これは戦略策定での経営陣の独占的支配を壊し，組織階層の下部にいる若いひとびとを介入させ，組織の周辺に位置する人間を関与させることを意味する[注20]。

成熟産業における戦略実行―構造，システム，経営スタイル

大半の成熟産業では，競争優位のおもな基礎は，オペレーションの効率性である。しかしながら，見てきたように，コスト効率には，革新と顧客対処（Customer responsiveness）とを考慮する必要がある。これら複数の業績目標を達成するために，成熟企業は，どんな種類の組織構造，経営システム，指導者スタイルが必要か？

官僚制による効率性

　第6章で見たように，伝統的な安定化環境への処方箋は，中央集権的で，明確に定義された役割をもち，そして根本的には垂直な意思疎通を図る**『機械主義的（メカニスティック）』組織**であった[注21]。ヘンリー・ミンツバーグはこのような効率性追求にたずさわる形式的な組織を**機械的官僚制**（マシーン・ビューロクラシー）と呼んだ[注22]。効率は，標準化されたルーティン，分業，そして官僚的原則に基礎を置く緊密な経営管理により達成される。分業は経営陣にも，現場（オペラティブ）にも適用される―マネジャーの間での高度の垂直的，水平的特化が普通となる。垂直的特化は，組織階層の最高層での戦略策定権限の集中から発生する。一方，中間と下部の経営層は標準化された規則と手順を適用して監視と管理を行う。水平的特化は職能部門構造の形をとる。

　ミンツバーグの記述する機械的官僚制は，実在する組織の戯画化である。おそらくもっとも近似するのは，高度にルーティンな行政的職務を担う政府組織に見られるであろう（たとえば，国税庁や自動車免許担当局など）。しかしながら，おおくの成熟産業において，機械主義的組織の特徴は，高度に定型化したオペレーションや詳細な規則や手順の適用において明白であろう。マクドナルドは典型的な官僚制ではない。とくに同社の店舗の大多数は，独立した会社に運営されているフランチャイズである。しかしながら，その業績を特徴づけるコスト効率と運営での一貫性は，その事業の遂行方法のすべての側面を実質的に規定する，高度に標準化され，洗練された運営手順により管理されている（本章冒頭の引用参照）。同様に，巨大企業であるマリオット・ホテル，HSBC，トヨタ自動車，ウォルマートがもつ効率性と安定した高品質を達成する能力は，官僚制原則に強く頼った管理システムの結果である。このような成熟組織の鍵となる特徴は表10.1に要約されている。

第III部　事業戦略と競争優位の追求

■表10.1　成熟産業における戦略の実行—伝統的なモデル

戦略	おもな目標は規模の経済，標準的な製品，サービスの資本集約的生産によるコスト優位。 戦略策定は最高経営陣の所掌事項。中間経営幹部は，戦略の実行を担当。
構造	職能部門(例：生産，マーケティング，顧客サービス，流通)。ラインとスタッフの区別。垂直方向の報告関係と権限移譲により特徴づけられる明確に定義された職位。
管理	業績目標はおもに定量的，短期志向で組織構成員すべてに特定されている。成果は中央集権的経営情報システムと形式化され報告書の形式を使って緊密に監視される。
インセンティブ	インセンティブは，各人の目標達成に則って決まり，財務的な報酬，昇進の形をとる。定量的目標達成の失敗，規則違反，会社の就業規定違反には罰則が加えられる。
意思伝達	権限委譲と報告のためおもに垂直方向。水平方向の意思伝達は限られ，時として部門間の委員会により行われる。
経営	経営陣の主要な役割—管理と戦略的意思の決定，典型的な最高経営責任者は管理者（組織システムと原則および合意の構築と運営により組織を動かす（例：ゼネラルモーターズのアルフレッド・P・スローン・ジュニア）である）か，独裁者，つまりトップダウンで意思決定を行い，権限集中と人格の力により指導する（例：クライスラーのアイアコッカとサンビームのアル・ダンラップ，アップルのスティーブ・ジョブズ）か，明確な戦略方向性とかなりの権限分散化した意思決定とを組み合わせる「戦略的指導者」（IBMのサム・パルミサーノ，日産ルノーのカルロス・ゴーン，GEのジェフ・イメルト）かである。

成熟事業における戦略実行の傾向

　成熟産業の競争優位性がすべて規模と分業のコスト優位性にかんするものであるとすれば，標準プロセスにもとづく管理手法（Practice），綿密に定義されたルール，階層的な制御，定量目標，そして個人業績と密接に結びついたインセンティブは，うまく機能する。しかしながら，わたくしたちが議論してきたように，成熟産業において成功する要因とそれに対処する成功を勝ち取るための戦略は，数段複雑化した。コスト効率にかんしていえば，低コスト投入のために低コストの専門企業に外注するという柔軟性や，無駄を排除したり新しい効率の源を見つけたりする努力をつねに続ける組織環境を創造するということにくらべると，規模による優位性は重要ではなくなっている。成熟産業での効率性の主導企業は，規模の利益を最大

限に享受できる大企業では必ずしもなくなっている。つまり，成果評価本位の管理システムを通じて，効率性に専念している会社が主導企業になる傾向がある。成熟産業でもっとも業績のよい会社（物流のUPS，ディスカウント小売業のウォルマート，鉄鋼のニューコア，石油のエクソンモービル）は，成果目標を戦略の中心に置き，統合管理システムを有する。そのなかで，成果目標は，その目標に合うよう緻密に設計された財務管理，人事政策，オペレーティング慣行を通じて実践される。

効率性の追求に組織を一体化させるには，会社全体の目標を部門や個人の個別の業績目標にまで落とし込む管理システムが必要になる。**バランススコアカード**は，これを達成するためにもっとも広く利用されている技法の１つである（第２章参照）。しかしながら，もっとも重要なことは，業績目標を企業文化に埋め込むことである。

- UPSの成果中心管理スタイルの中心をなすものは，従業員の高い自律性と会社としての「妄想強迫性人格」とを同時に受け入れる企業文化だ[注23]。
- ウォルマートの倹約文化は，創業者のサム・ウォルトンの価値観を反映したものである。ウォルマートの幹部のロン・ラブレスによれば，『サムはたとえ１ペニーたりとも粗末にあつかわなかった。おおくの人は，ウォルマートは年間US＄100億を稼ぐという。しかし，それは内の人間が考えることと違う。考えるべきは，「もしあなたが１ドル使ったとすれば，その１ドルを稼ぐのに，商品を何ドル売る必要があるか？」ということだ。』[注24]
- ライアンエアーは，コスト効率管理技術に長けている。ヨーロッパでもっとも低コストの航空会社になるという単純な戦略目標にもとづき，ライアンエアーの運営航路，空港の選択，機体，チケットシステム，人事制度は，コストの極小化目標と綿密に一致している。ライアンエアーのコスト削減への固執は，大部分が臨時社員であること，乗務員は自分の制服と研修の支払いは自腹でという要求，そしてインセンティブ報酬（乗務員は，機内販売について手数料を受け取る）の強調に反映されている[注25]。

差別化および革新と絶え間ないコスト効率の追求とを融和させるには，コスト極小化命題をおろそかにしないで，しかもこれらの目標を促進する経営システムを設計しなければならないという難しい課題がある。成熟産業において効率と革新を調和させる通常のモデルは「**内部差別化**」である。つまり，革新や企業家精神はR&Dや新商品開発，事業開発部等の専門家の責任とするのである。しかしながら，トヨ

タやワールプールを含む，成熟産業のいくつかの既存企業は分散型革新(Dispersed innovation) を活用しており，すべての従業員の独創力や発案を奨励している[注26]。

斜陽産業における戦略

　成熟から斜陽への移行は技術的代替(タイプライタや写真フィルム)の結果であったり，顧客嗜好（缶詰食品，男性用スーツ）の変化であったり，人口動態（欧州の赤ちゃん用品）の変化であったり，外国（先進工業諸国における繊維物）との競合であったりする。縮小する市場需要は，戦略的に深刻な問題である。斜陽産業における主要な特徴のいくつかは下記のとおりである。

- 過剰稼働能力
- 技術革新の欠如（新製品導入の欠如やプロセス技術の安定に反映）
- 競合企業数の減少，しかしいくつかの新規参入企業は退出企業の資産を安価で取得する
- 物理的，人的資源の両者での高い平均年齢
- 激しい価格競争

　衰退産業をめぐる味気ない環境にもかかわらず，キャサリン・ハリガンの研究によれば，斜陽産業のなかで，競争企業のいくつかは驚くほど高い収益をあげている産業もある。つまり，電気真空管，葉巻，製革業などである。しかしながら（とくに市販の離乳食やレーヨン，食肉加工で見られるように）産業衰退には，厳しい値下げ競争，企業破綻，不安定性がともなう[注27]。
　衰退産業が，無差別的に企業を存続の危機にさらす存在になるかどうかを決定する要因は何であろうか？　2つの要素が鍵となる―生産能力と産出の均衡および製品にたいする需要の性格である。

減少する需要への生産能力の調整

　減少する需要に対応しての業界生産能力の円滑な調整は，衰退期における安定性と収益性の鍵となる。生産能力が秩序だった形態で退出する業界では，衰退は精神

的外傷（トラウマ）なしで起こりうる。欧米の製鉄業界あるいは製パン業界，炭鉱や長距離バス輸送業界で起きたように，巨大な過剰生産能力を保持する産業には，破壊的な競争の潜在的可能性が存在する。生産能力の，減少する需要への適合の容易性は，以下の要因に依存している。

- **衰退の予測可能性**　衰退が予測可能であれば，企業は，それに計画的に備えることができる。デジタル画像の到来による伝統的な写真の衰退は先取りされ，計画的に準備がなされた。反対に，2011年に始まった個人用コンピュータの売上の落ち込みは，あまり予想されていなかった。需要が周期的で，乱高下すればするほど，企業にとって，衰退期が到来した後でも需要の趨勢を感知するのは難しくなる。
- **退出障壁**　退出障壁は業界からの生産能力退出を妨げる。おもな障壁は以下のとおり。
  - 耐久性があり，かつ特化した資産。必要資本が業界参入の妨げになるのと同じように，投資は退出意欲を減退させる。耐久性があればあるほど，そして他の業界でその資産を利用できる機会が乏しければ乏しいほど，その業界に縛られる企業はおおくなる。
  - 工場閉鎖にかかる費用。資産償却の経理上の費用とは別に，従業員解雇手当や顧客，供給業者との契約破棄にともなう補償や工場の解体にかかる金銭的コストは莫大であるかもしれない。
  - 経営者の心理的こだわり。財務的考慮に加えて，企業は感情的，倫理的理由で工場閉鎖を渋る傾向にある。工場閉鎖や撤退をなかなか決められない理由は，企業の伝統や名声，経営者が自分の経営の失敗を認めたがらないこと，従業員や地域社会への忠実さであったりする。
- **生き残り企業の戦略**　生産能力の円滑な退出ができるかどうかは，究極的には，業界での競合企業の決定にかかっている。企業が過剰能力の問題認識と解決をすみやかにすればするほど，独立的かつ集合的な行動による生産能力削減は達成しやすくなる。たとえば，ヨーロッパの給油業界では過剰能力は部分的には石油メジャーの間での双務的，給油所交換で解決された。業界で，より強力な企業は，工場を買収したり，アフターサービス契約譲り受けの提案をすることにより，弱い企業の退出を促せる。プライベート・エクイティ企業の主要戦略は，斜陽産業の「ロールアップ」，つまり複数の被買収企業の統合であっ

た。クリア・チャンネル・コミュニケーション社は、ラジオ局のアメリカ市場のロールアップを行い、ついに900局以上を所有するまでになった。フェリックス・サーモンは、「金融情報業界もまた、ロールアップに機が熟している」と主張した。つまり、フォーブス・メディアのオンライン金融情報サイトであるストリート・ビジネス・インサイダーとシーキング・アルファとを合併させ、ブルームバーグやロイターに対抗できる競合企業を作ることを求めた[注28]。

斜陽産業における戦略代替案

衰退産業にたいする紋切り型の戦略的助言は、売却または刈入れ（ハーヴェスト）、つまり、再投資せずに既存の投資からのキャッシュフローを最大化すること、のいずれかである。しかしながら、こうした戦略は、衰退産業が本質的に収益性に劣るという前提に立っている。もし潜在的な収益性が存在するなら、他の戦略も魅力的になりうる。ハリガンとポーター[注29]は衰退産業において、個別に、または連鎖的に追求しうる4つの戦略を認識する。

- **指導者的位置（リーダーシップ）** 指導企業的位置を獲得することで、企業は競争他社より産業ライフサイクルの最終段階において他の企業の退出後も支配的な地位を保持できる。一度指導的地位を獲得すれば、企業は刈入れ戦略に乗り換え、その市場での地位から高い収益力を享受できる。リーダーシップ確立は、競合他社を買収することで成しとげられるが、もっと費用がかからないやり方は、競争者の退出を奨励することである（その後、その会社の工場を買い取ることである）。競争者退出への誘引には、業界への自社関与度の決心の強さを相手に納得させたり、退出費用の軽減に協力したり、業界の将来について悲観的な見通しを公表したり、競争を激化させたりすること（たとえば、競合他社の事業継続費用を増加させるため、より厳しい環境規制を支援したりすること）が含まれる。
- **隙間（ニッチ）** 安定的な需要が見込めそうで、かつ他の企業の侵入はありそうもないセグメントを特定し、そのセグメント内でリーダーシップ戦略を追求する。もっとも魅力的なニッチは、安定性についての見通しがもっともおおきく、需要の価格弾力性が低い分野である。技術の陳腐化に直面した商品では、既存企業は、しばしば、儲かる高価格、高品質セグメントを開拓することに成

功する。たとえば，リシュモンは，機械式時計（ランゲ・アンド・ゾーネ，ボーム・アンド・メルシェ，カルティエ，ピアジェ，バセロン・コンスタンティン）や高級万年筆（モンブラン）にもとづいた高収益な事業を作り出している。

- **刈入れ**　　追加投資を避けながら，投資効果を刈り入れることで，企業は既存の資産からのキャッシュフローを最大化する。刈入れ戦略は，価格引き上げや製品の品種数，流通経路数，顧客数の合理化を通じた費用削減により可能な限り利幅の拡大をめざすものである。しかしながら，刈入れ戦略実践は難しいことに留意せねばならない。強力な競争に直面した場合，刈入れは，衰退を加速しかねない。長期的な将来性が見えないような戦略によって，とくに従業員のやる気が悪影響を受けてしまうような場合である。
- **投資引き揚げ**　　将来の見通しが芳しくない場合，最良の戦略は，大多数が衰退は不可避であると確信する前の衰退初期の段階で事業を売却することである。業界の衰退が始まってしまえば，買い手を見つけることはきわめて困難なものとなる。

もっとも適切な戦略の選択には，産業の潜在的収益性と，その企業の競争的位置づけの両方を注意深く検討することが必要である。ハリガンとポーターは4つの鍵となる質問を問いかける。

- 産業構造は，潜在的な収益性のある衰退期を支えることが可能か？
- 各主要競争他社が直面している退出障壁は何か？
- 自社の強みは現在の需要の隙間に適合しているか？
- その隙間市場における競合他社の強みは何か？　その退出障壁はどのように克服できるか？

適切な戦略の選択には，業界に残存する機会と，企業の競争的ポジションを適合させることが必要である。図10.1は戦略的選択についての単純な枠組みを示す。

■ 図10.1　衰退産業における戦略的選択

	企業の競争的地位	
	残余的需要にたいする強みあり	残余的需要にたいする強みなし
衰退期での利益可能（産業構造）	リーダーシップまたは隙間	刈入れまたは投資引き揚げ
衰退期での利益不可能	隙間または刈入れ	迅速に投資引き揚げ

要　約

　成熟産業における環境は，事業戦略策定と実行について努力を要求する。そこにおいては競争—とくに価格競争—はたいていの場合，激烈で，競争優位性の構築と維持にはしばしば困難をともなう。コスト優位性は模倣により崩され，差別化の機会は標準化の流れにより制約される。

　成熟産業での競争優位性の安定的地位は，伝統的には規模の経済や経験，もっとも魅力的なセグメントや顧客の選択や，差別化による優位性の創出，技術的かつ戦略的な革新の追求に関係する。

　こういった戦略を実行すること，とくに厳格なコスト効率に関連する戦略の実践は，典型的には標準化プロセスや絶え間ない成果管理にもとづく管理システムを必要とする。しかしながら，成熟産業がより複雑で先行き予想不可能（turbulent）になるにつれて，コスト効率の追求には，柔軟性，迅速性，そして革新と融和させる必要が出てきた。成熟産業下でもっとも成功している企業—小売業でのウォルマート，コカコーラ，マクドナルド，現代自動車やUPSは，厳格なコスト効率と環境に適合する柔軟性とを調和させる驚くべき能力を示している。

　斜陽産業は，企業に特別な課題を要求する。つまり，典型的には，激化する競争や低い粗利益である。しかしながら，そのような環境が提供するのは，リーダーシップポジションからの撤退を混乱なく成しとげ，隙間（ニッチ）を確立し，刈入れすべき資産から現金を生み出すことができた企業にとっての収益機会である。

第10章 成熟産業での競争優位

> **自習用の質問**
>
> 1. 第3章の表3.1を参照。もっとも収益性の低いアメリカの産業の大部分は，成熟産業である。しかし，同表のなかで高い位置にあるのは，タバコ，家庭・個人用製品，そして消費者向け食品で，すべて成熟産業である。後者グループについて，何で，かれらは，成熟産業につきものの激烈な価格競争や低収益を回避できたのか？
> 2. 既存の航空会社は，ますます増加する格安航空会社と競争するため，コスト削減をしている。しかし，これらの航空会社がサウスウエスト，ライアンエアー，エアアジアのコスト効率性を得るようになるとは，おそらく考えられない。しかし，もしそういったことがあるとすれば，この章で説明したどの戦略が，既存企業が格安航空会社にたいして競争上の地位を改善する，最善の機会を提供するか？
> 3. 百貨店（例：米国のメイシーズやシアーズ，そして英国のセルフリッジズ，ハウス・オブ・フレーザー）は専門チェーン流通業者や格安ストアからの競争にますます直面している。競争性の再活性化のため，これらの百貨店はどんな革新戦略を採用すべきか？
> 4. 本屋は斜陽である。「斜陽産業における代替戦略」で特定された戦略の選択肢のなかから，近所にあるバーンズ・アンド・ノーブルと独立系本屋にどれを推奨をすべきか？

注

1 E.H. Rensi, "Computers at McDonald's," in J.F. McLimore and L. Larwood (eds.), *Strategies, Successes : Senior Executives Speak Out* (New York : Harper & Row, 1988) : 159-160.
2 *Fortune Global* 500, 2014.
3 Letter to Shareholders, Annual Report of Berkshire Hathaway Inc., 1991.
4 R.D. Buzzell and B.T. Gale, *The PIMS Principles* (New York : Free Press, 1987) : 279.
5 T. Copeland, T. Koller, and J. Murrin, *Valuation : Measuring and Managing the Value of Companies*, 3rd edn (New York : John Wiley & Sons, Inc., 2000) :

305.

6   R. Cibin and R.M. Grant, "Restructuring among the World's Leading Oil Companies," *British Journal of Management* 7 (December 1996) : 283-308.

7   D.C. Hambrick and S.M. Schecter, "Turnaround Strategies for Mature Industrial-Product Business Units," *Academy of Management Journal* 26 (1983) : 231-248 ; J.L. Morrow, Jr., Richard A. Johnson and Lowell W. Busenitz, "The Effects of Cost and Asset Retrenchment on Firm Performance : The Overlooked Role of a Firm's Competitive Environment," *Journal of Management* 30 (2004) : 189.

8   G.R. Carroll and A. Swaminathan, "Why the Microbrewery Movement? Organizational Dynamics of Resource Partitioning in the American Brewing Industry," *American Journal of Sociology* 106 (2000) : 715-762 ; C. Boone, G.R. Carroll, and A. van Witteloostuijn, "Resource Distributions and Market Partitioning : Dutch Daily Newspapers 1964-1994," *American Sociological Review* 67 (2002) : 408-431.

9   Capital One Financial Corporation, Harvard Business School Case No. 9-700-124 (2000).

10 National Science Foundation, *Research and Development in Industry* : 2002 (www.nsf.gov/statistics/industry).

11 A.M. McGahan and B.S. Silverman, "How Does Innovative Activity Change as Industries Mature?" *International Journal of Industrial Organization* 19 (2001) : 1141-1160.

12 "Innovation in 2014," BCG Perspectives (October 28, 2014).

13 第7章,『変化の内部要因—革新による競争優位』"Internal Sources of Change : Competitive Advantage from Innovation," Chapter 7. と表題をつけられた項を参照。

14 B.J. Pine and J. Gilmore, "Welcome to the Experience Economy," *Harvard Business Review* (July/August 1998) : 97-105.

15 A. Davies, T. Brady, and M. Hobday, "Organizing for Solutions : System Seller vs. System Integrator," *Industrial Marketing Management* 36 (2007) : 183-193.

16 C. Baden-Fuller and J. Stopford, *Rejuvenating the Mature Business* (Boston : HBS Press, 1994) : especially Chapters 3 and 4.

17 C.C. Markides, *All the Right Moves* (Boston : Harvard Business School Press, 1999).

18 J.-C. Spender, *Industry Recipes : The Nature and Sources of Managerial Judgment* (Oxford : Blackwell Publishing, 1989). 同じようなテーマについては，A.S. Huff, "Industry Influences on Strategy Reformulation," *Strategic Management Journal* 3 (1982) : 119-131.

19 P.S. Barr, J.L. Stimpert, and A.S. Huff, "Cognitive Change, Strategic Action, and Organizational Renewal," *Strategic Management Journal* 13 (Summer 1992) : 15-36.

20 G. Hamel, "Strategy as Revolution," *Harvard Business Review* 96 (July/August 1996) : 69-82.

21 T. Burns and G.M. Stalker, *The Management of Innovation* (London : Tavistock Institute, 1961).

22 H. Mintzberg, *Structure in Fives : Designing Effective Organizations* (Englewood Cliffs, NJ : Prentice Hall, 1983) : Chapter 9.

23 G. Nieman, *Big Brown : The Untold Story of UPS* (Chichester : John Wiley & Sons, Ltd, 2007) : 70.

24 C. Fishman, *The Wal-Mart Effect : The High Cost of Everyday Low Prices* (Harmondsworth : Penguin, 2006).

25 *Ryanair : Defying Gravity*, IMD Case No. 3-1633 (2007). Available from www.ecch.com.

26 "How Whirlpool Defines Innovation," *Business Week* (March 6, 2006).

27 K.R. Harrigan, *Strategies for Declining Businesses* (Lexington, MA : D.C. Heath, 1980).

28 F. Salmon, "The Financial Media Rollup Strategy," (November 15, 2013), http://blogs.reuters.com/felix-salmon/2013/11/15/the-financial-media-rollup-strategy/, accessed July 20, 2015.

29 K.R. Harrigan and M.E. Porter, "End-Game Strategies for Declining Industries," *Harvard Business Review* (July/August 1983) : 111-120.

CORPORATE STRATEGY

第IV部

全社戦略

第11章　垂直統合と企業の事業領域
第12章　グローバル戦略と多国籍企業
第13章　多角化戦略
第14章　全社戦略の実践—多角化事業（マルチビジネス）企業経営
第15章　外部からの成長戦略—合併，企業買収，および戦略的提携
第16章　戦略的経営における現在の傾向

第11章
垂直統合と企業の事業領域

垂直統合の考えは，おおくの企業にとって，のろいのようなものだ。かつて高度に垂直統合されていた巨大企業のおおくは，もっと経営しやすく，もっと活発な事業単位への分割に一生懸命だ―すなわち，分解化しつつある。またそういった企業は，同時に企業再生や再統合にも取り組んでいる―しかし，合併を通じてではなく，あらゆる形態・規模のさまざまなパートナーとの戦略提携によってである。

―トム・ピーターズ，ファッションの時代（自由奔放のマネジメント）

Bath Fitter は，原料から設置までの製品の一貫管理を行い，製造工程で関与できないような外注先を利用しないことで，製品がどのように作られたかを，より正確に知ることができる。したがって，より高い品質を保証することができる。また，測定，設置，顧客対応の担当者をも管理することで，*Bath Fitter* は，製品の使用方法，品質問題，またはインストールの容易さにかんする，正確で迅速なフィードバックを得ることができる。

―「Bath Fitter は垂直統合されている」
http://beyondlean.wordpress.com/2011/08/29/

【概　要】
- 序論と目的
- 取引費用と企業の事業範囲
- 垂直統合のコストと利点
- 垂直統合の利点
  - 生産工程の物理的統合による技術の経済
  - 垂直交換における取引費用をどう避けるか
- 垂直統合のコスト
  - 生産の各段階間での最適規模の相違について
  - 独自の能力（ディスティンクティブ・ケイパビリティ）の開発の必要性
  - 戦略面で異なった事業経営における問題
  - インセンティブの問題
  - 競争の効果
  - 柔軟性
  - 魅力的ではない事業への投資
  - リスクの複合化
- 作るか，買うかの判断基準
- 垂直関係の設計
- 垂直方向の事業間関係の種類
- 垂直方向の事業間関係形態の選択
- 最近の傾向
- 要約
- 自習用の質問
- 注

序論と目的

第1章で，全社戦略と事業戦略の違いを述べた。全社戦略は，根本的には企業の事業範囲にかんする以下の点について決める。

- **製品の事業範囲**　提供する製品の範囲にかんし企業はどの程度まで特化する必要があるか？　コカコーラ（清涼飲料水），SABミラー（ビール），GAP（カジュアル衣料），SAP（ソフトウェア）は特化した企業である。かれらは，1つの産業領域に特化している。ソニー，バークシャー・ハサウェイ，タタグループは多角化企業であり，おおくの，異なった産業を含む。
- **地理的な事業範囲**　企業にとって，なにが最適な事業の地理的な広がりであろうか？　チョコレート業界においてハーシーは北米に注力している。一方，ネスレは米国全土で営業している。
- **垂直的な事業範囲**　企業は，どの範囲まで，垂直的に関連する事業を包含すべきであろうか。ウォルト・ディズニー社は垂直統合された企業である。自ら映画を製作し，映画館や，自分たちのテレビ・ネットワーク（ABCとディズニー・チャンネル，ESPN）を通じて配給し，映画キャラクターを小売店やテーマ・パークで使用している。ナイキは，垂直方向においてさらに特化した企業である。デザインとマーケティングは自社で行うが，製造，流通，小売などの大半の事業活動は外注している。

全社戦略と事業戦略の違いは，簡単には以下のように表現できる―全社戦略とは『どこで』企業が競争するか決め，事業戦略とは『どのように』企業が競争するかを決める[注1]。本書においては，ここまでのほとんどの部分で，事業戦略をあつかった。後半の部では，企業の事業範囲にかんする決定に焦点を置く全社戦略を説明する。垂直的事業領域，地理的事業領域および製品の事業領域といった異なった事業領域について，個々に章を設けて説明する。もっと先で見るように，これらの異なった次元を分析するための概念の底にある考え方，つまり，資源と能力にかんする規模の経済，取引費用，組織の複雑化により発生するコストは，これらの3つの次元に共通する。

この章は，まず，企業の全体のスコープを考慮することから始まる。そのつぎに，垂直統合に議論の焦点を置く。この議論は，企業の領域の決定にかんする中

心的なテーマ，とくに，取引費用の問題に関連する。外注，提携および電子商取引により，組織の領域のなかで価値連鎖のどの部分を残すかについての再考を企業が求められている状況下，垂直統合の問題は，近年，全社戦略の中心課題であった。

この章では，以下のことを学ぶことになる。

- 経済活動における，企業と市場の役割を理解し，取引費用の原則を用いて，なぜ企業と市場の間の境界が時間の経過とともに移動するのかを理解する。
- 垂直方向に関連する事業活動を組織していくなかで，垂直統合とアウトソーシングの相対的な優位性を理解し，その理解にもとづいて，なにを内製すべきか外注すべきかを決めること。
- 垂直的に関連する企業間で，取り得る取引形態とその取引の特長，とりまく環境を考慮して，企業にたいしもっとも有利な取引形態を助言すること。

取引費用と企業の事業範囲

第6章（戦略コラム6.1）では，わたくしたちは企業の発展の軌跡を確認し，生産を組織するなかで，企業が効率性の面で利点をもつことを学んだ。この問題をさらに詳しく掘り下げ，企業の境界を決定づける要因について考察してみよう。

資本主義経済は，しばしば『市場経済』といわれるが，実際は2つの経済的組織形態からなっている。1つは，**市場メカニズム**であり，そこでは個人も企業も，市場価格によって導かれ，製品・サービスの購入，販売にかんして独立した意思決定を行う。もう1つは，企業の**『経営上のメカニズム』**である。そこでは製造，資源配置にかんする意思決定が管理者によってなされ，ヒエラルキー（階層）構造のなかで実行されていく。18世紀のスコットランドの経済学者アダム・スミスは，市場メカニズムを，その調整機能が意識的な計画設計を必要としないことから，『見えざる手』と特徴づけた。一方，アルフレッド・チャンドラーは，実際の計画を通じた調整機能に依存することから，企業の管理者による経営上のメカニズムを『目に見える手』と呼んだ[注2]。

企業と市場は，生産をどうやって組織化するかについて代替関係にある制度と見

ることができるであろう。企業とは中心となる契約権者との雇用契約によって拘束されたおおくの個人から構成される組織である。しかし、生産は市場取引を介して組織することが可能である。わたくしは自宅の地下室を最近改造したが、契約は自営の建築業者と結んだ。その人間は、配管工、電気工、建具工、壁職人、ペンキ屋を下請けとして契約した。仕事は複数の個人によって遂行される、コーディネートを必要とする活動であったが、これらの自営の職人たちの間には雇用関係はなく、市場取引による契約関係（たとえば、電線、電球、ソケットの取り付けには4,000ドル）によって律されていた。

　企業と市場の相対的な役割は事業の領域ごとに違っている。パーソナルコンピュータとメインフレームとを比較してみよう。IBM System z メインフレームコンピュータはIBMによって、IBMの マイクロプロセッサ、z オペレーティングシステム、アプリケーションソフトウェアを用いて構成される。IBMはさらに販売、マーケティング、カスタマーサポートも行う。ヒューレット・パッカード社のノートパソコンは Flextronics（フレクトロニクス）、Quanta 他、によって製造される。それらの会社はインテル、シーゲート、NVIDIA、サムスンから部品の供給を受ける。カスタマーサポートにかんしてもインドや東南アジアの会社へ外注される。

　どのような活動が、企業内で行われ、あるいは市場における契約関係によって調整された企業や個人により行われるか、を決定する要因は何なのであろうか。ロナルド・コースは**相対的費用**であるとした[注3]。市場での取引には費用がともなう。**購買や販売活動**には、調査費用、交渉費用、契約書作成費用、相手方の契約が履行されるかを監視するための費用、紛争が生じた場合の仲裁や訴訟費用が含まれる。これらのコストはすべて取引費用である。逆に、これら取引が企業内で完結する場合、それは**管理コスト**として計上される。市場における取引費用が、企業内の管理コストを上回る場合には、生産活動は企業内に取り入れられることが期待される。

　図11.1はこれを図示する。垂直的な事業範囲について、次のどちらがより効率的か—つまり、3つの独立した会社が、それぞれ原材料（ボーキサイト等）を生産、原材料をパッキング部材（アルミニウム、金属箔等）へと転換、3番目がパッキングを完了する（アルミニウム缶等）場合か、あるいは、1つの会社内にこれら3つの工程をすべて抱える場合か。製品の事業範囲については、アルミニウム缶、プラスティックコンテナ、段ボールが3つの独立した企業で製造されるべきか、これら3つの会社が1つの企業に合併統合されてより高い効率を得るのか、地理的な事業範囲の場合は、次のどちらがより効率的か—3つの独立した会社が、米国、ブラジ

第11章　垂直統合と企業の事業領域

■図11.1　企業の範囲―包装産業における専門化対統合化

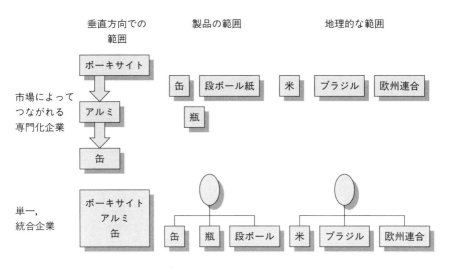

■図11.2　米製造業における企業と市場の役割変化

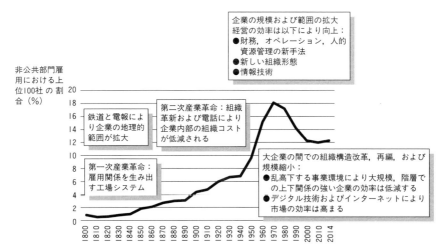

〔出所〕　下記にもとづく著者の推計。L.J. White, "Trends in Aggregate Concentration in the United States," *Journal of Economic Perspectives* 16 (Fall 2002): 137-160; A. Chandler Jr., *The Visible Hand* (Cambridge, MA: MIT Press, 1977); S. Kim "The Growth of Modern Business Enterprises in the Twentieth Century," *Research in Economic History* 19 (1999): 75-110.

ル，EUのそれぞれの国で缶を製造する場合か，あるいは，1つの多国籍企業がこれら3つの国に工場を所有し運営する場合か。

　生産組立てにおける企業と市場の相対的関係は過去200年にわたり，おおきな変化をしてきた。図11.2に示されるとおり，これらの変化は技術的な変化（経営や大企業の組織における革新を含む）と関連して起きている。1970年代中盤では，企業規模，事業範囲の拡大傾向は反転した。つまり，おおきく変動する事業環境や新しい情報・通信技術は，市場を介して活動を調整する企業の新興に軍配を上げた。

垂直統合のコストと利点

　これまでわたくしたちは企業の範囲全体にかんして考えてきた。つぎに，企業の範囲の1つの側面（垂直統合）にかんしてのみ，掘り下げてみよう。わたくしたちが考察するのは，「**垂直方向で，統合するほうがよいか，特化するほうがよいか**」という点である。特定の活動にかんしていえば，これは**作るか，買うか？**といい換えることができる。まず，わたくしたちは垂直統合という定義を明確化する必要がある。

　垂直統合とは，製品供給において，垂直方向での複数の段階にわたる事業活動の所有および制御のことである。製品の価値連鎖において連続する段階の所有や支配がおおきいほど，垂直統合の程度もよりおおきくなる。垂直統合の程度は，企業の売上にたいする付加価値の割合によって表される[注4]。

　垂直統合は，原料供給などの納入業者の活動に向かって，つまり**後ろ方向**に向かって（上流方向）と，顧客の活動に向かって，つまり**前方向**に向かって（下流方向）との，双方向に向かうことができる。垂直統合は，**全部**の統合または**部分的**な統合に分けられる。カリフォルニアのいくつかのぶどう酒製造業者は典型的な全部の統合を行った。かれらは自らが育てたブドウのみを使用してワインを生産，直接販売していた。その他の大半のぶどう酒製造業者は部分的な統合で，自園で育てたブドウに加えて，他園産のブドウを使用し，販売にかんしても，いくつかのワインは自社で販売したが，大半のものは，独立した販売店を使用して販売した。

　垂直統合にたいする戦略にはいろいろな流行があった。20世紀の大半において，垂直統合は，優れた調整機能と安全性を確保するのに役立つという考え方が支配的であった。1960年代，J.K. ガルブレイスは資本主義経済の躍進を予言していた。巨

大な，統合された企業のみが，発展と新技術をあつかうことができると[注5]。しかしながら，過去30年間で，大幅な見解の変化があり，柔軟性と特定の領域に特化した能力開発の観点から外注（アウトソーシング）の利益を強調する方向にある。しかも，垂直統合の調整機能による利益の大半は垂直関係にある企業間の協働によって達成可能とする。

　しかし，経営学の他の領域でも同じだが，流行はたやすく変わる可能性がある。戦略コラム11.1ではエンターテインメントとメディアの分野においては，コンテンツ供給側と配信側のインテグレーションによって調和のとれた発展や，新たなコンテンツの配信が可能となった（ディズニー『アナと雪の女王』）。また，ライセンス契約を複数の企業と締結することで，マルチチャンネルでの商業利用を実現した（J.K. ローリング『ハリー・ポッター』）。

　われわれのすべきことは，一時的な流行を避けて，垂直統合を業績の改善に役に立つようにする要因はなにかを明らかにすることである。

戦略コラム 11.1　エンターテインメント業界における垂直統合
ーアナと雪の女王 v.s. ハリー・ポッター

　この20年で，コンテンツ供給側（フィルムスタジオ，音楽配信元）と配信側（映画館，TV，ケーブルTV，衛星TV，デジタルストリーミング配信）の統合により，エンターテインメント業界が様変わりした。以下がその中心となる企業である。

- タイム・ワーナー（ワーナー・ブラザース・スタジオ，ニュー・ライン・シネマ，キャッスル・ロック，*Time* magazines，ワーナー・ケーブル，HBO，ターナー・ブロードキャスティング，カートゥーン ネットワーク，CNN）
- 21世紀フォックス（20世紀フォックス，フォックス・ブロードキャスティング，Sky TV，MySpace）
- コムキャスト（ユニバーサル・ピクチャーズ，NBC，テレムンド，コムキャスト・ケーブル，ユニバーサル・パークス＆リゾーツ）
- バイアコム（パラマウントピクチャーズ，MTV，BET，ニコロデオン，コメディ・セントラル）
- ウォルト・ディズニー（ウォルト・ディズニー・スタジオ，ピクサー，ディズニー・シアトリカル・プロダクションズ，ウォルト・ディズニー・レコード，ウォルト・ディズニー・ピクチャーズ，ABC，ESPN，ディズニー・チャンネ

ル，ディズニー・オンライン）

　これらのような，製造側と販売側の垂直統合のすべてが成功しているわけではない。AOL の2000年におけるタイム・ワーナーとの合併や，Compagnie Générale des Eaux をヴィヴェンディ・ユニバーサルとして変身させた買収狂いは，さんざんな結果に終わった。

　垂直統合の得失および市場取引ベースの契約にかんして，『ハリー・ポッター』と『アナと雪の女王』の登場キャラクターの商業利用がよい例となる。

ハリー・ポッター

- J.K. ローリングによって書かれた7つのハリー・ポッターの小説は英国のBloomsbury 社と米国の Scholastic Press 社の2社から1997年から2007年にかけて累計2億4千万冊（2014年まで）を販売。
- 映像権はワーナー・ブラザース社が所有しており，同社より8本の映画が作られ，興行収入は77億ドルにのぼる。
- 11個のハリー・ポッターのビデオゲームはエレクトロニック・アーツ社から販売されている。
- ハリー・ポッター・アトラクションはコムキャストのユニバーサル・オーランド・リゾートにおいて2010年に開設された一方，2012年には英国でワーナー・ブラザース社がハリー・ポッタースタジオツアーを開催。
- ハリー・ポッターの商標とトレードマークは Mattel，コカコーラ，レゴ®，Hasbro（ハズブロ），Gund, Tonner Doll Company, Whirlwood Magic Wands 等のおもちゃ，衣服等を販売する会社にライセンスされている。

アナと雪の女王

　アナと雪の女王はハンス・クリスチャン・アンデルセン『雪の女王』にインスピレーションを受けて作られたアニメーション映画で，ウォルト・ディズニー・アニメーション・スタジオによって作られ，2013年にウォルト・ディズニー・ピクチャーズから配信された。配信後，8カ月で世界全体で12億ドルの興行収入をあげた。配信に先駆け，『アナと雪の女王』はディズニーのテーマパークで重点的に宣伝広告され，メインキャラクターであるエルサとアナは映画以外でも広告に使われた。

- 人形や，家内装飾，浴室，織物，具足類，スポーツ関連のグッズ，家電，プールおよびプール関連玩具が Disney Consumer Products から開発，製造され，

ディズニーストアズや独自の販売網から販売された。
- DVDおよびブルーレイディスクはウォルト・ディズニー・スタジオ・ホーム・エンターテイメントから販売された。
- ビデオゲームはディズニー・モバイルからポータブル機器向けにリリースされた。
- ブロードウェイのミュージカルでも使われることが予定されている(2014年時点)。
- アナとエルサのアトラクションがディズニーのテーマパークに導入される予定(2014年時点)で,大規模なアナと雪の女王の乗り物アトラクションが計画されている。

垂直統合の利点

生産工程の物理的統合による技術の経済

　垂直統合の提唱者はしばしば垂直統合による**技術の経済**を強調していた―物理的な工程の統合によって生じるコストの節約である。鉄鋼の薄板は通常,一貫製鉄会社の,銑鉄から,ホットスチールを薄板にするまでをカバーする工場で生産される。2つの製造過程を1つのサイトに統合することは,運送費やエネルギーコストの低減につながる。同様な,技術の経済によるコスト節減の例は,パルプと製紙や石油精製と石油化学の統合である。

　しかし,こうした例は工場を地理的に隣り合わせに立地する説明にはなっても,なぜ,**共通の所有者**に支配される垂直統合がなければならないかについての説明にはなっていない。なぜ,鋼鉄と薄板生産,パルプと製紙は,所有者が別であるとはいえ,物理的には統合された状態の別々の企業により生産できないのか? この問いに答えるためには,技術の経済のさらに先にある**取引費用**と関連づけられるプロセスについての考察が必要である[注6]。

■図11.3　スチール缶の価値連鎖

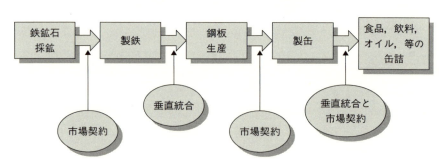

垂直交換における取引費用をどう避けるか

　鉄鉱石の採掘から食品工場への缶の搬入までのスチール缶の価値連鎖について考えてみよう（図11.3参照）。鉄鋼から鋼板までは，おおくの場合，垂直統合による生産が普通である。それにたいして，鋼板からスチール缶の生産までの範囲だけというのは，クラウン・ホールディングやボール・コーポレーションのようなパッケージングに特化した会社によってなされることが多い(注7)。取引費用を分析することで，この違いを説明できる。

　ストリップ鋼板生産とスチール缶生産の間では市場取引が一般的であるということは，ストリップ鋼板の市場での取引費用が低いことを意味する—購入者と供給業者の数がおおく，情報の入手が容易であり，購入先，購買先のスイッチング・コストが低いことである。同じことは他のコモディティ的商品についてもいえる—宝石業者が金鉱石を所有したり，小麦製粉企業が小麦畑を所有したりすることはめったにない。

　なぜ鉄鋼生産とストリップ鋼板の生産には垂直統合が普通であるかを理解するため，２つの生産段階が別々の企業によって所有されている場合を考えてみよう。高炉から出る銑鉄を直接熱間圧延に通して，鋼板生産をすることには技術経済が存在するため，製鉄会社と鋼板ストリップ生産者は，一緒になって統合的な設備を造らなければならない。この２つの段階の間での競合関係は不可能であり，鋼板ストリップを生産する業者は，隣接する製鉄業者に縛られている。言葉を換えていえば，市場は**双務的独占**の状態になっている。

　なぜ鋼鉄生産者と鋼板ストリップ生産者の関係には問題があるのか？　まず，単

一の供給者が単一の買い手と売買交渉を行う場合には均衡価格は存在しない—価格は交渉力により定められる。このような交渉はコスト高である—交渉当事者間での相互依存は，各企業が他の企業の犠牲にたって，交渉力の増大と利用を謀るため，**機会主義者的行動**や**戦略的理解間違い（ミスリプリゼンテーション）**につながる。そのため，競争市場の状態から，買い手，販売者の関係が緊密な双務的関係に固定化した場合，市場の効率性は失われる。

この状況に陥った責任は，**取引に特化した投資**にある。缶メーカが鋼板を購入するにあたり，鋼板メーカにも缶メーカにも，取引相手のニーズに合わせての設備や技術に投資する必要はない。一方，製鉄会社と鋼板圧延業者の場合には，おのおのの企業の工場は他の会社の工場と適合するように建てられる。工場が一度できてしまうと，各工場は補完する工場の存在なしでは価値がない。ある取引に特化した投資が需要性を帯びている場合，市場にいくつも供給業者，買い手があったとしても，市場は競争市場ではなくなってしまっている。販売業者は単一の買い手に縛られており，お互いに他社への『ホールドアップ』（停止）が可能な状態となっている。

もし将来が予測可能なのであれば，これらの問題は解決できるであろうが，実際の場合は設備投資の償却が終わるまでに発生し得る事象を網羅した完璧な契約書を書くことは不可能である。実例は，上述の議論を強く支持している[注8]。

- 自動車産業においては，特殊な自動車メーカ向けに設計された特別な部品は，タイヤやスパークプラグなどのようなコモディティ項目と異なり，企業内で内製される傾向にある[注9]。同様に，航空宇宙産業においても，企業独自の部品は外部から購入するよりも，内製される可能性が高い[注10]。
- 半導体産業においては，半導体の設計から製造までの垂直統合は，技術的に複雑な回路（例：インテルやSTマイクロエレクトロニクスにより製造される製品）のほうが，単純構造の回路製品より適している。より複雑な回路製品になればなるほどに，設計と製造に緊密な技術共有をするための投資が求められる[注11]。

垂直統合のコスト

中間市場における取引費用が存在するからといって，企業の垂直統合のほうが必

ずしも効率的な解決であるというわけではない。垂直統合は市場からの調達コストを回避するが、その一方で取引の内部化により経営管理コストが生じる。垂直方向の経営管理コストの効率化は、さまざまな要素によって決定される。

生産の各段階の間での最適規模の相違について

UPS の配送用バンは UPS の要求仕様にもとづいて、ミシガンのスタージスにある Morgan Olson 社によって製造される。UPS は自社でバンやトラックを製造すべきであろうか？　疑いもなく否である。UPS が自社のバンを製造することで生じる非効率性にくらべて、自社製造することで回避できる取引費用は些細なものだからだ。UPS は毎年 2 万台のバンを購入しているが、この数値は、自動車組立て工場の最小効率規模（Minimum efficient scale）をおおきく下回る数値である。同様に、サンフランシスコのアンカー・ブルーイング・カンパニーや英国の Adnams of Suffolk のようなビール醸造会社は自社で使用するコンテナを自社で製造はしない（アンハイザー・ブッシュ・インベブと SAB ミラーは自社で製造している）。小規模の醸造会社は缶や瓶を低価格で製造するに必要な規模をもっていないからである。

独自の能力（ディスティンクティブ・ケイパビリティ）の開発の必要性

UPS が自社のバンを製造しない別の理由は、自社の自動車製造能力の低さである。少数の事業活動に特化している企業の利点は、事業活動において独自の能力を開発することができることである。ゼロックスやソニー、フィリップスといった大規模で、技術志向の企業においてすらも IBM, TCS, アクセンチュアのような IT 専門の企業が有する能力と互角の IT 技術レベルを保つことは難しい。IT 専門企業はおおくの異なった顧客にサービスを提供することにより学習と革新への刺激を受けることができる。もしソニーの IT 部門が、ソニー内部のニーズだけのためにサービスの提供をするとしたら、その IT 技術の迅速な発展への刺激は存在しない。

しかしながら、これは、いろいろな垂直活動の能力は、お互いから独立したものであり、かつ高度にカスタマイズされているのではなく、一般的（Generic）なものであるという前提に立っての話である。ある能力が隣り合った垂直活動の能力に基礎をおく場合には垂直統合は、独自の能力の開発の助けとなる。ウォルマートは IT

技術を自社内で開発してきた。ウォルマートのサプライチェーンの管理や，店舗内の作業，および経営陣上層部による意思決定の判断には，リアルタイムな情報が必要だからである。その独自な事業システムに合致するような，緊密に統合された情報や通信サービスにたいする必要性により，ウォルマートは，IT 技術は内製化している。

戦略面で異なった事業経営における問題

　最適規模の相違や独自の能力の問題は，もっと広い範囲の問題の一部分とみなすことができる―つまり，戦略的に非常に異なる垂直方向に関連づけられた事業の経営の問題である。UPS が，もしトラック製造を自社で行った場合のおもな問題は，トラック製造に要求される経営システムと組織能力は，物品の運送のため要求されるそれとは非常に異なったものであるということにある。製造と流通小売の間での垂直統合が存在しないことの説明は，これにある。ザラやグッチのようにデザイン，生産，小売が統合されている会社はまれである。ウォルマート，GAP，カルフールといった世界における小売業者は製造に従事していない。同様に，製造会社が自社で製造した製品を小売することはほとんどない。生産製造と小売流通とは異なった組織能力を要求するだけではなく，異なった戦略企画システム，異なった経営管理，人的資源管理および異なったトップマネジメントのスタイルと技能を要求する。

　戦略が異なるという事実は，おおくの企業で垂直方向での分解志向を促した。マリオットでの，マリオット・インターナショナルとホスト・マリオットへの自社二分割の決定は，ホテルの**所有**とホテルの**運営**は戦略的に異なった事業であるという信念に影響されている。同様に，コカコーラはボトル事業をコカコーラエンタープライズ社として分離した。これは各地での製造や販売を管理する方法と，全世界規模でコカコーラブランド運営，製造，販売を管理する方法とがおおきく異なるからである。

インセンティブの問題

　垂直統合は，垂直に関連する事業の間でのインセンティブに変化をおこす。売り手と買い手の間に市場というインターフェースがある場合，利益への期待により買い手はあり得る最良の売買を確保しようとし，売り手は買い手を引きつけ，維持す

るため効率とサービスを追求する。このため，市場での契約はいわゆる**ハイパワー・インセンティブ**を生み出す。垂直統合においては，内部の売り手と買い手の関係は，**ローパワー・インセンティブ**である―オフィスのパソコンが故障した場合，わたくしは社内のIT部署へ連絡する。しかし，社内の技術者にとって，わたくしのメールや電話に対して迅速に対応するインセンティブは非常に低い。もしわたくしが外部のIT技術者を使用することができるとすれば，そのIT技術者は，即日サービスを提供できるときのみ仕事を得られ，問題が解決した場合のみ対価を支払われるであろう。

垂直に統合された企業における行動改善のため，インセンティブ導入を推奨する理由は自社の内部部門を外部からの競争に開放せよということにある。第14章で詳細に説明するように，おおくの大企業では，IT，研修およびエンジニアリングといった全社的なサービスの提供部門を，同じサービスを提供する外部業者と競争させる，**分担（シェア）サービス組織**が設立されるようになっている。

競争の効果

独占的企業にとって，垂直統合の利点の1つは，業界価値連鎖における自らの独占的地位を隣接する領域へ拡大する手段として利用することである。この古典的なケースは，スタンダード・オイルとアルコアである。しかし，経済学者が証明したように，企業には，ひとたび業界における垂直的価値連鎖関係を達成してしまうと，垂直方向での隣り合わせの段階で独占的地位を拡大することによって得られる利益はそれ以上存在しない[注12]。

独占的企業ではない会社にとっては，垂直統合は，その核となる中心事業での競争優位を損なうリスクがある。仮に下流方向へ統合をすれば，顧客との競合関係になり，上流方向へ統合をすれば，納入業者との競合関係になる。これは事業パートナーとしての価値が下がることにつながる。グーグルがモトローラ社を買収した際，おもなリスクは，他のアンドロイドOSを使用している携帯電話メーカ（とくにサムスン）が，グーグルを信頼できないパートナーとしてみなし，他社製のOSを探すかもしれないことであった[注13]。

第11章　垂直統合と企業の事業領域

柔軟性

　垂直統合，市場取引のいずれにも，それぞれ異なった形態の柔軟性の利点が存在する。不確定な需要にたいする素早い対応が要求される場面では市場取引のほうが

■図11.4　アメリカン・アパレル社の広告

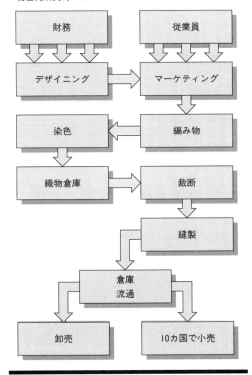

ⓒ2005 American Apparel Inc.
〔出所〕　www.americanapparel.net/presscenter/ads/2005Vertical.html

優位であろう。建設業界において垂直統合があまり見られない理由の1つは，需要の周期性と，それぞれのプロジェクトの異なった要求レベルへの適応の柔軟性が必要とされることによる(注14)。技術能力の新しい組み合わせによる新製品の開発にかんし迅速な対応が要求される場面でも，垂直統合は好ましくないであろう。アップルのiPod，マイクロソフトのXbox，デルのノートブック・パソコンなど，最近における成功した新しい電子機器類は外部業者に製造委託された。電子機器産業の速いサイクルでの製品開発においては，広い範囲でのアウトソーシングは成功の鍵であった。

しかし，業界全体での柔軟性が要求される場合には，垂直統合によってこそ垂直な価値連鎖全体を通じて同時的に調整を達成する，スピードと調整とが可能になる。アメリカン・アパレルは，米国アパレル業界で成功したまれな例である。アメリカン・アパレルはロサンゼルスにあるデザインと生産の拠点から，世界10カ国にわたる160の小売店との緊密な調整と垂直統合とをすることにより，超速の，デザインから流通までのサイクルを可能としている。図11.4は，同社の広告の1つを示している。

魅力的ではない事業への投資

最後に，垂直統合の最大の欠点は，本質的に魅力的ではない事業にたいしても投資してしまう可能性があるということである。取引費用や調整機能による利益にかかわりなく，マクドナルドは，肉牛用畜産やジャガイモ栽培といった上流への統合を行わなかった，それは農業が低マージンの業界だからである。

リスクの複合化

企業の部門間取引の度合いによって生産の特定の段階での問題がすべての生産段階の生産と利潤に脅威を与える度合いが決まる。したがって，垂直統合はリスクを複合化する。1998年ゼネラルモーターズ(GM)のブレーキ工場で組合によるストが決行された際に，米国全土の24の組立工場はすぐに操業停止となった。もしウォルト・ディズニー・アニメーション・スタジオがヒット作を作ることができず，新しいキャラクターを生み出せないと，DVDの売上の急落があったり，ディズニー・チャンネルでの新しいスピンオフショーが開催できない，ディズニーストアでの売

上が低下する，テーマパークでの新しいアトラクションの欠如を通してノックオンエフェクトがおきることなどの影響があり得る。

作るか，買うかの判断基準

垂直統合に良いも，悪いもない。それは，戦略の問題の大半についていえるよう

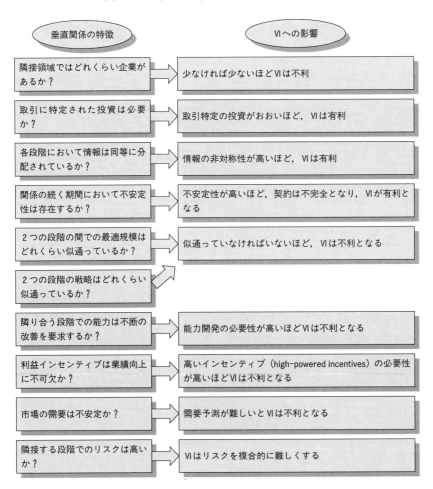

■図11.5　垂直統合（VI）対 外注―鍵となる事項

に，状況によりけりである。わたくしたちの分析の価値は，市場取引と内製化の相対的な利点を決める要素を見きわめることである。図11.5は鍵となる判断基準のいくつかを要約している。

しかし，われわれの分析はまだ完了していない。われわれは垂直戦略に影響を与えうる，いくつかの追加要因や，そしてとくに垂直関係は単純な，作るか，買うかの選択に限ったことではないという事実にかんして考える必要がある。

垂直関係の設計

ここまでは垂直統合と，売り手と買い手が独立性を保つ商関係（アームズ・レングス）を比較してきた。実際には，売り手と買い手が互いに影響し合って，それぞれの利益を調整する取引関係にはいろいろな形態がある。図11.6は売り手と買い手の関係のいろいろな種類を示す。これらの関係は2つの特徴にもとづいて分類できる。第1には売り手と買い手が取引関係に関わり合う資源の度合いによるもの―スポット契約での取引当事者の独立性の保持は，資源の重要なる関わり合いはないことを意味し，垂直統合は，典型的にはかなりの投資をともなう。第2に，関係の形

■図11.6　垂直関係の分類

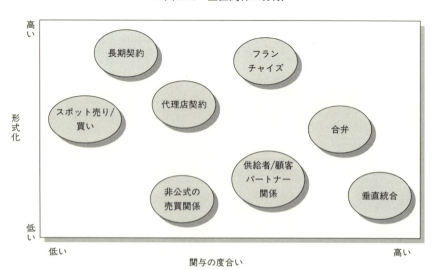

式：長期契約とフランチャイズは，それらがともなう複雑な書面による合意によって形式化されている。スポット契約は，ほとんど文書化をともなわず，非成文的慣習法により律せられる。売り手と買い手の協働合意は，信頼関係の上に成立し，垂直統合の形式化，正式化の度合いは経営陣の裁量で決まる。

垂直方向の事業間関係の種類

異なった形態での垂直方向の関係は，それぞれ異なる有利な点，不利な点をもっている。次に掲げるような例を考えてみよう。

- **長期契約**　市場取引はスポット契約—原油をロッテルダムの石油市場で買いつける—または，ある期間における複数の取引を含み，各当事者の責任範囲を明確化した**長期契約**によって行われている。スポット取引は，いずれの当事者にとっても取引上特化した投資の必要性のない競争的市場（おおくの販売者と買い手が存在し，標準的な商品が取りあつかわれる）でうまく機能する。それにたいして，より緊密な販売者と購入者の関係が要求される場合，とくに一方もしくは双方が取引に特化した投資を必要とする場合には，長期契約により機会主義的行動を回避するのみならず，必要な投資を行う上で安全を確保する必要がある。しかしながら，長期契約にも固有の問題がある。とくに長期契約では契約の存続期間中に発生しうる環境の変化をすべて予想することは不可能であり，また起こりうるリスクを過度に限定的に，あるいは粗く解釈し，機会主義を助長したり，相反する解釈を発生させる可能性がある。長期契約にはしばしば契約にかんする論争の調停の仕組みが含まれる。
- **垂直方向のパートナーシップ**　長期に及ぶ販売者・買い手間の取引契約を完全に明記することの困難性が大であればあるほど，垂直方向の事業者間関係は信頼と相互理解にもとづく可能性が高まる。こうした関係によって，特定の取引に特化する投資を促す上で必要な安全性，変化する環境に対応できる柔軟性，機会主義を回避するために必要なインセンティブを確保することが可能となる。こうした関係は文書にまったく表記されることがなく，完全な**関係的契約**となるであろう。売り手とのパートナーシップの典型例は，おおくの日本企業がサプライヤとのあいだで築いている親密な協同関係である。日本の自動車メーカ

は，米国や欧州の自動車メーカと比べて上流への垂直統合をしていないが，日本の自動車メーカは，技術，品質管理，設計，製造と物流の日程管理において，サプライヤ（納入業者）との親密な協働関係を築く上できわめて注目すべき成功を収めている(注15)。

- **フランチャイズ**　フランチャイズは商標と事業システムの所有者（フランチャイザー，本部）がフランチャイジー（加盟店）にたいしフランチャイザーの商品またはサービスを特定の地域で生産し，販売することを許可する契約にもとづく合意である。フランチャイズ契約は商標，マーケティング能力，および事業創造力のある大企業と地域にかんする知識を有する小企業の組み合わせの事業システムを1つにまとめる。マクドナルド，センチュリー21・リアルエステイト，ヒルトン・ホテルズ，セブン-イレブンコンビニ店舗網といった会社のフランチャイズ・システムが並立可能にしている利点は，垂直統合が調整（Coordination）にかんしてもたらす利点や，特定取引に特化した（Transaction specific）投資によるハイパワー・インセンティブや，柔軟性や，戦略的に異なる事業所有権の切り離しである。

垂直方向の事業間関係形態の選択

　図11.5で列挙した基準は市場取引または垂直統合のいずれかの垂直関係の基本的な特徴を明らかにするものである。しかしながら，売り手とのパートナーシップやフランチャイズ等の他の種類の垂直関係の存在は，垂直統合が取引費用の問題の唯一の解決策ではないことを示している。さらにいえば，これら契約や複合的な契約により，垂直統合と市場取引の双方の利点の両立を実現できる可能性がある。最適な垂直関係の選択には図11.5で列挙した要素以外の要素をも考慮する必要がある。とくに，

- **リソース，能力，そして戦略**　同じ業界において，異なる会社はそれぞれの動的なリソース（資源），能力の強さ，戦略の方向性にそって，それぞれの垂直方向の事業展開を行う。ファッション業界において，ザラは競合であるH&MやGAPとくらべて高度な垂直統合を行ったが，これはザラの新商品開発サイクルを短縮する戦略や，販売店，デザイナ，製造との緊密な統合を推進する戦

略の現れである。またファストフードチェーンの大半がフランチャイズ契約を成長拡大した一方，カリフォルニア発のイン・アンド・アウト・バーガーは直販戦略により，自社の独自文化や特色のある商習慣を維持する方法を模索した。銀行業界においては銀行の大半が IT 事業を IBM や EDS 等の企業へ外注してきたが，米国のクレジットカード企業グループであるキャピタルワンは IT 事業を競合優位性の源であると考えた。『IT 事業はわれわれの神経系統の根幹であり，もし明日 IT 事業を外注すれば，1つのアカウントごとに1ドルか，2ドル程度節約することが可能であるが，その代わり自由度，価値を失い，サービスレベルの低下を招くだろう[注16]』。

- **リスクの配分**　スポット契約以外の形態では，契約の履行の過程で生じる不確実性に対処しなければならない。どんな契約においても重要な点は，契約項目には，時としては暗黙のうちに，当事者間でのリスクの配分が織り込まれていることである。リスクをどのように配分するかは，部分的には交渉力，部分的には効率にかんする考慮によって決まる。フランチャイズ契約においては，加盟店（フランチャイジー）（弱い立場の契約当事者）がリスクの大部分を負う——リスクにさらされるのはフランチャイジーの資産であり，また売上額にもとづく一定のロイヤルティを支払うのもフランチャイジーである。石油採掘における，ベネズエラ国営石油会社(PDVSA)，ペトロナス，StatOil(スタトイル)といった国営石油企業と，シュルンバーガーやハリバートンといった掘削会社との外注契約は，固定価格による契約から，掘削会社がプロジェクトにたいしてしばしば株式出資するリスク配分にもとづいた契約に移行してきている。
- **インセンティブの構造**　インセンティブは垂直関係の設計における中核である。日和見主義的態度を引き起こすインセンティブは市場取引にとって避けるべきものであるし，低い成果を引き起こすインセンティブは垂直統合におけるおおきな問題である。混合や中間に位置する統治形態は，インセンティブ設計においてもっともよい解決策であるようである。トヨタ，ベネトン，ボーイングおよびマークス・アンド・スペンサーの納入業者とのパートナーシップは，正式な契約に則っているのかもしれないが，納入業者との関係の真髄は，長期的な信頼関係にもとづいている。これらの関係の鍵となるのは，長期的な，相互利益関係存在可能性は，短期の日和見主義に勝るという点である。

最近の傾向

　過去数年における主なる傾向として，柔軟性と，垂直統合により可能となる緊密な協働関係をともなう取引を両立させるため，いろいろな垂直方向での混成的な関係が出現してきている。協働的垂直方向での関係を「垂直方向のパートナーシップ」，「事実上の垂直統合」，「付加価値をつけるパートナーシップ」と説明した。その先駆けとなったモデルは，トヨタの３つのサプライヤの層からなるサプライチェーン[注17]や，デルの受注生産方式，直販に限定したサプライヤとの緊密関係であったり，またはアップルの「エコシステム」と呼ばれるものである。そのエコシステム内ではアップル主導による製品開発，知的財産の徹底管理そして部品供給会社や委託製造先の会社やOS X，iOS 上で動作する100万以上のアプリケーションにかかわる開発者コミュニティを含んだ，幅広いネットワークの能力と革新が統合される。

　これらの協働的垂直方向の関係が最近の傾向，つまりマイクロエレクトロニクス，バイオテクノロジー，他の先端技術にかんする傾向だとしても，垂直的協働する企業の地域クラスターは，欧州産業界の特徴であった。北イタリアでは，地域に根ざした企業のネットワークは，衣類や靴下，家具といった伝統的な業界に見られていたが，包装機器[注18]，二輪車[注19]においても見られるようになった。

　協働的垂直方向でのパートナーシップは外注を促進し，その範囲は原材料や基本部品から，価値連鎖の一部を担う，より複雑な製品や商業サービスへと広がっている。エレクトロニクス業界においては，製造委託契約により，フレクトロニクスやFoxconn（フォックスコン）（鴻海精密工業の子会社）が製品全体を設計，製造を担う。給与管理，IT 部門，研修，カスタマーサービス・サポート，広報等の事業サービスや間接部門サービスは，しばしば専門のサービス会社へアウトソースされる。

　しかしながら，企業が，発展し進展するために必要な能力を維持するためには，外注できる範囲には限界があるように見える。納入業者やパートナーのネットワークの活動の調整を行うことを目的とした「**仮想企業**」は，具体的に存在するというよりは，抽象的なものにとどまっている[注20]。「**システムインテグレータ**」の役割を担う企業が，企業として成り立つかどうかは，多様なパートナーと契約者の「**コンポーネント機能**（Component capabilities）」と統合を管理するのに必要となる「**アーキテクチャ能力**」とに依存する。Brusoni et al.（ブルソーニとその他の著者）はコ

第11章　垂直統合と企業の事業領域

ンポーネント機能と，アーキテクチャ能力の補完性を示した。補完性の例：航空エンジン製造会社が基幹部品を外注しても，部品技術の研究開発は続けていること[注21]。さらに一般的にいえば，技術的な変化が激しい期間の納入業者のネットワークの管理は高度に複雑である。これは，ボーイング787ドリームライナーの開発の管理の難しさによって示される[注22]。

要　約

　企業の規模，企業活動の範囲は，生産を組織化するに際しての市場と企業の相対的効率を反映する。過去200年以上にわたり，企業は技術と経営の進歩にともないその規模と範囲を拡大してきた。それは市場での取引費用と比較しての経営管理費用の低下を招いた。

　垂直統合にかんして，企業の管理コストと比較しての市場取引費用の相対的位置は，垂直統合している企業のほうが，市場取引を通じて他の企業と連携している，特定の分野に特化している企業よりも効率的であるかどうかを決める。市場の取引費用と経営管理費用とが決定される要因を考慮することで，ある業務，事業が企業において内製化されるべきか，外注されるべきかを決めることができる。

　過去30年にわたる支配的な傾向として，企業は外注を拡大し，その過程で企業は垂直方向のなかで専門化してきた。さらに，企業は特有の能力を有する分野に重きを置いてきた。この傾向は垂直統合の排除傾向を意味する。この傾向は公正な（Arm's length）市場取引に代わる，外注から生じる専門化の利点と，垂直統合による知識共有の融合を実現した協働関係によって起こされた。

　次の章以降ではわれわれは垂直統合の問題に戻り，次の章ではオフショア（企業が価値連鎖のなかの活動にかんし最適な供給先を探す）現象にかんして考える。第15章では企業提携（Alliances），つまり近代のサプライチェーンで一般的になった，企業の協働関係を掘り下げる。

自習用の質問

１．図11.2および『取引費用と企業の事業範囲』の議論では20世紀の情報通信

技術の発達により（例：電話とコンピュータ）市場取引費用にくらべて経営管理費用を抑えられる傾向があり，それゆえに企業の規模と範囲は大きくなったとしている。インターネットについてはどうか？　インターネットはどのようにして，市場にそって小さく専門化した企業と関連したおおきく統合された企業の効率性に影響したか？

2．図11.2は1800年から2014年までの米国大企業の雇用全体に占める比率を示しているが，それは事業環境の乱高下化の結果としての専門化傾向に帰せられるものである。外部環境の乱高下は，なぜ，企業の規模と範囲を減少させるのかを説明せよ。

3．おもだった企業の大半が自社のIT部門をIT事業の専門であるIBMやEDS（現ヒューレット・パッカード社），アクセンチュア，キャップジェミニといった企業に外注している。企業はIT部門の外注からどのような利益を得るのか？　どのような取引コストが生じるのか？

4．戦略コラム11.1で，子供向けキャラクターの使い方にかんする異なる戦略をくらべた。日本の株式会社サンリオのキャラクターであるハローキティは，ライセンス契約によって世界中のおもちゃ，宝石，ファッション，レストラン，テーマパーク，小売店，その他さまざまな種類の業界で使用されている。ハローキティはディズニーのように垂直統合された興行会社により，より効果的に使われることは可能であるか？

5．インディテックスは自社ブランドであるザラの大半の衣服を製造し，生産工場から小売店舗までの流通のすべてを自社で行っている。GAPは製造機能を外注し，デザインとマーケティング，販売に集中している。図11.5を鑑みるに，GAPは製造（上流）方向へ統合をすべきか？

注

1　M.J. Piskorski ("A Note on Corporate Strategy," *Harvard Business School* 9-705-449, 2005) は「全社戦略を企業が，多数市場での活動の構成と調和を介して価値を作り出すための選択肢」と定義する。実際に事業戦略と全社戦略の境界は，われわれが産業と市場の境界をどこに引くかによる。

2　A. Chandler Jr., *The Visible Hand : The Managerial Revolution in American Business* (Cambridge : MIT Press, 1977).

第11章　垂直統合と企業の事業領域

3　R.H. Coase, "The Nature of the Firm," *Economica* 4 (1937): 386-405.
4　企業は内製をすればするほど，販売収益のなかでの付加価値が高まる。Ruth Maddigan は "The Measurement of Vertical Integration," *Review of Economics and Statistics* 63 (August, 1981) でそれを議論している。
5　J.K. Galbraith, *The New Industrial State* (Harmondsworth: Penguin, 1969).
6　O.E. Williamson, *Markets and Hierarchies : Analysis and Antitrust Implications* (New York: Free Press, 1975); O.E. Williamson, *The Economic Institutions of Capitalism : Firms, Markets and Relational Contracting* (New York: Free Press, 1985).
7　キャンベル・スープやハインツのような，いくつかのおおきな食品加工企業は缶製造へと上流に向かっての垂直統合を行った。
8　取引費用と垂直統合との関係にかんする実証的証拠としては以下を参照。J.T. Macher and B.D. Richman, "Transaction Cost Economics: An Assessment of Empirical Research in the Social Sciences," *Business and Politics* 10 (2008): Article 1; and M.D, Whinston, "On the Transaction Cost Determinants of Vertical Integration," *Journal of Law, Economics & Organization* 19 (2003): 1-23.
9　K. Monteverde and J.J. Teece, "Supplier Switching Costs and Vertical Integration in the Automobile Industry," *Bell Journal of Economics* 13 (Spring 1982): 206-213.
10　S. Masten, "The Organization of Production: Evidence from the Aerospace Industry," *Journal of Law and Economics* 27 (October 1984): 403-417.
11　J.T. Macher, "Technological Development and the Boundaries of the Firm: A Knowledge-based Examination in Semiconductor Manufacturing," *Management Science* 52 (2006): 826-843; K. Monteverde, "Technical Dialogue as an Incentive for Vertical Integration in the Semiconductor Industry," *Management Science* 41 (1995): 1624-1638.
12　R. Rey and J. Tirole, "A Primer on Foreclosure," Chapter 33 in M. Armstrong and R.H. Porter (eds.), *Handbook of Industrial Organization : Vol. 3* (Amsterdam: Elsevier, 2007).
13　"Would Samsung ever leave Android? New CEO drops hints," CNET (June 16, 2012), http://www.cnet.com/uk/news/would-samsung-ever-leave-android-new-ceodrops-hints/, accessed July 20, 2015.
14　しかし E. Cacciatori と M.G. Jacobides は ("The Dynamic Limits of Specialization: Vertical Integration Reconsidered," *Organization Studies* 26 (2005):

1851-1883) において再統合を引き起こしている変化を指摘する。

15 J.H. Dyer, "Effective Interfirm Collaboration : How Firms Minimize Transaction Costs and Maximize Transaction Value," *Strategic Management Journal* 18 (1997) : 535-556 ; J.H. Dyer, "Specialized Supplier Networks as a Source of Competitive Advantage : Evidence from the Auto Industry," *Strategic Management Journal* 17 (1996) : 271-292.

16 L. Willcocks and C. Sauer, "High Risks and Hidden Costs in IT Outsourcing," *Financial Times* (May 23, 2000) : 3.

17 J.H. Dyer and K. Nobeoka, "Creating and Managing a High-performance Knowledge-sharing Network : The Toyota Case," *Strategic Management Journal* 21 (2000) : 345-368.

18 G. Lorenzoni and A. Lipparini, "The Leveraging of Interfirm Relationships as Distinctive Organizational Capabilities : A Longitudinal Study," *Strategic Management Journal* 20 (1999) : 317-338.

19 A. Lipparini, G. Lorenzoni, and S. Ferriani, "From Core to Periphery and Back : A Study on the Deliberate Shaping of Knowledge Flows in Interfirm Dyads and Networks," *Strategic Management Journal* 35 (2014) : 578-595.

20 H.W. Chesborough and D.J. Teece, "When is Virtual Virtuous? Organizing for Innovation," *Harvard Business Review* (May-June 1996) : 68-79.

21 S. Brusoni, A. Prencipe, and K. Pavitt, "Knowledge Specialization, Organizational Coupling and the Boundaries of the Firm : Why Do Firms Know More Than They Make?" *Administrative Science Quarterly* 46 (2001) : 597-621.

22 "Boeing 787's Problems Blamed on Outsourcing, Lack of Oversight," *Seattle Times* (February 3, 2013).

第12章
グローバル戦略と多国籍企業

明日，ウーバーはインドを含む38カ国以上でアイスクリームをお届けします。ウーバーはインドのデリー，ムンバイ，チュンナイ，バンガロール，プネーそしてハイデラバードで明日の午前11時から午後5時までの間，アイスクリームをデリバリーします。ウーバーのアプリケーションを使ってアイスクリームを注文するだけで，アイスクリーム自動車が玄関までお届けにあがります。デリー，ムンバイ，チャネイそしてバンガローではハーゲンダッツのベルギーチョコ＆ストロベリーサンデーを注文するのに700Rsかかりますが，ウーバーならハイデラバードとプネーでは450Rsで2つのクッキー＆クリーム＆ストロベリーアイスがお買い求めいただけます。

—BGR INDIA 2014年7月17日 (http://www.bgr.in/news/uber-to-deliver-ice-creams-tomorrow-in-over-38-countries-including-india/）

【概　要】

- 序論と目的
- 産業分析にとっての国際競争の意味
  - 国際化の型
  - 競争にとっての意味合い
- 国際的枠組みでの競争優位の分析
  - 各国の国内環境の競争力に与える影響—比較優位
  - ポーターのナショナル・ダイアモンド概念
  - 戦略と国内市場環境との整合性
- 国際化の意思決定—生産の立地
  - 立地決定要因
  - 立地と価値連鎖
- 国際化の決断—外国市場進出戦略
- 多国籍企業の戦略—グローバル化と国別市場ごとでの差別化
  - グローバル戦略の利点
  - 国ごとの製品差別化の必要性
  - グローバルな統合と国ごとでの差別化の折り合い
- 国際化戦略の実行—多国籍企業の組織
  - 多国籍企業の戦略と組織構造の発展
  - 多国籍企業の再編成
- 要約
- 自習用の質問
- 注

序論と目的

　この50年間において，事業環境の変化を促進してきたものはおもに2つの力であった。1つは技術であり，もう1つは国際化である。1994年，ブラジル国営の航空機製造メーカであるエンブラエルは奮闘していた。2015年まで同社は，ボーイングとエアバスについで世界3位の航空機メーカであり，70から130席の規模の民間ジェット機ではマーケットリーダーで，およそ85％の売上をブラジル国外で計上していた。

　国際化は破壊者になりうる。何世紀ものあいだ，英国のシェフィールドはナイフ，フォークなど食卓用金物において世界の中心地であった。2015年には，たった数百人程度のひとびとがシェフィールドで家庭用金物の生産に携わっていたが，その産業は韓国や中国からの安価な製品により荒廃した。そして，成熟産業国の産業が輸入によって荒廃した例はこれだけではない。ケニアの繊維・アパレルの分野は，欧州や北米からの中古洋服の一括輸入（これらのおおくは教会や慈善団体からの提供）により，蹂躙されつづけている。

　国際化は2つのメカニズムにより惹起される。貿易と直接投資がそれである。これら2つはおのおのの事業が国外の市場機会や，あるいは他の国の資源や能力を使うための戦略的決断の結果もたらされたものである。『事業のグローバル化』の結果，財およびサービス，生産要素への支払いの流れ（金利，利益，使用料）そして資本の流れを含む国際取引の膨大な流れが生じた。

　戦略分析における，国際化の定義とはなんであろうか？　すでに述べたように，国際化は脅威でもあり機会でもある。しかし，戦略的分析において国際的な次元を導入するということは，議論をかなり複雑化することであり，単に市場（および競争）の範囲を広げるだけでなく競争上の優位性の分析を複雑にすることも意味する。

　本章では，以下のことを学ぶ。

- 産業分析の道具手法を国際化が産業構造と競争環境に与える影響の考察に適用すること。
- 企業の国内環境がその企業の競争優位性にどのような影響を与えるのかを分析すること。

- 海外への参入戦略や，海外生産戦略を含む，海外での事業機会を有効に利用する戦略を作成すること。
- グローバルな統合的戦略と国別の差別化戦略の最適な均衡を可能にする国際戦略の作成をすること。
- 国際戦略を推し進める上で適切な組織構造と経営システムを策定すること。

最初に産業分析，次に競争環境分析にかんする国際競争の意味の考察から始める。

産業分析にとっての国際競争の意味

国際化の型

　国際化は，貿易—ある国から他の国への財とサービスの販売と輸送—と直接投資—他の国での生産設備の建設と取得—という形で行われる(注1)。国際化の程度と形態にもとづいて産業の分類ができる（図12.1参照）。

- **保護産業**は，規制や，貿易への障壁，またはその提供する財およびサービスはローカルな企業による供給によるほうが適しているという理由により，輸入と内向きの直接投資の双方から保護されている。それゆえ，それらは土着の企業により提供されていたが，国際化の進展にともない，この範疇は徐々に小さくなっている。いまだ保護産業として残っているのは，本質的に零細な業者によるサービス産業（ドライクリーニング，美容，自動車修理）や，小規模な製造業(手工芸品，住宅建設)，腐敗するので国際貿易に向かない質の製品の生産業（生乳，パン），あるいは運送が難しい製品の生産業(四柱式ベッド，物置小屋)などである。
- **貿易産業**とは，国際化が，本質的に輸入，輸出を通じて促進される産業である。もし，ある製品が輸送可能であり，仕様が国別ごとに差別化されず，規模の経済がおおきく働く場合，海外市場への進出には単一の拠点からの輸出がもっとも効果的である。これにあてはまるのは，たとえば，商業用航空機，造船，防衛設備機器である。また貿易産業には，原材料が限定された場所でしか入手で

きない製品の場合もある―中国のレアアース，イランとアゼルバイジャンのキャビアなど。
- **マルチ・ドメスティック産業**は，貿易に向かない（銀行業，コンサルティング，ホテルなどのサービス産業など），あるいは製品仕様を国によって差別化しなければならないため(冷凍プレクック食品，書籍出版など)，直接投資によって国際化が行われる産業である。
- **グローバル産業**は貿易と直接投資の両方が高度に機能している産業である。この産業には，ほとんどの，おもだった製造産業や，多国籍企業によって運営される採掘産業などが含まれる。

国際化の典型的な道筋はなにか？　ウプサラ・モデルによれば，企業が国際化する場合，はじめは主戦市場から物理的に近い（すなわち，地理的または文化的に近い）国へ輸出し，その後，契約を拡大し，深化させ，最終的には海外に製造子会社を設立するという連続的なパターンに従うと予想されている(注2)。サービス産業においては，通常，輸出は現実的ではないので，国際化には直接投資（グリーンフィールド参入，買収，合併）またはライセンス（フランチャイズを含む）のいずれかをともなう。

■図12.1　産業国際化の様態

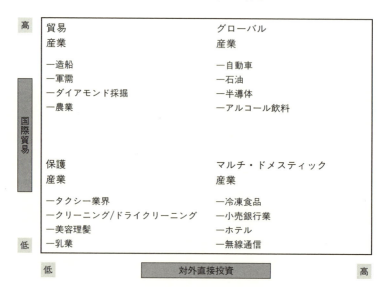

第12章　グローバル戦略と多国籍企業

競争にとっての意味合い

だいたいの場合，国際化が意味するところは競争激化と産業における利潤率の低下である。1976年の時点で米国自動車産業は GM，フォード，クライスラーにより84％の占拠率をもって寡占支配されていた。2014年現在で米国に自動車生産工場を有する会社は13社であった。GM とフォードは自動車販売の33.2％を占める，生き残り現地メーカであった。

競争と産業内での収益水準に与える国際化の影響はポーターの5つの競争要因の枠組みで分析することができる。仮に，いろいろな国内市場の観点から国際産業を定義すると，各国市場では国際化が5つの競争要因のうち3つに直接影響を及ぼす。

- **新規参入者による競争**　国際化は，ほとんどの国内市場において参入障壁の減少の原因であり結果でもある。関税率の軽減，実質的な輸送費の低下，為替交換の自由化，産業基準の国際化，そして顧客の嗜好の類似化の結果，ある国で生産して，ほかの国の顧客に商品を提供することが非常に容易になった。国内の潜在的新規参入者にかつては効果的に働いていた参入障壁は，海外で地位を確立している潜在的参入者には有効ではなくなっている。

- **既存企業間での競合関係**　国際化は産業内の競争を高める。第1に，国際化によりそれぞれの国内市場で競合する企業が増加する。すなわち**売り手集中化の減少**である。西欧でのスクーター産業はかつてイタリアピアッジョ社（ヴェスパ・スクーター）とイノチェンティ社（ランブレッタ）によって支配されていた。現在では欧州市場に供給している製造業者は25社にのぼる。ドイツの BMW 社を含む欧州企業（日本企業のホンダ，ヤマハ，スズキ，台湾の Kymco（光陽機車），中国の Baotian（宝田），Qingqi（軽騎），Znen，インドの Bajaj，スロベニアの Tomos である。各企業が複数の国内市場で競争しているため，国際化は合併や買収の波を引き起こす要因となるが，各国内市場における競合企業の数は増加する(注3)。さらに，国際化は各国内市場にたいする投資を増やし，競争相手の多様性を高めることによって競争をうながした。

- **買い手の交渉力増加**　事業の国際化のさらに意味するところは，大手の買い手が交渉力をより効果的に行使できることである。原材料の世界的な調達は，産業における買い手の力をおおいに増大させ，販社にとっても国際的な鞘取引を行う機会となった。たとえば薬剤販売会社は世界規模で安価な薬剤を探し，

国内市場への輸入を行った。

国際的枠組みでの競争優位の分析

　国際競争の激化は，いくつかの企業の競争における位置づけ（ポジショニング）での驚くような逆転現象と関連している。1989年，USスチールは世界最大の製鉄会社であった。2014年には，ルクセンブルクとインドに本拠を置くアルセロール・ミッタル・スチールがグローバルなリーダーとなっていた。2000年時点では，世界の航空会社上位20社は欧州または米国に本社を置く企業であったが，2014年までにその半数がアジアを本社に置く会社に変化し，エミレーツ航空は国際線のリーダーであった。

　国際化がいかに競争の原則を変えたかを見るためには，競争優位の分析の枠組みを企業の本国での国内環境の影響を含めた形にまで広げる必要がある。これまで見てきたように，企業の資源と能力が業界での重要成功要因（KSF）に合致したとき，競争優位を得ることができる。競争優位の源は，国際的産業と国内産業では異なっている。さまざまな国に進出している企業の場合，競争優位獲得の潜在的可能性は，その企業のもつ資源と能力のストックに依存するだけでなく，各国の国内環境の条件，とくに，その事業を行う国での資源の存在にも依存する。図12.2は，われわれの包括的（ジェネリック）戦略にかんして，産業状況と企業の資源，能力への影響の面で，国際化の意味するところを要約している。

■図12.2　国際的文脈での競争優位

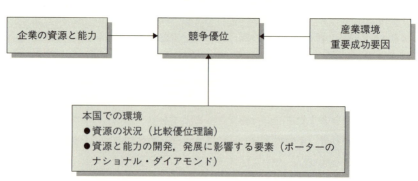

各国の国内環境の競争力に与える影響—比較優位

　国際競争力にたいする国内資源の有無が果たす役割は，**比較優位理論**の主題である。この理論は，国は，その国内に潤沢に存在する資源を集約的に使用する製品において比較優位をもつとする。したがって，バングラデシュは潤沢な非熟練労働者を供給でき，非熟練労働者を集約的に使用する製品，たとえば衣料，手工芸品，皮革製品，家電製品の組立てなどにおいて比較優位をもつ。そして米国はマイクロプロセッサ，コンピュータソフト，医薬品，医学診断機器，経営コンサルティングサービスなど，技術集約型の製品に比較優位をもつ。

　比較優位概念は，さまざまな製品を製造する際の**比較**効率性を重要視する。為替レートが実勢レートと乖離していない場合（つまり購買力平価からおおきくかけ離れていなければ），比較優位は競争優位に転換することができる。したがって，比較優位は貿易における入超，出超といった形で現れる。表12.1はいくつかの製品といくつかの国での比較優位を示している(注4)。

　貿易理論は，はじめ天然資源や，労働供給，そして資本ストックの役割を強調した。最近の傾向では焦点は知識の役割（技術，人的熟練度，そして経営能力を含む）や知識を商業化するに必要な資源（資本市場，通信設備，そして法体系）へと移行した(注5)。規模の経済が重要となる産業においては，おおきな自国の市場は，あら

■表12.1　いくつかの製品にかんする顕示的比較優位指標

	米	英	日本	スイス	ドイツ	オーストラリア	中国	インド
穀物	1.91	0.13	0.00	0.00	0.44	4.78	0.03	5.33
飲料	0.72	3.30	0.09	1.38	0.75	1.28	0.10	0.06
鉱物性燃料	0.55	0.68	0.14	0.04	0.17	1.49	0.09	1.23
薬品	0.94	2.19	0.15	9.14	1.90	0.00	0.10	1.34
車両	1.15	1.27	2.79	0.14	2.25	0.16	0.36	0.56
航空宇宙産業	4.32	1.96	0.33	0.50	1.78	0.30	0.05	0.71
電気および電子機器	0.91	0.49	1.29	0.51	0.84	0.10	2.18	0.29
光学，医学および科学器具	1.76	1.16	1.83	2.25	1.53	0.35	1.12	0.23
時計	0.30	0.58	0.60	40.13	0.64	0.16	0.99	0.04
衣料（編み物）	0.15	0.45	0.02	0.03	0.50	0.06	3.52	1.72

〔注〕　顕示的比較優位の計算は，X国の，製品Aにおける世界輸出の割合／X国の，すべての製品における世界輸出の割合とする。
〔出所〕　International Trade Center

たな比較優位の源泉となる（たとえば米国の航空宇宙産業）(注6)。

ポーターのナショナル・ダイアモンド概念

　マイケル・ポーターは，企業の国際競争における優位性にたいする自国市場環境の重要な役割は，資源と能力が発展するダイナミックスへ影響することである，と提案して，従来の競争優位の理論を拡大した(注7)。ポーターの**ナショナル・ダイアモンド概念**は，特定の国の企業が業界内で競争優位を確立できるかどうかを決定する4つの重要な要素を定義している（図12.3参照）(注8)。

1. **要素条件**　従来の比較優位分析では広範な範疇の資源の有無に焦点をあてているのにたいし，ポーターの分析は，高度に専門化された資源の役割を強調し，それらのおおくは国産の資源であり外部からまかなうのではない。たとえば，米国の卓越した映画制作やテレビ番組制作はロサンゼルスの熟練労働者と金融や映画学校などの助成事業によってなりたっている。こうした専門化された資源と能力は，資源の制約に応じて発展する可能性がある。たとえば，第二次世界大戦後の日本において，急激な材料不足により，日本のリーン生産方式が開発された。
2. **関連産業および補器産業**　ポーターの実証的研究の発見のなかで注意を喚起することの1つは，国の競争の力は，産業の『クラスター』に関連するということである。シリコンバレーのクラスターの例としては，半導体，コンピュータ，ソフトウェア，ベンチャーキャピタルなどがある。各産業において，密接に関連する産業は，資源と能力の重要な源である。デンマークの風力発電にお

■図12.3　ポーターのダイアモンド枠組み

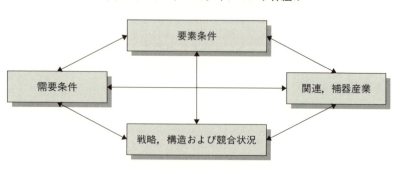

ける世界的なリーダーシップは，風力タービンメーカ，海上風力発電開発会社および運営会社，公益事業会社から構成されるクラスターによるものである。

3．**需要条件**　国内市場での需要条件は革新と品質改善の主要な推進力である。たとえば，

―スイス製時計の卓越性はスイス人の脅迫観念的時間厳守観念によるものである。

―日本企業のカメラの世界市場での支配は，日本人消費者のアマチュアとしての写真撮影への熱中と，革新的カメラ技術取り入れへの熱心さによるところが大である。

―世界の自動車産業における高級車セグメントでのドイツ企業（メルセデス，BMW，ポルシェ）による支配と量産セグメントでの弱さは，ドイツ人ドライバーのクオリティエンジニアリングへの愛着と，高速道路を肝をつぶすような速度で運転したいという抑制のきかない欲求のあらわれである。

4．**戦略，構造と競合関係**　国際的な競争優位は，特定の産業の企業が，国内市場でどのように互いに影響しあったかによる。ポーターは革新，効率，競争優位の改善は国内市場での激烈な競争によって促されると提唱している。日本の自動車メーカ，カメラ，一般家電，オフィス機器の20世紀の過去20年間における世界市場での成功は，5社以上の主要生産者が互いに競争してきた国内産業にもとづく。反対に，欧州企業がハイテク産業で弱いのは，欧州各国政府での『ナショナルチャンピオン』育成は自国内での競争を排除してしまう傾向がある結果である。

戦略と国内市場環境との整合性

グローバル産業で競争優位を確立するためには事業戦略と当該国の比較優位性との間に整合性があることが必須である。半導体業界で，インテル，テキサスインスツルメンツ，NVIDIA，ブロードコムといった米国企業は最先端のマイクロプロセッサ，デジタルシグナルプロセッサ，グラフィックチップ，および特定用途向けのICに注力し，製造より設計に重きを置く傾向をもつ。中華系半導体メーカは最先端ではない，メモリや論理制御IC，旧世代のアナログ集積回路やマイクロコントローラに注力し，設計よりも製造に重きを置く傾向をもつ。

製靴業界においても同様の傾向がみられる。中国に次ぐ世界3大輸出国はイタリ

ア，ベトナム，ドイツであり，各国の靴製造業者は自国の資源を活用している。イタリアのトッズ，フラテッリ ロセッティ，サントニといった靴製造業者はスタイルと職人技を重視し，ドイツのアディダス，プーマ，ブルーティングは技術を重視する。またベトナムでは低賃金労働力を利用して安価なカジュアルシューズを量産している。

　企業戦略と自国の国内事業環境との整合性を達成することは，企業の戦略と管理システムに自国文化を具現化することでもある。コンピュータソフトウェアやバイオテクノロジーを含むおおくのハイテク分野における米国企業の成功は，個性，機会，富の獲得を重視する国家文化を活用する起業家資本主義の事業システムによるものである。サムスンやLGのような韓国企業大手の世界的な成功は，忠誠心，権威尊重，グループ規範への適合性，組織目標へのコミットメント，強い仕事倫理など，韓国の文化的特徴を具現化する組織構造と管理システムを反映している[注9]。

国際化の意思決定－生産の立地

　自国の資源の状況がいかに国際戦略に影響するかを考察するためには，国際事業での2つの戦略的意思決定を見る必要がある－最初に，どこに生産拠点を置くかと，次に，いかに外国市場に進出するかである。まず，最初の点に言及する。

　企業は，外国市場を求めるだけでなく，他の国で利用可能な資源や能力にアクセスするために国境を越えてきた。多国籍企業は伝統的に地元の市場にサービスを提供するよう工場を設立してきた。その結果，どこで生産するかは，どこで販売するかの判断から切り離された。たとえば，特定用途向け集積回路（ASIC）の世界的リーダーであるSTマイクロエレクトロニクスは，スイスに本社を置き，生産はおもにフランス，イタリア，シンガポールで行う。研究開発はおもにフランス，イタリア，米国で行われ，最大の市場は米国，日本，オランダ，シンガポールである。

立地決定要因

　図12.2は国際的に競争の激しい市場において，競争優位性を確立している企業の能力にかんする2つの種類の資源と能力を示す。双方とも企業が生産をどこで行うかを決めるうえで重要である。

■表12.2　製造業における時間あたり賃金コスト(US＄)

	1975	2000	2012
スイス	6.09	21.24	57.79
オーストラリア	5.62	14.47	47.68
ドイツ	6.31	24.42	45.79
フランス	4.52	15.70	39.81
米国	6.36	19.76	35.67
日本	3.00	22.27	35.34
イタリア	4.67	14.01	34.18
英国	3.37	16.45	31.23
スペイン	2.53	10.78	26.83
韓国	0.32	8.19	20.72
台湾	0.40	5.85	9.46
メキシコ	1.47	2.08	6.36
フィリピン	0.62	1.30	2.10

〔出所〕　米労働省，労働統計局。許可を得て複製。

- **国ベースの資源**　企業は資源供給の優位性を享受できる場所を確保すべきである。石油産業の場合であれば，炭化水素を発見する見通しが高い場所を探すことを意味する。組立製造の場合では，それはしばしば低コスト労働力の探求となる。表12.2は，国別の雇用費用の差を示す。技術集約型産業においては，専門的な技術ノウハウにアクセスすることを意味する。
- **企業ベースの資源と能力**　競争優位性が内部資源と能力にもとづいている企業にとって，最適な立地は，その資源と能力がどこに位置し，どのように移動可能であるかによって異なる。ウォルマートは米国で培った能力を北米以外に展開することが困難であったのにたいし，トヨタとIKEAは海外子会社に自社の操業能力を展開することに成功した。

しかしながら，これらの考察によれば，企業はその生産能力をどこに配置するかを選択できる柔軟性をもっていると仮定できる。ほとんどのサービス業（美容院，飲食業，銀行業など）は，消費地のすぐ近くで生産する必要があり，柔軟性がない。製品にかんしても同様に，輸送することが難しいので，貿易障壁（関税や割当量）の対象となればなるほど，各国市場での生産が増える必要がある。

立地と価値連鎖

大半の財とサービスの生産は，各生産段階での投入（インプット）への要求条件がかなり異なる，垂直方向の活動を含んでいる。そのため，異なった国では，価値連鎖の異なった段階で，異なった差別化による優位性が存在する。表12.3は織物と衣料（Tシャツ，セータなど）での国際的特化のパターンを示している。同様なことが一般家庭向け電子機器についていえる。電子部品の生産は研究開発集約的であり，米国，日本，韓国，そして台湾に集中している。組立ては労働集約的であり，東南アジアおよびラテンアメリカに集中している。

近年における国際化の重要な特徴は，企業が価値連鎖の各段階にもっとも適した資源とコストをもつ国を探していく過程で，価値連鎖が国際的に断片化していることである(注10)。表12.4はアップルのiPhoneの製造工程の国際的断片化を示す。図12.4は同様に，ボーイング787ドリームライナーの内訳を示す。

しかし，コストはオフショアリングを決定する1つの要因にすぎず，さらに，コスト優位性は為替レートの変動や，インフレに対して脆弱である。iPhoneやボーイングドリームライナーの例で示されるように，先進技術を用いた商品やサービスの場合，グローバルソーシングには，コストの節約もさることながら，洗練されたノウハウをどこに集約するかのほうが重要である。新興市場各国の人的，技術的資源の発展にともない，西欧の企業は，かれらの魅力が労働コストの安さから技術技能の確保先へとシフトしている。米国の企業が自国以外での技術革新を奨励しているのは，優秀な科学，技術者を，そうした新興市場に求めているからである(注11)。た

■表12.3 編み物製品価値連鎖における比較優位

	綿花	綿糸	編み物	ニット衣料
米国	+0.68	+0.85	+0.03	−0.89
ドイツ	−1.00	−0.18	+0.30	−0.18
韓国	−1.00	−0.28	+0.94	−0.34
中国	−0.99	−0.54	+0.70	+0.97
バングラデシュ	−0.98	−0.95	−0.96	+0.98

〔注〕 ある国の，特定の製品についての顕示的比較優位性の計算式は（輸出−輸入）/（輸出＋輸入）。
〔出所〕 International Trade Commission.
©2016 Robert M. Grant, www.contemporarystrategyanalysis.com

第12章　グローバル戦略と多国籍企業

■表12.4　iPhone はどこから？

項目	サプライヤ	所在地
デザインとオペレーティングシステム	アップル	米国
フラッシュメモリ	サムスン電子	韓国
DRAM メモリ	サムスン電子，マイクロンテクノロジー	韓国，米国
アプリケーションプロセッサ	村田	日本，台湾
基底帯域（Baseband）	インフィニオン・テクノロジー	台湾
	Skyworks；Triquint	米国
パワー管理	Dialog Semiconductor	台湾
オーディオ	テキサスインスツルメンツ	米国
タッチスクリーン制御	Cirrus Logic	米国
アクセル，ジャイロスコープ	ST マイクロエレクトロニクス	イタリア
E-コンパス	旭化成エレクトロニクス	日本
組立て	フォックスコン	中国

〔出所〕　"Slicing an Apple," *Economist* (August 10, 2011), http://www.economist.com/node/21525685.

■図12.4　ボーイング787ドリームライナーの世界での分散製造

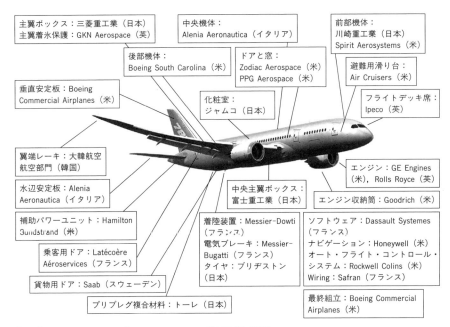

〔出所〕　Boeing Images, ©2015 Boeing Inc. 許可を得て掲載。

とえば、シリコンバレーのベンチャー投資会社であるアクセル社のジム・ブライヤーは、『台湾や中国には世界でもっとも優秀なワイヤレスチップスやワイヤレスソフトのデザイナーが揃っている』と見ている。さまざまな種類の精密機械製造においては、台湾の企業、たとえば、Wafer（合晶科技）社などは世界で一番精巧な技術を誇っている。主要なインドのITの外部委託業者は、西欧の企業のIT部門が、国際的な技術熟練度の測定をする能力成熟度モデル（CMM）でレベル2か3にすぎないのにたいし、レベル5、つまり、技術熟練では最高のレベルに達している。

価値連鎖を分解することから得られる利益は、国際的に分散された活動を統合するために生じる追加コストと比較されなければならない。輸送費と棚卸資産の増加は別として、時間の増大は分散活動のなかでも一番おおきなコスト要因であり得る。ジャストインタイムの生産計画はしばしば生産活動はお互いに距離的に近いところに位置することを必要とする。

速度や納期の信頼性で競争する企業（例として、インディテックス）は通常、国際的に分散された価値連鎖によるコスト優位性を捨てて、最終消費者市場への迅速なアクセスを可能にする統合オペレーションを選好する。米国企業の国内製造再開の傾向の要因の1つは、米国と中国の間のコスト差の縮小によるものであるが、サプライチェーンの柔軟性の低下ともいえる(注12)。図12.5は立地選定のおもな判断基

■図12.5　価値連鎖活動の立地最適化

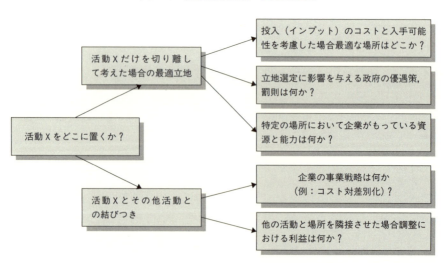

準を要約している。

国際化の決断―外国市場進出戦略

　企業は利益を追求するため，さらに最終的には収益性を追求するため海外市場へ参入する。企業が海外市場で成功し，売上と利益を生み出すかどうかは，競合他社やその市場で競合する他の多国籍企業と比較して，競争優位性を確立できるかに依存する。企業がどのようにして海外市場へ参入するかは，その企業がどのように競争優位性を確立できるかによって決まる。

　海外市場へ参入する基本的な2つの方法は，**商取引**と**直接投資**である。図12.6では，これらをさらに分類して，市場参入方法の選択肢が企業の関わり合いの度合いに応じて表記されている。したがって，1つの極には個別のスポット契約による輸出，他の極には，すべての企業活動を行う自社の子会社設立がある。

　どのようにして企業は市場参入方法の利点を比較するか？　5つの鍵となる項目が重要となる。

■図12.6　外国市場進出の方法

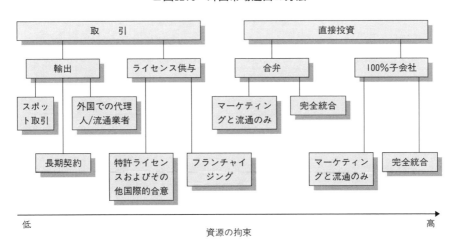

- **競争優位性はその企業に特有な（ファーム・スペシフィック），または，国に特有な（カントリー・スペシフィック），資源に依拠するのか？** もし企業の競争優位性が国に特有の資源によるものならば，その企業は輸出によって外国市場へ参入するべきである。したがって，上海自動車業界が，欧州自動車市場にたいしてもつ競争優位が上海での安価なコストベースによるのであれば，中国で生産し海外へ輸出すべきである。もしトヨタの競争優位が生産能力と経営能力のものであり，しかもその優位性は会社内で移転可能とするならば，トヨタは米国市場での機会の利用は，輸出でも直接投資でもできる(注13)。

- **製品は交易可能なものか？** もし製品が，運輸の上での制限とか輸入規制によって交易できない場合，市場に進出する方法は，海外での生産設備に投資するか，海外市場での地元の企業に，鍵となる資源の使用を，ライセンスを通じて許可するかのどちらかである。

- **海外市場で成功するために必要な資源と能力をすべて有しているか？** 海外市場で競争するためには，企業は，保有しない資源や能力，とくに熟知しない市場でのマーケティングと流通にかんするもの，を取得しなければならない。このような国特有な資源を一番簡単に入手する方法は，海外の企業と関係を構築することである。その関係は，部分的には，必要とされる資源と能力によって決まる。もし企業がマーケティングか流通を必要としているのならば，その地域での独占販売権を付与して，流通業者か代理店を任命してもよい。もし製造からマーケティング能力までの幅広い機能が必要ならば，企業は製品または技術を地元の製造会社にたいしライセンス供与を行うかもしれない。技術集約的な産業において，このライセンス供与は一般的である。マーケティング集約的な産業では，有名な商標をもった企業は，その商標を地元の企業にライセンスすることができる。代案としては，地元の製造企業と合弁事業を設立する可能性もある。フランスで酪農乳製品をあつかうダノンは，ロシア，中国，インドネシア，イラン，メキシコ，アルゼンチン，サウジアラビア，南アフリカと合弁事業をもっている。

- **資源からあがる利益を直接自社に還元できるか？** 企業がその資源の使用をライセンスするか，（輸出または直接投資を通して）自社で直接使用するか，は充当可能性（アプロプリアビリティ）の程度による。化学と医薬業界では特許によって新製品が法的に強く守られているため，地元の企業へ特許使用ライセンスを与えることは利益を手に入れる有効な手段である。コンピュータソフト

ウェアやパーソナルコンピュータ業界では特許や著作権による保護が強くないため，特許の使用を許可するより製品の輸出のほうが海外進出の方法として利用される。特許等のライセンス許可にあたって，もっとも考慮すべきことは地元企業の能力と信頼性である。これは商標名をライセンスするとき，商標の評判の保護の点から，とくに重要となる。キャドバリー・シュウェップス（モンデリーズ・インターナショナル：正式にはクラフトフーズの傘下）は米国国内での販売のため，商標とチョコレートバーの生産処方をハーシー社に供与している。これは，ハーシーは米国において，キャドバリーが自社では保有できないだけの製造，流通設備をもっていることと，キャドバリーがハーシーを信頼できるパートナーとみなしているからである。

- **どんな取引費用が存在するか？** 取引費用は市場への参入形態を選ぶにあたって基本となる。輸送コストや関税といった輸出障壁が高ければ，直接投資が有利である。ライセンスと直接投資のどちらを選択するかは，交渉，実行監視，ライセンス履行にともなう取引コストにも依存する。英国では，スターバックスは自社所有のコーヒーハウスを経営するが，マクドナルドはフランチャイズを使う。マクドナルドの競争優位はおもにフランチャイジーが忠実にマクドナルド・システムをコピーできるかどうかにかかる。その実行の確保はフランチャイズ契約によって可能である。スターバックスは，自社の成功はコーヒーのみならず店内の雰囲気に依存するところの『スターバックス経験』を創り出すことによると信じている。この経験の構成要素はなにかを正確に記述することは難しい。ましてそれを契約条項として明記することはさらに難しい。

取引コスト分析は多国籍企業理論の中心主題であった。財や資源にたいする市場での取引コストが存在しない場合，企業は，海外市場の与える事業機会を，その財やサービスを輸出するか，地元企業にその資源使用権利を売ることによって利用する[注14]。したがって多国籍企業が優位を占める産業とは，次のようなものである。

- 輸出に取引コストがかかる産業（例：関税や輸入規制）
- ブランドや技術等の，企業に特有の目に見えない資源が重要な産業
- 顧客の好みが国ごとに比較的類似する産業

多国籍企業の戦略
ーグローバル化と国別市場ごとでの差別化

　企業が自社の競争優位を，本国の市場だけでなく海外市場で活用するための手段としての輸出または直接投資による海外展開を，これまで考察してきた。しかし国際的な展開はそれ自体，限定された地理的領域に集中する競合他社にたいする競争優位の源泉であり得る。このセクションでは，国際化した企業は，どのような状況において国内に集中している企業にたいして競争上優位に立てるかを考察する。『グローバル戦略』が競争優位を築く可能性はなにか？　どの産業で一番効果的であるか？　そして潜在可能性を最大化するためには国際戦略はどのように立案され実施されるべきか？

グローバル戦略の利点[注15]

　グローバル戦略とは，細分化されているにしても，世界を単一の市場と見る見方である。国際市場での活動は，おもに5つの価値の源泉となりうる。

コスト面での利点ー規模と模倣再生（Replication）

　国際化し，各国地元企業と競争関係にある企業の最大の利点は，購買や，マーケティング，製品開発における規模の経済である[注16]。パンカージ・ゲマワットはクロスボーダー（国境を越えた）による加算的量拡大の利点として言及している[注17]。これら規模の経済の活用は，顧客の好みが集中するほど促進される。Ted Levitt（テッド・レビット）によれば，『あらゆる場面で，あらゆるものにたいする嗜好構造が，絶え間なく均質化していくであろう。』[注18] 商用航空機，半導体，民生機器，ビデオゲームなどのおおくの業界では，企業は製品開発費用を償却するために，世界規模での販売を行うより選択肢がない。サービス産業においては，多国籍事業による費用効率はおもに経済の模倣再生可能性に依存する。企業が調理法，ソフトウェア，または組織のシステムなどの知識ベースの資産や製品をひとたび作成，製造したあとは，元の製造コストの一部で，国内市場全体にたいして再生，複製することが可能である[注19]。ディズニーランドの場合では，アナハイムやオークランドで開発されたアトラクションや管理システムが東京，パリ，香港，上海のテーマ

パークに再生，複製されている。これが，フランチャイズの利点である。もし革新的な顔のマッサージシステムを作成し，高齢者の肌を20歳の肌のように維持できるのであれば，ビバリーヒルズの1つの店舗にとどまるであろうか？　世界71カ国で1万1,000店舗を展開するドミノ・ピザのように，挑戦しないだろうか？

グローバルな顧客を相手にする

　投資銀行，会計監査業務，広告などいくつかの産業においては，グローバル化の推進力はグローバル展開する顧客へのサービス提供であった[注20]。したがって，自動車部品の製造会社は自動車組立てメーカの国際化のパターンに追随する傾向がある。ベーカー＆マッケンジー，クリフォードチャンス，リンクレーターズなどの法律事務所では，おもに多国籍企業のクライアントにサービスを提供するために国際化している。

各国が有する資源の効率性を利用する

　すでに見てきたように，企業の国際化は新しい市場へと参入するだけでなく，海外の資源を利用することでもある。

　伝統的には，それは原材料および低労働賃金の追求であった。1917年から1923年のスタンダード・オイルの最初の国際化は，メキシコ，コロンビア，ベネズエラ，オランダ領東インドでの石油埋蔵量の探索に続いて起こった。ナイキの低コスト製造の追求は，日本，台湾，韓国，中国，そして近年ではベトナム，インドネシア，バングラデシュに引き継がれている。パンカージ・ゲマワットは，これら国家間の違いを利用することを**鞘取引**（Arbitrage）とみなしている[注21]。一般的に，鞘取引戦略は製造を低賃金地域にオフショアリングすることによる賃金格差を利用することであり，鞘取引は，異なる地域で利用可能な独特な知識・資源をますます活用するようになっている。たとえば，半導体企業のなかで，海外子会社の所在を決定する上での重要な要素は，親会社の知識・資源にアクセスしたいという欲求があるかどうかである[注22]。

習熟効果の利益

　多国籍企業における習熟（ラーニング）効果は単に異なる地域の知財にアクセスできることだけでなく，知財を展開，統合し，異なる国家環境に露出されることで新たな知財を創出することである。IKEAの成功は，独自の業務形態を再生，複製す

るだけでなく，操業先の各国から得た知識を IKEA のグローバルネットワークに反映させる能力にも，もとづいている。日本では IKEA は日本のスタイルや意匠の好み，日本の生活様式，品質にたいする高い要求に合わせる必要があったが，IKEA は日本で発展した品質とデザイン能力を世界規模への活動へと展開することができた。IKEA 日本の最高経営責任者によると，『日本市場への参入理由は，日本市場で成功したいということは別として，IKEA を世界でもっとも厳しい競争市場へさらすことであり，そうすることで世界中の IKEA に品質問題を展開していると考えている。』(注23)

近年の国際経営学，ビジネス文献への寄稿によれば，多国籍企業が複数の場所で開発した知財を統合し，国境を越えて展開する能力こそが，国内企業に対する最大の強みであることを示唆している(注24)。これら習熟（ラーニング）による利点を活用するためには，新しい経験，新しいアイデア，新しい試みを拡散，統合しうる知財管理のための何らかの世界規模の基盤をもつことが肝要である。

戦略的に競争する

ゴール人，ゴート人その他の未開野蛮族へのローマ人の優位性は，未開地での戦いの際，ローマ帝国の軍事的，経済的資源に依存することができることにあった。同様にして，多国籍企業は国内に焦点をあてる企業にくらべ，鍵となる戦略的優位性をもっている。多国籍企業は他の市場で得たキャッシュフローを使って各国で攻撃的な戦闘を展開できる。一番簡単なやり方として，ある市場での競争的行動への，他の市場で得た利益を使っての**利益共有**（Cross-subsidization）は**略奪的価格づけ**（Predatory pricing）の形―競争相手を競争の場から追放する低価格政策―をとることがある。こういった価格づけの実行は世界貿易機関のアンティダンピングや反トラスト規制に抵触する可能性が高い。もっと普通には，利益共有として，攻撃的販売やマーケティングキャンペーンの資金として他の市場からのキャッシュフローが利用される(注25)。国内市場よりも海外に低価格政策をとり，国内のサードパーティーより海外子会社への輸出価格を引き下げているということは，企業が国内市場で稼いだ利益を海外市場での価格競争を助けるために使っている証拠である(注26)。

多国籍企業の間での戦略的競争は攻撃，反撃，そして封じ込めなど，複雑化をまねく可能性がある(注27)。富士フイルムのコダックの本国市場への進出の象徴は富士フイルムによる1984年ロサンゼルス・オリンピックゲームでのスポンサーシップで

あった。コダックは富士を日本で攻撃することで反応した(注28)。

国ごとの製品差別化の必要性

　グローバル戦略の利点は，顧客の間での国ごとでの嗜好の違いがあるということである。アップル社のiPodやiPadのようないくつかの例外を除いて，『グローバル顧客』のニーズに合わせて企画された製品は大多数の顧客にとって魅力ないものである。フォード社はグローバル的なカーモデルを創りだすことに注力してきたが，一連の失敗ののち，2012年に世界5カ所の工場で生産されたフォーカスは，初めて成功したグローバル・カーモデルであった。ほとんどの自動車会社は，外国市場のニーズにこたえるために，自社でのグローバルモデルを差別化した(注29)。

　一部の産業においては，グローバル化への取り組みは，ほとんど成功していない。洗濯機においては，国ごとでの嗜好は際立って健在である。フランスや米国の洗濯機はおもに上から洗濯物を入れるにたいし，欧州の他の国では前面から入れる。ドイツ人はイタリア人よりも高い回転数を好む。米国の洗濯機はドラムを回転させるよりは，攪拌器を使う。日本の洗濯機は小型である。家電でのグローバル化のパイオニアであるエレクトロラックスやワールプールは地元や地域の専門メーカに追いつくため奮闘している(注30)。小口金融業でも同じことがいえる。いくつかのグローバル化に成功した例はあるが(サンタンデール銀行，HSBC)，ほとんどの例が，国境を越えた統合からの経済的見返り（規模の経済など）の低いことと，地元の市場条件への適用の重要性を示唆している(注31)。

　それぞれの国で，複数の，独自の特徴が組み合わさって存在する。どのようにして各国間の類似点や相違の度合いを理解して評価できるであろうか？　パンカージ・ゲマワットは国家間の距離における4つの重要な要素として**文化**，**行政と政治**，**地理**，**経済**(CAGE)を提唱している。**表12.5**に　かれのCAGEフレームワークの概要を示す。

　ゲマワットの広範な範疇分類は，国際的展開を一触即発する地雷地帯にしてしまう，国別の特異性を探る出発点にすぎない。民生向け製品を製造する企業にとっては，全国の流通網の構造が重要である。化粧品，生活用品を売っているプロクター・アンド・ギャンブル社はマーケティング，プロモーション，および流通を，以下のような状況に適応させる必要がある—米国では少数のチェーン店が米国での売上の大半を占め，南欧では小さな独立した小売店を介しての販売がほとんどであり，一

■表12.5 国ごとの違いを評価するための，ゲマワットのCAGE枠組み

	文化的距離 (Cultural)	行政上，政治上の距離 (Administrative, Political)	地理的距離 (Geographical)	経済的違い (Economical)
2つの国の距離が増えるのは，	●言語，人種，宗教，社会規範の相違 ●つながりを作る人種的，社会的ネットワークの欠如	●共有する政治的または金銭的つながりの欠如 ●政治的敵愾心 ●弱い法的および金融的組織	●隣接する国境，運輸，または通信関係の欠如 ●地理的遠さ	●消費者所得の違い ●資源の違い ●情報，知識の違い
距離によってもっとも影響を受ける産業は，	言語依存が高いもの（TV，出版）または文化依存が高いもの（食品，葡萄酒，音楽）	政府によって戦略的に重要とみなされる産業（例：エネルギー，防衛，通信）	付加価値―荷重の比率が低いもの（セメント），脆弱なもの（ガラス），または意思疎通が不可欠なもの（金融サービス）	需要の所得弾力性が高いもの（奢侈品）。労働集約的製品（衣料品）

〔出所〕 *Harvard Business Review* の許可を得て掲載。From P. Ghemawat, "Distance Still Matters : The Hard Reality of Global Expansion," September 2001, pp.137-147. Copyright ©2001 by the Harvard Business School Publishing Corporation ; all rights reserved.

方，日本においては商社などの複数の階層を介して販売する必要がある。業界が最終消費者に近づくほど，文化的要素の重要度が増す。戦略コラム12.1では国家文化のいくつかの側面を紹介する。国内市場以外で成功を収めた小売業者はきわめて少ない。ウォルマート，IKEA，H&M，GAPは本当にグローバルといえる数少ない小売業者である。海外でも自国と同等に成功した企業は減少しているが，おおくの場合において，フランチャイジングはリスクの低い国際化戦略である。

戦略コラム 12.1　国民文化はどのように異なっているか？

国によってひとびとの信念，行動規範，価値といった点は異なっているであろうか？　一連の調査によれば，答えは『そのとおり』である。

国による文化の差にかんして，もっともよく知られている研究は，ヘールト・ホフステードによるものである。かれが特定した，国ごとの価値観の尺度は，以下のとおりである。

- **力の距離** とくに意思決定において，組織内や社会内で許容されている不平等の度合い。『力の距離』は，マレーシアで高く，さらにラテンアメリカやアラブの国々ではとくに高く，オーストリアとスカンジナビア諸国では低い。
- **不確実性の回避** 南欧やラテンアメリカ諸国は，確実性や確立された行動規範を選好する。シンガポール，スウェーデン，英国，米国，そしてインドでは不確実性や曖昧さを許容する。
- **個人主義** グループの利益よりも個人の利益への関心は，米国，英国，カナダ，そしてオーストラリアでもっとも高かった。グループや集団の利益は，ラテンアメリカ，アジア(とくにインドネシア，パキスタン，台湾，韓国)でもっとも強かった。
- **男らしさ/女らしさ** ホフステードは，仕事や物質的な目標に重点を置き，性別による役割を区別するのを『男性型』とし，効率よりも個人的な関係を重視し，男女平等の見方を『女性型』とした。日本，オーストリア，ベネズエラ，そしてイタリアは男性型としての評価値が高く，スカンジナビア，オランダの評価値は低かった。

他の研究者たちは，国民文化での異なった次元を強調している。フォンズ・トロンペナーズ（ホフステードと同じくオランダ人）は，米国，オーストリア，ドイツ，スウェーデンおよび英国は**普遍的社会**（Universalist societies）—人的関係が標準的な規則で律せられている—ブラジル，イタリア，日本およびメキシコは**特殊的社会**（Particularist societies）—社会的関係は文脈的や個人的な要素で強く影響されている—と主張する。メキシコやオランダのような**情緒的文化**（Affective cultures）では，ひとびとは自分の感情を表に出す。日本や英国のような**中立的文化**（Neutral cultures）においてはひとびとは自分の感情を表に出さない。

〔出所〕 G. Hofstede, *Culture's Consequences : International Differences in Work-related Value* (Thousand Oaks, CA : Sage, 1984); F. Trompenaars, *Riding the Waves of Culture* (London : Economist Books, 1993)

グローバルな統合と国ごとでの差別化の折り合い

国際化戦略にかんする選択はグローバル統合と国別適合の利点の間の二者択一と見られている（図12.7参照）。

■図12.7 グローバルな（製品）統合と国別の（製品）差別化の利点対比

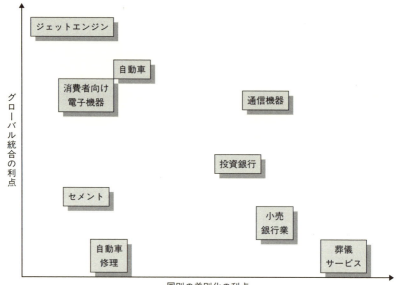

　規模の経済がおおきく，顧客嗜好が同質な産業では（例：ジェットエンジン）グローバル戦略が必要となる。国ごとの嗜好が顕著であり，その嗜好に合わせる費用がおおきくない場合，マルチ・ドメスティック戦略（例：小売銀行業）が有利となる。実際，グローバル統合からのおおきな利益がない産業では，国際化企業は参入しないであろう（たとえば葬儀代行業や洗濯業）。いくつかの産業では，大半の面で国ごとでの嗜好があまり違わず―自動車修理，オフィスメンテナンスサービス業は世界中どこでも同質である―しかも規模の経済やその他グローバル化の恩恵利益も欠如するものもある。反対に，その他の産業ではグローバルな規模で活動することによる利点が存在する。しかし，国ごとの嗜好や標準に合わせて特定の国民市場（通信機器，軍用品，化粧品，生活用品）のニーズを満たす必要もある。

　グローバルな統合と国民市場での差別化という相反する力を折り合わせるのは多国籍企業が直面する最大の戦略的挑戦の1つである。グローバル地域化を達成するということは，規模の経済がおおきく働くところでは製品の仕様と企業活動の標準化を，国民的市場での嗜好が強く，それへの適合が多大のコストを意味しないところでは差別化をすることを要求する。したがって，（1972年に販売開始し，世界110

第12章　グローバル戦略と多国籍企業

カ国で販売される）ホンダのシビックのようなグローバルカーには，今日ではかなりの量の国別嗜好への適合が施されている―それは国ごとでの安全規制や環境標準への適合だけではなく，足を伸ばす空間，座席の仕様，アクセサリー，色，装飾なども含まれる。マクドナルドもグローバルな標準化と地域への適合のおおきな努力をしている（戦略コラム12.2参照）。

戦略コラム 12.2　マクドナルド，『グローカル』化する

　反グローバライゼーション運動の活動家にとって，マクドナルドは，グローバライゼーションの権化である―かれらにとってみれば，米国ファストフード企業帝国の破壊神的力によって，各国の国民的料理や，伝統的小規模，家族経営事業を破壊しているからである。しかし，実際には，マクドナルドのグローバル戦略は，グローバルな標準化とローカル対応を注意深く混和させている。

　世界各国で提供されるビッグマックとポテトフライなどで見られるように，マクドナルドのメニューは，グローバルに標準化した項目を多数含んでいる。しかしながら，おおくの国で，マクドナルドのメニューは，ローカルに開発されたたくさんのメニュー項目を増やしつつある。それらは以下のとおりである。

- オーストラリア―鶏のたたき，タンドール・チキンおよびチキンとアリオリのマックラップなどの一連のラップ類
- フランス―クロック・マクド，マック・クロワッサン
- 香港―グリルド・ポーク・トゥイスティパスタおよびフレッシュ・コーン・カップ
- インド―マック・スパイシーパニアおよびマックアロ・ティッキ
- サウジアラビア―マック・アラビア・コフタ，マック・アラビア・チキン
- スイス―海老カクテル，ロイヤル・ハラペーニョ
- 英国―オートソーシンプル・ポリッジ（かゆ），デリ・サンドイッチ・トースト
- 米国―ソーセージ・ブリート，BBQランチバーガー，マックリブ，フルーツとヨーグルトパルフェ

　レストランの内装，サービス内容（インドでの宅配），そして市場のポジショニング（マクドナルドは米国外では上層の市場セグメントを志向している）も違っている。イスラエルでは，おおくのマクドナルドは，宗教的な決まりに従い，酪農品を

提供しないし，土曜日は閉店する。インドでは，牛肉も豚肉も提供されない。ドイツ，フランス，スペインではマクドナルドはビールを提供している。米国以外のほとんどすべての国でフランチャイジーを使っている理由が，国ごとの環境に適合し，ローカル文化でのノウハウへのアクセスをめざすからである。

しかしながら，マクドナルドの事業システムは，基本的には世界的に１つである。マクドナルドの価値観や事業の基本方針は普遍的で不変である。家族や子供たちを重要視するマクドナルドは，どの国であろうと，楽しさと家族団らんとをマクドナルドに結びつけてもらえるように努力している。地域の共同体への参加とロナルドマクドナルド財団の子供慈善活動は世界的に行われている。金のアーチ（M字）のロゴや『I'm lovin'it』のうたい文句を含む企業の商標とブランドはだいたいにおいて世界的に一様である。

歴史的にみて，マクドナルドの国際戦略とは，米国モデルからローカルな状況に順応することであった。マクドナルドは，ある国から別の国に新しいメニューや事業コンセプトを移転させて世界市場への適合と革新を行うことを基本とするという形で，国ごとでの差別化を活用してきた。たとえば，マクドナルドのレストラン内でのマックカフェというグルメカフェ店は，当初，オーストラリアで開発された。2003年の時点で，マックカフェ店は，米国を含む30カ国で展開されていた。先進国世界での栄養と肥満への関心の高まりへの対応策として，サンドイッチ，サラダそして情報ラベル化にかんして，マクドナルドは，各国別のイニシアチブをグローバル・ラーニングのもととしている。

マクドナルドの戦略が，グローバルな標準化とローカルな適合の間で均衡したものであるか否か？　英国マーケティング専門家サイモン・アンホルトは，『ローカルな食材をメニューに取り込むことでやっていることは，実は，米国ブランドとしてのブランドの価値を破壊していることである。マクドナルドがやっていることが，衆目の見るところではローカルな料理の下手な真似にすぎないとすれば，ひとを馬鹿にした話だ』と主張している。しかし，マクドナルドのジム・スキナー最高経営責任者によると，『わたくしたちの事業は，オークブロック（米国本社の所在地，イリノイ州）から運営されているものではなく，営業するおのおのの国で，ローカルな顔をもつ，ローカルな事業である。』マーケティング最高責任者であるメリー・ディロンは，『マクドナルドでは，グローバル性よりはローカル市場での妥当性，適合性への関心のほうが重要性をもっている。グローバルに見た場合でのわれわれの役割はブランドの保護管理者である。しかし，実際，当社の事業はローカル適合性

に尽きる。』とつけ加えている。

〔出所〕 www.mcdonalds.com；McDonald's Localization Strategy；Brand Unification, Menu Diversification? ICFAI Case Study 306-316-1 (2006).

　グローバル化での効率と国別の顧客の嗜好への訴えとを折り合わせるには，個々の製品や個々の機能ごとに企業を分けなければならない。小売銀行業では，各商品とサービスはグローバリゼーションにかんし異なった潜在可能性を有している。クレジットカードや譲渡可能定期預金証書などのような基本的な貯蓄性の商品はグローバルに標準化される傾向があり，当座預金，住宅ローンは国別の市場にあわせて差別化されることが多い。おなじように企業の機能であるR&D，購買，IT，そして製造は規模の経済のゆえにグローバル化から益するところ大である。販売，マーケティング，顧客サービス，そして人的資源管理は国ごとでの差別化を要求する。この差は，多国籍企業の組織構造を考える上で重要な点である。

国際化戦略の実行ー多国籍企業の組織

　各国の市場条件に適合しつつ，グローバル統合をすることは，戦略を実行するための組織構造と管理システムの設計を行う上で重要な意味をもつ。以下見るように，多国籍企業の経営陣が直面する最大の挑戦の1つは組織構造と経営管理システムとを調和させることと，それらと自社の戦略とを適合させることである。

多国籍企業の戦略と組織構造の発展

　過去100年にわたって，国際化戦略を推進する力はおおきく変化してきた。しかし多国籍企業の組織構造はさほど変化していない。第8章での組織の惰性にかんしての議論にあるとおり，多国籍企業は，その複雑性から，外部の変化に迅速に適応するにあたって，それ特有の困難性を抱えている。クリス・バートレットとスマントラ・ゴシャールは，多国籍企業は，自身の歴史に呪縛されていると見ている。多国籍企業によって採択される戦略と構造の形態は，国際化を始めたときの選択を反映する。戦略と構造における根本からの変革は困難である。ひとたび機能，オペレーション，意思決定機関にたいする意思決定が行われた後では，再組織化は遅く，困

難で，かつ費用がかかる―とくに各国の政府が関与することになると。多国籍企業での，**組織管理上の歴史的遺産**（Administrative heritage）―資産と能力の構成，管理責任の配分のしかた，および人間関係のネットワーク―は，現在の能力の重要な決定要因であり，新しい戦略的能力を構築する能力に重大な影響を及ぼす[注32]。

バートレットとゴシャールは，多国籍企業の発展には3つの段階があると論じる（図12.8参照）。

- **20世紀初頭―欧州多国籍企業の時代**　ユニリーバ，シェル，ICI，フィリップスなどの欧州の企業は，多国間での国際展開の先駆者であった。国際化の時期の状況により―貧弱な輸送および通信，国ごとでの高度の差別化―これらの企業は『**多国籍連邦**』を形成した。各国の子会社はオペレーション上の自由が与えられ，商品開発，製造，マーケティングを含むすべての経営の機能を遂行した。

- **第二次世界大戦後―米国多国籍企業の時代**　卓越した，米国の経済的地位はGM，フォード，IBM，コカコーラ，キャタピラー，プロクター・アンド・ギャンブルなどの米国企業による支配の礎であった。米国多国籍企業の子会社にはかなりの自治性が与えられていたとはいえ，それは資本，技術，経営の面での米国親会社の支配的文脈のなかでのものであった。世界的な市場においての競争優位性は，米国をベースとする資源や能力に立脚するものであった。

- **1970-80年代―日本の挑戦**　ホンダ，トヨタ，松下，NECそしてYKKなどのような日本の多国籍企業は，権限を集中的にもっているコーポレート本部が打ち出すグローバル戦略を追求した。研究開発と製造を日本国内で集中して行い，海外の子会社には販売と流通を任せた。グローバルに標準化され，大規模な工場で製造された製品は他を圧倒するほどの低コストと品質での優位性を提供した。時の経過とともに製造と研究開発は各国に分散された―最初は消費国での貿易保護と他通貨にたいする円高の理由によってであった。

これらの多国籍企業のグループにおける異なったアドミニストラティブ・ヘリテッジは，今日でもその組織能力の形成に影響し続ける。欧州多国籍企業の強さは国ごとでの市場の状況と要求への適合ができることである。欧州多国籍企業にとっての課題は分散的な国際帝国をいかに1つのものとしてまとめあげるかである―シェルやフィリップスにとって，それは30年の長きにわたっての組織の再構成であった。米国の多国籍企業の強さは海外子会社へ米国の本拠地から技術や市場で経

第12章 グローバル戦略と多国籍企業

■図12.8 多国籍企業の発展―本社-支店関係

〔注〕 影が濃いほど意思決定の集約度が高い。
〔出所〕 C.A. Bartlett and S. Ghoshal, *Managing across Borders : The Transnational Solution* (Boston : Harvard Business School Press, 1998). Copyright ©1989 by the Harvard Business School Publishing Corporation, all rights reserved.

験済みの製品を移転する技能である。フォード，IBMやプロクター・アンド・ギャンブルのような米国の多国籍企業にとっての課題は，高度なグローバル統合を維持しながら，技術，設計，そして新製品開発を分散させることであった。日本の多国籍企業はグローバル標準化による効率効果享受の典型的な例である。1990年代から，ソニー，パナソニック，野村，日立およびNECは，おおきく伸張して，おおくの国で本当の意味でのインサイダーとなったが，同時に，製品やプロセス革新での主導的立場を維持するために必死に戦っている。

多国籍企業の再編成

バートレットとゴシャールによれば，多国籍企業のグループにおいて，それぞれアドミニストラティブ・ヘリテッジは異なるにもかかわらず，かれらの戦略的かつ組織的な課題は同じである。そして，それはグローバルな統合と国別の差別化との折り合いをどうするかということであった。グローバルな製品プラットフォーム―そこでは研究開発と新製品開発とも費用増加している―にもとづくグローバル戦略が不可欠なものとなった。同時に，各国ごとでの消費者のニーズへの対応と変化する地域の環境への迅速な適応にはよりおおきい権限委譲が必要となった。加速化する技術変化はこの2つの相反する力をさらに激化させ，技術革新は，一箇所集中型のR&D施設ではなく，複数の場所で行われる必要性がでてきた。

パンカージ・ゲマワットは，多国籍企業にとって，これら競合する戦略目標に折り合いをつけることはさらに複雑な課題であるとみている[注33]。ゲマワットは，多

国籍企業はグローバル統合による規模の経済の活用(かれはそれを集成機会—Aggregation opportunities—と呼ぶ),および各地のそれぞれの要求に適合することに加え,『裁定,鞘取引』の追求,すなわち各国市場間の違い,おもにさまざまな場所に存在する特定の資源を利用できるようにする必要があると主張している(裁定にかんしては前節の『グローバル戦略の利点』にかんする議論を参照)。戦略コラム12.3でこれら2つの分析が多国籍企業の設計にもつ意味合いを述べる。

戦略コラム 12.3 多国籍企業の組織設計―バートレットとゴシャールの『トランスナショナル』とゲマワットの『AAAトライアングル』

クリス・バートレットはグローバルな統合と国別の差別化とを調和させることを『それは,同時に,歩いたり,ガムを噛んだり,口笛を吹いたりするのを会社経営でやるのと同じであり…比較的単純な国際的な,またはグローバルな組織を経営する際の内部管理プロセスとは,まったく異なったものである。』と述べる。バートレットは,このような,新しい多国籍企業にたいし**トランスナショナル組織**という名前をつけた(図12.9)^(注34)。その特徴は,権限が分散され,相互依存する資源と能力のネットワークとして運営,経営される点である。そこでは,

- 国別単位は,組織全体で使うことのできるアイデア,技能,および能力の源泉である。
- 国別単位は,特定の製品,部品,または活動の世界レベルでの責任を与えられることでグローバルな規模の経済を享受できる。
- 企業本部は,柔軟なやり方で単位間の調整を管理する,複雑な役割をもっている。その鍵となるのは,直接,活動を管理するのではなく,意見の相違の調整や解決をする組織全体の文脈を作り上げることである。その文脈には『明瞭な組織の目標を確立し,広い視野やネットワークをもつ経営幹部を育て上げ,組織の規則や価値を育成する』ことが含まれる^(注35)。

ゲマワットが提案するのは,多国籍企業の戦略は,集成(Aggregation),適合(Adaptation)および裁定(Arbitrage)という3つの次元にそって位置づけられることである―つまり,『AAAトライアングル』である(図12.10)。企業の位置づけは代理変数を使って行うことができる。各戦略方向は,組織的には異なった意味合いをもつ―集成は,高度の国境を越えた統合を要求する,たとえば,グローバル製

■図12.9 トランスナショナル企業

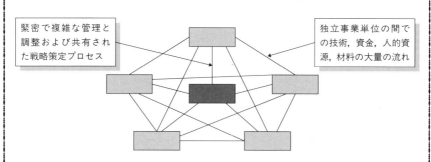

品部門やグローバル職能部門。適合は，高度の自由度（Autonomy）をもつ国ベースの組織を要求する。裁定は，資源や能力の量によって地理的配分が決められる活動を要求する。しかし，こういった異なった次元を組み合わせるための経営上の課題は，3つのAのうち，2つまでは，大半の企業では，調整できるということである。たとえば，インドのITサービス会社のなかで，TCSは裁定と集成に重きを置き，Cognizantは裁定と適合に注意を向けている。医療診断の領域では，ゼネラル・エレクトリックヘルスケアは3つの次元の調整をやっているという意味で傑出している—同社は，所属する産業では一番おおきなR&D予算を使って集成を，低コスト国にグローバル生産工場を置くことで裁定を，国ベースのマーケティング単位を展開し，顧客に重点を置き，ハードウェアと一連のサービスを組み合わせるソリューションを提供することで適合を達成している。

■図12.10 ゲマワットのAAAトライアングル

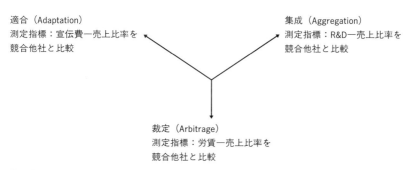

〔出所〕 P. Ghemawat, "Managing Differences: The Central Challenge of Global Strategy," *Harvard Business Review* 85 (March 2007).

組織構造の変革

　過去30年にわたる競争の圧力により，多国籍企業は複数の価値創造の源泉（戦略コラム12.3参照）を使う必要があった。北米や欧州に本拠を置く多国籍企業にとって，これは子会社や地域的なグループから世界レベルでの製品事業本部への重点の移動であった。したがって，世界最大のIT企業であるヒューレット・パッカード（HP）はエンタープライズサービス，HPエンタープライズグループ，印刷およびパーソナルシステム，ソフトウェアの4つのグローバル製品グループを通じて事業を営む。加えて，HP自身は財務，戦略，HPラボ，コミュニケーションとマーケティング，法律，テクノロジーとオペレーション，人事などの職能をもつ。各製品グループと職能はそれぞれ複数の国にまたがり活動している。たとえば，HPラボはカリフォルニア州のパロアルト，シンガポール，英国のブリストル，イスラエルのハイファ，ロシアのサンクトペテルブルク，インドのバンガロール，中国の北京にそれぞれ所在する。地理的調和を支えるために，HPにはアメリカ大陸（ヒューストン），欧州，中東，アフリカ（ジュネーブ），アジア太平洋（シンガポール）それぞれの地域に本部があり，それぞれ41の国内事務所を管理している。中国はその戦略的重要性のゆえに，HPの組織内で特別な役割を担っている。戦略成長の責任者であるTodd Bradley（トッド・ブラッドリー）は，HP中国の事業にたいして特別な責任を負い，CEOのMeg Whitman（メッグ・ウィットマン）にたいし直接報告責任を有する。

　グローバルな統合と国ごとでの差別化の間の均衡を保つためには，企業は，いろいろな製品，いろいろな職能，機能，そしていろいろな国からの異なる要求に適応できる必要がある。プロクター・アンド・ギャンブル（P&G）は，自社の製品のいくつか（プリングルズ・ポテトチップスや高級香水など）にたいしてはグローバル標準を適用，その他の製品（毛染め用品，洗剤，など）にたいしては国ごとでの商品差別化を許している。世界的に，P&Gは先進国の間での類似性を利用して先進国地域に供給するグローバル製品事業部をもっている。一方，新興経済，たとえば中国，インドにたいしては，それらの市場での特有の要求に応えるため，子会社を通じて活動している。機能で見ると，R&Dはグローバル統合，販売営業は地元市場の要求にあわせた差別化を行うため子会社を活用している。

　トランスナショナル企業とは，明確な組織形態の型であるよりは，むしろ組織形態発展の方向性を示すものである。それは，その戦略にもとづいて多国籍企業が発展させたいろいろな組織形態がどう収斂するかを表したものである。したがって，

フィリップスやユニリーバ，シーメンス等，は伝統的な海外子会社の『権限委譲型連邦組織』の間での統合を進めるため役割や責任を再編成した。トヨタや松下のような日本企業は，本社機能の見直しを行った。シティグループやIBM等の米多国籍企業は2つの方向に向かって進んでいる―米国本社の機能を分散すると同時に各国の子会社間の統合を遂行する。

　多国籍企業では本拠地のある国の外部にあるグローバル製品の事業部への権限委譲をますます推進している。フィリップスは製品事業部の構造を採用した際，医療用の電子機器の経営管理責任は米国子会社に，一般家庭向け電子機器のそれは日本子会社に委譲した。世界最大の電子ケーブルメーカのネクサンスは20ある製品事業本部のうち5つの本部の本社をフランスの外に移した(注36)。特定の国別地域で，裁定の機会を利用するには企業の本社機能を移動する必要がある。カナダチェーン店舗であるティム・ホートンズの，バーガーキングによる110億ドルの買収は，税制の優位性のために本部をカナダに移すことが，理由の1つであった(注37)。

　近年のマッキンゼーの調査によれば，成功した多国籍企業が，『成功した国内チャンピオン』を業績で下回ったことを報告している。その調査では，多国籍企業が経験した以下の困難を反映した『グローバル化のペナルティ』を定義している。

- 共有されるビジョンを設定し，それを中心として従業員の行動を指導する。
- 職業的な行動基準，倫理を維持し，革新を促進する。
- 政府と地域社会との関係とビジネスパートナーシップを構築する。

　調査のための面接，面談では，地域別差別化とグローバル統合を両立させる際に調和するために多国籍企業が直面する課題が浮き彫りとなった。

> われわれが面接したほとんどの人は，社内討論のような熱気を帯びて，この問題と向き合っているように見えた。どの組織内の要素を標準化すべきか？ 高水準の新興市場を国単位で管理することは意味を成すのか？ これらの市場で，政府，規制，パートナー，優秀な人材の管理においてビジネスユニット間で規模と相乗効果を活用するほうがよいのはどのようなタイミングか？(注38)

研究開発と新製品開発の組織化

　革新のための組織化は，地域主導とグローバル統合の調和をする上での最大の課題の1つである。たぶん，伝統的な欧州多国籍企業での権限委譲型モデルは海外子

会社での企業心を励ます―しかし，それはグローバル化には適しない。一般家庭向け電子機器での革新的製品でフィリップスには優れた実績がある。しかし，グローバルな統合が欠如しているためそういった技術革新を世界的に商業化する能力には限界があった。逆に，かつての日本や韓国の多国籍企業のおおくや，一部の米国企業（ボーイングやキャタピラー）のような権限集中型は，さまざまな場所で活用可能な創造性とノウハウにアクセスすることができなかった。

多国間のネットワーク化による，国境を越えての協力，世界的に有望な企業心を活用しながら，研究と製品開発を地域の専門知識を活用するために分散する手法は，多国籍企業の確認のための主要な方法になっている(注39)。たとえば，P&Gは日本人の清潔さにたいする潔癖さを認識した結果，家庭用の清掃用品の開発を日本子会社に任せた。ちり払い用具『スウィファー』は日本で開発され，その他の市場で売りに出された。マッキンゼーは調査対象の1,283人の幹部の80％が，研究開発の目的は，ネットワークとして運営され，協力している衛星状の体制をとることで，もっとも達成されやすいと信じているとの結果を得た。しかし，これら幹部の37％は，現在の研究開発組織が単一の場所に集中して機能しているとも報告している(注40)。各単位への独立的権限付与（Autonomy）と多国籍企業における協働と統合との調和にかんする課題は，国際的な経営学者の関心事である(注41)。

要　約

　国内事業環境から国際事業環境への移動は，その複雑さにおいて量子飛躍（クオンタムジャンプ）的なものがある。国際的な環境では，企業の競争優位性は，自社の資源や能力だけではなく，要素価格，為替，その他さまざまな要因が作用する自国国内の環境により影響される。企業の活動が単一市場かいくつもの国ごとの市場で展開されているかでも影響される。

　この章の観点は，これまでの章で見てきたと同じ分析道具を適用することによって国際戦略の複雑さを単純化するというものであった。たとえば，ある企業がある国外市場に進出すべきかどうかの判断は，進出の利益性がどうかという点であった。これには，(a)産業分析の道具を使っての海外市場の魅力度の分析と，(b)新しい市場に当該企業がその資源や能力を移転する技能をもっているかと競争優位を付与する際の効率性との分析を要する。

しかし国際化によって新たな価値を創造する可能性があるかどうかを見きわめるのは，まだまだ序の口である。次の段階での分析により国際戦略を企画する必要がある。海外市場へ輸出，ライセンス提供または直接投資を通じて参入するのか？　もし直接投資なら100％子会社か，それとも合弁事業を設立するのか？　戦略が決定されたにしても，最適な組織体制を検討する必要がある。

数多くの企業が，自国内では成功しながらも，海外進出では失敗しているという事実は国際的経営の難しさを物語っている。あるいくつかの例では，国内市場で自社に競争優位を与えていた資源や能力がなにかに気づくことができず，海外でそれの展開に失敗している。他の例では国際戦略を効果的に実行するための最適な組織とシステムの設計ができなかったことにある。

国際事業での成功と失敗の原因が理解され，理論や分析の枠組みに組み入れられるにつれ，グローバル市場で競争するにはどのように戦略を立て，実行するかの理解が前進した。現在は，国際的な環境での競争優位性にかんする質問点はなにか，と鍵となる決定要因はなにかを理解できる段階にある。しかしまだわれわれの理解が到達しない点がおおく存在する。規模の経済と地域での差別化との間の均衡，分権的管理による習熟効果と革新とにたいする全世界への伝播，展開，地域差別化による柔軟性にたいする国際的標準化等は経営陣にとって未だ鍵となる課題である。

自習用の質問

1．図12.1に関連して，『競争の荒波から守られた（シェルタード）産業』（つまり，輸入や海外からの直接投資による参入がほとんどない産業）を見つけよ。その産業はどうやって国際化を逃れたか説明せよ。その産業で利益に貢献する国際化はあり得るか，また，もしそうなら，どんな戦略があるか考察せよ。

2．表12.1にかんし，米国と日本との間の競争優位での相違はどんな国民的な資源と能力の差によるのか？

3．マイケル・ポーターの国の競争優位によれば，英国が国際的な競争優位をもつ産業のいくつかの例は，広告，骨董品や芸術品の競売，蒸留アルコール飲料，手道具，そして園芸や野菜栽培用化学品である。米国が国際的な競争

優位をもつ産業のいくつかの例は，航空機とヘリコプター，コンピュータのソフト，石油採掘関連サービス，経営コンサルティング，映画とテレビ番組，医療製品と医療サービス，そして金融サービスである。英国か米国についてポーターの国別ダイアモンド枠組み（図12.3）を使って国際競争優位での実際を説明せよ。

4．ポルシェがカイエンモデルを通してSUV市場に入ることを決定したとき，東ドイツのライプチッヒに組立てプラントを立地して自動車関係者を驚かせた。おおくの専門家は，ポルシェはその工場を労賃の安い東欧か，または（メルセデスやBMWのように）主要市場に近い米国に設立するべきであるとした。図12.5に述べた基準を使って，ポルシェの決定を説明せよ。

5．米国に住む英国人は，英国からやってくる友人や親戚が，米国で買えるキャドバリー（ハーシーによりライセンス製造）は『本もの（リアルシング）』に劣るといっている。(1)モンデリーズ・インターナショナル（前身は2010年にキャドバリーを買収したクラフトフーズ）は，キャドバリーとハーシーのライセンスを継続すべきか，それとも(2)英国からの輸出か米国に生産拠点を設けて米国市場を自社でまかなうべきか？

6．マクドナルドは2014年に，売上が下がった。グローバル規格化と国民性相違にもとづく差別化（戦略コラム12.2参照）のバランスがとれているであろうか？　新しいメニュー，店舗のレイアウト，営業実務およびマーケティングにかんして，どの程度の柔軟性を海外フランチャイズに許すべきであろうか？　マクドナルドシステムのうち，どの部分においてマクドナルド経営陣はグローバルな標準化を維持すべきか？

注

1　OECDの国々（発展した産業国家）にとって，輸出入貿易総額のGDPにたいする比率が1960年当時11％であったものが，2012年には57％へと成長した（*OECD Factbook*, 2014）。

2　J. Johanson and J.-E. Vahlne, "The Uppsala Internationalization Process Model Revisited: From Liability of Foreignness to Liability of Outsidership," *Journal of International Business Studies* 40 (2009): 1411-1431.

3　P. Ghemawat and F. Ghadar, "Global Integration ≠ Global Concentration,"

Industrial and Corporate Change 15 (2006): 595-624.

4 表12.1および表12.3で示されるとおり，競争優位性の測り方は1つではない。

5 米国の競争優位性を説明するなかで，おもな発見は人的資本（知識と技能）は米貿易でパターンを説明するのに物理的資本（施設や機器）よりも重要であるということである―W.W. Leontief, "Domestic Production and Foreign Trade." R. Caves and H. Johnson (eds.), *Readings in International Economics* (Homewood, IL : Irwin, 1968), 所収。

6 P. Krugman, "Increasing Returns, Monopolistic Competition, and International Trade," *Journal of International Economics* 9 (November 1979): 469-479.

7 M.E. Porter, *The Competitive Advantage of Nations* (New York : Free Press, 1990).

8 ポーター分析の再考察については，R.M. Grant, "Porter's Competitive Advantage of Nations: An Assessment," *Strategic Management Journal* 12 (1991): 535-548, 参照。

9 韓国のビジネス文化は"動的な生産主義"と表現されてきた。下記参照。Y.-H. Cho and J. Yoon, "The Origin and Function of Dynamic Collectivism: An Analysis of Korean Corporate Culture," *Asia Pacific Business Review* 7 (2001): 70-88.

10 付加価値連鎖と国民経済の競争優位との結びつきは，B. Kogut, "Designing Global Strategies and Competitive Value-Added Chains," *Sloan Management Review* (Summer 1985): 15-38, 参照。

11 A.Y. Lewin, S. Massini, and C. Peeters, "Why are companies offshoring innovation? The emerging global race for talent," *Journal of International Business Studies* 40 (2009): 901-925.

12 W.L. Tate, L.M. Ellram, T. Schoenherr, and K.J. Petersen, "Global Competitive Conditions Driving the Manufacturing Location Decisions," *Business Horizon* 57 (May-June 2014): 381-390 ; "Reshoring driven by quality, not costs, say UK manufacturers," *Financial Times* March 3, 2014.

13 企業特有資産の多国間での拡張の役割の説明は，R. Caves, "International Corporations: The Industrial Economics of Foreign Investment," *Economica* 38 (1971): 1-27, 参照。

14 取引費用の役割は，D.J. Teece, "Transactions Cost Economics and Multinational Enterprise," *Journal of Economic Behavior and Organization* 7 (1986): 21-45, 参照。

15 このセクションはG.S. Yip and G.T.M. Hult, *Total Global Strategy* 3rd edn (Upper Saddle River, NJ : Prentice Hall, 2012) からおおくを引用している。

16　T. Levitt, "The Globalization of Markets," *Harvard Business Review* (May-June 1983) : 92-102.

17　P. Ghemawat, *Redefining Global Strategy : Crossing Borders in a World Where Differences Still Matter* (Boston : Harvard Business School, 2007).

18　Levitt, の前掲書, 94頁。

19　S.G. Winter and G. Szulanski, "Replication as Strategy," *Organization Science* 12 (2001) : 730-743.

20　G.S. Yip and A. Bink, "Managing Global Account," *Harvard Business Review* 85 (September 2007) : 102-111.

21　P. Ghemawat, "The Forgotten Strategy," *Harvard Business Review* (November 2003) : 76-84.

22　P. Almeida, "Knowledge Sourcing by Foreign Multinationals : Patent Citation Analysis in the US Semiconductor Industry," *Strategic Management Journal* 17, (Winter 1996) : 155-165.

23　Tommy Kullberg (IKEA Japan) によるコメントは下記にあり。"The Japan Paradox," conference organized by the European Commission, Director General for External Affairs (December 2003). : 62-63, http://www.deljpn.ec.europa.eu/data/current/japan-paradox.pdf, accessed July 20, 2015. 以下も参照。A. Jonsson and N.J. Foss, "International Expansion through Flexible Replication : Learning from the Internationalization Experience of IKEA," *Journal of International Business Studies* 42 (2011) : 1079-1102.

24　A.K. Gupta and P. Govindarajan, "Knowledge Flows within Multinational Corporations," *Strategic Management Journal* 21 (April 2000) : 473-496 ; P. Almeida, J. Song, and R.M. Grant, "Are Firms Superior to Alliances and Markets? An Empirical Test of Cross-Border Knowledge Building," *Organization Science* 13 (March-April 2002) : 147-161.

25　G. Hamel and C.K. Prahalad, "Do You Really Have a Global Strategy?" *Harvard Business Review* (July-August 1985) : 139-148.

26　B.Y. Aw, G. Batra, and M.J. Roberts, "Firm Heterogeneity and Export-Domestic Price Differentials : A Study of Taiwanese Electrical Products," *Journal of International Economics* 54 (2001) : 149-169 ; A. Bernard, J.B. Jensen, and P. Schott, "Transfer Pricing by US Based Multinational Firms," Working Papers 08-29, Center for Economic Studies, US Census Bureau, (2008).

27　I.C. MacMillan, A. van Ritten, and R.G. McGrath, "Global Gamesmanship," *Harvard Business Review* (May 2003) : 62-71.

28 R.C. Christopher, *Second to None : American Companies in Japan* (New York : Crown, 1986).
29 フォードーモンデオ,コントゥアは,どこの国の国内市場でも訴求することがなかったグローバル製品の一例である。SM.J. Moi, "Ford Mondeo : A Model T World Car?" Working Paper, Rotterdam School of Management, Erasmus University (2001) ; C. Chandler, "Globalization : The Automotive Industry's Quest for a World Car," *global EDGE Working Paper*, Michigan State University, 参照。
30 C. Baden-Fuller and J. Stopford, "Globalization Frustrated," *Strategic Management Journal* 12 (1991) : 493-507.
31 R.M. Grant and M. Venzin, "Strategic and Organizational Challenges of Internationalization in Financial Services," *Long Range Planning* 42 (October 2009).
32 C.A. Bartlett and S. Ghoshal, *Managing Across Borders : The Transnational Solution*, 2nd edn (Boston : Harvard Business School Press, 1998) : 34.
33 ゲマワットは―"Managing Differences : The Central Challenge of Global Strategy," *Harvard Business Review* 85 (March 2007)― 2 種類の分析手法ではなく 3 種類の分析手法を提案している。彼の AAA トライアングル(適合,集成,裁定)では,統合は集成と裁定の 2 つに分けられる。
34 C. Bartlett, "Building and Managing the Transnational : The New Organizational Challenge." Michael E. Porter (ed.), *Competition in Global Industries* (Boston : Harvard Business School Press, 1986) : 377 頁所収。
35 同書, 388頁。
36 "The Country Prince Comes of Age," *Financial Times* (August 9, 2005).
37 "Burger King Defends Plan to Buy Tim Hortons," *Wall Street Journal* (August 26, 2014) ; J. Birkinshaw, P. Braunerhjelm, U. Holm, and S. Terjesen, "Why Do Some Multinational Corporations Relocate Their Headquarters Overseas?" *Strategic Management Journal* 27 (2006) : 681-700.
38 M. Dewhurst, J. Harris, and S. Heywood, "Understanding your globalization penalty," *McKinsey Quarterly* (June 2011).
39 J. Birkinshaw, N. Hood, and S. Jonsson, "Building Firm-specific Advantages in Multinational Corporations : The Role of Subsidiary Initiative," *Strategic Management Journal* 19 (1998) : 221-242.
40 M.M. Capozzi, P. Van Biljon, and J. Williams, "Organizing R&D for the Future," *MIT Sloan Management Review* (Spring 2013).
41 B. Ambos, K. Asakawa, and T.C. Ambos, "A dynamic perspective on subsidi-

ary autonomy," *Global Strategy Journal* 1 (2011): 301-316; T.S. Frost, J.M. Birkinshaw, and P.C. Ensign, "Centers of Excellence in Multinational Corporations," *Strategic Management Journal* 23 (2002): 997-1018.

第13章
多角化戦略

電話，ホテル，保険—みんな同じだ．もし数字がわかれば，会社のことは何でもわかる．
—ハロルド・シドニー・ジェニーン，1959-78年，ITT会長．275社の企業乗っ取り屋

Tyco にとって3つの独立した株式会社を作ることが論理的な次のステップである．それらの会社は既存の Tyco の企業の枠組み内に置かれるよりも，それぞれの事業の利益を追求するための柔軟性をもつであろう．そうすることで，その3つの会社は株主にとっておおきな価値を生み出すことができるであろう．
—エドワード・D・ブリーン，タイコ国際企業社長兼取締役，企業解体声明，2011年9月19日

【概　要】
- 序論と目的
- 多角化の動機
  - 成長
  - リスクの低減
  - 価値創造—ポーターの『本質的なテスト』
- 多角化による競争優位
  - 範囲の経済
  - 取引内部化から生じる経済性
  - ペアレンティング優位（Parenting Advantage 子育て力優位性）
  - 内部市場としての多角化企業
- 多角化と業績
  - 実証的研究によりわかったこと
- 多角化における事業の関連性の意味
- 要約
- 自習用の質問
- 注

序論と目的

『どの事業を展開するのか？』にかんする決定は，その企業の戦略的出発点であり，またその企業の本質にとって，根幹となることがらである。いくつかの企業は，ビジョンやミッションステイトメント（使命宣言）のなかで，自社の事業をおおきく定義する。シェルの目的は『石油，石油製品，ガス，化学品，その他事業に効率的に，社会的責任をもって，利益を生み出しつつ従事する』というものである。ほかの企業は自社の事業を特定の分野，製品に関連して定義している—マクドナルドのビジョンは『世界で一番のクイックサービスレストラン・チェーンであること』であり，キャタピラーは『機械，エンジン，そしてサポートサービスにおいて，インフラ建設に従事して世界の資源を開発し，輸送する世界中の企業にたいし最良の価値を提供する主導者的企業』になることである。

過去20年間の支配的な傾向は『核となる事業に再集中』だった。フィリップモリス（現アルトリア・グループ）やフィリップス（オランダの電機および電子機器会社），ゼネラル・ミルズ（かつて多角化した消費製品製造会社）はそれぞれおおくの事業を売却していった。多角化企業の完全分解傾向は，コングロマリット—ITT，ハンソン，ガルフアンドウエスタン，センダント，ヴィヴェンディ・ユニバーサル，およびタイコ—のような，それぞれいくつかの企業に分解した企業—からヒューレット・パッカード，クラフトフーズ，フィアットグループのような統合された企業にも伝染していった。

アマゾン，アップル，およびグーグルをはじめとするおおくの技術系の企業のあいだでは，まだ多角化は続いている。また，一方，アジアやラテンアメリカは高度に多角化された企業によって支配されている。

多角化で成功するかは依然として判じ物である。多角化することで企業は，単一産業から脱却が可能であるが，他のおおくの戦略より価値の破壊を引き起こす可能性ももっている。

この章におけるわれわれの目標は，このなぞを解くことである。専門企業であるほうが多角化するよりもよいか？ 最適の多角化の度合いというものがあるのか？ 価値創造にはどんな形態の多角化がよいのか？

実際面ではこのような意思決定はわれわれ自身の生活において毎日のようになされる。朝，自家用車が動かない場合，自分で車を直すか，それとも修理工場ま

で運んでもらうか？ それには2つ考慮する点がある。まず，車修理はやってみたい興味のある作業か？ もし修理工場が時間あたり85ドルを請求してくるとしても，コンサルティングの仕事に自分が1時間使えば500ドル儲けることができるとしたら，自動車修理は自分にとっては興味ある仕事ではない。第2に，自分は自動車の修理がうまいか？ 自分がやると，熟練修理工がかける時間の2倍かかるならば，自動車修理にかんして，わたくしは競争優位を有していない。

多角化の決定は，同様にして2つの考慮を含む。

- 参入する産業はどの程度魅力的か？
- 新しい産業で競争優位を確立することができるか？

これらの項目は第1章（図1.5参照）において企業の利益水準決定の要素と認識されたことがらと同じである。したがって，多角化の決定の評価には，新しい分析枠組みは必要ではない。第3章の産業分析，第5章，第7章の競争優位性分析を使うことができるであろう。

この章でのおもな焦点は，後者の場合である―すなわち，どんな条件の下であれば，事業多角化は，おのおのの事業での競争優位獲得を助長するか？ この質問は多角化企業の内部の異なる事業間のつながり，すなわち，しばしば『シナジー，つまり相乗効果』と呼ばれる現象に直結する。

この章で学ぶのは以下のことがらである。

- どんな企業目標が企業の多角化を促したか，また，それが過去60年にわたる多角化傾向にどのように影響を及ぼしてきたかを知ること。
- どんな状況のとき，多角化が株主価値を創造するかを知ること，および範囲の経済，取引費用の内製化，子会社の育成により価値創造が起こりうる可能性を評価すること。
- 多角化によって生じる利益の経験的実証を理解すること。
- 事業間の関連性，類似性が，いかに多角化および経営の多角化の成功に関わるかを知ること。

多角化の動機

多角化を推進するおもな理由は企業目標を変えることであった。戦略コラム13.1は多角化の歴史の概要を記述している。20世紀における大企業の多角化は、2つの基準、つまり、**成長**と**リスク低減**とにもとづき推進されてきた。20世紀最後の20年間での、多角化から非多角化、つまり、再集中への変化は、企業経営者の、**株主価値の創造**の考え方にもとづく成長戦略の結果である。

成　　長

多角化の存在しないところでは、企業はその属する産業の虜となっている。停滞しているか斜陽の産業に位置する企業にとって、それは憂慮すべき状況である―経営陣にとってはとくにそうである。自社にとっての主要産業での成長よりも高い成長を達成するということは、経営陣にとって魅力的な考えである。低成長でキャッシュフローの豊かな産業、たとえば、タバコや石油産業、にはとくに多角化の誘惑が強く働く。1980年代、エクソンは銅と石炭採鉱、電力モーター、そしてコンピュータと事務機器に参入した。RJRナビスコはタバコ会社から消費者向け製品多角化企業へと変身した。この2つの多角化は株主価値を破壊した。コールバーグ・クラビス・ロバーツ社によるRJRナビスコのレバレッジド・バイアウト（LBO）はナビスコの分離の際に行われた。レイノルズアメリカンはいまやタバコの専門会社である。

多角化は一般的には売上を増大するには非常に有効である、とくに企業買収を通して多角化した場合はなおさらである。重要なことは、何が収益を継続させるかである。もし、イーストマン・コダックとブロックバスターがそうであったように、多角化により斜陽産業の会社から現金が流出していくのであれば、多角化は破産を食い止めず、むしろ加速化させるであろう。

戦略コラム 13.1　時代による企業の多角化の傾向

多角化は企業の事業範囲（Corporate scope）と同じ方向で動いた（第11章図11.2を参照）。20世紀の大半、とくに1960年代と1970年代には先進工業国のすべての大企

業がより広範囲の製品市場へと多角化した(注1)。1960年代にはコングロマリットと呼ばれる新しい企業の形態も見られるようになり，関連性のない企業を買収することで多角化を進めた。米国における ITT，テキストロン，アライドシグナル，英国におけるハンソン，スレイターウォーカー，BTR などがそれに該当する。こういった企業の存在は，管理職にはもはや業界に特化した経験が必要なくなったことを示唆している。企業経営には，単純に財務と戦略管理の新しい手法を導入することでよくなった(注2)。図13.1は，第二次世界大戦後の数十年間，高度に多角化（関連事業での多角化と非関連事業での多角化）を進めた米国と英国とにおける企業数を示している。

1980年代以降，多角化の傾向は反転する。1980年から1990年のあいだにフォーチュン500企業における多角化の平均指数は1.00から0.67に低下。非中核事業は放棄され，多角化した企業は再編された(注3)。

この傾向の推進力は，企業の目標が成長から収益に変わったことであった。当初，

■図13.1 20世紀後半における米と英大規模企業の多角化戦略

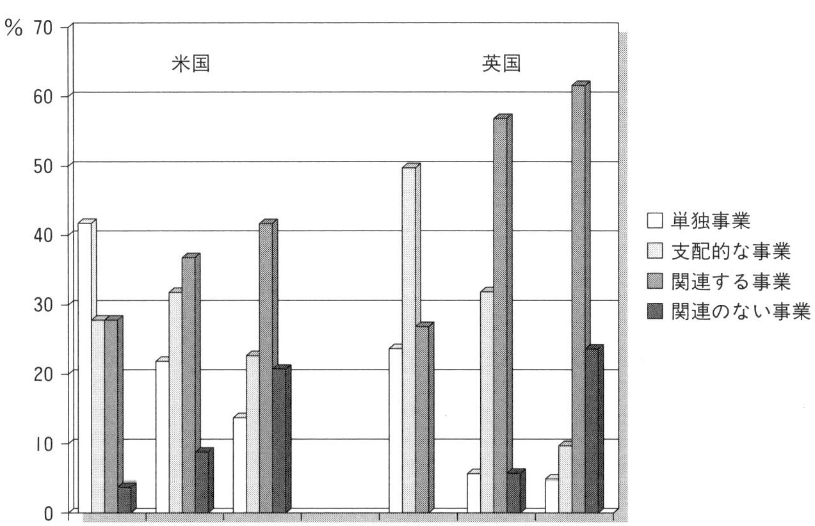

〔出所〕 R.P. Rumelt, "Diversification strategy and profitability," *Strategic Management Journal* 3 (1982): 359-370 ; R. Whittington, M. Mayer, and F. Curto, "Chandlerism in Post-war Europe : Strategic and Structural Change in France, Germany and the UK, 1950-1993," *Industrial and Corporate Change* 8 (1999): 519-550 ; D. Channon, *The Strategy and Structure of British Enterprise* (Cambridge : Harvard University Press, 1973).

焦点が与えられていたのは，ポートフォリオ分析などの新しい企業戦略や非関連事業ではなく，関連事業での多角化を強調することにより多角化した企業の業績を改善することであった。

「コングロマリット割引」すなわち，多角化した企業の株式市場価値が，各事業の価値を足した合計を下回るのは，一般的に多角化が株主利益の敵とみなされたためである(注4)。経営責任者たちは，カリフォルニア州職員退職年金基金のような，年金基金組合を含む株主協会からの増加する圧力や，個々のファンドからの敵対的買収の脅威にさらされた。タバコおよび食品販売大手RJRナビスコの310億ドルでのコールバーグ・クラビス・ロバーツによる買取は，米国の最大手の企業であっても，企業乗っ取りの脅威から逃れられないことを示した(注5)。

第11章で，変わりやすく不透明な環境は，最高経営陣の意思決定にともなう負担を増大させ，おおきく複雑な企業は専門企業にくらべて経営判断の速度が遅くなってしまうことを見た。同時に，外部市場の資源，とくに資本市場は，多角化した企業が外部の資本市場の投資信託基金を利用するなどして，成長事業をスピンオフすることを後押しした。

米国での動きから判断するに，振り子は再び多角化へと戻り，多角化を価値創造の源として考える企業が増える可能性を示唆している。技術を基礎とする企業群のなかで，デジタル技術が市場の境界を蝕み，ソフトウェアとハードウェアの相補性は，「プラットフォームベースの競争」を引き起こし，マイクロソフト，シスコシステムズ，グーグル，アマゾン，フェイスブックといった企業が製品の範囲を拡大することを後押しした。さらに成熟した分野では，「顧客向けソリューション」の提供に重点を置くことで，同じようにして企業が製品やサービスをカスタマイズすることが重要になっている。最近の多角化の重要な特徴は，従来と同様に，多角化は企業間の提携を通じて発生していることである。

アジアや中南米といった新興市場では状況がおおきく異なる。通常，高度に多様化した企業（同族経営企業の場合がおおい）が，地域経済を支配している。例としては，インドのタタ・グループとリライアンス，タイのチャルン・ポカパングループ，インドネシアのアストラ・インターナショナル，マレーシアのサイムダービーグループ，メキシコのグルポ・アルファとグルポ・カルソ(注6)などがある。本章の後半で，成熟国と新興国において多角化のパターンが異なる理由を考察する。

図13.2では，前世紀の中頃以降の多角化戦略の動向をまとめたもので，多角化の

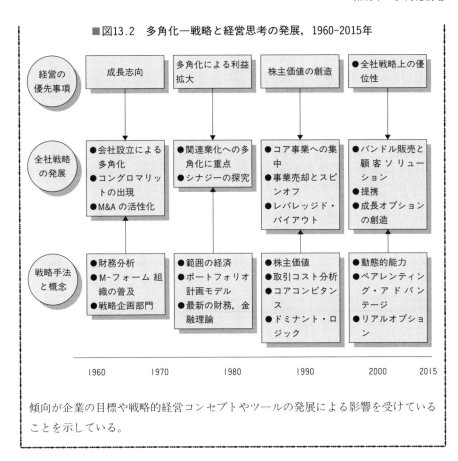

■図13.2　多角化―戦略と経営思考の発展，1960-2015年

傾向が企業の目標や戦略的経営コンセプトやツールの発展による影響を受けていることを示している。

リスクの低減

　価値創造をめざす企業にとってリスク分散は，正当な企業目標であるという考え方は，現代金融理論からのまやかしである。もし，異なる２つの事業のキャッシュフローが完全には相関していない場合，それらを１つの共通の経営の下に集めることで，お互いの，キャッシュフローの変動は相殺される。このようなリスクの削減は，より安定した企業の利点を享受できるということで経営者にとっては確かに魅力的だ。しかし，投資家にとってはどうであろうか？　株主は投資ポートフォリオを分散保有することでリスクを低減できる。

もし投資家が分散型ポートフォリオを組めるならば，かれらにとって企業の多角化による利点とはなにか？　唯一，利点があり得るとすれば，企業による多角化のコストのほうが個々の投資家のリスク分散のコストよりも低い場合である。実際には，反対の場合であるのが実状である―株主の，ポートフォリオを分散化しての取引費用のほうが，企業が買収を通じて分散化を図る際の取引費用よりずっと低い。買収の際，企業は投資銀行や弁護士に多額の手数料を払わなければならないのみならず，それまで独立していた企業への支配権を確保するためプレミアム的買収価格を払わなければならない。

資本資産価格モデル（CAPM）は，この議論を公式化したものである。この理論によれば有価証券の価格決定のおおきな要件は，有価証券のリターンの全体的なリスク分散というよりは，**市場リスク**―つまり，リターンの分散のうちでも，全体の市場リターンに相関する部分の分散である。市場リスクは，有価証券の**ベータ係数**によって測られる。企業の多角化は市場リスクを低減しない。もし2つの別々の会社が共通の経営支配下に入れられ，おのおののキャッシュフローに変化がない場合，合併後の会社全体のベータ係数は，単純にみて，構成する個々の会社のベータ係数の加重平均値にすぎない。したがって，異なる事業を1つの経営傘下に入れるという行動は，リスク低減の面で見て，株主価値創造にはつながらない(注7)。

実証的研究は，単に別個の事業を組み合わせるだけの多角化では，一般的に，株主利益は生まれないということを明らかにしている(注8)。関連性のない事業への多角化は非市場的リスク低減すらもしないかもしれない。リスクは企業固有のものであり，全体的な株式市場の変動とは無関係である(注9)。

信用リスクについては，いくつかの特別な問題が提起される。多角化は，企業のキャッシュフローの周期的変動を低減し，債務不履行のリスクを低減する。それにより，企業がより高額な債務を取り入れることができ，また，負債金利は節税になり，株主に価値をもたらすことができる（利息は課税前にかかり，配当は課税後の利益から支払われる）(注10)。

非市場的リスクの減少による株主価値創出というような状況は，あり得るか？　企業にとって，外部の資本市場から資金調達するよりむしろ内部で投資資金を調達するほうが経済性があるのなら，多角化による，企業のキャッシュフローの安定は，外部資本市場からの独立性を強化するかもしれない。2008年から2009年にかけての金融危機のときに，おおくの企業で資本市場からの資金調達がおおきく制限された際は，多角化企業はグループ内のファンドから資金調達することができるという利

点があった(注11)。

価値創造ーポーターの『本質的なテスト』

　全社戦略は株主の利益を追求するものでなければならないという観点から見ると多角化戦略は，どういう意味をもつのだろうか？　本章の始めの部分で，高収益性の２つの源を考察した―産業の魅力度と競争優位である。マイケル・ポーターは，高収益をもたらす多角化の条件を特定するにあたり，多角化が本当に株主価値を創出するかを判断する目的で，これら２つの源を３つの『本質的なテスト』として精緻化した。

- **魅力度テスト**：参入する産業は構造的に魅力的でなくてはならない，あるいは魅力的になる可能性を有せねばならない。
- **参入費用テスト**：参入費用は，将来の利益全額と同額であってはならない。
- **ベターオフ・テスト**：新しい事業単位は，新しい親企業から何らかの競争優位を得なければならない。あるいは，その逆でなければならない(注12)。

魅力度と参入費用テスト

　ポーターの『本質的なテスト』にかんする理解で重要なのは，**産業の魅力度**のみでは，他の産業への多角化を正当化するには不十分ということである。多角化は，その本業でアクセスできるよりも，より魅力的な投資機会に企業がアクセスするための手段であるが，参入する産業は同社にとり新しいものへの挑戦であることも意味する。第２のテスト，参入費用テストとは，ある産業の魅力度は，その産業ですでに操業している企業とその産業にこれから参入しようとしている企業との間で異なる，ということを認識する。製薬業，法人向け法律業務および防衛契約請負業界の収益性は，他の産業より高いが，それは参入障壁によって保護されているからである。投資銀行業や薬品業界へ参入しようとする会社には，いくつかの選択肢がある。既存企業を買収して参入するのはその１つである。その場合は，標的企業の市場価格は，その企業の将来収益を反映するであろうプレミアム（割増し）支払いの必要があることはいうまでもない(注13)。別の方法は，新たに企業を設立しての参入である。この場合，多角化をもくろむ企業は，その業界を保護する障壁に真っ向からぶつからなければならない(注14)。

ヒューレット・パッカードはよい例である。同社はITハードウェア事業より魅力度が高い，ITサービス事業へ参入した。しかし，2008年でのEDSの139億ドルでの買収は，EDSの市場価値の30％増しというプレミアムであった，また2011年に103億ドルで買収したAutonomy（オートノミー）は60％のプレミアムを含んでいた。その後，ヒューレット・パッカードはその2社の簿価にたいして160億ドルの償却を行った。

ベターオフ・テスト

　多角化におけるポーターの第3の判断基準，**ベターオフ・テスト**は，競争優位の基本的事項に関連する―もし，異なる製品を作っている2つの事業が一緒にされ1つの企業の支配と管理下に入った場合，より収益性が高まるという理由はあるのだろうか？　ここでの課題は，**相乗効果**（Synergies）にかんするものである。つまり，新事業，旧事業，あるいはその両方における競争優位を高めるような二事業間での相互作用はなにか？

　多角化の判断の大半において，ベターオフ・テストは中心に位置している。そもそも，産業の魅力度が多角化の理由となることはまれであり，大半の場合，産業への参入費用がその魅力度以上のものとなっている。第2に，ベターオフ・テストは魅力のない産業でも，魅力のある産業でも使うことができる。もし，多角化企業がある産業において強い競争優位性を確立できるなら，産業全体が低収益であるという事実は，取るに足らないことであろう。ヴァージン・グループの多角化の大半は，平均収益性の低い産業（または，存在しない産業，つまり，航空会社，無線通信，ジムクラブ，小売音楽店，小口金融サービス）への参入であった。しかしながら，費用対効果と革新的な差別化で，これら事業から，相当な利益を生み出した。ソニーによるシービーエス・レコード，ベルテルスマン・ミュージック・グループ（BGM），およびEMIレコードの買収は，あまり魅力的ではないレコード業界への参入であったが，ソニーにとって音楽はホームエンターテインメント（家庭で使用される娯楽用機器の総称）を作り上げるうえで，重要な要素であった。ベターオフ・テストがどのように多角化と競争優位の関係を分析するのに適用できるか見てみよう。

多角化による競争優位

多角化からの価値創造の第1の源は異なる事業間のつながり（Linkages）を利用することにあるとした場合，そのつながりとは何か，またどのように利用するのか？重要なつながりとは，異なる事業間で資源と能力の共有を可能にするつながりである。

範囲の経済

多角化の利益にかんしてもっとも頻繁に言及されることは共有される資源における**範囲の経済**である。

範囲の経済は，単一ではなく，連携して遂行される，多数の事業活動に存在する特定の資源を使用することによるコストの節減である[注15]。

範囲の経済は規模の経済と類似の理由により存在する。主要な違いは規模の経済とは**単一の製品**の産出を増大させることから生じる費用にかんする経済であるにたいし，範囲の経済は**多数の製品**の産出を増大させることから生じる，費用にかんしての経済である。範囲の経済の性格は資源および能力の違いに応じて相違する。

有形資産

有形資産—流通網や情報技術（IT）システム，営業スタッフ，研究機関など—にかんし，その事業間の重複を省き，単一で，共有の便宜を設定することによって，範囲の経済を創出することができる。これらの固定費用がおおきければおおきいほど，関連する範囲の経済性はおおきくなる可能性がある。有線テレビ会社の電話サービスおよびブロードバンド事業への参入，また，電話会社の有線テレビ，ブロードバンド，および音楽配信事業への参入は，事業規模の拡大によりネットワークや料金システムの固定費の分散をめざしている。顧客データベース，カスタマーサービス，および課金システムといった共通の資源をもっていることが，英国最大のガス会社である Centrica をして，電力供給，固定電話サービス，携帯電話サービス，ブロードバンド・インターネットサービス，家庭用防犯システム，家庭向け保険，家電製品修理サービス事業に多角化を促すこととなった。

範囲の経済は，本部組織が，さまざまな事業体への経営管理および業務支援といっ

たサービスを集中的に提供することからも生じる。会計，法務サービス，政府との渉外関係，情報通信といった業務は，本部に集中，または事業部にたいし共通の管理，技術サービスを提供する**共有サービス部門**を通じて行われる。

無形資産

ブランド，企業の名声，技術などの無形資産を，低い限界コストで他の事業に適用することで範囲の経済を得ることができる。強いブランドを一連の製品に広げて利用することを**ブランド拡張**（エクステンション）と呼ぶ。スターバックスはその商標をアイスクリーム，缶入り清涼飲料，家庭用エスプレッソコーヒー器具，音楽CD，そして書籍に拡張した。富士フイルムは同様にして技術面で，自社開発の写真フィルム・コーティング技術を化粧品，医療品および工業用塗料へ拡張した。

組織能力

組織能力もまた多角化企業内部で移転可能である。たとえば，

- LVMH（モエ・ヘネシー・ルイ・ヴィトン）はブランドもののラグジャリー（贅沢品）製品において世界最大の多角化企業である。同社のディスティンクティブ・ケイパビリティ（特有能力）はラグジャリーブランドの管理である。この能力は市場分析，広告，プロモーション，小売網の管理，そして品質管理を含む。この能力はルイ・ヴィトン（アクセサリー品と皮革品），ヘネシー（コニャック），モエ・エ・シャンドン，ドン・ペリニヨン，ヴーブ・クリコ，およびクリュッグ（シャンパン），セリーヌ，ジヴァンシ，Kenzo，ディオール，そしてドナカラン（ファッション衣料と香水），タグ・ホイヤーとショーメ（時計），セフォラとラサマルテーヌ（小売），ブルガリ（宝石・貴金属），およびその他25のブランド品事業で活用されている。
- シャープ特有の能力は電化製品のミニチュア化である。世界初のトランジスター計算機（1964年），最初の液晶ポケット計算機（1973年），液晶カラーテレビ，PDA，インターネットビューカム，超軽量携帯コンピュータ，携帯電話，そして太陽光電池などの一連の革新的商品の開発，販売に使われた電子機器のミニチュア化への能力を発展させた。

多角化企業の業績に影響するもっとも重要な能力の1つは，ジェネラルマネジメント（**全体的な経営能力**）である。ゼネラル・エレクトリック（GE）は事業部レベ

ルでの高度の技術とオペレーショナルな能力をもっており，事業部間でそういった能力を共有する（例：ジェットエンジンと発電用機器の間でのタービン・ノウハウ）技能に長けている。しかしその中心となる能力は全体的な経営能力であり，それは企業と部門それぞれのレベルで所有されている能力である。それには経営幹部の動機づけ，育成能力，権限委譲と本部からの管理を容易とする，卓抜した戦略と財務管理能力，および国際経営能力が含まれる(注16)。

同じようなことはエクソンモービルにもいえる。エクソンモービルは各事業において，際立った技術能力を有している。しかしながら，石油とガス産業において，過去30年間，優れた財務業績をおもにけん引したのは，厳密なコスト管理，巧妙な資本配分，細やかなリスク管理，そして効果的な戦略計画を組み合わせる経営能力であった(注17)。

需要側の範囲の経済

これまで，われわれは供給側での範囲の経済について検証してきた。つまり，生産者がいろいろな事業にまたがって資源と能力を共有することによる費用削減である。また，消費者が複数の商品を購入する際に，消費者にたいして範囲の経済は生じる。つまり，ウォルマートの莫大な品揃えは消費者にたいしてワンストップショッピングの利便性を提供する。ゼネラル・エレクトリックの，財とサービスをセットで販売する，「統合ソリューション」は，1人の営業がゼネラル・エレクトリックのあつかう製品全般を提供する，「エンタープライズセールス」まで拡大した(注18)。

取引内部化から生じる経済性

範囲の経済は，資源や能力の共有や移転による費用低減を可能にするとはいえ，そうした範囲の経済を発現させるためには，企業は異なる事業にまたがって多角化しなければならないのだろうか？　答えは否である。資源や能力における範囲の経済は，資源や能力を単に他の企業に使用権を売ったりライセンスしたりするだけでも享受できる。第9章で，企業は，他の企業にライセンスすることで，その占有技術から利益を生み出すことができるのを見た。第12章では，直接投資の代わりとして，いかに技術や商標の国境を越えたライセンスができるか見た。異事業をまたいでの資源活用も同様である。スターバックスの初期の他商品へのブランド拡張は主にライセンスにより行われた―ユニリーバとペプシはタゾティーを生産，ネスレは

スターバックス・アイスクリームを製造，そしてクラフトはスターバックスのパッケージコーヒー飲料を販売する。ウォルト・ディズニーは，部分的にはテーマパークやライブシアター，クルーズ船，ホテルへの多角化を通じて，商標や著作権，キャラクターの価値から利益を得ている。またウォルト・ディズニーは衣服，おもちゃ，音楽，漫画，飲食品などの他の商品にたいして，知的財産をライセンスすることで2013年には24億ドルの収入を稼いだ。

有形資産でさえ，市場取引を通じて，異なる事業体間で共有できる。空港や鉄道駅の運営企業は，設備内でのケータリング（配膳業）や小売事業へ多角化しないでも，小売専門業者やレストランに空間を賃貸することで範囲の経済を発揮することができる。

範囲の経済の利用を，多角化を通して会社の内部でするほうがよいのか，独立した企業と市場での取引を通じて外部でするほうがよいのかを決める要因は何か？以下に，2つのおもな課題を挙げる。

- ライセンス供与は，その資源や能力を余すことなく活用できるであろうか？それは，取引費用が含まれているかどうかにおおきく依存する。ライセンス供与の取引費用は提案，交渉，監視，そして契約の締結によって生じる。商標やさまざまな種類の特許のように，明確にその財産権が守られている場合は，ライセンス供与は非常に効果的かもしれない。組織力やノウハウ，さらに一般的にいえばライセンス契約の作成と執行には問題をともなう。富士フイルムの化粧品，医療品，そして工業用塗料事業への多角化は，この問題を反映している。富士フイルムは，自社で特許を有しているにもかかわらず，そのコーティング技術の商業的利用には，富士フイルムの技術適用能力におおきく依存している(注19)。
- 企業は多角化を成功させるために必要な資源と能力をもっているであろうか？イタリアのファッションハウスであるドルチェ＆ガッバーナは，香水（グッチ，ヒューゴ・ボス，ロシャス，ダンヒル等の他のライセンスブランドとともに）を製造販売するプロクター・アンド・ギャンブルにブランドをライセンスしている。これはドルチェ＆ガッバーナは香水の設計，製造，および世界的な流通に必要なリソースと能力に欠けているからであろう。逆に，クラフトとのライセンス契約を解除したスターバックスの判断は，パッケージングされたコーヒーをスーパーマーケット経由で販売するために必要な資源と能力を構築する

ことができるとスターバックスが考えていることの反映であろう。

ペアレンティング優位
(Parenting Advantage 子育て力優位性)

　Michael Goold（マイケル・グールド），Andrew Campbell（アンドリュー・キャンベル）らは，多角化（および売却）の機会を評価するためのさらに厳格なテストを提案している。これまで見てきた考え方では多角化は企業の価値を生み出す可能性に依拠していた[注20]。グールド，キャンベル，およびその同僚たちは，それでは多角化の正当化は不十分であると主張している。ある親会社（Parent company）が特定の事業を所有する場合，その事業に価値を付加することができるだけでなく，**他の潜在的な親会社が付加するよりも高い価値**であることが必要である。もしそうでなければ，より価値を高めることができる会社に事業を売却すべきであろう。ゼネラル・エレクトリックが2011年にコムキャストにNBCユニバーサルを売却したことについて考えてみよう。ゼネラル・エレクトリックはNBCユニバーサルに価値を付与することができたにもかかわらず，この売却は正しいと判断した。なぜならコムキャストのほうが（他のメディアの関心事としては）NBCユニバーサルにより高い価値を与えることができたからであった。

　ペアレンティングの価値の概念は，多様化においてポーターのベターオフ・テストと異なる観点を提供する。ペアレンティングの価値は親会社の管理機能を事業に適用することによってもたらされる。ポーターのベターオフ・テストが資源の共有の可能性に重点を置いている一方で，グールドとその共同研究者たちは企業の中枢の価値を与える役割に重点を置いている。かれらは多様化の成功には，多様化した企業内の異なる事業間で資源を共有し，能力を移管するよりも，企業の経営と新しいビジネスの関係が重要であると主張している。わたくしたちは次の章で，このペアレンティング優位の概念に触れる予定である。

内部市場としての多角化企業

　範囲の経済自体は多角化を合理的に正当化しない。取引費用の存在することで，ライセンス契約よりは多角化が選ばれることを確認する必要がある。さらに，範囲の経済が存在せずとも，取引費用を節約するための共通資源の内部配分，配置は，

多角化の合理的な根拠となりうる可能性がある。

内部資本市場

　金融市場の場合を考えてみよう。多角化企業には内部資本市場が存在する──つまり，企業本部による投資計画を通じての事業部間での資本割当てである。多角化企業の内部資本市場と外部資本市場でどちらが効率的か？　多角化企業は2つの重要な利点をもっている。

- キャッシュフロー創出とキャッシュフロー使用との均衡を維持することにより，多角化企業は，借入れ，貸出しの間の金利差，社債や株式発行の過大な費用を含む外部資本市場使用の費用を避けることができる。
- 多角化企業は異なった事業での財務的見通しにかんして，外部資金貸付け機関が通常入手できる情報より正確な情報を入手できる[注21]。

　こういった利点に相対して，多角化企業内部での投資資金割当ては政治的なプロセスであるため，戦略的および財務的な考慮よりも縄張り争いや，自我構築に優先度があたえられるという重大な欠点がある。いろいろな実例を見るに，多角化企業は，業績の上がらない事業部に儲かっている部門から資金を移転したり，将来の展望がもっとも明るい事業部への他部門からの資金移転に積極的でなかったりする[注22]。マッキンゼーによれば，米国のGE，バークシャー・ハサウェイとダナハー，香港のハチソン・ワンポア，フランスのブイグとラガルデール，オーストラリアのウェスファーマーズ，インドのITC，そしてメキシコのGarso（ガルソ）といった好業績を誇るコングロマリットは，厳密な財務的規律，買収プレミアム価格支払いの拒否，厳密かつ柔軟な資本配分，簡素な本社中枢機能，そして既存の事業の閉鎖，売却への開かれた態度を有している[注23]。

　株式非公開の会社も外部市場との取引費用を回避する効率的な内部資本市場をもっている。ブラックストーン・グループ，カーライル・グループ，コールバーグ・クラビス・ロバーツ等の企業は複数のファンドを管理している。各ファンドは個人投資家および機関投資家からの資金で成り立ち，企業の株式を取得するために使用される。ファンドは通常10-15年存続する。プライベート・エクイティ・ファンドによる買収には，株式非公開企業と上場企業の両方が含まれ，典型的には財務的レバレッジ増加，費用削減，業績の上がらない資産の売却，最高経営陣の交代および報酬等改善が行われる[注24]。

第13章　多角化戦略

内部労働市場

　多角化企業の従業員―とくに，経営幹部と技術者―を部門間で転属させ，採用，解雇への依存を少なくする能力は効率性の上昇につながる。企業が発展し新しい状況に直面するにつれ，違った経営技能が必要となる。採用に関わる費用には広告や面接や選考に費やす時間や『ヘッドハンティング』会社に払う費用が含まれている。従業員を解雇する費用は，解雇金を払わなくてはならない場合に，非常に高くなる。多角化企業は予備労働力を有しており，ある事業での必要性にたいしては，企業内部の別部門からの異動で応えることができる。

　多角化企業での内部異動による広い昇進可能性は高い質の従業員を引きつけるのに役立つかもしれない。新卒の学生は，ある分野に特化した企業より，より充実したキャリア開発の機会を与えてくれると信じて，キヤノン，ゼネラル・エレクトリック，ユニリーバ，ネスレのような多角化企業に入社するために激しい競争をする。

　多角化企業の情報へのアクセスは内部の労働市場にかんして，もっとも重要である。外部労働市場からの雇用でのおおきな問題は情報に限りがあることである。履歴書，推薦状，面接などは，新しく雇った人間がどの仕事に適しているかをみる指標としては貧弱なものである。事業単位や事業部間で従業員の異動を行う多角化企業は，各従業員について適正な，性格にかんする詳細な情報を有する。こうした情報は個々の従業員にだけでなく，チームとして働く従業員にとっても有益な情報となる。その結果，新規事業に参入するにあたって，既存の企業は，無からチーム編成をしなければならない新会社よりも有利な立場に立つ。

　これら資本および労働力にかんする内部市場の利点により，新興市場における高度な多角化企業グループの継続的な成功が説明できる（戦略コラム13.2）。

戦略コラム 13.2　新興市場コングロマリット

　密接に結びついた企業からなる高度に多角化された企業集団は―韓国のチェボル，インドのビジネスハウス，トルコの持株会社，ラテンアメリカの経済グループ，もともとは英国の行（ホン）から発展した香港の貿易会社―おおくのアジアや，ラテンアメリカの国々の経済を支配している。

　こういったコングロマリットの成功についての伝統的な議論は―米国や欧州のコングロマリットがほぼ消滅しているのと対照的に―資本や労働市場が未発展の国々

でコングロマリット形式は利点があるというものであった。非効率な資本市場は，内部で生み出されたキャッシュフローを成長する事業への資金提供や新規事業の設立のために使える点でインドのタタやトルコの Koç といったグループにたいして，おおきな優位性を与える。同じように，経営専門家のすくない国では，経営人材資源にかんして，Koç や韓国の LG といった会社は，優れた大学卒業生を引きつけ，かれらを高度に有能な経営専門家に育成することができる。

しかしながら，その本国での資本，労働市場がしだいに効率化しているのにもかかわらず，新興市場コングロマリットの業績優位は，下落する兆しを見せない。韓国のコングロマリットの売上は年11%の割で伸長しているし，インドのビジネスグループでのそれは年23%である。

新興市場企業集団の経営モデルは，とくに発展途上経済において，北米，欧州や日本などの統合された多角化企業よりも優位性を提供しているのかもしれない。タタや Sabanci Holding（トルコ），SK（韓国）といった企業グループは，経営アドバイスを提供する親会社としてのリーダーシップ（それは，グループにたいし，その独自性（Identity）や価値観を強調し，戦略的方向性を設定する）と，構成企業へのおおきな自由裁量とを組み合わせることができる。

〔出所〕 "From Dodo to Phoenix," *The Economist* (January 11, 2014) : 58 ; J. Ramachandran, K. S. Manikandan, and A. Pant, "Why Conglomerates Thrive (Outside the US)," *Harvard Business Review* 91 (December 2013) : 110-119.

多角化と業績

取引費用が存在するなかで資源および能力の範囲の経済を多角化により利用できる場合，株主価値が創造される可能性がある。リスク低減や成長達成を求めての多角化は，株主価値を創造するよりむしろ破壊する傾向にある。これらの考察の現実はどうであろうか？

実証的研究によりわかったこと

多角化にかんする実証的研究は，2つの点に集約される。第1は，多角化企業の

実績は，専門企業とくらべてどうなのか？　第2は，関連のある多角化は関連のない多角化よりも業績が高いか？

多角化企業と専門企業の業績

　過去50年間にわたる数百の実証研究にもかかわらず，多角化と業績または企業価値のあいだの首尾一貫した，体系的な相関関係は確証されていない。株式市場において，専門企業とくらべ多角化企業が過小評価されるコングロマリット割引の証拠は，測定とサンプリングでの間違いによるものと考えられる[注25]。

　多角化と収益性との関連性を解釈する場合，**統計的関連性**と**因果関係**との問題にぶつかる。多角化が収益性に影響を及ぼすだけでなく，収益性も多角化の意思決定に影響する。収益性の高い企業は多角化にキャッシュフローを注いでいるかもしれないし，逆に収益性の低い企業にとって多角化を行う動機となるかもしれない。

　いくつかの研究は多角化と収益性との間の曲線状の関係を発見した—多角化はある点までは収益を増加させたが，さらなる多角化は複雑化によるコストの増加をまねき収益を低下させた[注26]。マッキンゼーの調査も適度の多角化—『集中化と高度の多角化の甘美な戦略的調和』—の好影響を示している。多角化が理にかなうのは既存の市場での成長機会が枯渇し，既存の能力と，浮かびあがってくる外部事業機会とが調和するときである[注27]。

　多角化と業績の関係にかんするもっとも強力な証拠のいくつかは，おおくの米国および欧州企業による再集中の動きと関係がある。企業が多角化事業を売却し，中核事業に注力することは収益性増加と株価高評価に帰結する[注28]。

有関連性，非関連性多角化

　共有資源と能力での規模の経済の重要性を鑑みると，**関連性**のある産業への多角化のほうが**関連性のない**産業への多角化よりも収益性が高いはずである。実証研究はこの予想を原則的には支持する。ルメルトは，中心事業と近い関係のある事業への多角化を行った企業は，非関連事業への多角化を行った企業よりも著しく高い収益性を誇っていることを発見した[注29]。1982年の時点で，トム・ピーターズとロバート・ウォーターマンは，『ほとんどすべての学問的研究が示しているのは，関連性のない多角化は，勝ち目のない計画であるということである』と結論した[注30]。この意見はピーターズとウォーターマンの『卓越した企業黄金律』の1つとなっている。

本業に専念する。われわれの発見したことは明瞭かつ単純である。基軸から離れずに多角化した企業は，そうではない企業よりも優れた業績を誇っている。もっとも成功しているところは，たとえば，被覆加工や接着技術をもとにする３Ｍのように単一の技術をもとにして多角化している。そのつぎにくるのは，たとえば，発電タービンからジェットエンジンへ飛躍したGEのように関連分野への多角化である。一般的に，一番成功しないのは広範で多様な分野へ多角化する会社である。とくに，そういった企業による買収は成功しないのが通例である[注31]。

その後の研究は，こういった考えに暗い影を投げかけた。つまり，リスクと産業条件が考慮に入れられたとき，関連事業への多角化が優れているかどうかはさほど明確ではない[注32]。しかし，いくつかの研究では，むしろ非関連性多角化のほうに軍配が上がっている[注33]。

こういった矛盾する研究結果からとはいえ，いくつかの結論を導くことができる。第１に，多角化戦略と企業の業績の関連は単純ではない。それは，異なる目標により動かされており，いろいろな事業の間では異なった関係性があり，また，それは異なる効率性をもって管理されている。第２に，企業による多角化およびその業績にかんして有する情報は乏しい。とくに企業からの事業セグメント別の業績報告は限られており，一貫性を欠く。第３に，多角化による業績は，多角化による利点だけでなく，多角化にともなう管理費用にも依存する。これらの費用は多岐にわたる事業の調整費用や，１つの低業績の事業に最高経営陣の関心が集中するという不釣り合いさ，複雑な企業体制における意思決定の政治化にともなう費用が含まれる。これら調整と複雑さにともなう費用は，関連産業への多角化の際にとくにおおきくなると考えられ，そのなかでも異なる事業間で資源を共有する場合は非常におおきい[注34]。最後に『関連性』多角化と『非関連性』多角化との区別は，明確ではない。それは戦略とその企業の特色に依存する。シャンパンと鞄は，明瞭には関連商品とはいえない。しかしながら，LVMHは，モエットとルイ・ヴィトンといった同じようなブランド管理能力を適用している。われわれが関連性多角化と定義したものにかんして，より注意深く考察してみよう。

多角化における事業の関連性の意味

　事業の**関連性**が資源と資産を事業間で共有し移転する可能性にかんするものと定義したとしても，2つの産業が関連しているのかどうかを決める明確な基準は存在しない―関連しているかどうかは多角化しようとする企業が決めることである。実証的研究は，技術と市場における相似を産業関連性と定義した。これらの類似性は**オペレーショナル**レベルでの関連性―製造，マーケティング，そして流通―にかんしてである。典型的には資源共有の経済が小さく，経済効果があるにしてもその達成には多大の費用がかかるような活動である。反対に，多角化企業での価値創造の源は，共通のジェネラルマネジメント能力，戦略的経営システム，そして異なった事業に資源を割り当てるプロセスである。こういった事業の関連性，非関連性の経済的な仕組みは**オペレーション**というよりは多角化企業内でのいろいろな事業の間での**戦略的**共通性の存在の有無に依存する(注35)。

- バークシャー・ハサウェイは，保険，キャンディーストア，家具，キッチンナイフ，宝飾品，靴をあつかっている。一見すると多様なものに見えるが，これらすべての事業を選択する際の判断基準は，ウォーレン・バフェット会長とチャールズ・マンガー最高経営責任者によって打ち立てられた独特な会社経営スタイルから益するところがあるかどうかであった。
- リチャード・ブランソンのヴァージン・グループは航空会社からフィットネスクラブまでを含む幅広い事業の展開をしている。とはいえ，それらの事業の間には戦略的類似性がある―ほとんどすべての事業は起業されたものであり，ブランソンの企業家としての熱情と経験の恩恵を受けている。ほとんどすべて最終消費者への販売であり，差別化への革新的アプローチの機会を提供する産業に位置する。

　戦略的レベルでのつながりの根本的要素は，全社の事業ポートフォリオ内部における事業間で，同じような戦略や資源配分の手順，管理システムを適用できるかということである(注36)。表13.1は，全社経営活動に関係した事業間の類似性を決める戦略的要素のいくつかを表にしたものである。

　オペレーショナルな面での関連性とは異なり（そして，そこでは，インプットの分け合いにもとづく，範囲の経済性から享受できる利益が比較的予想しやすく，場

■表13.1　事業間の戦略的関連性決定要因

企業本部の経営的任務	戦略的関連性の決定要因
資源の割当て	設備投資額での類似性 投資プロジェクト期間の類似性 リスクでの類似性 事業単位での幹部に要求される経営技能の類似性
戦略策定	重要成功要因での類似性 産業ライフサイクル段階の類似性 産業での各事業の占めるポジションの類似性
業績管理と制御	類似の業績評価指標による目標の決定 業績目標にかんする類似の時間的枠

〔出所〕　R.M. Grant, "On Dominant Logic, Relatedness, And The Link Between Diversity And Performance," *Strategic Management Journal*, 9 (1988) : 641.

合によっては定量化さえできる）戦略レベルにおける関連性は，もっとつかみどころがない。それには，企業全体の戦略的アプローチと全社レベルの経営管理能力にかんする認識を理解することが必要である。

　最終的には，企業内での異なる事業間の連携は，企業戦略がどのような理論的根拠に依拠するであろう。プラハラッドとベティスは経営者がもっている，異なる事業活動を合理的に関連づける，認識上の論理を**支配的論理（ドミナント・ロジック）**と呼んでいる[注37]。企業のアイデンティティや存在意義にかんする会社内部での共通認識としての支配的論理は，異なる事業間で効果的な統合を果たすための，鍵となる前提条件である。たとえば，奢侈品大手のLVMHの支配的論理は，奢侈品のマーケティングによるブランド管理能力のみならず，さらに企業のアイデンティティとなっている。このアイデンティティは「製品と管理の品質追求，責任とイニシアチブにもとづく人間関係の追求，そして有能な能力とサービスの恒久的な追求にもとづく共通の文化基幹」によって形づくられた[注38]。

要　約

　多角化はセックスのようなものだ。その魅力は明白で，しばしば抗しがたいものだ。しかし，おおくの場合，済んでしまえば何ということはない。経営陣にとっ

ては，まさに地雷のように危険である。大企業の多角化の経験は，高くついた失敗で一杯である。ゼロックスとIBMに対抗したエクソンとエクソン・オフィス・システム，ヴィヴァンディの水道，環境サービスからマスメディア，エンターテインメントと通信への参入，ロイヤルバンク・オブ・スコットランドの小売銀行から金融サービスの大手への挑戦等々。これほどおおくの高くついた失敗にもかかわらず，多角化への欲求は経営上層部の心を捉え続けている。問題の1つは，経営陣と株主の目標の方向が違うことである。株主にとって多角化の見返りは貧弱なものであるにたいし，多角化は巨大企業帝国を築き上げる最短の近道である。さらに深い問題は不遜になることである。ある事業での成功によって，最高経営陣は他の事業でも同じような成功を収めることができるという過剰なまでの自信を抱いてしまう。

　そうはいいながらも，長い期間にわたって生き残り繁栄するには，企業は変化せねばならず，また変化には既存事業の再定義が不可避となる。世界最大のIT企業である，ヒューレット・パッカードとIBMは，60年以上の歴史をもつ会社である。2つの会社の成功と長命には，変化する市場機会に製品構成を適合させる能力が礎となっている。本質的に，かれらは新しい成長軌道を生み出す新製品の開発に既存の能力を適用してきた。同様に，最古の歴史をもつ他の企業，3M，キヤノン，サムスン，そしてデュポンにおいても，多角化は成功裏に進化するための重要なプロセスであった。成功した，長期にわたる企業進化の例の大半において，多角化とは断続的な現象ではなく，既存の資源と能力を使用して，認識した機会をものにするための最初の一歩である。

　長期にわたる環境への適合のため多角化を推進したり，過去に経営責任者が犯した間違いを避けるためには，多角化にかんする意思決定の戦略的分析を改良することが要となる。多角化の目的は明確かつ明解である必要がある。株主価値創造が，新しい事業機会への投資を審査すべきか否かを決める，厳格かつはっきりした判断基準となる。また，厳格な分析は，多角化により注意が焦点からそらされる傾向や，経営陣が企業の主要事業での厳しい競争状況の現実をみつめることに乗り気でないため生じる現実逃避として多角化を利用する傾向を避けるのに役立つ。

　多角化の決定の評価のための分析ツールは近年非常に発達した。1980年代後半，多角化の決定は，異なる事業間の相乗効果という曖昧模糊とした概念にもとづいて下されていた。本章での学習にもとづき資源や能力にかんする範囲の経済の必

要性と，(株主価値を作り出すための多角化の前提となる)内製化の経済を正確に分析することができる。このような内製化の経済の役割を認識することで，最高経営陣の能力と（多角化の成功を決定するうえで，効果的な）企業経営システムとの役割に注意を払うことができる。

自習用の質問

1．アイスクリームの製造業者が，第1に，売上と利益が季節的に均衡がとれる，第2に年ごとに，売上と利益が気候の変動に影響される度合いが少なくなるという理由でスープ製造業者を買収することを考えている。このリスク拡散は株主価値を創造するか？　どんなときこの買収は株主に利益を与えるか？

2．タタ・グループはインドで最大の企業の1つであり，製鉄，自動車，時計と宝石，通信，金融サービス，経営コンサルティング，食品，茶，化学品と肥料，衛星テレビ，ホテル，エネルギー，IT，および建設などのおおくの産業で42万4千人の従業員を抱えている。このような多様性は北米または西欧のいかなる企業もはるかに超えている。このような広範囲の多角化を可能にし，収益性も与えるのはインドにおけるどんな状況であるか？

3．ジョルジオ・アルマーニSpAは，おもにアルマーニ家の所有にかかるイタリアの民間企業である。その衣料や服飾品の大半は同社により生産され，市場化される(そのいくつかは外部の業者により生産されている)。その他の商品，とくに香水，化粧品，そして眼鏡についてはアルマーニはそのブランドのライセンス供与をしている。アルマーニは運動関係の衣料，ホテル，そしてブライダル店舗展開を考えている。アルマーニにたいし，新事業は自社でやるか，合弁か，またはアルマーニブランドを既存企業にライセンスすることで展開するかを助言せよ。

4．ゼネラル・エレクトリック，バークシャー・ハサウェイ，そしてリチャード・ブランソンのヴァージン・グループは，それぞれ，ほとんど技術的，顧客ベースでのつながりがない，広い範囲の，異なった事業を包含している。これらは非関連性多角化の例となりうるであろうか？　これら企業のそれぞれにおいて，事業を1つの所有者のもとに集めることで価値が生まれるよう

な事業間の連携を特定することができるか？
5．アマゾンの(A)電子書籍（Kindle），(B)タブレットコンピュータ（Kindle Fire），(C)スマートフォン（Fire Phone）への多角化意思決定を評価せよ。

注

1 A.D. Chandler Jr., *Strategy and Structure : Chapters in the History of the Industrial Enterprise* (Cambridge, MA : MIT Press, 1962) ; R.P. Rumelt, *Strategy, Structure and Economic Performance* (Cambridge, MA : Harvard University Press, 1974) ; H. Itami, T. Kagono, H. Yoshihara, and S. Sakuma, "Diversification Strategies and Economic Performance," *Japanese Economic Studies* 11 (1982) : 78-110.

2 M. Goold and K. Luchs, "Why Diversify? Four Decades of Management Thinking," *Academy of Management Executive* 7 (August 1993) : 7-25.

3 G.F. Davis, K.A. Diekman, and C.F. Tinsley, "The Decline and Fall of the Conglomerate Firm in the 1980s : A Study in the De-Institutionalization of an Organizational Form," *American Sociological Review* 49 (1994) : 547-570 ; R.E. Hoskisson and M.A. Hitt, *Downscoping : How to Tame the Diversified Firm* (New York : Oxford University Press, 1994).

4 L. Laeven and R. Levine, "Is there a Diversification Discount in Financial Conglomerates?" *Journal of Financial Economics* 82 (2006) : 331-367.

5 B. Burrough, *Barbarians at the Gate : The Fall of RJR Nabisco* (New York : Harper & Row, 1990).

6 T. Khanna and K. Palepu, "Why Focused Strategies May Be Wrong for Emerging Markets," *Harvard Business Review* (July/August, 1997) : 41-51 ; D. Kim, D. Kandemir, and S.T. Cavusgil, "The Role of Family Conglomerates in Emerging Markets," *Thunderbird International Business Review* 46 (January 2004) : 7-20.

7 コーポレート・ファイナンスの教科書参照。たとえば，R.A. Brealey and S. Myers, *Principles of Corporate Finance*, 11th edn (New York : McGraw-Hill, 2013) : Chapter 8.

8 たとえばH. Levy and M. Sarnat, "Diversification, Portfolio Analysis and the Uneasy Case for Conglomerate Mergers," *Journal of Finance* 25 (1970) : 795-802 ; R.H. Mason and M.B. Goudzwaard, "Performance of Conglomerate

Firms: A Portfolio Approach," *Journal of Finance* 31 (1976): 39-48; J.F. Weston, K.V. Smith, and R.E. Shrieves, "Conglomerate Performance Using the Capital Asset Pricing Model," *Review of Economics and Statistics* 54 (1972): 357-363, 参照。

9   M. Lubatkin and S. Chetterjee, "Extending Modern Portfolio Theory into the Domain of Corporate Strategy: Does It Apply?" *Academy of Management Journal* 37 (1994): 109-136.

10 多角化により有価証券所持者のリスクが軽減されることは共同保険の効果 (the coinsurance effect) と呼ばれる。L.W. Lee, "Coinsurance and the Conglomerate Merger," *Journal of Finance* 32 (1977): 1527-1537; and F. Franco, O. Urcan, and F.P. Vasvari, "Debt Market Benefits of Corporate Diversification and Segment Disclosures" (January 31, 2013). Available at SSRN: http://ssrn.com/abstract=1710562 or http://dx.doi.org/10.2139/ssrn.1710562, 参照。

11 V. Kuppuswamy and B. Villalonga, "Does Diversification Create Value in the Presence of External Financing Constraints? Evidence from the 2007-2009 Financial Crisis," Harvard Business School Working Paper (2010).

12 M.E. Porter, "From Competitive Advantage to Corporate Strategy," *Harvard Business Review* (May/June 1987): 46.

13 M. Hayward and D.C. Hambrick, "Explaining the Premiums Paid for Large Acquisitions," *Administrative Science Quarterly* 42 (1997): 103-127.

14 既存企業による68多角化企業についての研究によると、平均して、創業以降7年か8年経たないと損益分岐点に達しない。R. Biggadike, "The Risky Business of Diversification," *Harvard Business Review* (May/June 1979): 103-111, 参照。

15 範囲の経済の正式な定義は「劣加法性」(subadditivity)。もし $C(X) < \sum_i C_i(x_i)$ ならば、範囲の経済は財1、財2…財nの生産で存在する。

$X < \sum_i (x_i)$ の場合：

$C(X)$ は、単一企業内での n 個の財を生産するための費用である

$\sum_i C_i(x_i)$ は、専門化企業での n 個の財を生産するための費用である

W.J. Baumol, J.C. Panzar, and R.D. Willig, *Contestable Markets and the Theory of Industry Structure* (New York: Harcourt Brace Jovanovich, 1982): 71-72, 参照。

16 Hay Group, "Best Companies for Leadership: General Electric," http://executiveimpactonline.com/portfolio/the-leadership-edge/, accessed July 20, 2015.

17 多角化での能力の役割については C.C. Markides and P.J. Williamson, "Related

Diversification, Core Competencies and Corporate Performance," *Strategic Management Journal* 15 (Special Issue, 1994) : 149-165.

18 需要サイドでの相乗効果については G. Ye, R.L. Priem, and A.A. Alshwer, "Achieving Demand-side Synergy from Strategic Diversification : How Combining Mundane Assets can Leverage Consumer Utilities. *Organization Science*, (2011) ; J. Schmidt, R. Makadok, and T. Keil, "Firm Scope Advantages and the Demand Side," Working Paper (2012).

19 この問題の詳細な説明は D.J. Teece, "Towards an Economic Theory of the Multiproduct Firm," *Journal of Economic Behavior and Organization* 3 (1982) : 39-63.

20 A. Campbell, J. Whitehead, M. Alexander, and M. Goold, *Strategy for the Corporate-Level : Where to Invest, What to Cut Back and How to Grow Organisations with Multiple Divisions* (New York : John Wiley & Sons, Inc., 2014).

21 J.P. Liebeskind, "Internal Capital Markets : Benefits, Costs and Organizational Arrangements," *Organization Science* 11 (2000) : 58-76.

22 D. Scharfstein and J. Stein, "The Dark Side of Internal Capital Markets : Divisional Rent Seeking and Inefficient Investment," *Journal of Finance* 55 (2000) : 2537-2564 ; D. Bardolet, C. Fox, and D. Lovallo, "Corporate Capital Allocation : A Behavioral Perspective", *Strategic Management Journal* 32 (2011) : 1465-1483.

23 C. Kaye and J. Yuwono, "Conglomerate Discount or Premium? How Some Diversified Companies Create Exceptional Value," Marakon Associates (2003), http://www.nd.edu/~cba/cc/pdf/Doyle_Portfolio%20decision%20making.pdf, accessed July 20, 2015.

24 J. Kelly, *The New Tycoons : Inside the Trillion Dollar Private Equity Industry that Owns Everything* (Hoboken, NJ : John Wiley & Sons, Inc., 2012).

25 S. Erdorf, T. Hartmann-Wendels, N. Heinrichs, and M. Matz, "Corporate Diversification and Firm Value : A Survey of Recent Literature," Cologne Graduate School Working Paper (January 2012) ; J.D. Martin and A. Sayrak, "Corporate Diversification and Shareholder Value : A Survey of Recent Literature," *Journal of Corporate Finance* 9 (2003) : 37-57.

26 L.E. Palich, L.B. Cardinal, and C.C. Miller, "Curvilinearity in the Diversification—Performance Linkage : An Examination of over Three Decades of Research," *Strategic Management Journal* 22 (2000) : 155-174.

27 N. Harper and S.P. Viguerie, "Are You Too Focused?" *McKinsey Quarterly*

(Special Edition, 2002): 29-37; J. Cyriac, T. Koller, and J. Thomsen, "Testing the Limits of Diversification," *McKinsey Quarterly* (February 2012).

28 C.C. Markides, "Consequences of Corporate Refocusing: Ex Ante Evidence," *Academy of Management Journal* 35 (1992): 398-412; C.C. Markides, "Diversification, Restructuring and Economic Performance," *Strategic Management Journal* 16 (1995): 101-118.

29 R.P. Rumelt, *Strategy, Structure and Economic Performance* (Cambridge, MA: Harvard University Press, 1974).

30 T. Peters and R. Waterman, *In Search of Excellence* (New York: Harper & Row, 1982).

31 同書, 294頁。

32 H.K. Christensen and C.A. Montgomery, "Corporate Economic Performance: Diversification Strategy versus Market Structure," *Strategic Management Journal* 2 (1981): 327-343; R.A. Bettis, "Performance Differences in Related and Unrelated Diversified Firms," *Strategic Management Journal* 2 (1981): 379-383.

33 たとえばA. Michel and I. Shaked, "Does Business Diversification Affect Performance?" Financial Management 13 (1984): 18-24; G.A. Luffman and R. Reed, The Strategy and Performance of British Industry: 1970-1980 (London: Macmillan, 1984).

34 Y.M. Zhou, "Synergy, Coordination Costs, and Diversification Choices," *Strategic Management Journal* 32 (2011): 624-639.

35 多様化における, 関連性にかんする議論はJ. Robins and M.F. Wiersema, "A Resource-Based Approach to the Multibusiness Firm: Empirical Analysis of Portfolio Interrelationships and Corporate Financial Performance," *Strategic Management Journal* 16 (1995): 277-300; and J. Robins and M.F. Wiersema, "The Measurement of Corporate Portfolio Strategy: Analysis of the Content Validity of Related Diversification Indexes," *Strategic Management Journal* 24 (2002): 39-59, 参照。

36 R.M. Grant, "On Dominant Logic, Relatedness, and the Link between Diversity and Performance," *Strategic Management Journal* 9 (1988): 639-642.

37 C.K. Prahalad and R.A. Bettis, "The Dominant Logic: A New Linkage between Diversity and Performance," *Strategic Management Journal* 7 (1986): 485-502.

38 R. Calori, "How Successful Companies Manage Diverse Businesses," *Long Range Planning* 21 (June 1988): 85.

第14章

全社戦略の実践―多角化事業（マルチビジネス）企業経営

単一商品をあつかう企業のほうが，多角的に複数の商品をあつかう企業よりも焦点が定まり有利である，と主張される方もいる―たぶん，そうかもしれない，しかし，それは，わが社が有する卓越した優位性を無視したときのみ，そういえる。つまり，GEには，グローバルな情報源から生まれる広範で，かつ，豊富な情報をもとにさまざまな考え方を編み出し，さらにそれを共有していくという能力が備わっている。

GEの事業は，技術，設計，報酬および人事評価システム，製造技能，そして，顧客と各国の市場情報を全社的に共有している。

―ジャック・ウェルチ，GE会長　1981-2001

【概　要】
- 序論と目的
- 全社経営（Corporate Management）の役割
- 全社事業ポートフォリオの管理
    - 事業ポートフォリオ計画―GE/マッキンゼーマトリックス
    - 事業ポートフォリオ計画―BCGの成長-市場占有率マトリックス
    - 事業ポートフォリオ計画―アッシュリッジのポートフォリオ
- 事業間のつながり（Linkages）の管理
    - 本部組織から受ける共通のサービス
    - 事業間での技能移転，転送と活動共有
    - 企業本部にとっての意味合い
- 個々の事業の管理
    - 事業レベルの経営への本社の直接関与
    - 戦略計画システム
    - 業績の管理と財務の統制
    - 戦略計画（Strategic Planning）と財務統制（Financial Control）―全社経営の2つの方法
- 多角化企業における変革の管理
- 多角化企業の統治
    - 株主の権利
    - 取締役会の責任
    - 多角化組織の統治上の課題
- 要約
- 自習用の質問
- 注

序論と目的

多角化企業の主要な特徴は—事業単位としてであれ，事業部としてであれ，または子会社としてであれ—企業本部によって調整され，管理されている，いくつかの独立の事業をもっていることである。そういった事業は異なる製品（例：サムスン電子），異なる地理的な市場（例：マクドナルド）または，川上から川下までの異なる段階（例：ロイヤル・ダッチ・シェル）をもとにして組織されている。個々の事業が，事業レベルでの戦略と実行にかんする大半の意思決定を行うのにたいし，企業本部は全社戦略や会社全体に影響をおよぼすような案件について責任を負う。

前の3つの章で，企業の活動範囲にかんする3つの次元を説明した。つまり，垂直統合，国際化および多角化である。これら3つの次元について，多角化企業は，多数の事業を横断して経営することで価値を創造できるのかどうかが重要な問題とされてきた。しかし価値創造は，それらの多数の事業での戦略が効果的に実行されてこそ，初めて実現される。そのためいくつかの問いが生じる。つまり，全社戦略はいかに策定され，資源配置に結びつけられるべきか？　企業本部はいかにして事業間の調整と管理をすべきか？　経営陣は，どんな役割と経営管理スタイルをとるべきか？　また企業本部の経営陣の重要性を考えた場合，企業本部経営層の活動はどんな統治形態のもとに展開されるべきであるか？　これらの質問に答えるため，企業本部の活動と，その各事業部門との関係を考察しなければならない。

この章では以下のことを学ぶ。

- 企業本部の経営陣が，企業の所有する複数の事業の枠内で価値を創造することで果たす基本的な戦略的役割の理解。
- 事業ポートフォリオ分析技術の全社戦略の意思決定への適用。
- 本部組織がいかにして企業内の異なる事業単位間の連携を管理経営するかの理解。
- 本部組織が個々の事業の戦略と業績とにたいして影響をおよぼすための手法とプロセスの理解。
- 本部組織経営層がいかに戦略的変革を導き，刺激するかの理解。

第14章　全社戦略の実践―多角化事業（マルチビジネス）企業経営

● 多角化企業において経営幹部の仕事に影響する企業統治上の課題の認識。

全社経営（Corporate Management）の役割

　垂直統合，国際化および多角化についての意思決定の判断基準と一緒であるが，企業の範囲を垂直的，地理的，または水平的に拡げて得る利益というものは，規模を拡大し複雑になった企業組織を管理するための費用よりもおおきくなければならない。したがって，全社戦略の策定と実践とは切り離すことができない。つまり，企業の全社的な活動範囲についての意思決定は，企業の活動範囲を拡張したり，削減したりすることから生じる費用と利益とを考慮に入れなければならない。しかしそれは，また，全社戦略の実行のしかたに依存する。したがってわれわれは，多角化企業が，その保有する事業に価値を創造させる仕組みに注意を払う必要がある。

　企業の，ある事業から得る効用は，その事業を管理する費用を上回るべきであるというのは，全社戦略の意思決定にかんする基本的な指針である。だが，マイケル・グールドとアンドリュー・キャンベルはその指針に疑問を投げかけてきた。かれらは，企業の経営陣にはもっと高い業績のハードルがあるべきだと説く。すなわち，企業はある事業の『**ペアレンティング優位性**(Parenting Advantage)』を有する―すなわち，費用を上回る付加価値の超過利潤が得られるだけでなく，他のいかなる企業がやるよりもその利潤をおおきくすることができる―場合のみ，その事業を保有できるというものだ。さもなければ，問題の事業は他社に売却したほうが有益だからである[注1]。

　本章では，企業の経営陣が事業に価値をもたらす4つの活動に焦点をあてる。

- 全社事業ポートフォリオの管理
- 事業間の連携の管理
- 個別の事業の管理
- 多角化企業の変革の管理

　以下4つの節で，これらの活動のそれぞれについて検討し，価値創造の条件を規定する。

全社事業ポートフォリオの管理

　多角化企業が多数の異なる事業を効率的に管理するためには，異なる事業に適用できる共通の管理システムを開発しなければならない。もっとも基本的なレベルでいうと，効率的な資源配分システムの運用が，多角化企業における価値創造のために必要である。すなわち，潜在的な収益可能性のもっともおおきな事業へ確実に投資することだ。多角化企業の一部にとって，事業ポートフォリオ管理は，価値創造の主要な源泉であり，戦略の基礎となっている。バークシャー・ハサウェイは，小さな本部機能によって監督される，相互に関連性のない買収先事業を寄せ集めたコングロマリット（Conglomerate）であり，その本部は企業買収や，資金の割当てや，業績を監視する役割をもつ。

　ポートフォリオ計画マトリックスは，多角化企業での全社事業ポートフォリオ管理におけるおもな戦略ツールである。それによって企業のいろいろな事業の位置づけが示され，価値創造の見通しが分析できる。

　ポートフォリオ計画の手法は，1960年代の終わりに，当時46の部門と190の事業を抱え，無秩序に拡大した産業大帝国，ゼネラル・エレクトリック（GE）によって始まった，全社戦略にかんする先駆的な取り組みの産物である。GEはボストン・コンサルティング・グループやマッキンゼー，そしてアーサー・D・リトルとともにそれを開発した。

事業ポートフォリオ計画－GE/マッキンゼーマトリックス

　ポートフォリオ計画モデルの基本的な考え方は，多角化企業での個々の事業を，その潜在的利益可能性を決める戦略的変数に関連づけて図示するものだ。変数は一般に2つの軸を含む。つまり，**市場の魅力度**と，その市場における**競争優位**─すなわち，第1章で説明した収益性の主要因（Drivers）と同じものである（図1.5参照）。GE/マッキンゼーのマトリックス（図14.1）では，産業の魅力度の軸には市場規模と市場成長率，市場収益性（3年間の売上高収益率），景気循環，インフレ対処度（生産性改善と値上げの可能性），海外市場の重要性（国際市場と米国市場の売上比率）を考慮する。事業単位の競争優位は，市場占有率，競合他社と比較しての売上高利益率，そして品質，技術，製造，流通，マーケティング，費用における相対

第14章 全社戦略の実践―多角化事業（マルチビジネス）企業経営

■図14.1　GE/マッキンゼーポートフォリオ計画マトリックス

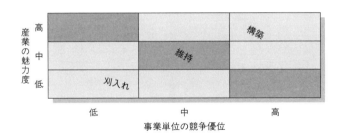

的位置を勘案する(注2)。戦略面での意味合い―各事業への資本の配分や売却（Divestment）の勧告―は図14.1での3つの象限で示されている。

事業ポートフォリオ計画
―BCGの成長-市場占有率マトリックス

　ボストン・コンサルティング・グループ（BCG）のマトリックスも同じように2つの軸―産業の魅力度，競争上の位置づけ―を使って異なる事業の戦略的位置づけを比較する。しかしながら，各軸に1つの変数を使う―産業の魅力度は**市場成長率**により，競争優位性は**相対的市場占有率**（首位企業にたいする自社の事業単位の市場占有率）によって測定される。BCGマトリックスの4つの象限は，利益とキャッシュフローのパターンについて予測し，とるべき戦略についての示唆をする（図14.2）(注3)。

　BCGマトリックスは単純である。したがって，有用であると同時に，そこにその限界もある。簡単に作成でき，戦略的特徴をふまえたわかりやすい企業の事業ポートフォリオ一覧を提供する。しかも，融通の利く分析が可能だ。つまり，事業単位だけではなく，製品，地理的市場，ブランド，そして顧客にも適用できる。単純化されてはいるものの，より詳細で厳密な分析を行う前の予備的な見通しを立てるのには十分役に立つ。

　しかしながら，BCG，マッキンゼー事業マトリックス，両方とも，戦略手法としての人気を失った。これらのマトリックスには3つの問題がある。

●産業の魅力度や競争優位の決定要素を極端に単純化している。

■図14.2 BCG 成長率-市場占有率マトリックス

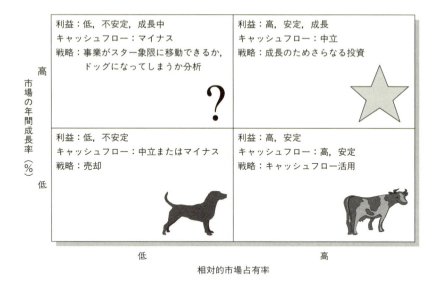

- 定義の問題もある。たとえば，BCG マトリックスにおいて，BMW の自動車事業は，世界の自動車市場全体の2％しかないということで，『負け犬』となるであろうか，または，BMW は，高級車のセグメントでマーケットリーダーであることから，金のなる木といえるだろうか？
- 事業単位間につながりが存在することを見逃している。事業ポートフォリオでのおのおのを独立した事業とみることは，多角化企業の根本的な存在理由，つまり，相乗効果（Synergy）を無視するものである(注4)。

事業ポートフォリオ計画－アッシュリッジのポートフォリオ

アッシュリッジのポートフォリオは，**ペアレンティング優位性**の概念に基礎を置く(注5)。その前提にあるのは，企業内の事業ポートフォリオに含まれる事業の潜在的な価値創造の可能性は（マッキンゼーや BCG のマトリックスが想定するように）個々の事業の特性だけに依存するのではなく，本部組織（Parent）の特性にもよるという事実への注目である。焦点は，したがって，各事業と，その本部組織との**適合性**（Fit）にある。図14.3の横軸は，本部組織がその事業によって利益を生み出せ

第14章　全社戦略の実践―多角化事業（マルチビジネス）企業経営

■図14.3　アッシュリッジ・ポートフォリオ表示―ペアレンティング優位の可能性

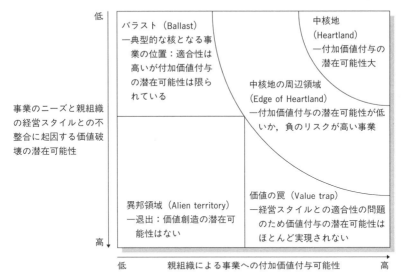

〔出所〕　Ashridge Strategic Management Centre.

る可能性を示す。たとえばそれは，全社経営（Corporate-level management）の能力を用いたり，他の事業と資源や能力を共有したり，取引費用を削減したりといったことである。縦軸は，本部組織による価値破壊の可能性を表す。価値破壊は，本部組織の一般管理費（Corporate overheads）負担，または各事業が求めるものと本部組織の経営管理スタイルとがかみ合っていないこと（これらは官僚主義的な融通の利かなさ，最高経営陣の考え方との折り合いの悪さ，または意思決定の派閥争いなどがきっかけとなる）によって引き起こされる。

　アッシュリッジのマトリックスは，他の事業ポートフォリオ計画マトリックスでは無視されている，相乗効果という重要な問題を明らかにした。つまり，事業はそれぞれが独立した存在ではないと認識させ，価値創造と価値破壊との可能性に影響を与える際の戦略適合性の役割を紹介したのである。問題は，その複雑さにある。すなわち，アッシュリッジのマトリックスの両軸は，どちらも定量化しづらい，主観的で困難な評価が求められるのだ。

495

事業間のつながり（Linkages）の管理

垂直統合，国際化戦略および多角化にかんする章(第11章，第12章および第13章)で，全社戦略において価値創造を行うおもな機会は事業間のつながりを活用することにあると説明した。そういった機会は，資源と能力を利用し，共有し，移転，転送させること，また，市場での取引費用を避ける技能から生じる利益である。大半の多角化企業は2つの領域での資源と能力を活用できるように組織を作っている。つまり，共通の役務サービスを本部組織に集中させて提供することと，事業間の直接のつながりを管理することによってである。

本部組織から受ける共通のサービス

事業部制企業における資源共有の一番単純な形は，本部組織からの全社共通の機能とサービスの提供である。そういったサービスのなかには，戦略的計画，財務管理，資金管理（Treasury），リスク管理，内部監査，税務，政府渉外（Government Relations），投資家向け広報などの全社経営（Corporate Management）関連のものを含む。同様に，本部組織に集中させることで効率化できる事業サービスも含まれる。たとえば，研究開発，エンジニアリング，人的資源管理，法務サービス，人材開発，購買，および規模の経済や学習の経済が作用する，その他の事務サービスなどである[注6]。

実際には，共通サービスの本部組織からの提供の利点は，本部組織経営層が考えているよりは小さいかもしれない。本社，本部組織からの提供は重複から生じる費用を回避する。しかし，本部組織の人間や専門家にとっては，顧客としての事業部門のニーズに応えるため努力する誘因は，おおきくない可能性もある。おおくの企業での経験が示しているのは，サービスを本部組織に集中させて得る利益は，本部組織の従業員が，権限，人員数で自己増殖する傾向があるため，帳消しになってしまうことである。最近改造された，ペプシコの本社の建物は，ニューヨーク州ウェストチェスター郡，100エーカーの土地に1,100人の人員を擁して所在しているが，物を言う株主からとくに批判の対象とされている[注7]。

傾向として，企業は，その本部組織を，**全社経営管理組織**（Corporate management unit）―戦略計画，財務そして広報，通信などを担当―と，**共有サービス組織**（Shared service organization)―研究開発，求人，研修，そして情報技術サービスを事業部門に提供―とに切り離している。欧州の大手企業86社のなかで，半数の企業が2013年以前に共有サービス組織を設けていた。そのうち，もっとも共有されているのはITであった(注8)。共有サービスのうちでの効率性と顧客サービス意識の向上とをめざして，いくつかの会社では，そういったサービスを，企業内部の組織単位への独立当事者間取引関係（Arm's length basis）基準でのサービス提供を行う利益センター（Profit center）として一時として，外部のサービス提供者と競争させながら―運営させている。

プロクター・アンド・ギャンブルのグローバル事業サービス組織は，6カ所の『グローバル・ハブ』で7,000人を雇っている。つまり，シンシナティ（米），サンホセ（プエルトリコ），ニューカッスル（英），ブリュッセル（ベルギー），シンガポール，およびマニラ（フィリピン）である。規模の経済と標準化システムを通じて，同社は8億米ドル以上の経費削減を行った。その革新には仮想化（Virtualization）（例：実際に製品の見本を作る代わりに，仮想現実アプリケーションを使う），内部協働作業手法，意思決定サポート（例：同社の『意思決定コックピット』）およびリアルタイム・デジタル機能が含まれている(注9)。

Deloiteの行ったグローバル共有サービス2013年調査によると，

- 58％の企業は多数の共有サービスセンターをもっている。それは，しばしば，異なった国々に置かれている。
- 結果として，米国籍や欧州に籍を置く企業は，サービス部門をアジア，ラテンアメリカ，そして東欧に置くようになっている。共有サービス部門をどこに置くかは，おもに人的資源のコストと技能によって決められる。
- 共有サービスセンターは，提供するサービスの範囲を拡張して，税務，設備管理，そして法務サービスなどの伝統的な本社機能なども含むようになっている。
- 企業は，ますます共有サービスとサービスの外注とを混ぜて使うようになっている。
- 共有サービス方式から得られる利点は費用削減と質の向上である(注10)。

事業間での技能移転，転送と活動共有

資源や能力を本社レベルに集中化させることだけが，規模の経済の利用法という

わけではない。事業間での資源共有や能力移転，転送をする余地はおおきい。マイケル・ポーターは，これらのつながり（Linkages）を，全社戦略によって株主価値を創造するための力強い手段であると見ている。一方で，『事業ポートフォリオ管理が全社戦略の主力概念であった時代はもう終わった』ともいう。資本市場の効率が向上しつつある現在，多角化企業が，単に資本を割り当て，配分するだけで価値を創造する可能性は少ないためだ(注11)。しかしながら，同氏は『想像上の相乗効果』と『本当の相乗効果』とを取り違えることにも警鐘を鳴らす。また，かれが指摘するのは，技能の移転，転送と活動の共有の機会の分析を事細かにやる必要性である。本当の相乗効果を見つけるのにポーターが推奨するのは，活動，資源，そして能力での共通性を見きわめる目的で，いろいろな事業の価値連鎖を細心の注意をもって分析することである。ポーターは相乗効果の2つの型を区別する。

- **技能の移転，転送**　　組織能力は事業単位間で移転，転送できる。LVMHは高級ブランド事業のあいだで，そのブランドや流通の管理能力を移転，転送させている。プロクター・アンド・ギャンブルではオレイのスキンケア技術を女性用の剃刀デザインに使っている。技能の共有により価値を創造するには，同じ技能が異なった事業に適用できること，また，従業員の配置換えや成功事例（Best practice）の移転，転送を通じて，それらの技能が移転，転送できる仕組みが確立されていることが必要である。本章の始めの部分での引用にもあるように，技能や能力の共有はゼネラル・エレクトリックにおける価値創造の核心部分である。

- **資源と活動の共有**　　通常は，商標や自社保有の技術などの無形資源が共有される場合がおおいが，一方で工場，建物，そして資金力など有形の資源を共有することも可能かもしれない。事業間で活動を共有できるかどうかを明らかにするためには，いろいろな事業の価値連鎖を詳細に比較して，似たような活動をまとめたり結合したりできるかどうかを見きわめることが必要だ。しばしば事業間で共有される活動としては，研究開発，購買，流通，および営業が挙げられる。これらの共有活動は，前の節で議論された企業本部が提供する共通サービス（Corporate services）に深く関連している。違いは，本部の提供する共通サービスには企業全体のサービスと，支援サービスとが含まれるのにたいし，いまここで説明している共有サービスは，各事業のオペレーションの中核をなす機能であるということだ。世界各国や地域でプロクター・アンド・ギャンブ

ルの全商品のマーケティングや流通を行う同社の『市場開発組織（MDO）』は，そういった共有の1つの事例である。その他の例としては，サムスン電子の異なる事業部門にデザインを提供する，同社のロンドン，東京，サンフランシスコおよびソウルに所在するデザインセンターがある(注12)。

　技能移転，転送や活動共有，両者ともに，注意深く継続的な本部組織の関与を必須とする。技能共有について，ポーターは次のようにいう。『それは能動的なプロセスであり…偶然とか，自然に起きることではない。それには，最高経営陣からの，鍵となる人員の再配置，関与および支援が含まれる』(注13)。成功事例（Best practices）の移転，転送といった，見るからに単純なつながり（Linkages）ですら，実際に実行するのは難しい。8社での成功事例122件の移転・転送にかんする研究で明らかになったのは，移転を妨げているのは，主としてそれぞれの当事者の動機（たとえば，情報源による『知識抱え込み』，または移転先の『自社開発主義』（NIH—Not invented here）によって生じる抵抗など）ではないということだ。真の課題は，成功事例の情報源と移転先のあいだに，良好な人間関係がないことであった(注14)。

企業本部にとっての意味合い

　企業の事業単位が緊密に結びついていればいるほど，事業間でのつながり（Linkages）管理から得られる結果はおおきく，また企業本部（Corporate center）の能動的な役割へのニーズはおおきくなる。したがって，垂直統合の進んでいる石油会社（たとえばロイヤル・ダッチ・シェル，またはENI）または市場もしくは技術的なつながりが緊密な会社（たとえば，IBM，プロクター・アンド・ギャンブル，およびソニー）では，企業本部の人員数は，事業間でのつながりが少ない企業よりも，はるかにおおきい傾向がある。逆に，事業間のつながりがほとんど存在しないバークシャー・ハサウェイでは，企業本部の人員数は50人ほどである。売上高がほぼ同規模で，事業部間でのつながりがはるかに強いヒューレット・パッカード（HP）のパロアルト本社には，2,000人の従業員が働いている。事業単位が共通の資源や能力を共有している場合，企業本部は，そういった資源や能力の開発と展開に密接にかかわっている。たとえば，ファイザーやコーニングはどちらも本部直属の強力な研究開発部門をもっており，ダウは本部直属の強力な製造機能を有し，そしてヴァージンの本部組織のチームはヴァージンブランドの管理におおきく関与してい

る(注15)。

　組織能力の開発と共有によって，知識経営管理のもつ重要な役割が浮かび上がる。ビール，セメント，食品加工，そして通信サービスなどの産業の国際化においては，共有資源の範囲の経済性はほとんどはたらかないが，業務革新や技能を各国の子会社間で移転，転送する重要な機会がもたらされるのである。

　事業間でのつながりの活用には，得られる利点をしのぐほどの費用がかかる。事業間での提携販売のような単純明快な協働においてすらも，とくに金融サービスにおいて，失望すべき結果が出ている(注16)。Lorsch（ローシュ）と Allen（アレン）による3つの米コングロマリットと3つの垂直統合されている製紙会社との比較研究でわかったのは，製紙会社において事業間の調整がますます必要となった結果，企業本部による事業部活動への関与増大，本部人員数の増加，計画策定や管理手法の複雑化，さらには外部環境の変化への対応力の低下が起きるということであった。それとは対照的に，同研究によれば，コングロマリットにおいては，業務上の相乗効果があり得ても，それを活用しようという試みはほとんど生じなかった(注17)。

個々の事業の管理

　全社戦略での事業ポートフォリオ管理手法では，企業本部（Corporate headquarters）のおもな役割は投資家としてのそれである。つまり，事業を買収したり，売却したり，または，いろいろな事業の間に資金を割り当てることである。事業間でのつながり（Linkages）を管理する際，企業本部のおもな役割は事業間の相乗効果の調整と組織化である。あるいは，企業本部は，個々の事業の経営を改善することで，事業へ価値を付加することもあるだろう。アンドリュー・キャンベルらは，企業本部の個々の事業への直接の影響を，『単一，独立な影響』（Stand-alone influence）を通じた『垂直的付加価値』と呼んでいる（つまり，事業間の相乗効果的つながりを活用するかどうかには依拠しないということである）。事業単位レベルで本社組織ができることは，事業部門の上部経営層の任命（または解任），予算，戦略的計画，または設備投資計画の承認または拒否，業績目標の設定，政府やその他影響力のある利害関係者との関係の提供，会議や個人的な面談を通しての助言や指導，さらには企業文化の管理を通じて，業績が改善するように干渉することである(注18)。

　本書では，本部組織が個々の事業に影響を与えるための3つの仕組みにのみ注意

第14章　全社戦略の実践―多角化事業（マルチビジネス）企業経営

を集中する。つまり，事業レベルの経営への本社の直接関与，戦略的計画，そして業績の管理と財務の統制である。

事業レベルの経営への本社の直接関与

1980年代，ポーターは，本部組織（Corporate HQ）が個々の事業に直接関与することを**リストラクチャリング(事業再編)**であると特徴づけた(注19)。リストラクチャリング戦略は，業績が低迷し，経営の間違っている企業を買収し，戦略を変え，余剰資産を売却し，そして，規模と市場での存在感を得るため，さらに買収を推進することであった。この戦略が価値を創造するには，実際の価値以下に評価されていたり，または経営改善の可能性を提供できそうだったりする企業を見つけて，業績を改善するための戦略を立てたり管理運営に関与したりといったことが，経営陣に可能でなければならない。さらに，ポーターが続けて述べるには，経営改善作業が終わったら，リストラクチャリングされた事業の売却もいとわない気持ちがなければならない。

　マッキンゼー社は，企業リストラクチャリング（事業再編）と必要な経営行動を通しての株主価値創造可能性を分析するための体系的な手法を提供している(注20)。マッキンゼーの再編の五角形（ペンタゴン）は，図14.4に示す5つの結節点に対応して，5段階からなる。

■図14.4　マッキンゼーの再編五角形（ペンタゴン）

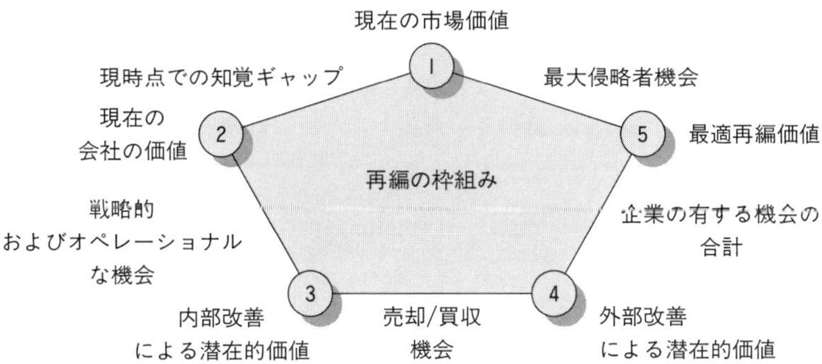

1. 現在の市場価値
2. 現在の会社の価値
   - 現時点での知覚ギャップ
   - 戦略的およびオペレーショナルな機会
3. 内部改善による潜在的価値
4. 外部改善による潜在的価値
   - 売却/買収機会
   - 企業の有する機会の合計
5. 最適再編価値
   - 最大侵略者機会

再編の枠組み

〔出所〕　T.E. Copeland, T. Koller, and J. Murrin, *Valuation* (New York ; Wiley, 1990)

1. **現在の市場価値**。分析の出発点は、自己資本価値と負債の額を含む、その企業の現在の市場価値である（第2章で学んだように、有価証券市場が効率的ならば、これは予測キャッシュフローの正味現在価値に等しい）。
2. **現在の会社の価値**。戦略や事業活動を変えなくとも、その企業の将来見通しについての外からの見え方を変えて価値評価を高めることは可能である。過去20年にわたって、企業は株主や投資アナリストへ流す情報を増やしたり、投資家向け広報部門を設立したりすることにより、投資家の期待管理に努めてきた。
3. **内部改善による潜在的価値**。すでに見たように、本部組織は、各事業のキャッシュフローを増加させるための戦略面、オペレーション面での改善を行うことで、企業全体の価値を上げる機会を有する。戦略的な機会とは、グローバルな事業拡大のための投資、顧客および競合企業にかんしての事業再位置づけ、特定の活動のアウトソーシングおよび費用削減の機会を含む。
4. **外部改善による潜在的価値**。それぞれの事業の価値が査定された後、最高経営陣は、事業ポートフォリオ構成の変更が全社の価値を増加させるかどうか見定めなければならない。おもな課題は、**ペアレンティング優位性**（Parenting Advantage）原理を適用することである。個々の事業が、その戦略やオペレーションの改善をすでに行った後であっても、自社にとっての潜在的価値よりも高い価格で売れるかどうかを見きわめて冷徹に判断しなければならない。
5. **最適再編価値**。これまでの4つの段階は潜在的な企業価値を最大化する。これらの改革が、ほかの企業所有者によってもなされ得ると仮定するならば、再編によって最大化される価値と、現在の市場価値の差は、企業乗っ取り屋にとって事業再編機会を利用して得られる潜在的利益を表している。

リストラクチャリング（事業再編）はコングロマリット企業の戦略と連想づけられていた。そういった企業の大半は北米や欧州の企業部門からは消滅した。しかしながら、事業再編は全社戦略の最たるものとして引き続き存在している—とくに根本的な戦略変化を経験しつつある産業においてである。ビール産業においてアンハイザー・ブッシュ・インベブやSABミラーは世界的な企業間での合併を引き起こした。金属ではリオ・ティント、BHPビリトン、およびGlencore Xstrata（グレンコア・エクストラータ）が先導者だった。おおくの場合において、事業再編は、費用削減や事業売却への異常なまでの関心に結びついていた—その証拠が、再編主導者に与えられたあだ名を見ればわかる。つまり、『チェーンソーのアル』・ダンラッ

プ（スコット・ペーパー（Scott Paper）とサンビーム（Sunbeam）），『中性子爆弾のジャック』・ウェルチ（ゼネラル・エレクトリック），そして『切り裂きフレッド』・グッドウィン（ロイヤルバンク・オブ・スコットランド）などがそれである。

　しかしながら，事業再編者としてのコングロマリットの主なる継承者はプライベート・エクイティ・グループである。米国のカーライル・グループや，コールバーグ・クラビス・ロバーツ，ブラックストーン，およびアポロ・グローバル・マネジメント，英国のCVCキャピタル・パートナーズやCinven（シンヴェン）は，投資事業有限責任組合（Limited partnerships）として組織され，株式非上場や上場企業の所有権を全部か部分的に買い取る。価値創造は，債務再編（おもに財務レバレッジの増加），経営層交代，そして戦略およびオペレーションの改革により行われる。プライベート・エクイティ・ファンドは，平均すると株式市場での収益率を上回る利益を生み出している[注21]。

　多角化企業の大半にとって，事業部門レベルでの戦略およびオペレーションにかんする意思決定への本社経営陣の関与は，事業再編（リストラクチャリング）のもつ意味合いほど重要ではない。高い財務業績の歴史を誇る多角化企業の特徴は，事業部レベルと本社経営陣との緊密な意思疎通と協働関係である。

　たとえば，

- エクソンモービルは石油大手（Majors）のなかでは一番収益が高く，企業価値ではアップルについで世界でもっとも価値がある会社とみなされている。エクソンモービルの経営の核心として有名な，財務的規律，戦略的感覚の鋭さ，そしてオペレーション上の効率は，6人で構成される本社の経営委員会と子会社（個々の子会社の社長は経営委員会の構成員と直接の接触をしている）との緊密な関係の結果である。本社と事業部の経営陣との関係は**受託責任**（Stewardship)理論にもとづいている――すなわち，それぞれの経営幹部が組織と株主とにたいし個人的に説明責任を有するシステムである[注22]。
- ウェスファーマーズは，以前，オーストラリア農民の協同組合であった。1984年に上場企業になって以降，安売り店，スーパー，事務用品販売，炭鉱，化学品会社，保険を含む，一連の成熟産業からの投資引き揚げを行った。ウェスファーマーズでの，ほとんど恒常的といえる利益成長や，強固な株主価値の還元（2015年までには，同社は時価総額においてオーストラリアで10番目におおきな企業となった）は，本部組織の経営陣と子会社組織経営陣とが緊密な関係

を築き，さらには子会社の経営計画や業績を本部組織からの精密な監督のもとに置く経営スタイルによって説明できる[注23]。

しかしながら，企業本部による事業レベルの意思決定への直接関与は，深刻な問題を抱えている。つまり，個々の事業の経営責任者の裁量の自由ややる気を削ぐことである。権威主義的な，口出しをする最高経営責任者（CEO）は，非常に成功する（アップルのスティーブ・ジョブズの例）ことも，まったく失敗する（ヒューレット・パッカードのカーリー・フィオリーナの例）ことも，どちらもある。しかし，一般的にいえるのは，CEOには，方針の発案や意思決定の権限を自らに集中させたがる傾向があること，そしてそれが組織全体としての即応性や適応性に悪影響をおよぼす可能性があるということである[注24]。多角化企業経営での課題は，事業レベルでの発案ややる気を削がず，しかも本部組織の経営幹部の専門性や知見を利用できるような経営管理システムの設計である。この設計作業にあたっては，2つの管理システムが役に立つ。つまり，戦略計画システムと業績管理・財務統制システムである。

戦略計画システム

多角化企業のおおくでは，事業戦略は（特定の指針の範囲内で）事業部門の経営幹部によって作成される。本社経営幹部の役割は，事業部門の戦略提案を精査，評価し，修正し，承認し，複数の事業レベルの戦略を統合することにある。かれらの目的は，事業レベルの柔軟性，即応性，そして主体性を促す分権化した意思決定と，本部経営陣の有する知識，知見，そして株主の利益への責任とを調和させるような戦略作成プロセスを創り出すことである。ゼネラル・エレクトリック，エクソンモービル，サムスン，そしてユニリーバの成功に共通するのは，事業レベルの自主性や幹部の高度な意思決定を支援し，好業績を生み出そうというかれらのやる気を高めつつ，本部と事業部門との間にある知識を共有し全社的に制御された方針と調和させる戦略計画システムである。典型的な戦略計画サイクルは第6章（『戦略策定システム─戦略と実行をつなげる』）で概略説明をしている。

戦略計画システムの再考 1980年代の後半以降，大企業の戦略計画システムは，経営学者やコンサルタントの批評にさらされてきた。戦略的計画システムのうち，と

くに以下の２つの特徴が嘲笑の対象であった。

- **戦略を策定しない戦略計画システム**　ヘンリー・ミンツバーグが戦略『合理的デザイン』派を攻撃して以来（第１章参照），戦略計画システムは戦略作成には効果的でないという烙印をおされた。とくに，形式化された戦略計画は柔軟性，創造性および企業家精神の敵とみなされた。マラコン社のコンサルタント，マンキンズとスティールは『戦略計画は大半の企業でその戦略に影響を与えない』という観察をしている。厳密すぎる形式的計画サイクルは結局のところ，『経営幹部が…厳密な分析や建設的な討議のない，計画プロセスからはずれた典型的にその場しのぎなやり方で…会社全体の戦略を実際に形づくる意思決定を行う』結果を生む[注25]。両コンサルタントが推奨するやり方は，マイクロソフト，ボーイングおよびテキストロンのような企業で採用されているとかれらがみなしている技法，つまり，『継続的な意思決定志向の計画』である。そこでは，最高経営責任チーム自らが自社の直面する主要課題を分析する責任を負ったうえで，戦略的な意思決定が行われる。

- **戦略実行の弱み**　戦略計画システムにたいし広くなされている批判は，戦略が策定されたにしても，その実施，実行の重要性は十分には強調されていないということであった。問題の１つは『戦略の実行には長い時間がかかり，おおくの人を巻き込み，いくつもの活動をまとめあげることが求められ，さらには長期にわたる実行期間中，実行プロセスに焦点をあてる，有効なフィードバックまたは制御システムが必要とされる』ことである[注26]。戦略計画とオペレーション経営管理とにもっと緊密につながり（リンケージ）をつけるため，ラリー・ボシディとラム・チャランは『戦略計画に現実性をもたらす』**里程標**（milestone）―つまり，特定の期日に達成されるべき特定の行動または中間の業績目標―を用いることを推奨する[注27]。第２章で述べたように，**バランススコアカード**は組織のさまざまな部分での特定の機能面，運用面の目標に，高いレベルの戦略計画を落とし込むための別の技法である。バランススコアカード技法をもとに，キャプランとノートンは**戦略マップ**により戦略的アクションと全体的な目標との関係が図示できると主張する[注28]。戦略計画と戦略実行との緊密なつながりを確保するためには，経営戦略企画部門がもっと広い範囲の役割を果たす必要がある。キャプランとノートンが勧めるのは，戦略企画の組織を**戦略管理部**に転換し，年次戦略計画サイクルの管理責任を負うだけでなく，戦

略計画の実行の監督もさせることである[注29]。

業績の管理と財務の統制

　ほとんどの多角化企業は、二重の計画プロセスを使っている—つまり、戦略計画は中期、長期に焦点を置き、財務の計画・統制はせいぜい2年程度先までの短期的な業績に焦点をあてる。典型的には、戦略計画の第1年目は、市場占有率、生産増加、新製品開発と雇用レベルなどの戦略目標であり、それは、しばしば個々に、特定の戦略的里程標（マイルストーン）として業務予算、設備投資などの観点を含む次年度の業績計画となる。年間事業計画は、個々の事業の経営幹部と本部の経営陣とのあいだで合意され、月別または四半期ごとに監視される。そして、決算年度末には、事業部と本部の会議で広範に評価される。

　業績目標は財務面（投下資本収益率、粗利益、売上高の成長）、戦略面（市場占有率、新製品導入頻度、市場浸透率、品質）またはオペレーション面（産出高、生産性）に重点を置く。業績目標は、おもに翌年1年単位について詳細に、それ以降の年度については、もっと大ざっぱなものを対象とする。予算との乖離をすばやく見つけるため、月ごとまたは四半期ごとに予算達成状況が監視される。

　業績目標は経営インセンティブ（Management incentives）と罰則により支えられる。経営システムが収益目標達成におおきく重点を置く企業では、通常、個々の経営幹部にたいしおおきな動機を与えるため、多額の奨励金を業績に関連させている。米ITT（国際電信電話）では、ハロルド・ジェニーンによる非常に詳細な業績モニタリング、事業部門幹部への過酷なまでの尋問、成功にたいする大盤振る舞いの報酬によって、非常に競争的な上級経営幹部を育成した。これらの上級経営幹部は絶え間なく、長時間働き、ジェニーンがかれらに要求したように、部下に同様の高い水準の実績を要求した[注30]。業績第一主義文化を確立するには、短期間に監視できる、少数の定量的業績目標への集中を妥協せずに行うことが要求される。ペプシコにおける月次の市場占有率への執着は、強烈なマーケティング志向の文化を生んだ。最高経営責任者のインドラ・ヌーイがいうように、『われわれはきわめて目標志向の会社だ。目標設定のために初めおおくの時間を使い、従業員はその目標の挑戦を克服する。よしんば目標に達しなかったとしても、かれらをむち打つ必要はない。なぜならばかれら自身、自分にむち打つからだ。』[注31]　ペプシコの別の経営幹部はもっと直截的にこれを表現していう。『わが社は尻からも活気があふれ出る人間で

第14章 全社戦略の実践―多角化事業（マルチビジネス）企業経営

一杯だ』と(注32)。

　石油のように部門間の相互依存性が高く，投資回収の期間が長期にわたる事業においてすらも短期または中期志向の業績目標は効率と収益性を追い求めるうえで非常に有効である。英国に本社を置く石油会社 BP の業績管理システムは戦略コラム14.1で説明する。BP の業績志向の文化は，しかし一方で，テキサス市石油精製工場（2005年）やディープウォーターホライゾン石油掘削施設（2010年）での爆発事故を含む BP 社での，いくつかの悲劇的な事故を引き起こした要因の1つともみなされている。

戦略コラム 14.1　BP での業績管理

　ジョン・ブラウン（1995-2007年の最高経営責任者）の指導の下，BP は石油メジャーのなかではもっとも権限分散化された，起業家精神の豊かで，そして業績志向の企業となった。ブラウンの経営哲学は3つの原則を強調した。

- BP は，個別の事業単位（たとえば石油精製）の責任者にたいし，事業運営における幅広い権限と，業績展開の直接の責任を認め，分散的な方法で運営される。
- 本社組織はさまざまな機能，ネットワーク，および企業内の別グループとの互助を通じて事業単位にたいし支持や助けを与える。
- BP は動機向上のため個々人との業績契約に基礎を置く。

　最高経営責任者は5年計画と会計年度予算を取締役会に提出して，その承認を得る義務があった。全社の計画での目標，定量的目標，そして里程の目安（Milestones）は下部の単位，職能，そして地域に個別に落とされていた。これらの目標や定量的目標は個々人の業績契約に反映された。業績契約は，その年度，従業員が達成することが期待される，主要な業績目標や目安となる里程を記述した。従業員による，目標や目安となる里程とくらべての業績進捗はその年のボーナスを決める主要な基準であった。業績契約は，年度計画を個々の経営幹部に責任委譲するための主要な手段となっていた。業績契約によって，高いが，達成が不可能なほどは高くはない，財務，オペレーション，戦略面および HSSE（健康，安全，保障，および環境）での成果，業績目標が設定された。

〔出所〕 *The Report of the BP US Refineries Independent Safety Review Panel*, January 2007, with permission from BP International から翻案。

戦略計画 (Strategic Planning) と財務統制 (Financial Control)―全社経営の2つの方法

　前述の2節で概要を述べた，多角化企業における個々の事業の経営管理手法―戦略計画と，業績管理および財務統制―は，企業統制の仕組みの代表的な選択肢である。戦略計画とは，事業単位によりなされた戦略的意思決定にたいして企業本部が用いる管理のプロセスである。一方，業績管理とは事業単位で業績目標を設定させ，そのうえでその達成を奨励するための報奨および罰則を設けることである。

　上述の2つの考え方の違いは**インプット制御**か**アウトプット制御**であるかである。企業は戦略へのインプット（意思決定）管理か，アウトプット（業績）管理を行うことができる。大多数の企業ではインプットとアウトプットの制御を組み合わせて使っているが，両者の間には二律背反の関係が存在する―つまり，どちらかにより傾くときには，残りの他方への傾きは少なくなる。もし企業本部が事業部門での意思決定に細かく介入するときには，その結果出てくる事業部門の業績結果は受容する必要がある。企業本部が業績管理を厳しく行うときには，事業部単位の責任者たちには，業績目標達成の必要な意思決定ができるだけの裁量自由度は与えなければならない。

　インプット制御（意思決定の管理）と**アウトプット制御**（業績管理）とのあいだに二律背反の関係があることはつまり，企業は管理システムを設計する際，財務統制と戦略計画のどちらにどれほどの重きを置くかを，選択せねばならないということを意味する。マイケル・グールドとアンドリュー・キャンベルは，英国の多角化企業が全社経営システムにおいて戦略計画か財務統制のどちらかに重点を置くことを発見した[注33]。**戦略計画型企業**は事業の長期にわたる発展を強調し，個別の事業レベルの戦略立案に深く携わる本部機能を有する。**財務管理型企業**においては，個別の事業の幹部の責任事項である事業戦略作成への本部の関与は限定的である。一方で，本部による短期の予算統制が重視され，野心的な目標にたいする財務的な業績が厳密に監視される。表14.1は2つの戦略型のおもな特徴を要約する。

　最近の傾向として，財務管理型がますますおおくなってきているようである。それは，たとえば戦略計画型から短期や中期での財務目標志向に移行した石油業界のように，長期的な視野をもつ資本集約的な産業でも同様に生じている[注34]。しかしながら，2008-2009年の金融危機以降，株主価値最大化に焦点をあてる短期志向の考え方にたいする批判が高まった。その結果，中期から長期の戦略計画に重点が移行

■表14.1　いろいろな戦略経営スタイルの特徴

	戦略計画	財務統御
事業戦略策定	事業部と本部が共同で戦略を策定する。本部は事業間の戦略を調整する。	戦略は事業単位で策定。本部はおもに受け身的に反応。調整はほとんどしない。
業績管理	中期、長期の戦略目標が主。	予算は年間のROI目標やその他財務的な指標を設定。月ごと、四半期ごとのモニタリングを行う。
利点	(a)事業間のつながり（リンケージ）、(b)革新、(c)長期の競争的ポジションの管理に効果的。	事業単位での自治、裁量権は戦略性、対応力、事業リーダーの育成に役立つ。
不利な点	事業部の自由とイニシアチブの欠如。単一な戦略的観点に偏向。失敗した戦略への固執。	短期的な目標への集中による革新や長期的発展の軽視。事業間での資源や能力の共有の制限。
どんな会社に適合するか	少数の緊密に関連した事業をもつ企業。投資プロジェクトが大規模で長期にわたるような、技術けん引型の産業。	広い範囲の産業でおおくの事業をもち、事業間でのつながりがあまりない会社。成熟して、技術的に安定しており、投資プロジェクトの規模が小さく、短期の産業。

〔出所〕　M. Goold and A. Campbell, *Strategies and Styles* (Oxford: Blackwell, 1987) with permission of John Wiley & Sons, Ltd.

するかどうかは今の時点では何ともいえない。

多角化企業における変革の管理

　多角化企業の経営陣の役割は、時間の経過とともにかなりの変化をみた。1980年代の始めから20世紀最後頃までは、最大の関心事は成長であった。それは、戦略や財務の新しい手法によって企業は産業の境界や国境を超越することができるという信念に、部分的にではあれ影響されていた。1980年代のなかばから20世紀の終わりまでは、外部委託や事業領域の再定義によって多角化企業帝国を事業再編し、株主価値を高めることが支配的な課題であった。今世紀に入ってから、とくに2008-2009年の金融危機以降、おおきな課題は、外的環境の変化への対応と組織進化の加速であった。

株主価値最大化の事業モデルにたいする幻滅，経費削減による収益向上の低減傾向，および価値創造の新たな源泉獲得の必要性によって，多角化企業での全社戦略はおおきく変化した。巨大な多角化企業は，革新や新製品開発，また内部的には事業部間の，外部的には他企業とのつながり（Linkage）を活用する機会をますます探索するようになっている。本部組織（Corporate headquarters）にとっては，各事業の統制よりも各事業の内部および事業間の価値創造の手段の特定と実行のほうが，より重要な問題となっている。本部組織の役割の記述にあたって，**ペアレンティング（養育）**概念が使われるのは，企業の発展と価値創造の新しい源泉の探求がますます重要になっているからである。それがどのようにして起こったのかを知るために，3つの例を見てみよう—ジャック・ウェルチ指揮下のゼネラル・エレクトリック（GE），IBM，そしてサムスンである（戦略コラム14.2，14.3および14.4）。これらの例は企業の環境適応を刺激するための3つの考え方を代表している。

- **慣性（inertia）の克服**　第8章（『組織の適応と戦略変化の課題』）で述べたように，組織は変革にたいし抵抗する。多角化企業は，その組織の複雑さゆえに，とくに組織的慣性の虜となっている。そのことは，外部環境の変化や内部の業績の相違への対処策として，既存の事業間で資源を再配置するときに企業が直面する困難として現れる。多角化企業は，個々の事業に資本資源の割当てをする際，前年同様の額にしようとするだけでなく，個々の事業にたいし資本投資を均等に割り当てる傾向がある(注35)。それは，資源割当てでおおきな額を得た事業のほうが，そうでない事業よりも業績がよいという事実があるにもかかわらず起こっている(注36)。

- **適度な緊張感**（Adaptive tension）　GEにおいて，1981年から2001年まで最高経営責任者であったジャック・ウェルチは，意思決定を事業部責任者レベルまで落としながら，一方で経営幹部が自己満足にならないように組織内部での緊張感を高め，外部環境変化への対応や業績改善の絶えざる努力を促すような，全社レベルでの経営管理システムを作った。GEでの『圧力鍋』的な雰囲気は，漸進的な変革を刺激したが，一方，ウェルチは，定期的な全社をあげての案件（たとえば，かれの『壁をつくらない（boundarylessness）』，『シックスシグマ』，そして『ナンバーワン，ナンバーツー戦略』）を通じて組織全体の変革にも取り組んだ。

- **戦略的変革の組織化**　先に述べたように，企業の戦略計画システムが大規模

な戦略方針転換のきっかけとなることはほとんどない。戦略方針転換の原因となるものは，たいていは公式の戦略プロセスの外で生じる。IBMの事例が示すのは，戦略計画システムというものは外部的な変化を察知してその変化がもたらす事業機会に反応するものとして再設計され得る，つまり，別の言い方でいえば企業全体のレベルでの**自己変革能力**（ダイナミック・ケイパビリティ）をつくりあげるのだ，ということである。

● **新事業開発**　　事業ライフサイクルの周期が短くなればなるほど，多角化企業にたいする事業ポートフォリオ組み直しの圧力は高まる。成熟事業や斜陽事業を売却する際の障壁は，おもに，経営幹部の心理や組織における権力闘争である――つまり，企業がある事業から撤退すると決めると，たいていの場合，株式市場からは評価される（例：GEの家電事業の売却やHPのPCやプリンタ事業の分離）。新事業開拓はそれよりはおおきな挑戦である。社内で開発された新製品（例：3M）や新技術（例：グーグル，アマゾン），または新規の起業案件（例：ヴァージン・グループ）を新事業として成功させられる企業は非常に少ない。成熟した企業では，**新規事業育成組織**（Corporate incubator）を作り，スタートアップ企業を育成するといったことも行われている。ロイヤル・ダッチ・シェルのゲームチェンジャー戦略やナイキのナイキプラス・アクセラレーターなどが，その例である(注37)。

● **トップダウンの大規模な進化戦略**　　本書を通じて強調しているのは，組織構成員を一体化し，動機づけるための戦略的意図（Strategic intent），つまり，トップダウンの戦略的目標のもつ役割の重要性である。いくつかの企業では，戦略的意図を特定のプロジェクトやプログラムに結びつけ，企業の進化のためのとくに強力な手段としてきた。サムスン電子が世界で一番おおきな電子機器の企業になった背景には，財務，知的資本や努力などの大量の資源を投入する，並外れて野心的で，しかも少数のプロジェクトが存在した。

戦略コラム 14.2　ジャック・ウェルチによる企業経営の再発明

ゼネラル・エレクトリック（GE）社の会長兼最高経営責任者（CEO）としてのジャック・ウェルチの20年間は，徹底的なコスト削減と事業ポートフォリオの集中的なリストラクチャリングから始まり，その後，官僚的な組織運営を厳密な業績管

理に置き換える，同社の経営システムの再構築へと移った。ウェルチの行った改革は，以下のとおりである。

- **組織階層の解消**　GE の階層構造の層の数は，9 か 10，から 4 か 5 までに削減された。この結果，個々の経営幹部が直接報告を受けて管理する事業の範囲が広がり，かれらに意思決定の権限が委ねられることになった。
- **戦略計画システムの変更**　ウェルチは，管理部門の主導による書類重視型のやり方を，より個人的で形式にこだわらない，直接対話重視のやり方に置き換えた。データ満載の書類の代わりに，それぞれの事業単位の責任者は，主要な戦略課題と対応策を数ページにまとめた『プレー・ブック』を作成するように求められた。また，事業部門の責任者はウェルチを含む主要幹部とのあいだで，半日間の公開検討会議を行うようになった[注a]。
- **本部組織の役割の再定義**　ウェルチは，企業本部について『その役割を点検者，審問者，権威といったものから，世話役，助言者，そして支援者へと 180 度切り替える…われわれの仕事は，事業部門を助け，支援を行い，それらの事業を成長させ，より強くすること』を目的としていた[注b]。また，個々の事業はおたがいに支援しあうことも求められた。ウェルチの唱えた『バウンダリレス（壁をつくらない）企業』の考え方は，社内の組織や業務の区分を超えた『統合された多様性』を実現しようとしていた。つまりそれは，アイデア，成功事例，そして従業員が自由かつ容易に社内を行き来するものであった。『バウンダリレスな行動は，ひとつひとつがそれぞれの市場で 1 位または 2 位に位置する 12 の巨大なグローバル企業を統合し，新しい考え方を主力製品とし，それを企業全体に普及させるという共通の目標をもった大規模な実験室へと変えるのである』[注c]。
- **ワークアウト**　ウェルチは，経営幹部は上からも下からも圧力を受けるべきだと考えた。ワークアウト会議は，事業単位あるいは組織部門の責任者が，部下からの批判や提案への対応を求められる，社外での会合であった。

〔注 a〕　General Electric : *Jack Welch's Second Wave (A)*, Case No. 9-391-248 (Boston : Harvard Business School, 1991).
〔注 b〕　Jack Welch, "GE Growth Engine," speech to employees, 1988.
〔注 c〕　"Letter to Share Owners," General Electric Company 1993 Annual Report (Fairfield, CT, 1994) : 2.

第14章　全社戦略の実践―多角化事業（マルチビジネス）企業経営

戦略コラム 14.3　IBMにおける戦略計画の変革

IBMは企業発展の驚くべき一例である。同社はパンチカード計算機からメインフレーム・コンピュータ，パーソナルコンピュータ，ネットワーク情報技術，そしてクラウドコンピューティングへと成功裡に事業を転換させてきた。過去二十数年にわたり，ハードウェアからソフトウェアおよびサービスの企業へと変身もした。過去3代の最高経営責任者の下，IBMはその戦略策定と実行のプロセスに助けられ，発展の速度を上げてきた。

変革型CEOであったルイス・ガースナーとサム・パルミサーノの下，IBMは新しい事業機会や脅威を見定め，対応できるプロセスに基礎を置く戦略計画システムを再構築した。このIBM戦略的リーダーシップモデルは新しい事業機会を察知するシステムを含んでいる。

- 技術チームは毎月，新しい技術とその市場性を評価するため会議を開く。
- 上級経営幹部（General managers），戦略担当幹部および専門職幹部を含む戦略チームは毎月会議を開き，事業単位の戦略を検討，吟味して新しい計画案を推薦する。
- 統合および価値チームは，上級経営陣により選ばれた300人のリーダーから構成される。チームはIBM内の事業部門を横断する，『優勝プレー（Winning plays）』と呼ばれる会社全体での戦略遂行を担当する。
- 『掘り下げ（Deep dives）』は，特定の機会や案件について，そのつど編成されるチームにより実行される。その結果，新規事業への進出や，特定の技術または製品市場からの撤退を推薦する可能性もある。

上述のプロセスから出てくる戦略は3つの遂行手段によって実行される。

- **新規事業機会（EBOs-Emerging business opportunities）**は，案件にたいする伝統的な財務基準の厳密な適用から新規事業を保護するための事業開発プロセスである。EBOsはLinuxアプリケーションや自律型コンピュータ，ブレードサーバ，電子メディア，ネットワーク処理，そして生命科学の開発などのために組成された。
- **戦略的リーダーシップ・フォーラム**は3-5日間続くワークショップであり，

第IV部　全社戦略

> IBMのグローバル経営幹部および組織能力グループによって運行，運営されている。その目的は戦略的案件を行動計画に導いたり，特定の分野での低業績などの直近の課題への取り組みである。取り組みの発案は上級経営幹部により行われ，戦略チームにより監督される。
>
> ● **企業投資基金**は統合と価値チーム，もしくはEBOsが特定した新しい戦略的取り組みにたいして資金を提供する。
>
> 〔出所〕 J.B. Harreld, C.A. O'Reilly, and M.L. Tushman, "Dynamic Capabilities at IBM : Driving Strategy into Action," *California Management Review* 49 (Summer 2007) : 21-43.

戦略コラム 14.4　サムスン電子—企業成長を推進するトップ主導の戦略

　サムスンは韓国最大の**財閥**（Chaebol）—株式持ち合いによって相互関連し，創業家によって支配されている企業群—である。サムスングループは83社からなっており，創業家である李一族によって支配されている。最大の企業は，売上高で世界最大の電子機器メーカであるサムスン電子である。サムスングループの長は，創業者の李秉喆（イ・ビョンチョル）の息子であり，サムスン電子の社長，李在鎔（イ・ジェヨン）の父親，李健熙（イ・ゴンヒ）である。

　サムスン電子の成長は，野心的で明確，かつ長期志向であり，強いトップ主導の取り組み—そして巨額な設備投資—によって支えられた，全社レベルの戦略の結果である。1982年にサムスン電子はメモリデバイスで世界のリーダーになる決心をした。それは1992年にはDRAMチップで達成された。2004年，半導体投資においてフラッシュメモリに集中し，そこでもグローバルリーダーとなった。2000年から2009年までのあいだに，同社は携帯デジタル機器用のバッテリー製造業者として世界最大となった。それはフラットパネルTVでも同様であった。

　これらの成功は，技術開発への巨額投資(サムスンはIBMを除くいかなる企業よりも米国特許取得数がおおい)，製造(半導体製造のためサムスンは世界最大の製造工場団地を建設した)，設計（世界5カ所に設計センターを設けた），そしてサムスンブランドによるものである。こういった資源展開の効率，効果の高さは，高度の組織調整（Coordination）や献身的な努力を支える文化や労働慣行に依拠する。サムスンの文化は，サムスン最初の集積回路工場開始が予定通りに行われるように突貫工事で，わずか1日で4 kmの道路を舗装したことに見られるような，卓越した努

力の歴史に支えられている。

　こういった野心的な企業戦略の実行面での成功の中心にあるのは，全社レベルで有する経験知識を開発チームが利用することを可能にした知識管理の取り組みによって支えられている，新製品開発プロセスである。2009年4月，サムスン電子の電子メディア事業のビジュアルディスプレイ部門は高解像度 LED TV を開発したが，そのころ高解像度の3-D TV を1年以内に開発するように経営陣から指示を受けた。1週間経たないうちに，同プロジェクトを担当する2つのチームはサムスン電子のテストアンドエラー管理システム（TEMS）からサムスンがもつノウハウでプロジェクトに役に立つ情報を採ろうとしていた。そこには同社が行った製品開発プロジェクトがすべて詳細に記録されていた。

　現在の状況を見ても，サムスンのトップ主導の企業発展はその速度を失っていない。2010-2011年において CEO 李健熙は太陽光発電，LED 照明，電気自動車用のバッテリー，バイオ技術，そして医療機器における5つの新規事業を確立するための10年計画を発表した。2014年には同氏はさらに新しい戦略構想を公表した—サムスンはハードウェアからソフトウェア会社にシフトするであろう。

〔出所〕 "Samsung: The Next Big Bet," *Economist* (October 1, 2011); *Samsung Electronics*, HBS Case 9-705-508 (revised 2009); "Samsung Electronics' Knowledge Management System," *Korea Times* (October 6, 2010).

　変化する環境に適応するには時宜，潮時が重要だ。インテルの前最高経営責任者，アンドルー・グローヴは**戦略転換点**，すなわち企業の競争環境における天変地異的変化により戦略の抜本的再設計が必要となる瞬間を，最高経営責任者が認識することの重要性を強調した。グローヴはインテルにおける3つの戦略転換点を認識している。それは，DRAM チップからマイクロプロセッサへの中核事業の転換，RISC アーキテクチャよりも x86マイクロプロセッサを選択したこと，そして欠陥のあるペンティアムチップの交換といった出来事であった[注38]。

　最後に，大企業組織での変化を管理するには，従業員が未知の世界に飛び込んでいきやすいように，必要な保証と支援を与えなければならない。変化に効率的に適応した企業のいくつか—IBM，フィリップス，ゼネラル・エレクトリックおよび HSBC—は，伝統的に受け継がれてきたものや自社のアイデンティティを継続しながら同時に変化対応を行っている。アイデンティティにかんする共通の認識をつくりあげるのは，提供する製品によってそれが定義される企業（マクドナルドやデビ

アス）よりも，複数の事業を抱える企業のほうが難しい。アイデンティティの認識は，『戦略的関連性』や『支配的論理』の領域のさらに向こうに位置しており，理念（Vision），使命（Mission），価値観そして行動規範（Principles）を含むものである。たとえば，フランスに本拠を置く多国籍企業ダノンは，21世紀の乳製品やベビー食品の会社として登場する前に，何回もの変身を経てきた。しかし，ガラス，ビールおよびビスケット事業をやめる過程で，父親―息子からなる最高経営陣の存在，従業員厚生と企業の社会責任にかんする行動規範は，同社の変容に際して安定をもたらした(注39)。

多角化企業の統治

これまでの多角化企業にかんする議論では，本部組織がいかに価値創造するかに焦点をあててきた。まだ明らかにしていないのは，だれのための価値創造であるかということである。この問いが導くのは**企業統治**―つまり，企業の経営と統制のシステム―についての議論である。または，もっと正式にいえば，

> 組織がそれによって経営，統制される手順やプロセスのこと。企業統治の構造は組織のさまざまな構成員の間，たとえば役員会，経営幹部，株主やその他の利害関係者の権限と責任の配分を規定し，また意思決定の規則や手順を定める(注40)。

企業統治が重要なのは，大企業における所有と経営との分離に起因する，**エージェンシー（代理人）問題**の発生に理由がある。つまり，経営幹部（エージェント）が所有者の利益よりも自分の利益拡張のために行動する傾向が存在するからである（第6章における『協働での問題』での説明参照）。企業統治は，所有者が直接経営していない企業での問題であるとはいえ，とくに多角化した大企業では深刻な問題である。実際，多角化企業でのエージェンシー問題は，所有と経営との分離だけでなく，全社レベルでの経営と事業レベルの経営の分離があることでより複雑となっている。

多角化した大企業における企業統治問題での3つの鍵となる点を検討してみよう―つまり，株主の権利，取締役会の責任および企業経営陣の役割である。

株主の権利

　所有者の利益よりも，企業経営が経営上層部（Senior management）の利益，すなわちかれらの個人的な富，権力，影響力および社会的地位の向上をめざしがちであることは，所有権が数千の株主のあいだに分散されているような公開企業にとって重大な問題である。したがって，大半の国では，取締役会の構成員の任命や罷免の権利を付与したり，利益配分を受けたり，（財務諸表の監査報告書を含む）企業にかんする情報を受け取ったり，さらには保有株式を売却したりする権利を保護する法律を通じて，株主の利益を守っている。

　しかしながら，こういった保護策があったにしても，株主が自分たちの統治権を行使しようとする誘因は弱いものである。もし各株主の持株分がその企業の全株式のごく一部分にしかすぎないとか，もしその企業での持株分が当該株主にとって資産のごく一部にしかすぎない場合，物言う株主としての役割を果たすコストにたいする見返りは少ない。不満をもつ株主がよくやるのは，経営陣に抗議するよりは保有株式を売ってしまうことである。大多数の株主は短期志向であることも株主アクティビズムの普及を妨げる要因である。過去40年間で，米国の株式の平均保有期間は7年間から7カ月にまで減少した[注41]。世論を騒がした，クラフトによる英キャドバリーの買収が行われた当時，キャドバリーの株式の30%は，複数のヘッジファンドの所有となっていた[注42]。

　株主の権限制限の典型的な方法は議決権の異なる株式の発行である。これにより企業の創業者およびその家族は，たとえ持株比率が小さくても有効な支配権が与えられる。ニューズ・インターナショナルにおいてルパート・マードックとその家族は12%の株式しかもっていなかったが，40%の議決権を有していた。フェイスブックの株式公開後，マーク・ザッカーバーグは株式の18%を所有していたが，議決権にかんしては57%をもっていた。株式に異なる議決権を付与する目的は，おもに敵対的買収を防ぐためである。経営陣や創業者が買収提案に反対する理由の1つは自分たちの職を失わないためである。そんな理由によって『毒薬条項（Poison pill）』を使っての防御がなされる。たとえば，ヤフーが2008年マイクロソフトによる株式公開買付けに対処するのにとった手段は，まず，敵対的買取りが図られたときには，既存の株主にたいし新株予約権無償割当（Rights issue）がなされ，つぎに，合併後効力を発効する，従業員にたいする気前のよい雇用解除パッケージを与えるという定款の条項の追加であった。

取締役会の責任

OECD の企業統治原則によれば，取締役会の責任は『企業の戦略的な方向性，取締役会による経営陣の有効な監視，そして企業および株主にたいする取締役会の説明責任を確保する』ことである[注43]。そのため，次のようなことが求められる。

- 取締役会の構成員は，企業およびその株主の利益のため，適正にかつ注意深く，誠実に行動する。
- 取締役会の構成員は，企業全体の戦略や重要な行動計画，リスク政策，年次の予算，そして事業計画を吟味しかつ指導し，業績目標を設定しかつ監視し，主要な設備投資計画を監督し，主要な経営幹部を選び，監督し，またその報酬を決め，企業の会計および財務システムの完全性を確保し，さらには，情報開示と広報のプロセスを監督する。

しかしながら取締役会が監督および戦略的指導を行うにあたって，その効率性を削ぐような障害が存在する。

- 経営幹部による取締役会の支配。おおくの企業（そこには米国，英国の企業も含まれる）において，最高経営陣は同時に取締役会の構成員でもある。そのため経営にたいする独立的な監視を行うにあたって取締役会の役割が制限される。このような役割の重複は取締役会の議長と最高経営責任者とが同じ人物であるときに起こる―欧州ではそれほど頻繁ではないが，米国においてフォーチュン500社の大半がそうである。業績，実例を見る限りではそういった役割の分担を別々の人間が行ったほうがよい。しかし，一般的にいえば，そういった構造的な調整よりもだれが役割を遂行しているか，人物により決まるところがおおい[注44]。
- 取締役会は法令遵守（Compliance）に注意を向ける傾向がある。その結果，企業戦略を指導するという役割は減少した。

マッキンゼー社のグローバルマネジングディレクターである Dominic Barton（ドミニク・バートン）が主張するのは，取締役会が長期的な価値創造の効率的な執行者になるには，自分たちの役割遂行にもっと時間をかけること，もっと各産業での経験を深めること，そして自分たちの任務を支える少人数の作業スタッフを抱える必要があるということである[注45]。

第14章 全社戦略の実践―多角化事業（マルチビジネス）企業経営

■表14.2　2013年における最高報酬の最高経営責任者

順位	CEO	企業	直接報酬高($m)	S&P500（2010-2013年）のリターンを上回る株主利益
1	ラリー・エリソン	オラクル	76.9	－12％
2	レスリー・ムーンブス	CBS	65.4	＋351％
3	マイケル・フライズ	リバティ・グローバル	45.5	＋147％
4	リチャード・アドカーソン	フリーポート・マクモラン	38.9	－66％
5	フィリップ・ダウマン	バイアコム	36.8	＋101％
6	ロバート・アイガー	ウォルト・ディズニー	33.4	＋53％
7	ジェフ・ブックス	タイム・ワーナー	32.6	＋51％
8	マーク・ベルトリーニ	エトナ	31.4	＋36％
9	ファブリツィオ・フレーダ	エスティローダー	30.9	＋46％
10	ジェフ・イメルト	ゼネラル・エレクトリック	28.2	－2％

〔出所〕　Hay Group, Financial Times.

　取締役会の監視監督役割にかんして厳しい批判が起こっているのは，経営陣への報酬についてである。1978年から2013年までのあいだに，米国の最高経営責任者の報酬はインフレ率を考慮してもなお937％の上昇を見た。これは同時期における平均的な労働者の賃金上昇率10.2％からおおきく乖離する(注46)。皮肉なことに，こういった最高経営責任者への巨額な支払いは，とくにストックオプション付与および業績連動のボーナス支払いを通しての，経営目標と株主利益との一致を図った結果であった。表14.2にあるように，最高の報酬を得た最高経営責任者というのは，かならずしも，株主へ卓越した見返りを提供した経営者ではなかった。経営陣への報酬と株主価値との関連があまりないのは，得てして，ボーナスと短期的な業績とを連動させ，株式市場全体での動きを見て調整したりしないこと，そして株主価値創造への成果報酬と株主価値破壊にたいする処罰とが非対称的であることの結果である(注47)。

多角化組織の統治上の課題

　多角化企業における意思決定の責任は，典型的には事業部制を通じて，企業本部

と各事業本部との間で分担されている。第6章(戦略コラム6.1)で見たように,事業部制構造は近代的企業の出現のためにおおきな役割を果たした。このような組織構造は,企業統治にかんしてどんな意味をもっているのだろうか？

　組織経済学者のオリーヴァー・ウィリアムソンは,事業部制(または『Mフォーム』)が広く採用されたのは,中央集権的な意思決定と事業部レベルでの調整とをうまく組み合わせられたこと,そして,おおきな株式公開会社での企業統治問題の解決を容易にしたことの利点のおかげであると見る[注48]。事業部制は2つのやり方で企業統治を容易にする。

- **資源の配分**　組織内での資源配分は政治的なプロセスであり,そこにおいては権限,地位,そして影響力のほうが純粋な商業的な考慮にたいし優先されるかもしれない[注49]。事業部制の企業において内部資本市場が作られ,資金の配分が過去や予想される事業部の収益率に則ったものであったり,案件が標準的な評価査定プロセスにより査定されたりする可能性があればあるほど,政治的なあつかいによる決定は避けることができる。

- **エージェンシー問題**　経営幹部を制御したり,換えたりする力は株主にとってあまりないし,また取締役会は経営陣を管理制御するには弱すぎるので,多角化事業部制の企業本部は株主と事業部の経営幹部との橋渡し役となり,収益目標の達成を監視すべきである。事業部は利益センターとして定められているので,その財務的な業績成果は企業本部により監視され得るし,事業部の幹部は低業績にたいする責任を有することになる。したがって,多角化企業は,特定の事業領域に特化する企業よりも,収益最大化の点において効率的である可能性がある。

　実証的証拠はウィリアムソンの『Mフォーム』理論の正しさをほとんど証明していない。いくつかの事業部制企業—ゼネラル・エレクトリック,エクソンモービル,ウェスファーマーズ—において企業本部の経営陣は,株主の長期的な価値を非常に有効に確保している。しかし別の多角化企業—エンロン,ワールドコム,ロイヤルバンク・オブ・スコットランドおよびKaupthing Bank of Iceland(カウプシング銀行)—では,企業本部が,最高経営責任者の野心の手段になりさがってしまい,株主価値の大規模な破壊が行われた悪しき例となっている。

　事業部制企業は,本来ならば,事業部単位でもっているはずの,柔軟性と対応能力(Responsiveness)を欠いている可能性もある。ヘンリー・ミンツバーグが指摘

するのは2つの硬直性である。まず，個別の事業責任者の企業本部への説明責任があるため，個別の事業内部での意思決定の集中化，つぎには事業部制企業におけるそれぞれの事業を横断しての標準的な管理システムと経営スタイルである(注50)。すでに述べたように，事業部制企業での資源，設備投資配分における硬直性は業績志向意識が欠如していることがおおいためである(注51)。

多角化企業が直面する企業統治の問題は，企業ごとの構造，所有形態によりおおきく異なる。戦略コラム14.5が示すように，多角化企業での，もう1つの形態―持株会社―は事業部制企業とはまた違った形での企業統治の問題を抱えている。

戦略コラム 14.5　持株会社での企業統治

持株会社は複数の子会社の支配的持ち分の株式を所有している。持株会社（Holding company）という用語は親会社やグループ全体のいずれかについて言及するときに使われる。持株会社は，日本（とりわけ三菱や三井などの伝統的な財閥），韓国（チェボル，たとえばLG，現代，SKなど），そして香港の貿易商社（Swire，ジャーディン・マセソン，ハチソン・ワンポア）でよく見られる。米国においては，持株会社が米国の銀行の資産の大半を所有している。

持株会社において，親会社は取締役を任命することで子会社を管理制御する。個々の子会社は通常，戦略やオペレーション上の独立をかなりの程度享受している。事業部制企業と異なり，持株会社は財務的に統合されていないし―つまり，財務管理は統一されていない，収益は個々の子会社に帰属する，予算作成機能は統一されていない―各子会社は財務的には独立している。親会社は資本と借入金を提供して，子会社から配当金を受ける。

持株会社が事業間の相乗効果を活用する可能性は，事業部制を採っている企業よりは限られているが，持株会社方式は，大規模な同族経営企業にとっておおきな利点を提供する。その魅力は，同族会社を所有する一族（Family dynasties）がその富を多数の産業に分散させる事業帝国の所有と支配を維持可能とすることである。同時に，権限を分散することで，親会社に強力な経営能力をもたなくともグループ経営ができることも挙げられる。

したがって，インド最大の企業集団で，売上600億米ドル，従業員42万4千人を抱えるタタ・グループは，グループの親会社であるタタ・サンズを通じてタタ家によっ

て支配されている。数百におよぶ子会社のなかには，タタ製鉄，タタ自動車（ジャガーとランドローバーの所有会社），タタ・ティー（Tetleyブランドの所有会社）そしてタタ・コンサルタンシー・サービシズなど，その産業での有力企業も含まれる。また，タタ系企業の27社が株式を上場している。

　株式公開会社における企業統治のおもな問題は，所有者である株主と経営幹部との利益不一致から生じるが，これとは対照的に，持株会社における統治の問題は，異なる株主の利益の不一致，とくに創業家とその他の大株主との間で起きる軋轢である。イタリアのアニェッリ家は，かれらの保有する投資会社エクソールをつうじて，個々の企業においては少数株主でしかないのに，フィアット・クライスラー，フェラーリ，CNHインダストリアル，およびユベントス・フットボール・クラブを含む企業帝国を支配している。株式持ち合いや一般株主とは異なる議決権を有する株式の所有により，タタ家も同様に，少数株主であるにもかかわらず企業集団を支配している。

〔出所〕　M. Granovetter, "Business Groups and Social Organization," in N.J. Smelser and R. Swedberg, *Handbook of Economic Sociology* (Princeton : Princeton University Press, 2005): 429-450； F. Amatori and A. Colli, "Corporate Governance : The Italian Story," Bocconi University, Milan (December 2000).

要　　約

　垂直統合，国際化，そして多角化は価値を創造する可能性を提供しているとはいえ，最終的には，その成功は全社戦略が効果的かどうかにかかっている。そしてそれはさらには，多数の事業単位を抱える企業の企業本部の役割に依存している。企業本部が価値を創造するための活動を4つの型に分類した。

- **事業ポートフォリオ管理**　どの事業，どの地理的な市場で活動し，異なった事業，市場のどこに資源を配分するかを決める。
- **事業間のつながり (Linkage) の管理**　資源の共有と能力の移転の機会の活用には，機能，サービスの本社からの集中的提供，成功事例の移転を含む多数の活動が含まれる。
- **個別の事業の管理**　個々の事業の業績を改善するために，個々の事業単位

での意思決定の質を高め，より能力の高い経営幹部を配置し，高い業績を推し進めるインセンティブを作り上げる。
- **変化と成長の管理**　多角化企業は単一事業の虜ではないといえ，その利点を活用するにはいさぎよく過去を捨てて新しい構想，計画を育成するプロセス，組織構造，および態度が要求される。

最後に，係争となりがちで，また複雑である企業統治という問題もある。企業統治上の目標よりも取締役会の合意のほうが選好されがちであることから，企業の長期的価値を最大化しつつ，多数のステークホルダーの利益も考慮するためのシステムを作り上げるのは容易ではない。利己的な経営幹部，短期志向の株主，人間固有の欲の深さ，愚かさ，そして官僚的な惰性を乗り越えるような企業システムの設計は，きわめて難しい挑戦である。

自習用の質問

1．消費財で世界でも有数な企業であるユニリーバは，成長率や収益の低さを解決するため事業ポートフォリオの再考をしている。グループ戦略計画室長から，ユニリーバの事業ポートフォリオを振り分けるため，ポートフォリオマトリックス手法の使い方について訊かれたとしよう。ユニリーバはポートフォリオ分析を行うべきか？　もしそうなら，どの手法—マッキンゼー，BCG，またはアッシュリッジ—を推薦するか？
2．自分の属する学校にあるいろいろなプログラムにたいしてBCGマトリックスを適用してみよ。(データがない場合，市場成長率，相対的な市場占有率について推察せよ。)　この分析は戦略や資源配分で役に立つ情報を提供するか？
3．『業績管理と財務統制』を分けることで企業本社が，事業単位にたいして強い業績管理システムを強制する2つの型の企業を見た。ペプシコとBPとでは，財務目標によって業績を管理するやり方は，どちらに向いていると考えるか？
4．アマゾンは収益性を改善するための圧迫を受けている（2014年において，売上高は890億米ドル，純益は2億41百万米ドルであった。）アマゾンは14の国でオンラインで小売業，オーディオ，ビデオストリーミング，携帯電子機

器の製造販売，ウェブホスティングやその他クラウドコンピューティングサービス，またその他おおくの事業活動を展開している高度に多角化した企業である。この章で見た，企業本部の4つの役割—全社事業ポートフォリオの管理，事業間のリンケージの管理，個々の事業の管理，そして変革と展開，発展の管理—のうちどれがアマゾンにとって一番おおきな価値創造の可能性をもっているか？

5．持株会社（たとえばタタ・グループ，サムスングループ，ヴァージン・グループ，そしてバークシャー・ハサウェイ）は，多角化事業部制企業（たとえば，ゼネラル・エレクトリック，フィリップス，そしてユニリーバ）に転換したほうが業績が上がると思うか？

注

1　A. Campbell, M. Goold, and M. Alexander. "Corporate Strategy : The Quest for Parenting Advantage," *Harvard Business Review* (April-May 1995) : 120-132.

2　GE/McKinsey matrix についての詳細な説明は，"Enduring Ideas : The GE-McKinsey Nine-box Matrix," *McKinsey Quarterly* (September 2008).

3　BCG matrix についての詳細な説明は，B. Henderson, *The Experience Curve Reviewed : IV : The Growth Share Matrix or Product Portfolio* (Boston : Boston Consulting Group, 1973).

4　さらにこのモデルでの予測の核となる部分は批判を受けた。Booz Allen Hamilton claims that "dog" businesses can offer good prospects : H. Quarls, T. Pernsteiner, and K. Rangan, "Love Your Dogs," *strategy＋business* (March 15, 2005).

5　A. Campbell, J. Whitehead, M. Alexander, and M. Goold, *Strategy for the Corporate-Level* (San Francisco : Jossey-Bass, 2014).

6　M. Goold, D. Pettifer, and D. Young, "Redesigning the Corporate Center," *European Management Review* 19 (2001) : 83-91.

7　"Fighting the flab," Schumpeter column, *Economist* (March 22, 2014).

8　Roland Berger Strategy Consultants, *Corporate Headquarters : Developing Value Adding Capabilities to Overcome the Parenting Advantage Paradox* (Munich, April 2013).

9　P&G's Global Business Services : Transforming the Way Business Is Done,

http://www.pg.com/en_US/downloads/company/PG_GBS_Factsheet.pdf, accessed July 20, 2015.
10　Deloitte Consulting LLP, *2013 Global Shared Services Survey Results : Executive Summary* (February 2013).
11　M.E. Porter, "From Competitive Advantage to Corporate Strategy," *Harvard Business Review* (May/June 1987) : 46.
12　"How Samsung Became a Global Champion," *Financial Times* (September 5, 2004).
13　Porter, の前掲書, "From Competitive Advantage to Corporate Strategy".
14　C.S. O'Dell and N. Essaides, *If Only We Knew What We Know : The Transfer of Internal Knowledge and Best Practice* (New York : Simon & Schuster, 1999).
15　A. Campbell, J. Whitehead, M. Alexander, and M. Goold, *Strategy for the Corporate-level* (San Francisco : Jossey-Bass, 2014).
16　D. Shah and V. Kumar, "The Dark Side of Cross-Selling," *Harvard Business Review* (December 2012).
17　J.W. Lorsch and S.A. Allen III, *Managing Diversity and Interdependence : An Organizational Study of Multi-divisional Firms* (Boston : Harvard Business School Press, 1973).
18　Campbell et al, *Strategy for the Corporate-level*.
19　Porter, "From Competitive Advantage to Corporate Strategy".
20　T. Copeland, T. Koller, and J. Murrin, *Valuation : Measuring and Managing the Value of Companies*, (New York : John Wiley & Sons, Inc., 1990).
21　R.S. Harris, T. Jenkinson, and S.N. Kaplan, "Private Equity Performance : What Do We Know?" *Journal of Finance* 69 (October 2014) : 1851-1882 ; S. Ghai, C. Kehoe, and G. Pinkus, "Private Equity : Changing Perceptions and New Realities," *McKinsey Quarterly* (April 2014).
22　S. Coll, *Private Empire : ExxonMobil and American Power* (New York : Penguin, 2012).
23　ウェスァーマーズにかんする情報について Peter Murmann 教授に感謝の意を表したい。
24　ある研究が発見したのは, 強い権限をもった CEO の存在は, 企業の業績レベルになんら顕著な効果をもたらしていない, しかし, 企業業績の変動のおおきさとつながっているということである。以下参照。R.B. Adams, H. Almeida, and D. Ferrera, "Powerful CEOs and their Impact on Corporate Performance," *Review of*

Financial Studies 18 (2005): 1403-1432.

25　M.C. Mankins and R. Steele, "Stop Making Plans; Start Making Decisions," *Harvard Business Review* (January 2006): 76-84.

26　L. Hrebiniak, *Making Strategy Work*, 2nd edn (London: Pearson, 2013).

27　L. Bossidy and R. Charan, *Execution : The Discipline of Getting Things Done* (New York: Crown Business, 2002): 197-201.

28　R.S. Kaplan and D.P. Norton, "Having Trouble with Your Strategy? Then Map It," *Harvard Business Review* (September/October 2000): 67-76.

29　R.S. Kaplan and D.P. Norton, "The Office of Strategy Management," *Harvard Business Review* (October 2005): 72-80.

30　ジェニーンの経営スタイルについては以下の書の第3章で議論されている。R.T. Pascale and A.G. Athos, *The Art of Japanese Management* (New York: Warner Books, 1982).

31　Tuck School of Business, CEO Speaker Series, September 23, 2002.

32　"Those Highflying PepsiCo Managers," *Fortune* (April 10, 1989): 79.

33　M. Goold and A. Campbell, *Strategies and Styles* (Oxford: Blackwell Publishing, 1987).

34　R.M. Grant, "Strategic Planning in a Turbulent Environment : Evidence from the Oil and Gas Majors," *Strategic Management Journal* 24 (2003): 491-518.

35　D. Bardolet, C.R. Fox, and D. Lovallo, "Corporate Capital Allocation: A Behavioral Perspective," *Strategic Management Journal* 32 (2011): 1465-1483.

36　S. Hall, D. Lovallo, and R. Musters, "How to Put Your Money Where Your Strategy Is," *McKinsey Quarterly* (March 2012).

37　シェルがもっているGameChangerは，組織内部と外部の開発者によって作られ，販売されている革新的技術の開発と商業化のためのプログラムである。同プログラムは，案件あたり50万米ドルの融資を年間20から40の案件にたいし行っている(www.shell.com/global/future-energy/innovation/innovate-with-shell/shell-gamechanger.html)。ナイキの起業加速プログラムでは，新規事業融資（Seed funding）を提供し，外部の投資家や起業家（http://www.wired.com/2012/12/nike-accelerator/）により提出されるデジタル事業案件への開発援助を行っている。

38　R.A. Burgelman and A. Grove, "Strategic Dissonance," *California Management Review* 38 (Winter 1996): 8-28.

39　R.M. Grant and A. Amodio, "Danone : Strategy Implementation in an International Food and Beverage Company," in R.M. Grant *Contemporary Strategy Analysis : Text and Cases*, 8th edn (Chichester: John Wiley & Sons Ltd, 2013).

第14章　全社戦略の実践―多角化事業（マルチビジネス）企業経営

40　OECD, *Glossary of Statistical Terms* (Paris: OECD, 2012).
41　D. Barton, "Capitalism for the Long Term," *Harvard Business Review* (March/April 2011): 84-92.
42　D. Cadbury, *Chocolate Wars* (New York: Public Affairs, 2010): 304.
43　*OECD Principles of Corporate Governance* (Paris: OECD, 2004).
44　"Should the Chairman be the CEO?" *Fortune* (October 21, 2014).
45　D. Barton, "Capitalism for the Long Term," *Harvard Business Review* (March/April 2011): 84-92.
46　L. Mishel and A. Davis, "CEO Pay Continues to Rise as Typical Workers Are Paid Less," (Washington, DC: Economic Policy Institute, June 12, 2014).
47　P. Bolton, J. Scheinkman, and W. Xiong, "Pay for Short-term Performance: Executive Compensation in Speculative Markets," NBER Working Paper 12107 (March 2006).
48　O.E. Williamson, *Markets and Hierarchies: Analysis and Antitrust Implications* (New York: Free Press, 1975); and O.E. Williamson, "The Modern Corporation: Origins, Evolution, Attributes," *Journal of Economic Literature* 19 (1981): 1537-1568.
49　J.L. Bower, *Managing the Resource Allocation Process* (Boston: Harvard Business School Press, 1986).
50　H. Mintzberg, *Structure in Fives: Designing Effective Organizations* (Englewood Cliffs, NJ: Prentice Hall, 1983): Chapter 11.
51　注35，36参照。

第15章
外部からの成長戦略—合併，企業買収，および戦略的提携

合併のことになると，思い込みのほうが経験より強力だ。
　　—Irwin Stelzer（アーウィン・ステルザー），米国のエコノミスト・コラムニスト

【概　要】
- 序論と目的
- 合併と企業買収（M&A）
  - —M&A 活動の類型
  - —M&A は成功するのか？
  - —M&A の動機
  - —M&A の管理—買収前の計画立案
  - —M&A の管理—買収後の統合（PMI）
- 戦略的提携
  - —提携の動機
  - —戦略的提携の管理
- 要約
- 自習用の質問
- 注

序論と目的

　合併と企業買収（Mergers and acquisitions）と，そして提携（alliances）は，全社戦略にとって重要な手法である。こういった手法は，企業が，その活動の規模や範囲を，しばしばきわめて短期間のうちに拡大するための主要な手段である。これまでに合併や買収によって，世界を主導する企業が数多く生まれてきた。

- アンハイザー・ブッシュ・インベブは，かつてベルギーに本社を置くインターブリュというビール会社だった。同社はラバット（カナダ），バス（英国），ベック（ドイツ），アンベブ（ブラジル），アンハイザー・ブッシュ（米国），モデロ（メキシコ）を含む一連の買収により，世界最大のビール会社となった。
- ケーブルテレビ会社のコムキャストは，メトロメディア(1992年)，QVC(1995年)，AT&Tブロードバンド(2002年)，アデルフィア・コミュニケーション＆MGM（2005年），そしてNBCユニバーサル（2011年の買収により，全米最大のメディア企業となった。2015年にはタイム・ワーナー・ケーブルとの合併を断念させられるほどだった。

合併や企業買収には，悲惨な結果を招く可能性もある。

- ロイヤル・バンク・オブ・スコットランドによる2007年のABNアムロの買収は，翌年，同行を銀行倒産寸前に追いやり，続いて英国政府による同行救済を引き起こすおもなきっかけとなった。
- 2006年のアルカテルとルーセントの合併は，売上高250億米ドル，時価総額360億米ドルの通信機器大手企業を生み出した。しかし，2015年までに同社は50億ドルの損失を計上し，売上高は44％，時価総額は73％も減少した。

　とくに国際的な拡大と資源，組織能力（とくに新技術）へのアクセスをともなう場合，提携も企業の発展のための重要な手段である。しかし一方で，それにはリスクもある。つまり，中国における娃哈哈（Wahaha）グループとの提携が悲惨な結末を迎えたダノンや，スズキとの提携に失敗したフォルクスワーゲン（VW）は，いずれもアジア戦略でつまづいた。

　もし，合併・買収・提携が企業の戦略目標に寄与するとしても，それ自体は，

戦略なのではなく戦略の道具，すなわち企業の戦略を実行する手段であることを認識しなければならない。したがって，前のいくつかの章において，組織能力の開発や技術戦略，国際展開，多角化にかんする買収や提携の役割について，すでに吟味してきた。本章では，これらの別々の議論をまとめ，外部からの成長をもたらす，これらの形式の経営管理についてわかっていることを考察する。

動機や背景状況，そして求められる成果が多岐にわたることからも，合併・買収・提携にかんする意思決定は，具体的な戦略目標や相手先企業の特徴，そして産業や国の環境などに注意を払いながら下される必要がある。合併・買収・提携がもつ価値創造の可能性とリスクとの分析にたいし体系化された取り組み方を開発し，前向きの結果を最大限に達成するためには，どのように管理できるかを検討する。

本章では，以下のことを学ぶ。

- 近年の M&A の傾向と類型について認識する。
- ほとんどの合併・買収が，とくに買収企業側にとって，失望すべき結果に終わっていることを理解する。
- 合併や買収を引き起こす要因を理解する。
- 合併または買収による価値創造の潜在可能性を評価する。
- 合併後の統合（Post-merger integration）での課題を見る。
- 戦略的提携のさまざまな理由と，提携参加企業にとって価値創造を可能にする環境を理解する。

合併と企業買収（M&A）

M&A 活動の類型

企業買収（または**乗っ取り**）とは，ある企業を別の企業が購入することである。これは，買収企業（**Acquirer**）が標的となる被買収企業（**Acquiree** または **Target company**）の普通株式の購入を申し出ることも含む。標的企業の**取締役会**によって支持される場合は『友好的』，標的企業の取締役会が反対する場合は『非友好的』，あるいは『敵対的』買収と呼ばれる。

合併とは，2つの企業が一緒になって1つの新会社となることである。これには，両社の株式を新会社の株式と交換するという合意が必要となる。合併は通常，（ダイムラーとクライスラー，エクソンとモービルのように）似たような規模の企業同士において行われるものの，通常はそのどちらかが主導権をもつ。合併や買収は，とくに高い時価総額をもつ企業の場合，（AOLとタイム・ワーナーのように）より小規模の企業によって主導されるかもしれない。合併は買収よりも頻度が高くないが，（主導権をもつ企業側にとっての）税務上の優遇があることと，買収によるプレミアム（上乗せコスト）の支払いを回避するために選好されることがおおい。国境を越えた組み合わせの場合，（アルカテルとルーセント，ダイムラー・ベンツとクライスラー，ミッタル・スチールとアルセロールのように）政治的な理由から買収よりも合併が好まれることもある。

『**合併**』という用語は，しばしば合併と買収の両方を意味することもある。ここでは，この慣例に従いたい。

合併は当初，19世紀後半に米国で盛んになった。競争を避けるため，複数の競合企業が価格や市場政策を決定する企業合同（トラスト）に自社の株式を割り当てた。ジョン・D・ロックフェラーのスタンダード・オイルは，こうしたトラストのもっとも成功した例である。1890年のシャーマン（反トラスト）法によって，トラストに替わり，持株会社が産業を統合する手法として用いられるようになった。1908年，

■図15.1　世界における M&A 取引高，1995-2014年

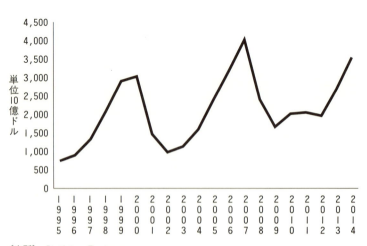

〔出所〕　Statista；Reuters.

第15章　外部からの成長戦略—合併，企業買収，および戦略的提携

■表15.1　21世紀の M&A ランキング・上位20件

年度	買収企業	被買収企業	買収価格 (10億ドル)
2000	Vodafone AirTouch PLC	Mannesmann	183
2000	AOL	Time Warner	165
2013	Verizon Communications	Verizon Wireless[a]	130
2000	Pfizer	Warner-Lambert	90
2000[b]	Exxon	Mobil	85
2007	Royal Bank of Scotland, Banco Santander, Fortis	ABN AMRO	79
2000	Glaxo Wellcome PLC	SmithKline Beecham PLC	76
2004	Royal Dutch Petroleum Co.	Transport & Trading Co	75
2009	Gaz de France	Suez	75
2006	AT&T Inc.	BellSouth Corporation	73
2001	Comcast Corporation	AT&T Broadband	72
2002	Bell Atlantic	GTE	71
2000	SBC Communications	Ameritech	70
2009	Pfizer	Wyeth	68
2014	Actavist	Allergan	66
2004	Sanofi-Synthélabo SA	Aventis SA	60
2002	Pfizer	Pharmacia Corporation	60
2007	Enel S.p.A.	Endesa SA	60
2004	JPMorgan Chase & Co	Banc One Corp.	59
2007	Procter & Gamble	Gillette	57
2015	HJ Heinz	Kraft Foods Group	54
2008	InBev	Anheuser-Busch	52
2008-11	Novartis	Alcon[c]	52
2008	Bank of America	Merrill Lynch	50
2014	AT&T	DirecTV	49
2014	Meditronic Inc.	Covidien PLC	48
2015	Anthem Inc.	CignaCorp.[d]	48
2012	Glencore	Xstrata	46

〔注〕
 a　45%が Vodafone の保有。
 b　1998年に公表；2000年に完遂。
 c　Novartis は2008年から2009年にかけて Nestle から Alcon の77%を買い取り，残り23%を2010年に取得。
 d　規制庁からの認可待ち。
〔出所〕　種々報道による。

533

ビュイック・モーターズを買収するというただ1つの目的によって，ゼネラルモーターズが設立され，1918年までに22の他の自動車会社を買収した(注1)。

20世紀なかば以降，合併・買収（M&A）は頻繁に行われるようになり，日本，韓国，中国においてさえ，企業の発展モデルとして一般に受け入れられるようになっている。M&Aの活動は通常，株式市場と連動する周期的なパターンに従っている（図15.1）。この周期は，企てられるM&Aの種類にも表れる。1960年代から70年代にかけて，ほとんどのM&Aは，とくにコングロマリット企業によるものは，多角化をめざしたものであった。1998年から2000年には，TMT（テクノロジー，メディア，通信）分野がM&Aのほぼ半分を占めていた。2000年から2008年にかけては，新興国市場，金融サービス，そして天然資源関連が顕著だった。近年のおおきな事案のいくつかを表15.1に示す。過去20年に行われたM&Aは，大企業による事業のスピンオフやプライベート・エクイティ・グループへの事業売却によって相殺されてきた。

M&Aは成功するのか？

M&Aの最大の魅力は，戦略的な変革を達成する速度である。アンハイザー・ブッシュ・インベブやコムキャストにおける成長の加速もそうだが，合併によって世界有数の自動車メーカとなったフィアットとクライスラー，ハードウェアからソフトウェアサービス企業に転換したヒューレット・パッカードなど，いずれも企業買収がそのきっかけとなった。

だが，こうした速度の利点は，ただで得られるものではない。M&Aによる業績への影響は，一般的には失望すべきものであることが研究により指摘されている。実証研究では，業績指標として，株主利益と会計上の利益，の2つに焦点をあてている。

株主利益からの根拠

合併の発表が買収企業や被買収企業の株価におよぼす影響にかんする研究のおもな所見はつぎのとおりである。

- M&Aの発表は，買収企業や被買収企業の評価額の合計に対して約2％程度とわずかな増加しかもたらさない(注2)。しかし，買収企業や被買収企業の評価額

の合計は時代とともに変化する。マッキンゼーによれば，2000年以降の買収企業と被買収企業の収益の合計は，2010年から2014年の間に，負の値から約12％へと上昇した(注3)。

- 買収による利益は，ほぼ独占的に被買収企業の株主に帰属する。買収の際には対象企業の時価総額を上回る入札価格を提示しなければならないため，米国企業の買収プレミアムは，2002年から2013年にかけて平均22％となった。その結果，買収企業の株主への全体的な収益率は，2000年から2014年の間に平均してマイナス4％となった(注4)。

しかし，これらの調査結果は，合併発表にたいする短期的な株式市場の反応だけを見ており，実際の結果ではなく投資家の期待感を反映しているため，結果が実際に出てくるまでにどうしても数年かかる。

会計上の利益からの根拠

M&Aの実際の成果を追跡するには，合併後の業績を数年間観察し，合併前の業績と比較する必要がある。ここで問題となるのは，合併の影響と，企業の業績に影響を与えるほかのおおくの要因とを区別しなければならないことである。したがって，財務データを用いて合併前と合併後の収益性を比較するおおくの研究が，ほとんど何の一貫した結論も見いだせていない（「これらの会計ベースの研究から得られた結論はばらばらである」(注5)）ことも，さほど驚くにはあたらない。

M&Aの多様性

M&Aの成果にかんする研究結果にほとんど何の一貫性もないことは，M&Aというものの多様さを考えれば驚くにはあたらない。それぞれの事例は，異なる状況下で異なる目標によって突き動かされ，関係する企業間での非常に複雑な相互作用に影響され，異なる力量の経営層によって指揮されているからである。もしそれらをいくつかの異なる範疇に分類したとしても，依然として業績との関係は不透明なままである。たとえば，ある者は多角化のための合併よりも（市場占有率を拡大し，規模の経済が得られる）水平統合のほうがより成功すると予想するかもしれない。あるいは，多角化においても，まったく関連のない事業領域での買収よりも，関連する領域での買収のほうが優れた結果を出すと予想するかもしれない。しかし，これらのいかにもそうでありそうな予測ですら，実証にもとづく強固な証明が得られ

■表15.2　有名な企業買収での成功と失敗の例

成功	失敗
Exxon—Mobil	Daimler—Chrysler
Procter & Gamble—Gillette	AOL—Time Warner
Verizon Communications	Royal Bank of Scotland—ABN AMRO
Walt Disney Co.—Pixar	Hewlett Packard—Autonomy
Tata Motor—Jaguar Land Rover	Bank of America—Countrywide
Sirius—XM Radio	Alcatel—Lucent
Cemex—RMC	Sprint—Nextel
Bank of America—Merrill Lynch	Sears—K Mart

〔出所〕 *Forbes*, *Fortune*, CNBC, および Bloomberg による "best" と "worst" 買収にもとづく。

ないのである。

　個々のM&A事案においても，その成果を予測することはほとんど不可能である。金融の専門誌が成否を予想した過去数十年のおもなM&Aを表15.2に示した。株式市場，または専門家コメントのいずれかによる予測が当たったものは，ほとんどない。ダイムラーとクライスラーや，AOLとタイム・ワーナーの合併は悲惨な結果に終わったが，いずれも当初は非常にもてはやされていた。逆に，エクソンとモービル，タタとジャガー・ランドローバーなどの組み合わせについては，当時は悲観論が広がっていた。

　合併の生む成果についてはっきりとしたことがいえない以上，企業の組み合わせはそれぞれ独自なものであり，個々の事例はべつべつに考察されるべきだと考える必要がある。このことは，M&Aの意思決定には，細心の戦略的評価がなされる必要があることを意味する。それではまず，M&Aを動機づけるさまざまな目標について吟味，考察するところから始めよう。

M&Aの動機

経営陣の動機

　株主が，買収と合併を極端に疑ってかからなければならない，おもな理由は，経営陣，なかんずくCEO（最高経営責任者）にとって，買収とは非常に魅力的なものであるからだ。財務と心理の両面において，経営陣は収益性よりも企業規模のほうに目を奪われる傾向が強い。確かに，買収はもっとも早く成長する手段である。し

かし，もっと危険なのは，名声を追求したがる CEO だ。繰り返すが，巨額の企業買収は CEO が権力と影響力をもつ存在としてメディアに取り上げられるための，もっとも確実な方法なのだ。

　企業買収への挑戦は，もしかするともっと原始的な生物的本能の表れかもしれない。人類学者のジョン・マーシャル・タウンゼントは，男性の組織リーダーが帝国を建設したがる性癖は，雌とその子供の群れを支配しようとする雄牛や牡鹿の性的衝動と同等のものとみなしている(注6)。

　遺伝的および内分泌的な素因によって生じる企業買収への衝動は，心理的な要素によって強化される場合もある。鉄道王 E.H. Harriman（エドワード・ヘンリー・ハリマン）やヴィヴェンディ・ユニバーサルを築いた Jean-Marie Messier（ジャン・マリエ・メシエ），ロイヤルバンク・オブ・スコットランドの Fred Goodwin（フレッド・グッドウィン），そしてワールドコムの Bernie Ebbers（バーニー・エッバーズ）など，複数の企業買収を通じて事業における**帝国**を築いた『巨人たち』は，ある意味では，誇大妄想の犠牲者と思われる。その自信過剰が，現実と知覚の間のギャップを絶えず広げ続け，経営判断の歪みにつながったのだ(注7)。

　株式市場も，こうした経営者の行動と結託する場合がある。経営学者のマイケル・ジェンセンは，株価が過大評価されている企業の CEO は，株価を正当化するために株式金融（Equity finance）による企業買収を行うと示唆する(注8)。AOL によるタイム・ワーナーの合併は，いくぶんかは，同社の株式市場での評価が膨張気味であったことが原因であった。

　無分別な M&A を引き起こすもう1つの要因は，企業間での真似の仕合いである。これまで，M&A 活動は非常に周期的に，特定の業種で特定の期間に集中して起きることを見てきた。1998年-2002年の石油業界の合併，1998年-2005年と2013年-2015年の通信業界の合併ブーム，そして過去20年間のビール，製薬，鉄鋼業界における合従連衡といったものがその例である(注9)。このような特定の業種への集中の背景には，企業には主導企業を追随する傾向があるからだ。もし合併の波に抗えば，やがて魅力のないパートナーしか残っていないダンスフロアに置き去りにされる危険がある。

　さしあたって経営陣の個人的利害を考慮の外において，M&A が株主価値の創造だけをめざしていると仮定しよう。するとわれわれは，**財務**と**戦略**という価値創造のもととなる2つの源泉を区別することができる。

財務的な動機による合併

単純に，株式市場の非効率性や租税特典の結果として，または，金融工学の操作によって，M&Aには株主価値の創出可能性が存在する。

- 株式市場は，とくにリスクと機会の認識といった心理的要因に影響され，企業の価値を過小または過大に評価する。過小評価されている企業を特定して買収するには，株式市場で入手可能な情報よりも優れた情報へのアクセス，または一般に入手可能な情報の優れた分析をすればできる。バークシャー・ハサウェイは，戦略的にはよいポジションにいて経営もよくなされているが，株式市場でその潜在力がまだ十分に知られていない企業を，ウォーレン・バフェットのリーダーシップの下，探し求めてきた。

- 企業買収により，企業は税負担を軽減できる。たとえば，業績の悪い企業は単に税額控除（Tax credit）を受けられるという理由のみで，買収の魅力的な標的となることがある。企業買収はまた，税率のより低い地域に会社を移転するからくりにもなる。米国企業によるこうした『本社入れ替え』（Tax inversion）のための企業買収は，2014年に注目を集めた。たとえば，バーガーキングはカナダに本社を移転するつもりで，同国のコーヒーチェーン，ティム・ホートンズを買収した[注10]。

- 被買収企業の資本構成を変更することにより，買収企業は資本費用を削減することで，価値を創造することがある。レバレッジド・バイアウト（LBO）は，おもに負債での資金調達による企業（もしくは企業の事業部）の買収である。この手法は，資本よりも負債のほうが（資本費用が）安いことを利用した価値創造だ。とくに，コールバーグ・クラビス・ロバーツなどのプライベート・エクイティ企業は，LBOの代表的存在である。

戦略的な動機による合併

M&Aによる価値創造の大部分は，潜んでいた利益を引き出して，増やせる可能性のおかげである。こうした価値創造の源泉をもとにして，M&Aをいくつかの範疇に分類することができる。

- 水平合併は，同じ市場で競合する企業同士を1つにすることによって，費用の経済性と市場支配力を増大し，収益性を高める。ユナイテッド航空とコンチネンタル航空，アメリカン航空とUSエアウェイズ，そしてデルタ航空，ノースウ

エスト航空を含む米国の航空業界の一連の合併は，過剰供給能力の削減，規模の経済性の利用，業界の価格競争緩和におおきな役割を果たした。Staples（ステイプルズ）によるオフィス・デポの（オフィス・デポが OfficeMax を買収してわずか2年後）買収提案も，事務用品小売業において同様の利点を狙ったものだ。

- **地理的拡大合併**は，企業が海外市場に参入する際の主要な手段である。HSBC は，1980年から2003年の間に，12カ国の17の異なる銀行を買収することで，香港の一地方銀行から世界有数の大手銀行の1つに変貌した。Luxottica（ルックスオティカ）も同様に，Lens Crafters（レンズクラフターズ），レイバン，Sunglass Hut（サングラスハット），オークレー，そして Grupo Tecnol（グルーポテクノル）などの一連の，国境を越えた買収を通じて，世界最大のメガネの供給企業となった。企業買収により，企業は海外市場ですばやく限界質量（Critical mass）を獲得し，とくにブランド認知の欠如，現地の知識の欠如，地元とのつながりの欠如，そして流通への参入障壁といった『よそ者の不利』（Liabilities of foreignness）を克服することができる。グローバル化の動きに拍車がかかったことから，国境を越えた合併の割合は1998年の23％から2007年には45％にまで増加した[注11]。

- **垂直合併**とは，納入業者か顧客かを対象として行う企業買収である。2013年に，世界第4位の鉱山会社 Xstrata（エクストラータ）が世界最大の商品取引会社 Glencore International（グレンコア・インターナショナル）を買収し，垂直統合された非鉄金属の商社となった。第11章（戦略コラム11.1を参照）で議論したように，コンテンツ製作者とその流通業者の合併は，近年のメディア業界における再編の主要テーマとなっている。

- **多角化のための合併**。第13章で見たように，企業買収は企業にとって多角化の有力な手段である。もう1つの方法，すなわち新規事業の開発による多角化は，大多数の企業にとっては時間がかかりすぎる。また，社内の『起業支援』が新規事業の開発に成功したとしても，それが企業の大規模な多角化の基盤となることは非常に少ない。これにたいして，企業買収を使えば，まったく異なる事業領域での存在を迅速に確立することができる。IBM は，2000年から2011年の間に115もの企業を買収することにより，ハードウェアからソフトウェアとサービスの企業へと移行することができた。また，内部投資の基礎となる，小規模な企業の買収を通じて多角化することも可能である。たとえば，マイクロソフ

トは2001年11月のXbox事業の開始に先だって、3Dグラフィックスのハードウェアやビデオゲームコントローラ、またビデオゲームを提供するいくつかの中小企業を買収していた。

これらのタイプのM&Aにおいては、最優先とされているのは買収対象企業の**『事業』**よりもむしろ、その**資源**と**能力**であるともいえる。第5章で、もっとも価値のある資源と能力は、譲渡もできず、簡単には複製もできないものであることを明らかにした。そうした資源や能力を得るためには、企業買収が必要なのかもしれない。英Reckitt Benckiser（レキットベンキーザー）は、スキンケアのClearasil（クレアラシル）、消毒剤のDettol（デトール）、避妊具のDurex（デュレックス）、食器用洗剤のFinish（フィニッシュ）、鎮痛消炎薬のNurofen（ヌロフェン）、フットケアのScholl（ショール）、洗濯洗剤のWoolite（ウーライト）、カラシのFrench（フレンチ）等々からなる、巨大なブランドポートフォリオを企業買収によって構築してきた。米国に本拠を置くFortune Brands（フォーチュンブランズ）も、これと同様の戦略を実行してきた。

技術集約的業界では、新興の技術分野の能力を獲得するため、常に、既存の大企業が小さな新興企業を買収している。グーグルは2010年から2014年のあいだにロボット、画像処理、セキュリティ、人工知能、顔認識、クラウドコンピューティングなどの分野で117の企業を買収した。マイクロソフトは毎年、投資先企業を取引するため、世界中のベンチャーキャピタリストを招待してVCサミットを開催している。2006年のウォルト・ディズニーによるピクサー買収は、技術やクリエイティビティの能力を手に入れるための伝統的大企業によるベンチャー企業買収の典型例だ。同社はJohn Lasseter（ジョン・ラセター）とスティーブ・ジョブズが設立したアニメーション映画のスタジオである。

買収は、新たな組織能力を社内で作り上げる際に生じる回りくどいプロセスを短縮する一方で、おおきなリスクもともなう。第1に、それは高くつく。買収プレミアム金（上乗せ価格）を払わなければならないことに加えて、買収企業が求めている以上の、余分な資源や能力が、対象とする能力についてくるためだ。もっとも重要なのは、買収を行った企業は、その後に被買収企業の能力と自社のそれとを統合する方法を見つけなければならないということだ。さもなければ、組織文化の衝突や役員陣同士の利害対立、または管理システムの食い違いによって、買収企業が欲していた能力そのものが低下したり損なわれたりといったことが起こる。

第15章　外部からの成長戦略―合併，企業買収，および戦略的提携

M&Aの管理―買収前の計画立案

　M&Aの決定を行うにあたって，関係する企業の戦略と，その戦略にたいしてM&Aがどのように貢献するかが明確に理解されていなければ，M&Aのもたらす結果が満足できるものにはならないだろう。そのためにも，M&Aによる望ましい結果とは何かについての，詳細で現実的な判断がなければならない。ある種のM&Aは，他のM&Aに比べて判断がやさしい。水平合併においては，企業同士の統合によるコスト削減の源泉を見つけることが可能になるだけでなく，その削減額まで定量化することもできる。他の相乗効果の源泉―とくに，収益向上や革新による利点―は，より捉えどころがない。一般に，買収企業は合併による利点を過大評価しがちだ。

　マッキンゼー・アンド・カンパニーによれば，合併の60％はコスト目標を達成したが，一方で4分の1はコスト削減幅を少なくとも25％過大評価していた。収益における相乗効果の予測はさらに不正確で，合併の70％は収益上の相乗効果を過大評価していた。一方で企業は，買収先企業の顧客流出といった合併による収益の負の相乗効果にたいしてはとくに注意を払おうとしないと，マッキンゼーは指摘する(注12)。商業銀行同士の合併の場合，重複する支店を閉鎖することによるコスト削減は，その結果生じる顧客流出によって，簡単に相殺されてしまう。金融サービス分野において，顧客がワンストップ・ショッピングを求めているため，合併すればクロスセリングの機会が得られるという多角化合併の論拠は，これまでほとんど実現してこなかった。買収企業には，自らの政治的宣伝の罠にはまるというリスクがある。買収による利益について株式市場を説得しようとして，見込める相乗効果への期待を誇張するあまり，かれら自身がそれを信じ込んでしまうのである。

　M&Aから得られる利益の見込みをきちんと査定するには，買収対象の企業の内部情報が必要になる。これは，友好的買収よりも敵対的買収においてより重大な問題となる。しかし，たとえ友好的買収であっても，情報の非対称性に直面しがちだ。すなわち，**レモン問題**―売り手が買い手よりもよく買収対象のことを知っていて，買い手が高値づかみさせられる―が起きる。英国のソフトウェア会社オートノミーをヒューレット・パッカードが2011年に110億ドルで買収したケースは，M&Aの取引がもたらす厄災の苦い教訓である(注13)。

M&Aの管理―買収後の統合（PMI）

買収後の統合（PMI）管理において問題が生じると，どんなに慎重に設計されたM&Aでも失敗に終わる可能性がある。ダイムラー・ベンツとクライスラーの合併は，買収前の計画段階では模範的だったが，結果は失望すべきものだった。クライスラー側の経営不振だけでなく，グループ経営陣にたいするクライスラーの要求も，ダイムラー・ベンツの中核事業にたいして悪影響を及ぼした[注14]。

M&Aがおおきな利益を見込む場合には，統合にともなって生じるコストやリスクもおおきいことがよくある。Capron（カプロン）とAnand（アナンド）によれば，国境を越えた買収は通常，もっとも強力な戦略の論理に叶っている[注15]。だが，ダイムラー・クライスラー，BMWとローバー，そしてアルカテルとルーセントの事例は，企業文化の違いが国ごとの文化の違いによって強調されるとき，買収後の統合の困難さははかり知れないものとなることを示唆している。

企業買収の管理は，まれにしか存在せず，また複雑な組織的能力に依拠していることが，ますます強く認識されるようになっている。この能力を身につけるには，系統立てられた経験にもとづいた学習が必要である。買収のもたらす業績は，最初からよいわけではなく，経験とともに改善していくものだ。経験からの学習が一定レベルに達すると，その後に続く買収は価値を付加する[注16]。もちろんそのためにも，買収から何を学んだのかは明確にしていく必要がある。たとえば，買収の際に踏むべき手順の明文化は，その後の買収を成功させるための手がかりになるだろう[注17]。

結局，M&Aが成功するためには，買収前の計画と買収後の統合を組み合わせる必要がある。失敗した合併の事例研究のほとんどは，その主要原因が買収後の経営のまずさにあったことを示している。一方で，そうした統合の問題はあらかじめ見通すことができた場合がほとんどであった。もしある企業買収を決定的な失敗に終わらせようと思うなら，統合後の管理における課題を十分に考えないことだ。クエーカー・オーツによるSnapple（スナップル）の買収（『10億ドルの大失敗』と呼ばれる）においては，マーケティング部門の幹部や両社の流通業者のあいだで，買収前から重大な問題があることが知られていた。つまり，スナップルの流通システムとクエーカーの『ゲータレード』の流通との統合にかんして障害があったのである[注18]。これとは対照的に，ウォルト・ディズニーによるピクサーの買収では，生じる問題の予測とそれに対処するための注意深く慎重な計画が検討された上で，

ピクサーとの統合が行われた（戦略コラム15.1）。

　クレイトン・クリステンセンらは，買収の目標はその戦略的な目的に合うように慎重に選ぶ必要があると主張する[19]。**既存の事業モデルを活用するための企業買収**と，**新たな事業モデルをつくり出そうとする企業買収**とは区別される。既存の事業モデルを活用する場合は，戦略目標を慎重に見きわめなければならない。競争相手を吸収してコスト削減するのか，地理的な市場範囲を広げるのか，あるいは新たな技術を獲得するのかといったことだ。ここで鍵となるのは，(a)その企業買収がここで問題となっている目標を達成するのかどうか，および(b)買収先企業の資源や業務プロセスが，買収する企業のものと互換性があるかどうかを決定することである。

　もくろんでいる企業買収がコスト削減の目標を達成するかどうかを評価するために，クリステンセンらはたとえば以下のような基本的な質問を提示する。

- 買収先企業の製品は，われわれの製品カタログに載せられるだろうか
- 反対に，買収先企業の顧客は，われわれの製品を購入するだろうか
- 買収先企業の製品は，われわれの既存のサプライチェーンや生産設備，そして流通に合っているだろうか
- 自社の従業員は，買収先企業の顧客にもたやすくサービスを提供することができるだろうか

　企業買収のもっとも重要な役割の1つは，それによって企業が新たな事業モデルをつくり出すことを可能にするということである。IBMとマイクロソフトが発見したように，企業買収は基本的な戦略転換のための礎となる。しかし，ヒューレット・パッカードによるEDSとオートノミーの買収を見てもわかるように，このタイプの企業買収はリスクもおおきい。買収後の統合において，これらの企業買収には，それ特有のやり方での検討が求められる。既存の事業モデルを活用する買収は，利益を得るために買収企業の事業に統合されなければならないが，『もし事業モデルを目的としてその会社を買ったのなら，そのモデルをそのまま変えずに維持することが重要になる。もっとも一般的には，買収した事業を既存事業とは別に運営することになる』[20]。

> **戦略コラム 15.1** ウォルト・ディズニーとピクサー

　業界の事情通のあいだでは，2006年のディズニーによる，74億米ドルにのぼる，競合アニメーション会社ピクサー買収について悲観的な見方がおおかった。映画スタジオの買収の大半は，多大な難問に直面した。つまり，ゼネラル・エレクトリック系NBCによるユニバーサルスタジオ，バイアコムによるドリームワークス買収である。心配されたのはディズニーの企業システムがピクサーの創造力を殺したり，ピクサーのアニメ制作者たちが辞めてしまうことであった。両社は数年にわたって提携をしてきた（ディズニーはピクサーの映画を配給していた）とはいえ，その関係は決して波風の立たないものではなかった。

　しかしながら，買収は，一般的にはおおきな成功であったとみなされている。買収以後，『トイストーリー3』や『アナと雪の女王』を含むディズニー，ピクサーのアニメーション映画は大ヒットで，DVD，ビデオストリーミング，そしてライセンス契約での巨大な収入を生み出した。ディズニーの最高経営責任者Bob Iger（ボブ・アイガー）は，買収以前の両社の提携にくらべ，ピクサー所有のおかげで，両社間の相乗効果を活用するための緊密な調整がやりやすくなったと主張する。

　買収の成功に寄与した要素としては以下のものが含まれる。

- ピクサーとディズニーの主要従業員の間におおきな，個人的，職業的信頼が存在。買収を公表する際，アイガー最高経営責任者は，『ピクサーの卓越した業績は，その活発な創造的文化におおきく依存する。それはわたくしたちが尊敬し，賞賛するものであり，可能な限り，支持し，育成していきたいと考えているものである』と語った。
- 買収とその内容についての，ピクサー従業員への迅速かつ正直な説明。
- ピクサーのやり方で，どれがそのまま維持され，どれがディズニーの既存の活動と慣習に合わせられるかを明瞭に説明した，細心の買収前計画。
- ピクサーの社長，Edwin Catmull（エドウィン・キャットマル）のディズニーアニメーションスタジオ責任者任命。
- ボブ・アイガー自身の，被買収会社勤務の経験。
- ピクサー従業員への高額付加給与や，ゆるやかに規定された雇用条件の維持を含む，ピクサーの創造的文化を保護するための明文化されたガイドライン。

- それまで約束されてきたことの尊重。エドウィン・キャットマルによれば、『自分たちがやると言ってきたことはすべて実行する。』

ある意味、ディズニーとピクサーの合併は従来の社会通念を破った。ボブ・アイガーによれば、『企業社会での常識では合併統合過程は早くやるべきである。わたくし自身の考えは、まったく正反対だ。相手を尊重し、我慢強くなければならない。』

〔出所〕 The Walt Disney Company Press Release, "Disney Completes Pixar Acquisition," (Burbank, CA, May 5, 2006); "Disney: Magic Restored," *The Economist* (April 17, 2008); "Disney and Pixar: The Power of the Prenup," www.nytimes.com/2008/06/01/business/media/01pixar.html?pagewanted+all.

戦略的提携

戦略的提携とは、取り決められた共通の目標を追求するための、2つ以上の企業間においての協力関係のことである。**戦略的提携**はさまざまな形をとる。

- 戦略的提携は、資本参加をともなう場合とそうでない場合とがある。ほとんどの事例では、特定の活動を行うための契約であり、所有権とは関係しない。IBMとアップルが2014年7月に発表した提携は、IBMのもつビッグデータ、データ解析、クラウドコンピューティングの能力と、IBMの企業顧客にたいするiPhoneやiPadの供給を駆使した企業向けモバイルアプリケーションを開発するというものだった[注21]。しかしながら、資本の関係があれば提携の合意をより強化することもできる。サンフランシスコを拠点とする事業ローンのオンラインプラットフォームであるLending Club（レンディング・クラブ）とグーグルの連携は、レンディング・クラブへのグーグルの出資をともなうものだった。
- **合弁会社**とは、パートナー企業同士が共同で所有する新会社を設立するという資本提携の一形態である。ジェットエンジンの世界有数のサプライヤの1つであるCFMインターナショナルは、米ゼネラル・エレクトリックと仏スネクマの合弁会社である。また、フォルクスワーゲンは、上海汽車集団（SAIC）と第一汽車集団（FAWグループ）との合弁会社を通じて、中国でトップの自動車ブ

ランドとなっている。
- このほかにも，さまざまな目的のための提携がつくられている：
    - —スターアライアンスは，ユナイテッド航空，ルフトハンザ航空，エアーカナダなどを含む25の航空会社による，共同運航便を運航してマイレージプログラムを連携させるための連合である。
    - —アウトモービリ・ランボルギーニと Callaway Golf（キャロウェイ・ゴルフ）は，2010年に先進的な複合材料を開発するための研究開発提携を結んだ。
    - —グラクソ・スミスクライン（GSK）と Dr Reddy's Laboratories（ドクター・レディ・ラボラトリーズ—インドの大手製薬会社）は，ドクター・レディの製品を GSK の販売・マーケティング網を通じて新興国市場で販売することを目的とした提携を2009年に結んだ。
    - —The Rumaila Field Operating Organization（ルメイラ油田作業管理機構—ROO）は，中国石油天然気（ペトロチャイナ），BP，およびイラク南部石油公社が設立した，イラク最大の油田の開発のための合弁会社である。
- 提携は，純粋に2つの企業間の取り決めかもしれないし，また多数の企業間関係のネットワークの一部かもしれない。ネットワーク型の提携の1つのひな形

■図15.2　サムスン電子の戦略的提携，2014年

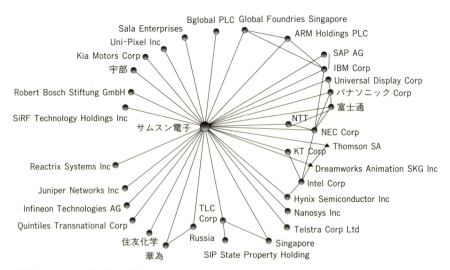

〔出所〕　Andrew Shipilov 教授

は，トヨタの『系列』のような納入業者のネットワークだ。トヨタの納入業者のネットワークは，トヨタとの長期的な取引関係で結びつけられた，1次・2次・3次といったレベルの納入業者で構成されている。この関係は，知識の共有と継続的な業務改善を行う一連の日常的活動によって成り立っている[注22]。衣料品メーカのインディテックス（ザラ）やベネトンも，同様のネットワークをもつ。提携ネットワークのもう1つのタイプは，イタリアの工業地区（たとえば，プラトの羊毛ニットウェア産業，カララの石材産業，そしてサッスオーロの陶磁器タイル産業）に見られるような，地域産業のクラスターである。ハリウッドの映画産業も，その1つの例だ。こうした地域ネットワークは歴史性と近隣性によって生じたもので，秩序だって形成されたというよりはむしろ偶発的なものである[注23]。産業分野がさまざまな技術的変化に影響を受ける場合，提携は革新や適応のなかできわめて重大な役割を果たしうる。図15.2は，サムスン電子の広範な提携ネットワークを示したものだ。

提携の動機

大半の企業間提携は，異なる企業が有する資源や能力のあいだの相互補完性を利用するために作られたものである：

- ブルガリ・ホテルズ・アンド・リゾーツは，ブルガリの贅沢や品質に対する評判と，マリオット・インターナショナルのホテル開発・運営の能力とを組み合わせた合弁会社である。
- ナイキとアップルの提携は，ナイキの運動靴とアップルの電子回路の設計能力を結びつけ，iPodやiPhoneにリアルタイムの生体測定データを伝達するようになった。
- スターアライアンス，スカイチーム，そしてワンワールドといった，世界の主要航空会社の連合では，加盟する航空会社はお互いの路線網にアクセスできる。
- Sasol Chevron Holdings（サソル・シェブロン・ホールディングス）は，合成ガソリン工場を建設する世界的な合弁会社である。サソルのガス液化技術と，シェブロンの天然ガス貯蔵・流通能力を組み合わせることを狙ったものだ。

戦略的提携のおもな目的が何であるかについては，研究上の論争がされてきた。つまり，提携相手の資源や能力を『利用』することなのか，それともそれを学んで

『入手』することなのか、ということだ(注24)。インテルとドリームワークス・アニメーションの戦略的提携は、次世代型3D映画を共同開発するため、お互いの能力を利用することを認めた(注25)。これにたいして、ゼネラルモーターズのトヨタとの合弁会社NUMMIは、トヨタ生産方式を学び取りたいというGMの意欲がその動機だった(注26)。たいていの場合、提携は能力を入手するよりも利用することをめざす。おおくの企業にとって、提携は自社が限られた範囲の能力に特化しながらも、より幅広い能力を必要とするような市場機会を開拓できるようになるための基本的な理論だからだ(注27)。

また、提携のおもな利点は、そのもたらす柔軟性である。組成するのも解散するのも非常に簡単で、当事者の要求の変化に応じて範囲と目的を変更することもでき、(資本関係のない提携の場合には)投資も少額で済むからだ。オプション型の投資を行ううえで、この柔軟性と低コストはとくに有利となる(注28)。グーグルは、グーグルX部門における実験的なプロジェクトの開発で、提携を広汎に活用している。無人運転車の開発にあたっては、グーグルはロバート・ボッシュ、NVIDIA、GM、フォード、トヨタ、およびダイムラーと協力した。また、ドローンによる配送システムの開発(『プロジェクト・ウィング』)は、Unmanned Systems Australia(アンマンド・システムズ・オーストラリア)との協力によるものだった。

また、提携によってリスクの分担も可能となる。石油産業においては、ほとんどの採掘プロジェクトは合弁会社の形式をとる。過去40年で最大の発見といわれるカザフスタンのカシャガン油田では1,050億ドルの投資が必要だったが、伊ENI、英シェル、米エクソンモービルなど7社の共同事業体がこれを分担することになった。

戦略的提携の管理

企業の利用できる資源や能力を迅速かつ低コストで拡張する手段として、戦略的提携をみなすのは魅力的だ。しかし、戦略的提携の関係を管理することそれ自体、きわめて重要な組織的能力である。**関わり能力**(Relational capability)には、信頼を構築し、企業間の知識共有業務を作り上げ、調整の仕組みを確立するといったことが含まれる(注29)。企業が提携のネットワークに自社の価値連鎖上の活動を委託すればするほど、ばらばらの活動を調整して統合する『システム統合能力』を高める必要が生じる(注30)。技術的に高度で複雑な製品を開発するための提携ネットワークを管理することがどれほど困難であるかは、ボーイング787ドリームライナーの発売

第15章 外部からの成長戦略――合併,企業買収,および戦略的提携

の遅れに端的に表れている(注31)。

　戦略的提携の全体的な成否についての包括的な証明は存在しない。株式市場においては提携にたいして好意的な反応が起こりがちだが(注32),それがどの程度業績につながるのかという長期的なデータはほとんど見当たらない。マッキンゼーによれば,提携の参加企業ですら,その提携のコストと利益にかんする知識をもち合わせていないという。マッキンゼーは,提携を効果的に管理するための主要要素として,提携の業績効果を追いかける仕組みを確立するべきだと主張している(注33)。

　国境を越えた提携においては,戦略的提携がとくに重要な役割を果たし,またその管理が喫緊の課題となり得る。多国籍企業は海外市場に参入する際に,その市場の知識や政治的つながり,また現地企業の有する流通チャンネルへのアクセスをもち合わせていない。しかしまた同時に,現地企業を買収することが好ましい選択肢ではない可能性もある。地方行政の規制が立ちはだかったり,経営権の取得に際して大規模で,後で撤回できない財政的な約束をしなければならなかったりするためだ。このような状況下では,資本の有無にかかわらず提携が市場参入の有効な手段となる。提携を通じて資源や能力を分かち合うことにより,多国籍企業が主導権を握りつつも無駄な投資を避けることができる。スペインのテレフォニカ,伊TIM,独T-モバイル,そして仏オレンジによるFreeMove Alliance(フリームーブ・アライアンス)は,ボーダフォンが負担したのにくらべてほんのわずかな費用で,欧州全土で利用できる第三世代無線通信ネットワークを構築した。各企業は欧州内の少なくとも5カ国の主要市場で,それぞれのトップのキャリアのモバイルネットワークに接続することができるようになったのである(注34)。

　自社の国際的な存在感を高めるために戦略的提携を活用する企業も出てきている。図15.3は,ゼネラルモーターズの戦略的提携のネットワークを示している。

　これらのうちのいくつかは,GMにとってほとんど何の利益ももたらさなかった(たとえば,フィアット,いすゞ,およびスズキとの提携)。また,合弁会社が提携相手による完全買収につながったものもある(大宇,サーブなど)。

　現地提携企業にとっても,外国企業と提携することは,資源や能力を利用できるという意味で魅力的である。おおくの新興国(とりわけ,世界貿易機関(WTO)加盟前の中国やインド)では,政府が外国企業にたいして技術や管理能力の自国への移転を奨励するため,現地企業をパートナーにすることを義務づけている。

　これらの利点がある一方で,国際的提携の管理には困難もおおきい。言語や文化の違い,そして地理的な距離によって意思疎通や合意事項の食い違いが生じ,信頼

■図15.3 ゼネラルモーターズの国際的な戦略提携網

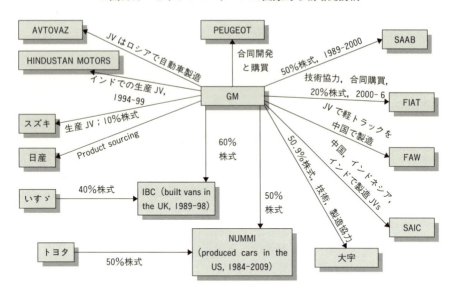

関係が悪化するといったことは，提携の日常的な問題である。ダノンと娃哈哈（Wahaha）グループ（杭州娃哈哈集団）が設立した中国最大の飲料の合弁会社は，誤解や利益配分のずれによって2011年に崩壊した(注35)。

こうしてみると，国ごとの文化の違いがおおきい場合（西欧とアジアの企業間など）には，国際的な提携のおおくは困難であると結論づけたくなる。しかし，富士ゼロックスや日産・ルノーのように，西欧とアジアの企業同士の提携で非常にうまくいっているケースもある。また，BTとAT&Tの合弁企業コンサート，GMとフィアットの提携，またスイス航空の航空連合ネットワークなど，西欧企業同士の提携が失敗に終わっているケースもおおい。とくに競争相手でもあるような企業同士の提携においては，提携にたいする貢献とそこからの利益の配分との不一致が，あつれきの原因となる。提携企業がお互いの能力を利用しようとした結果，その『能力の奪い合い』が起きるのだ(注36)。1980年代に欧米の企業は，日本の提携相手企業に技術ノウハウを奪われることで頭を悩ませていた。今，かれらは中国の提携相手が技術を吸収し，国際的な競争相手としてのし上がってくる早さに狼狽している。鉄道インフラの分野では，中国の国営企業が独シーメンス，仏アルストム，日本の川崎重工，カナダのボンバルディアなどと提携して中国事業での能力を構築し，そ

れを輸出するようになった(注37)。2012年における中国企業との合弁会社に対する欧米企業の不満は，1980年代の日本企業にたいするそれとほとんど同じものである(注38)。

　企業は，成長のためにどのような手段をとるかについても，選ばなければならない。たいていの企業は，内部もしくは外側からの成長のいずれか，そして企業買収または提携のいずれかを，それぞれの相対的な長所を慎重に考慮することなく選択しがちである。通信産業において，内部開発と提携，企業買収といった複数の成長の手法をうまく組み合わせた企業は，特定の手法に固執した企業よりも成功していた(注39)。戦略コラム15.2では，このテーマを考察している。

戦略コラム 15.2　正しい成長経路の選択
―内部成長，契約，提携，買収

　成長への適正な方法を選ぶには，企業の**資源ギャップ**―戦略実施に必要な資源と実際に有する資源との比較―を細心に考察しなければならない。

　カプロンとミッチェルは，企業成長の方法選択にかんし3段階の手順を説明している。

1．企業の将来の成長に必要な資源は，通常，それがもっている資源とは違ったものである。どう違うのか？　ギャップがおおきければおおきいほど，内部でそういった資源を開発するよりも，外部から調達したほうが早い可能性が大である。
2．もし企業外部から資源を調達しなければならないときには，普通，もっとも入手するにたやすい方法は契約関係を樹立することである（例：特定の技術のライセンス）。しかし，こういった契約は，当該資源の価値算定についての合意を必要とする。合意がない場合，契約は不可能となる。
3．必要とされる資源を効果的に移転して統合するため，提携相手とどの程度までの関与度合いが必要か？　もし関与度合いが低いときには，提携で十分だろう。しかし，もっと深い関与度合いが必要ならば，買収が約束するような完全な統合可能性のほうがよいであろう。ウォートン・スクールの研究者たちは同じような結論に達した。つまり，企業間の体系的な結びつき―『相互間の相乗効果』―追求ならば買収がよい。『モジュラー』や『順次的』結びつきならば，提

携でのほうが処しやすい。提携か、買収かの選択は、どんな資源が対象となっているかに依存する。有形資源、たとえば、製造工場、または鉱石資源などは、合併と買収を通じての統合のほうがよい。ひとや知識のような『ソフト資源』は提携で結びつけられる。

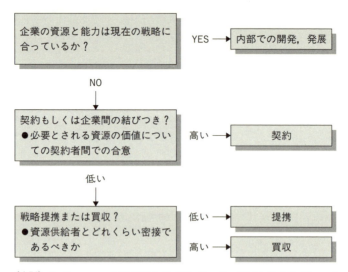

■図15.4 正しい成長経路の選択

〔出所〕 L. Capron and W. Mitchell, "Finding the Right Path," *Harvard Business Review*, (September-October 2010): 102-110; J. Dyer, P. Kale, and H. Singh, "When to Ally and When to Acquire?" *Harvard Business Review* (July-Aug 2004): 109-115.

要 約

合併や買収（M&A）は、特定の資源や能力の獲得、産業内における企業の地位の強化、また多角化や水平的なシェア拡大といったいくつかの戦略における、有用な手段となり得る。

しかし、M&Aの前提となる目標のおおくが妥当であるにもかかわらず、おおくの企業はその達成に失敗する。企業買収において第1に利益を得るのは、買収された企業の株主であることが、研究により実証されている。

合併や買収が収益性よりも成長の欲求にもとづいて行われる傾向があることが，こうした残念な結果に結びつく原因かもしれない。合併による成長の追求は，ときには CEO の過剰な自信によって促進され，最終的には企業を破綻やリストラに導く一連の買収を引き起こす。

　おおくの合併が残念な結果に終わるもう1つの要因は，合併後の統合における予期せぬ困難である。だが，合併にもその成果にもさまざまな種類があるため，成功しやすい合併の種類や統合の手法を一般法則に還元するのは非常に困難だ。

　戦略的提携には，おおくの形が存在する。一般的にはそれは，異なる企業のもつ資源や能力を補完し合おうとするものである。M&A や個人同士の関係と同様に，戦略的提携が目的とする成功にもさまざまなレベルのものがある。ただ，M&A とは異なり，提携が失敗の結果に終わっても，通常はさほど費用がかさまない。ビジネスの環境がますます複雑かつ激しく変化するにつれ，柔軟さと専門的な資源や能力の集約と調整の両方をもたらす戦略的提携の利点は，ますます明らかになっている。

自習用の質問

1．表15.1の M&A のほとんどは水平である（すなわち，同じ産業内の企業間のものである）。これらの水平的 M&A の一部は，同じ国の企業間で行われているが，いくつかは国境を越えたものである。水平的な M&A が，他のタイプの合併や買収（多角化および垂直）よりも有益であり，リスクがより少ないのはなぜか。また，これらの水平的な M&A のなかで，同じ国内の企業同士のものと，国境を越えたものの，どちらがより成功すると思われるか。

2．合併集約的な戦略（ヴィヴェンディ・ユニバーサルのジャン・マリエ・メシエ，ロイヤルバンク・オブ・スコットランドのフレッド・グッドウィン，ワールドコムのバーニー・エッバーズ，AOL のスティーブ・ケース，AT&T のエド・ウィッテーカー，ファイザーのジェフ・キンドラー，ベライゾンのアイヴァン・サイデンバーグ）はいずれも男性だった。このことは，CEO のランクにおける男性の優位性を示すものか，それとも合併による成長の追求が本質的に男性的なものだからだろうか。

3．ディズニーの CEO は，ピクサーの買収（戦略コラム15.1）にあたって，『合

弁会社の一員でいるよりも、1つの企業であったほうがもっとおおくのことを成しとげることができる』とコメントした。あなたはこれに同意するか。本章で言及されている合弁事業（または提携）の事例を参照しながら、あなたの考えを述べよ。それらの事例は合併のほうがよりうまくいっただろうか。

4．自動車産業において、企業はさまざまに異なる国際化の道のりを歩んできた。トヨタは、海外に支社を設立しながら自力で拡大してきた。フォードはボルボ、ジャガー、ランドローバー、そしてマツダなどを次々と買収してきた。ゼネラルモーターズは、戦略的提携を幅広く活用してきた（図15.3）。このうち、どの戦略がもっともよいだろうか。上海汽車、東風汽車といった中国の自動車メーカであれば、どの戦略をとるべきだろうか。

注

1　A.P. Sloan, *My Years with General Motors* (Garden City, NY : Doubleday, 1964).

2　S.N. Kaplan, "Mergers and Acquisitions : A Financial Economics Perspective," University of Chicago, Graduate School of Business Working Paper (February, 2006) ; P.A. Pautler, *Evidence on Mergers and Acquisitions,* Bureau of Economics, Federal Trade Commission (September 25, 2001).

3　"Mergers and Acquisitions : The New Rules of Attraction," *Economist* (November 15, 2014).

4　同書。

5　Kaplan, の前掲書, "Mergers and Acquisitions : A Financial Economics Perspective", 8 頁。

6　J.M. Townsend, *What Women Want—What Men Want* (New York : Oxford University Press, 1998).

7　R. Roll, "The Hubris Hypothesis of Corporate Takeovers," *Journal of Business* 59 (April 1986) : 197-216.

8　M.C. Jensen, "Agency Costs of Overvalued Equity," *Harvard Business School* (May 2004).

9　G. Andrade, M. Mitchell, and E. Stafford, "New Evidence and Perspectives on Mergers," *Journal of Economic Perspectives* 15 (Spring 2001) : 103-120.

10　"Warren Buffett Defends Burger King's Tax Deal," *Financial Times* (August 26, 2014).

11 L. Erel, R.C. Liao, and M.S. Weisbach, "Determinants of Cross-Border Mergers and Acquisitions," *Journal of Finance* 67 (2012): 1045-1082.
12 "Where Mergers Go Wrong," *McKinsey Quarterly* (Summer 2004): 92-99.
13 "Hewlett-Packard v Autonomy: Bombshell that Shocked Corporate World," *Financial Times* (August 12, 2014).
14 "DaimlerChrysler: Stalled," *Business Week* (September 10, 2003).
15 L. Capron and J. Anand, "Acquisition-based Dynamic Capabilities," in C.E. Helfat, S. Finkelstein, W. Mitchell, M.A. Peteraf, H. Singh, D.J. Teece, and S.G. Winter, *Dynamic Capabilities* (Malden, MA: Blackwell, 2007): 80-99.
16 S. Finkelstein and J. Haleblian, "Understanding Acquisition Performance: The Role of Transfer Effects," *Organization Science* 13 (2002): 36-47.
17 M. Zollo and H. Singh, "Deliberate Learning in Corporate Acquisitions: Post-acquisition Strategies and Integration Capabilities in US Bank Mergers," *Strategic Management Journal* 24 (2004): 1233-1256.
18 J. Deighton, "How Snapple Got Its Juice Back," *Harvard Business Review* (January 2002).
19 C.M. Christensen, R. Alton, C. Rising, and A. Waldeck, A. "The New M&A Playbook," *Harvard Business Review* (March 2011): 48-57.
20 同書，56頁。
21 *Apple and IBM Forge Global Partnership to Transform Enterprise Mobility*, http://www.apple.com/pr/library/2014/07/15Apple-and-IBM-Forge-Global-Partner-ship-to-Transform-Enterprise-Mobility.html, accessed July 20, 2015.
22 J.H. Dyer and K. Nobeoka, "Creating and Managing a High-Performance Knowledge-Sharing Network: The Toyota Case," *Strategic Management Journal* 21 (2000): 345-367.
23 "Local Partnership, Clusters and SME Globalization," *Workshop Paper on Enhancing the Competitiveness of SMEs* (OECD, June 2000).
24 D.C. Mowery, J.E. Oxley, and B.S. Silverman, "Strategic Alliances and Inter-firm Knowledge Transfer," *Strategic Management Journal* 17 (Winter 1996): 77-93.
25 "Intel, DreamWorks Animation Form Strategic Alliance to Revolutionize 3-D Filmmaking Technology," (July 8, 2008), www.intel.com/pressroom/archive/releases/2008/20080708corp.htm, accessed July 20, 2012.
26 J.A. Badaracco, *The Knowledge Link: How Firms Compete through Strategic Alliances* (Boston: Harvard Business School Press, 1991).

27 R.M. Grant and C. Baden-Fuller, "A Knowledge Accessing Theory of Strategic Alliances," *Journal of Management Studies* 41 (2004): 61-84.

28 R.S. Vassolo, J. Anand, and T.B. Folta, "Non-additivity in Portfolios of Exploration Activities: A Real Options-based Analysis of Equity Alliances in Biotechnology," *Strategic Management Journal* 25 (2004): 1045-1061.

29 P. Kale, J.H. Dyer, and H. Singh, "Alliance Capability, Stock Market Response and Long Term Alliance Success," *Strategic Management Journal* 23 (2002): 747-767.

30 A. Prencipe, "Corporate Strategy and Systems Integration Capabilities," in A. Prencipe, A. Davies, and M. Hobday (eds.), *The Business of Systems Integration* (Oxford: Oxford University Press, 2003): 114-132.

31 "Dreamliner Becomes a Nightmare for Boeing," *Der Spiegel* (March 3, 2011), http://www.spiegel.de/interna-tional/business/0,1518,753891,00.html, accessed 20 July, 2015.

32 S.H. Chana, J.W. Kensinger, A.J. Keown, and J.D. Martine, "Do strategic alliances create value?" *Journal of Financial Economics* 46 (November 1997): 199-221.

33 J. Bamford and D. Ernst, "Measuring Alliance Performance," *McKinsey Quarterly, Perspectives on Corporate Finance and Strategy* (Autumn 2002): 6-10.

34 *Freemove: Creating Value through Strategic Alliance in the Mobile Telecommunications Industry*, IESE Case 0-305-013 (2004).

35 S.M. Dickinson, "Danone v. Wahaha: Lessons for Joint Ventures in China," www.chinalawblog.com/DanoneWahahaLessons.pdf, accessed July 20, 2015.

36 G. Hamel, "Competition for Competence and Inter-partner Learning within International Strategic Alliances," *Strategic Management Journal* 12 (1991): 83-103.

37 "China: A Future on Track," *Financial Times* (September 24, 2010).

38 R. Reich and E. Mankin, "Joint Ventures with Japan Give Away Our Future," *Harvard Business Review* (March/April 1986).

39 L. Capron and W. Mitchell, "Finding the Right Path," *Harvard Business Review*, (September/October 2010): 102-110.

第16章
戦略的経営における現在の傾向

さまざまな分野での進歩・発展により，人類は従来の原理で問題を解決できないところまで到達してしまった。マネジメントの進化についても同様だ。近代の企業がよってたつ原理，すなわち標準化，専門特化，階層構造などに立ち戻れば，それらは悪くないように思える。しかし，それらは課題を目の前にすると，まったくの役立たずなのである！(注1)

—ギャリー・ハメル，経営学者

わかってるのは，明日何が起きるか俺たちにゃ何もわからないってことさ。人生はアドリブで，何の保証もねえ。

—エミネム，ヒップホップアーティスト

未来とは，これまでと違うもの

—ヨギ・ベラ，野球選手・監督

【概　要】
- ●序論
- ●新たな事業環境
  - 一技術
  - 一競争
  - 一市場の乱高下
  - 一社会的力と資本主義の危機
- ●戦略思考における新しい方向
  - 一企業の目的の再設定
  - 一競争優位のもっと複雑な源泉の追求
  - 一オプションの管理
  - 一戦略の整合（Fit）の理解
- ●組織の再設計
  - 一多元的な組織構造
  - 一複雑性への対処—組織の非公式化，自己組織化，透明化
- ●変わりゆく経営幹部の役割
- ●要約
- ●注

序論

　20世紀の最初の20年は，激動の時代であった。新たな革新的技術が登場し，近代的企業が誕生し，経営管理およびその手法が使われ始め，そして未曾有の規模の人間虐殺が起きた。21世紀の最初の20年も，激動と不確実性の点でそれに似ている。

　この章では，以下のことに挑戦する。まず，事業環境を変容させているおおきな力を特定し，それらが戦略的経営におよぼす意味合いを考える。そして，経営者が直面する課題を解決するために，どのような新しい考え方や道具を利用できるのかを検討する。

　この領域にはまだわからないことがおおい。そのため，他の章と異なり，本章では職場やケース分析で直接展開できる道具や枠組みは提供しない。ここでは，探索を中心とする。まずは事業環境を変容させている力を再確認することから始めよう。そしてその次に，現在の戦略にかんする思考に影響をおよぼしている概念と考え方および，いくつかの先端的な企業から得られる教訓について吟味したい。それらの企業の戦略や組織形態，そして経営管理の手法は，この大変な時代の課題に直面するわれわれの手助けになるかもしれないからである。

新たな事業環境

　20世紀と21世紀の両方の始まり方でもっとも似ている点は，技術革新の役割のおおきさである。20世紀においては，電力，自動車，そして電話が登場した。21世紀においては，デジタル技術が変化のおもな源泉である。また，どちらの時期にも政治におけるおおきな変化が見られた。20世紀初頭には国民国家が台頭し，植民地帝国の崩壊とマルクス＝レーニン主義の誕生があった。21世紀初頭は宗教的過激主義の台頭と自由主義の退潮が起き，政治指導者や政治制度にたいする不満が噴出した。どちらの時代にも，その背景に共通するのは大企業にたいする大衆の不信である。21世紀における変化の4つの要因に焦点をあててみよう。

第16章 戦略的経営における現在の傾向

技　　術

　1958年の集積回路の発明は，デジタル時代の始まりであった。だが，マイクロプロセッサ(1971年)，商用インターネット(1989年)，そして無線ブロードバンド(2001年)の登場によって，デジタル革命は真に破壊的な力となった。

　2015年1月27日（著者がこれを書いている日）時点で，デジタル技術による，その非連続性による衝撃（Disruptive impact）の認められる2つのニュースがある。1つ目は，アップルが企業として史上最大の四半期利益を出したことを発表したこと，もう1つはマイコン革命の創始者であったレディオシャックが破産手続きに入ったことだ。しかし，それでもグーグル，アマゾン，アップル，そしてIBMの開発プロジェクトを見るかぎり，デジタル革命の影響はまだまだこれからであるという気がする。「モノのインターネット（IoT）」，すなわち自動車や住宅などセンサーのついた物体同士のつながり，ビッグデータの解析，そして高度な知能をもつシステムといったものが，幅広い従来型産業に影響をおよぼす。たとえば，無人運転車は業務向け・家庭向けの運輸産業における何百万人もの雇用だけでなく，クルマを所有したいという個人の欲求をも消し去ってしまうだろう。

　高度な知能をもつシステムによって，管理業務のおおくが無人化することも必然のなりゆきだろう。経済学者のブライアン・アーサーは，経済的な活動がほぼすべて機械によって調整が行われる「第二の経済」に言及する[注2]。今日，わたくしはスーパーに行ったが他人とはまったく接触しなかった。セルフレジを使って精算したためだ。しかしわたくしのその買い物は，経済活動の連鎖的活動を起動させたが，それはすべて機械によって完全に調整されていた。わたくしが買った商品の情報は，ほかの買い物客のものと一緒にスーパーの棚の自動補充に使われるだろう。そして，倉庫から店舗への出荷が決定され，さらに他の店舗の情報ともまとめられて，メーカの生産計画と物流が自動的に調整されるだろう。

　技術はまた，企業と市場の境界線も根本的に移し変えようとしている。ウーバー，ハンディ，メディキャストといったウェブとスマートフォンを使ったサービスが，特定のサービス提供者と消費者とを効率的に結びつけるようになった。この結果，おおくの産業でフリーランスの労働者が企業を置き換えることが可能になっている[注3]。2015年までに，エアビーアンドビーがヒルトンやマリオットよりもおおくの宿泊場所を提供し，2014年12月までに，ウーバーはわずか1,300人の従業員で，米国内だけで16万2,000人の運転手を抱えるようになった。戦略コンサルティング会社

559

も，Eden McCallum（エデン・マカラム）や Business Talent Group（ビジネス・タレント・グループ）といったクラウドソーシングのサービスによって脅かされている(注4)。

競　争

将来について見た場合，企業の直面するおおくの不確実性のなかで，ただ1つ確実なことがある。それは，世界中の経済成長が今後数年は低迷し続けるだろうということだ。2008年から2009年にかけての金融危機の余波ののち，おおくの政府で財政赤字が続き，重い負担となっている。企業も家計も支出に慎重で，しかも公的部門の投資が低迷し財政的な刺激が欠如していては，世界経済，とくに中国と南米諸国の経済が減速するなかで力強い成長など望むべくもない。このため，世界経済のおおくの産業部門では過剰生産力が常態化し，激しい価格競争と薄い利益率が生じている。

第12章（『産業分析にとっての国際競争の意味』）で見たように，新興国からグロー

■図16.1　フィナンシャル・タイムズによる，2014年革新者（Disruptors）

技術	運輸	小売業
● アリババ（金融サービス） ● 小米（スマートフォン） ● Aereo（テレビ） ● Tinder（デイティング） ● Right-to-be-forgotten 活動家 Mario Costeja González（グーグル）	● Tesla（自動車産業） ● Ford F-150（トラック/自動車製造） ● Embraer（防衛航空） ● Uber（世界でのタクシー産業）	● Lazada（東南アジア小売） ● Aldi（英スーパーマーケット） ● Just Eat（食事の家庭への出前） ● インドの e-commerce 例：Flipkart, Snapdeal（インドの伝統的小売セクター）

銀行	通信	不動産
● Lending Club（事業用貸付） ● iMatchative（ヘッジファンド投資） ● Bob Diamond's Mara Group（アフリカにおけるプライベート投資）	● Hutchison Whampoa's Three（欧州でのワイヤレス通信）	● Appear Here（リーテイル不動産リーシング） ● eMoov（住宅関連不動産）

		メディア
		● Netflix（TVと映画産業） ● SoundCloud（録音された音楽）

〔注〕　破壊作用があった産業はかっこのなかに記載。
〔出所〕　以下をもとにする。"Disrupters Bring Destruction and Opportunity," *Financial Times* (December 30, 2014).

バル市場へ参入する企業が，競争圧力を高めてきた。無線通信端末の分野では，2000年から2009年のあいだに67社の新規参入企業があり，そのうち34社は中国と台湾の企業だった。これら新規参入の供給者のおおくは，まずOEM（相手先ブランドによる製造受託）から始め，やがて独自のブランドを開発してそれまでの顧客企業と競合するようになっていた(注5)。

前項で説明した技術トレンドもまた，新たな競争の原因である。**英フィナンシャル・タイムズ**が『2014年の破壊者（Disruptors of 2014）』として紹介した企業のおおくが，デジタル技術による破壊的な事業モデルを採っていた（図16.1）。

おおくの市場で競争が激化しており，従来の市場リーダーは困難に直面している。新興国から現れた低コストの競合や，革新的な事業モデルをもつ企業の新規参入によって，競争優位性がどんどん消え失せつつあるのだ。そこで本章では，企業が新たな事業環境に対処するための戦略を立てる際，競争優位性がもはや長くはもたなくなっているという課題に立ち返ってみたい。

市場の乱高下

世界中の主要市場のおおくで，21世紀になってからおおきな乱高下が起きてきた。株式市場が歴史的な文脈からいっても普通でないのと同様に，商品や為替の市場もその乱高下は近代において例を見ないものだった。北海ブレント価格（石油の国際取引価格指標）は2008年1月から6月にかけて87米ドルから147米ドルへ急騰し，その5カ月後には45ドルに下落した。2014年9月から2015年1月までに，再び100米ドルから46米ドルに急落した。外国為替レートも同様だ。2015年1月までの4カ月間で，ユーロは米ドルに対して14%，ロシアルーブルは48%も下落した。

この変動は，政治的なものと経済的なもの，両方の予期しない出来事の影響によるものだ。政治的には，アラブ世界全体にわたる混乱やウクライナへのロシアの侵攻といった事象が，また，経済的には2008年から2009年の金融危機があった。このことは，そもそもこうした乱高下を生み出すような，ありそうもない，そして起きることを予期もしていなかった出来事（ブラックスワン(注6)と呼ばれているもの）が，偶発的に起きるのか，それとも構造的な要因を反映しているのかという質問を提起する。おそらくは後者であろう。グローバル経済と人間社会は今，貿易，金融，市場，そしてコミュニケーションを通じて，ますます相互接続性を高めつつある。システム理論によれば，複雑で非線形のシステム内における相互接続の水準が高ま

ると、些細な初期動作が予測不能な経路で増幅される傾向が強まる。アルカーイダの躍進、北アフリカや中東における独裁政権への反乱、そして西欧諸国における急進的な大衆迎合主義の台頭といった、世界の政治現象はいずれも、こうしたシステムの力が働いていることを示唆している。

　もっといえば、こうした破壊的な力を統制して世界経済システムを維持する、伝統的な守護者としての米国や欧州における現行の政治勢力が、その劣化によって能力を損なわれてしまっていることがある。そして、中国が他の新興国とともに立ち上がり、成熟した先進工業国とその創設した機関（世界銀行、国際通貨基金（IMF）、経済協力開発機構（OECD））が世界的な主導権を握れなくなるような、多極化した世界が出現しようとしているのである[注7]。

社会的力と資本主義の危機

　組織が存続し繁栄するためには、社会の価値観や期待に適応する必要がある。これを組織社会学者は「**正統性**（Legitimacy）」と呼ぶ[注8]。2008年から2009年に起きた金融危機の後遺症の1つが、おおくの企業（とくに銀行）における正統性の欠如であった。このことは、消費者のあいだでのかれらの評判、従業員の士気、投資家や金融機関の資金提供の意欲、そしてかれらをとりまく政府の政策に悪影響を与えた。第2章（『利益を超えて—戦略とリアルオプション』）で概説したように、おおくの商業銀行や投資銀行に影響を与えた社会的正統性の欠如は、脆弱な財務諸表よりもずっと深刻な、存続のための脅威となった。同様のことが、ルパート・マードック率いるメディア帝国でも起きた。「電話盗聴」のスキャンダルが、最終的にニューズ・コーポレーションの解体の引き金を引いたのである[注9]。

　営利企業を社会の目標と希望によって意味づけられるべき社会的な組織とみなす考え方は、ピーター・ドラッカー、チャールズ・ハンディ、そしてスマントラ・ゴシャールを含むおおくの経営思想家によって支持されてきた[注10]。それはすなわち、社会の価値観や考え方が変わるときには、企業の戦略や行動も変わらなければならないということを意味する。反企業的な感情はかつてその大半が極端な政治的思想集団（ネオマルクス主義者、環境主義者、反グローバリゼーション活動家など）に限られるとされていたが、2001年のエンロンから2015年のフォルクスワーゲンにいたるまでの企業スキャンダルによって、営利企業とその経営者にたいする軽蔑的感情が、いつしか世論の主流となってしまった。

市場資本主義にたいする幻滅の拡大は，ワシントン・コンセンサス—世界銀行やIMFによれば，民間企業による市場競争経済，規制緩和，柔軟な労働市場，そして自由主義的な経済政策こそが，安定と繁栄のための最善の基盤であり経済発展の出発点であるという，広く保持されている考え方—の否定となって現れている。

　すでにほころびつつある市場資本主義は，所得と富の分配における変革にたいする失望の蔓延（トマ・ピケティ著『21世紀の資本』で強調されている問題）を，まさにその正統性のよりどころとしている(注11)。図16.2が示すのは，現代経済によって生み出された富の格差の拡大の様子だ。2008年から2010年にかけての「ウォール街を占拠せよ」の抗議運動のスローガンは，「われわれが99％だ！」であった。これは，米国のすべての個人資産のうち42％を，人口のわずか1％の人々が所有することにちなんだものだ(注12)。銀行や金融機関の経営者たちは，かれらが受け取っていた巨額の報酬と，かれらの行動がもたらした庶民の雇用や生活水準の崩壊とのあいだの矛盾にたいする大衆の怒りの対象となった。

　中国の台頭により，市場資本主義の有効性にたいする信頼はさらに損なわれている。2000年から2014年のあいだに，グローバル・フォーチュン500に占める中国企業

■図16.2　平均的なCEOの報酬の平均的な労働者の報酬と比較しての倍数, 1965-2013年

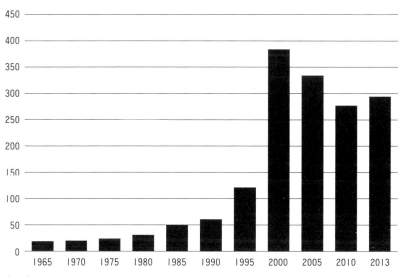

〔出所〕　Institute of Economic Policy

の数は，10から95まで増え，そのほとんどは国有企業であった。2014年，中国は米国を追い抜き，世界最大の経済となった。

　営利企業の新たなあり方についての関心の高まりの1つに，**国家資本主義**の可能性がある。つまり，資本主義における長期的な方向性としての起業家精神と，政府の計画による調整された資源の展開を組み合わせる考え方である。

- **協同組合**とは，消費者（例：信用組合）や従業員（例：英国の巨大小売業者，John Lewis Partnership（ジョン・ルイス・パートナーシップ）），または独立した生産者（例：農業協同組合）によって，共同所有される事業である。協同組合は生産量でフィンランドの21％の，ニュージーランドの17.5％の，またスイスの16.4％を占めている。また，ウガンダや他のアフリカ諸国では，協同組合は農業における支配的な組織形態である[注13]。
- **社会的企業**（Social enterprises）とは，社会的性格の目標をめざす企業を指す言葉だ。社会的企業には営利目的と非営利目的の両方があり得る（その意味で，慈善団体や協同組合も含まれる）。社会的企業の代表的な例は，マイクロクレジットを通じて貧困層に事業開発を奨励する営利企業，ムハマド・ユヌスのグラミン銀行である。米国の州のおおくは，社会的かつ環境的な目標を利益と同じように追求することをはっきりと表明した企業を「**ベネフィット・コーポレーション**」として認めるよう，法律を改正している[注14]。

　ビジネスリーダーに求められているのは，社会的な要求と株主の利益とを調和させるという課題を越えて，それ以上の，公平性，倫理性，そして持続可能性にたいする，増大する社会的な要求に対応することである。企業はその行動を統治する価値観を一方的に決めるのか，それともその置かれた社会の価値観を反映させるのか？　その創業者の抱いた価値観を自分のものとした場合，企業にとって，その使命感は確かなものとなり，戦略や企業アイデンティティでの長期的整合性を確保できる（例：創業者ウォルト・ディズニーとサム・ウォルトンにたいするウォルト・ディズニー社およびウォルマート社）。しかし，かれらの価値観が古くなり，社会全体または事業効率性からの要求と乖離してしまう危険はある。英国の小売業者マークス・アンド・スペンサーやチョコレート製造業者のキャドバリーでは，従業員にたいする社会的責任と父親的温情主義は競争優位性ではなく硬直性の源となった。だが，それとは逆のことが起きる企業もある。つまり，さまざまな利害関係者や，より広い社会の関心やニーズを考慮することによって，外部環境にたいする反応が

よくなり，従業員のやる気が高まって，創造性が向上することもあるのだ。

戦略思考における新しい方向

　21世紀の事業環境における，こうした特徴によって生み出された状況は，事業戦略の策定と実行においてこれまでになく困難なものとなっている。企業に影響を与えていることが明らかな外的圧力の1つの傍証が，近年の企業倒産件数の増加だ。米国では，2006年には1万9,695件だった倒産申請件数が，2009年には6万837件に増加し，2011年には4万7,806件に減少した。これらの倒産のなかには，AMR（アメリカン航空の親会社）のように，激しい競争の犠牲となった企業もある。また，イーストマン・コダックやMFグローバル，ダイナジー・ホールディングス，ボーダーズ・グループ，ブロックバスター・エンタテインメント，そしてレディオシャックのように，技術進歩による破壊の犠牲となった企業もある。事業環境からの圧力がより厳しくなるにつれ，企業は戦略を再考する必要に迫られている。

企業の目的の再設定

　GE前会長のジャック・ウェルチが「株主価値の最大化など馬鹿げた考えだ」と主張したことから，企業価値の最大化という考え方に反対する動きは頂点に達した。しかしながら，企業はその所有者である株主の利益のために経営されるべきか，あるいは社会全体の利益のために経営されるべきなのかという問題は，未解決のままである。株主価値の最大化と企業のより広い社会的役割とを調和させようという近年の取り組みによって強調されてきたのは，企業が社会的な正統性を維持する必要性もしくは価値創造の新しい道を開くための目標の拡張の可能性，すなわちポーターとクラマーの提唱する**共通価値**（Shared value）の概念である[注15]。企業の役割についての，より広範なこの概念は，収益の獲得，あるいはそれと同等の意味での企業価値の増大に，企業の基本的な目的を引き続き置いているという点で，受け入れやすい。

　株主価値創出にかんする理論的な方向転換の要点は，1990年代に企業価値の基本的な導因として経営者層が高い優先順位で再集中していた，株式市場での評価額へのこだわりから離れるということだ。これは，経営者は株式時価総額そのものを生

み出すことはできない，それができるのは株式市場だけであるという認識のあらわれである。経営者にできることは利益の流れを生み出すことであり，企業の価値を時価総額として評価するのは株式市場であるということだ。実際のところ，第2章でも論じたように，経営者のもっとも重要な課題は利益でさえもなく，業務の効率性や顧客満足，技術革新，そして新製品の開発といった，利益を左右する戦略的な要素でなければならないからだ。

ここからいえることは，ビジネスリーダーがなすべきは株主価値の最大化を投げ捨てて株主のさまざまな利害を調整するという非実用的な目標に賛同したり，資本主義の何か新しい形態を探そうとしたりするのではなく，価値創出の基本的な要因の特定と管理にはっきりと集中するべきだ，ということである。企業帝国の建設やCEOの傲慢，新しい事業モデルへの盲目的な信用といった脅威から逃れるためのもっとも有効な方策は，戦略分析の基本原則により忠実であることだ。ディック・ルメルトがいうように，「そこら中ひどい戦略だらけ！」なのだから[注16]。

競争優位のもっと複雑な源泉の追求

戦略の基本要因に的を絞ることは必ずしも単純な戦略を意味しない。すでに本章と第7章の両方で見たように，今日のようなダイナミックな事業環境では競争優位性を維持するのは困難だ。リタ・マクグラスによると，企業は『常に新しい戦略的案件を開始し，数多くの過渡的な競争優位性を同時に構築し活用する必要がある。それらは一見一時的でバラバラなものに見えるかもしれないが，事業ポートフォリオとして見れば企業を長期的に存続させる』という[注17]。複雑な競争優位性は単純なものよりもより持続的だ。多年にわたって収益性と市場占有率を維持してきた企業—トヨタ，ウォルマート，3M，キヤノン，スウォッチ，そしてサムスン—のおもな関心事は，いくつもの層での競争優位性の開発である。その対象には，コスト効率性，差別化，技術革新，市場への適応，そしてグローバル学習といったものが含まれる。以下に見るように，異なった業績目標の相違する要求の調整をすることは，企業にとっては組織構造や管理システムの根本的再考を要求する，高度の組織的挑戦を意味する。

企業が単一の中核的能力（Core capability）を築き上げるのとは裏腹に，複数の能力を追求することは，Isaiah Berlin（イザイア・バーリン）が知性をキツネ（おおくのことを知っている）とハリネズミ（1つのおおきなことを知っている）の2

種類に分類したことを思い起こさせる(注18)。ジム・コリンズが，複雑な事業環境において単一の洞察を徹底させた企業を賞賛しているが，そうした洞察にもとづいて戦略を構築した企業は，その後の市場の変化に適応するのが困難なようだ。トイザらスの巨艦店戦略，デルのダイレクト販売モデル，GMの複数ブランドによる市場細分化戦略，そしてブロックバスター社の映画レンタルが，それにあたる(注19)。

より複雑な競争優位性の源泉を見つけるためには，活動分野間連携の利用による産業の垣根を越えた戦略も必要となる。数多くの企業と連携した生態系全体を調和させるという戦略によって，アップル，グーグル，そしてアマゾンは驚くべき競争優位性を作り上げた。近年，事業モデル革新への関心が盛り上がっているのは，このような連携から生じる価値の源泉を活用する機会の広がりゆえである(注20)。たとえば，グーグルの中核製品である検索エンジンは，直接の収益はほとんど生み出さないにもかかわらず，2014年にはその収益の24％をグーグル以外のウェブサイトにおける広告から得ていた。

オプションの管理

第2章の最後の項（『オプション管理としての戦略』）において観察したように，企業の価値は利益の流れの現在価値（キャッシュフロー）からだけでなく，そのオプションの価値からも生じる。激動の時代において，成長オプション，放棄オプション，そして柔軟性オプションといったリアルオプションは，価値の源泉としての重要性をますます高めている。オプションの価値が資本計画の意思決定に組み込まれるようになり，それを勘案して投資評価の方法論の調整も必要になった。しかしながら，オプション思考の示唆は，企業の戦略のもっとも本質的な側面，そしてその戦略分析の手法にまで拡張されている。オプション価値の計算の失敗がどれだけ誤った戦略をとってしまうかの1つの例として，企業ファイナンスの伝統的な考え方を見てみるとよい。レバレッジド・バイアウト（LBO）は，高コストの株主資本の代わりに低コストの債務（利払いにたいして税控除が可能）を利用して，株主価値を高めるという魅力をもつ。しかし一方で，資本コストの削減はオプション価値をも破壊する。財務レバレッジの高い企業は，予期せぬ投資機会（買収を含む）を利用できる機会が少なく，また予想外の景気後退に適応できるだけの柔軟性にも乏しい。

オプションのポートフォリオ管理として戦略を見ると，戦略の要諦は資源の獲得

から機会の創造へとすり替わる。戦略的提携は，企業を特定の狭い能力に特化させたままで成長オプションを創出することができるという点で，とくに有益である。オプションの考え方を採用することで，戦略分析の手法やフレームワークにもおおきな影響がおよぶ。たとえば，

- 産業分析によれば，産業の魅力度は利益の潜在可能性に依存する。しかし，もし産業の構造が不安定化し産業での利益水準の予測が不可能になったとしたら，産業の魅力度は，オプション価値により依存するようになるであろう。この観点からは，魅力的な産業とは豊かなオプションをもつ産業である。多数の異なる製品を生産し，多数のセグメントで構成され，多数の戦略グループをもち，多数の異なる技術を用いる産業，たとえば消費者向け電子製品，半導体，包装材料，そして投資銀行業などは，電力，製鉄，レンタカーよりもおおくの戦略オプションを提供する。

- オプションアプローチは資源と能力分析にもおおきな意味をもつ。オプション価値の観点からいえば，魅力的な資源とはおおくの事業での展開が可能で，さまざまな戦略を支持する資源である。ナノテクノロジーの技術的躍進はおそらく，高炉のエネルギー効率を高める新工程よりも高いオプション価値を有している。出世の著しい，新興政治家との関係は，石炭鉱山よりもよりおおくのオプション価値をもつ資源である。能力でも同じである―石油化学プラント設計のような特殊に専門化した能力よりも，変化の速い消費者向け製品のマーケティングでの技能のほうが，おおくのオプションをもたらす。ダイナミックな能力は，新たなオプションをつくり出すがゆえに重要である。『ダイナミックな能力とは，新市場が現出し，衝突し，分割し，発展し，そして消え去ってゆくなかで，企業が資源を新たに組み合わせて実現する組織的かつ戦略的な取り組みである』[注21]。

戦略の整合（Fit）の理解

本書の中核となるテーマは，**戦略の整合**という概念である。第1章（図I.2）で示された基礎的な戦略分析のフレームワークにおいて，戦略がどのように事業環境および企業の資源や能力と**整合**すべきかを強調した。また，企業とはその活動のすべてが整合的であるような**活動システム**とみなした（図I.3）。第6章では，組織デザ

インにたいする**状況適応的な取り組み方**—すなわち，企業の構造と管理システムが戦略とビジネス環境に適合しなければならないという考え方を取り上げた。第8章では，戦略と組織構造，および管理システムの整合が，どのように変化の足かせとなり得るかを見てきた。近年，整合性（または状況適応性）の理解は，相補性と複雑性という2つのおもな概念へと結実している。これらの概念は，組織内のつながりにかんする新しい洞察をもたらしている。

相補性，相互補完性の研究　相補性の研究は，企業におけるさまざまな管理業務の間のつながり（Linkages）をあつかう。たとえば，大量生産からリーン生産方式への移行は，同時に人事慣行の変更が行われなければ，むしろ生産性を逆に落とす傾向があることが，観察されている(注22)。これと同様に，『シックスシグマ』品質管理プログラムも，報奨制度や採用方針，製品戦略，そして予算管理などの変更がともなわなければならない(注23)。

業務の相補性によって，戦略を一般化することは大変難しくなっている。あらゆる企業は固有の存在であり，その戦略上の変数や業務管理についても固有のパターンを生み出さなければならないためだ。しかし実際には，**戦略上**の選択は限られた数のパターンに集中する傾向がある。うまく適応できている欧州の大企業を見ると，その組織構造や業務プロセス，境界線などのパターンには限られた数しかなかった(注24)。

複雑系理論　気候，鳥の群れ，群衆，そして地震活動などのように，組織もまた多数の独立した行為の主体（エージェント）が相互作用してその行動（Behavior）が起こる複雑系システムである。**複雑系システム**の挙動は，組織管理にたいする重要な示唆をふくんだいくつかの興味深い特徴がある。

- **予測不能性**　複雑系適合システムの行動は精密には予測できない。安定した均衡状態への収斂はなく，絶え間ない変化が継続的に相互作用を及ぼし，競争ランドスケープ（展望）を再編する。小さな変化は典型的には小さな効果をもたらすが，時としておおきな変化を引き起こす(注25)。
- **自己組織化**　生物学的，社会的システムは自己組織化能力をもつ。蜂の群れや魚群は，だれに命令されるわけでもなく，外界の脅威や機会にたいして協調的な反応をとる。いくつかの単純なルールを守ることで，きわめて洗練された

同期的行動が実現できる。**自己組織化**にはおもな条件が3つある。1つは組織内部で共通規範の形成プロセスを実現する**アイデンティティ**，1つは行動の同期を可能にする**情報**，そして情報を合理的な協調行動に変換する経路としての**関係性**である[注26]。

- **惰性とカオス，発展的適応**　複雑系システムは，惰性（沈滞）に陥ったり，無秩序（カオス）になったりすることがある。そのあいだには，最速の発展的適合が起きる中間的領域がある。この**カオスの手前**に位置することにより，小規模の部分的な適合と，時折システムをより高い**適合性の極地**に至らせる飛躍的な進化の両方がもたらされる[注27]。複雑系システムの挙動のシミュレーションを可能にしたカウフマンの**NK モデル**は，組織にかんする研究においても広く応用されるようになっている[注28]。

企業内のつながりの文脈性　相補性と複雑性という2つのアプローチを通してわかることは，これらはいずれも活動同士のつながりという**文脈性**（すなわち特定の活動からの利益が，ほかの活動の発生によって左右される度合い）しだいであるという示唆だ[注29]。この文脈性には，2つの側面がある。1つ目は，**活動の文脈性**，すなわち特定の活動の成果が企業の行う他の活動とどの程度独立しているか。2つ目は，**相互作用の文脈性**，すなわち活動間の相互作用がすべての企業で同様であるか，あるいは個々の状況によって異なるものであるかである[注30]。

企業活動のさまざまな相互作用のしかたを知ることにより，戦略的管理の複雑性について深い洞察を得ることができる。とくに，ある企業にとってうまくいった戦略が，競合企業で取り入れられてもみじめな失敗となるのはなぜかを理解するのに役に立つ。つまりそれは，『ベストプラクティス』を他の企業から，あるいは同じ企業でも別の部門から移転しようとする際のリスクの指摘であったり，外部の変化にたいする付け焼き刃の適応が状況をむしろ悪化させる理由の理解であったり，また買収後の統合（PMI）が油断できないことの暴露であったりするのである。

組織の再設計

より複雑化し，競争的な事業環境においては，企業はより高いレベルで，能力のより広い蓄えをもって事業展開をすることを強いられる。多岐にわたる能力を構築

し，おおくの成果の次元を追求することにより，企業は革新を推進しながらも低コストで生産し，創業まもない企業のような起業家精神を発揮しながらも大規模企業として大量の資源を展開し，個別の環境に適応しながらも信頼性と一貫性を達成するといったジレンマに直面する。第8章で，これらのジレンマのうちの1つである**双面性**（Ambidexterity，両利き）—足もとの効率や効果を最適化しながら将来のニーズへも適応する—への挑戦について論じた。現実には，それよりもずっとさまざまな局面で，両立し得ない複数の戦略的目標に折り合いをつけなければならない。現在は，**いくつものジレンマをどうあつかうか**，すなわち**多面性**の**能力**が求められているのである。

相矛盾する業績目標をともなった複雑な戦略の実行というテーマは，組織設計の最前線である。コスト効率確保のための構造やシステムをいかに設計するかをわれわれは知っている。革新へ導く組織の条件も知っている。**信頼性**の**高い組織**の特徴についてもよく知っており，起業家精神の源泉にも精通している。しかし，いったいどうやったらこれらすべてを同時に達成できるのか？

多元的な組織構造

第5章ですでに学んだように，組織能力は業務プロセスのなかで具体化され，関係する個人間の協調の基礎を提供するような組織単位のなかにおさまらなければならない。伝統的なマトリックス組織は，製品や地理的市場，そして機能にかんする組織の能力を開発するのに向いている。組織がよりおおくの能力を開発するほど，組織構造もより複雑になる。

- 1980年代の全社的品質管理運動により，企業が品質管理プロセスを実行する際の組織構造が生み出された。
- 企業による社会的・環境的責任の導入によって，これらの活動に特化した組織が作られた。
- 1990年代のナレッジマネジメント（知識管理）の普及によって，おおくの企業で知識管理の組織構造とシステムが構築された。
- グローバルな大口顧客のニーズに応える能力を開発し，鍛える必要から，多国籍企業が主要アカウントを管理する組織単位を確立した[注31]。
- 革新や組織の変化の追求により，『探検』活動を行う組織単位が確立された（第

8章の双面性にかんする議論を参照のこと)。この組織には,新製品の開発プロジェクトチームや新事業開発のふ化器,そして知識共有や問題解決のための実践共同体(CoP)も含まれる。また,GEの『ワークアウト』のような組織変革の推進運動や,IBMのイノベーション・ジャムやワールプールの『イノベーションパイプライン』のような,革新組織も含まれる。

複雑性への対処―組織の非公式化,自己組織化,透明化

　企業がその能力の範囲を広げるほど,組織内の複雑性は脆弱さを感じさせるものとなっていく。第6章では,製品別や地域別,機能別組織などを組み合わせた伝統的なマトリックス型組織が,おおくの企業にとってあつかいにくいものであることが判明した。しかし,よりおおくの能力を身につけるには,組織のさらなる次元の追加が必要となるのである！

　非公式(Informal)な組織　機敏性と効率性を維持しながら組織の複雑性を高めるための鍵は,組織構造とシステムを公式なものから非公式なものに移行することだ。組織において協調のために必要となるものと,法令遵守や統制のために必要になるものとは,まったく異なる。官僚制度に代表される伝統的な階層構造の組織は,統制のもとになりたっている。モジュール性を採用する組織構造においては協調のほうがふさわしいが,個々のモジュール内部では,組織プロセスをもっとも効率的にするのはチーム・ベースの組織構造だ。というのも,モジュールどうしが協調するように直接的に管理しなくても,インターフェースの標準化,相互適応,そして水平的な連携によってそれは自動的に行われるからである(第6章の『調整での問題』および『組織設計での階層構造(ヒエラルキー)』の項を参照)。

　柔軟かつすばやい反応で複雑な協調のパターンを調和させるチーム・ベースの組織構造の特性をさらに高めようとすれば,それはプロジェクト・ベースの組織になる。機能や継続的なオペレーションよりも,明瞭な成果とはっきりした完成期日の定まっている特定のプロジェクトにチームが割り当てられる,期間指定のプロジェクトによって業務活動を組織する企業がしだいしだいに多くなっている。建設会社やコンサルティング企業は普通,プロジェクトをめぐって組織されていたが,明確な目標を負った暫時的なクロスファンクショナル・チームにより特徴づけられる,プロジェクト・ベースの組織構造は,革新や適合性,そして学習速度において,よ

り伝統的な構造の組織よりも優れた成果をあげることができると，おおくの企業において認識されるようになってきている。このような一時的な組織形態のおもな利点は，より恒久的な構造の組織が引き起こす構造の硬直化や権力の集中といった問題を避けられるということだ。ゴアテックスやそのほかの高機能繊維製品メーカであるW.L.ゴア&アソシエイツは，ほぼ完全に非公式な組織構造をもつにもかかわらず，高度に洗練された幅広い組織能力を統合する，プロジェクト重視のチーム・ベースの組織構造をもつ企業の例である。正式な役職名は存在せず，リーダーはメンバーによって選ばれる。従業員（かれらの言葉で『アソシエイツ』）は特定のチームへの参加を申請でき，新しいメンバーを迎えるかどうかはチームメンバーの判断に任されている。チームは自己管理されており，目標も上から割り当てられるものではなく，チーム全員の約束を通じて合意されたものである。アソシエイツは複数のチームに所属して働くことが奨励されている(注32)。

　公式なレベルで複雑性を低減すると，非公式なレベルの協調が，より多様で洗練されたものとなり得る。一般的に，既存の資源や能力を複雑な新しい組み合わせで用いる見込みが高まるほど，垂直的な意思伝達，疎通を重視し，**職権によって統率される階層**よりも，水平的な意思伝達，疎通を重視し，**合意にもとづいて動く階層**のほうがより優位になる(注33)。

自己組織化　自己組織化の助けとなる3つの要素が特定された。すなわち，アイデンティティ，情報，そして関係である。これらは，伝統的な管理手法に代わる重要な役割を果たす。

- **アイデンティティ（自己同一性）**　上意下達の指示がない場合には，その組織の定義にかんする共通の認識とその組織が象徴するものへの感情的なこだわりが，協調のために必要となる。これらは**組織アイデンティティ**，すなわちある組織の明瞭に他と異なり，持続する特徴は何であるかについての集合的な見方を構成する(注34)。明確で一貫したアイデンティティは，21世紀の事業環境という乱れた流れのなかで舵取りするための安定した指針をもたらしてくれる。自身の核となるものの一貫性によって，組織がより自信をもって世界と向き合うことができるからだ(注35)。もちろん，組織のアイデンティティは，それが永続的であるがゆえに，変化を容易にするよりもむしろ障害になることもある。組織のリーダーにとっての重要な課題は，人が変化を支持し正当化できるように，

組織アイデンティティを再解釈することだ。ディズニーのマイケル・アイズナー、IBMのルイス・ガースナー、そしてダノンのフランク・リブーはいずれもおおきな戦略転換を主導したが、とはいえ、それらはそれぞれの企業のアイデンティティの範囲内でのことだった。組織アイデンティティは、企業構成員のあいだで共有される企業イメージと、市場におけるポジショニングとのあいだの重要なつながりをつくり出す。消費者の選択において象徴の影響力が高まるほど、製品デザインやブランドイメージと組織アイデンティティとのつながりはますます重要になる。アップル、アレッシィ、そしてレゴ®などの企業にとっては、製品のデザインは組織アイデンティティの伝達や再解釈のための手段なのだ(注36)。

- **情報** 過去20年間に起きた情報通信革命は、社会の自己組織化の能力を変容させた。それは、2011年の「アラブの春」、2014年から15年にかけてのファーガソン事件とボルティモアでの暴動、そして2015年にジェレミー・コービンが英国労働党の党首に選出されたことなどにおいて、ソーシャルメディアが果たした役割からも明白だ。企業内においては、情報通信ネットワークは階層的な方向性のほとんど、あるいはまったくない、複雑な協調行動の自発的なパターンを引き起こす。

- **関係性** Wheatley(ウィートリー)とKellner-Rogers(ケルナーロジャーズ)によれば、『関係はシステムの知性に通じる経路である。関係性を通じて、情報は生まれて変化し、組織アイデンティティはよりおおくの利害関係者を取り込もうと拡大し、そして企業はもっと賢くなる。ひとびとがお互いに接触するほど、その可能性は高まる。つながりがなければ、何も起こらない…。自己組織化するシステムにおいては、ひとびとは誰にでもアクセスできなければならない。業務を完遂するために、組織内のどこにでも連絡をとれる自由が必要なのである』(注37)。組織における業務の大半が、非公式なソーシャルネットワークを通じて達成されるという証拠が増えている(注38)。

企業間の境界の打破 非公式な協調の仕組みやモジュラー構造、また洗練された知識管理システムをもってしても、どんな企業にも内部的に開発できる能力の範囲には限界がある。したがって、展開可能な能力の範囲を拡大するために、企業は他社と協働の関係を作って他社の能力にアクセスする。これは、すなわち企業の内側で起きることと外側で起きることの区別をつけないことを意味している。これまで見

てきたように戦略的提携は，リスクも共有しつつ異なる企業同士の能力を統合するための安定した柔軟なパターンを可能にする。イタリアの衣料，家具，工作機械などに見られるような企業の地域内ネットワークが信頼を確立し企業間の業務の可能性を提供する一方，ウェブの技術ははるかに広いネットワークにおける協働関係を可能にしている。本書で説明してきたオープン・イノベーションの取り組み，すなわちプロクター・アンド・ギャンブル（P&G）の新製品開発における『コネクト＆ディベロップ』のアプローチや，IBMの『イノベーション・ジャム』は，どちらも企業が世界中のアイデアや専門知識を引き出せるようになった情報通信技術の力を示している。インターネットにおける協働の可能性は，リナックスやウィキペディアのようなきわめて複雑な製品を，世界中の個々の協力者のネットワークを通じて作り上げるオープンソース・コミュニティに，もっとも強く表れている[注39]。

変わりゆく経営幹部の役割

　変化する外部状況，戦略の新たな優先順位，これまでとは違うタイプの組織の出現によって，経営陣やリーダーシップにたいする新しい考え方が求められている。台頭する21世紀型の組織においては，最高意思決定者としての最高経営責任者，CEOの伝統的な役割はもはやうまくいかず，まして魅力的ですらなくなってしまうかもしれない。組織とその置かれた環境が複雑性を増すほど，最高経営責任者は効果的な意思決定を下すために必要な情報にアクセスすることも，それを生み出すこともできなくなる。リーダーシップにかんする最近の研究業績では，意思決定者としての役員の役割に重点を置かなくなっており，それよりも組織の進化を導く役割を強調する。ギャリー・ハメルは，リーダーシップの仕事を再定義する必要について力説する：

　　英雄的な意思決定者としてのリーダーという考え方は容認できない。リーダーは，革新を実現するためのシステム設計者として位置づけ直されるべきである…。マネジメント2.0において，リーダーはもはや威厳に満ちたビジョナリー，全知全能の意思決定者，あるいは冷酷無比な規律主義者とはみなされなくなる。その代わりに，社会設計者，規範的ルールの起草者，あるいは起業家といった存在になる必要がある。この新しいモデルにおいては，リーダーの仕

事とはすべての従業員が協働し，革新を起こし，卓越できるような機会をもつことのできる環境を生み出すことである[注40]。

ジム・コリンズとジェリー・ポラスもまた，リーダーシップとは意思決定よりもむしろ，アイデンティティと目的を洗練させることだと強調している。

> 戦略が組織のアイデンティティと共通の目的にもとづいて確立され，組織文化がそのための能力の基盤であるとするならば，経営陣のおもな役割は，企業の目的，伝統，人格，価値観，そして規範を明確にし，それを育んで，伝達することである。組織構成員の努力を統一し，刺激するために，リーダーはひとびと自身の希求するものにたいして意味を与えなければならない。結局，それは組織の情緒的風土に注意を払わなければならないということである[注41]。

こうした見解は，マッキンゼー・アンド・カンパニーによる，有効なリーダーの特徴にかんする経験にもとづく研究で裏づけられている。かれらは，リーダーシップの有効性という観点から，強い組織と弱い組織の格差の89％を説明できる4つの属性を特定している。すなわち，効果的に問題を解決し，強い結果志向をもって動き，さまざまな異なる視点を求め，他人を支援することである[注42]。

このような役割の変化は，上級管理職にこれまでとは異なる知識やスキルが求められていることも意味する。成功した指導者の心理的，一般的特徴にかんする研究は，整合的または確固とした法則の存在はないとしていた―成功した指導者のあいだの類型にはあらゆる形，サイズ，性格の違いが見られた。しかし**コンピテンシーモデル化**の手法を用いた研究によって，**情動知能**（エモーショナル・インテリジェンス）としてダニエル・ゴールマンが言及してきた人格の属性の果たす役割の重要性が指摘されている[注43]。それらの属性には，『**自己認識**』すなわち自分自身やその感情を理解する能力，『**自己管理**』すなわち管理と統制，誠実さ，そして主体性，『**社会認識**』すなわちとくに他者の感情を感知する能力（共感力），そして『**社会的技能**』すなわち意思疎通や協働，関係構築といったものが含まれる。ジム・コリンズいうところの『第五水準のリーダーシップ』，すなわち個人的な謙虚さと熱狂的な意思の組み合わせもまた，個人的な資質の焦点である[注44]。これと同様の変化は，組織階層の全体において求められる可能性が高い。非公式の組織構造と自己組織化によって，中間管理層の役割は管理者やコントローラーから起業家，コーチ，そしてチーム・リーダーへと変化した。

複雑系理論における洞察にもとづく助言としては，とくに管理職者に次のような具体的なものが挙げられる。

- **急速な進化に対処するには，漸進的な変化と急進的な変化の両方を組み合わせる必要がある**。少し高めに設定された目標やその他のさまざまな業績管理ツールは，漸進的な改善を生み出すための圧力にはなり得るが，急進的な変化を引き起こすには，よりはっきりとした介入が必要かもしれない。IBM では，2002年から2012年のあいだのサム・パルミサーノのリーダーシップによって，研究や革新に再び焦点をあて，新興市場における IBM の存在感を拡大させ，また社会的責任や環境的責任に対応する新時代を築くことになった(注45)。
- **単純な決まりは，分権化した組織単位間での意思決定を協調させるのに有効である**。たとえば，そこそこ整った戦略を立てる代わりに，事業機会を選り分けるための大ざっぱなやり方(**境界線**)を決めておくことで，企業は，機会がもっとも豊富なところに自社を位置づけることができる。シスコシステムズの買収戦略は，従業員のうち75％がエンジニアである75人未満の企業を買収するという決まりにもとづく。第2に，決まりは，会社が機会をどのように活用するかについての共通の考え方を指定することができる（**ハウツールール**)(注46)。
- **適度な緊張の管理**：緊張があまりにも少ないと惰性が生じ，おおすぎると混乱を招く。したがって，経営幹部の課題は，組織の変化と革新の勢いを最適化する適度な緊張の水準を作り出すことになる。これは，一般的には厳しい業績目標を課しながら，一方でそれらの目標が適切かつ達成可能であることを保証することによって達成される。

要 約

ダイナミックで予測不可能な今日の事業環境において，事業リーダーが自社の戦略を策定し，実行に移していくことは困難な課題となっている。とりわけ，企業はより高い水準で幅広い局面において競争しなければならない。

こうした課題に対応していくにあたり，事業リーダーのために2つの開発が行われている。1つは，新しい管理ツールのための洞察と基盤をもたらす，新興の概念や理論である。そのなかには複雑系理論，自己組織化，リアルオプション分

析，組織アイデンティティ，ネットワーク分析，そして技術革新や知識経営，リーダーシップにかんする新たな思想といったものが含まれる。

2つ目は，企業による適応と実験の結果から得られた革新と学習である。IBMやP&Gなどの老舗企業がオープン・イノベーションを取り入れ，グーグルやW.L.ゴア，マイクロソフト，フェイスブックといった技術ベースの企業はプロジェクト管理や人的資源管理，戦略策定にまったく新しいアプローチを採用した。新興市場国では政府が事業に関与するための斬新なアプローチ（中国），多角化企業の統合管理にたいする新しい取り組み（サムスン），両立性を管理する新しい手法（インフォシス），従業員参画の新しいかたち（ハイアール）などが観察できる。

同時に，既存の原則の陳腐化や戦略的管理への根本的な新しいアプローチの必要性を過度に強調しないことが重要である。今日の事業環境の特徴とされているもののおおくは，基本的な部分の不連続性というよりはむしろ，すでに確立された傾向の延長線上にある。確かに，戦略の分析は，新しい状況を考慮しそれに適応し増強する必要がある。しかし，産業分析，資源・能力分析，範囲の経済性の全社戦略の意思決定への応用といった基本的な分析ツールは，依然として適切かつ堅牢なままだ。エンロンやワールドコムからロイヤルバンク・オブ・スコットランド，イーストマン・コダックにいたるまで，21世紀に傷跡を残した失敗企業の事例の数々から導かれるべきもっとも重要な教訓の1つは，本書に概説されている戦略分析手法を的確に応用していれば，それらの企業はそのたどった轍を踏まずにすんだかもしれないという認識である。

注

1 "A Conversation with Gary Hamel and Lowell Bryan," *McKinsey Quarterly* (Winter 2008).
2 W.B. Arthur, "The Second Economy," *McKinsey Quarterly* (October 2011).
3 "The Future of Work," *Economist* (January 3, 2015): 17-20.
4 C.M. Christensen, D. Wang, and D. van Bever, "Consulting on the Cusp of Disruption," *Harvard Business Review* 91 (October 2013): 106-114.
5 J. Alceler and J. Oxley, "Learning by Supplying," *Strategic Management Journal* 35 (2014): 204-223.
6 N.N. Taleb, *The Black Swan: The Impact of the Highly Improbable* (New

York : Random House, 2007).
7   D. Hiro, *After Empire : The Birth of a Multipolar World* (New York : Nation Books, 2012).
8   A.Y. Lewin, C.B. Weigelt, and J.D. Emery, "Adaptation and Selection in Strategy and Change," in M.S. Poole and A.H. van de Ven (eds.), *Handbook of Organizational Change and Innovation* (New York : Oxford University Press, 2004) : 108-160.
9   "Why is News Corp Splitting in Two?" *Economist* (June 23, 2013).
10 P.F. Drucker, *Managing in the Next Society* (London : St. Martin's Press, 2003) ; S. Ghoshal, C.A. Bartlett, and P. Moran, "A New Manifesto for Management," *Sloan Management Review* (Spring 1999) : 9-20 ; C. Handy, *The Age of Paradox* (Boston : Harvard University Press, 1995).
11 T. Piketty, *Capital in the 21st Century* (Cambridge, MA : Harvard University Press, 2014).
12 「The One Percent」は，Jamie Johnson と Nick Kurzon によって制作され，2008年に HBO で放映された，2006年のドキュメンタリー映画。
13 "Background Paper on Cooperatives." http://www.un.org/esa/socdev/social/cooperatives/documents/sur-vey/background.pdf, accessed July 20, 2015.
14 J. Moizer and P. Tracey, "Strategy Making in Social Enterprise : The Role of Resource Allocation and its effects on Organizational Sustainability," *Systems Research and Behavioral Science* 27 (2010) : 252-266.
15 M.E. Porter and M.R. Kramer, "Creating Shared Value," *Harvard Business Review* (January 2011) : 62-77（本書第 2 章の議論を参照）.
16 R.P. Rumelt, "The Perils of Bad Strategy," *McKinsey Quarterly* (June 2011).
17 R.G. McGrath, "Transient Advantage," *Harvard Business Review* (June/July 2013) : 62-70.
18 I. Berlin, *The Hedgehog and the Fox* (New York : Simon & Schuster, 1953).
19 J. Collins, *Good to Great* (New York : HarperCollins, 2001).
20 N J. Foss and T. Saebi (eds.) *Business Model Innovation : The Organizational Dimension* (Oxford : Oxford University Press, 2015) を参照。
21 K.M. Eisenhardt and J.A. Martin, "Dynamic Capabilities : What Are They?" *Strategic Management Journal* 21 (2000) : 1105-1121.
22 K. Laursen and N.J. Foss, "New Human Resource Management Practices, Complementarities and the Impact on Innovation Performance," *Cambridge Journal of Economics* 27 (2003) : 243-263.

23 シックスシグマは，1986年にモトローラにおいて開発された，製品やプロセスにおける欠陥を3.4‰未満に低減することをめざす品質管理手法。C. Gygi, N. DeCarlo, and B. Williams, *Six Sigma for Dummies* (Hoboken, NJ : John Wiley & Sons, Inc., 2005) を参照。

24 R. Whittington, A. Pettigrew, S. Peck, E. Fenton, and M. Conyon, "Change and Complementarities in the New Competitive Landscape," *Organization Science* 10 (1999) : 583-600.

25 P. Bak, *How Nature Works : The Science of Self-organized Criticality* (New York : Copernicus, 1996).

26 M.J. Wheatley and M. Kellner Rogers, *A Simpler Way* (San Francisco : Berrett-Koehler, 1996).

27 P. Anderson, "Complexity Theory and Organizational Science," *Organization Science* 10 (1999) : 216-232.

28 S. McGuire, B. McKelvey, L. Mirabeau, and N. Oztas, "Complexity Science and Organization Studies," in S. Clegg (ed.), *The SAGE Handbook of Organizational Studies* (Thousand Oaks, CA : SAGE Publications, 2006) : 165-214.

29 M.E. Porter and N. Siggelkow, "Contextuality within Activity Systems and Sustainable Competitive Advantage," *Academy of Management Perspectives* 22 (May 2008) : 34-56.

30 これらの論点はポーターと Siggelkow (シグロウ) の前掲書によってより深く論じられている。

31 G.S. Yip and A.J.M. Bink, *Managing Global Customers : An Integrated Approach* (Oxford : Oxford University Press, 2007).

32 G. Hamel, *The Future of Management* (Boston : HBS Press, 2007) : 84-99.

33 J.A. Nickerson and T.R. Zenger, "The Knowledge-based Theory of the Firm : A Problem-solving Perspective," *Organization Science* 15 (2004) : 617-632.

34 D.A. Gioia, M. Schultz, and K.G. Corley, "Organizational Identity, Image and Adaptive Instability," *Academy of Management Review* 25 (2000) : 63-81.

35 M.J. Wheatley and M. Kellner-Rogers, "The Irresistible Future of Organizing," (July/August 1996), http://marga-retwheatley.com/articles/irresistiblefuture.html, accessed July 2015.

36 D. Ravasi and G. Lojacono, "Managing Design and Designers for Strategic Renewal," *Long Range Planning* 38, no. 1 (February 2005) : 51-77.

37 Wheatley and Kellner-Rogers, の前掲書。

38 L.L. Bryan, E. Matson, and L.M. Weiss, "Harnessing the Power of Informal

第16章　戦略的経営における現在の傾向

Employee Networks," *McKinsey Quarterly* (November 2007).
39　A. Wright, "The Next Paradigm Shift: Open Source Everything," http://forum.brighthand.com/threads/the-next-paradigm-shift-open-source-everything.261646/. accessed July 20, 2015.
40　G. Hamel, "Moon Shots for Management?" *Harvard Business Review* (February 2009): 91-98.
41　J.C. Collins and J.I. Porras, *Built to Last* (New York: Harper Business, 1996).
42　C. Feser, F. Mayol, and R. Srinivasan, "Decoding Leadership: What Really Matters," *McKinsey Quarterly* (January 2015).
43　D. Goleman, "What Makes a Leader?" *Harvard Business Review* (November/December 1998): 93-102.
44　J. Collins, "Level 5 Leadership: The Triumph of Humility and Fierce Resolve," *Harvard Business Review* (January 2001): 67-76.
45　"IBM's Sam Palmisano: A Super Second Act," *Fortune* (March 4, 2011).
46　戦略策定におけるルールの役割についての議論は，K.M. Eisenhardt and D. Sull, "Strategy as Simple Rules," *Harvard Business Review* (January/February 2001): 107-116, を参照。

翻訳後記
—ロバート・グラント著『現代戦略分析』<第9版>の日本語訳について

　日本語版の初版（原著第6版の日本語訳）をもとに原著第9版の翻訳を行った。第6版と第9版のあいだでは，以下のような章の組み換えや新章追加があった。

第6版	第9版	
第1章	第1章	
第2章	第2章	
第3章	第3章	
第4章	第4章	
第5章	第5章	
第6章	第6章	
第7章	第7章	第6版の7，8，9章相当，競争優位の概念をあつかっていた3つの章が1つになった。
第8章		
第9章		
第10章	第8章	
第11章	第9章	
第12章	第10章	
第13章	第11章	
第14章	第12章	
第15章	第13章	
第16章	第14章	
	第15章	新章，M&Aと戦略的提携について。
第17章	第16章	

　目立つのは，第6版では全社戦略が13，14，15の3つの章であったのが，第9版では11，12，13，14，15と5つの章に増えたことである。

　第6版と比較して，第9版では表現が変わったり，削減事項や追加事項があったりしている。そのため，ハリネズミのように神経を尖らして変更箇所を捜し，翻訳するという作業になり，全部初めて訳すよりも作業が複雑であった。作業期間も，第6版のときには加瀬がほぼ全部（戦略コラムを除き）ひとりで，3カ月程度で訳

583

翻訳後記

したが，今回は国際大学，IESE Business School, Globis のひとたちに助けていただき，それでも 1 年以上かかってしまった。O tempora! O mores!

章別の日本語訳と，翻訳の査読をしていただいたかたがたには下記のリストに記載し，最大の感謝を表し，その貢献を称えたい。さらに明記したいのは中央経済社で本書を担当された酒井隆氏と校正の担当者のかたがたへの感謝である。図，表の作成は Grant 教授の作成したものをもとにして加瀬が行った。本文については，加瀬は，第 1 査読か，第 2 査読の形で，すべての章について目を通している。

章	翻訳	翻訳者の国際大学または IESE での学位	所属機関	翻訳査読	査読者の国際大学または IESE での学位
第 1 章	加瀬公夫			杉永淳一	国際大学 IMBA 2017
第 2 章	清井聡	国際大学 Master of E-Business Management		加瀬公夫	
第 3 章	加瀬公夫			矢野茜	国際大学 MBA 2017
第 4 章	伊藤弘隆	IESE MBA 2013		加瀬公夫	
第 5 章	加瀬公夫			佐藤正則	国際大学 IMBA 2017
第 6 章	宮林隆吉	IESE MBA 2013		加瀬公夫	
第 7 章	加瀬公夫			矢野茜	国際大学 MBA 2017
第 8 章	香川陽平	IESE MBA 2013		矢野雄城, 加瀬公夫	国際大学 IMBA 2017
第 9 章	香川陽平, 伊藤弘隆	IESE MBA 2013		加瀬公夫	
第10章	香川陽平	IESE MBA 2013		矢野茜, 加瀬公夫	国際大学 MBA 2017
第11章	岡田善之	国際大学 IMBA 2015		矢野雄城, 加瀬公夫	国際大学 IMBA 2017
第12章	岡田善之	国際大学 IMBA 2015		加瀬公夫	
第13章	岡田善之	国際大学 IMBA 2015		加瀬公夫	
第14章	岡田善之, 加瀬公夫	国際大学 IMBA 2015		川上慎市郎	
第15章	川上慎市郎		グロービス経営大学院教員	加瀬公夫	
第16章	川上慎市郎		グロービス経営大学院教員	加瀬公夫	

2018 年 7 月 26 日，北京師範大学にて

加瀬公夫

索　引

英　数

1分間安全（safety minute）............308
10-K 年次報告書 23
10億ドルの大失敗........................542
2G 345
21世紀の資本.............................563
21世紀フォックス........................401
2014年の破壊者（Disruptors of 2014）
　..561
3D グラフィックス......................540
3M..................22,75,154,155,303,566
4G 345
4シリンダー4ストローク・エンジン
　..283
4チャンネル方式.........................345
5つの力の分析...........................103
5つの力の枠組みの敷衍.................117
6シーズンサイクル......................293
6日間戦争.................................194
7S・フレームワーク......................67
A380スーパージャンボ..................129
AAA トライアングル....................450
ABB 214
ABC 396
ABN アムロ銀行...................174,530
Adnams of Suffolk......................406
AES 239
Airbnb（エアビーアンドビー）........285
Allen（アレン）..........................500
AMD 96
AMP.......................................75
Anand（アナンド）......................542
Anheuser-Busch InBev N.V.（アンハ
　イザー・ブッシュ・インベブ）......196
Anthropologie 237
AOL 532

ARM 162
ASMs 110
AT&T 346
AT&T ブロードバンド 530
Audi A3.................................248
AudiTT 248
Autonomy（オートノミー）...........470
B-24 Liberator 爆撃機 246
Bajaj 425
Baotian（宝田）........................425
Barton, Dominic（ドミニク・バート
　ン）....................................518
BASF 294
BCG の成長-市場占有率マトリックス
　..493
BCG マトリックス.....................493
Beinhocker, Eric（エリック・ベイン
　ホッカー）............................343
Berlin, Isaiah（イザイア・バーリン）
　..566
Best Buy 377
BGR INDIA 421
BG グループ 91
BHP ビリトン 101,502
BlaBlaCar...............................365
BMW 245,494
Boundaries 162
BP 212,249,308,507
Bradley, Todd（トッド・ブラッド
　リー）.................................452
Brandenburger, Adam（アダム・ブラ
　ンデンバーガー）....................126
Browne, John（ジョン・ブラウン）...212
BSA 135
BT 550
BTR 465

585

索引

Business Talent Group（ビジネス・タレント・グループ）……560
CAGE フレームワーク……441
Cairn エネルギー……91
Callaway Golf（キャロウェイ・ゴルフ）……546
Campbell, Andrew（アンドリュー・キャンベル）……475
Capron（カプロン）……542
Carpooling. com……365
Catmull, Edwin（エドウィン・キャットマル）……544
CDMA デジタル無線通信……162
Centrica……239, 471
Cerruti……171
CFM インターナショナル……545
Charan, Ram（ラム・チャラン）……188
Chesbrough, Henry（ヘンリー・チェスブロウ）……357
Cinven（シンヴェン）……503
Clearasil（クレアラシル）……540
CNH インダストリアル……522
Cognizant……451
Compass……176
Credit Bank……30
Crest……358
CT スキャナ……333
Curb……365
CVC キャピタル・パートナーズ……503
D'Aveni, Rich（リッチ・ダヴェニ）……124
de Geus, Arie（アリー デ・グース）……69
Deloite……497
DeNA……318
Dettol（デトール）……540
DNA プラントテクノロジー……296
Dorsey, Jack（ジャック・ドーシー）……218
Dr Reddy's Laboratories（ドクター・レディ・ラボラトリーズ）……546

DRAM チップ……254, 515
DSK……348
Durex（デュレックス）……540
DVD……403
Easyjet（イージージェット）……142
Ebbers, Bernie（バーニー・エッバーズ）……537
Eden McCallum（エデン・マカラム）……560
EDF……239
EDS……470
EMAP……374
Embraer（エンブラエル）……227
EMI……135, 158, 341
EMI レコード……470
Emotional and social intelligence……164
ENEL……239
ENI……192, 239
ENIAC……325
Enterprise Rent-A-Car……138
EON……239
ESPN……396
EU……400
Eureka オンラインカタログ……358
Everyday low price……237
Exel……176
Ferretti……171
Finish（フィニッシュ）……540
Fire Phone……485
Flextronics（フレクトロニクス）……398
Fortune Brands（フォーチュンブランズ）……540
Foxconn（フォックスコン）……416
Free People……237
Freemium……231
FreeMove Alliance（フリームーブ・アライアンス）……549
French（フレンチ）……540
GAP……396

Garso（ガルソ）	476
Gaz de France	239
G.D. サール	330
Geely（吉利）	171
Geroski（ジェロスキ）	341
GE/マッキンゼーマトリックス	492
Glencore International（グレンコア・インターナショナル）	539
Glencore Xstrata（グレンコア・エクストラータ）	502
Golf	248
Goodwin, Fred（フレッド・グッドウィン）	537
Goold, Michael（マイケル・グールド）	475
GPS 衛星	328
GPS システム	328
Grupo Tecnol（グルーポテクノル）	539
Gund	402
H&M	111, 271
H&R ブロック	316
Hailo	365
Harriman, E.H.（エドワード・ヘンリー・ハリマン）	537
Hasbro（ハズブロ）	402
HDTV	285
Hedlund, Gunnar（グンナー・フッドルンド）	216
Hold-out	96
HSBC	381, 441, 539
HSE（健康，安全，環境）	165
HSE（健康，安全，環境）能力	308
HSSE（健康，安全，保障，および環境）	507
HTC	122
IBM	21, 176
IBM System z	398
Icelandair（アイスランド航空）	178
ICI	448
ICT	207
Iger, Bob（ボブ・アイガー）	544
Iger, Robert（ロバート・アイガー）	172
IKEA	47, 229
I'm lovin'it	446
Innocentive	358
iOS システム	123
iPad	28
iPhone	28, 123, 325
iPod	28, 285
Irani（イラニ）博士	215
Islay（アイレー）島	171
ITC	476
ITT	212, 461
iTunes	343
IT インフラストラクチャ	172
Jacobides, Michael（マイケル・ジャコバイズ）	102
JAL	142
J.C. ペニー	377
J.J.F. Management	269
John Lewis Partnership（ジョン・ルイス・パートナーシップ）	564
JP モルガン・チェース	187
JVC	351
Kaupthing Bank of Iceland（カウプシング銀行）	520
Kellner-Rogers（ケルナーロジャーズ）	574
Kenzo	472
Kevlar fiber（ケブラーファイバー）	133
Kik	72
Kindle	485
Kindle Fire	485
Koç	478
KSFs	139
Kuehne+Nagle	176

索引

Kymco（光陽機車） ……………425
Kマート ………………………235
La Poste ………………………30
Lafley, A.G.（A.G. ラフリー）………209
Laphroaig（ラフロイグ）……………170
Lasseter, John（ジョン・ラセター）
　…………………………………540
LBO ……………………………538
LCDスクリーン ………………98
LED照明 ………………………515
Lending Club（レンディング・クラブ）
　…………………………………545
Lens Crafters（レンズクラフターズ）
　…………………………………539
Leonard, Dorothy（ドロシー・レオナルド） ………………………354
Levassor（レヴァッソール）………283
Levitt, Ted（テッド・レビット）……438
LG ……………………100, 122, 478
Linuxアプリケーション……………513
Lippman（リップマン）……………236
Lister, Joseph（ジョセフ・リスター）
　…………………………………356
Lorsch（ローシュ）…………………500
Louie's Sandwich Bar ……………194
Luxottica（ルックスオティカ）……539
LVMH（モエ・ヘネシー・ルイ・ヴィトン）……………………………472
Lyft ……………………………365
M&Aの管理 …………………541
M&Aの傾向 …………………531
Magretta, Joan ………………230
Mango …………………………111
Markides（マルキデス）……………341
Mattel …………………………402
MBA ……………………………177
McGrath, Rita（リタ・マクグラス）
　…………………………………125
McIntyre, Ben（ベン・マッキンタイアー）……………………………130
MCIコミュニケーションズ …………191
Messier, Jean-Marie（ジャン・マリエ・メシエ）……………………537
MFグローバル ………………………565
Minnesota Mining and Manufacturing …………………………………155
MITS ……………………………330
Morgan Olson ………………406
MP3 ……………………………75
MP3技術 ………………………328
MP3形式 ………………………102
MP3プレイヤー ………………285
MS-DOSオペレーティングシステム
　…………………………………154
Mフォーム ……………………520
Nalebuff, Barry（バリー・ネイルバフ）
　…………………………………126
NASA …………………………22
NASCAR ………………………126
NatWest（ナットウエスト）………174
NBA ……………………………172
NBCユニバーサル ………475, 530
NC ………………………………101
NineSigma ……………………358
NKモデル ………………………570
NPV ……………………………71
Nurofen（ヌロフェン）……………540
NVIDIA …………………………398
OEM ……………………………561
Office …………………………154
OfficeMax ……………………539
OLAY（オレイ）………………358
Online記事 ……………………231
OPEC …………………………94, 127
OS/2オペレーティングシステム ……340
Panhard（パナール）………………283
PDA ……………………………472
Pedigree Petfoods（ペディグリー・

588

ペットフーズ) ……………………234
PEST 分析 ……………………………83
PMI ……………………………………570
POS データ ……………………………293
Primark ………………………………271
PS3 ……………………………………136
Qingqi(軽騎)…………………………425
Quanta ………………………………398
QVC ……………………………………530
QWERTY タイプライタ ………………347
R&D ………………………………196, 353
RCA ……………………………………351
Reckitt Benckiser(レキットベンキーザー)………………………………540
Rent-A-Wreck ………………………269
RIM ……………………………………330
RISC アーキテクチャ ……………176, 515
RISC コンピューティング ……………329
RJR ナビスコ …………………………464
ROI ……………………………………374
RPMs …………………………………110
Rukstad(ラクスタッド)………………22
Ryanair(ライアンエアー)……………14
S&P500指数投資信託 …………………238
S&P500社 ……………………………294
Sabanci Holding ……………………478
SAP ……………………………………396
Sasol Chevron Holdings(サソル・シェブロン・ホールディングス)…547
Schön(シェーン)……………………361
Scholl(ショール)……………………540
Seat ……………………………………248
Shapiro(シャピーロ)…………………349
Sidecar ………………………………365
Siggelkow, Nicolaj……………………237
SK ………………………………………478
Skoda …………………………………248
Slywotzky, Adrian(エイドリアン・スライウォツキー)……………………356

Snapple(スナップル)…………………542
Sodexo …………………………………176
Stalk, George ………………………234
Staples(ステイプルズ)………………539
StatOil(スタトイル)…………………415
Stelzer, Irwin(アーウィン・ステルザー)…………………………………529
ST マイクロエレクトロニクス ………405
Sull, Don(ドン・サル)………………341
Sunglass Hut(サングラスハット)…539
Swiffer …………………………………358
Swire …………………………………521
SWOT 分析枠組み………………………12
Target(ターゲット)…………………235
TCS ……………………………………451
Tetley ブランド ………………………522
The Rumaila Field Operating Organization(ルメイラ油田作業管理機構─ROO)………………………546
Thompson, James(ジェームズ・トンプソン)…………………………209
TIM ……………………………………549
TJX ……………………………………377
TMT(テクノロジー, メディア, 通信)
………………………………………534
Tomos …………………………………425
Tonner Doll Company ………………402
Trinity Ltd(利邦)……………………171
Twitter(ツイッター)…………………23
T 型フォード …………………………242
T-モバイル …………………………346, 549
UBS ……………………………………173
Unmanned Systems Australia(アンマンド・システムズ・オーストラリア)………………………………548
UPS …………………………………176, 383, 406
Urban Outfitters(アーバン・アウトフィッターズ)……………………236
US スモークレス　タバコ会社

索引

(USSTC) ･･････････････････････87
Vale ････････････････････････････101
Vanguard ･･････････････････････238
Varian（ヴァリアン）･･････････････349
VCR ････････････････････････････350
VCサミット･････････････････････540
VHSシステム･･･････････････････351
Virgin America（ヴァージン・アメリカ）･････････････････････････231
Vivendi（ヴィヴェンディ）････････312
von Hippel, Eric（エリック・フォン・ヒッペル）････････････････342
VRIO ･････････････････････････173
VWビートル･･･････････････････248
Wafer（合晶科技）･････････････434
Weeks, John（ジョン・ウィークス）･････････････････････････200
Weichai（濰柴）････････････････171
Wheatley（ウィートリー）･･･････574
Whirlwood Magic Wands ･･････402
Whitman, Meg（メッグ・ウィットマン）･････････････････････452
WikiLeaks ･･････････････････････30
W.L. ゴア＆アソシエイツ･･････162
Woolite（ウーライト）･･･････････540
Wright, Orville（オービル・ライト）･････････････････････････191
x86マイクロプロセッサ･････････515
Xbox ･････････････････････････540
Xbox Live ････････････････････154
Xbox360コンソール････････････136
Xstrata（エクストラータ）･･･････539
X非効率性････････････････････250
X理論････････････････････････205
Yet2.com ････････････････････358
YGM ･････････････････････････171
YourEncore ･･････････････････358
Y世代（Generation Y）･･････････6
Y理論････････････････････････205

Znen ･････････････････････････425
Zott ･････････････････････････230
zオペレーティングシステム･････398

あ 行

アーカンソー･････････････････305
アーキテクチャ革新･･･････････297
アーキテクチャ能力･･･････････416
アーサー，ブライアン･････････559
アーセナル･･･････････････････167
アーリー・アドプター（early adopters）････････････････296
アイガー，ボブ･･･････････････544
アイガー，ロバート･･･････････172
愛好クラブ･･･････････････････199
アイコス･････････････････････359
アイズナー，マイケル････････160
アイゼンハウワー････････････192
アイソレーティング・メカニズム（隔離メカニズム）･･････････233
アイデアの伝達･････････････192
アイデンティティ（自己同一性）･････573
アイボリー・コースト･･････････69
曖昧さ受容･････････････････214
曖昧性･････････････････････200
曖昧性（ambidexterity）･････354
曖昧な因果関係･･･････235, 236
アイランド・デフ・ジャムレコード･･･158
隘路（ボトルネック）･･････････121
アウトソーシング･････････････502
アウトソース･････････････････337
アウトプット（業績）管理･･････508
アウトプット制御････････････508
アウトモービリ・ランボルギーニ･･･546
「青い海」（Blue Ocean）･･････18
アカデミー賞･･･････････････347
アクアスキュータム･････････171
アクセス回数･･･････････････231
アクセル･･･････････････････434

索　引

アクセンチュア …………………67,176
アクティヴィジョン・ブリザード……318
アクロバット・ポータブル・ドキュメント形式（pdf）………………334
アステック帝国………………………129
アストラ・インターナショナル………466
アスパルテーム（人工甘味料）………235
アセスメントセンター………………164
アゼルバイジャン……………………424
アソシエイツ…………………………573
新しい市場空間………………………232
新しい組織革命………………………214
新しい能力の開発……………………305
新しいリーダーシップ………………303
アッシュリッジ・ポートフォリオ……495
アップル …………………………28,154
アップルⅡ……………………………210
アップルⅢ……………………………210
圧力鍋…………………………………510
アディダス……………………………430
『当て逃げ』的参入者…………………90
アデルフィア・コミュニケーション＆MGM ………………………………530
『後工程』引き取り（プル）方式 ……284
アドナー，ロン………………………338
アドビシステムズ……………………334
アドホクラシー………………………215
アトレティコ・マドリード……………167
アドレンシング………………………345
アナと雪の女王………………378,401,402
アナハイム…………………………176,438
アナログ集積回路……………………429
アパレル業界…………………………410
アフターサービス……………………376
アプリ…………………………………331
アフリカ諸国…………………………564
アプリケーションソフトウェア…122,398
アプリケーションの相互の互換性……211
アベル，デレック …………………28,299

アマゾン……………………103,182,485
アムウェイ……………………………190
アムウエー・クリスチャン・フェローシップ………………………………378
アムジェン……………………………354
アメリカン・アパレル………………410
アメリカン・エキスプレス………255,264
アメリカンガール……………………379
アメリカン航空 …………………92,142
歩を合わせて専門化する（co-specialised）補完的資源………………334
アライドシグナル……………………465
アラブ世界……………………………561
アラブの春……………………………574
粗利益…………………………………506
アリオスバイオファーマ……………359
アルカーイダ…………………………562
アルカテル……………………………530
アルゴリズム……………………………32
アル・サリュー・ダ・カン・ロカ……313
アルストム………………………379,550
アルセロール・ミッタル………………196
アルトリア ……………………………87
アルトリア・グループ………………462
アルビーダ……………………………161
アルマーニ……………………………346
アレッシィ……………………………574
アンカー・ブルーイング・カンパニー
　………………………………………406
『アングロサクソン』的株主資本主義
　…………………………………………49
アンダーウッド………………………182
アンダーウッドモデル………………281
アンダーソン…………………………297
アンティダンピング…………………440
アンデルセン，ハンス・クリスチャン
　………………………………………402
アンドロイド……………………121,345
アンドロイドOS……………………408

591

索　引

アンハイザー・ブッシュ………………530
アンハイザー・ブッシュ・インベブ…530
アンペア…………………………………327
アンベブ…………………………………530
暗黙知……………………………31, 313
イージージェット………………………230
イーストマン・コダック……155, 464, 565
イーベイ…………………………………347
イーライリリー…………………………359
イールド（歩留まり）…………………110
イエズス会………………………………177
イェルプ…………………………………296
閾値………………………………………347
生き残り企業の戦略……………………385
李健熙（イ・ゴンヒ）…………………514
李在鎔（イ・ジェヨン）………………514
維持可能性（Sustainability）…………18
意思決定…………………………………198
意思決定サポート………………………497
意思決定者………………………………303
意思決定ツリー……………………………73
意思決定の管理…………………………508
意思決定分散型…………………………214
意思決定問題………………………………21
いすゞ……………………………………549
1月効果…………………………………239
一時報奨金………………………………198
位置づけ（Positioning）…………………21
位置づけ（ポジショニング）…………426
一貫性……………………………………188
一貫製鉄会社……………………………403
一般管理費（Corporate overheads）
　………………………………………495
一般経費…………………………………374
一般的な規則……………………………202
移転可能…………………………………472
移転可能性………………………………170
遺伝子シークエンス……………………340
移動障壁（Barriers to mobility）……138

意図された…………………………………29
意図された戦略（Designed strategy）
　………………………………………189
イノチェンティ…………………………425
イノベーションジャム…………………358
李秉喆（イ・ビョンチョル）…………514
イベント・ツリー…………………………73
イメージ差別化…………………………255
イメルト，ジェフ………………………302
イラク南部石油公社……………………546
イラン……………………………………424
医療品……………………………………472
イン・アンド・アウト・バーガー……415
因果関係…………………………………479
因果的連鎖（シーケンス）……………125
インクジェットプリンタ………………333
インスタントメッセージ・グループ…346
インセアッド……………………………231
インセンティブ…………………………199
インセンティブの構造…………………415
インセンティブの問題…………………407
インセンティブ報酬……………………383
インターナショナル・ゲーム・テクノ
　ロジー（IGT）………………………87
インターネット…………………………122
インターネット・エンジニアリング・
　タスク・フォース（IETF）………345
インターネットバンク…………………297
インターネットビューカム……………472
インターネットプロトコル……………345
インターフェース…………………205, 572
インターブランド………………………161
インターブリュー………………………530
インディテックス………………………229
インディテックス（ザラ）……………111
インデックス投資信託…………………238
インテル……………………………30, 91, 246
インド……………………………………374
インド鉄道………………………………197

イントラネット……………………312
インフォシス………………………578
インプット（意思決定）管理………508
インプット制御……………………508
インフレ対処度……………………492
ヴァージン・グループ………………75
ヴァイアグラ………………………330
ヴァルトブルク……………………284
ヴァレロ・エナジー…………………374
ウィークス，ジョン…………………200
ヴィヴェンディ・ユニバーサル………402
ウィッテル，フランク………………328
ウィットマン，メッグ………………452
ウィリアムソン，オリーヴァー………520
ウィン・ウィン・ゲーム……………130
ウィンテル…………………………281
ウィンドウズ 8……………………205
ウィン・ルーズ・ゲーム……………130
ウーバー………………………296,559
ヴーブ・クリコ……………………472
ウーロンゴン大学……………………378
ウェーバー，マックス………………203
ヴェスパ・スクーター………………425
ウェスファーマーズ…………………476
ヴェネツイア派……………………354
ウエブヴァン………………………282
ウェブ・ベース顧客サービス………177
ウェブベースマーケティング………217
ウェルチ，ジャック……………301,489
ウォーターマン，ロバート…………479
ウォートン・スクール………………551
ウォズニアック，スティーブ………190
ウォルト・ディズニー…………160,401
ウォルトン，サム…………………306,564
ウォルマート………96,138,168,201,564
浮かび上がってくる戦略（Emerging strategy）……………………189
ウガンダ……………………………564
ウクライナ…………………………561

後ろ方向……………………………400
薄板…………………………………403
打切りの脅威の信憑性………………96
ウプサラ・モデル…………………424
売上増………………………………193
売上高収益率………………………492
売上高の成長………………………506
売り手集中…………………………289
売り手集中化………………………425
売り手と買い手が独立性を保つ商関係
  （アームズ・レングス）……………412
売り手の交渉力………………………81
運営航路……………………………383
運営単位……………………………195
運転資本管理………………………168
運用…………………………………193
運用予算……………………………193
エアーカナダ………………………546
エアアジア…………………………230
エアバス……………………90,129,332,422
エアバス社…………………………126
エアビーアンドビー…………………559
映画産業……………………………547
映画レンタル………………………567
営業利益………………………………54
英国…………………………………194
英国規格協会………………………345
英国航空…………………………135,142,208
英国東インド会社…………………195
エイサー……………………………330
衛星無線信号………………………328
エイボン・プロダクツ………………119
営利企業………………………………34
エージェンシー（代理人）問題…198,516
エービス……………………………269
液晶カラーテレビ…………………472
液晶ポケット計算機…………………472
エキスパートシステム（expert system）……………………………312

索引

エクスプローラー……………………351
エクソール……………………………522
エクソン………………………………126
エクソン・バルデスの石油流出………308
エクソンモービル………………249,473
エコシステム…………………………416
エスプレッソコーヒー………………472
エッバーズ，バーニー………………537
エドワード・ジョーンズ………177,380
エビアン………………………………209
エホバの証人…………………………378
エマソン………………………………329
エミネム………………………………557
エリクソン……………………………167
エリザベス女王…………………………5
エレクトロニック・アーツ………318,402
エレクトロラックス…………………167
園芸……………………………………455
エンジニアリング……………………165
エンターテインメント………………401
エンタープライズセールス…………473
エンタープライズ・レンタカー……380
エンブラエル…………………………422
エンロン…………………………64,198
黄金（The Treasure of the Sierra Madre）…………………………234
欧州通信規格所………………………345
大型家電製品…………………………105
オークランド…………………………438
オークレー……………………………539
オーシャンズシナリオ………………304
オーステッド…………………………327
オーストリア派………………………124
オーディオファイル圧縮……………328
オートノミー…………………………541
オートマチック・トランスミッション
　………………………………………283
オーバードルフ………………………300
オープンアーキテクチャ……………121

オープン・イノベーション……325,357
オープンソース…………………122,345
オーランド……………………………176
オールドミーチュアル………………312
オクラホマ……………………………305
オティコン……………………………300
オデオ…………………………………343
男らしさ/女らしさ…………………443
オハイオ………………………………285
オフィスコピー機……………………328
オフィス・デポ………………………539
オフィスメンテナンスサービス……444
オフショアリング……………………432
オプション……………………………72
オプションアプローチ………………568
オプション型の投資…………………548
オプション価値………………………567
オプション管理としての戦略………74
オプションの管理……………………567
オペレーショナルレベルでの関連性…481
オペレーション………………………165
オペレーション業務…………………195
オペレーション計画…………………188
オペレーション効率…………………355
オペレーティング慣行………………383
オペレーティングシステム………85,98
オマハの賢者…………………………373
おもな弱み……………………………176
親会社…………………………………195
親会社（Parent company）…………475
オライリー，チャールズ……………299
オランダ東インド会社………………195
オランダ領東インド…………………439
オリベッティ……………………155,182
オリンピア……………………………182
オレンジ………………………………549
卸売業者………………………………165
音楽配信事業…………………………471
オンデマンド・マーケティング……376

594

温度計……………………………254
オンライン
　　──・ギャンブル ……………285
　　──金融サービス …………287,297
　　──検索 ……………………227
　　──雑貨 ……………………297
　　──雑貨購入 ………………297
　　──証券会社 ………………256
　　──タクシーサービス ……285
　　──取引 ……………………170

か　行

ガースナー，ルイス………………303,513
ガーディアン（英）………………176
カーナビ衛星システム……………328
カーネギー派………………………291
ガーミン……………………………328
カーライル・グループ……………476
カールソン，チェスター・F ……328,333
カーン，ハーマン…………………303
海外市場……………………………492
海外生産……………………………241
海外生産戦略………………………423
海外への参入戦略…………………423
会計学…………………………………31
会計上の利益 …………………52,535
会計そして経営コンサルティング事務所…………………………………172
会計利益………………………………51
解雇金………………………………477
外国為替市場………………………238
外国為替レート……………………561
会社の価値…………………………502
会社の独自性（Identity）…………21
外食産業……………………………138
外生変数……………………………131
改善…………………………………166
階層構造の層………………………512
階層構造（ヒエラルキー）……187,203

階層数の削減（Delayering）………215
階層的体系…………………………166
階層によるコントロール…………217
階層の調整システム………………203
外注（アウトソーシング）……176,416
買い手の交渉力 …………………81,425
ガイドライン………………………191
開発計画……………………………191
開発費………………………………245
外部改善による潜在的価値………502
外部環境…………………………152,200
外部環境での変化を先取りする能力…228
外部事業機会………………………479
外部資本市場………………………476
開放型イノベーション……………327
開放された領域境界（Permeable organizational boundaries）………216
カウフマン…………………………570
カオスの手前………………………570
顔認識………………………………540
価格…………………………………165
価格感度（センシティビティ）……96
価格プレミアム……………………239
価格割り増し（プレミアム）……376
関わり合い（コミットメント）……126
関わり能力（Relational capability）
　………………………………………548
鍵となる資源………………………157
鍵となる強み………………………175
課金システム………………………471
学習…………………………………157
学習効果……………………………347
学習と能力構築……………………210
学習の経済 ………………91,246,496
革新……………………297,300,302,312,327
革新エコシステム…………………338
革新サイクル………………………328
革新者……………………………295,338
革新探求戦略………………………336

革新的技術…………………558
革新的商品…………………472
革新的組織…………………355
革新による競争優位………………229
革新の2段階モデル………………338
革新の管理…………………223
革新の特徴…………………337
革新の間合い（タイミング）……325,339
革新の利益…………………330
革新プロセス………………325,327
革新利用の戦略……………336
革命的戦略…………………350
格安航空……………………142,230
家計…………………………560
加算的量拡大………………438
カジュアルシューズ………………430
加重平均資本コスト（WACC）………54
過剰生産能力………………94,129,289
ガス液化技術………………547
カスケード理論……………193
カスタマーサービス………………471
カスタマーサポート………………398
カスタマー・リレーションシップ（顧客関係）管理（CRM）……………375
カスタマイズされたビジネス情報……176
カスパロフ，ギャリー……………21
ガスプロム…………………91
課税…………………………207
仮説…………………………192
寡占体制……………………85
仮想化（Virtualization）……………497
仮想企業……………………416
仮想現実アプリケーション………………497
価値…………………………46,48
勝ち馬（バンドワゴン）………………351
価値獲得……………………325
価値観………………………66,478
価値重視経営（Value-based management）……………………53

価値線（Value line）………………232
価値創造……………………51,462,469,492
価値ドライバー……………58
価値の創造…………………46
価値の追求…………………47
価値破壊……………………373
価値連鎖……………………250
価値連鎖再設定（Value chain reconfiguration）…………………378
価値連鎖分析………………165
価値連鎖を使ったコスト分析…………225
活動（Activities）システム…………14
活動システム………………236
活動システム（Activity systems）…292
活動に該当する能力………………165
活動の鎖（チェーン）………………267
活動の継続順序（Sequence）…………250
活動の文脈性………………570
合併…………………………424,532
合併後の統合（Post-merger integration）…………………531
合併と買収サービス………………172
合併と企業買収（M&A）…………531
過程（Process）……………307
家庭向け保険………………471
家庭用洗剤…………………289
家庭用防犯システム………………471
稼働率………………………132,249
金のなる木…………………494
画鋲製造……………………197
株価高評価…………………479
株式会社（Corporation）………172,195
株式金融（Equity finance）…………537
株式時価……………………28
株式時価総額………………14
株式総利回り………………57
株式引き受け………………172
株式非公開企業……………476
下部システム………………205

索　引

株主価値……………………344, 469
　──最大化の事業モデル ………510
　──創出にかんする理論的な方向
　　　転換 ……………………565
　──の創出 ……………………50
　──の創造 ……………………464
　──破壊 ………………………519
株主還元 …………………………64
株主資本コストと借入金利の加重平
　　均 ………………………………53
株主資本利益率 …………………26
株主利益 …………………………49
カプロン …………………………551
壁をつくらない（boundarylessness）
　………………………………510
神の見えざる手 …………………66
カラシ ……………………………540
カララ ……………………………547
刈入れ（ハーヴェスト）………386, 387
カリフォルニア州職員退職年金基金…466
カリブ海 …………………………329
下流 …………………………27, 214
下流方向 …………………………400
カルジーン ………………………296
カルティエ ………………………387
カルテル化 ………………………97
ガルフアンドウエスタン ………462
カルフール ………………………377
ガルブレイス，J.K. ………………400
ガルブレイス，ジェイ …………187
川上 ………………………………490
川崎重工 …………………………550
川下 ………………………………490
為替交換レート …………………373
為替レート ………………………427
環境サービス ……………………483
環境主義者 ………………………562
環境条件 …………………………294
環境分析 …………………………81

玩具 ………………………………254
玩具業界 …………………………228
関係的契約 ………………………413
還元 ………………………………436
韓国 ………………………………289
監査報告書 ………………………517
監視するための費用 ……………398
慣性（inertia）………………278, 510
間接的外部性 ……………………348
完全競争市場 ……………………238
缶詰食品 …………………………384
監督，評価のシステム …………199
願望 ………………………………200
ガンホーオンライン ……………318
管理コスト ………………………398
管理システム ……………46, 381, 438
管理情報システム ………………159
管理職 ……………………………465
管理スタイル ……………………308
管理の幅（Span of control）………215
管理部門 …………………………512
管理メカニズム …………………199
官僚主義 …………………………495
官僚制度 …………………………203
官僚組織 …………………………203
関連産業 …………………………428
関連事業での多角化 ……………465
『関連性』多角化 ………………480
ギアボックス ……………………283
機会 ………………………………13
機械式時計 ………………………387
機会主義者的行動 ………………405
『機械主義的（メカニスティック）』組
　　織 ……………………………381
機械的官僚制（マシーン・ビューロク
　　ラシー）………………………381
機械的（マシーン）官僚制 ……203
機械論的（Mechanistic）官僚制 ……203
機械論的な形態 …………………206

規格	325
規格化	325
規格競争	130, 349
企画構想(デザイン)	29
企画構想派—Design School	29
企業	560
起業家	191
企業家精神	228, 379
起業家精神	571
企業が直面する基本的な質問	26
企業活動	165
企業間の境界	574
企業合同(トラスト)	532
企業再編(コーポレート・リストラクチャリング)	375
起業支援	539
企業整合性	168
企業全体の目的(Mission)	27
企業知識論(Knowledge-based view of the firm)	314
企業倒産件数	565
企業投資基金	514
企業統治(コーポレートガバナンス)	49, 198, 516
企業に特有な(ファーム・スペシフィック)	436
企業の価値	46
企業の事業環境の核	83
企業の事業範囲(Corporate scope)	464
企業の事業範囲(製品および市場)	23
企業の社会的責任	18, 68
企業の社会的責任(CSR)	69, 260
企業の単位あたりコスト(産出物1単位あたりのコスト)のおもな決定要因	243
企業の長期的な成功の正当性	18
企業乗っ取り屋	461
企業の目的の再設定	565
企業の目標	46
企業買収	26, 492
企業秘密	161, 331
企業ファイナンス	567
企業文化	200
企業ベースの資源と能力	431
企業への利害関係者アプローチ(Stakeholders approach)	49
企業ポートフォリオ	299
企業本部(Corporate center)	212, 499
儀式	200
技術	427
技術規格	157
技術集約的産業	325
技術上の不確定	342
技術戦略	325
技術的革新	232
技術的代替	384
技術的な規格	281
技術的な投入物-産出物関係	244
技術的に単純な製品	254
技術トレンド	561
技術に基礎を置く産業	223
技術ノウハウ	431
技術の経済	403
技術の方向性	23
希少性	170
規制遵守(コンプライアンス)	92
規則と指令	202
規則の合法性の信念	203
基礎研究	329
基礎能力	297
既存企業間での競合関係	81
既存企業(他から-Alio-の参入者)	296
既存製品	232
既存組織	355
既存の技術	232
既存の技術とは一線を画すもの(Disruptive)	297

既存の航空会社（Legacy carriers）…142
既存の産業………………………………232
既存の事業モデル………………………543
既存のパラダイム………………………311
期待感……………………………………349
機内サービス……………………………171
機能横断的(Cross-functional)な開発
　チーム方式……………………………308
機能分析…………………………………165
厳しい（ハード）関与…………………129
規模縮小…………………………………375
規模の経済……………90, 95, 210, 374, 441
基本的な生産作業………………………202
キム………………………………………138
キム，W・チャン ……………………231
逆選択（アドバース・セレクション）
　…………………………………………171
逆張り戦略（Contrarian strategy）…239
キャタピラー……………………………249
キャッシュフロー…………………51, 440
　──使用 ……………………………476
　──創出 ……………………………476
キャットマル, エドウィン………544, 545
キャップジェミニ………………………176
キャディラック…………………………211
キャドバリー……………………………50
　──・シュウェップス ……………437
キヤノン……………………………328, 477
キャビア…………………………………424
キャピタルワン…………………………415
キャプラン………………………………505
キャプラン，ロバート …………………62
キャリア戦略……………………………158
キャリー，マライア……………………158
キャロル，グレン………………………287
キャンベル………………………………170
キャンベル，アンドリュー……………475
休暇………………………………………254
キューバ・ミサイル危機………………126

給与………………………………………207
脅威………………………………………13
教育………………………………………326
脅威の信憑性……………………………130
業界規格…………………………………344
業界処方箋………………………………134
業界全体の思考体系に対峙する（con-
　front）…………………………………380
強化者……………………………………295
共感力……………………………………576
供給側からの分析………………………253
供給者による代替（供給側の代替可能
　性）……………………………………137
競合他社…………………………………492
競合他社情報分析（Competitive intel-
　ligence）………………………………132
競合分析…………………………………117
強固で順応な戦略………………………343
強制的な規格……………………………345
業績インセンティブ……………………199
業績管理……………………………62, 508
業績管理ツール…………………………577
業績計画…………………………………506
『業績契約』システム…………………212
業績診断…………………………………46
業績第一主義文化………………………506
業績の管理………………………………506
業績の診断………………………………33
業績の測り方……………………………49
業績の評価………………………………33
業績評価指標（Performance attrib-
　utes）…………………………………231
業績不振（sluggish performance）…372
業績目標……………………………62, 193
業績モニタリング………………………506
業績を監視する役割……………………492
競争………………………………………50
競争インテリジェンス（CI）…………132
競争がある（コンテスタブル）………90

599

競争過程での不完全性·················238
競争可能性（コンテスタビリティー）···90
競争環境···························120
競争戦略····························26
競争的市場························413
競争の荒波から守られた（シェルタード）産業·······················455
競争の効果························408
競争プロセスにおける不完全性·····226
競争優位···········5, 81, 159, 227, 469, 492
競争優位性·····················157, 226
競争優位の維持····················225
競争優位の外部要因················226
競争優位の確立····················225
競争優位の源泉と次元··············223
競争優位の内部要因················226
競争優位への機会··················226
共通価値（Shared value）·······69, 565
共通サービス（Corporate services）
································498
共通資源の内部配分················475
共通性（Pattern）··················28
共通の役務サービス················496
共通の管理サービス················212
共通の所有意識への希求············255
共通の所有者······················403
共同運航便························546
協同組合······················503, 564
協働（コーオペレーション）·······126
協働的垂直方向····················416
協働的垂直方向の関係··············416
協働での問題······················516
協働と調整の助け··················200
共謀······························127
共謀価格··························130
業務支援··························471
業務予算··························506
業務ライセンスの議論··············69
共有価値····························67

共有サービス組織（Shared service organization）·················496, 497
共有サービス部門··················472
共有された価値観··················199
巨視的（マクロ）環境観察··········83
巨人たち··························537
『切り裂きフレッド』・グッドウィン···503
キン······························343
キング····························318
金属······························289
金のアーチ（M字）················446
金融······························31
金融危機······················126, 560
金融サービス··················171, 483
金利······························73
クアルコム························162
グーグル······················47, 75, 200
グーグルクローム··················340
空軍曲芸飛行チーム（レッドアロー）
································308
グールド，マイケル················475
クエーカー・オーツ················542
クオーツ時計······················297
口コミ式マーケティング（Viral marketing）························264
掘削会社··························415
靴製造業者························430
グッチ························264, 474
グッドウィン，フレッド············537
グッドリッチ······················288
国ごとの価値観の尺度··············442
国ごとの嗜好······················444
国ごとの製品差別化················441
国に特有な（カントリー・スペシフィック）·······················436
国ベースの資源····················431
国別市場ごとでの差別化············438
組立てライン······················284
クラーク··························297

索　引

クライスラー……………………534
クラウドコンピューティング……182,513
クラウドソーシング………………560
グラクソ・スミスクライン（GSK）…546
クラスター…………………155,217
クラフトフーズ……………50,437,462
グラミー賞…………………………159
グラミン銀行………………………564
グラントソントン…………………173
クリア・チャンネル・コミュニケーション……………………………386
グリーンウォルト，クロフォード……64
グリーンフィールド参入…………424
クリステンセン，クレイトン……298,543
クリフォードチャンス……………439
クリュッグ…………………………472
グループ規範………………………430
グルポ・アルファ…………………466
グルポ・カルソ……………………466
グレイ，イライシャ………………339
クレイボーン，リズ………………292
クレジットカード…………………287
クレジットデフォルトスワップ（CDS）
　………………………………332
グレンリヴァー……………………346
グローヴ，アンドルー……………301
『グローカル』化…………………445
グローバル化……………………209,438
グローバルカー……………………445
グローバル・カーモデル…………441
グローバル学習……………………566
グローバル化のペナルティ………453
グローバル経済……………………561
グローバル産業……………………424
グローバル戦略……………29,393,438
グローバルな統合と国ごとでの差別化
　の折り合い…………………443
グローバル・ネットワーク………67
グローバル・ハブ…………………497

グローバル・フォーチュン500………563
クローム……………………………121
クローンメーカ……………………351
クロスボーダー……………………438
クロスライセンス…………………336
クロック，レイ………………281,316
軍事戦略……………………………16
軍用品………………………………444
経営インセンティブ（Management incentives）………………………506
経営革命……………………………311
経営慣行（Practices）……………236
経営幹部…………………………83,299
経営幹部（エージェント）………516
経営管理……………………………471
経営管理革新………………………231
経営管理システム…………………168
経営管理スタイル…………………495
経営コンサルティングサービス……94
経営思想家…………………………562
経営者の心理的こだわり…………385
経営上層部（Senior management）の
　利益…………………………517
経営上のメカニズム………………397
経営陣への報酬……………………519
経営スタイル………………………371
経営戦略論（Strategic management）
　………………………………31
経営大学院…………………………177
経営能力……………………………427
経営判断の歪み……………………537
計画された創出……………………30
景気後退期…………………………106
景気循環……………………………492
経験曲線……………………………241
経験財………………………………255
経験財（Experience goods）………262
警告…………………………………235
経済協力開発機構（OECD）………562

601

索　引

経済グループ･･････････････････477
経済的付加価値（EVA）･･････････52
経済的利益････････････････････51
経済的レント（超過利潤）･･････････52
経済利益･･････････････････････52
形式知･･････････････････････313
傾斜掘削････････････････････170
継続的な意思決定志向の計画･･････505
携帯コンピュータ････････････････472
携帯電話･････････････100, 286, 472
携帯電話サービス････････････････471
携帯用アプリ･････････････････････25
契約書作成費用･･････････････････398
契約破棄････････････････････385
経理･･･････････････････････159
系列･･･････････････････････547
経路依存性（Path dependency）････305
ケース分析･･････････････････558
ケータリング（配膳業）･･････････474
ゲートレード･･････････････････542
ゲームオブスローンズ･･･････････346
ゲーム構造の変革････････････････130
ゲームチェンジャー･･････123, 278, 300
ゲームチェンジャー戦略････････････511
ゲームの理論････････････････････16
ゲーム理論････････････････117, 263
化粧品･････････････････289, 444, 472
決定木（Decision tree）･････････21
決定権限の分散･････････････････207
ケニア･･････････････････････422
ケネディ･･････････････････････22
ゲノミクス････････････････････333
ゲマワット，パンカージ････････111, 438
ケロッグ･･････････････････170, 256
権威････････････････････････430
限界質量（Critical mass）･･････539
限界費用････････････････････313
減価償却････････････････････245
減価償却費････････････････････159

研究開発費････････････････････377
研究者･･･････････････････････357
権限委譲型モデル････････････････453
権限集中････････････････････203
権限集中化･･･････････････････303
権限付与（エンパワー）･･････････････30
権限分散････････････････････196
権限分散化･･･････････････････303
健康維持機関（HMOs）･･････････97
現在値････････････････････････53
検索エンジン･････････････････567
顕示的（Explicit）･･･････････････22
顕示的（explicit）･･････････････313
現状（Status quo）･････････････301
献身（Commitment）･････････････22
原則または価値観声明･････････････23
現代････････････････････････167
限定合理性････････････････････21
限定的合理性････････････････292
現場（オペラティブ）･･････････････381
現物取引････････････････････128
原油価格下落････････････････301
堅牢性（Consistency）･･････････255
コア硬直性･･･････････････････291
コア（Core）硬直性････････････307
コア（Core）能力･････････････307
コアコンピタンス･･･････････154, 164
「コア」コンピタンス（企業個有能力）
　･････････････････････････165
ゴアテックス･････････････････162
コア能力････････････････････291
ゴイスエタ，ロバート･･･････････225
行為者（Agent）･･････････････294
交易可能････････････････････436
公開････････････････････････344
郊外型の大規模小売店（Big-box
　stores）･･････････････････229
鴻海精密工業･･････････････････416
高解像度LED TV･･･････････････515

効果的な実行	12
効果的（ハイパワー）	199
高級紙	176
高級万年筆	387
公共善	200
公共的な（または開放された）規格	344
工業用塗料	472
航空宇宙産業	245, 405, 428
航空運輸	289
航空エンジン製造業者	297
航空会社の連合	547
広告宣伝	165
広告宣伝会社	173
広告予算	132
行使価格	73
高収益性の2つの源	469
交渉打切りの能力	96
交渉費用	398
工場閉鎖にかかる費用	385
交渉力	250
構成員のかかわり	217
合成ガソリン工場	547
合成顔料	294
公正取引（Fair trade）	69
構成能力	166
構造―行動―成果 SCP（structure conduct performance）	118
構造的双面性	300
構造的なものと文脈的なもの	299
構造的優位性（Architectural advantage）	102
構造と競合関係	429
構造は戦略に従う	189
肯定的インセンティブ	199
肯定的な反応（ポジティブフィードバック）	347
公的規格	345
行動科学	298
行動慣習	200
行動規範	200
行動規範（Principles）	516
高度に効果的だった文化が妨げ（Dysfunctional）	201
購買	165, 496
購買行動	207
購買力平価	427
後発参入者	330
広報	165
小売銀行	483
小売銀行業	444
効率	168
効率性	371
効率的市場	238
合理的戦略策定（Strategy design）	29
『合理的デザイン』派	505
合理的なデザイン（企画）	30
小売流通業	171
コーエン，ライアー	158
コース，ロナルド	398
コーティナ	309
コーティング技術	474
コード化可能知識	332
コーニング	499
コーヒー濾し器（パーコレーター）	257
コーペティション	126
ゴール	198
ゴールドウィン，サミュエル	303
ゴールドマン・サックス	172
コールバーグ・クラビス・ロバーツ	464
ゴールマン，ダニエル	576
コーロン・インダストリー	133
コカコーラ	28, 126, 170
小型株効果	239
互換性	344, 346
顧客価値	67
顧客価値提案（Value proposition）	168
顧客サービス	165, 170
顧客サポート	207

索引

603

索引

顧客志向……………………293
顧客嗜好……………………384
顧客選択………………371,375
顧客対処（Customer responsiveness）
　……………………………380
顧客データベース…………471
顧客による代替（需要側の代替可能性）
　……………………………137
顧客の好み…………………437
顧客の嗜好の均一化………376
顧客の嗜好分析……………258
顧客のための解決法………379
顧客のニーズと嗜好 ………82
顧客向けソリューション…466
顧客ロイヤルティ（Loyalty）
　…………………91,101,227
国際化戦略の実行…………447
国際競争……………………423
国際市場……………………492
国際通貨基金（IMF）……562
国際標準化機構……………345
小口取引（リテール）銀行…177
国民国家……………………558
国有企業……………………197
国立衛生研究所……………340
ゴシャール…………………214
ゴシャール，スマントラ…447
個人主義……………………443
コスタコーヒー……………132
コスト管理…………………473
コスト効率…………………241
コスト効率性………………243
コスト削減 …………………28
コスト条件 …………………94
コスト測定基準 ……………63
コスト・ドライバー（原価作用因）…243
コストの極小化目標………383
コスト分析……………225,240
コストポジション…………243

コスト優位…………………240
コスト優位性……………91,373
コスト優位の源泉…………225
コスト・リーダー…………239
コスト・リーダーシップ
　……………………29,225,239,250
誇大妄想の犠牲者…………537
コダック…………………155,440
誇張された（Stretch）目標設定 ……301
国家資本主義………………564
ゴッサード…………………378
固定価格……………………415
固定電話サービス…………471
固定費 ………………………94
コナーペリフェラル………298
コミッションベース………190
コミットメント……………188
小麦製粉企業………………404
コムキャスト………………401
コムキャストのユニバーサル・オーランド・リゾート……402
コメット……………………328
コモディティ化（商品化）……121,373
コモディティ産業 ……………94
コモディティ（商品）……97,253
雇用解除パッケージ………517
雇用契約……………………398
雇用費用……………………431
コリンズ……………………302
コリンズ，ジム………………22,567
コルゲート・パーモリーブ…119,256
コルテス，ヘルナン………129
コロンビア…………………439
コングロマリット……155,377,476
コングロマリット割引…466,479
コンゴ………………………198
コンサート…………………550
コンジョイント分析………258
コンセプトグループ（concept group）

……………………………………293	最適戦略選択………………………125
コンディット，フィル ……………64	最適の多角化………………………462
コンティンジェンシー理論 …14, 187, 205	最適分業……………………………198
コンテンツ…………………………401	財閥…………………………………521
コンテンツ製作者…………………539	財閥（Chaebol）……………………514
コンテント知識……………………164	細分化市場（サブマーケット）………136
コンパクト・ディスク…………129, 327	再編…………………………288, 539
コンピタンシーの罠………………291	再編戦略……………………………375
コンピタンシー・モデリング……164	財務 …………………………31, 165, 193
コンピテンシーモデル……………576	財務，環境，政治リスク…………207
コンビニエンスストア……………374	財務管理……………………………496
コンフィギュレーション…………297	財務管理型企業……………………508
コンポーネント機能（Component capabilities）……………………416	財務行為……………………………195
	債務再編……………………………503
さ 行	財務諸表 ………………………23, 517
サーチエンジン ……………………75	財務操作 ……………………………49
サービス産業………………………316	サイムダービーグループ…………466
サーブ………………………………549	財務的インセンティブ付与の費用……201
サーフェイス………………………343	財務的，技術的資源 ………………14
サーモン，フェリックス…………386	財務的構造…………………………195
サール………………………………333	財務的レバレッジ…………………476
サイアート，リチャード…………291	財務統制（Financial Control）………508
採掘と開発費用……………………249	財務の統制…………………………506
サイクルタイム ……………………63	債務不履行…………………………468
最高経営陣 …………………………23	財務目標 ……………………………62
最高経営責任者（CEO）…23, 49, 172, 504	財務やオペレーショナルギアリング （レバレッジ）……………………343
在庫率………………………………193	財務レバレッジ……………………567
財産権………………………………330	サイモン……………………………330
最小効率規模（Minimum efficient scale）……………………………406	サイモン，ハーバート……………291
最小効率プラント規模（MEPS）……244	財やサービス………………………197
再生（Replicate）…………………171	『最良』の組織構築 ………………205
財政赤字……………………………560	サウジアフムコ ……………91, 197, 249
再生エネルギー ……………………72	サウスウエスト ……………………92, 142
再設計（Reconceptualization）……232	サウスウエスト航空 ………………31, 230
裁定（Arbitrage）…………………450	先取り………………………………235
最適規模……………………………406	作業慣行……………………………246
最適再編価値………………………502	サスペンション……………………284
	サターン部門………………………300

索 引

サッカー	167
ザッカーバーグ，マーク	342, 517
サッスオーロ	547
サブシステム	204
サブ目標	199
サプライチェーン（供給連鎖）	229
サプライヤ	24
差別化	225, 239, 255, 360
差別化潜在可能性	376
差別化の分析—供給側から見て	225, 260
差別化の分析—需要側から見て	225, 256
差別化の本質	225
差別化費用	264
差別化分析	225, 253
差別化分析での価値連鎖	225
差別化への革新的アプローチ	481
差別化優位性の維持可能性	256
サムスン	100, 122, 194
サムスン電子	490
鞘取引（Arbitrage）	439
ザラ	229
サラ・リー	377
サル，ドン	341
産業環境	12, 46
産業（業界）分析	33, 82
産業構造	81
産業収益性	81
産業進化	293
産業進化の可能経路	303
産業スパイ活動	133
産業組織	118
産業組織（IO）経済学	85
産業特有の作用因（Influences）	85
産業内での収益水準	425
産業における収益性	82
産業の『クラスター』	428
産業の集中度	245
産業の定義	81
産業の動態力学（ダイナミックス）	106
産業の魅力度	81, 469
産業は重要か	117
産業発展	277
産業発展と戦略変化	223
産業分析	81, 120
産業分析を使っての戦略策定	101
産業平均よりもおおきい利潤	226
産業魅力度	157
産業魅力度分析	81
産業要因	157
産業ライフサイクル	277
産業レシピ（recipes）	380
サンクトペテルブルク	452
参考損益計算書（Proforma Profit and Loss）	193
三次元地震分析	170
産出（アウトプット）	96
産出高	506
産出の測定	199
サンタンデール銀行	441
サントニ	430
参入	336
参入障壁	85, 138, 157
参入障壁の効果性	92
参入阻止価格理論	234
参入の脅威	81
参入費用テスト	469
サンビーム（Sunbeam）	503
参謀直系式（Line-and-Staff）構造	195
サンホセ	497
シアーズ・ホールディングス	236
シアーズ・ローバック	195
シーキング・アルファ	386
シーゲート	298, 398
示威行為	128
シーハム・インフォメーション・システム	285
シービーエス・レコード	470
シーメンス	100, 550

索引

ジヴァンシ……………………………472
自営の職人……………………………398
シェール油（頁岩油）…………………94
ジェットエンジン……………328,473,545
ジェットエンジン技術………………297
ジェニーン，ハロルド………………212
ジェニーン，ハロルド・シドニー……461
ジェネラルマネジメント（全体的な経営能力）………………………………472
ジェネラルマネジメント能力…………481
ジェネンティック……………………359
シェフィールド………………………422
シェル……………………195,200,213,239
支援活動………………………………165
ジェンセン，マイケル ……………49,537
時価……………………………………161
資格認定機関……………………………90
シカゴ大学………………………………92
時価総額 ………………56,161,503,530
指揮統制（Command and control）…217
事業革新者……………………………361
事業間（Business to business）取引
　………………………………………261
事業環境………………………………189,558
事業間での資源共有や能力移転，転送
　………………………………………498
事業間のつながり（Linkages）…471,496
事業計画………………………………192
事業計画書……………………………190
事業システム…………………………300
事業所要時間（Cycle times）………229
事業セクター…………………………214
事業セグメント別の業績報告………480
事業戦略………………………………25,396
事業戦略の定義…………………………19
事業体（Firm）………………………204
事業の間での資産の割当て……………26
事業の外部環境分析……………………4
事業の関連性…………………………481

事業のグローバル化…………………422
事業の潜在的な価値創造の可能性……494
事業の内部環境分析……………………4
事業の売却……………………………501
事業培養単位（コーポレート・インキュベーター）……………………………361
事業部…………………………………187
事業部制………………………………520
事業部制会社（The multidivisional corporation）………………………195
事業部制形態…………………………195
事業部制組織構造（Multidivisional structure）………………………210,211
事業プロセス…………………………168
事業プロセス管理（Business process management）……………………247
事業法人………………………………194
事業ポートフォリオ…………………481
事業ポートフォリオ管理……………492
事業ポートフォリオ分析技術………490
事業モデル……………………………6,230
事業モデル革新………………………230,567
事業モデル特許………………………328
事業ライフサイクルの周期…………511
事業領域………………………………393
事業レベルの自主性…………………504
資金貸付け機関………………………476
資金管理（Treasury）………………496
資金の割当て…………………………492
資源（Resources） ……………6,151,159
資源ギャップ…………………………551
『資源再位置づけ』モデル ……………318
資源条件………………………………226
資源展開…………………………………15
資源と能力……………………………12,46
資源と能力に基礎を置く戦略………151,154
資源と能力の移転可能性……………238
資源と能力の戦略的重要性…………169
資源と能力の分析 ……………………33

索　引

資源と能力の役割……………………152
資源の活用（Leverage）………………22
資源の効率性……………………………439
資源の認識………………………………151
資源の配分………………………………520
資源の引き延ばし（Stretch）…………22
資源の優秀性……………………………157
資源配分……………………………188,196
資源配分システム………………………492
資源分割……………………………288,375
資源分析の産業的文脈…………………178
資源ベース・アプローチ………………158
資源ベース理論……………………………18
資源（リソース）…………………18,152
資源（リソース）ベース理論…………154
資源割当て………………………………510
『思考に入り込む』能力………………133
自己勘定売買……………………………172
自己管理…………………………………576
自己実現的予言…………………………349
自己資本…………………………………374
自己資本価値……………………………502
自己組織…………………………………214
自己組織化…………………………204,569
自己同一性（Identity）…………………66
自己統合的調整メカニズム……………214
仕事回避（シャーク）…………………199
仕事倫理…………………………………430
自己認識…………………………………576
自己変革能力（ダイナミック・ケイパ
　ビリティ）……………………………511
自己満足…………………………………510
資産圧縮…………………………………375
資産価値の評価…………………………160
資産総額…………………………………159
資産の売却………………………………476
資産利益率（ROA）……………………57
事実上の規格……………………………345
事実上の垂直統合………………………416

自社開発主義（NIH―Not invented
　here）……………………………………499
自社所有の規格（Proprietary stan-
　dard）……………………………………349
自社ブランド………………………………97
市場開発組織（MDO）…………………499
市場価格…………………………………397
市場価値…………………………………502
市場規模…………………………………492
市場食い込みの価格政策………………349
市場経済…………………………………397
市場支配力（Market power）…………157
市場収益性………………………………492
市場浸透率………………………………506
市場成長率……………………………492,493
市場占拠率…………………………………17
市場占有率……………………………227,492
市場調査……………………………31,165,354
市場テスト………………………………165
市場洞察力………………………………165
市場取引…………………………………398
市場のニーズ……………………………182
市場の不確定さ…………………………342
市場の魅力度……………………………492
市場の乱高下……………………………561
市場メカニズム…………………………397
市場リーダー…………………………155,238
市場リスク………………………………468
シスコシステムズ……………………167,333
システムインテグレータ………………416
システム化………………………………313
システム統合……………………………176
システム統合能力………………………548
慈善団体………………………………34,564
自然な形態………………………………206
持続可能（サステナブル）な競争優位
　性…………………………………………373
持続性………………………………………69
持続的な新技術…………………………298

索　引

師団················195
シック················271
シックスシグマ···········302, 510
執行委員会··············196
実行計画···············193
実行された············29
実行システム·············188
実証的研究··············478
実勢レート··············427
実践共同体（CoP）··········572
実践的ニーズ·············356
実地訓練（ラーニング・バイ・ドゥイング）·············246
シティ················173
シティグループ············200
私的（専有的―プロプライアタリ）規格················345
自動金銭支払機············170
自動車産業··············176
自動車修理···········423, 444
指導者的位置（リーダーシップ）····386
シトロエン··············284
シナリオ・プランニング········304
シナリオ分析··········279, 303
支配的競争企業············129
支配的地位··············136
支配的な設計·············281
支配的論理（ドミナント・ロジック）···············482, 516
支払い便宜··············376
シビック···············445
シボレー···············211
資本回転率··············58
資本コスト············26, 53
資本資産価格モデル（CAPM）····468
資本支出（Capital Expenditure）予算················192
資本収益率··············234
資本集約的な産業·········374, 508

資本主義経済·············397
資本ストック·············427
資本にたいする報酬（Return）······50
資本の余剰価値············172
資本配分···············473
資本費用···············538
資本利益率··············193
シミュレーション···········375
事務用品販売·············503
シモン・ボリバル・ユース・オーケストラ················308
ジャーディン・マセソン········521
シャープ············351, 472
シャーマン（反トラスト）法·····532
ジャイアント·············282
小米·················100
ジャガー············105, 522
ジャガー・ランドローバー···227, 245, 536
社会技術システム···········298
社会システム·············204
社会的企業··············194
社会的企業（Social enterprises）·····564
社会的技能··············576
社会的コントロール··········217
社会的責任の追求···········46
社会的地位··············255
社会的知能（Social intelligence）···164
社会的文化··············200
社会認識···············576
ジャコバイズ，マイケル········102
社債·················476
写真フィルム·············384
写真複写印刷·············328
ジャストインタイム··········434
ジャストインタイム管理方式······166
社内用語···············200
ジャミング··············348
斜陽産業············372, 464
上海··············176, 438

609

索　引

上海汽車集団（SAIC）…………545
上海ディズニーランド……………105
シャンプー…………………………254
収益性 ………………………………50
収益性指標……………………………51
収益性の源泉………………………226
収益性の主要因（Drivers）………492
周期的変動…………………………468
従業員解雇手当……………………385
従業員のコミットメント ……………66
従業員へのインセンティブ………246
宗教的過激主義……………………558
自由主義……………………………558
習熟効果……………………………439
習熟（ラーニング）…………439,440
囚人のジレンマ………………126,263
集成（Aggregation）………………450
集積回路……………………………559
集団力学（group dynamic）………298
集中化と高度の多角化の甘美な戦略的
　調和……………………………479
集中比率………………………………93
充電システム………………………130
充電ステーションチェーン………340
自由度（Autonomy）………………451
充当（アプロプリエート）………339
充当可能性（アプロプリアビリティ）
　…………………………………436
充当体制（レジーム・オブ・アプロプ
　リアビリティ）………………329
柔軟性 ……………………74,168,343
柔軟（ソフト）な関与……………129
周波数入札……………………………98
周辺技術……………………………352
重要成功要因………………81,82,227
手術における致死率………………356
主題/テーマ（Theme）………………21
受託責任（Stewardship）理論……503
主導権………………………………532

手動式変速装置……………………283
主導的使用者………………………342
守秘…………………………………335
主要活動……………………………165
需要側の範囲の経済………………473
需要条件……………………………429
需要の価格弾力性……………………89
シュルンバーガー…………………415
『順次的』結びつき…………………551
純粋科学……………………………328
順応…………………………………291
シュンペーター……………………229
シュンペーター，ジョセフ ……47,124
順を追って（Sequential）の能力開発
　…………………………………308
蒸気船………………………………298
償却…………………………………470
上級経営幹部（General managers）
　……………………301,302,362,513
消去…………………………………247
商業化可能性………………………327
商業銀行……………………………541
商業ジェット旅客機………………328
状況適応的な取り組み方…………569
使用許可（ライセンシング）……337
使用権………………………………473
証券仲買企業………………………380
使用資本利益率（ROCE）……………54
勝者がすべてを勝ち取る市場……347
勝者総取り市場（winner-takes-all
　markets）………………………122
商習慣………………………………415
上場企業……………………………476
醸造兼パブ…………………………288
醸造産業……………………………288
上層レベル能力……………………166
情緒的文化（Affective cultures）……443
情動知能（エモーショナル・インテリ
　ジェンス）…………………164,576

610

索 引

商取引·····················435
消費財·····················267
消費財の価値連鎖分析··········267
消費者の嗜好·················228
消費者余剰················48, 84
商標···············157, 161, 264
商標価値···················171
商品アーキテクチャ············297
商品開発···················308
商品先物取引市場·············238
商品とサービスの組み合わせ（Bundle）····················379
商品の物理的特性·············376
商品標準化·················376
情報通信技術（ICT）··········295
正味現在価値················502
将来の収益性を予測············99
将来の戦略選択肢··············33
上流···················27, 214
蒸留アルコール飲料············455
上流方向···················400
使用料················121, 422
ジョージタウン大学············177
ショーメ···················472
ジョーンズホプキンス大学·······328
職業的文化·················200
植字業界···················297
食肉加工···················384
職能·····················187
職能横断的（Crossfunctional）····166
職能間の調整················210
職能，事業部，マトリックス······210
職能制構造·················195
職能制組織構造··············210
職能専門化·················195
職能部門···················192
食品加工···················278
食品小売流通業··············289
植物バイオテクノロジー········296

植民地帝国·················558
植民地向け貿易会社···········195
職務業績の説明変数···········164
所在地····················288
書籍出版···················424
ショックリー・セミコンダクター・ラボラトリーズ·············296
ジョブズ，スティーブ·····28, 190, 540
ジョブデザイン···············246
所有者····················516
ジョルジオ・アルマーニ·········484
ジョンソン・エンド・ジョンソン
 ·······················47, 256, 359
シリア····················198
自律型コンピュータ···········513
シルク・ドゥ・ソレイユ·········201
シロン····················359
人員削減··················375
深淵を越える···············296
秦王朝····················203
人格·····················200
進化経済学者···············167
新株予約権無償割当（Rights issue）
 ························517
シンガポール···············497
シンガポール航空·········171, 227
進化論経済学者·············291
新規企業（新規-Denovo-参入者）·····296
新規参入者·················425
新規事業···················26
新規事業育成組織（Corporate incubator）····················511
新規事業機会（EBOs-Emerging business opportunities）············513
新規事業にかんする発想········22
『新規（デノヴォ）』参入者······288
新規店舗開店数··············193
人工甘味料·················333
新興技術事業グループ（EMTG）·····362

611

索引

新興産業（Emerging industries）……326
人工知能……540
人口動態……384
信号発信（シグナリング）……126, 262
新事業開発……511
人事制度……383
シンシナティ……497
侵食……233
新製品開発……165
新製品開発サイクル……63
新製品開発プロセス……515
新製品導入……132
新製品導入頻度……506
迅速な対応……229
人的資源……159, 163
人的資源管理……165
人的熟練度……427
シンビアン……123
シンボル……200
信頼性……255
人類学者……537
スイス……214, 564
衰退産業……94
衰退段階……280
衰退の予測可能性……385
垂直関係の範囲……27
垂直的価値連鎖……408
垂直的セグメンテーション……140
垂直的な事業範囲……396
垂直的付加価値……500
垂直統合……26, 97, 393, 400, 410
垂直統合のコスト……405
垂直統合の利点……403
垂直方向での統合……176
垂直方向のパートナーシップ……413, 416
スイッチングコスト（切り替え費用）……347
水平統合……535
スウィファー……454

スウェーデン……214
スウォッチ……566
スーパーセル……318
ズーン……343
スカイチーム……547
スカリー，ジョン……210
スカンディア……312
隙間市場……234
隙間戦略……176
スキンケア……498
スクーター産業……425
優れた業績の曖昧化……234
スコッチライト……363
スコット・ペーパー（Scott Paper）……503
スズキ……549
スターアライアンス……546, 547
スタージオン……327
スタージス……406
スタートアップ……190
スタートアップ企業……191
スターバックス……132, 200, 255
スターバックス・アイスクリーム……474
スターバックス経験……437
スターバックスコーヒーショップ……379
スターンスチュアート……52
スタッフ……195
スタンダード・オイル……532
スタンダード・オイル財団……306
スタンダード・オイル・ニュージャージー……306
スチール缶……404
スチュワードシップ……67
ステークホルダー……523
ステルザー，アーウィン……529
ステルスマーケティング（Stealth marketing）……264
ステレオ方式……345
ストーカー……206

索　引

ストーンサイファー，ハリー …………64
ストックオプション……………198,519
ストップフォード………………………379
ストラテギア ……………………………15
ストリート・ビジネス・インサイダー
　………………………………………386
ストリップ鋼板…………………………404
ストリップ鋼板生産……………………404
スパークプラグ…………………………405
スピンオフ………………………361,466
スペンダー，J.C. ………………134,199
スポット契約……………………………413
スポンサーシップ………………………440
スマートフォン…………………………329
スマートブラ……………………………378
スミス，アダム ………………66,197,397
スミスコロナ……………………155,182
スライウォツキー，エイドリアン……356
スレイターウォーカー…………………465
スローン，アルフレッド・P・ジュニア
　………………………………………277
成果管理…………………………………190
製革業……………………………………384
税額控除（Tax credit）………………538
性格特性図（プロファイル）…………164
成果実績目標………………………………27
生活用品…………………………………444
成果報酬…………………………………519
制御管理…………………………………199
制御システム……………………………505
制限的探索………………………………292
成功事例（Best practice）……………498
成功事例における戦略の役割……………8
整合性………………………………………28
整合性を与える型（Pattern）…………21
成功戦略の要件 …………………………12
成功に導く戦略の特徴……………………5
製材業界…………………………………107
制作スタジオ……………………………338

生産………………………………………238
生産管理……………………………………31
生産工程の物理的統合…………………403
生産財の価値連鎖分析…………………265
生産性……………………………………506
生産性改善………………………………375
生産性設計………………………………248
生産能力の調整…………………………384
生産の立地………………………………430
製紙………………………………………403
正式でない（Informal）様相 ………216
正式の戦略計画策定プロセス ……………30
政治的なプロセス………………………520
成熟産業…………………189,223,371,503
成熟思考態度（Mindset）からの解放
　………………………………………379
成熟段階…………………………………280
精神的外傷（トラウマ）………………384
精神療法医…………………………………90
製造工程…………………………………198
静態的………………………………28,125
成長オプション……………………………74
成長経路…………………………………551
成長段階…………………………………280
成長とリスク低減………………………464
製鉄………………………………………568
静電気……………………………………328
正統性（Legitimacy）…………………562
生乳………………………………………423
性能特性…………………………………298
製パン業界………………………………385
製品アーキテクチャ……………………281
製品開発費用……………………………438
製品工学…………………………………166
製品構成…………………………………196
製品差別化…………………………………94
製品成果（outcome）…………………309
製品セグメント…………………………140
製品チャンピオン………………………361

613

索引

製品提供（オファリング）……………94
製品デザイン……………………176
製品特性………………………232, 265
製品特徴（Performance attributes）
　………………………………255
製品とサービスの組み合わせ（Bundling）……………………261
製品の事業範囲……………………396
製品の中心的な特色（Core offering）
　………………………………379
製品の統合性（Product integrity）…261
製品の範囲……………………………28
製品部門……………………………192
製品分解（Unbundling）……………261
製品別事業部制……………………209
政府機関との関係…………………165
政府渉外（Government Relations）…496
税負担………………………………538
生物工学……………………………326
政府の許認可………………………157
税務…………………………………496
生命科学……………………………513
生命工学……………………………232
製薬産業……………………………339
清涼飲料……………………………472
セガ…………………………………349
世界銀行……………………………562
世界経済システム…………………562
世界貿易機関（WTO）………………549
石炭採鉱……………………………464
石油大手（Majors）…………………503
石油化学……………………………403
石油，鉱山業………………………207
石油産業……………………………142
石油精製……………………………403
石油メジャー………………………249
セグメンテーション（市場細分化）
　………………………………117, 136
セグメント……………………157, 232, 375

セグメント化………………………255
セグメント化のマトリックス……138
セグメント化変数…………………137
セグメント選択……………………375
セグメントの相対的魅力度………118
セグメントの魅力度………………138
セタス………………………………296
積極的販売員管理…………………168
設計…………………………………165
節税…………………………………468
説得…………………………………199
設備稼働率……………………………62
設備投資……………………………506
説明責任……………………………214
説明のできない効率性（Residual Efficiency）……………………250
ゼネラル・ミルズ…………………462
ゼネラルモーターズ………196, 210, 534
セフォラ………………………229, 472
セブン-イレブン……………………414
セミノックダウン…………………309
セメックス…………………………253
セメント……………………………253
セリーヌ……………………………472
セルフリッジズ……………………389
セルフレジ…………………………559
セレラ………………………………340
ゼログラフィー……………………333
ゼログラフィープロセス……………92
ゼロックス………………92, 174, 300
ゼロックスコーポレーション……328
全員の頭脳を活用するチーム（Whole brain team）………………355
先駆者…………………………296, 325
先行者利益…………………………339
潜在的独占的地位…………………130
潜在的な親会社……………………475
潜在的な収益可能性………………492
潜在的利益可能性…………………130

索　引

全社経営（Corporate-level management）……………………………495
全社経営（Corporate Management）…………………………491, 496
全社経営管理組織（Corporate management unit）………………………496
全社経営の2つの方法……………508
全社戦略 ………25, 393, 396, 489
全社戦略での意思決定 …………26
全社戦略の策定と実践……………491
全社的経営計画……………………192
全社的戦略計画 ……………………16
全人格形成…………………………177
漸進的戦略…………………………350
全スチール製車体…………………283
全体費用 ……………………………96
先端技術……………………………416
センダント…………………………462
全地球測位…………………………328
センチュリー21・リアルエステイト
………………………………414
前提条件……………………………191
銑鉄…………………………………403
先頭集団（Leading group） …………289
専門化………………187, 197, 244, 334
専門化による費用…………………198
専門的な供給業者…………………176
専門的ニッチ………………………288
専有（proprietary）の投資商品 ……380
占有技術……………………………473
占有的技術…………………………338
戦略…………………………4, 14, 29
戦略オプション……………………568
戦略型………………………………118
戦略管理部…………………………505
戦略企画システム…………………190
戦略企画部門 ………………………17
戦略キャンバス……………………232
戦略グループ………………………117

戦略グループ分析…………………118
戦略経営 ……………………………17
戦略計画（Corporate planning） ……28
戦略計画（Strategic Planning） ……508
戦略計画型企業……………………508
戦略計画サイクル……………191, 504
戦略計画室…………………………191
戦略計画プロセス…………………191
戦略作成 ……………………………33
戦略作成手順（Process） ……………28
戦略策定………………………131, 152
戦略策定過程 ………………………21
戦略策定システム…………………187
戦略策定と実行……………………190
戦略システム………………………192
戦略実行 ………………33, 188, 382
戦略実行の妨げ……………………200
戦略実行の弱み……………………505
戦略上の意思決定 …………………15
戦略ステートメント ………………23
戦略ステートメント（Statement of strategy）……………………………21
戦略選択での2つの質問 …………25
戦略的CSR …………………………69
戦略的アクション…………………505
戦略的位置づけ（ポジション） ……6, 227
戦略的意図（Strategic intent）
………………………22, 302, 511
戦略的イニシアチブ………………101
戦略的革新……………………229, 231
戦略的関連性………………………516
戦略的業績単位……………………212
戦略的共通性………………………481
戦略的経営…………………………189
戦略的計画…………………………192
戦略的計画策定過程 ………………21
戦略適合性（Strategic Fit）…………14
戦略的差別化要素（Strategy differentiators）………………………177

615

索引

戦略的資源としての自社所有技術……161
戦略的隙間（ニッチ）………………143
戦略的選択……………………………255
戦略的提携……………………………545
戦略的提携（Alliances）……………189
戦略的な機会…………………………340
戦略的ニッチ…………………………235
戦略的敏捷性（Strategic agility）…229
戦略的変化……………………………277
戦略的変革の組織化…………………510
戦略的方向性…………………………478
戦略的目標（SG）……………………36
戦略的リーダーシップ・フォーラム…513
戦略的利益ドライバー…………………64
戦略的理解間違い（ミスリプリゼンテーション）………………………405
戦略転換点……………………………515
戦略と国内市場環境との整合性……429
戦略と実行をつなげる………………187
戦略とは何か……………………………19
戦略の整合（Fit）……………………568
戦略の適合化…………………………200
戦略プロセス……………………………28
戦略分析の基本的な枠組み……………4
戦略分析の根本的枠組み………………12
戦略分析の主要要素……………………12
戦略変化………………………………277
戦略変数…………………………………17
戦略方針転換…………………………511
戦略マップ……………………………505
戦略立案………………………………189
戦略を確認，認識………………………33
戦略を訴求する（appeal）…………379
選良グループへの帰属感……………255
早期警告システム……………………229
増強，組み合わせ，テーマ化（augment, bundling and theming）………379
創業者…………………………………200
総合品質管理（Total Quality Management）……………………………246
相互協調………………………………217
相互作用（Interaction）……………216
相互作用の文脈性……………………570
相互調整………………………………202
相互の専門化…………………………122
相互補完………………………………292
相互補完性……………………………569
相互補完的能力………………………168
相乗効果（Synergies）………………470
創造者…………………………………171
想像上の相乗効果……………………498
創造性……………………………303, 325
『創造的な破壊』プロセス……………227
創造的破壊………………………124, 229
創造的破壊の絶え間ない疾風………124
創造的摩擦（Creative abrasion）……354
相対的交渉力……………………………96
相対的市場占有率……………………493
相対的力関係……………………………16
相対的費用……………………………398
創発（エマージェンス）………………29
創発的……………………………………28
創発的な…………………………………29
創発または学習派—Emergent または Learning School……………………29
相補性…………………………………569
双務的相互依存（Reciprocal interdependence）………………………204, 209
双面性（Ambidexterity，両利き）…571
双面性，曖昧性（ambidexterity，両利き）……………………………………279
ソウル…………………………………499
ソーシャルネットワーク……216, 285, 574
疎外感…………………………………205
訴求力…………………………………165
属人的…………………………………313
速度……………………………………229
束縛（ロックイン）…………………347

616

組織学習……………………………312
組織管理上の歴史的遺産（Administrative heritage）……………………448
組織経済学者………………………520
組織構成員…………………………166
組織構造……………………………46,187
組織構造とシステム（効果的な実行）…12
組織生態学…………………………294
組織生態学（エコロジー）………287
組織設計……………………………187,193
組織設計の基本原則………………217
組織双面性…………………………277,299
組織双面性（organizational ambidexterity）………………………………299
組織惰性……………………………277,299
組織惰性の源泉……………………279,291
組織単位……………………………187,192
組織単位の定義……………………208
組織調整（Coordination）………514
組織的イニシアチブ………………302
組織的適応…………………………293
組織的余剰（スラック）…………250
組織内プロセス……………………30
組織の異種同形（アイソモーフィズム）化過程……………………………291
組織能力……………………………159,164,168,472
組織能力開発………………………168
組織能力の認識……………………151,174
組織の効率的な管理経営…………20
組織の再設計………………………570
組織の資源と能力ポートフォリオ……178
組織の成員を動機づけ，鼓舞するような目標（Aspirations）…………21
組織の整列化（Alignment）………308
組織の適応…………………………277,291
組織の範囲…………………………194
組織の非公式化……………………572
組織のビジョン（未来像，理想）………22
組織の歴史的沿革…………………200

組織発展……………………………298
組織文化……………………………163
組織変化……………………………301
組織目標……………………………430
組織理論の父………………………203
組織ルーティン……………………167
組織論………………………………291
組織論社会学者……………………291
ソニー………………………………122
ソニー・エリクソン………………100,123
ソフトウェア………………………28
ソフト資源…………………………552
ソマリア……………………………198
ソロモン・ブラザーズ……………200
損益分岐点…………………………36,91
存在の基本的な理由………………106
孫子…………………………………15

た 行

ダーウィン，チャールズ…………277
ダートマス大学……………………177
ターボファン………………………297
ダイアモンド・マルチメディア…285,328
第一汽車集団（FAWグループ）……545
対応能力（Responsiveness）………520
大規模産業組織……………………195
耐久消費財…………………………267
耐久性………………………………170
体系的手法…………………………191
体系的な分析………………………31
タイコ………………………………461,462
大構想（Grand designs）…………28
第五水準のリーダーシップ………576
第三者の広告………………………231
貸借対照表…………………………159,161
大衆迎合主義………………………562
退出障壁……………………………94,385
ダイソン……………………………167,330
ダイソン，ジェームズ……………47

索 引

代替技術……………………280
代替性（Substitutability）……104
代替的関係…………………173
代替的組織形態……………210
代替的調整のしかた………210
代替的な物語（ストーリー）…303
代替品…………………89, 118, 120
代替品からの競争…………81
ダイナジー・ホールディングス…565
ダイナミック・ケイパビリティ
　（Dynamic capabilities：動態的能力）
　………………………166, 299, 310
ダイナミックな能力………568
第二次産業革命……………195
第二の経済…………………559
タイプライタ………………384
タイムベース競争概念……229
ダイムラー……………227, 283
タイムラグ…………………328
タイム・ワーナー……99, 401, 532
タイム・ワーナー・ケーブル…530
ダイモン，ジェーミー……187
タイヤ業界…………………136
タイヤ産業…………………288
太陽光電池…………………472
太陽光発電…………………326
代理人………………………198
ダイレクト販売モデル……567
ダヴェニ，リッチ…………124
ダウ・ジョーンズ産業指数…64
ダウジョーンズ産業指標…294
タウンゼント，ジョン・マーシャル…537
多角化………………………210
多角化企業帝国……………509
多角化参入者………………296
多角化事業（マルチビジネス）…393, 489
多角化戦略……………17, 393
多角化のための投資………26
多角化は，2つの基準……464

卓越した企業黄金律………479
卓越した能力………………172
タグ・ホイヤー……………472
ダグラス，マクドネル……64
多国籍企業……………393, 447
多国籍連邦…………………448
多次元スケーリング（MDS）…258
多数シナリオ手法…………303
多数の製品…………………471
惰性……………………205, 570
タゾティー…………………473
タタ…………………………195
タタ・コンサルタンシー・サービシズ
　……………………………522
タタ自動車…………………522
タタ製鉄……………………522
タタ・ティー………………522
タッシュマン………………297
タッシュマン，マイケル…299
達成目標……………………193
縦の制御システム…………204
ダノン…………………516, 550
タバコ………………………289
タバコ産業…………………228
ダビッドソン，ウィリアム…135
ダビデ………………………153
タブレットコンピュータ…485
多面性のある市場…………348
多面性の能力………………571
単一技術規格………………349
単一製品企業………………210
単一，独立な影響（Stand-alone influence）
　……………………………500
単一取引……………………127
単一の製品…………………471
単価…………………………241
段階（Phases）………………72
短期計画企画………………299
短期主義……………………49

短期の日和見主義……………………415
『探検』活動………………………571
探索…………………………………291
探索財（Search goods）……………262
探査能力……………………………166
単純な必要性を満たす製品…………254
男性用スーツ………………………384
断続的均衡（Punctuated equilibrium）
　……………………………………301
タンディ……………………………330
ダンヒル……………………………474
地域産業のクラスター………………547
地域ジェット機……………………227
地域担当部門………………………192
地域に根ざした企業のネットワーク…416
地域ネットワーク…………………547
チームベースの組織構造……………215
『チェーンソーのアル』・ダンラップ…502
チェスブロウ，ヘンリー……………357
チェボル……………………………477
チェルシー…………………………167
チェンジ・エージェント……………298
力の距離……………………………443
チケットシステム…………………383
知財…………………………………439
知識…………………………………280
知識管理（ナレッジマネジメント）…279
知識の共有…………………………192
知識の創造…………………………277
知識の複製（Replication）…………313
知識の役割…………………………427
知的財産……………………………161
知的財産権…………………………331
チャート分析………………………239
チャーノス…………………………378
チャラン……………………………193
チャラン，ラム……………………188
チャルン・ポカパングループ………466
チャンドラー，アルフレッド……20, 397

チャンピー，ジェームズ……………247
張瑞敏………………………………302
中央集権的…………………………191
中央集権的管理……………………210
中央集権的な意思決定………………520
中核的イデオロギー…………………67
中核的価値観…………………………67
中核的能力（Core capability）………566
中核的目的……………………………67
中堅幹部…………………………30, 379
中国移動通信………………………197
中国石油天然気（ペトロチャイナ）…546
仲裁や訴訟費用……………………398
『中性子爆弾のジャック』・ウェルチ…503
忠誠心………………………………430
中途半端な位置にはまり込んだ企業…268
中立的文化（Neutral cultures）……443
長期計画………………………………16
長期契約……………………………413
長期的計画…………………………299
長期的な視野………………………508
長期的目標……………………………20
長期取引関係………………………128
長距離航空輸送……………………227
長距離バス輸送業界…………………385
調査費用……………………………398
調整……………………………168, 187
調整された行動……………………166
調整手段……………………………202
調整手段としての戦略………………21
調整での問題………………………201
調整による経済効率化………………204
調整の基本…………………………202
調整の費用…………………………198
調整必要性（Coordination needs）…208
重複的投資…………………………345
帳簿価格（ブックヴァリュー）……374
直接的外部性………………………348
直接投資…………………………424, 435

索引

直販戦略…………………415
勅令………………………195
著作権………………161, 331
地理的拡大合併……………539
地理的セグメント…………140
地理的な事業範囲…………396
沈黙の掟…………………128
追随者……………………325
ツイッター………………218
通時的……………………165
通信………………………165
通信機器…………………444
ツールオペレーター………261
作るか，買うかの判断……411
つながり（Linkage）………209
強み…………………………13
　あってもなくてもよい強み……177
ディアジオ…………52, 256
ディープウォーターホライゾン……507
ディープブルー……………21
ディオール………………472
定款………………………517
ディクソン………………377
提携（alliances）…………530
提携の動機………………547
帝国………………………537
低コスト供給源の所有……249
低コスト生産国……………373
低コスト投入（インプット）……374
ディスカウント小売………235
ディスカウントの小売……227
ディスクドライバー………98
ディスクドライブ業界……298
ディスティンクティブ……165
ディスティンクティブ・ケイパビリ
　ティ（特有能力）………472
ディズニー−MGMスタジオ……161
ディズニー，ウォルト……20
ディズニーストア…………379

ディズニー・チャンネル…396
ディズニーテーマパーク…161
ティッピング（傾き）……347
低マージンの業界…………410
ティム・ホートンズ……453, 538
定量化……………………495
大字………………………549
テークアウト（もち帰り）……281
データウェアハウジング…375
データストーリッジ………281
テーマパーク……161, 176, 438, 474
適応性……………………205
適合（Adaptation）……292, 450
適合状態の山（Fitness peaks）……236
適合性（Fit）……………494
適合性の極地……………570
テキサスインスツルメンツ（TI）……332
テキストロン…………465, 505
適正な組織構造の選択……207
敵対的買取り……………517
『敵対的』買収…………531
適度な緊張感（Adaptive tension）…510
適用性における限定性……131
デ・グース，アリー………69
デザイン……………………28
デザイン設計……………280
デザインセンター…………499
デジタル・オーディオ・プレイヤー
　（MP3プレイヤー）……285
デジタル革命……………559
デジタル画像処理…………155
デジタル技術……122, 155, 559
デジタル時代……………559
デジタル著作権管理（DRM）……102
テスコ………………282, 377
テスタローサ……………347
テストアンドエラー管理システム
　（TEMS）………………515
テスラモーターズ……130, 340

索　引

鉄鋼	372
撤退	26
鉄道産業	285
手道具	455
デブロ	87
デュアル・サイクロン掃除機	330
デュポン	58, 195
デュポン，ピエール	195
デル・ヴェール，イェルーン・ヴァン	305
デル・コンピュータ	307
デルファイ	342
テレフォニカ	549
電気式ヘッドランプ	283
電気自動車	130, 228
電気車セグメント	139
電気真空管	384
電子コマース	285
電子商取引	230
電子書籍	485
電子書籍リーダー	330
電子メール	346
天然ガス貯蔵・流通能力	547
天然資源	427
店舗の設計	171
店舗販売時点情報（Point of sale data）管理	168
電力	568
電力供給	471
電力モーター	464
トイザらス	229
トイストーリー 3	544
ドイツ	289
トイレットペーパー	254
銅	464
どういう企業になりたいと努力するのか（Vision）	27
投下資本収益率	506
動機	308

動機づけ	308
東京	176, 438
東京ディズニーランド	105
統計的関連性	479
統計的プロセス管理	166
統計モデル	376
統合	166, 360
統合された知識	309
統合者	338
統合手段	200
動向（ダイナミックス）	82
洞察	226
洞察力	303
倒産申請件数	565
投資アナリスト	291, 502
投資家の期待感	535
投資家向け広報	496
陶磁器タイル産業	547
投資銀行	173
投資銀行業	568
投資効果	387
投資削減	28
投資事業有限責任組合（Limited partnerships）	503
東芝	330
投資引き揚げ	387, 503
投資ポートフォリオ	467
同族会社を所有する一族（Family dynasties）	521
同族経営企業	521
動態的	28
動態的な競争	117
動態的なプロセス	124
淘汰のメカニズム	294
投入（Inputs）	162
投入（インプット）	96
導入（または出現），成長，成熟，そして衰退	279
導入段階	280

621

投入費用·················249
同盟者···················349
登録商標·················331
ドーシー，ジャック·········218
トータルクオリティ管理·····166
独自性（Identity）······181, 478
独自性の推進力（ドライバー）·······260
独自の能力（ディスティンクティブ・ケイパビリティ）··········406
読者購読契約·············231
特殊技能（Core competence）·······182
特殊的社会（Particularist societies）··········443
特性····················232
独占的体制···············85
特定取引に特化した（Transaction specific）投資·········414
特定の指示···············202
毒薬条項（Poison pill）······517
特有の組み合わせ··········292
特有の能力（Distinctive capabilities）··········305
特有の能力（ディスティンクティブ・コンピタンス）········164
独立的権限付与（Autonomy）·····454
独立当事者間取引関係（Arm's length basis）基準·········497
時計製造業者············297
特化した投資············413
特許·············161, 235, 331
特許権················157
特許申請数··············377
特許登録···············328
特許の保護効果性·········335
特許法················335
トッズ················430
ドットコム企業···········282
トップダウン··········30, 511
トップダウンアプローチ······189

トップダウン的戦略作成·····30
ドナカラン··············472
ドボルザーク············348
ドミノ・ピザ············190
トムトム···············328
トヨタ·············92, 166
ドライクリーニング········423
ドラッカー，ピーター·····193, 562
トラバント··············284
トランジスター計算機·······472
トランスナショナル組織·····450
取締役会·······49, 191, 518, 531
取締役会の監視監督役割·····519
取締役会の責任··········518
取引（Trading）··········238
取引内部化·············473
取引に特化した投資········405
取引費用·······238, 261, 403
トリンプ・ランジェリー·····378
ドル··················561
ドルチェ＆ガッバーナ······474
ドルビーラボラトリーズ···157, 338
トレードオフ············351
トレードマーク局·········332
トンプソン，ジェームズ·····209
ドン・ペリニョン·········472

な 行

ナイキ·············176, 439
ナイキプラス・アクセラレーター·····511
内燃機関···············334
内部改善による潜在的価値····502
内部監査···············496
内部協働作業手法········497
内部差別化·············383
内部市場···············475
内部資本市場···········476
内部整合性··············14
内部労働市場···········477

ナショナル・ダイアモンド概念………428
ナショナルチャンピオン……………429
ナッシュ均衡………………………127
ナットウエスト……………………200
ナップスター………………………296
ナノテクノロジー………………75,568
ナビゲーター………………………351
ナレッジ管理………………………216
ナレッジマネジメント（知識管理）
　………………………………277,571
ナンバーワン，ナンバーツー戦略……510
二重戦略……………………………299
二重の計画プロセス………………506
二重の戦略…………………………277
二重プラニングシステム…………299
日産……………………………………92
日産・ルノー………………………550
二面性のある市場…………………348
ニューカッスル……………………497
ニューコア…………………………372
ニュージーランド…………………564
ニューズ・インターナショナル……517
ニューズ・コーポレーション………562
ニュース社……………………………68
ニュートラスイート……………131,235
ニュートン，アイザック……………353
ニュートン力学……………………328
ニューハンプシャー………………177
ニューヨーク・タイムズ……………176
二律背反（Dilemma）…………28,168
二律背反の関係……………………508
認識…………………………………234
認知地図（cognitive map）………380
任天堂………………………120,200,349
任命（または解任）…………………500
ヌーイ，インドラ……………………506
「塗り絵」手法（Colour by numbers）
　………………………………………293
ネイルバフ，バリー…………………126

ネオマルクス主義者………………562
ネスレ………………………209,213,377,396
ネットキャッシュフロー……………54
ネットスケープ……………………341
ネットワーク外部性……………122,346
ネットワーク効果…………………282
ネットワーク情報技術……………513
ネットワーク処理…………………513
ネットワーク組織…………………216
ネットワークの外部性……………325
ネットワーク・リソース……………163
ネットワース………………………374
年間事業計画………………………506
年次運用計画………………………193
年次報告書…………………………159
燃費効率……………………………228
燃料電池…………………………72,334
ノイマン，フォン……………………16
農業協同組合………………………564
納入業者とのパートナー関係……246
納入業者のネットワーク…………547
ノウハウ…………………………155,157
ノウハウの共有……………………312
能力構築……………………………307
能力成熟度モデル（CMM）………434
能力の階層的構造…………………168
能力破壊的…………………………296
能力プロファイル…………………306
能力分類……………………………165
ノースダコタ………………………347
ノードストローム…………………229
ノートン……………………………505
ノートン，デービッド………………62
ノキア………………………100,123,330
乗っ取り……………………………531
ノバルティス………………………359

は　行

バーガーキング…………………453,538

索　引

バークシャー・ハサウェイ………………396
ハーシー……………………………396, 437
パーソナルコンピュータ（PC）産業…98
ハーツ………………………………269, 316
バーデンフラー……………………………379
ハードウェア………………………28, 122
パートナー…………………………………204
パートナーシップ…………………………172
バートレット………………………………214
バートレット，クリス……………………447
ハードロックカフェ………………………379
バートン，ドミニク………………………518
バーニー，ジェイ…………………………171
ハーバード…………………………………318
ハーバード大学のミッション………………34
ハーバード・ビジネス・スクール……17
バーバリー…………………………………332
バーリン，イザイア………………………566
ハーレーダビッドソン……………135, 176
バーンズ……………………………………206
バーンズ・アンド・ノーブル……………379
ハイアール…………………………302, 578
バイアコム…………………………………401
バイエルン・ミュンヘンサッカーチーム
　　………………………………………308
バイオテクノロジー………………………416
媒介変数……………………………………125
排気ガス削減開発戦略（LEDS）………36
売却（Divestment）………………………493
買収…………………………………………424
買収企業（Acquirer）……………………531
買収後の統合（PMI）……………………542
買収によるプレミアム（上乗せコスト）
　………………………………………532
買収の脅威……………………………………50
配置換え……………………………………498
ハイテック企業……………………………372
配当……………………………………………73
ハイパー競争………………………31, 117

ハイパー競争（Hypercompetition）
　　…………………………117, 124, 233
ハイパワー・インセンティブ……………408
ハイファ……………………………………452
ハイブリッド………………………………139
ハイブリッドエンジン……………………297
ハインツ・ソース…………………………170
ハウス・オブ・フレーザー………………389
破壊的技術…………………………………300
破壊的な価格競争…………………………289
破壊的な新技術……………………………298
白紙の状態…………………………………247
幕僚本部機能………………………………195
バス…………………………………………530
パスツール，ルイ…………………………328
バセロン・コンスタンティン……………387
ハチソン・ワンポア………………476, 521
パッカード…………………………………283
発見的方法（Heuristic）…………………21
バッテリー式電気自動車…………………297
バッテリーの設計…………………………130
発展経路……………………………………288
パットン……………………………………133
パテント……………………………………336
ハドソン湾会社……………………………195
バドワイザー・ブドヴァル………………294
パナソニック………………………………309
ハナン，マイケル…………………………287
ハニーウェル………………………………187
パパジョンズ…………………………………90
ハブ・アンド・スポーク航空航路………101
ハブ・アンド・スポークシステム………110
ハブアンドスポーク方式の物流…………237
バフェット，ウォーレン…………239, 373
ハマー，マイケル…………………………247
葉巻…………………………………………384
ハメル………………………………………164
ハメル，ギャリー……………21, 154, 557
早い時期の経験……………………………305

索引

パラノイド（偏執症者）	301
バランススコアカード	62, 193, 505
パリ	176, 438
ハリー・ポッター	401
ハリウッド	347
ハリガン	386
ハリガン，キャサリン	384
ハリバートン	415
ハリマン，エドワード・ヘンリー	537
バリュー・チェーン	70
パルプ	403
バルマー，スティーブ	302, 325
パルミサーノ，サム	513
パロアルト	452
パン	423
範囲の経済	471
バンガロール	452
バングラデシュ	427
反グローバリゼーション活動家	562
帆船	298
ハンソン	462
反対思考（Contrarian）戦略	177
ハンディ	559
ハンディ，チャールズ	562
半導体産業	296, 405
反トラスト規制	440
バンドワゴン効果	239
ハンニバル	133
販売	165
反復ゲーム	127
ピアジェ	387
ピアッジョ	425
ピーターズ，トム	190, 253, 395, 479
ビートル	284
ピーポッド	282
非営利団体	34
ヒエラルキー（階層）構造	397
非階層組織構造	217
比較効率性	427
比較優位理論	427
非関連事業での多角化	465
非関連性多角化	479
『非関連性』多角化	480
低い一般経費	374
ピクサー	540
ピケティ，トマ	563
非公開	344
非公式（Informal）な組織	572
ビジネス生態系（ecosystem）	348
ビジネスハウス	477
ビジネス・プロセス・リエンジニアリング（BPR）	247
ビジネスリーダー	566
非集中化	288
非熟練化（deskilling）	316
非上場企業	234
ビジョン	462
ビジョン記述	302
ビジョン声明	23
ビジョン（未来像）	23
ビズマーク	347
非政府組織（NGO）	34
微生物学	329
非成文的慣習法	413
非線形のシステム	561
非線形の変化の時代	311
非専門的	334
日立	338
ビッグデータ	376, 545
必要資本	90
否定的なインセンティブ	199
ビデオゲーム	346, 438, 540
ビデオゲームコントローラ	540
被買収企業（Acquiree または Target company）	531
秘密主義	313
百度	296
ビュイック	211

625

索引

ビュイック・モーターズ…………534
ヒューゴ・ボス……………474
ヒューレット・パッカード………398,534
美容……………423
表計算プログラムソフトウェア………346
費用効率……………174
費用効率性……………90
費用削減……………375,476
標準化……………374
標準化された活動……………207
標準化されていない作業……………202
標準的な管理システム展開……………210
費用における相対的位置……………492
評判の議論……………69
評判（レピューテーション）……………262
ピラミッド組織……………190
ピルキントン……………246
ヒルトン・ホテルズ……………414
ピレリ……………136
非連続性による衝撃（Disruptive impact）……………559
非連続的（Disruptive）……………317
品質……………63,174
華為……………100
ファイザー……………330
ファイバー光学……………326
ファストサイクルモデル……………293
ファッション小売業界……………229
ファッショントレンド……………229
不安定性……………363
ファンド……………476
フィアット……………91,462,534
フィアット・クライスラー……………522
フィードバック……………505
フィオリーナ，カーリー……………504
ブイグ……………476
フィットネスクラブ……………481
フィナンシャル・タイムズ……………561
フィリップス……………129,213,351

フィリップモリス……………462
フィルム・コーティング技術……………472
フィレンツェ……………354
フィンランド……………289,564
フーヴァー……………170
プーマ……………430
ブーム―破産周期……………94
風力発電会社……………239
プールされた相互依存（Pooled interdependence）……………209
フェイスブック……………296
フェデラー，ロジャー……………157
フェデラルエクスプレス……………171
フェラーリ……………104,133,158,347
フォーカス……………347,441
フォード……………246,309
フォード，ヘンリー……………47,197,316,356
フォントライブラリー……………297
フォン・ヒッペル，エリック……………342
フォンモルトケ……………195
付加価値……………48
付加価値をつけるパートナーシップ……………416
不確実性……………73,200,558
不確実性の回避……………443
不均一な企業の集団……………228
不均衡現象……………227
複合材料……………546
複雑系科学……………31
複雑系システム……………569
複雑系理論……………236,569
複雑さ……………332
複雑な活動……………202
複雑な能力……………171
複数の被買収企業の統合……………385
複製可能性（レプリカビリティ）……………171
複製のパラドックス……………313
服装……………200
負債金利……………468
富士ゼロックス……………550

索　引

富士フイルム……………………440
普通株式…………………………531
普通紙複写機……………………92
ブッシュ，ジョージ・W ………129
プッシュロッド・エンジン……177
フッドルンド，グンナー………216
フット・ロッカー………………376
不適合……………………………292
歩留まり率………………………63
普仏戦争…………………………194
不分割性…………………………244
普遍的社会（Universalist societies）
　………………………………443
踏むべき手順の明文化…………542
ブライアント，コービー………172
プライベート・エクイティ……385
プライベート・エクイティ・ファンド
　………………………………50,476
ブライヤー，ジム………………434
ブラウザ戦争……………………341
ブラウン，ジョン…………212,507
フラウンホーファー・インスティ
　テュート……………………328
ブラザー工業……………………182
ブラジャー生産技術……………377
ブラスバンド……………………170
ブラックストーン・グループ…476
ブラックスワン…………………561
フラットパネルTV……………514
プラットフォーム………122,265,325
プラットフォーム提携相手……25
プラットフォーム投資…………75
ブラッドリー，トッド…………452
フラテッリ ロセッティ………430
プラト……………………………547
プラハラッド……………………164
プラハラッド，C.K. …………21,154
フランクリン，ベン……………327
ブランケットコート……………332

ブランソン，リチャード………135,195
フランチャイザー………………414
フランチャイジー（加盟店）…414
フランチャイズ……………230,414
フランチャイズ制………………90
フランチャイズ店………………24
ブランディング…………………256
プランテーション………………194
ブランデンバーガー，アダム…126
ブランド……………………161,163
ブランド拡張（エクステンション）…472
ブランド価値……………………259
ブランド所有権…………………161
ブランド認知……………………91
ブランドポートフォリオ………540
ブランドロイヤルティ…………91
フリーキャッシュ………………192
フリーキャッシュフロー………53
フリークェントフライヤー・スキーム
　………………………………101
フリークェントフライヤー・プログラム
　………………………………110
フリードマン，ミルトン………66
フリーマン，ジョン……………287
フリーランス……………………559
ブリーン，エドワード・D……461
フリクエントフライヤー・プログラム
　………………………………376
ブリストル………………………452
ブリックスアンドクリックス（既存事
　業とウェブ取引の組み合わせ）流通
　業者…………………………282
プリバティゼーション…………197
ブリュッセル……………………497
不良品発生率……………………251
不良率……………………………193
プリンシパル……………………198
プリント基板（PCBs）…………248
ブルー・オーシャン戦略………138,231

ブルーティング……………………430
ブルームバーグ……………93,132,386
ブルーレイディスク………………403
ブルガリ……………………472,547
ブルガリ・ホテルズ・アンド・リゾーツ……………………………547
ブルソーニ…………………………416
プレイステーション2……………349
ブレーキ・システム………………284
ブレードサーバ……………………513
プレー・ブック……………………512
フレキシブル生産…………………166
フレキシブル生産方式（FMS）……269
フレクトロニクス…………………416
ブレックファースト・クリニック……293
プレミアム的買収価格……………468
プレミアム（割増し）支払い……469
ブレント原油………………………227
フロートグラス・プロセス………246
フロートグラス方式（glasss cylinder blowing, continuous ribbon drawing, float glass）……………282
ブロードバンド……………………471
ブロードバンド・インターネットサービス…………………………471
プロクター・アンド・ギャンブル（P&G）……………………………205
プロシア軍隊………………………195
プロジェクト…………………………72
プロジェクト・ウィング…………548
プロジェクトベースの組織………215
プロジェクト・マネジャー………362
プロセス……………………………166
プロセス革新………………………328
プロセス工学………………………166
プロセスリエンジニアリング……241
ブロックバスター……………464,567
ブロックバスター・エンタテインメント……………………………565

プロトタイプ化……………………354
プロフィットプール分析…………141
プロフェッショナル・スポーツ……172
プロモーション……………………165
文化…………………………………200
分解可能（Decomposability）……205
文化, 行政と政治, 地理, 経済（CAGE）……………………………441
文化形成……………………………200
分業………………………187,197,381
分権的…………………………………30
分散型革新（Dispersed innovation）……………………………384
分散型ポートフォリオ……………468
分散的イニシアチブ………………298
分散保有……………………………467
文書化………………………………413
分析手法………………………………32
分担（シェア）サービス…………408
文脈性………………………………570
文脈の設定…………………………191
ペアレンティングの価値…………475
ペアレンティング優位（Parenting Advantage 子育て力優位性）……475
ペイオフ……………………………127
米国海軍……………………………201
米国株式投資信託…………………238
米国国家規格協会…………………345
米国市場……………………………492
米国証券取引委員会（SEC）………23
米国特許……………………………514
米国特許局…………………………332
ヘイゼルウッド, リー……………277
ベイリス, トレヴァー……………365
並列エンジニアリング……………361
ベイン・アンド・カンパニー……30,140
ベインホッカー, エリック………343
ベーカー＆マッケンジー…………439
ベータ係数…………………………468

索　引

ベータマックスシステム……………350
ベストプラクティス……………………302
ベストプラクティス移転……………214
ベターオフ・テスト……………………469
ベック……………………………………530
ヘッジファンド…………………………517
ベッド・バス・アンド・ビヨンド…377
『ヘッドハンティング』会社 ………477
ベティス…………………………………482
ベトナム…………………………………374
ヘドニック価格分析……………………259
ペトロナス………………………………415
ヘネシー…………………………………472
ベネズエラ………………………………439
ベネズエラ国営石油会社（PDVSA）
……………………………………………415
ベネフィット・コーポレーション……564
ペプシコーラ……………………………126
ベライゾン………………………………346
ベラ，ヨギ………………………………557
ベル，アレクサンダー…………………339
ヘルスケア………………………………326
ヘルツァー，ハリー……………………363
ベルテルスマン・ミュージック・グルー
　プ（BGM）……………………………470
ベルトコンベヤー………………………246
変化管理…………………………………299
変革（Transformation）………………312
変化と成長の管理………………………523
変化の外部要因…………………………227
変化の触媒………………………………302
変化の内部要因…………………………229
変種（Variant）…………………………345
ヘンダーソン……………………………297
ベンチマーキング………………………174
ベンチマーキング分析…………………217
ベンチャーキャピタリスト ………72, 540
ベンチャーキャピタル…………………190
ベンツ，カール……………………283, 327

ペンティアムチップ……………………515
変動，淘汰，および保持の過程………294
変動費……………………………………94
ポイントオブセールズ技術……………171
ポイント・ツー・ポイント経路………179
ポイント・トゥ・ポイント航空路運航
……………………………………………230
貿易会社…………………………………477
貿易産業…………………………………423
貿易障壁…………………………………431
貿易理論…………………………………427
包括的（ジェネリック）戦略…………426
方向性の一致（Alignment）…………307
報酬………………………………………49
放送局……………………………………338
放送電波割当ての入札…………………126
包装（パッケージング）………………328
法的，情報システム……………………165
法的な障壁………………………………92
報復………………………………………92
法務サービス……………………………496
法令遵守（Compliance）………………518
ボーア，ニールス………………………328
ボーイング …………………………64, 422
ボーイング707 ……………………282, 328
ボーイング747 …………………………245
ボーイング787ドリームライナー ……417
ボーイング社……………………………126
ボーダーズ・グループ…………………565
ポーターの5つの競争要因の枠組み…425
ポーターの競争の5つの力の枠組み …81
ポーター，マイケル……………14, 17, 165
ボーダフォン……………………………135
ポータブルゲームプレイヤー…………286
ポートフォリオ計画マトリックス……492
ポートフォリオ分析……………………466
ボーム・アンド・メルシェ……………387
ホームエンターテインメント（家庭で
　使用される娯楽用機器の総称）……470

629

ホーム・デポ……………………229
ホールドアップ（停止）……………405
ホールフーズ……………………377
ポールマン，ポール ……………70
簿価………………………161, 470
ボガート，ハンフリー……………234
『他から（デアリオ）』の参入者……288
補完関係…………………117, 120
補完性 ……………………………31
補完的関係………………………168
補完的商品（コンプリメンター）……331
補完的なサービス………………376
補完的な資源……………………333
補完的な製品……………………347
補完的な製品やサービス…………261
補完品……………………118, 120
補器産業…………………………428
保険………………………………289
保護産業…………………………423
ポコック，マイク…………………304
ポジショニング（位置づけ）………17
ポジション（位置づけ）……………15
ボシディ……………………………193
ボシディ，ラリー…………………187
保証………………………………376
補償………………………………385
ボストン…………………………346
ボストン・コンサルティング・グループ……………………29, 229, 492
北海ブレント価格…………………561
ポッドキャスト……………………343
ホットスチール……………………403
ボディーショップ…………………377
ホテル・オム……………………313
ホテル業界………………………285
ボトムアップ………………………191
ボトムアップ的 ……………………30
ボトム・オブ・ピラミッド ……………70
ボトルネック………………………102

ポピュラーメカニックス誌…………325
ホフステード，ヘールト……………442
保有株式…………………………517
ポラス……………………………302
ポラス，ジェリー……………………22
ポラロイド…………………………301
ボランティア組織…………………199
ホランド・スイートナー……………235
掘り下げ（Deep dives）…………513
ボルシア・ドルトムント……………167
ボルティモア………………………285
ボルボ……………………………171
香港………………………176, 438
本質的価値 ………………………57
本質的なテスト…………………469
本社………………………………195
本社入れ替え（Tax inversion）……538
ホンダ……………………29, 92, 154
本当の相乗効果…………………498
ボンバルディア……………………550
本部経費…………………………374
本部組織（Corporate HQ）………501
本部組織（Parent）………………494
行（ホン）…………………………477
本もの（リアルシング）……………456

ま 行

マークス・アンド・スペンサー…377, 564
マーケットフォーカス……………155
マーケットリーダー………………494
マーケティング……………………165
マーケティング手法………………171
マース……………………………234
マーチ，ジム………………………291
マードック，ルパート ………68, 517, 562
マイクロエレクトリックス事業………155
マイクロエレクトロニクス…………416
マイクロクレジット…………………564
マイクロ醸造………………………288

索　引

マイクロソフト …………………85
マイクロソフトウィンドウズ………121
マイクロソフト・パワーポイント……347
マイクロ電子工業革命……………182
マイクロプロセッサ…30,91,96,398,559
マイコジェン………………………296
マイナスのネットワーク外部性………346
マイニングソフトウェア……………358
埋没費用（サンクコスト）……………90
マイレージプログラム………………546
マウンテンズシナリオ………………304
前方向………………………………400
マクグラス，リタ………………125,566
マクドナルド ………………23,196,490
マクナーニー，ジム…………………303
マクラーレン…………………………133
負け犬………………………………494
マッキンゼー………………………307
マッキンゼー・アンド・カンパニー …54
マッキンゼーの再編の五角形（ペンタゴン）………………………………501
マッキンタイアー，ベン……………130
マッキントッシュ……………………210
マッキントッシュオペレーティングシステム…………………………351
マッサージ業………………………372
マドフ，バーニー……………………263
マトリックス…………………………187
マトリックス組織構造………………210
マトリックスには3つの問題…………493
マニラ………………………………497
マネージング・パートナー…………204
マネジメント・イノベーション・エクスチェンジ（MIX）………………311
マリークアント・ミニスカート………332
マリオット……………………………316
マリオット・インターナショナル……547
マリオット・ホテル…………………381
マルキオネ，セルジオ………………91

マルクス，カール……………………172
マルクス＝レーニン主義……………558
マルチ・ドメスティック産業…………424
マルチ・ドメスティック戦略…………444
マルチメディア…………………232,312
満足化………………………………292
マンチェスター・シティ……………167
満了期限………………………………73
ミシガン……………………………406
ミシュラン…………………………313
ミスアラインメント…………………198
三井…………………………………521
三井グループ………………………294
密告…………………………………127
ミッション……………………………35
ミッションステイトメント（使命宣言）………………………………462
ミッション声明………………………22
ミッチェル…………………………551
三菱…………………………………521
ミニチュア化………………………472
ミネラルウォーター…………………254
魅力的ではない事業への投資………410
魅力的な市場………………………226
魅力度テスト………………………469
ミレニアム・ブリッジ………………378
ミンスミート作戦……………………130
民生用電子製品業界（CE―Consumer Electronics）………………………236
ミンツバーグ，ヘンリー …………29,189
ムーア，ジェフリー…………………296
無形資源…………………………159,161
無形資産……………………………472
無形の差別化………………………255
無形の差別化（真正性）……………259
向こう見ずな目標……………………22
無線通信……………………………229
無秩序（カオス）……………………570
無料アクセス………………………231

631

明快な目標，競争環境の理解，資質の評価 ……… 12
銘柄（ブランド）………………… 170
メイシーズ ……………………… 389
メインフレーム・コンピュータ …… 513
メインフレーム事業 …………… 300
メガストア ……………………… 379
メキシコ ………………………… 439
メシエ，ジャン・マリエ ………… 537
メディア ………………………… 401
メディア業界 …………………… 539
メディア・ニューズ・グループ … 374
メディキャスト ………………… 559
メトロ …………………………… 377
メトロメディア ………………… 530
目に見えない資源 ……………… 437
目の子勘定 ……………………… 21
メモリーチップ ………………… 30
メルク …………………………… 22
面倒なことマップ（hassle map）…… 356
モエ・エ・シャンドン ………… 472
モース，サミュエル …………… 327
モーテル6 ……………………… 248
目標 ……………………………… 21
目標管理（目標設定のプロセス）…… 193
目標設定 ………………………… 46, 188
目標と価値 ……………………… 12
目標の操作化（Operationalizing the goals）………………………… 36
目標のベクトル合わせ ………… 199
もしそうなったら？（ホアットイフ？）
 ……………………………… 304
モジュラー ……………………… 551
モジュラー組織 ………………… 204
模造者 …………………………… 171
持株会社 ………………………… 477
持株会社（Holding company）…… 521
持株会社（The holding company）… 195
モデロ …………………………… 530
モトローラ ……………………… 100, 123
モノのインターネット（IoT） …… 559
物を言う株主 …………………… 496
モバイルネットワーク ………… 549
模倣 ……………………………… 233, 235
模倣可能性 ……………………… 238
模倣再生（Replication）………… 438
模倣者 …………………………… 329
模倣の不確実性 ………………… 236
模倣不確実性 …………………… 235
模倣へのインセンティブ ……… 235
モボルニュ ……………………… 138
モボルニュ，レネ ……………… 231
モメンタム型取引 ……………… 239
モルゲンシュテルン …………… 16
モンゴメリー，シンシア ……… 47
モンサント ……………………… 131, 235
モンテスーマ …………………… 129
モンデリーズ・インターナショナル … 437
モンブラン ……………………… 387

や 行

野菜栽培用化学品 ……………… 455
『痩せっぽちディーン』・シングルトン ………………………… 374
ヤフー …………………………… 517
やる気（Drive）………………… 22
ヤンマー ………………………… 343
有意義（レレバンス）…………… 170
優越性 …………………………… 174
有価証券 ………………………… 468
有価証券市場 …………………… 238, 502
有関連性 ………………………… 479
有機論的な形態 ………………… 207
有形資源 ………………………… 159, 161
有形資産 ………………………… 471
有形の差別化 …………………… 255
有形の差別化（味）……………… 259
有限責任 ………………………… 195

有効性 128
『友好的』,標的企業 531
優勝プレー(Winning plays) 513
有償旅客マイル数(RPMs) 110
優先事項選択 191
ユーロ 561
ユナイテッド航空 250, 546
ユナイテッド・テクノロジー 132
ユナイテッド・パーセル・サービス(UPS) 56
ユニバーサル・ミュージック・アイランド・デフ・ジャム・レコード 159
ユニリーバ 70, 213, 377, 448
ユヌス,ムハマド 564
ユベントス・フットボール・クラブ 522
緩やかな結合 205
要素条件 428
抑止 235
抑止戦略 235
翌日配達サービス 171
抑制(Deterrence) 128
予算作成機能 521
与信承認プロセス 248
予想不可能(turbulent) 388
予測 191
予測キャッシュフロー 502
予測不可能性 363
予測不可能な変化 228
予測不能性 569
よそ者の不利(Liabilities of foreignness) 539
ヨム・キプル戦争 194
『より大きな勝ち馬(バンドワゴン)』構築 349
弱み 13

ら 行

ライアンエアー 142, 230
ライカ 281
ライザ 210
ライセンス供与 176
ライセンス契約 475
ライセンスブランド 474
ライト,オービル 191
ライドシェアリング 365
ライナックス(リナックス) 334
ライフサイクルの4つの段階 279
ライブシアター 474
『ライン』部門 195
ラガルデール 476
ラグジャリー(贅沢品)製品 472
ラサマルテーヌ 472
ラジエータ 283
ラセター,ジョン 540
ラップトップコンピュータ 298
ラバット 530
ラフリー,A.G. 209
ラブレス,ロン 383
ランゲ・アンド・ゾーネ 387
ランド・コーポレーション 303
ランドローバー 522
ランブレッタ 425
リアルオプション 31
リアルオプション分析 71
リアルタイム・デジタル機能 497
リアルタイム電子データ交換 229
リアルタイムの生体測定データ 547
リーシング条件 376
リーダーシップ 36, 199
リードタイム 333
リーマンブラザーズ 65
リーン生産方式 166
利益 51
利益共有(Cross-subsidization) 440
利益センター 210
利益センター(Profit center) 497
利益の成長率 57
利益の専有(Appropriation) 171

索引

利益の取り込み（Appropriation） …172
利益の分配 …172
利益率 …51, 193
利益を生み出す潜在力 …160
リオ …328
リオ・ティント …101, 502
リカーディアン・レント …157
リカード, デービッド …157
利害関係者 …564
利害関係者集団 …49
リコー …328
リシュモン …387
リスク管理 …325, 342, 473
リスク調整 …51
リスクの低減 …467
リスクの配分 …415
リスクの複合化 …410
リスク分散 …467
リスター, ジョセフ …356
リストラ …207
リストラクチャリング（事業再編） …501
リソース（資源） …414
リターン …52, 468
立地決定要因 …430
立地と価値連鎖 …432
里程標（milestone） …505
利得（ペイオフ） …128
リトル, アーサー・D …492
離乳食 …384
リバティー型貨物船 …241
リミテッド・ブランド …377
略奪的価格づけ（Predatory pricing）
　 …440
流通 …165
流通経路へのアクセス …91
流通チャンネル …157
利用, 活用（Exploitation）と探求
　（Exploration）との間のトレードオ
　フ …299

量子飛躍（クオンタムジャンプ） …454
領土争い …214
リライアンス …466
臨界質量（Critical mass） …95
リンクレーターズ …439
倫理 …18
ルイ・ヴィトン …472
累積産出量 …241
ルーズ・ルーズ・ゲーム …130
ルーセント …530
ルーター …333
ルーティン …166, 202
ルーティン（慣行） …202
ルーティング …345
ルート・プラニング …110
ルーブル …561
ルフトハンザ航空 …546
ルメルト …233, 479
ルメルト, リチャード …20, 22
ルモンド（仏） …176
レアアース …424
レアル・マドリード …167
レイキャビック …179
冷凍食品 …288
冷凍プレクック食品 …424
レイノルズアメリカン …464
レイバン …539
レインフォレストカフェ …379
レーザー …327
レーヨン …384
レオナルド, ドロシー …354
歴史的費用評価 …159
レゴ R …48, 402
レッド・オーシャン …232
レッドブル …264
レディー・ガガ …5
レディオシャック …559
レトリック …200
レトロ調の訴求性 …177

レノボ	100, 122
レバレッジド・バイアウト（LBO）	464, 538
レビット，テッド	438
レミントン	182
レモン問題	541
連鎖的悪循環	347
レンシ，エドワード・H	371
連続相互依存（Sequential interdependence）	209
連続体（Continuum）	105
連続発砲（Continuous-aim firing）	360
レンタカー	278, 568
レント	52
レント，超過利潤	157
ロイター	93, 132, 386
ロイヤル・ダッチ・シェル	71, 249, 304, 490
ロイヤルバンク・オブ・スコットランド	174
労働供給	427
労働組合加盟率	250
労働組合非加盟の労働力	250
労働の体系的分業	203
ロードファクター	110
ローパワー・インセンティブ	408
ローマカトリック教会	30
ローマ・レギオン軍隊	193
ローラー，エド	187
ローリング，J.K.	401
ロールアップ	385
ロールスロイス	132
ロカ兄弟	313
ロサンゼルス・オリンピックゲーム	440
ロサンゼルス・レイカーズ	172
ロジスティクス	168
ロジスティクス/サプライチェーン管理	165
ロシャス	474
ロシュ	359
ロック・スター・ゲーム	318
ロックフェラー	306
ロックフェラー，ジョン・D	532
ロバート・ボッシュ	548
ロビオ	318
ロボット工学	326
論争の調停の仕組み	413
論理制御IC	429

わ　行

ワークアウト	512
ワーナー・ブラザース	350
ワールドコム	198, 537
ワールプール	300
ワイオミング	346
ワイヤレスコミュニケーションサービス	287
ワイヤレスソフト	434
ワイヤレスチップス	434
ワイン	254
ワシントン・コンセンサス	563
ワット，ジェームズ	353
娃哈哈（Wahaha）	530
割引キャッシュフロー（DCF—Discounted Cashflow）	53
割引キャッシュフロー（DCF）分析	16
割引キャッシュフロー分析	192
ワンクリック・トゥ・バイ	332
ワンストップショッピング	473
ワンダーブラ	377
ワンワールド	547

■原著者紹介

ロバート・M・グラント（Robert M. Grant）

1948年英国ブリストル生まれ。ロンドン・スクール・オブ・エコノミクス卒業後，ロンドン・シティー大学で博士号取得。元ボッコーニ大学ENI冠講座教授。ジョージタウン大学，ロンドン・ビジネス・スクール，カリフォルニア・ポリテクニック大学，等で教授歴任。Long Range Planning 等の学術誌エディター。資源理論と知識理論研究で知られている。

主著：

R.M. Grant, "The Resource-based Theory of Competitive Advantage: Implications for Strategy Formulation", *California Management Review*, Vol. 33, Spring 1991, pp.114-135.

R.M. Grant, "Toward a Knowledge-based Theory of the Firm", *Strategic Management Journal*, Vol. 17, (Winter Special Issue), 1996, pp.109-122.

R.M. Grant, "Knowledge and Organization," in D.J. Teece and I. Nonaka (eds.), *Managing Industrial Knowledge*, Sage, Thousand Oaks, 2001, pp.145-169.

R.M. Grant & C. Baden-Fuller, "A Knowledge Accessing Theory of Strategic Alliances", *Journal of Management Studies*, Vol. 41(1), 2004, pp.61-84.

R.M. Grant, *Contemporary Strategy Analysis*, 9th edition, Wiley, 2016.

■監訳者紹介

加瀬　公夫（かせ　きみお）

1949年千葉県生まれ。スペインIESE経営大学院で経営修士，
英マンチェスター大学で経営学博士号取得。国際大学名誉教授。

著書，編著：

Kase K, Sáez F, Riquelme H. 2005. *Transformational CEOs : Leadership and Management Success in Japan*. Edward Elgar Publishing: Cheltenham, UK. （邦訳：『欧州のMBA教授が見た高業績CEOの意思決定』（高垣行男監訳）2006，中央経済社：東京）

Kase K, Jacopin T. 2007. *CEOs as Leaders and Strategy Designers : Explaining the Success of Spanish Banks*. Palgrave McMillan: Hampshire, UK.

Kase, Kimio, Alesia Slocum, and Yingying Zhang. *Asian Versus Western Management Thinking : Its Culture-Bound Nature. The Nonaka Series on Knowledge and Innovation*. edited by Kimio Kase and Yingying Zhang Hampshire: Palgrave Macmillan, 2011.

Gómez, Sandalio, Kimio Kase, and Ignacio Urrutia. *Value Creation and Sport Management*. Cambridge: Cambridge University Press, 2010.

Von Krogh G, Takeuchi H, Kase K,G. Cantón C (eds.). 2013. *Towards Organizational Knowledge : the Pioneering Work of Ikujiro Nonaka*. Palgrave Macmillan: London.

Kase K, González-Cantón C, Nonaka I. 2014. *Phronesis and Quiddity in Management : A School of Knowledge Approach*. Palgrave Macmillan: Hampshire, UK.

Kase, K., Choi, E., and Nonaka, I. (In preparation). *Dr Kazuo Inamori's Management Praxis and Philosophy : a Response to the Profit-Maximisation Paradigm*. Singapore: Palgrave Macmillan.

グラント
現代戦略分析（第2版）

2008年9月15日	第1版第1刷発行
2013年6月20日	第1版第4刷発行
2019年4月1日	第2版第1刷発行
2024年4月15日	第2版第4刷発行

著　者　ロバート・M・グラント
監訳者　加　瀬　公　夫
発行者　山　本　　　継
発行所　㈱中央経済社
発売元　㈱中央経済グループ
　　　　パブリッシング

〒101-0051　東京都千代田区神田神保町1-35
電話 03 (3293) 3371（編集代表）
　　 03 (3293) 3381（営業代表）
https://www.chuokeizai.co.jp
印刷／昭和情報プロセス㈱
製本／誠　製　本　㈱

Ⓒ 2019
Printed in Japan

＊頁の「欠落」や「順序違い」などがありましたらお取り替えいたしますので発売元までご送付ください。（送料小社負担）

ISBN978-4-502-25161-0　C3034

JCOPY〈出版者著作権管理機構委託出版物〉本書を無断で複写複製（コピー）することは、著作権法上の例外を除き、禁じられています。本書をコピーされる場合は事前に出版者著作権管理機構（JCOPY）の許諾を受けください。
JCOPY〈https://www.jcopy.or.jp　eメール：info@jcopy.or.jp〉

ベーシック+プラス
Basic Plus

Let's START!

学びにプラス！
成長にプラス！
ベーシック+で
はじめよう！

いま新しい時代を切り開く基礎力と応用力を兼ね備えた人材が求められています。
このシリーズは，各学問分野の基本的な知識や標準的な考え方を学ぶことにプラスして，一人ひとりが主体的に思考し，行動できるような「学び」をサポートしています。

ベーシック+専用HP

教員向けサポートも充実！

中央経済社

一般社団法人　　　　　特定非営利活動法人
日本経営協会[監修]　経営能力開発センター[編]

経営学検定試験公式テキスト

経営学検定試験（呼称：マネジメント検定）とは，
経営に関する知識と能力を判定する唯一の全国レベルの検定試験です。

 ① 経営学の基本
（初級受験用）

② マネジメント
（中級受験用）   ③ 人的資源管理/
経営法務
（中級受験用）

④ マーケティング/
IT経営
（中級受験用）   ⑤ 経営財務
（中級受験用）

中央経済社

本書とともにお薦めします

新版 経済学辞典

辻　正次・竹内　信仁・柳原　光芳〔編著〕　四六判・544頁

本辞典の特色

- 経済学を学ぶうえで，また，現実の経済事象を理解するうえで必要とされる基本用語約 1,600 語について，平易で簡明な解説を加えています。

- 用語に対する解説に加えて，その用語と他の用語との関連についても示しています。それにより，体系的に用語の理解を深めることができます。

- 巻末の索引・欧語索引だけでなく，巻頭にも体系目次を掲載しています。そのため，用語の検索を分野・トピックスからも行うことができます。

中央経済社